Adıgüzel/Handwerg/Koch (Hg. / Edt.)
Theater und *community* – kreativ gestalten!
Drama ve Toplum – Yaratıcı Biçim Vermek!

KULTURELLE BILDUNG ///42

Eine Reihe der BKJ – Bundesvereinigung Kulturelle Kinder- und Jugendbildung, Remscheid (vertreten durch Hildegard Bockhorst und Wolfgang Zacharias) **bei kopaed**

Beirat
Karl Ermert	(Bundesakademie Wolfenbüttel a.D.)
Burkhard Hill	(Hochschule München)
Birgit Jank	(Universität Potsdam)
Peter Kamp	(Vorstand BKJ/BJKE)
Birgit Mandel	(Universität Hildesheim)
Wolfgang Sting	(Universität Hamburg)
Rainer Treptow	(Universität Tübingen)

Kulturelle Bildung setzt einen besonderen Akzent auf den aktiven Umgang mit künstlerischen und ästhetischen Ausdrucksformen und Wahrnehmungsweisen: von Anfang an und lebenslang. Sie umfasst den historischen wie aktuellen Reichtum der Künste und der Medien. Kulturelle Bildung bezieht sich zudem auf je eigene Formen der sich wandelnden Kinderkultur und der Jugendästhetik, der kindlichen Spielkulturen und der digitalen Gestaltungstechniken mit ihrer Entwicklungsdynamik.

Entsprechend der Vielfalt ihrer Lernformen, Inhaltsbezüge und Ausdrucksweisen ist Kulturelle Bildung eine Querschnittsdisziplin mit eigenen Profilen und dem gemeinsamen Ziel: Kultur leben lernen. Sie ist gleichermaßen Teil von Sozial- und Jugendpolitik, von Kunst- und Kulturpolitik wie von Schul- und Hochschulpolitik bzw. deren Orte, Institutionen, Professionen und Angebotsformen.

Die Reihe „Kulturelle Bildung" will dazu beitragen, Theorie und Praxis Kultureller Bildung zu qualifizieren und zu professionalisieren: Felder, Arbeitsformen, Inhalte, Didaktik und Methodik, Geschichte und aktuelle Entwicklungen. Die Reihe bietet dazu die Bearbeitung akzentuierter Themen der ästhetisch-kulturellen Bildung, der Kulturvermittlung, der Kinder- und Jugendkulturarbeit und der Kulturpädagogik mit der Vielfalt ihrer Teildisziplinen: Kunst- und Musikpädagogik, Theater-, Tanz-, Museums- und Spielpädagogik, Literaturvermittlung und kulturelle Medienbildung, Bewegungskünste, Architektur, Stadt- und Umweltgestaltung.

Ömer Adıgüzel, Ute Handwerg, Gerd Koch (Hg. / Edt.)

Theater und *community* – kreativ gestalten!

Drama ve Toplum – Yaratıcı Biçim Vermek!

Deutsch-Türkische Kooperationen in der Kulturellen Bildung
Kültürel Eğitim Alanında Türk-Alman İş Birliği

www.kopaed.de

Bibliografische Information Der Deutschen Nationalbibliothek Die Deutsche Nationalbibliothek verzeichnet diese Publikation in der Deutschen Nationalbibliografie; detaillierte bibliografische Daten sind im Internet über http://dnb.ddb.de abrufbar

gefördert vom

 Bundesministerium
für Familie, Senioren, Frauen
und Jugend

Lektorat: Bahar Gürey, Ute Handwerg, Gerd Koch

ISBN 978-3-86736-342-6

Druck: docupoint, Barleben

© kopaed 2014
Pfälzer-Wald-Str. 64, 81539 München
Fon: 089. 688 900 98 Fax: 089. 689 19 12
E-Mail: info@kopaed.de Internet: www.kopaed.de

Inhalt

Grußwort	11
Önsöz	13
Ömer Adıgüzel, Michael Zimmermann	
Einleitung	15
Giriş	19
Ömer Adıgüzel, Ute Handwerg, Gerd Koch	

1. Geschichtliche Anfänge und berufliche Erinnerungen
1. Tarihsel Başlangıçlar ve Mesleki Deneyimler

Drama ve Tiyatronun Pedagojik Etkileri	25
Ömer Adıgüzel'in İnci San ile Söyleşisi	
Pädagogische Wirkungen von Drama und Theater	33
Ömer Adıgüzel im Gespräch mit İnci San	
Spiel- und Theaterpädagogik in der Türkei: Ein „service public"!	41
Karl-A.S. Meyer im Gespräch mit Hans-Wolfgang Nickel	
Bir „Kamu Hizmeti!": Türkiye'de Oyun ve Tiyatro Pedagojisi Üzerine	51
Karl-A.S. Meyer'in Hans-Wolfgang Nickel ile Söyleşisi	
Yaratıcı Drama'nın Türkiye'deki Gelişmesinde Almanya Oyun ve Tiyatro Pedagojisi Anlayışının İzleri.	
Uluslararası Drama Seminerleri ve Çağdaş Drama Derneği Örnekleri	61
Ömer Adıgüzel	
Tiyatroyla Eve Dönmek…	71
Sedat İnce	
Durch Theatermachen wieder zu Hause …	75
Sedat İnce	

Theaterpädagogik interkulturell – als deutsche Theaterpädagogin in der Türkei 81
   Marlies Krause
Tiyatro Pedagojisi Kültürlerarası – Alman Tiyatro Pedagogu Olarak Türkiye'de 89
   Marlies Krause

Türkisch-deutscher Kulturaustausch in Deutschland und zwischen der
Türkei und Deutschland 97
   Klaus Hoffmann
Turkish-German Cultural Exchange in Germany and
Between Turkey and Germany 107
   Klaus Hoffmann

Dünden Bugüne Eğitimde Tiyatro 117
   Zehra İpşiroğlu
Darstellendes Spiel im Bildungsbereich gestern und heute 129
   Zehra İpşiroğlu

2. Drama-Arbeitsfelder / Theater-Arbeitsfelder: gegenwärtig
2. Drama-Çalışma Alanları / Tiyatro-Çalışma Alanları: çağdaş

Zur Entwicklung und gegenwärtigen Praxis des kreativen Dramas in der Türkei 141
   Ömer Adıgüzel

Yaratıcı Drama ile Doğa Eğitimi 151
   Nejat Akfırat
Naturpädagogik mit creative drama 157
   Nejat Akfırat

Creative & Drama Education - ein Erlebnis-Bericht 165
   Gerd Koch
Creative & Drama Education – An Experience Report 173
   Gerd Koch

Eingreifen Lernen mit Lehrstücken 181
   oder: Das Private ist politisch und das Politische ist privat – wo gilt dies noch?
   Jutta Heppekausen
Öğretici Oyunlarla Müdahale Etmeyi Öğrenmek 193
   veya: Özel Olan Siyasidir Ve Siyasal Olan Özeldir – Bu Hâlâ Nerede Geçerli?
   Jutta Heppekausen

Türkiye'de Gerçekleştirilen Dil Edebiyat ve Yaratıcı Drama Çalışmalarında
Alman Oyun ve Tiyatro Pedagoglarının İzleri 205
    Ferah Burgul, İlhan Akfırat
Spuren deutscher Spiel- und Theaterpädagogen in Werken für Sprache,
Literatur und Kreatives Drama, die in der Türkei entstanden sind 213
    Ferah Burgul, İlhan Akfırat

Türkiye'de Müze Eğitimi ve Müzede Drama 221
    Ayşe Çakır İlhan, Ayşe Okvuran
Museumspädagogik in der Türkei und Drama im Museum 229
    Ayşe Çakır İlhan, Ayşe Okvuran

Türkiye'deki Müzik Eğitimi Alanında Alman Eğitimcilerin Rolü, Orff Yaklaşımı
ve Yaratıcı Drama İlişkisi 235
    Ali Öztürk
Die Rolle der deutschen Pädagogen im Bereich der Musikausbildung in der
Türkei, der Orff-Theorie und ihre Beziehungen zum Kreativen Drama 247
    Ali Öztürk

Öteki Kültürlerle Tanışmak 261
    İnci San
Bekanntschaft mit anderen Kulturen 265
    İnci San

Yaratıcı Drama / Tiyatro Pedagojisi Yoluyla Kültürlerarası Gençlik Çalışmaları 269
    Ali Kırkar
Interkulturelle Jugendarbeit durch kreatives Drama / Theaterpädagogik 279
    Ali Kırkar

Willkommen in meinem Alltag – HamburgIstanbulFusion 289
    Christiane Richers
Gündelik Yaşantıma Hoş Geldiniz- Hamburg İstanbul Kaynaşması 295
    Christiane Richers

3. *community* & Kommunikation: Kulturelle Bildung exemplarisch
3. Kültürel Eğitimde Toplum ve İletişim Örnekleri

„Alles ganz anders - aber so verschieden nu ooch wieder nicht" 303
    Ein transnationaler Kulturaustausch Berlin–Bademler
    Johanna Kaiser

"Her şey farklı — Ama o kadar da değil!" 307
    Berlin — Bademler uluslararası kültür değişimi
    Johanna Kaiser

Türkiye'de Almanca Dersi için Eğitsel Oyunların Geliştirilmesi Topaç Oyunu
Örneğinde 311
    Hasan Coşkun

Entwicklung von Lernspielen für den Deutschunterricht in der Türkei
am Beispiel eines Kreiselspiels 323
    Hasan Coşkun

Die (Wieder-)Entdeckung eines Fotoarchivs im Kontext von
Migrationsgeschichte(n) 335
    Reportage über ein Studierendenprojekt in der Europäischen Ethnologie
    Jonna Josties, Nikolas Schall, Gabriel Stolz

Bir Fotoğraf Arşivinin Göç Hikayeleri Bağlamında Yeniden Keşfedilmesi 341
    Avrupa Etnolojileri bölündeki bir öğrenci projesi hakkında röportaj
    Jonna Josties, Nikolas Schall, Gabriel Stolz

4. Kultur- und bildungspolitische Konzeptionen und Perspektiven
4. Kültür ve Eğitim Politika Konseptleri ve Bakış Açıları

Theaterpädagogische Kultur: Außenblick und Ausblick 347
    Norma Köhler im Gespräch mit Ahmet Toprak und Aladin El-Mafalaani
    zu sozialen Aspekten transdisziplinärer und internationaler Zusammenarbeit

Tiyatro Pedagojisi Kültürü: Dıştan Görünümü ve Geleceği 363
    Norma Köhler: Ahmet Toprak ve Aladin El-Mafalaani ile disiplinler ve uluslararası
    işbirlikleri üzerine bir söyleşi.

Interkulturalität und Migration 377
    Eine Herausforderung und Chance für Theater und Theaterpädagogik
    Wolfgang Sting

Interculturality and Migration 385
    A Challenge and Change for Theatre and Theatre Education
    Wolfgang Sting

Dreimal Theaterpädagogik   393
    Theater und theatrale Ausbildung im Kontext der Lehrerpersönlichkeit,
    als Unterrichtsmethode und als künstlerisch-ästhetisches Fach
    Florian Vaßen

Three Times Theatre in Education   405
    Theatre, Drama and Teacher Training in the Context of Developing a Teaching
    Style and Personality, as a Teaching Method and as an Artistic, Aesthetic Subject
    Florian Vaßen

Neue Perspektiven durch Forschen im „ästhetischen Modus"   417
    Romi Domkowsky

"Estetik Biçim" Üzerine Araştırmalarla Oluşturulmuş Yeni Bakış Açıları   421
    Romi Domkowsky

Soziales, kreatives Theater und soziale Theaterpädagogik/Theaterbildung
    unter Bedingungen gesellschaftlichen Wandels   425
    praktische Erfahrungen und Denk-Anstöße
    Gerd Koch, Bahar Gürey

Toplumsal Değişim Koşulları Altında   431
    (Pratik Deneyimler ve Düşünsel İtkilerle) Sosyal Tiyatro, Yaratıcı Tiyatro
    ve Sosyal Tiyatro Pedagojisi /Tiyatro Eğitimi
    Gerd Koch, Bahar Gürey

Geh doch mal raus, fahr irgendwo hin, mach eine Reise   437
    Auf den Spuren eines deutsch-türkischen Kooperationsmodells
    im Dreieck von Kultur, Jugend und Bildung
    Ute Handwerg

Why Don't You Go Outside for a While?   447
    Why Don't You Try a Change of Scene, Do Some Travelling...?
    On the Trail of a Model for German-Turkish Cooperation within
    the Triangle of Culture, Youth and Education
    Ute Handwerg

5. Professionelles Verhalten und Ethik: Eine internationale Übereinkunft
5. Profesyonel Davranış ve Etik: Uluslararası Bildirge (Sözleşme)

Internationales Übereinkommen über das Verhalten und zur Ethik von
Theaterpädagoginnen und Theaterpädagogen   459

Yaratıcı Drama Eğitmenleri Liderleri ve Tiyatro Pedagoglarının Davranış ve
Tutumuna İlişkin Etik Bildirge (Sözleşme)   467

Autor_innen- und Übersetzer_innen-Verzeichnis	475
Yazar ve Çevirmen Listesi	475
Fotonachweis	485

Beilage: DVD - HamburgIstanbulFusion
Ek: DVD - HamburgIstanbulFusion

Grußwort

Dieses Buch zu publizieren, hat manche Anlässe:
>> Vor zwei Jahren konnte gemeinsam auf das 50-jährige Jubiläum des Anwerbeabkommens zwischen der Bundesrepublik Deutschland und der Türkei zurückgeblickt werden. Die damit verbundene Intensivierung der politisch-sozialen und ökonomischen Beziehungen war ein wichtiger Anstoß auch für den kulturellen Austausch zwischen den beiden Ländern.
>> 2014 begehen die deutsch-türkischen Wissenschaftsbeziehungen ihr 30-jähriges Jubiläum: Die Durchführung dieses gemeinsamen Deutsch-Türkischen Jahres der Forschung, Bildung und Innovation soll einen Rahmen bilden, um den bilateralen Aktivitäten zwischen Deutschland und der Türkei eine noch höhere Sichtbarkeit zu verleihen. Gleichzeitig werden im Hinblick auf eine nachhaltige Weiterentwicklung der Kooperation wichtige Impulse gesetzt. Besonders gefördert werden soll die Zusammenarbeit des Nachwuchses in Wissenschaft und Forschung beider Länder (so heißt es in den „Richtlinien zur Förderung von Aktivitäten im Rahmen des Deutsch-Türkischen Jahres der Forschung, Bildung und Innovation 2014").

Seit 30 Jahren besteht ein intensiver Arbeitskontakt in der Theaterarbeit zwischen der Bundesarbeitsgemeinschaft (im folgenden: BAG) Spiel und Theater e. V. mit Sitz in Hannover und dem Çağdaş Drama Derneği (im folgenden: ÇDD) mit Sitz in Ankara.
    Der *allein* suchende Mensch kann nicht(s) finden; aber die *gemeinsam* Suchenden finden etwas! Dieser Gedanke bildet die Grundlage für die fruchtbare Kooperation zwischen der BAG und dem ÇDD – also zwischen der Türkei und Deutschland. Die Wechselseitigkeit und Interaktion im Bereich der Spiel- und Theaterpädagogik und dem kreativen Drama in der Erziehung besteht seit langem und hat neue Wege im Bezug auf Kunst, Kultur und Erziehung geebnet. Durch Spiel, Drama und Theaterpädagogik können Träume der gemeinschaftlich Suchenden erfüllt werden. Gemeinschaftlich konnten wir uns in der Nähe unserer Arbeiten kennenlernen, und die Komponenten Spiel, Drama und Theater ermöglichten uns eine neue, gemeinsame Sprache, so, als ob man in der Arbeit zwischen beiden Ländern keine Wörter und Sätze braucht.
    Die BAG hat seit langem einen Schwerpunkt in der internationalen und interkulturellen Arbeit. Davon zeugen die intensiven Arbeitsbeziehungen, etwa zu Ghana, Israel und Palästina und eben auch zur Türkei. Diese zeigen sich in zahlreichen Konferenzen und produktiven Theorie-Praxis-Symposien, Jugend-Theater-Begegnungen, Theater-

Festivals, Buch- und Zeitschriften-Publikationen und im persönlichen Engagement von Mitgliedern.

Der ÇDD ist seit langem z. B. durch seine türkei-weiten Bildungsangebote, seine internationalen Symposien und Publikationen (auch mit eigener Fachzeitschrift) in Diskussionen, Konzepten und Praxis-Modellen von *drama education* / Theaterpädagogik weltweit eingebunden. Der ÇDD ist Mitglied in der BAG.

Die hier vorgelegte Zwischenbilanz bezeugt die Vielfalt und Bedeutung der bisher geleisteten Kooperation und verweist gleichzeitig auf Perspektiven für die zukünftige Zusammenarbeit. Hier scheinen uns folgende Gesichtspunkte besonders wichtig:

>> die Stärkung der kulturellen Bildung mit Theater und *drama education* in der schulischen und außerschulischen Bildung ist zentrales, gemeinsames Anliegen der beiden Verbände. Der Austausch über geeignete Konzepte, Modelle und Methoden bilden den Kern der Zusammenarbeit in der Begegnung von Fachkräften und in den Jugendbegegnungen;

>> die Diskussion über die Aus- und Fortbildung von Theaterpädagog_innen und die Entwicklung gemeinsamer Bildungskonzepte und internationaler Studiengänge, wie derzeit von der Fachhochschule Dortmund und der Ankara Universität beabsichtigt, bilden einen weiteren Schwerpunkt. Für die Zukunft wäre die Intensivierung des wissenschaftlichen Austausches und die Entwicklung gemeinsamer Forschungsprojekte wünschenswert;

>> die Verankerung und Festigung des zivilgesellschaftlichen Engagements in der kulturellen Bildung ist das kulturpolitische Hauptanliegen unserer Arbeit. Die Arbeit beider Verbände versteht sich auch als ein Beitrag zur Begleitung aktueller politischer und gesellschaftlicher Diskussionen und zur Gestaltung einer demokratischen und gerechten Zukunft.

Ömer Adıgüzel (Ankara), Çağdaş Drama Derneği / Ankara Universität
Michael Zimmermann (Hannover), BAG Spiel & Theater

Önsöz

Bu kitabı yayımlamamızın bazı nedenleri bulunmaktadır.
>> İki yıl önce Türkiye ve Federal Almanya arasında gerçekleşmiş olan İşçi Alımı Anlaşması'nın 50 Yıldönümünde hep beraber geçmişe döndük. Bu anlaşmayla birlikte oluşan sosyopolitik ve ekonomik ilişkilerin yoğunluğu, aynı zamanda kültürel paylaşımlara da oldukça ivme kazandırdı.
>> 2014'de bilim alanında Alman-Türk ilişkilerinin 30. yıldönümü kutlanıyor: Bu ortak Alman-Türk araştırma, bilim ve inovasyon yılının hayata geçmesi, karşılıklı faaliyetleri daha çok görünür kılmak için bir çerçeve oluşturacaktır. Aynı zamanda ortak çalışmanın sürdürülebilir gelişimi için önemli fikirler teşvik edilecektir. Her iki ülkenin bilim ve araştırma alanındaki yeni nesillerinin birlikte çalışması da özellikle desteklenecektir. ("2014 Alman-Türk araştırma, bilim ve inovasyon yılı çerçevesindeki faaliyetleri destekleme yönetmeliği"nde böyle yazmakta.)

30 yıldan beri drama ve tiyatro alanlarında Hannover'de bulunan Federal Almanya Oyun ve Tiyatro Üst Birliği (BAG Spiel und Theater) ve Ankara'daki Çağdaş Drama Derneği (ÇDD) arasında iş birliğine dayalı olarak yoğun çalışmalar bulunmaktadır.

Her "yalnız" arayan bulamaz, ancak bir şeyi bulanlar daima "birlikte" arayanlardır! tümcesinin altında yatan düşüncenin Bundesarbeitsgemeinschaft Spiel und Theater e.V. ve Çağdaş Drama Derneği (Zeitgenössischer Drama Verein) tarafından yürütülen çalışmalara dayalı olduğu söylenebilir. Oyun, tiyatro pedagojisi ve eğitimde yaratıcı drama alanlarındaki etkileşim; sanat, kültür ve eğitim bağlamında sürekli olarak yeni arayışları da beraberinde getirmektedir. Bu nedenle Oyun, drama, tiyatro pedagojisi ile tüm "arananlar" bulunabiliyor ve hayaller gerçekleşebiliyor... Oyun, drama ve tiyatronun bileşenleri sanki iki ülke arasında sözcüklere ve tümcelere ihtiyaç duydurmayan yeni bir dilin oluşmasını sağladı.

Federal Almanya Oyun ve Tiyatro Üst Birliği uzun zamandır uluslararası ve kültürlerarası çalışmalara ağırlık vermektedir. Türkiye ile olduğu gibi Gana, İsrail ve Filistin ile de yoğun iş birliğinde bulunmaktadır. Bu çalışmalar birçok konferanslarda, kuramsal ve uygulamaya dayalı sempozyumlarda, gençlik tiyatrosu görüşmelerinde, tiyatro festivallerinde, kitap ve dergi yayınlarında ve üyelerle kişisel iş görüşmelerinde de görülmektedir.

Çağdaş Drama Derneği, uzun zamandan beri Türkiye genelinde yürüttüğü eğitim çalışmaları aracılığıyla, uluslararası sempozyum ve yayınlarında (Derneğin kendi yayını olan hakemli bir dergisi bulunmaktadır), drama / tiyatro eğitimine yönelik yaklaşım ve uygulamalı çalışmalarla uluslararası bağlantılara sahiptir ve bu bağlantılarla birlikte hareket etmektedir. Çağdaş Drama Derneği, Federal Almanya Oyun ve Tiyatro Üst Birliği'nin üyesidir.

Yapılan çalışmalara bakarak bugüne kadar yürütülmüş olan işbirliğinin zenginliği ve oluşturduğu anlam görülebilir. Bu durum aynı zamanda gelecekte yapılacak işbirliği için izlenecek perspektiflere de gönderme yapmaktadır. Özellikle aşağıda belirtilen bazı esaslar önemli görünmektedir.

>> Kültürel eğitimin okul içi ve dışındaki drama ve *tiyatro eğitimiyle* güçlendirilmesi iki kurum için de ortak ve önemli bir konudur. Alanda kavramlara yönelik paylaşım, yeni modeller ve yöntemler ile alan uzmanları ve gençler arasındaki görüşmeler ve değişim projeleri, çalışmaların çekirdeğini oluşturmaktadır.

>> Dortmund Meslek Yüksekokulu ve Ankara Üniversitesi arasında drama ve tiyatro eğitimine yönelik olarak uluslararası programların geliştirilmesine yönelik çalışmaların başlamış olması da önemlidir. Gelecekte bilimsel paylaşımın ve ortak araştırma projelerinin artmasını temenni ederiz.

>> Kültür politikaları açısından sivil toplum örgütlerinin kültürel eğitime katılımını sağlamak önemli hedeflerimiz arasındadır. Her iki kurum da bu çalışmaları güncel politik, toplumsal tartışmalara, demokratik ve daha adil bir geleceğe katkı niteliğinde görmektedir.

Ömer Adıgüzel (Ankara) Çağdaş Drama Derneği, Ankara Üniversitesi
Michael Zimmermann (Hannover) Federal Almanya Oyun ve Tiyatro Üst Birliği

Einleitung
Ömer Adıgüzel, Ute Handwerg, Gerd Koch

Diese Publikation kann als eine produktive Zwischenbilanz zur Kulturellen Bildung in dem Feld verstanden werden, das durch die Kooperation mit Kolleginnen und Kollegen aus Deutschland und Türkei bestimmt wird. Wir haben diesen Sammelband davon ausgehend gegliedert und kompetente Autorinnen und Autoren aus beiden Ländern gefunden.

Der vorliegende Band hat fünf große Kapitel:

Das 1. Kapitel liefert Beiträge, die einen zeitgeschichtlichen, persönlichen und berufs-lebensgeschichtlichen Hintergrund haben.

Es folgen im 2. und 3. Kapitel Einblicke in aktuelle Arbeitsfelder einer Kulturellen Bildung, in deren Handlungs-Mittelpunkt ein weites Verständnis von Theater steht und dessen Grundlegung und Rahmung durch den Begriff *community* gebildet wird. Wie wird eine *community* kreativ bearbeitet und humanistisch gestaltet? An welchen Orten geschieht was wie und unter welchen Bedingungen? Wir liefern Beiträge von gelungener Praxis.

Das 4. Kapitel wendet sich Bildungs-Konzepten, Strukturierungen und kulturpolitischen Perspektiven zu, die über die ganz plastisch geschilderte ‚Feldarbeit' des 2. und 3. Kapitels und den personalen Einsatz (wie im 1. Kapitel geschildert) hinausgehen – und auf diese Weise nützlich sind für entfaltete Kooperationen in weiteren interkulturellen / internationalen Zusammenhängen.

Die Absicht dieses Buches zielt also in zwei Richtungen: Einmal exemplarisch Gelungenes zu zeigen und zweitens, daraus Möglichkeitsräume zu entwickeln, die über die Beispiele hinausweisen, um auf diese Weise eine Verdichtung des Austausches innerhalb der Kulturellen Bildung als *Bildungs-Ansatz mit globalem Bewusstsein, mit „Weltbewusstsein"* (so Ottmar Ette) zu fördern.

Internationaler Arbeitszusammenhang heißt Austausch auf Augenhöhe als Gleichberechtigung bei Wahrung von Differenz und verstanden als ein wechselseitiges Geben (vgl. Hentschel, Hoffmann, Moehrke) mit gleichzeitiger Entwicklung und Praktizierung von *Differenz-Sensibilität* (Kleve, Koch, Müller).

Kulturelle Bildung, die sich inter-, trans- und multikulturell fundieren und verständigen will, bedarf darüber hinaus einer Arbeit an Begriffen, die das in der Lage sind zu benennen, was aus dem jeweiligem Hintergrund fachlich gemeint ist. In den hier vorgestellten Beispielen, Selbstzeugnissen und Perspektiven sehen wir etwa Unterschiede in Bezug auf die Verwendung solcher Begriffe wie Drama, Theater, Bildung,

Erziehung, Spiel- und Theaterpädagogik, soziales Rollenspiel, Theaterpädagogik, *creative drama* ...

„Drama" kann meinen einen Vorgang, Ablauf, eine – geordnete – Handlung. Der Sozialpsychologe Erving Goffman und auch der *performance*-Theoretiker und -Praktiker Richard Schechner benutzen in heutigen gesellschaftlichen wie ästhetischen Kontexten den Begriff "soziales Drama". Den Begriff kennt man im Deutschen auch als Theater-Gattung: gemeint sind damit Theaterstücke, die die soziale Frage behandeln; etwas abfällig als ‚Mitleidsdrama' bezeichnet. Schechner und vor allem Goffman nutzen die Theater-Sprache und -Metapher auch zum Beschreiben und Erkennen sozialer Tatbestände. „Social theatre" und / oder „community theatre" wiederum sind Begriffe bzw. Arbeitsweisen, die die Beobachtung und / oder den Eingriff seitens künstlerischer Bedürfnisse in sich tragen

Das methodische Verhältnis von Drama und Pädagogik, wie es sich vor dem Horizont von *creative drama* zeigt, kann etwa mit folgenden Begriffen skizziert werden: "We call it Drama in Education ... There are a variety of names ...: Theatre in Education, Theatre Education (without the 'in'), Drama Education, Drama Work, Creative Drama. It depends whether it's informal, whether it's an educational context. Sometimes you just call it theatre." (Shirley Harbin, S. 395). Stig A. Erikson (S. 385) erklärt, in Norwegen würde die Sphäre der Aktivitäten dessen, was man hierzulande mit Theaterpädagogik bezeichnet, "'drama pedagogy' or ‚drama in education'; and in everyday language just drama" heißen.

"We don't say: You must do a play. What we say is: understand or participate in theatre arts." (Shirley Harbin, S. 400). "Unser Ziel war es, unseren Studenten, Kindern, Erwachsenen (mit "creative drama", "creative play", Anm. gk) die Möglichkeit zu geben, sich selbst mit Hilfe von dramatischen respektive darstellenden Formen auszudrücken." (Nora Roozemond, S. 461)

Der *als Non Govermental Organisation (NGO)* arbeitende Verein "Çagdas Drama" (ÇDD), also ‚zeitgenössisches Drama' oder ‚Drama-Zeitgenosse' (Çagdas = Zeitgenosse), wurde 1990 "mit dem Ziel gegründet, in der Türkei Theaterpädagogik und Darstellendes Spiel in Pädagogik, Theater zu verbreiten" mit „Creative Drama als Methode in Theater und Pädagogik" [Adıgüzel (2008), S. 61, vgl. auch Adıgüzel (2006), S. 26 ff.].

Auch solche Sichtweise ist möglich: Drama kann eine *besondere Ausdrucksstärke* meinen – etwa in der Sprache, beim (künstlerischen) Erzählen oder bezogen auf ein alltägliches Geschehen, das man als von (besonderer) Dramatik ausgezeichnet wahrnimmt – wobei das Wort ‚besonders' eigentlich entfallen kann, denn Dramatik / Drama ist ja schon Ausdruck der großen Intensität: Drama also als ein Intensitätsgrad, der über alltägliche Normalitäts-Kommunikation hinausweist.

Damit verbunden ist eine sprachliche Nutzung des Ausdrucks "drama" (gesprochen wie ‚dramma') als eine Art Aufruf, eine Aufforderung, etwas schnell, sofort oder mit Intensität zu vollziehen, im Deutschen vielleicht mit den Worten: "Nun aber schnell!", "Mach' hin!" zu vergleichen. Auch hier bezeichnet "drama" einen höheren Intensitätsgrad fürs Verhalten.

Mit "dromos" wird im Altgriechischen eine Rennbahn bezeichnet – also ein Geschehen, ein Ablauf wie ein "drama"? Auch das Wort "Dromedar", für das laufende Tier, das einhöckrige Kamel, leitet sich von dort her ab.

Die eben gelieferten Bemerkungen entbehren der philologischen und/oder begriffshistorischen Exaktheit und sind etymologisch nicht exakt geprüft, gleichwohl haben sie kommunikative Evidenzen im internationalen Arbeitsaustausch für sich und sollen in unserem praktischen Arbeitszusammenhang Aufmerksamkeitsrichtungen bilden, um interessante theatrale, theaterpädagogische und sozio-kreative Ansätze näher zu betrachten und zu würdigen.

Für den bühnentechnischen / ökonomischen Austausch gibt es mittlerweile mehrsprachige Fach-Wörterbücher. Für den kulturellen und bildenden Austausch fehlen bisher solche praktischen Handreichungen, so dass in fast jedem Fall neu nachgedacht und bedacht werden muss: *Wie sage ich als kulturell bildende Person was wem wo wie richtig?* Auch dazu wird Kreativität verlangt. Daraus folgt unter anderem, dass dem Faktor professioneller Subjektivität in Austausch und theatraler, kultureller Bildungsarbeit großer Wert beigemessen werden muss (neben der Gewährleistung kulturpolitischer, theoretisch-fachlicher, verwaltungstechnischer und finanzieller Absicherung).

Nicht zuletzt aus diesen Erfahrungen heraus wurde von türkischer (ÇDD) wie deutscher (BAG) Seite ein „Internationales Übereinkommen über das Verhalten und zur Ethik von Theaterpädagoginnen und Theaterpädagogen" / „Yaratıcı Drama Eğitmenleri/Liderleri ve Tiyatro Pedagoglarının Davranış ve Tutumuna İlişkin Etik Bildirge (Sözleşme)" formuliert und in diesen Band als Kapitel 5 aufgenommen.

Wir danken allen Autorinnen und Autoren für ihre produktive Beteiligung an diesem Buch! Formale Aspekte in Bezug auf Zitierweise, Literaturangaben und *gendering* wurden seitens der Herausgeberschaft nicht vereinheitlicht.

Unser spezieller Dank gilt auch den Übersetzerinnen und Übersetzern!

Die Fassungen der Beiträge in deutscher, englischer und türkischer Sprache sind eigenständige Leistungen, die in der Regel die länderspezifischen begrifflichen, fachlichen Eigensinnigkeiten berücksichtigen. Sie sind deshalb richtigerweise als Übertragungen zu verstehen.

Literatur

H. Ömer Adigüzel: Journal of Creative Drama. In: Zeitschrift für Theaterpädagogik, H. 52, 2008.

Ders.: Zur Entwicklung und gegenwärtigen Praxis des kreativen Dramas in der Türkei. In: Zeitschrift für Theaterpädagogik, H. 49, 2006.

Interview with Stig A. Erikson. In: Marianne Streisand u. a. (Hg.): Talkin''bout My Generation. Archäologie der Theaterpädagogik II. Konferenzband. Berlin u. a. 2007.

Ottmar Ette: Weltbewusstsein. Alexander von Humboldt und das unvollendete Projekt einer anderen Moderne. Weilerswist 2002.

Erving Goffman: Wir alle spielen Theater. Die Selbstdarstellung im Alltag. München 1983.

Interview with Shirley Harbin. In: Marianne Streisand u. a. (Hg.): Talkin''bout My Generation. Archäologie der Theaterpädagogik II. Konferenzband. Berlin u. a. 2007.

Ingrid Hentschel, Klaus Hoffmann, Una H. Moehrke (Hg.): Im Modus der Gabe / In the Mode of Giving. Theater, Kunst, Performance in der Gegenwart / Theater, Art, Performance in the Present. Bielefeld, Leipzig, Berlin 2011.

Heiko Kleve, Gerd Koch, Matthias Müller (Hg.): Differenz und Soziale Arbeit. Sensibilität im Umgang mit dem Unterschiedlichen. Berlin, Milow, Strasburg 2003.

Gespräch mit Nora Roozemond. In: Marianne Streisand u. a. (Hg.): Talkin''bout My Generation. Archäologie der Theaterpädagogik II. Konferenzband. Berlin u. a. 2007.

Richard Schechner: Theater-Anthropologie. Spiel und Ritual im Kulturvergleich. Reinbek 1990.

Giriş
Ömer Adıgüzel, Ute Handwerg, Gerd Koch

Bu kitap, Almanya ve Türkiye'deki alan uzmanlarının işbirliği ile kültürel eğitim alanında yapılan çalışmaların bir tür raporu olarak da anlaşılabilir. Bu düşünceden yola çıkarak bu çalışmayı çeşitli bölümlere ayırdık ve alanlarından deneyimli/yetkin uzmanları bir araya getirdik.

Bu kitap dört ana bölümden oluşmaktadır:

Birinci bölüm çağdaş tarihsel, kişisel ve meslek yaşamına odaklanan makalelerden oluşmaktadır.

İkinci ve üçüncü bölümde drama ve tiyatro alanlarının eylemsel olarak merkezde bulunduğu kültürel eğitime yönelik ve toplum (*community*) kavramı çerçevesinde yer alan çalışmalar yer almaktadır. Bu bölümde bir toplumun nasıl yaratıcı olarak düzenlenip, hümanist olarak biçimlendirildiği, nerelerde, ne, nasıl ve hangi koşullarda bu biçimlendirilmenin oluştuğu gibi başarılı uygulamalar içeren çalışmalar bulunmaktadır.

Dördüncü bölüm, ikinci ve üçüncü bölümün "alan çalışmaları" ve kişisel özverinin (birinci bölümde olduğu gibi) ötesinde eğitim kavramlarına, yapılanmaya ve kültür politikası üzerine bakış açılarına yöneliktir. Bu açıdan dördüncü bölüm kültürlerarası / uluslararası bağlamlarda geliştirilen ortak çalışmaları merkeze almaktadır.

Bu açıklamalara istinaden kitabın amacının iki farklı yönü hedeflediği de söylenebilir. İlk olarak örnek olan başarıları göstermek, ikincisi ise *örneklerin ötesine giderek* olası alanları geliştirmek, böylelikle kültürel eğitimdeki değiş tokuşu yoğunlaştırarak kültürel eğitimi *eğitim düşüncesinin küresel bir bilinci olarak "dünya bilinci"* (Ottmar Ette'ye göre) ile teşvik etmektir.

Uluslararası iş birliği, değiş tokuş eşit seviyedeyken eşitliğin yanında farklılığı da korur ve karşılıklı alıp verme olarak anlaşılmakla (Hentschel, Hoffman, Moehrke ile karşılaştır) birlikte, eş zamanlı gelişimle farklılık duyarlılığının uygulanması olarak da açıklanabilir (Kleve, Koch, Müller).

Kültürel eğitimin, kültürlerarası, kültürel geçişli ve çok kültürlü olarak anlaşılan kavramların mesleki anlamda daha da iyi anlaşılması için kavramlar üzerine çalışma yapılması gerekir. Mesela burada sunulan örneklerde, bakış açılarında ve otobiyografilerde drama, tiyatro, eğitim, öğretim, oyun ve tiyatro pedagojisi, sosyal rol oyunları, tiyatro pedagojisi, yaratıcı drama gibi kavramların kullanımlarına ilişkin çeşitli farklılıklar görüyoruz.

„Drama" bir süreç, bir işlem, düzenli bir eylem anlamına gelebilir. Sosyal psikolog Erving Goffman ve performans kuramcısı ve uygulayıcısı Richard Schechner günümüzün sosyal ve estetik bağlamlarında "sosyal drama" kavramını kullanır. Bu kavram Almanca'da tiyatro türü olarak da bilinir: bununla kastedilen sosyal soruları ele alan tiyatro parçalarıdır; farklı kullanımı ile "Acıklı Olaylar" (Merhamet Dramı) olarak da tanımlanır. Schechner ve özellikle Goffman, tiyatro dilini ve metaforları sosyal gerçekleri açıklamak ve tanımak için kullanır. Buna karşılık „Social theatre" ve/veya „community theatre" kavramlar daha doğrusu gözlem yapan ve/veya sanatsal ihtiyaçlara göre müdahaleyi içinde barındıran çalışma yöntemi olarak tanımlanır.

Drama ve eğitim arasındaki yöntemsel ilişki, yaratıcı dramanın perspektifinden gösterildiği gibi, yaklaşık olarak aşağıdaki kavramlarla açıklanabilir: "We call it Drama in Education… There are a variety of names… Theatre in Education, Theatre Education (without the 'in'), Drama Education, Drama Work, Creative Drama. It depends whether it's informal, whether it's an educational context. Sometimes you just call it theatre." (Shirley Harbin, S. 395). Stig A. Erikson (S. 385) Norveç'te tiyatro eğitimi olarak tanımlanan kavramın, kendi etkinlikleri çevresinde "'drama pedagogy' or ‚drama in education'; and in everyday language just drama" anlamına geldiğini açıklar.

"We don't say: You must do a play. What we say is: understand or participate in theatre arts." (Shirley Harbin, S. 400). "Bizim hedefimiz, öğrencilerimize, çocuklarımıza, yetişkinlerimize ("yaratıcı drama"."yaratıcı oyun" G.K. not) sıralı dramatik temsil biçimleri yardımı ile kendilerini ifade etme olanağı vermektir" (Nora Roozemond, S. 461).

Bir sivil toplum kuruluşu (STK) olarak çalışan "Çağdaş Drama" (ÇDD) Derneği, yani "zeitgenössisches Drama" ya da ‚Drama-Zeitgenosse' (Çağdaş = Zeitgenosse), 1990'da Türkiye'de tiyatro pedagojisini ve yaratıcı dramayı eğitimde, tiyatroda ve sosyal yaşamda bir yöntem olarak yaygınlaştırmak amacı ile kurulmuştur „Creative Drama als Methode in Theater und Pädagogik" [Adigüzel (2008), S. 61, vgl. auch Adigüzel (2006), S. 26 ff.].

Ayrıca drama dilde, anlatımda (sanatsal) veya günlük bir olayı (özel) dramatik bir durum olarak algıladığında, *özel bir ifade gücü* olarak da tanımlanabilir. Buradaki "özel" sözcüğü aslında atılabilir çünkü dramatik / drama zaten bir yoğunluğun ifadesidir. Yani günlük düzgüsel iletişimin ötesinde bir yoğunluk seviyesi olarak drama da kullanılabilir.

Bununla birlikte dilin kullanımı ile ilişkili olarak "drama" ("dramma", gibi okunur) bir nevi bağırma, çağırma, bir şeyi daha hızlı, hemen veya şiddetli bir şekilde gerçekleştirmek için, Almancada belki şu sözlerle: "Hadi ama çabuk!","Çabuk ol!" ile karşılaştırılabilir. "Drama" burada da yine yoğunluk düzeyi yüksek bir davranışı ifade etmektedir.

"Dromos" ile eski Yunanca'da bir yarış parkuru olarak ifade edilir, yani "drama" olduğu gibi bir olay, bir süreç midir?. "Dromedar" sözcüğü de koşan hayvan için kullanılır. Tek hörgüçlü deve de buradan türemiştir…

Yukarıda verilen yorumlar dilbilim veya kavramlar tarihi açısından doğruluktan yoksundurlar ve etimolojik olarak tam kontrol edilmemişlerdir. Buna rağmen uluslararası ortak çalışmalarda ve çeşitli paylaşımlarda iletişimde ortaya çıkan boşluklarda teatral, tiyatro eğitimi ve sosyo-yaratıcı yaklaşımlara daha yakından bakmak ve değerini anlamak açısından dikkatimizi çekmelidir.

Bu arada sahne tekniği / ekonomiye dayalı değiş tokuş çalışmaları için çok dilli ve branşa yönelik sözlükler de mevcuttur. Kültürel ve eğitsel değiş tokuş için hala pratiğe dönük bazı yardımların gerekliliğini her durumda yeniden düşünmek ve dikkate almak gerek: *Kültür eğitmeni birisi olarak neyi, kime, nerede, nasıl söylerim?* Bunun için de ayrıca yaratıcılık gereklidir. Bunlara ek olarak değiş tokuş çalışmalarında öznellik faktörüne, teatral, kültürel ve eğitim çalışmalarına büyük önem de verilmelidir (kültür politik, kuramsal ve mesleki uzmanlıkla ilgili, idari ve mali güvencelerin sağlanması da buna eklenebilir).

Aktarılan bütün bu deneyimlerden yola çıkarak Türk (ÇDD) ve Alman (BAG) kurumları tarafından „Internationales Übereinkommen über das Verhalten und zur Ethik von Theaterpädagoginnen und Theaterpädagogen (ÜVET)" / „Yaratıcı Drama Eğitmenleri/Liderleri ve Tiyatro Pedagoglarının Davranış ve Tutumuna İlişkin Etik Bildirge (Sözleşme)" / „International Agreement on the Conduct and Ethics of Theatre Educators" metni de oluşturuldu ve bu kitabın dördüncü bölümünde yer verildi.

Bu kitaptaki üretken katılımlarından dolayı tüm yazarlara teşekkür ederiz! Alıntının biçimsel açıdan yönü, kaynakçalar ve cinsiyetleştirmeler yayımcı tarafından birleştirilmemiştir.

Ayrıca çevirmenlere de özel teşekkürlerimizi sunuyoruz!
Kitaba katkı sağlayan Almanca, Türkçe, İngilizce olarak yazılmış metinlerin çevirileri; her ülkenin alana ilişkin kendine özgü kavramlarıyla dil birliği sağlanması kuralı göz önünde bulundurularak yapılmış bağımsız çalışmalardır. Bu sebeple çeviriler hâliyle aktarım olarak anlaşılmalıdır.

Kaynaklar

H. Ömer Adıgüzel: Journal of Creative Drama. In: Zeitschrift für Theaterpädagogik, H. 52, 2008.

H. Ömer Adıgüzel: Zur Entwicklung und gegenwärtigen Praxis des kreativen Dramas in der Türkei In: Zeitschrift für Theaterpädagogik, H. 49, 2006.

Interview with Stig A. Erikson. In: Marianne Streisand u. a. (Hg.): Talkin' 'bout My Generation. Archäologie der Theaterpädagogik II. Konferenzband. Berlin u. a. 2007.

Ottmar Ette: Weltbewusstsein. Alexander von Humboldt und das unvollendete Projekt einer anderen Moderne. Weilerswist 2002.

Erving Goffman: Wir alle spielen Theater. Die Selbstdarstellung im Alltag. München 1983.

Interview with Shirley Harbin. In: Marianne Streisand u. a. (Hg.): Talkin' 'bout My Generation. Archäologie der Theaterpädagogik II. Konferenzband. Berlin u. a. 2007.

Ingrid Hentschel, Klaus Hoffmann, Una H. Moehrke (Hg.): Im Modus der Gabe / In the Mode of Giving. Theater, Kunst, Performance in der Gegenwart / Theater, Art, Performance in the Present. Bielefeld, Leipzig, Berlin 2011.

Heiko Kleve, Gerd Koch, Matthias Müller (Hg.): Differenz und Soziale Arbeit. Sensibilität im Umgang mit dem Unterschiedlichen. Berlin, Milow, Strasburg 2003.

Gespräch mit Nora Roozemond. In: Marianne Streisand u. a. (Hg.): Talkin' 'bout My Generation. Archäologie der Theaterpädagogik II. Konferenzband. Berlin u. a. 2007.

Richard Schechner: Theater-Anthropologie. Spiel und Ritual im Kulturvergleich. Reinbek 1990.

1. Geschichtliche Anfänge und berufliche Erinnerungen

1. Tarihsel Başlangıçlar ve Mesleki Deneyimler

Drama ve Tiyatronun Pedagojik Etkileri
Ömer Adıgüzel'in İnci San ile Söyleşisi

Ömer Adıgüzel: Türkiye sizi "dramanın annesi" olarak, Türkiye'ye dramayı yayan kişi olarak biliyor. Yaşamınızda ve akademik çalışmalarınızda Almanya'nın yeri nedir?

İnci San: Üniversitede Alman Dili ve Edebiyatı öğrenimi gördüm. Liseyi bitirdikten sonra uzun süre düşündüm. Doğrusu çocukluk rüyam Güzel Sanatlar Akademisi'ne gitmekti. Orada tek korkum vardı; acaba hesap kitapla ilgili dersler var mıydı? Sayılarla ve Matematik ile aram pek yoktu, hala da yok. Ama zaten ailem pek olumlu bakmadı Akademi'de okumama…Elbette yıllar önceden bahsediyoruz. Onun üzerine şöyle düşündüm; annemden dolayı Almanya'ya yakınlığım var. Annem Almanya doğumlu çok genç yaşta Türkiye'ye gelmiş. Babamla Almanya'da tanışmış, evlenmiş Türkiye'ye gelmiş. Dolayısıyla Almanca'ya bir kulak alışkanlığım vardı ancak çocukluktan itibaren ben Almanca öğrenmedim. Annem, evlendikten yedi yıl sonra ben doğmuşum. Annem, bu süre içerisinde çok güzel Türkçe öğrenmişti. Bir Türk insanından ayırt edilmeyecek kadar iyi öğrenmişti Türkçeyi. Ben de ilkokula gitmeden önce ve ilkokuldayken, kamusal alanlarda Almanca konuşmayı hiç istemedim. Malum savaş var. Önce Almanlar iyi gidiyorken işte sonlara doğru yenilgi gözüktü, birçok kişi Almanya'dan yanayken sonra düşman oldu.

Dolayısıyla Alman kültürlüğüne yakınlığım annem ve Almanya'da kalan akrabalar nedeniyle… Onların Türkiye'ye gelin gönderdikleri bir kızları var ve onun da bir çocuğu…Onu kültürel olarak biz de desteklemeliyiz diye düşündüler herhalde ki, bana sürekli kitap yollarlardı. Önce çocuk kitapları geldi Almanca olarak. Çoğunluğu masal kitaplarıydı. Ondan sonra zaman içerisinde sanat kitapları da gelmeye başladı. Sözgelimi bu sanat kitaplarının içerisinde ünlü ressamların resimleri vardı. Sonra monografiler gelmeye başladı. Mimarlıkla, Alman kentleriyle ilgili kitaplar da vardı. Bu kitaplar ince, belli bir boyutu olan kolay postaya verilebilen kitaplardı. İlginç olan bu kitapları bana kimin gönderdiğiydi… Benim büyük teyzem. Çünkü büyük teyzem, kütüphaneciydi. O kütüphanecilikten de ileri gelen bir ilgiyle benim kültürel olarak beslenmemi sağlamış oluyordu. Üstelik sadece Alman kültürü ile ilgili başka sanatçıların da kitaplarını gönderiyordu. Ama bütün bunlara rağmen ben Almancayı doğru dürüst öğrenmemiştim. Sonra lisedeyken birdenbire bende bir şimşek çaktı. Kendi kendime büyük bir şansı yitirdim galiba, çok iyi Almanca öğrenecekken bunu elimin tersiyle itmişim. Edebiyata ve Türkçeye çok meraklıydım. Ama Almancayı da mutlaka öğrenmeliyim diye lisede çok sevdiğim resim seçmeli dersini bir yana itip Almanca dersini almıştım. Dört yıl Almanca okudum ve o Almancayı gramerinden başlayarak gayet güzel bir şekilde öğrendim. Ondan sonra bunu ilerletmem ve yaşamımda kullanmam gerek gibi bir düşüncem oldu. Bu düşüncemin başlıca nedeni çeviri yapmayı seviyordum ve Alman Dili ve Edebiyatı okursam hem Almancam ilerler hem edebiyatla ilgilenmiş olurum hem de ilerde tiyatro metinlerini Türkçeye çeviririm gibi bir fikir. Yani neden öykü ya da roman değil de tiyatro metni onu da bilmiyorum ama oydu aklımdaki fikir. Yani ben Alman Dili ve Edebiyatını bitirdikten sonra tiyatro metinleri çevireceğim Türkçeye. Bu arada iyi bir öğrenciydim birçok profesör asistanı olmamı istiyordu. Hatta iki hoca birbirine girmişti. O zamanlar ben çekingendiim. Öğretim yapamam, iyi bir öğretmen olamam düşüncesiyle hiç o fikirlere yanaşmadım. Ben Alman Dili ve Edebiyatı'nda okurken İngiliz Dili ve Edebiyatı bölümünde tiyatro kursu açıldı, Tiyatro Bilimi kursu. İrfan Şahinbaş, Haldun Taner, Cüneyt Gökçer gibi tiyatrocuların ders verdikleri bir kurstu ve yıl sürmüştü ve orada bir iki tane de yabancı uzman oldu. Zannediyorum İngilizlerdi şimdi tam hatırlayamıyorum ama onların derslerini İngilizceden Türkçeye çeviren yeni asistan Sevda Şener ve Özdemir Nutku çevirmenlik yaptılar. O zaman yeni asistandılar. Ben de o derslere devam ettim ciddi bir şekilde bir sertifikaya benzer bir belge de aldım. Ama iki yıllık bir kurs sonunda bir yönüyle oradan DTCF'nin tiyatro bölümü ortaya çıkmış oldu. Hatta benim Alman Dilinden hocam olan Prof. Dr. Melahat Özgü onun ilk başkanı oldu.

Özete benim Almanca ve Almanya ile olan ilişkim hem ailesel hem de eğitim hayatımla ile birlikte yürüdü. Üniversite bittikten sonra ben çok yerinde duramayan bir öğrenciydim artık. Derslere gidiyorum, tiyatro kursuna ihmal etmiyorum, aynı zaman da Ankara'daki bütün kültür derneklerini, onların konferanslarını düzenli olarak izliyordum. Alman Kültür, Fransız Kültür'ün konferanslarına da katılıyordum. Yabancı dillere zaten merakım vardı. Lisede iken de esas dilim zaten İngilizceydi. İngilizcem de çok iyiydi. Dolayısıyla dersler dışındaki etkinliklerim arasında fakültede Sanat Tarihi bölümü açıldı. Ben ikinci sınıftaydım o zaman. Orada kürsünün sahibi Alman bir hocaydı, adı Prof. Dr. Kathharina Otto-Dorn'du. Dersleri Almanca olurdu, Gönül Öney- ki Sevgi Soysal'ın Duygu Aykal'ın ablalarıdır-dersleri Türkçeye çevirirdi. Ben o derslere de daha çok Almancam gelişsin diye gitmeye başlamıştım. Ancak daha sonraları Sanat Tarihi dersleri beni fena halde sarmaya başlamıştı.

Alman Dili ve Edebiyatı bölümünü bitirdikten sonra kaydoldum bölüme ve böylece Sanat Tarihi ve Arkeoloji bölümü öğrencisi oldum. Sanat Tarihi hocamızın da sevgili öğrencilerinden biri oldum, Gönül hanım gelmediğinde de dersleri ben çevirdim. Bu arada Alman Dili ve Edebiyatını bitirince ailemin eline bakmayayım birazcık da benim katkım olsun diye Alman Havayollarının şehir bürosunda çalışmaya başlamıştım. O arada da Sanat Tarihi okuyordum. Oradan da diplomayı aldıktan sonra daha genişlemiş bir ilgi alanım ve bilgim oluşmuştu. Bir tanıdığımız Ord. Prof. Dr. Suud Kemal Yetkin'e asistan olmak için başvurmamı önermişti. Kendisi ile tanıştım ve ben sizinle çalışmak istiyorum dedim. Kabul etti ve ben Hacettepe Üniversitesi'nde çalışmaya başladım. Suud Hoca, sağlık bilimci olacaklara sanat tarihi dersi veriyordu. Ben de onun asistanlığını yapıyordum. İki yıl sonra bana "Ankara Üniversitesi'nde Eğitim Fakültesi açılıyor bende kurucusuyum oraya gelir misin?" diye sormuştu. Elbette gelirim dedim. Böylece emekli olana kadar Ankara Üniversitesi Eğitim Bilimleri Fakültesi'nde çalıştım. Bu arada Fransız Kültür Merkezi'ne giderken 4 yıl da Fransızca kurslarına gitmiştim...

Ömer Adıgüzel: Eğitim Bilimleri Fakültesine —o zamanki adıyla Eğitim Fakültesi- böylelikle girmiş oldunuz. Alman dili, Sanat Tarihi derken Eğitim Fakültesi.

İnci San: Hem de ne giriş. Aslında o zamanki sisteme göre bir bölüm bitirince hemen doktoraya başlayabiliyordun. Eğitim Fakültesinde çalışmaya başlamadan önce ben doktorayı o kadar düşünmemiştim. Ancak akademik kariyere girince doktora yapmak şarttı. O zaman ki lisansüstü yönetmeliğe göre farklı bir fakülteyi bitirdiğim için eğitim fakültesinde tekrar lisans tamamlama yapmak durumunda kalmıştım. Lisans tamamlama yaparken eğitim bilimleriyle de böylece tanışmış oldum. Bu arada Suud hoca da tekrar Hacettepe Üniversitesi'ne geçmişti... Hoca ayrılınca onun başlıca iki dersi vardı (Sanat Sorunları ve Türk Sanatı) onları ben yürütmeye başladım. Biri Sanat Meseleleri, diğeri Türk Sanatı idi. Kısa sürede Türk Sanatı dersinin gerek olmadığına karar verdi fakülte. Sanat Meselesi için de sanatın meselesi mi olur denilerek değiştirilmeye çalışıldı. Daha sonra bu dersin adı Sanat ve Eğitim oldu... Bu dersleri uzun süre yürüttüm.

Ömer Adıgüzel: Böylelikle Almanca, Sanat Tarihi derken eğitim bilimleri sizin artık çalıştığınız alan oldu...

İnci San: Bu arada 1977-1978 yıllarında Almanya'ya gittim... O zamanlar bilgi, görgü arttırmak için gönderiyorlardı. Bir yıl Almanya'da kaldım. Kütüphane çalışması yapıp, pek çok kaynak topladım. Bu daha sonraki çalışmalarım için çok yararlı bir dönem oldu benim için...

Ömer Adıgüzel: Eğitim Bilimleri Fakültesi'nde çalışırken yeni bir alan çıkıyor karşınıza. Zamanınızın büyük bir kısmını verdiğiniz Dramatizasyon... Zaman içerisinde Yaratıcı Drama veya Oyun ve Tiyatro Pedagojisi olarak adlandırıldığını görüyoruz. Drama ve Tiyatro Pedagojisine nasıl başladınız?

İnci San: Onun bir anekdot gibi bir başlangıcı var. 1982 yılında Devlet Tiyatrosu sanatçılarından Tamer Levent, bir arkadaşımın önerisi ile beni ziyarete gelmişti. Elinde John Hodgson'un Improvisation adlı kitabı vardı. Bana yaratıcı drama alanında söz etmişti. Daha önce başka eğitim kurumlarına gitmiş, ancak fazlaca destek de görmediğini söylemişti. Dramanın (oyun ve tiyatro pedagojisinin) öncelikle genel eğitim içerisinde yer alması gereken sanatla ilişkili olarak değerlendirilmesi gereken bir alan olarak düşündüm. Daha sonra fakültede 2-3 ve 4. Sınıf öğrencilerinin katılımı ile oluşan ve 3 yıl süren uygulamalı ve kuramsal eğitimde drama çalışmalarına başlamıştık. Tamer ile çalışmalarımız daha sonraları da devam etti... Bir yönüyle Tamer Levent'in bana gelişi bir rastlantıydı. Tamer'in böyle bir kitabı elde etmesi de bir yönüyle bir rastlantıydı. Ancak rastlantıları bir zemin üzerine oturtmak önemlidir. Burada anlayışın hazır olması, benim sanat eğitimi olarak bunu değerlendirmemin bu gelişmede önemli rolü olduğunu düşünüyorum. Ama herhalde araştırmacılığa yönelik bir tarafım var ki böyle hemen uygulamalarla başlandı ama onların dayandığı kuramsal bilgiler olmalı düşüncesiyle de ben de hep araştırdım ve birçok kaynağa ulaştım.

Ömer Adıgüzel: Daha sonra uluslararası seminerler başladı…1985 yılında ilki gerçekleştirildi. Adres; Alman Kültür Merkezi. Gelen uzmanlar arasında Alman ve İngiliz uzmanlar var. Süreç böylece başlamış oldu…

İnci San: Evet, 1985 seminerimiz genel bilgilendirme düzeyindeydi. Doğaçlama odaklı atölyelerden oluşuyordu. Doğaçlamanın sanat eğitimi ve eğitimde bir yöntem olarak kullanımına yönelik ilk bilgilerin oluşmasını sağladı. Seminer 5 gün sürmüştü ve o zamanki adıyla Berlin Güzel Sanatlar Yüksek Okulu'ndan (Hochschule der Künste Berlin), şimdiki adıyla Berlin Güzel Sanatlar Üniversitesi'nden (Universitaet der Künste Berlin) Prof. Dr. Hans Wolfgang Nickel, Marlies Krause ve Köln Spor Akademisi'nden Wolfgang Tiedt atölyeler yönetmişti.

1987 yılında ise İngiltere'den John Hodgson, Scot Richards ve yine Almanya'dan Nicel, Dagmar Dörger ve Marlies Krause gelmiş pek çok çalışmalar yapılmıştı. Bu seminere çeşitli alanlara sahip uzman olarak Türkler de katılmıştı. Eğitimde dramanın (oyun ve tiyatro pedagojisinin) tanınması açısından bu seminer başarılı geçmişti ve önemli bir grup artık bu kavramları tanımaya başlamıştı.

Ömer Adıgüzel: Sizin dramatizasyona, dramaya, oyuna yakınlığınız var ki Tamer Levent ile karşılaştığınızda bu kavramları çabuk benimsediniz…

İnci San: Yakınlığım var evet. Şöyle diyeyim çocukluğum boyunca biz devlet tiyatrolarına ailecek aboneydik. DT' de bir abonelik sistemi vardı. Diyelim ki B sırasının bilmem hangi koltukları her oyunda bize aitti. Onun parasını önceden veriyorduk. Dolayısıyla hiçbir oyun kaçmazdı. Operaya da giderdik. Ben hatırlıyorum ilkokuldayken okuldan çıkıp eve giderken, bir arkadaşımın evi vardı, oraya giderdim. Onların evinde bir koltuk vardı. Koltuğun arkasında geçip kendi kendime skeçler oynardım. Kendim iki ya da üç kişiyi konuştururdum, bu arkadaşımın çok hoşuna giderdi. Halamla biz çok sık olmamakla beraber, radyoda piyes dinlerdik, İlkokul 2. Sınıftayken bir dönem İstanbul'a gittim. İlkokulu orda okudum. Tabii buradan çok zor ayrıldım. Orada da böyle yabancı bir yerdeydim. Ankara'da iyi bir öğrenciydim, oraya gittim kimseyi tanımıyorum… Artık nasıl bir savunma mekanizması geliştirdiysem, bu ilkokul ahşap bir konaktı, Kadıköy'de. İçinde soba yanıyordu, onun bahçesinde bir kümesi vardı. Uzun teneffüs arasında o kümeste kendime sahne yapıp komiklikler yapıyordum ve çocuklar gelip beni seyredip gülüyorlardı. Orda olduğum sürece hep yaptım. Sonra tekrar eski İnci olarak Ankara'ya döndüm. Böyle bir dönem farklıydı. Artık bir şeyleri dışa vurmak mı istedim bilemiyorum. O dediğin yatkınlık mevzusu bu olabilir.

Ömer Adıgüzel: Sizi tanıdığımdan beri dikkatimi, sizin yeniliğe, yeni yöntem ve yaklaşımlara karşı hep açık, ilgili ve meraklı oluşunuz çekmiştir. Almanya'da gelişen oyun ve tiyatro pedagojisi yaklaşımına da bu anlamda açık ve etkileşimden yana bir duruşunuz var…Hans Wolfgang Nickel, eğitim bilimleri kökenli bir bilim adamı ve Türkiye'deki uluslararası seminerlerin geçmişine baktığımızda çok sıklıkla bulunuyor ve atölyeler yönetiyor. Bugün de tüm seminerlerde mutlaka Almanya'dan uzmanlar geliyor. Bu etkileşimin sonuca dönük yararı oldu mu?

İnci San: Elbette. Bir kere en başta 1985'te Hans Wolfgang Nickel'in gelmesinin çok büyük bir yararı oldu. Kendisi öğretmenlikten gelen bir eğitmen, bir eğitimci olduğu için yaklaşımları ve hazırlıkları çok sistematikti. Ben de sistematikliği seven bir insan olduğum için onun tarzını çok benimsedim açıkçası. Her zaman notlarıyla gelir, her zaman elinde notla çalışırdı. Belli bir planı hep vardı. Ben derslerimde de bunları yaptım hatırlarsın ve birçok kişinin bu durumdan olumlu anlamda etkilendiğini düşünüyorum. Marlies Krause'nin de çok yaratıcı bir tarzı vardı. Daha sanatsal, daha hayal dünyasına, imgelem dünyasına yönelikti diyebiliriz. Marlies bir süre Türk Üniversitelerinde de çalışmış, farklı mekanlarda Türk çocuklarla da bazı projeleri geliştirmişti.

Tüm bunların yanında Ankara'da Alman Kültür Merkezi'nin (Ankara Goethe Istitut) bu çalışmalarda bize çok katkısı oldu. Mekanlarını bizlere açtı, uzmanları davet etti. Onları finanse etti. Zaman içerisinde sayıları azalsa da çoğu zaman uzman davet etmede Alman Kültür Merkezi hep yanımızda oldu.

Ömer Adıgüzel: Neden uluslararası bir seminer düzenleyip Alman uzmanlar ağırlıkta olmak üzere bu çalışmaları yürüttünüz?

İnci San: Eğitimde dramatizasyona ya da dramatizasyona bugünkü anlamıyla yani yaratıcı drama gözüyle bakan kimse de yoktu. Yaratıcı drama ya da tiyatro pedagojisi daha çok bir teknik olarak dramatizasyon biçiminde vardı o da metin odaklı çalışmaları içeriyordu…İlk uluslararası seminer fikri Tamer'den çıkmış olabilir. Ve işte Beklan Algan, Ayla Algan da gelmişlerdi. Prof. Dr. Neriman Samurçay, Doç. Dr. Ertuğrul Özkök, Prof. Dr. Abdulkadir Özbek de vardı…

Ömer Adıgüzel: Almanya'da daha çok hangi kurumlarla iş birliğinde bulundunuz?

İnci San: Prof. Dr. Hans Wolfgang Nickel aracılığı ile Berlin Güzel Sanatlar Yüksek Okulu (daha önce de söylemiştim, bu kurum daha sonraları Üniversiteye dönüştü), Ankara'da Goethe Institüt ve çok sonraları da BAG Spiel und Theater e.V. bizim yakın iletişimde olduğumuz kurumlar oldular ve bugün de sürekli olarak bir etkileşim içinde çalışmalara Çağdaş Drama Derneği olarak devam ediyoruz.

Ömer Adıgüzel: Özellikle Almanya alan uzmanları ile de devam eden bu uluslararası seminerlerin birincisini düzenlediniz. Bugüne kadar devam edeceğini, istikrarlı bir şekilde yürüyeceğini tahmin etmiş miydiniz?

İnci San: Sanıyorum etmiştim. Devam etmesi gerekiyor diye duşunuyordum. Hiç bir zaman bu çalışmaların son bulacağını aklıma getirmedim doğrusu. Şimdi kongre adını da aldı zaman zaman. Bu çalışmalar seminerlerden biraz farklı olabiliyor öyle değil mi? Daha çok paylaştırılıyor, daha çok bildiri oluyor. Seminerlerin devam etmesi gerektiğini düşünüyorum. Bir de tabi bu yüksek lisans olarak açtığım, açabildiğim dersin ileride bir anabilim dalına dönüşmesini düşünmemiştim açıkçası. Sonra bu dersin lisans programlarında yer alması da çok güzel gelişmeler olarak değerlendirilmeli.

Ömer Adıgüzel: Üç uluslararası seminerden sonra yani altı yıllık bir zaman sürecinde bu seminere katılanlar bir araya geliyor, sizin ve Tamer Levent'in öncülüğünde bir dernek kuruyorlar. Çağdaş Drama Derneği. Derneğin kuruluşu nasıl oldu?

İnci San: Herhalde bir örgütlenme gereksinimi vardı. O zamanlar 12 Eylül 198 Askeri darbenin ertesi zamanlarıydı ve örgütlenme kolay değildi. Ayrıca herhangi bir biçimde bir üniversitede herhangi bir fakültede ne ders olarak vardı ne de kendisine teklif olarak götürülmüş olan bazı kurumlardan da herhangi bir biçimde kabul görmemişti. Dolayısıyla dernek olunca daha güçlü olunabileceği düşünüldü. Ama tabi uzun sürdü kurulma aşaması. O zamanlarda çok zordu bir dernek kurmak.

Ömer Adıgüzel: Bugün Çağdaş Drama Derneği Türkiye'de yaratıcı drama veya tiyatro pedagojisi açısından önemli işlevleri yerine getiriyor…

İnci San: Elbette. Bir kere düzenli olarak atölye ve kurslarımızı yapabiliyor olmamız çok önemlidir. Bu gerçekleşiyor. Verilen eğitimin ve sertifikatın Milli Eğitim Bakanlığı tarafından tanınması ve onaylanması önemli bir aşamadır. Onaylı olduktan sonra artık sırtımız yere gelmedi…

Ömer Adıgüzel: Çağdaş Drama Derneği kurulduktan sonra ilk uluslararası üye olarak BAG Spiel und Theater e.V. ye kabul edildi. Daha sonra İDEA ve EDERED gibi kuruluşlara da üye oldu. Uluslararası ilişkileri geliştirme açısından Çağdaş Drama Derneği'ne ve Almanya ayağında ki BAG' ye neler önerirsiniz?

İnci San: Bir kere çocuktan başlamak çok önemli görünüyor bana. Ancak çocuklarla etkileşimler kadar yetişkinlerle de bir şeyler yapılması lazım. Burada önemli bir engel tabi her iki yanlı süregelen önyargıların kırılması. Bu kolay bir iş değil. Bunun sadece drama yoluyla değil tüm sanatlar aracılığı ile birleştirilerek yapılması daha etkili olabilir. Dördüncü kuşak dahi olsa onlara tiyatro pedagojisinin yararını anlatmak hâlâ çok güç olabilir. Nispeten, oranın yaşam biçimine ayak uydurmuş olanlar daha çok müzik dinlemeyi, daha çok sinemaya gitmeyi seven bir ergen grubunun varlığını gösterebilir. İşte bu gruplarla yaratıcı drama çalışmalarını yapmak çok birleştirici ve bütünleştirici olabilir.

Türkiye'de bizim önemli bir kesime artık bu yaratıcı drama çalışmalarını tanıtmak gibi bir çaba göstermemize gerek kalmadı. Yani belli bir kesime kesinlikle yapmak istediklerimiz ulaştı. Bu kesim biraz eğitimli, yeniliklere açık, biraz sanat, kültür görgüsü olan drama kelimesini doğru bir biçimde kullanıyor ve onun anlamını, önemini biliyor. Bu durum özellikle orada yaşayan Türkler açısından Almanya'da da gerçekleşmeli ve Türk Drama uzmanları Almanya'ya daha fazla davet edilip atölye çalışmaları yaptırılmalı…

Pädagogische Wirkungen von Drama und Theater
Ömer Adıgüzel im Gespräch mit İnci San

Ömer Adıgüzel: In der Türkei sind Sie als "die Mutter des kreativen Dramas" bekannt; denn das kreative Drama ist in der Türkei durch Ihre Bemühungen verbreitet worden. Welche Rolle spielt Deutschland in Ihrem Leben und in Ihrem Studium?

İnci San: Ich habe Germanistik studiert. Nach dem Abitur habe ich eine lange Zeit nachgedacht. Mein Kindheitstraum war ein Studienplatz an der Akademie der Künste. Ich fürchtete mich nur vor den ‚quantitativen' Kursen. Damals wusste ich nicht genau, ob es in diesem Studienprogramm diese Kurse gibt. Denn ich hatte kein mathematisches Interesse und kann immer noch nicht rechnen. Meine Eltern waren auch dagegen. Natürlich sprechen wir von den vergangenen Jahren. Später habe ich anders gedacht. Ich hatte eine enge Zuneigung zu Deutschland. Meine Mutter ist in Deutschland geboren, sie kam in die Türkei als sie sehr jung war. Sie hatte in Deutschland meinen Vater kennengelernt und ihn geheiratet. Nach der Heirat zog sie in die Türkei. Ich hatte ein deutsches Sprachgefühl, jedoch habe ich die deutsche Sprache nicht in meiner Kindheit gelernt. Meine Mutter hat während ihrer Ehe in der Türkei sehr gut Türkisch gelernt. Sie hatte die türkische Sprache wie eine Türkin gelernt. Ich wollte weder im Kindergarten noch in der Grundschule, in den öffentlichen Bereichen Deutsch sprechen. Wie bekannt ist, es gab einen Krieg. Viele Menschen, die am Anfang den Deutschen die Stange hielten, wurden am Ende die Feinde der Deutschen.

Aufgrund meiner Mutter und den verbliebenen Verwandten ist mir die deutsche Kultur sehr nah. Sie war als Braut in die Türkei gegangen, und hatte auch ein Kind auf die Welt gebracht... Ich denke, dass die in Deutschland lebenden Verwandten vielleicht der Meinung waren, mich kulturell unterstützen zu müssen; denn sie haben mir immer Bücher geschickt. Zuerst haben sie mir Kinder-Bücher auf Deutsch geschickt. Größtenteils waren es Märchenbücher. Im Laufe der Zeit haben sie mir Kunstbücher geschickt. Es waren in diesen Büchern beispielsweise Bilder von berühmten Malern wie Oskar Kokoschka und anderen, an deren Namen ich mich jetzt nicht erinnern kann. Danach haben sie mir Monographien geschickt. Es gab auch Bücher über deutsche Städte und die Architektur. Diese Bücher waren dünn und gut geeignet, um einfach mit der Post geschickt zu werden. Interessant war die Absenderin... Sie war meine Großtante. Denn sie war eine Bibliothekarin. Da sie für das Bibliothekarswesen Interesse hatte, konnte sie durch diesen Weg mich kulturell bilden. Außerdem hat sie nicht nur kulturelle Bücher geschickt, sondern sie hat auch Bücher über andere Künste geschickt. Aber trotz allem konnte ich die deutsche Sprache nicht perfekt lernen. Als ich das Gymnasium besuchte, blitzte plötzlich ein Licht in meinem Gehirn auf: Ich hatte eine große Chance verpasst, ich hatte sie weggeschoben; denn ich hatte sehr viel Lust auf das Lernen von Literatur und Türkisch. Aber ich musste auch unbedingt Deutsch lernen, deshalb habe ich im Gymnasium mein Lieblingsfach Zeichnen nicht gewählt und habe als Wahlfach Deutsch gewählt. Vier Jahre habe ich, ausgehend von deutscher Grammatik, ausführlich und gut genug Deutsch gelernt. Aber danach kam es mir vor, dass ich meine deutschen Sprachkenntnisse weiter ausbilden sollte, damit ich sie in meinem Leben verwenden kann. Der Grund war mein Interesse für Übersetzung, und falls ich Germanistik studieren sollte, könnte ich meine deutschen Sprachkenntnisse weiter entwickeln und könnte mich auch für Literatur interessieren. Und ich könnte nach dem Absolvieren meines Germanistikstudiums auch Theatertexte in die türkische Sprache übersetzen. Inzwischen war ich eine fleißige Studentin geworden; viele Professoren wollten mich zu ihrer Assistentin haben. Zwei Professoren hatten sich meinetwegen zerstritten. Damals war ich sehr verschlossen. Ich dachte, dass ich nicht ausreichend Lehren kann und deshalb nicht als eine Lehrkraft arbeiten kann und zeigte mich desinteressiert. Während meines Germanistik-Studiums wurden im Studienprogramm das Fach Anglistik und ein Theaterkurs eröffnet. Der wurde durch Theaterwissenschaftler wie Prof. Dr. İrfan Şahinbaş, Haldun Taner, Cüneyt Gökçer gegeben, außer Schauspielern gab es auch zwei ausländische Experten. Ich glaube, die kamen aus England. Die Themen wurden vom Englischen ins Türkische durch die Assistentin Sevda Şener und Herrn Özdemir Nutku übersetzt. Damals waren die beiden Assistenten. Ich habe auch an diesem Kurs teilgenommen und eine Teilnahmebescheinigung bekommen. Am Ende des zweijährigen Kurses wurde das Studienprogramm Theaterwissenschaft gegründet. Meine Lektorin Prof. Dr. Melahat Özgü von der Germanistik-Abteilung wurde die erste Abteilungsleiterin.

Zusammenfassend gesagt, wurde meine Beziehung mit Deutsch und Deutschland sowohl durch meine familiären Kontakte und durch mein Studium gebildet. Während meines Studiums habe ich am Unterricht teilgenommen, ging ständig in Theaterkurse, gleichzeitig habe ich regelmäßig in Ankara alle Kulturvereine besucht und ihre Vorlesungen angehört. Ich habe an der Konferenz des deutschen Kulturzentrums (Goethe-Institut) und des französischen Kulturzentrums teilgenommen. Ich hatte Interesse an Fremdsprachen. Im Gymnasium war meine Fremdsprache Englisch. Mein Englisch war sehr gut. Das Studienprogramm Kunstgeschichte wurde eröffnet, und ich ging in die zweite Klasse und wollte meine Deutschkenntnisse weiterbilden, da die Abteilungsleiterin eine deutsche Lektorin war: Prof. Dr. Kathrarina Otto-Dorn. Ich besuchte in der Freizeit Exkursionen und an der Fakultät die deutschen Unterrichte der Kunstgeschichte. Frau Gönül Öney - die Schwester von Sevgi Soysal (Autorin) und Duygu Aykal (Choreografin) - begleitete ihn und übersetzte die Seminare in die türkische Sprache. Ich nahm an diesen Seminaren nur deshalb teil, um mein Deutsch zu verbessern. Jedoch hatte mich in dieser Zeit die Kunstgeschichte sehr begeistert.

Nach dem Studienabschluß in Germanistik habe ich mich in das Studienprogramm Kunstgeschichte und Archäologie immatrikuliert. Inzwischen wurde ich eine beliebte Studentin bei der Lektorin der Kunstgeschichte. Für die Unterrichte, bei denen Frau Gönül abwesend war, machte ich die Übersetzungen. Nach meinem Studium begann ich, beim Stadtreisebüro der Deutschen Lufthansa zu arbeiten, um mein Taschengeld zu verdienen. Und fing dann beim Ord. Prof. Dr. Suud Kemal Yetkin an der Hacettepe Universität als Assistentin an zu arbeiten. Nach zwei Jahren hat er mir mitgeteilt, dass er an der Ankara Universität die Pädagogische Fakultät gründet hatte und mich gefragt, ob ich mitkommen würde. Ich sagte "ja, natürlich". Bis zu meiner Pensionierung habe ich an der Erziehungswissenschaftlichen Fakultät der Ankara Universität gearbeitet. Inzwischen habe ich beim französischen Kulturzentrum 4 Jahre Französisch gelernt ...

Ömer Adıgüzel: Damit traten Sie in die Pädagogische Fakultät ein nach Germanistik, Kunstgeschichte ...

İnci San: Und was für ein Eintritt. Nach dem damaligen Hochschulsystem konnte man sich zu einem Promotionsstudium einschreiben. Vor meiner Tätigkeit an der Pädagogischen Fakultät hatte ich nicht an ein Promotionsstudium nachgedacht. Doch für eine akademische Karriere war der PhD eine Voraussetzung. Nach den damaligen Vorschriften war es obligatorisch, da ich eine andere Fakultät absolviert hatte, an der Pädagogischen Fakultät das Hochschulprogramm abzuschließen. Während der Ausbildung habe ich Bildungswissenschaften gelernt. Herr Suud Kemal Yetkin ging inzwischen an die Hacettepe Universität zurück ... Nachdem Abtritt von ihm habe ich die beide Kurse „Kunst-Probleme" und „Türkische Kunst" übernommen.

Ömer Adıgüzel: ... und Sie sind eine Lehrkraft in der Abteilung für Erziehungswissenschaften geworden...

İnci San: In den Jahren 1977-1978 ging ich nach Deutschland ... Damals gab es einen Austauschdienst, um Kenntnisse und Sitten erfahren zu können. Ich habe ein Jahr in Deutschland gelebt. Da habe ich eine Bibliotheksarbeit gemacht und habe sehr viele Quellen (Referenz-Bücher) gesammelt. Es hat sich für die späteren Arbeiten sehr ausgezahlt ...

Ömer Adıgüzel: Sie haben während der Arbeit an der Pädagogischen Fakultät ein neues Fach kennengelernt: Spiel- und Theaterpädagogik ... Sie haben einen großen Teil Ihrer Zeit für die Dramatisation gegeben ... In der Zeit wurde das Konzept Spiel- und Theaterpädagogik im Türkischen entwickelt. Wie haben sie angefangen, sich für Drama- und Theaterpädagogik zu interessieren?

İnci San: Es hatte wie eine Anekdote angefangen. Im Jahr 1982 hat der Staatstheater-Schauspieler Herr Tamer Levent, mich mit dem Vorschlag eines Freundes aufgesucht.

Er hatte das Buch zur Improvisation von John Hodgson dabei und hatte über das kreative Drama gesprochen. Zuvor hatte er sich bei anderen Bildungseinrichtungen gemeldet, jedoch hatte er keine ausreichende Unterstützung bekommen. Nach meiner Meinung musste Drama (Schauspiel und Theaterpädagogik) im Rahmen der allgemeinen Bildung seine Stelle finden und in Bezug auf die Kunst betrachtet werden. Danach haben wir durch die Teilnahme der Studenten von der 2., 3. und 4. Klasse einen praktischen und theoretischen theaterpädagogischen Ausbildungskurs angefangen. Wir haben unsere Arbeiten nachher mit Tamer fortgeführt … In einer Hinsicht war der Besuch von ihm ein Zufall. So ein Buch in der Hand zu haben, war auch für Tamer ein Zufall. Jedoch war es sehr wichtig, diese zufällige Sache auf ein Fundament zu setzen. Eine Fassungskraft muss vorhanden sein, ich denke, dass meine Kunsterziehung für diese Bewertung eine wichtige Rolle gespielt hat. Vielleicht habe ich eine Forschungsneigung, denn ich habe sofort die praktischen Anwendungen gestartet und habe über die bezugnehmenden theoretischen Kenntnisse nachgedacht: ich habe immer recherchiert und habe viele Quellen erreicht.

Ömer Adıgüzel: Dann begannen die internationalen Seminare … Im Jahr 1985 hatten die ersten internationalen Seminare stattgefunden. Der Treffpunkt war das Goethe-Institut. Unter den Experten waren Deutsche und Engländer. So hat der Vorgang angefangen …

İnci San: Ja, das Seminar im Jahr 1985 war auf einer allgemeinen Ebene zu Informationszwecken veranstaltet worden. Es bestand aus Improvisationswerkstätten. Hier wurde Improvisation als eine Lehrmethode in Kunstbildung und Ausbildung gesehen. Das Seminar dauerte 5 Tage und Prof. Dr. Hans-Wolfgang und Marlies Krause von der damaligen Hochschule der Künste in Berlin (heute: Universität der Künste Berlin) und Wolfgang Tiedt von der Sporthochschule Köln hatten diese Werkstätten geleitet.

Im Jahr 1987 kamen aus England Herrn John Hodgson, Scott Richards und aus Deutschland Nickel, Dagmar Dörger und Marlies Krause. Sie hatten viele Bearbeitungen gemacht. Bei diesem Seminar haben auch von verschiedenen Fächern türkische Experten teilgenommen. Dieses Seminar war für die Präsentation des Dramas (Spiel- und Theaterpädagogik) sehr erfolgreich und eine wichtige Gruppe hatte dieses Konzept kennengelernt.

Ömer Adıgüzel: Ich denke, dass Sie eine Neigung an Dramatisierung, Drama und Schauspiel hatten, deshalb konnten Sie die Konzepte beim Treffen mit Herrn Tamer Levent sehr schnell aufgreifen.

İnci San: Ja, ich habe diese Neigung. Während meiner Kindheit war unsere ganze Familie Dauerkundschaft beim Staatlichen Theater. Damals gab es beim Staatlichen Theater ein Abonnementssystem, das wir nutzten. Deshalb konnten wir alle Stücke sehen. Wir gingen auch in die Oper. Ich erinnere mich, dass ich, während ich in der

Grundschule war, eine Freundin hatte. Ich ging damals auf dem Heimweg mit zu ihrer Wohnung; es gab da ein Sofa. Ich nahm hinter dem Sofa Platz und spielte meine eigenen Sketche. Ich konnte zwei, drei Personen synchronisieren (intonieren). Ich hörte mit meiner Tante sehr oft Hörspiele. Als ich in der Grundschule die zweite Klasse besuchte, war ich eine Zeitlang in İstanbul. Die Grundschule habe ich dort weiter besucht. Natürlich habe ich mich von Ankara sehr schwer verabschiedet. In Istanbul war ich fremd. In Ankara war ich eine gute Schülerin, als ich dorthin umzog, da kannte ich Niemanden ... Da habe ich irgendeinen Abwehrmechanismus entwickelt. Diese Grundschule war ein hölzernes Herrenhaus in Kadıköy. Es wurde mittels einer Ofenheizung geheizt. Im Schulgarten gab es einen Hühnerstall. In der großen Pause war dieser Hühnerstall meine Bühne und ich spielte da Drolerien und die Schüler schauten meine Spiele und lachten über mich. Während meines Aufenthaltes in İstanbul habe ich diese Spiele gespielt. Dann kehrte ich wieder als İnci nach Ankara zurück. So war ich für einen bestimmten Zeitraum eine Andere geworden. Vielleicht wollte ich damals mit diesen Spielen meine Innenwelt widerspiegeln. Die genannte Neigung kann dadurch zustande gekommen sein.

Ömer Adıgüzel: Seit ich Sie kennengelernt habe, hat Ihre Spannkraft und Ihr Interesse an Innovation, neuen Methoden und Ihre Offenheit, Ihr Annähern an Neues meine Aufmerksamkeit geweckt. Sie haben auch Interesse an der Entwicklung des Schauspiels und der Theaterpädagogik in Deutschland, daher haben Sie eine offene und interagierende Haltung ... Im Verlauf Ihrer internationalen Seminare in der Türkei nimmt der Erziehungswissenschaftler Herr Hans-Wolfgang Nickel oft teil und leitet die Werkstätten. In allen Seminaren, die heutzutage veranstaltet werden, kommen auf jeden Fall Experten aus Deutschland. Hat diese Wechselwirkung als Ergebnis einen Vorteil erbracht?

İnci San: Natürlich. Die Teilnahme von Prof. Dr. Hans-Wolfgang Nickel hat im Jahr 1985 und in weiteren Jahren große Vorteile gehabt. Er ist ein Lehrer. Als ein Erzieher waren seine Annäherungen und Vorbereitungen sehr systematisch. Da ich persönlich für das Systematische Sympathie habe, habe ich mir seinen Stil sehr schnell angeeignet. Er kam immer mit seinen Notizen und arbeitete mit ihnen. Er hatte immer einen gewissen Plan. Falls Sie sich erinnern, habe ich es in meinem Unterricht auch so gemacht und nach meiner Meinung hat es viele Studenten positiv beeinflusst. Marlies Krause hatte auch einen sehr kreativen Stil. Wir können sagen, dass sie eine große Neigung an der Phantasie und Fiktionalwelt hatte. Marlies hatte eine Weile in türkischen Universitäten gearbeitet und hatte in verschiedenen Stellen mit türkischen Kindern einige Projekte entwickelt.

Neben all dem hat das deutsche Kulturzentrum in Ankara (Goethe-Institut) unsere Arbeiten sehr unterstützt. Sie haben uns ihre Veranstaltungsorte zur Verfügung gestellt, die Experten eingeladen und sie finanziert. Im Laufe der Zeit hat die Anzahl der Experten sich vermindert, trotzdem war das Goethe-Institut immer an unserer Seite.

Ömer Adıgüzel: Warum haben Sie ein internationales Seminar organisiert und im Schwerpunkt mit deutschen Experten diese Organisationen durchgeführt?

İnci San: Niemand sah damals im heutigen Sinn Dramatisierung oder Dramatisation in der Erziehung, anders gesagt: Damals konnte keiner die kreative Drama-Richtung wahrnehmen. Kreatives Drama oder Theaterpädagogik war meistens nur eine technische Methode, die textorientiert war ... Die Idee zum ersten internationale Seminar schlug vielleicht Tamer vor. Und Beklan Algan, Ayla Algan hatten auch teilgenommen. Neriman Samurçay, Ertuğrul Özkök; Abdulkadir Özbek waren auch dabei.

Ömer Adıgüzel: Mit welchen Institutionen haben Sie in Deutschland zusammengearbeitet?

İnci San: Durch Hans-Wolfgang Nickel haben wir mit der damaligen Hochschule der Künste in Berlin, in Ankara mit dem Goethe-Institut und viel später mit BAG Spiel und Theater e.V. eng zusammengearbeitet, und heute sind diese Interaktion immer noch aktuell.

Ömer Adıgüzel: Sie haben besonders mit den deutschen Experten das erste internationale Seminar veranstaltet. Konnten Sie es damals einschätzen, dass es so stabil bis heute weiter gehen würde?

İnci San: Ich glaube, das hatte ich vorhergesehen. Ich hatte gedacht, dass es fortgesetzt werden muss. In Wahrheit habe ich nie mir vorgestellt, dass meine Studien aufhören können. Nun werden die Seminare auch von Zeit zu Zeit als Kongresse benannt. Da werden noch mehr fachliche Unterteilungen gemacht und Mitteilungen gegeben. Ich denke, die Seminare müssen fortgesetzt werden. Ich hatte auch nicht vorhergesehen, dass mein Magisterprogramm in Zukunft ein Hauptfach wird. Es wird im Bachelor-Studienprogramm unterrichtet: das muss als eine sehr gute Entwicklung betrachtet werden.

Ömer Adıgüzel: Nach drei internationalen Seminaren, d. h. nach einem Zeitraum von sechs Jahren kamen die Seminarteilnehmer zueinander und gründeten unter der Leitung von Ihnen und Tamer Levent einen Verein. Wie wurde der ÇDD (Zeitgenössischer Drama Verein) gegründet?

İnci San: Vielleicht hatten wir einen Bedarf an einer Organisation. Damals war es die jüngste Zeit nach dem Militärputsch vom 12. September 1980 und eine NGO zu organisieren war nicht so einfach. Außerdem gab es solch eine Aktivität weder in einer Universität noch an einer Fakultät noch war ein Unterricht vorhanden. Obwohl es als ein Vorschlag in einigen Einrichtungen angeboten wurde, wurde es nicht akzeptiert. Daher haben wir untereinander diskutiert, einen Verband zu gründen; dadurch könnten wir uns stärken. Natürlich hat die Gründungsphase eine lange Zeit gedauert.

Ömer Adıgüzel: Heute hat der ÇDD in der Türkei in Bezug auf kreatives Drama oder Theaterpädagogik eine wichtige Funktion …

İnci San: Selbstverständlich. Unsere Werkstätten und Kurse regelmäßig durchzuführen, ist sehr wichtig. Das setzt sich fort. Die Anerkennung der Kurse durch das Erziehungsministerium und die Genehmigung der Zertifikate durch das Erziehungsministerium ist ein wichtiger Schritt. Nach der Bestätigung konnte uns keiner etwas anhaben.

Ömer Adıgüzel: Nach der Gründung wurde der ÇDD als erstes internationales Mitglied in die BAG Spiel und Theater e.V. aufgenommen. Dann wurde er Mitglied von IDEA und EDERED. Was können Sie zu dem ÇDD und der BAG in Deutschland für die Entwicklung der internationalen Beziehungen empfehlen?

İnci San: Nach meiner Meinung muss man bei Kindern anfangen. Jedoch mit den Erwachsenen zusammen agieren, ist auch wichtig. Hier ist es nötig, die Vorurteile der türkischen und deutschen Erwachsenen zu brechen. Das ist keine leichte Aufgabe. Das kann nicht nur mit Drama, sondern in Zusammenhang mit der Kunsterziehung noch mehr bewirken. Obwohl die vierte Generation gekommen ist, sind die Vorteile der Theaterpädagogik zu erklären, immer noch eine sehr schwere Sache.

In der Türkei müssen wir uns um eine interessierte Umgebung nicht mehr bemühen. Eine große soziale Gruppe haben wir schon erreicht.

Es darf nicht vergessen werden, mit Politikern und Bürokratien / hauptsächlich mit Entscheidungsgremien zu arbeiten.

Besonders auch in Deutschland lebende Türken müssen geschult werden.

Die türkischen Drama-Experten müssen nach Deutschland eingeladen werden und da die Werkstätten leiten.

Spiel- und Theaterpädagogik in der Türkei: Ein „service public"!
Karl-A.S. Meyer im Gespräch mit Hans-Wolfgang Nickel

1964 bekam Hans-Wolfgang Nickel die Gelegenheit, an der Pädagogischen Hochschule Berlin zunächst „Spiel" als eine Wahlübung für künftige LehrerInnen einzurichten und daraus das Fach „Schulspiel" als 2. Wahlfach für Lehrer zu entwickeln. Dazu wurde eigens eine Professur eingerichtet. Mit der Übernahme des Fachs durch die Hochschule der Künste (HdK)Berlin 1981 (heute: Universität der Künste - UdK) konnte Hans-Wolfgang Nickel zusammen mit Hans Martin Ritter das Institut für Spiel- und Theaterpädagogik etablieren. Nickel war bis zu seiner Pensionierung 1998 geschäftsführender Direktor des Instituts für Spiel- und Theaterpädagogik (zur Entwicklung des Instituts siehe Anhang: Das Institut).

In der fast 50-jährigen Entwicklungsgeschichte des Instituts und der Spiel- und Theaterpädagogik hatte für Nickel der internationale Austausch, das Hineinschauen in andere, uns manchmal auch fremde Kulturen immer große Bedeutung. Nickel bereiste viele Länder und leitete dort unzählige Theaterwerkstätten. Einerseits brachte er seinen Ansatz von Spiel und Theater nahe, umgekehrt verglich und reflektierte er die unterschiedlichen kulturellen Ansätze mit den eigenen, um die Arbeit im Institut mit diesen Erfahrungen anzureichern. Für ihn spielten dabei nicht nur die europäischen Nachbarn eine wichtige Rolle, sondern er setzte unter anderem maßgebliche Impulse für die Entwicklung eines heute regelmäßigen und intensiven Austauschs mit der Türkei im weiten Feld von Spiel und Theater. In Ankara nahm Hans-Wolfgang Nickel seit 1985 regelmäßig alle zwei Jahre am Kongress „Drama in Education" teil, daneben sporadisch an Workshops und Tagungen in Istanbul, Izmir, Eskişehir. Auf die Reisen in die Türkei fuhr Nickel nie alleine, sondern er engagierte für die Leitung von Spiel- und Theaterwerkstätten immer auch andere Hochschullehrer, Absolventen des Instituts und Studierende, die etwas Besonderes anzubieten hatten, so auch mich, den Interviewer. Aus Nickels Vita erfährt man, dass es besondere Verbindungen durch die „deutschen Türken" gab. Schon durch das Exil von deutschen Theaterleuten in der Türkei während der Hitlerzeit hatten sich intensive Beziehungen zwischen dem deutschen und dem türkischen Theater herausgebildet. Sie haben sich in der Spiel- und Theaterpädagogik noch intensiviert. In jedem der Jahrgänge am Institut für Spiel- und Theaterpädagogik in Berlin nahm seither mindestens eine Türkin oder ein Türke an den Kursen teil. Manchmal waren sie in Berlin geboren oder aufgewachsen, manchmal in der Türkei. Inzwischen sind mehrere türkische Promotionsvorhaben am Institut abgeschlossen worden.

Dr. Karl Meyer, der das Interview führte, wurde bei Professor Nickel promoviert und hat ihn auch auf einer Reise in die Türkei begleitet und die daraus entstehenden Kontakte intensiviert.

Meyer: Hans-Wolfgang, internationale Zusammenarbeit ist dir in deiner Arbeit immer sehr wichtig gewesen. Wie entstanden zwischen dem Institut für Spiel- und Theaterpädagogik und den anderen Ländern derartig rege Begegnungen?

Nickel: Vorweg wäre mir ganz wichtig, einen größeren Zusammenhang herzustellen. Ganz viele Impulse sind von 1900 bis in die 1920er Jahre aus dem deutschen Raum gekommen, die dann 1933 abgeschnitten wurden, wobei eine Reihe der Leute dann in die USA oder wie Rudolf Laban oder Lisa Ullmann nach England gegangen sind oder auch in andere freie Länder. Das war eine Welle, die nach 1945 wieder zurück schwappte. Dazu gehört das ganze Kreative und das Therapeutisch-Kreative und das Spielerische, etwa Moreno, Pearls, die Körperbewegung, Levin … Die jugendbewegten Sachen kommen ja nach 1945 wieder, jedoch verändert und weiter entwickelt. Da haben wir zunächst viel von den Holländern gelernt, weniger von den Engländern oder den Schweden, das kam erst sehr viel später.

Meyer: Wann gab es denn die ersten Kontakte mit der Türkei? Wie kam es zu einer Zusammenarbeit?

Nickel: 1985 war der erste Kongress in der Türkei. Wir hatten das Institut für Spiel- und Theaterpädagogik mit dem Umzug in die HdK gerade etabliert. Der Impuls kam aus der Türkei. Die entscheidende Figur war İnci San. İnci war eigentlich Professorin für bildende Kunst, hat daneben aber auch immer das Spiel und Theater mit entwickelt – und dann kommt noch eine türkische Besonderheit dazu – İnci war nie allein, sondern war immer zusammen mit ihrem Vetter Tamer Levent. Tamer ist ein professioneller Schauspieler, Regisseur, inzwischen auch wieder Schauspieler. D.h., in der Türkei war von Anfang an diese Verbindung von Spiel und Theater sowohl akzeptiert vom professionellen Theater, das von der Organisation her innerhalb der Schauspieler immer ein bisschen links orientiert war – es gab so eine Art Gewerkschaft, deren Vertreter Tamer war, als auch von der Hochschule, wo İnci lehrte. Vergleichsweise waren in Deutschland die Kontakte damals zum professionellen Theater noch relativ schmal. Es hat ja ewig gedauert, bis über die Theaterpädagogik selbst die professionellen Theater letztlich von uns Kenntnis genommen haben. Zurück: Also, İnci war als Vertreterin der bildenden Kunst auch schon in Berlin gewesen und hatte mit der HdK, mit dem Institut für bildende Kunst, Kontakt aufgenommen. Sie lernte das neue Institut für Spiel- und Theaterpädagogik kennen und war sehr daran interessiert, Kontakte in die Türkei zu knüpfen. Wir vom Institut für Spiel- und Theaterpädagogik hatten die Türkei eigentlich noch nicht im Fokus. Wir hatten eine europäische Organisation, die sich in

Villach traf, um dort ihre großen Drama-in-Education-Konferenzen abzuhalten, doch dort tauchte die Türkei nicht auf.

Zu dieser Zeit, 1985, kam dann eine Einladung aus der Türkei, um unsere Praxis und Theorie auf einem Kongress vorzustellen. Tamer und İnci hatten gute Kontakte zum Goethe-Institut in Ankara, das wiederum gute Kontakte zum englischen Kulturzentrum hatte. So kam es, dass bei den ersten Treffen vielfach sowohl deutsche als auch englische Dozenten an diesen Konferenzen teilnahmen.

Meyer: Als ich 2007 in Ankara zum Kongress eingeladen wurde, gab es auch deutsche und englische Dozenten, jetzt wird mir verständlich, warum.

Nickel: Ja, das ist ziemlich kontinuierlich gelaufen. Das Goethe-Institut, das „Alman Kültür Merkesi", war immer führend und leitend dabei, das englische Kulturzentrum schloss sich gern an. Es war eine Kooperation, die über İnci und das Goethe-Institut koordiniert wurde.

Den Kongress 1985 in Ankara haben İnci und ich zusammen entwickelt. Es gab keine Schwierigkeiten sich zu verständigen. İnci spricht sehr gut Deutsch. Ihr Mann ist Soziologe, er hatte zu der Zeit in Berlin an der FU gelehrt. Er war quasi zwei Jahre im Exil, weil er Probleme mit der Militärregierung hatte. Auch er spricht fließend Deutsch. Dann gab es damals schon eine ganze Reihe von Rückkehrern aus Deutschland; wir hatten keine Schwierigkeiten, Übersetzer für Referate und Workshops zu finden.

Die Vorbereitungen verliefen dementsprechend problemlos. Die Konzeptionen dazu gingen zwar primär von Berlin aus, doch sie wurden in Absprache gemacht, es waren immer auch türkische Referenten dabei. Sie waren Theaterwissenschaftler, Historiker und nicht wie wir praktische Theaterpädagogen mit theoretischem Hintergrund.

Meyer: Wie sah damals die theaterpädagogische Landschaft in der Türkei aus, gab es sie überhaupt?

Nickel: In Berlin haben wir bereits 1964 an der Pädagogischen Hochschule mit der Spiel-Pädagogik begonnen. Anfang der achtziger Jahre hatten wir bereits eine komplette Praxis und Theorie dazu. Komplett ist natürlich übertrieben, sie hat sich ständig weiterentwickelt. Aber wir hatten ein Gesamtbild von Spiel und Theater, ursprünglich beschränkt auf die Schule, dann aber durch unsere Ferienkurse auf das professionelle Theater und alle möglichen anderen Zielgruppen ausgeweitet.

In der Türkei gab es Ansätze dazu, aber kein Zentrum, was das machte. Es gab keine Praxis in dieser Richtung. Aber es gab eine überwältigende Fülle von enthusiastischen Leuten, die auf diesem Gebiet etwas machen wollten. Es gab auch ganz viele, die irgendwo irgendwie etwas machten, zum Beispiel in Jugendheimen und den Volkshäusern (halk evi), die Atatürk hatte einrichten lassen. Diese jungen Leute waren wie Schwämme, ungeheuer begierig etwas aufzunehmen. Sie waren ‚wilde Praktiker', die dankbar theoretische Ordnungen aufnahmen von dem, was sie eigentlich machten; also es kam ihnen gelegen, aus dem bloßen Machen herauszukommen, hinein in das Betrachten ihres Tuns, und es in Begriffe zu übersetzen.

Dabei kommt für die Türkei eine spezifische Schwierigkeit hinzu. Es hat sich sehr wenig an fachlicher Terminologie aus dem Türkischen heraus entwickelt. Sie schweben quasi zwischen deutscher, englischer und auch französischer Terminologie hin und her, weil zum Teil die intellektuelle Schicht in der Universität deutsch, englisch oder französisch gebildet ist – auch Lehrpläne so ausgerichtet sind. Hochschulprofessoren werden normalerweise in einem dieser Länder promoviert, bevor sie sich an der Universität bewerben. Im Ausland wurden sie mit einer Terminologie konfrontiert, die sie dann mitbrachten in die Türkei, weshalb die Entwicklung einer eigenen Terminologie in der Türkei eine ausgesprochen schwierige Sache in diesem Bereich ist.

Meyer: Das kann ich bestätigen. Als ich gebeten wurde, auf dem theaterpädagogischen Kongress 2006 in Ankara zum Thema „Gestern-Heute-Morgen" einen Vortrag zur Improvisation zu halten, habe ich zuvor mit der Dolmetscherin stundenlang versucht, die mir geläufigen Fachbegriffe ins Türkische zu übersetzen. Meistens mussten wir sie mit vielen Worten umschreiben, damit sie überhaupt ‚begreifbar' wurden ...

Nickel: ... ja, das ist vertrackt; wir als Spielpädagogen haben es insofern noch einfach, weil wir nicht nur dozieren, sondern immer etwas machen. Jedenfalls habe ich es in meinen Vorträgen so gehalten, dass die Leute etwas machten, kleine Beispiele, Spiele und Übungen, in denen sie handelnd tätig waren, auch wenn da hundert Zuhörer saßen. Dieses große Interesse war für uns eine Überraschung, wie viele von Spiel und Theater etwas hören und lernen wollten. Dieser Enthusiasmus war in Deutschland eigentlich nicht so vorhanden.

Also es gab die Schwierigkeit, zu einer konsistenten Terminologie und Theorie zu kommen, die wir – und das sage ich etwas selbstlobend – mitbringen konnten, um den Phänomenen, die wir gemeinsam erörterten, begrifflich-theoretisch eine gewisse Form zu geben.

Meyer: Was wolltet ihr Berliner Spiel- und Theaterpädagogen in der Türkei, was wolltest du? Gab es euerseits Intentionen, die damit verbunden waren?

Nickel: Also, ich persönlich hatte speziell keine Intentionen für die Türkei. Vielleicht entsprach mein Anliegen eher der Auffassung, wie sie Jean Vilar vom Théâtre National Populaire in Paris treffend so formuliert hat: „Theater ist ein service public", wie die Feuerwehr, wie die Krankenhäuser, ein öffentlicher Dienst. Das kam meiner Form der Spielleitung sehr entgegen und machte die daraus entstehende Zusammenarbeit so fruchtbar. Ich sage auch nicht, „ich will das und das mit der Gruppe machen", sondern ich gehe in eine Gruppe hinein und horche: was wollen die Einzelnen, was liegt an, was fehlt ihnen, was möchten sie gerne? Ich entwickele also aus der Gruppe heraus etwas. So zu arbeiten, war mir auch in der Türkei sehr wichtig. Für mich ist der Spielleiter der Diener, der Helfer einer Gruppe. Für uns war es dann wieder ungeheuer bereichernd, in eine Kultur hineinzuschauen, etwas aufzunehmen. Es war also nicht die Intention „Ihr solltet …, ihr müsstet … wir machen es jetzt so …", sondern es war, auf Anruf, auf Anfrage zu sagen: „Ja gut, da steige ich ein, machen wir es doch einmal so, wir werden dann sehen, was sich daraus ergibt".

Meyer: Hat sich dieser anfängliche Kontakt weiterentwickelt? Gibt es etwa gemeinsame Projekte, die daraus entstanden sind?

Nickel: Ausgeweitet hat es sich über Ankara hinaus; wir haben eine längere Reise gemacht über Eskişehir, Izmir, Istanbul …, haben unterschiedliche Hochschulorte besucht und dort wieder etwas angeboten. Entscheidend ist aber, ich bin nie alleine zu solchen Tagungen gefahren, sondern wir haben immer Fachstudenten aus den höheren Semestern und Lehrbeauftragte mitgenommen, z. B. Ulrika Sprenger, die bei uns Bewegung und Tanz unterrichtete. Für uns war Bewegung und Tanz in diesem Kontext sehr wichtig: Theater und Spiel jenseits des Sprachlichen. Wir haben des Öfteren Wolfgang Tiedt von der Sporthochschule Köln mitgenommen. Marlies Krause, Dagmar Dörger und du selbst, ihr seid mitgefahren. Viele dieser Personen haben dann längere Kontakte selbst mit aufgebaut in der Türkei. So hat Marlies Krause an der Hochschule in Izmir und du hast in Istanbul am Stadttheater längere Zeit verbracht.

Es hat sich in der Türkei noch eine zweite Entwicklung vollzogen. Sie geht auch von Berlin aus, hatte aber zunächst mit der Hochschule nichts zu tun. Die Schaubühne am Halleschen Ufer hatte unter Peter Stein Anfang der 80er Jahre ein türkisches Ensemble gebildet.

Meyer: Dazu gehörten doch auch Beklan und Aylan Algan vom Stadttheater Istanbul.

Nickel: Richtig! Die haben bei Peter Stein mitgemacht und haben anschließend in Istanbul ein Theater-Laboratorium gegründet.

Meyer: In diesem Theater-Laboratorium habe ich 1989 im Rahmen meines Stipendiums wiederum mit türkischen Schauspielschülern arbeiten dürfen. Zusammen mit den jungen Schauspielern entwickelte ich die Musik-Performance „Istanbulu Dingliyorum – Ich höre Istanbul"…

Nickel: … auch Dagmar Dörger und ich waren dort und haben die Mini-Mono-Dramen vorgestellt, also das Animationstheater. Das war auch ein Sprung in das türkische Kindertheater hinein. Quasi aus der Spiel-Pädagogik heraus in das Theater hinein, in das türkische Kindertheater. Es war damals ein sehr folkloristisches Theater mit Kostüm, Musik und Bühnenbild, und die Kinder sitzen unten und staunen. Was wir vorstellten, waren die viel einfacheren und schlichteren Formen, die mit dem Erzählen anfangen und ins Spiel übergehen, dann aber sehr schnell das Publikum mit einbeziehen. Wir haben ein, zwei Workshops in diesem Theater-Laboratorium gemacht, um diese Form vorzustellen. Das war auch bei uns eine relativ neue Entwicklung, denn es war nicht eine Form der ursprünglichen Spiel-Pädagogik der Pädagogischen Hochschule, sondern das war schon die erweiterte Spiel- und Theaterpädagogik der UdK.

Zusammengefasst heißt das: Es geht über Ankara hinaus in die Weiten der türkischen Gebiete hinein, es nutzt die Hochschulstandorte, um dort für dieses Fach zu werben und bestehende Initiativen weiter zu stärken. Ich selber habe die Türkei ja immer nur für kürzere Zeit besucht. Doch Marlies Krause oder du, die ihr euch längere Zeit in der Türkei aufgehalten habt, konntet viel mehr von der Türkei profitieren, als ich es konnte. Darüber müsstet ihr dann mal berichten. Wenn ich nach acht oder 14 Tagen wieder verschwand, dann konnte ich ja nicht so viel einpacken in meinen Kopf. D. h. ich habe immer relativ oberflächliche Information über die Entwicklungen in der Türkei. Aber die Kontakte zu Tamer sind bis heute lebendig, er war auch zu den Filmfestspielen in Berlin mit einem eigenen Film.

Meyer: Umgekehrt kamen ja auch türkische Studenten oder Interessierte an die UdK nach Berlin. Welche Formen des Austauschs entstanden von der Türkei aus in Richtung Berlin?

Nickel: Wenn ich mich recht entsinne, gab es nie eine türkische Gruppe, die gekommen ist. Wir haben ja beispielsweise viele holländische Gruppen hier gehabt, aus der Türkei nicht. Aus der Türkei kamen Einzelstudierende. Dabei muss man zwei Typen von Einzelstudenten unterscheiden. Es kamen türkische Studierende, die in Deutschland geboren waren oder als kleine Kinder nach Deutschland gekommen waren, hier die Schule besuchten, Abitur machten, sich an der UdK bewarben und dort studierten. Die meisten blieben anschließend hier und gingen nicht zurück in die Türkei.

Aber es kamen auch einzelne türkische Studenten aus der Türkei, von türkischen Universitäten, die ein Aufbau- und Auslandsstudium machen wollten, um danach wieder in die Türkei zu gehen. Darunter waren einige, die in Berlin promovierten, wie zum Beispiel Kadir Cevik, der inzwischen an der Schauspielschule in Ankara unterrichtet und dort Theaterpädagogik implementiert. Man kann sagen, dass die Weiterentwicklung sich primär über Einzelpersonen vollzog und vollzieht, wie auch bei den beiden Algans, die sich bei Peter Stein – es waren ja schon professionelle Theaterleute – weitergebildet haben und dann die Impulse aus Berlin in Istanbul weiterführten.

So war auch Ömer Adıgüzel, einer der Studierenden von İnci San, intensiver und länger hier und immer wieder. Er hat Impulse von hier mitgenommen. İnci, Ömer und andere haben sehr schnell eine theaterpädagogische Gesellschaft gegründet, nämlich Çağdaş Drama Derneği (ÇDD) - „Creative Drama Association from Turkey", in der İnci lange Zeit Vorsitzende war und die Ömer schließlich weitergeführt hat. Es haben sich Organisationsstrukturen gebildet, die das Ganze tragen, und es haben sich Initiativen gebildet, die „Creative Drama" in die Schule hineintragen im Sinne von Curriculum und im Sinne von Lehrplan und im Sinne von gestuftem Aufbau. Das Fach ist inzwischen verankert. Man kann sagen, es gibt zwar Impulse von hier aus, aber es ist nicht so, als hätten wir gemeinsam an diesen Dingen gearbeitet, sondern sie sind selbstständig weitergeführt worden.

Ich war jetzt kürzlich bei dem Treffen der türkischen Theaterpädagogen und musste staunend feststellen: das ist inzwischen eine Riesen-Bewegung geworden mit ungeheuer vielen Leuten, an vielen Orten, an vielen Hochschulen. Wenn man das mit Deutschland vergleicht, ist die Türkei vielleicht zahlenmäßig weiter und ausbildungsmäßig stärker verankert. Aber das ist reine Spekulation. Wie gesagt: die deutschen Einflüsse kombiniert mit den englischen laufen dennoch weiter.

Doch was mich betrifft, sollte man bedenken: Ich bin seit 1998 raus aus dem Geschäft, das sind bereits 15 Jahre. Ich erzähle also aus dem 20. Jahrhundert. Was weiterhin passiert ist, wissen die anderen, weißt du selber viel besser! Ich weiß, dass Kadir Çelikein ein großes Schauspieltreffen machen wollte, das aber aus finanziellen Gründen nicht zu Stande kam. Dafür hatte ich schon in Berlin einige Gruppen organisiert, die dort mitgemacht hätten. Kadir hat das immer noch vor ... Aber in der aktuellen Entwicklung bin ich wirklich nicht mehr drin.

Meyer: Das starke Engagement im Kontext der theaterpädagogischen Bewegung in der Türkei hat nach meiner Wahrnehmung bis heute keinen Deut nachgelassen. Denn als ich 2008, also zehn Jahre später, von Nami Eren Beştepe, dem Vertreter der „Creative-Drama-Association" von Antakya-Hatay in unmittelbarer Nähe der syrischen Grenze, zum „12th International Creative Drama in Education"-Seminar eingeladen wurde – das Thema war "Structuring the Improvisation in Drama", staunte ich nicht schlecht: Aus der ganzen Türci von Ankara bis Trabzon, selbst aus Zypern reisten Vertreter unserer theaterpädagogischen Zunft an. Wir, die eingeladenen „Drama Teacher" kamen aus England, Irland, Schweden, Finnland und Deutschland. Und solche Symposien finden trotz aller finanziellen Widrigkeiten nahezu regelmäßig statt.

In anderer Richtung ist der türkische Verband, vertreten durch Ass.-Prof. Dr. H. Ömer Adıgüzel als Vorsitzender des türkischen Çağdaş Drama Derneği, Mitglied in der Bundesarbeitsgemeinschaft Spiel & Theater. Regelmäßig besucht Ömer zusammen mit anderen türkischen Vertretern die Zentrale Arbeitstagung der BAG. Was im letzten Jahrhundert auf persönlichen Kontakten und dem Engagement einzelner beruhte, wurde nachhaltig verstetigt und steht inzwischen auf den Säulen klarer Verbandsstrukturen. Wenn das keine positive Entwicklung darstellt ...!

Was mir jetzt noch wichtig ist: Welches Resümee würdest du aus deinen theaterpädagogischen Erfahrungen mit beiden Kulturen ziehen?

Nickel: Ich habe in der Türkei keine Fremdheitserlebnisse gehabt. Vielmehr habe ich die Türkei als eine durchaus europäische Kultur kennen gelernt. Das ist natürlich verständlich durch den Einstieg über das Goethe-Institut und über Hochschulen. Und ich gebe zu, dass das natürlich das westliche Gesicht der Türkei ist. Doch auch als wir über das Land gefahren sind, habe ich es als etwas Vertrautes empfunden. Für mich war die Türkei aber ein wesentlich vitaleres Land als die Bundesrepublik.

Das liegt ganz sicher an der Bevölkerungsstruktur. Wie das junge Volk dort quirlt, wie es überfließt von Kindern und Jugendlichen, das ist ein faszinierender Anblick, der mir in seiner Vitalität und Unternehmungslust sehr attraktiv erscheint. Von daher birgt die türkische Gesellschaft auch ein enormes Entwicklungspotential. Wir Theaterpädagogen haben ja immer in Richtung Kinder gedacht, einmal mit Blick auf die Schule, zum anderen in Richtung Kindertheater. Und so gesehen fiel das, was wir anzubieten hatten, auf fruchtbarsten Boden: die Türkei ist ein ausgesprochen kinderfreundliches und Kindern zugewandtes Land, wo den Kindern möglichst etwas Schönes und Attraktives geboten werden soll. So gesehen habe ich mich in der Türkei immer sehr wohl gefühlt! Doch ich kann überhaupt nicht behaupten, dass ich tiefer in die türkische Kultur eingedrungen wäre. Diese kurzen, sporadischen Besuche reichten dazu natürlich nicht aus. Ich habe leider nie eine längere Zeit im Land verbringen können, sondern mich mit einer Crème von Akademikern im Land bewegt, so dass ich von den eigentlichen Problemen der Türkei ganz wenig mitbekommen habe, besonders nicht von Konflikten zwischen muslimischer und europäischer Türkei. Mit der muslimischen Welt bin ich nie wirklich in Berührung gekommen. Wenn man sich in Großstädten auf den Boulevards von Istanbul oder Izmir aufhält, dann ist diese Seite ja überhaupt nicht präsent.

Mein Resümee: Wir haben zwar Impulse gesetzt, aber wir haben nicht – mit einem Gärtnerbild gesprochen – den Samen ausgesät und sind dann hingegangen, um ihn ständig zu begießen und auszupflanzen, sondern wir haben den Türken und ihrem Feld es überlassen, was sie damit anfangen. Beim nächsten Besuch konnte ich mich daran erfreuen zu sehen, was schon alles gediehen ist. Es gab also von der Seite der Universität der Künste keine direkte und intensive Kooperation in Richtung Türkei, sondern gewissermaßen eine wiederholte Impulssetzung. Die war aber nicht konzentriert auf meine Person, sondern es sind immer wieder andere Leute aus unserer und anderen Hochschulen mitgefahren und haben eigene Impulse setzen können und wiederum auch was aus der Türkei mit zurück genommen. So hat Wolfgang Tiedt von der Sporthochschule Köln weitaus mehr aus der Türkei für sich geholt an Musik etwa als ich; er kam aus dem Bereich Spiel/Musik/Tanz, war also sehr an der türkischen Musik und ihren besonderen Instrumenten interessiert. Bei mir hat die Zeit nie gereicht, mich mit dem türkischen Theater wie dem Karagöz, dem türkischen Schattenspiel, oder dem Spiel aus dem Kreis, diesen ursprünglichen türkischen Theaterformen näher und ausführlicher zu beschäftigen, obwohl es mich sehr gereizt hätte (und ich eine Menge Literatur dazu mitgebracht habe!).

Meyer: Welchen Wunsch hättest du an die Nachfolgenden, was würdest du denjenigen, die jetzt in die Türkei gehen, mit auf den Weg geben?

Nickel: Gar nichts, sondern: gucken, gucken, gucken …! Und dann sich fragen, was sich aus dem Gesehenen machen lässt, was man dazu tun kann, was man mitnehmen kann. Ich wünsche mir aber schon eine weitere Intensivierung des Austausches, mit mehr Leuten, mit Gruppen.

Meyer: Das würde doch bedeuten, dass es eine ähnliche Unterstützung geben müsste wie zum Beispiel bei den deutsch-französischen Austauschprogrammen oder den deutsch-polnischen.

Nickel: Ja, diese unkomplizierten und schnellen Kontakte wie etwa zu den Niederlanden, Frankreich, England, Schweden fehlen uns in Richtung Türkei. Daran sieht man auch, wie viel Schwierigkeiten uns diese religiösen Konfrontationen in der Welt machen. Auf diese Ebene müsste man interreligiös und interkulturell bei den Begegnungen zunächst einmal eingehen, wirklich da, wo unsere theaterpädagogische Arbeit ansetzt. Derartige Programme gibt es ja auch schon, zum Beispiel von der Theaterpädagogin Uta Plate und der Schaubühne am Lehniner Platz mit Palästina.

Anders gesagt: Ich habe ein ausgesprochen glückliches Leben gehabt. Ich bin nie in ganz harte Auseinandersetzungen gekommen. Wir waren immer willkommen, und wir mochten die Leute dort, wo wir hinfuhren. Es hat uns gefreut, mit ihnen zu arbeiten, und wir sind nie auf eine Mauer von Ablehnung gestoßen.

Anhang

Das Institut – der steinige Weg von den bescheidenen Anfängen an der Pädagogischen Hochschule Berlin bis zum Institut für Theaterpädagogik an der Universität der Künste Berlin

In seinem Beitrag „Ben Akiba oder ‚Alles schon mal dagewesen'" in den Merseburger pädagogischen Schriften Nr. 6 (Aachen 2010) beschreibt Hans-Wolfgang Nickel, wie sich aus den bescheidenen Anfängen des Fachs „Schulspiel" an der Pädagogischen Hochschule (1964) das Institut für Spiel- und Theaterpädagogik an der Hochschule der Künste (1981), dem heutigen Institut für Theaterpädagogik an der Universität der Künste (seit 2000) entwickelt hat. Was als experimentelles Studententheater begann, das sich wie das Amateurtheater vom Laienspiel distanziert und dem professionellen Theater annähert, erfuhr 1965 eine „realistische Wende" hin zum Kinderspiel bzw. zum Rollenspiel mit Bezug zu Pädagogik und Schule. 1968 wurde Schulspiel als 2. Wahlfach eingeführt. Gleichzeitig entstand mit dem „Theater im Reichskabarett" (später GRIPS Theater) ein neues emanzipatives Kindertheater, das Theater und Pädagogik aufwertete. Mit der Integration des Schulspiels in die Hochschule der Künste wird zugleich die Doppeldeutigkeit von Erfolgen sichtbar, denn einher geht die Abschaffung von Schulspiel als 2. Wahlfach durch die Berliner Politik. Das Institut bietet Spiel- und Theaterpädagogik zunächst nur noch als Zusatzqualifikation an. Die professionellen Theater beginnen gleichzeitig, Theaterpädagoginnen und Theaterpädagogen einzustellen. Praktisches Lernen, darunter auch Theater, gewinnt zwar in den Schulen der 1980er Jahre im Zuge der „kulturellen Alltagswende" erheblich an Bedeutung – so wurde 1985 in Hamburg mit dem Schultheater der Länder begonnen, doch Lehrer können erst wieder in den 1990er Jahren berufsbegleitend „Darstellendes Spiel" am Institut studieren. Im Zuge der Tendenz zur „Kultivierung des Alltags" in den 1990er Jahren wurden die alten Grenzen zwischen Schul-, Sozial- und Kulturpädagogik immer durchlässiger. Das Institut für Spiel- und Theaterpädagogik entwickelte sich weiter, die Ausweitung der Bezugsgruppen (Arbeitslose, Inhaftierte, Senioren etc.) und der künstlerisch-pädagogischen Dimension (site specific, Performance-Kunst, Kinderzirkus, Tanztheater etc.) nahmen im ersten Jahrzehnt des 21. Jahrhunderts deutlich zu. Zwar hat sich das Fach Theater an Schule und Hochschule verändert, es gibt Strukturreformen hin zur Ganztagsschule, aber keine Systemveränderung, so dass es immer noch schwierig und nicht selbstverständlich ist, dass sich die Theaterpädagogik an der Entwicklung einer umfassenden Schulkultur angemessen beteiligen kann. Inzwischen ist die berufsbegleitende Lehrerausbildung am Institut etabliert, kann aber keineswegs den Bedarf an den Schulen decken.

Bir „Kamu Hizmeti!": Türkiye'de Oyun ve Tiyatro Pedagojisi Üzerine
Karl-A.S. Meyer'in Hans-Wolfgang Nickel ile Söyleşisi

1964 yılında Hans-Wolfgang Nickel, Berlin Pedagoji Yüksekokulu'nda geleceğin öğretmenlerini seçmeli ders olarak „oyun"a yönlendirmenin yanısıra yine öğretmenler için „okuloyunu" dersini ikinci seçmeli ders olarak oluşturma fırsatına kavuştu. Bunun için ayrı bir kürsü kuruldu. Dersin kabulü ile 1981'de Hans-Wolfgang Nickel, Hans Martin Ritter ile birlikte Oyun ve Tiyatro Pedagojisi Entitüsü'nü 1981'de Berlin Sanat Yüksekokulu (HdK) (günümüzde: Berlin Sanat Üniversitesi - UdK) bünyesinde kurmuş oldu. Nickel 1998'deki emekliliğine kadar Oyun ve Tiyatro Pedagojisi Entitüsü'nün genel müdürü olarak kaldı (Enstitünün gelişimi için bkz. Ek: Enstitü). Enstitü ile oyun ve tiyatro pedagojisinin neredeyse 50 yılı bulan gelişim hikayesi esnasında Nickel için uluslararası alışverişin beraberinde getirdiği ötekine bakmak ve yabancı kültürleri tanımak mefhumları oldukça önemliydi. Nickel bir çok ülkeye gitti ve buralarda sayısız tiyatro atölyesini yönetti. Bir yandan oyun ve tiyatroya dair kendi yaklaşımını da beraberinde götürürken, diğer yandan da farklı kültürel yaklaşımları kendisininkiyle karşılaştırdı. Bu deneyimleri sayesinde de enstitünün çalışmalarını zenginleştirdi. Onun için bu noktada sadece Avrupalı komşuları önemli bir rol oynamıyordu. Bilakis, bugün Türkiye ile oyun ve tiyatro konusunu da geniş bir alanda düzenli ve yoğun bir alışveriş ilişkisine dönüşen sürecin gelişimi için ciddi katkılarda bulundu. Hans-Wolfgang Nickel, 1985'ten itibaren Ankara'da iki yılda bir muntazam düzenlenen „Eğitimde Drama" kongrelerine katıldı. Bunun yanı sıra İstanbul, İzmir ve Eskişehir'deki çeşitli atölye ve oturumlara da zaman zaman katıldı. Nickel Türkiye seyahatlerini asla yalnız yapmadı. Aksine oyun ve tiyatro atölyelerinin idaresi için her zaman yüksekokulun başka hocalarını, enstitü mezunlarını ve özel bir şey sunabilen öğrencilerini de yanına aldı. Ben de bu röportajın sahibi olarak bunlardan biriyim.

Nickel'in hayat hikayesinden öğrendiğimiz üzere kendisinin "Alman-Türkler" ile sıkı ilişkileri bulunuyor. Alman tiyatrocuların Hitler dönemindeki Türkiye sürgünleri esnasında Alman ve Türk tiyatroları arasında zaten sıkı bir bağ kurulmuştu. Bu bağlar oyun ve tiyatro pedagojisi alanında pekişmiş oldu. O zamandan beri Berlin Oyun ve Tiyatro Pedagojisi Entitüsü'nde her dönemde en az bir Türk öğrenci bulunmuştur. Bunlar bazen Berlin'de bazen de Türkiye'de doğmuş ve büyümüş Türkler olmuşlardır. Ayrıca o zamandan bugüne bir çok Türk öğrenci doktora projesini bu enstitüde tamamlamıştır. Röportajı yapan Dr. Karl Meyer de doktora ünvanını Profesör Nickel'den almış; onun Türkiye gezilerine eşlik etmiş ve bu sayede kalıcı bağlantılar oluşturmuştur.

Meyer: Hans-Wolfgang, senin çalışmalarında uluslararası işbirliği her zaman önemli bir yer tuttu. Oyun ve Tiyatro Pedagojisi Enstitüsü ile diğer ülkeler arasında bu denli yoğun ilişkiler nasıl oluştu?

Nickel: Benim için öncelikle büyük bir bağlam ortaya koymak önemli olmuştur. 1900'den 1920'li yıllara kadar Almanya'dan bir çok fikir ortaya çıktı, ancak bunlar 1933'te kesintiye uğradı. Bu süreçte bir çok insan ABD'ye, bir kısmı Rudolf Laban ya da Lisa Ullmann gibi İngiltere'ye ya da başka özgür ülkelere gittiler. Bu 1945'ten sonra tekrar geri gelen bir dalgaydı. Bu dalganın içinde yaratıcı tayfadan herkes vardı: terapotik alanda çalışanlar ve Moreno, Pearls gibi oyuncu alanda çalışanlar, beden hareketi akımı, Levin… Gençlik hareketleri ile ilgili meseleler ancak 1945'ten sonra, fakat değişmiş ve daha gelişmiş olarak geldiler. O zaman ilkin Hollandalılardan çok şey öğrenmiştik. Daha azını İngilizlerden ve İsveçlilerden öğrendik, ama tabii bu çok daha sonra oldu.

Meyer: Türkiye ile ilk bağlantılar tam olarak ne zaman kuruldu? İşbirliğine nasıl dönüştü?

Nickel: Türkiye'deki ilk kongre 1985'teydi. Oyun ve Tiyatro Pedagojisi Enstitüsü'nü HdK'ya taşınarak daha yeni kurmuştuk. İlk teklif Türkiye'den geldi. Belirleyici figür İnci San oldu. İnci aslında güzel sanatlar hocasıydı. Ama bunun yanında her zaman oyun ve tiyatro ile ilgili de kendini geliştirmişti. Burada ayırt edici bir Türk özelliği daha devreye giriyor: İnci asla yalnız değildi, her zaman kuzeni Tamer Levent ile birlikte çalışıyordu. Tamer profesyonel bir oyuncu ve yönetmendi, şu sıralar yine oyunculuk yapmakta. Dolayısıyla Türkiye'de oyun ve tiyatro arasındaki bağ hem profesyonel tiyatro çevreleri – ki bu alan oluşumundan beri oyuncular arasında her zaman biraz sola meyilli olmuştur (örneğin Tamer'in temsilcisi olduğu bu sanat sendikası vardı.) - hem de İnci'nin de içinde bulunduğu akademi tarafından en başından beri kabul görmekteydi. O dönemde Almanya'daki profesyonel tiyatro ile bağlarımız Türkiye'dekine oranla henüz çok daha zayıftı. Bu durum, profesyonel tiyatroların bizi en sonunda tiyatro pedagojisi üzerinden farketmesine kadar uzun seneler devam etti. Geri dönersek: İnci, Güzel Sanatlar'ın temsilcisi olarak Berlin'e gelmiş; HdK ile, Güzel Sanatlar Enstitüsü ile temasa geçmişti. Yeni kurulan Oyun ve Tiyatro Pedagojisi Enstitüsü'yle tanışmış ve enstitüyle Türkiye arasında yakın bir ilişki kurma fikri ilgisini uyandırmıştı. Bizse aslında Oyun ve Tiyatro Pedagojisi Enstitüsü olarak henüz Türkiye'yle alakadar değildik. Büyük çaplı "Eğitimde Drama Konferansları" düzenleyebilmek için Villach'ta bir araya gelen Avrupalı bir oluşumumuz vardı. Orada da Türkiye'nin adı geçmiyordu.

İşte tam bu zamanda, yani 1985'te, pratik ve teorimizi kongrede anlatmamız için Türkiye'den bir davet aldık. Tamer ve İnci'nin Ankara'daki Goethe Enstitüsü ile, bu enstitünün de İngiliz Kültür Merkezi ile iyi ilişkileri vardı. Böylece ilk buluşmamızdan itibaren bir çok kez hem Alman hem de İngiliz öğretim üyeleri bu konferanslarda yer almış oldu.

Meyer: 2007'deki kongre için Ankara'ya davet edildiğimde, orada da yine Alman ve İngiliz öğretim görevlileri vardı. Şimdi niye olduklarını anlıyorum.

Nickel: Evet, bu durum oldukça kesintisiz bir şekilde devam edip gitti. Goethe-Institut, yani "Alman Kültür Merkezi" öncü ve yönetici olarak her zaman hazır bulunuyordu. İngiliz Kültür Merkezi de süreçlere severek katıldı. İnci ve Goethe Enstitüsü tarafından koordine edilen bir işbirliği vardı.

1985 Ankara Kongresi'ni İnci ve ben beraber düzenledik. Karşılıklı olarak anlaşmada hiçbir zorluk yaşamadık. İnci çok iyi Almanca konuşur. Eşi de sosyolog olarak o dönemde Berlin'de, FU'da hocalık yapıyordu. Askeri yönetimle sorunları olduğu için iki yıl tabiri caizse sürgünde gibiydi. O da çok düzgün Almanca konuşur. Yine o zamanlar Almanya'dan geri dönen bir sürü kişi vardı. Bu açıdan sunumlar ve atölyeler için çevirmen bulmakta hiç zorlanmadık. Hazırlıklar da buna uygun olarak sorunsuz tamamlandı. Fikir ve görüşler aslen Berlin'den çıkıyordu, ama bunlar her zaman üzerlerinde uzlaşma sağlanarak uygulanıyordu. Yani Türk katılımcılar her zaman bu süreçlere dahildi. Bu grup bizim gibi teorik arka plana sahip uygulamacı tiyatro pedagoglarının aksine tiyatrobilim insanları ve tarihçilerden oluşuyordu.

Meyer: O zamanlar Türkiye'deki tiyatro pedagojisi ortamı nasıl gözüküyordu? Ya da var mıydı ki?

Nickel: Biz zaten 1964 yılında Berlin'de Pedagoji Yüksekokulu'nda oyun pedagojisi eğitimine başlamıştık. Seksenli yılların başındaysa konuya dair bütünlüklü bir pratik ve teori elimizdeydi. Bütünlüklü demem tabii ki abartı, bunlar sürekli gelişmeye devam ettiler. Ama oyun ve tiyatroya dair, ilk başta okul eğitimi ile sınırlandırılmış fakat daha sonra yaz kurslarımızla profesyonel tiyatrolara ve mümkün olan tüm diğer hedef kitlelere yayılmakta olan genel bir görüntü vardı elimizde.

Türkiye'de de bu yönde atılımlar vardı ama bunu oluşturan tek bir merkez yoktu. Bu yönde hiç pratik yoktu. Ama bu alanda bir şeyler yapmak isteyen olağanüstü sayıda hevesli insan vardı. Pek çok kişi de bir ara, bir şekilde, bir şeyler yapmıştı. Örneğin gençlik yurtları ve Atatürk'ün kurduğu Halkevleri'nde. Bu insanlar bir şeyler alabilmek için muazzam istekliydiler. Onlar zaten yaptıklarından çıkarımladıkları teorik kurallara müteşekkir olan "vahşi uygulayıcılar"dılar. Dolayısıyla salt yapıyor olmaktan çıkmak, yaptıklarını gözlemlemek ve bunları terimlere çevirmek onların da işine geldi.

Bu noktada Türkiye'ye özgü bir zorluk bulunuyor. Türkçe mesleki terminoloji çok çok az gelişmiş. Almanca, İngilizce ve Fransızca terminoloji arasında deyim yerindeyse bir ona bir bu yana gidip geliyorlar. Çünkü üniversitelerdeki entelektüel sınıf Almanca, İngilizce ya da Fransızca eğitim görmüş. Müfredat bile bu şekilde düzenlenmiş. Üniversite hocaları da okullara başvurmadan önce genellikle bu ülkelerin birinde doktoralarını yaparlar. Yurtdışında bir terminolojiyle karşılaşıp, bunu da beraberlerinde Türkiye'ye getiriyorlar. Bu da Türkiye'de bu alanda kendine özgü bir terminoloji geliştirebilmeyi bilhassa zorlaştırıyor.

Meyer: Buna ben de şahit oldum. "Dün-Bugün-Yarın" konulu 2006 Ankara Tiyatro Pedagojisi Kongresi'nde doğaçlama üzerine bir konuşma yapmam istendiğinde, öncesinde tercümanımla saatlerce sık kullandığım bilimsel terimleri Türkçe'ye çevirmeyi denedik. Terimlerin en azından 'anlaşılabilir' olabilmesi için, çoğunlukla onları bir çok sözcükle başka şekillerde açıklamak zorunda kaldık.

Nickel: Evet çok fena. Ama biz oyun pedagoglarının işi o açıdan daha kolay. Çünkü sadece ders vermiyoruz, her zaman bir şeyler yapıyor da oluyoruz. Ben mesela ne olursa olsun konferanslarda hep bu şekilde yaptım, insanlara da bir şeyler yaptırdım, karşımda yüzlerce dinleyici oturuyor olsa bile onlara etkin ve hareketli olabilecekleri küçük örnekler, oyunlar, görevler verdim. Bu büyük alaka, bu kadar fazla kişinin oyun ve tiyatro hakkında bir şeyler dinlemek ve öğrenmek istemesi, bizim için de sürpriz oldu. Esasen bu ilgi Almanya'da bu değin yoktu.

Kısacası Türkiye'de, birlikte ele alıp tartıştığımız fenomenlere kavramsal-teorik olarak kesin bir form vermek için aslında beraberimizde getirme imkanımızın olduğu (bunu da biraz kendimizle övünerek söylüyorum) ama getiremediğimiz tutarlı bir terminoloji ve teorinin eksikliğini çok yaşadık.

Meyer: Siz Berlinli oyun ve tiyatro pedagoglarının Türkiye'den beklentileri neydi? Mesela senin beklentin neydi? Burayla ilgili bir gayen var mıydı?

Nickel: Benim Türkiye'yle ilgili özel bir gayem yoktu. Benim isteğim daha çok Paris'teki Theatre National Populaire'den Jean Vilar'in yerinde bir şekilde formüle ettiği şu kavramla açıklanabilir: "Tiyatro bir kamu hizmetidir", aynı itfaiye ya da hastaneler gibi, amme hizmeti. Bu anlayış benim oyun yönetimi biçimime çok yardımcı oldu ve bu sayede oluşan işbirliğini çok verimli kıldı. Ben "Şunu ve şunu şu gruplarla yapmak istiyorum" da demiyorum, bilakis ben bir grubun içine girip onları dinliyorum: Oradakiler ne istiyor, orada neler oluyor, eksikleri ne, ne olmasını istiyorlar? Gruptan birşeyler çıkarmaya, geliştirmeye çalışıyorum. Bu şekilde çalışmak benim için Türkiyede de çok önemliydi. Benim için oyunun yönetmeni oyunun hizmetçisidir, grubun yardımcısıdır. Bizim için bir kültürü gözlemlemek ve ordan birşeyler öğrenmek müthiş derecede zenginleştiriciydi. Yani amaç "Böyle yapmalısınız" ya da "şimdi şu şekilde ilerliyoruz" demek yerine daha çok talep geldiği zaman "burada ben de devreye gireyim, bir de şöyle deneyelim, bakalım nasıl olacak görelim" demekti.

Meyer: Bu ilk temas daha sonra da gelişti mi? Bu sayede yeni ortak projeler oluştu mu?

Nickel: Bu ilişki Ankara üzerinden genişledi. Eskişehir, İzmir, İstanbul üzerinden uzun bir yolculuk yaptık. Pek çok üniversiteyi ziyaret ettik, oralarda insanlara bir şeyler sunduk. Önemli bir nokta, bu gezileri hiç bir zaman tek başıma yapmadım, hep üst dönemlerden öğrencilerimizle ya da eğitmenlerimizle - mesela bize dans ve performans eğitimi veren Ulrika Sprenger gibi - birlikteydik. Bu bağlamda bizim için dans ve performans çok önemliydi, yani tiyatro ve oyunun sözlü kısmının ötesine geçmek. Pek çok kere Köln Spor Akademisi'nden Wolfgang Tiedt bizimleydi. Marlies Krause, Dagmar Dörger ve sen de gelmiştin. Bu saydığım kişilerin pek çoğu daha sonra Türkiye'de kendi bağlantılarını kurdular. Bu sayede Marlies Krause, İzmir Dokuz Eylül Üniversitesi'nde, sen de İstanbul Şehir Tiyatroları'nda çalışmış oldun.

Türkiye'de ayrıca ikinci bir gelişme de yaşandı. Gene Berlin'de başlayan bu gelişme, ilk başta Berlin Sanat Yüksek Okulu ile bağlantılı değildi. Halleschen Ufer'deki oyun evi Peter Stein öncülüğünde 80'li yılların başında bir Türk tiyatro topluluğu oluşturdu.

Meyer: O topluluğa tabii İstanbul Şehir Tiyatroları'ndan Beklan ve Ayla Algan da dahillerdi.

Nickel: Doğru! O ikisi Peter Stein ile beraber çalıştılar ve sonrasında İstanbul'da bir tiyatro laboratuvarı (Tiyatro Araştırma Laboratuarı (TAL) Ç.N.) kurdular.

Meyer: Ben 1989 yılında bu tiyatro laboratuvarında bursiyer öğrenci olarak Türk tiyatro öğrencileri ile çalışma fırsatı buldum. Bu genç tiyatrocularla beraber "İstanbul'u dinliyorum – Ich höre Istanbul" adlı müzik performansını sergilemiştik.

Nickel: ... Dagmar Dörger ve ben de o laboratuvarda bulunduk ve Mini-monodramlar sahneledik, yani animasyon tiyatrosu oynadık. Bu aynı zamanda Türk çocuk tiyatrosuna bir sıçrayış oldu. Sanki oyun pedagojisinden çıkıp Türk çocuk tiyatrosuna sıçramış olduk. O zamanlar Türk çocuk tiyatrosu, kostümü, müziği ve dekoruyla çok folklorik bir tiyatroydu ve çocuklar sadece sahnenin aşağısında oturup hayretle etrafı izliyorlardı. Bizim sahneye taşıdığımız eserler ise, bir anlatı ile başlayıp sonrasında oyuna geçen, fakat aynı zamanda çok hızlı bir şekilde izleyicileri de oyuna dahil eden, çok daha basit ve sade oyun formlarıydı. Bu oyun formunu tanıtmak için tiyatro laboratuvarında bir iki workshop düzenledik. Bu bizim için de görece yeni bir gelişmeydi, çünkü tanıttığımız oyun formu Pedagoji Yüksek Okulu'ndaki orjinal oyun pedagojisi değildi, aksine UdK'nin geliştirilmiş oyun ve tiyatro pedagojisiydi.

Kısaca şunu demek istiyorum: Ortak çalışmalarımız ve projelerimiz Ankara'dan başladı, Türkiye'nin diğer bölgelerine doğru yayıldı ve yayılırken de oyun ve tiyatro pedagojisini tanıtmak ve halihazırdaki girişimleri daha da kuvvetlendirmek için buralardaki yüksek okul ve üniversite çevrelerinden faydalandı. Fakat benim Türkiye ziyaretlerim her zaman daha kısa süreliydi. Benimle karşılaştırıldığında Marlies Krause ve sen daha uzun süreler Türkiye'de kaldığınız için, Türkiye'de olan bitenden daha çok faydalanma fırsatı buldunuz. Bunları bir ara bir anlatmalısınız. Ben her seferinde bir ya da iki hafta sonra ortadan kaybolduğum için öyle çok şey öğrenip beraberimde götüremiyordum. Dolayısıyla Türkiye'deki gelişmelerle ilgili olarak her zaman görece yüzeysel bir bilgim oldu. Ama Tamer ile olan iletişimim bugün de hala capcanlı; hatta kendisi geçenlerde bir filmiyle Berlin Film Festivali'ne katıldı.

Meyer: Buna karşılık diğer bir yandan da Türk öğrenciler veya bu konulara merak duyanlar Berlin'e UdK'ya gelmeye başlamışlardı. Sizce Türkiye'den Berlin'e doğru ne tip bir değiş-tokuş ilişkisi oluşmuştu?

Nickel: Doğru hatırlıyorsam eğer, buraya gelen Türk grup hiç olmadı. Örneğin Hollanda'dan gelen gruplarımız çok olmuştu, ama hiç Türk grup yoktu. Türkiye'den sadece bireysel olarak okumaya gelen öğrenciler vardı. Burada da iki farklı tipte bireysel öğrenciden bahsediyoruz aslında. Bunlardan birincisi, Almanya'da doğmuş ya da çok erken yaşta Almanya'ya gelmiş olan, burada okula gidip, Abitur diploması alıp, UdK'ya başvurup orada okuyan Türk öğrencilerdi. Bu öğrencilerin çoğu üniversite sonrasında burada kalıyor, Türkiye'ye geri dönmüyorlardı. İkinci tipteki bireysel öğrenci grubu ise Türkiye'deki üniversitelerden buraya yurtdışı eğitim tecrübesi edinmek ya da lisansüstü eğitimi almak için gelen, eğitimleri sonrasında da Türkiye'ye geri dönen öğrencilerdi. Bunların arasında Berlin'de doktoralarını tamamlayanlar da oldu – örneğin bu aralar Ankara Üniversitesi Dil ve Tarih-Coğrafya Fakültesi Tiyatro Bölümü'nde hocalık yapan ve orada tiyatro pedagojisi eğitimini uygulayan Kadir Çevik. Dolayısıyla ilerlemenin ve gelişimin birincil olarak bireyler üzerinden cereyan ettiğini söyleyebiliriz, tıpkı kendilerini Peter Stein'in yanında geliştirerek – ki zaten profesyonel tiyatro insanlarıdır bunlar – buradan aldıkları itici gücü ve enerjiyi Berlin'den İstanbul'a taşıyan Alganlar örneğinde olduğu gibi.

Aynı şekilde İnci San'ın öğrencilerinden Ömer Adıgüzel de daha yoğun ve uzun süreli olmak kaydıyla sık sık buradaydı. O da buradan edindiği itici gücü ve enerjiyi beraberinde götürdü. Böylece İnci, Ömer ve diğer arkadaşları çok hızlı bir şekilde bir tiyatro pedagojisi topluluğu kurdular: İnci'nin uzun süre Genel Başkanı olduğu ve sonrasında Ömer'in Genel Başkanlığını yürüttüğü Çağdaş Drama Derneği (ÇDD) - "Creative Drama Association from Turkey". Zamanla bu topluluğu taşıyan organizasyon yapıları oluştu; bunun yanında ayrıca yaratıcı dramayı (creative drama) okullara ders programının, müfredatının ve aşamalı lisansüstü eğitiminin parçası olarak taşıyan girişimler türedi. O zamandan bu yana branş kendine sağlam bir yer edindi. Tabii ki buradan giden bir itici güç ve enerji olduğu söylenebilir, ama bu kesinlikle bahsi geçen süreçte ortaklaşa çalışılmış gibi anlaşılmamalı, aksine bunların hepsi bağımsız olarak yürütüldü.

Kısa süre önce Türk tiyatro pedagoglarının bir buluşmasındaydım ve şaşkınlığımı gizleyemedim: Türkiye'de oyun ve tiyatro pedagojisi bu süre zarfında farklı noktalardan ve üniversitelerden müthiş sayıda kişinin katılımı ile devasa bir akıma dönüşmüş. Almanya ile karşılaştırıldığına, belki de Türkiye hem sayısal anlamda hem de eğitim olarak daha sağlam bir noktada şu an. Ama bu tabii kaba bir tahmin sadece. Dediğim gibi, İngiliz ve Alman etkisi hala devam ediyor.

Tabii burada kanımca şunu da hesaba katmak lazım: Ben 1998'den beri bu işlerden uzağım, bu nereden baksan 15 sene eder. Yani bu anlattıklarım 20. yüzyıldan. Sonrasında neler olduğunu diğerleri bilir, sen mesela benden daha iyi bilirsin! Kadir Çevik'in büyük bir tiyatro buluşması düzenlemek istediğini fakat bunun mali sebepler dolayısıyla gerçekleşmediğini biliyorum. Hatta Berlin'den bu organizasyona katılabilecek bir grup dahi ayarlamıştım. Kadir hala bu organizasyonu yapma niyetinde... Fakat son gelişmelere gerçekten uzağım.

Meyer: Bana kalırsa tiyatro pedagojisi akımı bağlamında Türkiye'de oluşan güçlü bağlar ve angajman bugüne kadar en ufak bir şekilde gevşemedi. Mesela 2008 yılında, yani benim için neredeyse 10 sene sonra, Çağdaş Drama Derneği'nin Hatay temsilcisi Nami Eren Beştepe tarafından davet edildiğim '12. Uluslararası Eğitimde Yaratıcı Drama Semineri'nde (konu "Dramada doğaçlama yapılanması" idi) gene oldukça şaşırmıştım: Seminere Ankara'dan Trabzon'a Türkiye'nin dört bir yanından ve hatta Kıbrıs'tan birçok tiyatro pedagojisi sanatı temsilcisi katılmıştı. Seminere davet edilen biz "drama hocaları" da İngiltere, İrlanda, İsveç, Finlandiya ve Almanya'dan oralara kadar gitmiştik. İşte böyle geniş katılımlı sempozyumlar tüm mali sıkıntılara rağmen neredeyse düzenli olarak yapılıyor hala.

Diğer bir taraftan bakıldığında Ass.-Prof. Dr. H. Ömer Adıgüzel başkanlığındaki Çağdaş Drama Derneği, bugün Alman Federal Oyun ve Tiyatro Üstbirliği'nin (Bundesarbeitsgemeinschaft Spiel & Theater (BAG) bir üyesi. Ömer ve Türkiye'den gelen birçok başka temsilci düzenli olarak BAG'ın seminer ve çalıştaylarına katılıyorlar. Dolayısıyla geçen yüzyılda kişisel temaslar ve bireysel angajman üzerinden ilerleyen bu süreçler zamanla sürdürülebilirlik gözetilerek pekiştirildi ve artık sağlam bir şekilde birlik ve dernek temelleri üzerinde duruyor. İşte bu iyiye doğru gelişme değil de nedir...!

Benim merak ettiğim başka önemli bir nokta daha var: Her iki kültürde tiyatro pedagojisi üzerine edindiğin tecrübeleri değerlendirdiğinde nasıl bir sonuç çıkartırsın?

Nickel: Ben Türkiye'deyken kendimi hiç yabancı bir şeyle karşılaşmış gibi hissetmedim. Türkiye'yi daha çok, tamamıyle Avrupa kültürüne sahip bir yer olarak tanıdım. Bunun sebebi tabii ki Türkiye ile tanışmamın Goethe Enstitüsü ve üniversiteler üzerinden olması ve bunların Türkiye'nin batılı yüzünü temsil ediyor olmaları. Diğer bir yandan Türkiye'nin kırsalında gezdiğimiz zamanlarda da, gene sanki tanıdığım bir şeyi görüyor ve yaşıyordum. Fakat benim için Türkiye her zaman Almanya'dan çok daha canlı ve hayat dolu bir ülke olmuştur. Bu tabii kesinlikle Türkiye'nin nüfus yapısı ile alakalı. Çocuklar ve gençlerle dolup taşan, o genç halk ile çalkalanan yerler öyle büyüleyici bir resim ortaya çıkartıyor ki, o resimdeki canlılıktan ve hayat enerjisinden çok etkileniyorum. İşte Türkiye toplumu tam da buradan devasa bir gelişme potansiyeli çıkartıyor. Biz tiyatro pedagogları kimi zaman okulu kimi zaman da çocuk tiyatrosunu hesaba katarak hep çocuklar doğrultusunda düşünmüşüzdür. Böylece bizim sunduklarımız da Türkiye'de en verimli topraklara düşmüş oldu, çünkü Türkiye çocuklara güzel ve çekici şeylerin sunulması gereken, açıkça çocuk dostu olan ve kendini çocuklara adamış bir ülke. Bu açıdan bakıldığında ben kendimi Türkiye'de her zaman çok mutlu hissettim. Öteki taraftan Türk kültürünün derinliklerine indiğimi iddia etmem de söz konusu değil. Kısa ve seyrek ziyaretlerim buna zaten imkan vermiyordu. Ayrıca Türkiye'nin kırsalında uzun süre vakit geçirme şansım ne yazık ki hiç olmadı. Kırsalda gezdiğim zamanlarda yanımda hep kaymak tabakadan gelen, eğitimli ve üniversite mezunu bir grup oluyordu, dolayısıyla ülkenin temel meselelerini ve sorunlarını çok az görme ve anlama fırsatım oldu, özellikle müslüman ve batılı Türkiye arasındaki çatışmayı gözden kaçırmış oldum. Müslüman kesimle neredeyse hiç temasım olmadı. İnsan İstanbul ve İzmir gibi büyük şehirlerin bulvarlarında vakit geçirince, bu kesimlerle karşılaşması zaten pek mümkün olmuyor.

Özetle çıkarttığım sonuç şu: Biz bu süreçte her ne kadar itici güç rolü oynadıysak da – bir bahçıvan tabiriyle anlatmak gerekirse – kesinlikle toprağa tohumları ekip sonrasında düzenli olarak sulamak ve fidelemek için gelip gitmedik. Aksine, o toprakla ne yapacakları konusunu biz tamamiyle Türklere bıraktık. Bir sonraki ziyaretimde o toprakta gelişen şeyleri gördüğümde çok memnun kalmıştım. Berlin Sanat Üniversitesi (Universität der Künste) tarafından da Türkiye'yle hiçbir zaman doğrudan ve yoğun bir iş birliği olmadı, sadece belli bir dereceye kadar yinelemeli uyarımlar ve etkileşimler paylaşıldı. Bu etkileşim tabii sadece benim üzerimden gitmedi, her seferinde buradaki yüksek okullardan ve üniversitelerden farklı insanlar bizimle beraber Türkiye'ye gelerek yeni bir etkileşim oluşmasına katkı sağladılar, buraya bir şeyler bırakırken, buradan bir şeyleri de beraberlerinde götürdüler. Örneğin bu şekilde Köln Spor Akademisi'nden Wolfgang Tiedt Türkiye'deki müzik hakkında benden daha çok şey öğrendi; zaten kendisi Oyun/Müzik/Dans branşından geliyordu ve Türk Müziği ve enstrümanları ile oldukça ilgiliydi. Ben ise ne yazık ki çok istememe rağmen (ve hatta konuyla ilgili bir dizi kaynağı da yanımda getirmiştim!) Türk tiyatrosunda gördüğüm Karagöz, gölge oyunu veya orta oyunu gibi eski Türk tiyatro formlarıyla daha yakından ve daha ayrıntılı olarak ilgilenmeye hiç vakit bulamadım.

Meyer: Arkadan gelen yeni nesilden nasıl bir dileğin olurdu, şimdilerde Türkiye'ye gitmekte olanlarına ne gibi öğütler verirdin?

Nickel: Hiçbir şey, sadece dikkatlice baksınlar, baksınlar, baksınlar...! Ve sonra kendilerine sorsunlar, bu görülenlerden ne çıkar, buna nasıl bir katkı sağlanabilir, bundan ben ne alabilirim. Ayrıca tabii daha çok insan ve grupla etkileşime girilmesini ve bu etkileşimlerin yoğunlaşmasını da diliyorum.

Meyer: Bu tabii Almanya ile Türkiye arasında, tıpkı Almanya-Fransa ya da Almanya-Polonya arasında olduğu gibi değişim programlarının desteğine ihtiyaç duyulduğunu gösteriyor.

Nickel: Evet, Hollanda'yla, Fransa'yla, İngiltere'yle, İsviçre'yle olan bu kolay ve hızlı iletişim Türkiye ile ne yazık ki eksik. Bu tabii bize dünyadaki din temelli çatışmaların bize ne kadar çok zorluk yarattığını da gösteriyor. İlk etapta dinlerarası ve kültürlerarası iletişimi gözeterek buluşmalarda bu konunun üzerine gitmek gerekiyor; tam da bu noktada aslında, yani bizim tiyatro pedagojisi çalışmalarımızın devreye girdiği yerde.

Bu türde programlar da zaten var, örneğin tiyatro pedagogu Uta Plate ve Lehniner Platz'daki Oyunevi'nin Filistin üzerine yaptığı proje.

Başka bir deyişle: Tümüyle mutlu bir hayatım oldu. Hiçbir zaman çok sert tartışmaların içine girmedim. Gittiğimiz her yerde hoş karşılandık ve gittiğimiz yerlerdeki insanları sevdik. Onlarla beraber çalışmak bizi her zaman mutlu etti ve hiçbir yerde ters bir tepkiyle karşılaşmadık.

EK

Enstitü – Berlin Pedagoji Yüksek Okulu'ndaki mütevazı başlangıçtan Berlin Sanat Üniversitesi Tiyatro Pedagojisi Enstitüsü'ne uzanan taşlı yol

Hans-Wolfgang Nickel, Merseburger Pedagoji Yazıları dergisinin 6. sayısındaki (Aachen 2010) "Ben Akiba ya da "Bunların hepsi daha önce yaşanmıştı" " adlı makalesinde Berlin Pedagoji Yüksek Okulu'nda "Okul Tiyatrosu" adı altında mütevazı adımlarla başlayan bir branşın nasıl zaman içerisinde önce Berlin Sanat Yüksek Okulu'ndaki Oyun ve Tiyatro Pedagojisi Enstitüsü'ne (1981) sonra da bugünkü Berlin Sanat Üniversitesi Tiyatro Pedagojisi Enstitüsü'ne (2000'den beri) evrildiğini anlatır. Amatör tiyatronun yaptığı gibi kendini topluluk tiyatrosundan uzaklaştırarak profesyonel tiyatroya yakınlaştıran bir deneysel üniversite tiyatrosu olarak başlayan bu süreç, 1965'te pedagoji ve okul eğitimi ile ilişkilendirilmiş çocuk oyunları ve rol oyunlarına doğru bir "gerçekçi dönüş" yaşadı. 1968'de okul tiyatrosu ikinci seçmeli ders olarak müfredata girdi. Aynı dönemde "Alman İmparatorluk Kabaresi'nde Tiyatro" (sonraki adıyla GRIPS Tiyatrosu) ile tiyatro ve pedagojinin değerini arttıran yeni ve özgürleştirici çocuk tiyatrosu ortaya çıktı. Fakat okul tiyatrosu eğitiminin başarıları hala bir belirsizlik içerisindeydi, zira bir yandan branş olarak Berlin Sanat Yüksek Okulu'na entegre olan okul tiyatrosu diğer yandan Berlin yerel siyaseti tarafından ikinci seçmeli ders olarak müfredattan çıkartılıyordu. Berlin Sanat Yüksek Okulu'ndaki enstitü, oyun ve tiyatro pedagojisi eğitimini başlangıçta sadece ek beceri geliştirme kurslarıyla sunmaktaydı. Bu sırada profesyonel tiyatrolar da tiyatro pedagoglarını istihdam etmeye başladı. Seksenli yılların "kültürel anlamda gündelik hayatın dönüşümü" yaklaşımıyla okullarda uygulamalı eğitime ve tiyatroya atfedilen anlam ve önem oldukça arttı. Bu bağlamda 1985'te Eyaletlerin Okul Tiyatrosu Festivali'ne (Schultheater der Länder) Hamburg'da start verildi. Öte yandan öğretmenler ancak tekrar doksanlarda Berlin Sanat Yüksek Okulu'ndaki enstitünün sunduğu 'Okullarda Canlandırmacı Oyun-Yaratıcı Drama' eğitimini işlerinin yanı sıra almaya hak kazandılar. 1990'lı yıllardaki "gündelik hayatın işlenmesi" temayülü esnasında eğitim pedagojisi, sosyal pedagoji ve kültür pedagojisi arasındaki eski sınırlar git gide daha geçirgen olmaya başladı. Tüm bu süre boyunca Oyun ve Tiyatro Pedagojisi Enstitüsü kendini geliştirmeye devam etmekteydi; 21. yüzyılın ilk on yılında hem ilişkide olunan gruplar (işsizler, mahkumlar, emekliler vs.) hem de işin sanatsal-pedagojik boyutu ciddi biçimde genişledi. Her ne kadar tiyatro branşı okullarda ve yüksek okullarda ciddi anlamda bir evrim geçirmiş ve bu doğrultuda tam gün okul sistemine kadar giden yapısal reformlar gerçekleştirilmiş olsa da ortada henüz bir sistem değişikliği yok. Öyle ki tiyatro pedagojisinin eğitim kültürünün gelişimine uygun bir şekilde iştirak etmesini sağlamak hala oldukça zahmetli ve karmaşık gözükmekte. Son dönemde enstitüde iş hayatının yanısıra devam edilebilen öğretmen eğitimi dersleri başladı, fakat bunlar okulların ihtiyacını karşılamaktan kesinlikle uzaklar.

Yaratıcı Drama'nın Türkiye'deki Gelişmesinde Almanya Oyun ve Tiyatro Pedagojisi Anlaşının İzleri
Uluslararası Drama Seminerleri ve Çağdaş Drama Derneği Örnekleri

Ömer Adıgüzel

Türkiye'de eğitimde yaratıcı dramanın (bu kavram Almancaya en yakın anlamda Spiel und Theaterpaedagogik ve Darstlensdes Spiel sözcükleri ile karşılık bulur) yakın tarihini 1980'li yıllar öncesi ve sonrası dönem olarak iki dönemde incelemek gerekir. Bunun nedenlerinden biri Türkiye'de günümüzdeki yakın anlamıyla eğitimde yaratıcı drama alanındaki ilk uygulamaları gerçekleştiren Tamer Levent ve İnci San'ın yaratıcı drama konusunda ilk buluşma yılının 1982 olması ve o güne kadar bilindiği sanılanın aksine, çağdaş ve bugünkü anlamdaki yaratıcı drama anlayışının varlığını bu tarihte hissettirmeleridir. Bu açıdan bakıldığında eğer bu buluşma olmasaydı, Türkiye'de eğitimde yaratıcı dramanın yakın tarihi ya da başlangıç öyküsü bu dönemden çok daha sonraki zamanlara uzanabilecekti.

Türkiye'deki yaratıcı dramanın 1980'li yıllar öncesindeki çalışmalar olarak incelenmesinin başka bir nedeni de dramatizasyon, rol oynama vb. bazı kavramların, yaratıcı dramanın anlamı ile zaman zaman bir tutulmasından kaynaklanır. Bu kavramlar günümüzde yaratıcı drama alanında bir teknik olarak yer bulurken bazı kaynaklar bu kavramları bir yöntem ya da yaratıcı drama ile aynı anlamda kullanmaktadır.

Türkiye'de Cumhuriyet dönemi ile başlayan; temsil, dramatizasyon, rol oynama/yapma, doğaçlama, müsamere, okul tiyatrosu gibi kimi kavramların çoğunlukla yaratıcı drama ile karıştırılması ya da yaratıcı drama ile aynıymış gibi anılması bu dönemi ayrı olarak değerlendirmeyi gerektirir. Bu kavramların hemen hepsi yaratıcı drama ile ilişkili olan ancak farklı amaç ve işlevlere sahip kavramlardır. Bu nedenle bu kavramlardan herhangi birinin açıklanması durumu, benzerlik ve farklılıkları belirtme açısından yaratıcı dramaya da bir gönderme yapmayı gerektirir. Ancak şu da unutulmamalıdır ki canlandırmaya ilişkin ilk izlerin görüldüğü Cumhuriyet dönemindeki çalışmaların, tamamen yaratıcı drama olarak da adlandırılmaması gerekir.

Dramatik gösterilerin dersler içinde gerçek anlamda bir öğretim ve ifade aracı olarak ele alınması Cumhuriyet döneminde 1926 tarihli İlkokul Programında, ilkokulun eğitim ve öğretim ilkeleri bölümünde, temsil-dramatik gösteriler temel olarak kabul edilmiştir. Daha ileri tarihlerde ilkokul ve ortaokul programlarında temsil yoluyla canlandırma biçiminde dramatizasyon etkinliklerine kısmen de olsa değinilmektedir. Özellikle Türkçe, Tarih, Beden Eğitimi gibi derslerin bu yöntemle verilmesi önerilmektedir.

1969 İlkokul programında çocukların ilgi ve ihtiyaçları göz önünde tutulmak şartı ile okuma etkinlikleri arasında kitaplardan ve dergilerden hikâye, masal, roman, şiir, temsil, doğa hikâyelerinin okunabileceğine ve bunlardan bazı parçaların da dramatize edilebileceğine ilişkin tümceler vardır (MEB, 1969 s.23). Zevk ve eğlence amacının birinci planda tutulması istenilen bu çalışmalar yanında birkaç öğrencinin bir öyküyü canlandırarak sınıfta oynaması ya da daha kalabalık kümelerce bir piyesin temsil edilmesi de yine ilkokulun eğitsel etkinlikleri arasında yer almış bulunmaktadır (Oğuzkan, 1983 s.235).

1962 Ortaokul Programı'nda öğrencilerin gördüklerini, okuduklarını ve düşündüklerini "temsil ile ifade etmeye" çalışmaları gerektiği belirtilmiştir. Bundan başka Türkçe dersinde okunan parçaların canlandırılmasında ilkokulda kullanılan türlü teknikler arasında "temsil yoluyla canlandırma (dramatizasyon) dan yararlanabileceğine değinilmiş, öğrencilerin konuşma yeteneklerinin iyi gelişmesinde "karşılıklı konuşma, anlatma, münakaşa ve hikaye etme şekillerinden başka dramatizasyon çalışmalarının da önemli rolü" ne işaret edilmiştir. (Oğuzkan, 1983:236).

Tiyatro geleneği açısından Türkiye tarihinde çok eski bilgilere ulaşmak olanaklı iken oyun ve dramatizasyon kavramlarından daha geniş ve çağdaş bir anlama sahip olan Yaratıcı drama (Theaterpaedagogik-Darstellendes Spiel) çalışmaları, Türkiye'de Ankara Üniversitesi'nden Prof. Dr. İnci San ve tiyatro sanatçısı Tamer Levent'le Ankara'da yürüttükleri 1980'li yıllarda başlar. San ve Levent'in Alman ve İngiliz uzmanlarla yaptıkları kuramsal ve uygulamalı eğitimde yaratıcı drama çalışmaları bir yönüyle Türkiye'de yaratıcı dramanın başlangıç yıllarının da adını oluşturur. Her ne kadar Türk eğitim sisteminde kavrama ve alana yakın yaklaşımlar daha önce söz konusu olsa da sözgelimi 1950 baskılı Selahattin Çoruh'un "Okulda Dramatizasyon," ve Emin Özdemir'in 1960 yılı basımı "Dramatizasyon Uygulamaları, Şükran Oğuzkan'ın ikinci baskısı 1988 yılında yapılan "Anaokullarında Yaratıcı Dramatizasyon Uygulamaları" başlıklı çalışmaları gibi, kavram esas anlamını 1980'li yıllarda bulmuştur.

Tamer Levent ve İnci San Buluşması

Türkiye'de yaratıcı dramanın çağdaş anlamda başlangıcı İnci San ile Tamer Levent'in bir araya geldiği 1980'li yıllara kadar uzanır. Bu durum bundan öncesinde yapılan küçük erimli çalışmalar olsa da alanın akademik bir ortamda ele alınmasına karar verilen bir zamanlamayı içerir. Bu nedenle bu tarih ya da buluşma bir yönüyle Türkiye'de eğitimde yaratıcı drama hareketinin de başlangıcını oluşturur.

Tamer Levent, Devlet Tiyatrosu sanatçısıdır ve Devlet Konservatuarı tiyatro bölümünde okuduğu yıllarda kendi öğretmenlerinin oyunculuk eğitiminde sadece onların doğrularının geçerli olması anlayışına karşı çıkmıştır. Onun bu karşı çıkışı eğitimde yenilik anlayışı ve arayışlarının da ilk ipuçlarını oluşturur.

Yıl 1982'dir ve Ankara Üniversitesi Eğitim Bilimleri Fakültesi'nde bu tür çalışmaların yapıldığı beklentisiyle Güzel Sanatlar Eğitimi Anabilim Dalı başkanı İnci San ile tanışır. İnci San'ın, akademik çalışmalarının ağırlığını çocukta, yetişkinde ve sanatçıdaki yaratıcılık konusu oluşturmaktadır. San, bir eğitim bilimi alanı olarak sanat eğitiminde, sanat yoluyla eğitim ve yaratıcılığın gelişiminde de etkili yöntemler üzerinde durmakta, araştırmalar ve uygulamalar yapmaktadır. Kendi deyişi ile yaratılıcılığı geliştiren bir yöntem ve sanatsal eğitimin de bir parçası olarak dramatizasyon kavramı ile tanışmasında Tamer Levent'in etkisi vardır. O dönemdeki yaygın kullanımı ile dramatizasyon, San için yeni ve inandırıcı bir boyuttur (San, 1990, s.3). Bu ilk buluşma yine kendi tümceleri ile dört saatlik bir konuşma ile başlar ve İnci San, eğitim bilimlerinde öğrenimlerine devam eden 2, 3 ve 4. sınıf öğrencilerinden bir grup oluşturarak 3 yıl süreyle eğitimde drama çalışmalarına ilk olarak akademik ivmeyi vermiş olur.

Tamer Levent, Eğitim Bilimleri Fakültesi'nde yaklaşık yetmiş öğrencinin katılımıyla, birkaç yıl süren bu drama çalışmalarını yürütür. Levent'in San'ın katkısı için (Levent, 2006) "...O çalışmada İnci San, disiplinli bir katılımla yer almış, alanda ciddi anlamda gelişim göstermiş ve drama kavramını benimsemiştir" vurgusunu yapar. Levent, İnci San'dan, çalışmalarında kendisine daima destek veren yakın bir dost olarak söz eder.

Bu çalışmalar 1985-1986 yılları arasında amatör tiyatrocularla ve eğitim bilimleri öğrencileriyle Sanat Kurumu Deneme Sahnesi'nde de gerçekleştirilir. Ankara Üniversitesi Eğitim Bilimleri Fakültesi öğrencilerinden oluşan bir grup ile 3 yıl boyunca yaratıcı oyunculuk ve dramatizasyon odaklı çalışmalar yapılmış, bu çalışmaların uygulama boyutu Tamer Levent tarafından gerçekleştirilmiştir.

Uluslararası Eğitimde Yaratıcı Drama Seminerleri ve Alman Uzmanlarla Etkileşim

Türkiye'de eğitimde yaratıcı drama alanından söz edilmesini sağlayan bu öncü iki insan, gerçekleştirdikleri çalışmalardan edindikleri birikimlerinden yola çıkarak 1985 yılında Ankara'da ilk "Uluslararası Eğitimde Dramatizasyon" seminerini gerçekleştirirler. Seminerin alt başlığı "Eğitimde Dramatizasyon-Oyun ve Dramatizasyonun Eğitimde Kullanımı" başlığını taşır. Ankara'da Alman Kültür Merkezi'nin (Deutsches Kulturinstitut-Goethe Institut) bu seminerlerin başlamasında önemli katkıları olur. Ankara'da 29 Nisan ve 3 Mayıs 1985 tarihleri arasında ilk kez gerçekleştirilen uluslararası seminerde eğitimde yaratıcı dramanın bilinen dramatizasyon kavramından farklı ve çağdaş anlamına yönelik genel bir bilgilendirme yapılması amaçlanmıştır.

Doğaçlamanın sanat eğitiminde ve genel eğitimde kullanımı hakkında ilk izlenimleri oluşturmada, bu seminer çok başarılı olmuştur. 5 gün boyunca süren seminerde atölye çalışmaları, konferanslar ve açık oturumlar gerçekleştirilmiştir. Seminerde Berlin Güzel Sanatlar Yüksek Okulu Oyun ve Tiyatro Pedagojisi Enstitüsü'nden (Hochschule der Künste Berlin Institut Spiel und Theaterpaedagogik) bölümün kurucusu Prof. Dr. Hans-Wolfgang Nickel, Marlies Krause ve Köln Spor Akademisi'nden Wolfgang Tiedt ve Tamer Levent atölyeler yönetmişler, İnci San, Abdülkadir Özbek, Cahit Kavcar, Özdemir Nutku, Yılmaz Onay, Gülşen Karakadıoğlu, Cüneyt Gökçer, Neriman Samurçay, Ertuğrul Özkök ve Erkan Akın da konuşmaları ile yer almıştır.

Hans Wolfgang Nickel, "Zur Begründung Einer Spiel und Theaterpaedagogik" başlıklı bir konferans vermiş ve Spielformen (Oyun Formları) başlıklı bir atölye yönetmiştir. Marlies Krause, "Von Spielübungen zur Gruppenimprovisation" başlıklı atölye yönetmiş, Köln Spor Akademisi'nden Wolfgang Tiedt de "Rhythmisch-Musikalische Bewegungsmuster –im Gehen, im Stehen, einzeln und in der Gruppe" başlığında atölye yönetmiştir.

Bu seminer yaklaşık 400 katılımcıya ulaşmış ve eğitimde yaratıcı drama alanına (oyun ve tiyatro pedagojisi) yönelik olarak yoğun bir ilginin oluşmasına katkı sağlamıştır. Seminerin tüm dokümantasyonu Berlin Güzel Sanatlar Yüksek Okulu Oyun ve Tiyatro Pedagojisi Enstitüsü Başkanı Prof. Dr. Hans Wolfgang Nickel ve Marlies Krause editörlüğünde Berlin Eyaleti Oyun ve Tiyatro Birliği Yayınları arasında Spiel und Theater (Tiyatro ve Oyun) serisi içerisinde "Spiel und Theater in der Türkei" (Türkiye'de Oyun ve Tiyatro) başlığı ile yayınlanmıştır (Nickel ve Krause, 1986).

Bu kitapçıkta dikkati çeken ilk olgu, seminer ve kitap başlıklarının farklılıklarına ilişkindir. Sözgelimi Alman Kültür Merkezi tarafından basılan broşürün başlığında etkinlik "Seminer-Seminar" olarak ve "Eğitimde Dramatizasyon-Oyun ve Dramatizasyonun Eğitimde Kullanımı" başlıkları ile yer alırken seminerin İngilizcesi "Drama in Education" olarak verilmiştir. Nickel ve Krause'nin yaptıkları çalışmada ise başlık Spiel und Theater (Tiyatro ve Oyun) serisi içerisinde "Spiel und Theater in der Türkei" (Türkiye'de Oyun ve Tiyatro), Bericht vom Kongress "Drama in Education" olarak verilmiştir.

Görüldüğü gibi bu çalışma Türkiye'de eğitimde dramatizasyon olarak başlangıçta kullanılırken, aynı dönemde kavramın İngilizcesi "Eğitimde Drama" ve "Kongre" olarak yer almıştır. 1987 ve sonrasında yapılan etkinliklerin Uluslararası Eğitimde Yaratıcı Drama Semineri olarak ve zaman zamanda kongre olarak değişim göstermesi, ilk seminerin farklı dillerde doğru olarak adlandırılmasına kadar uzanmaktadır. Bu seminerin organizasyonunda Ankara Üniversitesi Eğitim Bilimleri Fakültesi akademik bir adres olarak yerini almıştır.

Bu nedenle 1985 yılı yaratıcı dramanın Türkiye'deki çağdaş anlamı ve akademik bir düzlemde ele alınmasının kamuoyuna açılması yönünden başlangıç yılı olarak da anılır. Bu başlangıç aynı zamanda oyun ve tiyatro pedagojisi alanında Almanya ve Türkiye arasında gelişen etkileşimin de önemli habercisisidir.

San, çok sonraları başka bir seminerin açılış konuşmasında bu durumu "... Tüm yönleri ile eğitime yaklaştığımızda, birçok bakımdan dilediğimiz boyutlarda yenileşemediğimizi görüyoruz. Günümüzün gereklerinden, hatta Cumhuriyetimizin ilk yıllarında öngörülmüş, büyük bölümü uygulamaya konulmuş kimi konseptlerin de gerisinde kaldığımızı görebiliyoruz. Ezberci öğretim sistemi, herkesin yakındığı bir olgu, yaratıcılık ise dillerden düşmeyen bir kavramdır. Bu nedenle eğitimde yaratıcı kişi nasıl yetişir sorusu, pek çoğumuzu ilgilendiriyor. Bu bağlamda, eski öğretim yöntemleri yerine daha çağdaş hangi yöntemler konabilir diye sorduğumuzda, karşımıza çıkanlar aktif öğretim yöntemi, rol oynama, dramatizasyon ve nihayet eğitimde yaratıcı drama gibi etkin yöntemlerdir. 1982'de öğretim kadrosunda bulunduğum Eğitim Bilimleri Fakültesi'nde sosyal bir etkinlik olarak yaşama geçirilmiş olgusu, yaşayarak, yaparak öğrenme sürecidir. Kendini tanıma, karşıdakini tanıma, birbirini anlama, doğaçlama ve yaratma gibi aşamaları içerir" (San, 1993) tümceleri ile aktarır.

16-20 Kasım 1987 tarihinde yapılan ikinci uluslararası eğitimde yaratıcı seminerinin konusu "Yaratıcı Drama ve Yaşamsal Önemi" başlığında gerçekleşmiş (seminer başlığı İngilizce Drama in Education II olarak yer almıştır) ve Türk, İngiliz uzmanların yanında yine Alman uzmanlar olarak Hans-Wolfgang Nickel, Dagmar Dörger ve Marlies Krause yer almıştır. Bu seminerdeki konferans ve atölyelerde "Yaratıcı Oyunculuk" ve "Dramatik Durumların İnsan Yaşamındaki Önemi" üzerinde durulmuş, insanın kendisi ve çevresiyle olan ilişkileri atölye çalışmalarında drama yöntemi ile incelenmiştir.

Alman uzmanların bu çalışmaları ile dramatik durumların çok yönlü incelemesine ve deneme-yanılma yoluyla yeniden canlandırılması esasına dayalı olan drama çalışmalarında, temel verilerin katılımcıların sosyal, psikolojik ve kültürel etkilenmeleri, yaşam deneyimleri ve gözlemleri ile edinmiş oldukları bilgi birikiminden oluştuğu düşüncesi gelişmiştir. Bu düşünce ile elde edilen verilerle ulaşılan yorumlarla yaratıcılığın temellerine ilişkin ortak görüşler oluşturulmuştur.

Seminerin sonuç bildirgesinde uzmanların ortak görüşü şöyledir: "Türkiye'de yaratıcı drama konusunda üst düzeyde bir kuramsal düşünce varlığı bulunmaktadır. Uygulama alanında pilot çalışmalara başlanmıştır. 1987 seminerinde katılımcıların sayıca çokluğu, geldikleri meslek ve ilgi alanlarındaki yaygınlık bu alanlar ve disiplinler arasındaki canlı, devingen, yoğun ve zenginleştirici etkileşimin varlığı memnunluk vericidir". Bu seminer sonucunda "Dramanın Yaşamsal Önemi" başlıklı ortak bir bildirge yayımlanmıştır.

Eğitimde Yaratıcı Drama kavramının tanınması ve yaygınlaşması bu seminerden sonra Ankara'da daha da hızlanmış ve 17-23 Nisan 1989 tarihleri arasında düzenlenen üçüncü seminerin çeşitli uzmanlık alanlarına yönelik olarak yapılmasını sağlamıştır. Eğitimde Drama başlığı altında "okulöncesi eğitimde drama" ve " amatör tiyatrolarda yaratıcı oyunculuk" temaları üzerinde durulmuştur. Seminere Almanya'dan Hans-Wolfgang Nickel ve Dagmar Dörger "Oyuna Giden Yollar", Ulrike Sprenger "Devinim ve Dansa Dayalı Süreç" ve Karl-A.S. Meyer de Doğaçlamadan Müzik Tiyatrosuna" başlıklı atölye çalışmaları ile katkı vermiştir. Bu seminere dönemin Milli Eğitim Bakanı Avni Akyol 1989 yılında "Gün Başlıyor" adlı TV programında, o hafta sürmekte olan seminerden bir kesit izleyip, bu çalışmaların çok önemli olduğunu belirtmiş ve kendisine sorulan "Bu çalışmaların eğitim sisteminde yer almasına ne dersiniz? sorusunu "…Mutlaka yer almalı. Bunun için söz veriyorum" biçiminde yanıtlamış ve eğitimin bu yöntemle gerçekleşmesi doğrultusunda çalışmalar yapılacağına ilişkin görüşlerini sunmuştur.

1985, 1987 ve 1989 yıllarında gerçekleştirilen üç seminere katılan eğitimciler, eğitimbilimciler, çocuk gelişimi uzmanları, tiyatrocular, edebiyatçılar başta olmak üzere değişik mesleklerden oluşan bir grup Türkiye'de eğitimde yaratıcı drama alanında çalışan ilk çekirdek grubunu da oluşturmuşlar ve 1987 bildirisinde de yer aldığı biçimiyle bir araya sık sık gelerek gerek kendi aralarında usta çırak ilişkisi biçiminde gerekse olanak bulunan okul ve kültür merkezleri gibi mekânlarda çeşitli küçük çaplı ve uygulama ağırlıklı seminerler gerçekleştirmeye başlamışlardır. Grup üyeleri bir süre sonra sadece seminerden seminere buluşmak yerine dernekleşme yoluna giderek eğitimde yaratıcı drama çalışmalarını Türkiye'de daha geniş kitlelere ulaştırmak için örgütlenme kararı vermişlerdir.

Türkiye o zamanlar öğrenci ve bazı devlet memurlarının derneklere kurucu üye veya üye olmalarının yasak olduğu bir dönemi yaşamaktadır. Dernek kurmak da bir dizi bürokratik engelle mücadele etmek anlamına gelmektedir. Biraz da hem o dönemdeki baskıcı yaşantılardan kaynaklı olarak hem de her zaman ilericiliği, yeniliği ve gelişmeyi içinde barındıran, çağın koşullarına, anlayışına uyan, gelişmiş ve uygar anlamlarından ötürü derneğin adının başına "Çağdaş" sözcüğü getirilmiş ve böylece Çağdaş Drama Derneği, 5 Mart 1990 yılında Türkiye'de eğitimde ve tiyatroda yaratıcı dramayı bir yöntem ve bağımsız bir alan olarak geliştirmek ve yaygınlaştırmak amacıyla demokratik bir kitle örgütü olarak resmen kurulmuştur (Çağdaş Drama Derneği'nin kuruluşunun bir yönüyle İnci San ve Tamer Levent buluşması nedeniyle 1982'de ve bir yönüyle de ilk seminerin yapıldığı 1985 yılında kurulduğu söylenebilir). Dernek kurulduktan sonra yaratıcı drama alanına ilişkin seminerlerin organizasyonunu da üstlenmiş ve günümüze kadar sürdürmüştür.

23-26 Nisan 1991 yılında 4. Seminer, Eğitimde Dramatizasyon Türkçe başlığında Drama in Education IV olarak da İngilizce sözcüklerle programlarda yer almıştır. Bu seminere de Türk ve İngiliz uzmanların dışında Almanya'dan Berlin Güzel Sanatlar Yüksek Okulu Oyun ve Tiyatro Pedagojisi Enstitüsü'nden Prof. Dr. Hans Wolfgang Nickel ve Dr. Dagmar Dörger, Marlies Krause (Krause seminerin düzenlendiği yıllarda İzmir Dokuz Eylül Üniversitesi Güzel Sanatlar Fakültesi'nde konuk öğretim elemanı olarak çalışmaya başlamıştır). Seminerde Dörger, "Oyun Yönetmeni İçin Neler Önemlidir?", Nickel, "Öğretmen Eğitiminde Drama", Lovegrove, "Drama Sürecinde Kullanacağımız Malzemeler", Bowell, "Sınıfta Çocuklarla Drama" başlıklı atölyeleri yönetmişler, Levent, "Profesyonel Sanatçı Eğitiminde Drama", San da "Yaratıcı Drama: Güzel Sanatlar Eğitimi mi? Bir Eğitim Yöntemi mi?", yine Lovegrove, "Kültürlerarası Etkileşimde Drama" başlıklarında tartışma oturumları yönetmişlerdir.

15-20 Mart 1993 yılında yapılan 5.Uluslararası Eğitimde Yaratıcı Drama Seminerin açılışına dönemin Milli Eğitim Bakanı Köksal Toptan da katılmış ve bir konuşma yapmıştır. Toptan, yaptığı konuşmada "…yaratıcı drama yönteminin kalabalık sınıflarda ve özellikle özel eğitimde olabildiğince en iyi eğitimi vermek için en iyi yol olduğunu belirterek, yeter ki bunu kullanabilelim, bu eğitim yöntemini öğretmenlere iyi öğretebilelim (San, 1993) görüşlerini belirtmiştir. Böylece ilk kez bir yaratıcı drama seminerinin açılışına bakan düzeyinde Milli Eğitim Bakanlığı'ndan bir katılım da gerçekleşmiştir. Seminere diğer uzmanların dışında Almanya'dan Hans Wolfgang Nickel, Ulrika Sprenger, Dagmar Dörger atölye yönetimleri ile katılmışlar, Oyun Kurma, Öğretim Bilgisi Çalışmaları, Hareket ve Devinim, Drama ve Toplumsal Konular ile Temel Drama, Kolektif Oyun Yazma, Özel Eğitim ve Drama çalışmaları üzerinde durmuşlardır. Seminer 1994 yılında "Drama ve Öğretim Bilgisi" başlığında İnci San tarafından derlenmiş ve ilk seminer kitabı olarak yayımlanmıştır. Kitabın ikinci baskısı 2003 yılında yapılmıştır.

Yaratıcı Drama'nın Türkiye'deki

23-28 Ekim 1995 yılında yapılan seminer, 6.Uluslararası Eğitimde Drama Semineri başlığı ile yapılmış ve bu seminerin ana konusunu "Drama, Maske ve Müze" oluşturmuştur. Seminere Almanya'dan Sabine Stange, İngiltere'den Andrea Earl ve Peter Ward katılmış ve dramanın ilk kez müze, maske ile ilişkisi kurularak bu odakta çalışmalar gerçekleştirilmiştir. Seminer kitabı "Drama-Maske-Müze" başlığında İnci San tarafından derlenerek aynı yıl yayımlanmıştır.

8-13 Aralık 1997 yılında yapılan seminer 7.Uluslararası Eğitimde Yaratıcı Drama Semineri başlığı ile gerçekleştirilmiş ve bu seminerde Almanya Hamburg'dan Gunter Mieruch, "Öğrencilerle Nasıl Oyun Çıkarırım?", Hannover'den Roger Fornoff, "Brecht'in Öğretici Oyunlarından Çıkarak Sosyal Öğrenme Amaçlı Bir Tiyatro Modeli Kuramı" ve Berlin'den Uwe Krieger, "Maske Hazırlamak" başlıklarında atölyeler yönetmişlerdir. Seminer dökümlerini içeren kitap İnci San derlemesi ile 2003 yılında yayımlanmıştır.

26 Şubat, 3 Mart 2001 tarihinde yapılan 8.Uluslararası Eğitimde Yaratıcı Semineri "Geriye Bakış ve Yeni Perspektifler" başlığı ile gerçekleştirilmiş ve Almanya'dan Renate Breitig, Ulrike Sprenger, Hans-Wolfgang Nickel ve Dagmar Dörger, İngiltere'den David Davis atölyeler yönetmişlerdir. Atölyelerin konusu süreçsel drama, zaman, devinim konularında odaklanılmış ve seminer kitabı "Süreçsel Drama, Tiyatro Sporu ve Dramada Zaman" başlığı ile 2005 yılında yayımlanmıştır.

3 – 7 Mart 2003 yılında yapılan 9.Uluslararası Eğitimde Yaratıcı Drama Semineri'nin ana başlığı Yabancılaşma ve Yabancılaştırma olmuştur. Seminerde Macaristan'dan Eric Szauder, Kanada'dan Luciano Longa, Almanya'dan Gunter Mieruch atölyeler yürütmüş, Coşkun San, Yılmaz Onay, İnci San, Ayşe Okvuran, Ömer Adıgüzel, Naci Aslan, Ayşe Çakır İlhan da konuşmaları ile seminerde yer almıştır. Seminer kitabı "Forum Tiyatro, Devinim-Drama" başlığı ile 2005 yılında yayımlanmıştır.

Seminerler ilerleyen yıllarda 2005 yılında "Kültürlerarası Etkileşimde Yaratıcı Drama" başlığı ile 10. Kez yapılmış ve bu seminer sadece Almanya Berlin Güzel Sanatlar Yüksek Okulu Tiyatro Pedagojisi Öğretim Elemanlarından Wolfgang Wermelskirch, Nadja Raszewski ve Barbara Rüster'in atölye yönetimleri ile tamamlanmış ve seminer yine kitap olarak da yayımlanmıştır. 2007 yılında "Dün, Bugün, Yarın…" (11.) ana başlıklarında yapılmış ve bu yıl alınan kararla yılda bir, talep olması durumunda da biri kongre boyutu olmak üzere yılda iki kez yapılmaya başlanmıştır. 11. Seminerde Almanya'dan Ines Honsel "Anlatı Tiyatrosu" ve Karl Meyer de "Doğaçlama" başlıklarında atölyeler yönetmişlerdir ve Türkiye'deki yaratıcı drama alanının gelişimine farklı bakış açıları kazandırmışlardır.

2008 yılında seminer ilk kez Ankara dışına çıkarak Hatay'da 12. Olarak gerçekleştirilmiş ve bu seminere de diğer uzmanların yanında Karl Meyer "Yaratıcı Dramada Doğaçlamanın Yapılandırılması" başlığında atölye çalışmasını yürütmüştür. Aynı yıl kongre boyutunda Ankara'da gerçekleşen (13.) seminerlerde bu yıldan sonra yaşam boyu başarı ödülleri de verilmeye başlanmıştır. Bu ödüllerden ikincisi Hans-Wolfgang Nickel'e, dördüncüsü Prof. Dr. Gerd Koch'a İstanbul ve Kocaeli şehirlerinde verilmiştir.

14. seminer 20-23 Mayıs 2009 tarihleri arasında Adana'da yapılmış ve bu seminerde de diğer uzmanların yanında Almanya'dan Karl Meyer "Erken Çocuklukta Müzik ve Dans Orman Seromonisi" başlığında atölye yürütmüş ve dramanın erken çocukluk dönemindeki uygulamalarına değinmiştir. Eskişehir'de 15. Uluslararası Eğitimde Yaratıcı Drama Semineri'ne ise diğer uzmanların dışında yine Almanya'dan Gertrud Auge " Özel Eğitim ve Drama" başlığı ile yeni bir boyut eklemiştir.

2010 yılında Bursa'da 16. Seminerin ana başlığı "Bertolt Brecht ve Öğretici Oyunlar" olmuş ve Seminerde yalnızca Alman uzmanlar atölyeler yönetmiştir. Almanya'dan Jutta Heppekausen, Jan Weisberg, Swanje Noelke, Roger Fornoff, Gerd Koch ve Hans Martin Ritter Brecht ve Öğretici Oyunlar odağında önemli çalışmalara imza atmış ve bu çalışmalardan sonra Türkiye'de oyun ve yaratıcı drama alanında çalışan pek çok kişi Brecht ve Öğretici Oyunlar konularında çalışmaya başlamış ve bu uzmanlar seminerler dışında da ayrı olarak davet edilmiştir. Özellikle toplumsal duyarlık, eleştirel düşünme ve insan hakları gibi konularda yüksek lisans ve doktora tezleri öğretici oyunlar bağlamında yapılmıştır. İstanbul'da da kongre boyutu olmak üzere 17. Gerçekleştirilen Eğitimde Yaratıcı Drama Kongresi'nin ana konusu "Yaratıcı Drama Yoluyla Sosyal Bilinçlenme ve Haklar Eğitimi" olmuş ve bu seminere diğer ülkelerden gelen uzmanların dışında Almanya'dan Hans- Wolfgang Nickel, Dagmar Dörger, Gerd Koch atölyeler yönetmiş, Ute Handwerg konferans vermiştir. 2011 yılında 18. Uluslararası Eğitimde Yaratıcı Drama Semineri Antalya'da gerçekleştirilmiş ve bu seminer sonucunda BAG ve ÇDD tarafından hazırlanan ÜVET/ Yaratıcı Drama ve Tiyatro Pedagoglarının Etik Sözleşme Metni açıklanmış ve imza altına alınmıştır. Bu seminerde de Gerd Koch, Michael Zimmermann atölyeler yönetmiş ve konferanslar vermiştir.

Kocaeli'nde yapılan 19. seminerin konusu "Drama ve Kentlilik Bilinci" ana teması ile 2011 yılında yapılmış ve bu seminerlerde Gerd Koch diğer uzmanlarla birlikte yer almıştır. 2013 yılında Trabzon'daki seminerde Hamburg'dan Friederike Lampert "Doğaçlama Yapıları İçin Dokuz Nokta Tekniği ve Kullanımı" başlığında atölye yönetmiş, dans ve devinim odaklı çalışmalar gerçekleştirilmiştir. Dans ve devinim odaklı atölye, Kasım 2013 yılında yapılan 23. Uluslararası Eğitimde Yaratıcı Drama Kongresi'nde "Kadın Olmak..." ana temasıyla yapılmış ve kongrede sanatın pek çok dalı ile çeşitli bildiriler sunulmuş, yuvarlak masa toplantıları yapılmış, atölyeler gerçekleştirilmiştir. Bu atölyelerden birini de kadın odaklı bir temayla Nadja Raszewski ve Gerdrud Auge yürütmüştür.

Seminer ve kongreler buluşması bir kez daha göstermektedir ki Almanya ve Türkiye arasında oyun ve tiyatro pedagojisine ilişkin etkileşimler, akademik ve kültürel bir geleneğe dönüşmüş ve önemli izler bırakarak devam etmektedir. Bu geleneğin özellikle Türk uzmanların Almanya'da yapılan atölyeleri yönetme odaklı alacakları davetler ile daha da kalıcı izler bırakabileceği unutulmamalıdır.

Çağdaş Drama Derneği, yaratıcı dramanın bir yöntem olarak kullanılması konusunda tiyatro ve eğitim ilişkisini incelemekte, bu yöntemin yaygınlaştırılması amacıyla yaratıcı drama eğitmenliği-liderliği kurs programları, ulusal ve uluslararası seminerler, kurslar, yayın, konferans, danışmanlık, ders programlarında yaratıcı dramanın kullanılması, yaratıcı drama programları geliştirme, festival organizasyonları ya da festivallere katılım, akademik düzeydeki bilimsel araştırmalar gibi ulusal ve uluslararası etkinlikler tasarlamakta, uygulamakta ve gerçekleştirmektedir. Dernek ilerleyen zamanlarda alanda kurulmuş ilk demokratik kitle örgütü olarak Drama eğitmeni/lideri yetiştirme görevini de üstlenmiş ve uyguladığı programı sürekli geliştirerek basamaklı bir eğitim programı oluşturmuş, bunun ilk uygulamalarını da daha sistematik olarak 1998-1999 yılında uygulamaya başlamıştır.

2005 yılında Almanya BAG Spiel und Theater e.V'ye üyeliği kabul edilen Çağdaş Drama Derneği, Almanya dışında bir istisna üye olarak başka ülkelere üyeliği kabul edilen tek Dernektir. Dernek, aynı yıl yaptığı tüzük değişikliği ile aynı zamanda Gençlik Kulübü statüsü kazanmıştır. Kısa adı İDEA olan Uluslararası Eğitim, Drama ve Tiyatro Üst Birliği'ne de 2005 yılında Çağdaş Drama Derneği'nin üyeliği kabul edilmiştir.

Uluslararası seminerlerin yanında yine gelenekselleşen çalışmalardan biri BAG ve ÇDD arasında her yıl gerçekleştirilen uzan değişimi projeleridir. Bu kapsamda bir yıl Türkiye'den bir yıl da Almanya'dan olmak üzere 6-8 uzman Türkiye ve Almanya'nın oyun ve tiyatro pedagojisi çalışmaları yapılan çeşitli merkezlere yaptıkları ziyaretler iki ülke arasındaki etkileşimi önemli ölçüde geliştirmektedir.

Çağdaş Drama Derneği, 1990 yılından beri yürüttüğü ve Türkiye'de demokratik kitle örgütleri arasında tek olan yaklaşık 320 saatlik ve 6 aşamadan oluşan "Yaratıcı Drama Eğitmenliği/Liderliği" programı Milli Eğitim Bakanlığı Talim ve Terbiye Kurulu tarafından da onaylanarak resmi bir kimliğe ulaşmıştır. Çağdaş Drama Derneği, bünyesinde kurduğu MEB Özel Doğaç Yaratıcı Drama Eğitmenliği/Liderliği kurs programının bu çerçevede yürütmektedir.

Derneğin merkezi Ankara'dır. İstanbul, İzmir, Eskişehir şehirlerinde şubeleri ve Adana, Antalya, Bursa, Çanakkale, Denizli, Hatay, Kocaeli, Muğla, Trabzon, Şanlıurfa'da gibi şehirlerde de temsilcilikleri bulunmaktadır. Yaklaşık 800 üyesi vardır ve bu üyelerin büyük çoğunluğu üniversite öğretim üyeleri, eğitim bilimciler, eğitimciler, sanatçı ve sanat eğitimcilerinden oluşmaktadır. Çağdaş Drama Derneği, sadece liderlik eğitimi vermemekte engelliler dahil olmak üzere çocuk, ergen ve yetişkinlere yönelik drama çalışmaları ve projeleri yürütmekte, kadın odaklı çalışmalara ağırlık vermekte, ev kadınları atölyesini sürdürmekte, uluslararası boyutta hakemli olmak üzere yılda iki kez yayınlanan "yaratıcı drama dergisi" ni çıkartmaktır.

Sonuç olarak Türkiye'de eğitimde yaratıcı dramanın gelişimi 1980'li yıllardan sonra Almanya'da gelişen oyun ve tiyatro pedagojisi anlayışından olumlu olarak etkilenmiş ve etkileşim sonucunda başta Berlin Güzel Sanatlar Üniversitesi Tiyatro Pedagojisi Enstitüsü olmak üzere üniversite düzeyinde, okul içi ve dışı tüm çalışmalarda önemli mesafeler kat etmiştir. Türkiye'de eğitimde yaratıcı drama alanının gelişimi İngilizce kavram olan Drama in Education adı ile gelişse de Almanya'da Oyun ve Tiyatro Pedagojisi alanı içerisinde bulunan pek çok alt dalın yaratıcı drama çalışmalarında ayrı birer atölye olarak değerlendirilmesini sağlamıştır. Sözgelimi doğaçalama ve doğaçlamanın yapılandırılması, hareket tiyatrosu, forum tiyatro, dans-devinim, maske ve yapılandırma, özel eğitim ve drama, çocuklarla nasıl oyun çıkarırım?, oyun pedagojisi, oyun ve tiyatro pedagojisinin temelleri, müzede drama gibi başlıklar yaratıcı dramanın disiplinler ve sanatlar arası ilişkisine çok önemli katkılar sağlamıştır.

Bu tür çalışmaların Almanya'daki şehirlerde ve Türkiye'den atölyeler yönetmek üzere davet edilecek uzmanlar ile Almanya'da yaşanılan Entegrasyon sorunun aşılmasında önemli yararlar sağlayacağı da umulmaktadır. İstanbul'da 17. Uluslararası Eğitimde Yaratıcı Drama Kongresi için çekilen belgeselde Prof. Dr. Gerd Koch, Türkiye'de yapılan yaratıcı drama çalışmalarının toplumun geniş kesiminde yer bulması ve insan odaklı çalışmalardaki başarıları göstererek "Biz Almanlar sanıyorum eğitimde yaratıcı dramayı sizden (Türkiye'den) öğreniyoruz!" tümcesini kullanmıştır. Bu nedenle başka umut edilen bir konu da önümüzdeki dönemlerde yapılacak ortak kitap çalışmalarında makalelerden birinin başlığının "Almanya'daki Oyun ve Tiyatro Pedagojisi Çalışmalarında Türkiye'deki Yaratıcı Drama Çalışmalarının Etkisi ve İzleri" taşımasıdır.

Tiyatroyla Eve Dönmek...

Sedat İnce

Ne yapacağımızı tam olarak bilmesek de hâlâ düzenli olarak Alman Kültür Merkezinde buluşuyorduk. Tiyatro salonunun anahtarı bizdeydi bir kere ve buluşmaktan bir türlü vazgeçemiyorduk; hem de biz Almanya'dan dönen gençlerin buluşmalarını başlatan iki Alman üniversite öğrencisinin çoktan gitmiş olmasına rağmen. Bu öğrenciler, Almanya'dan Türkiye'ye dönen gençlerin uyum sorunları hakkında bir çalışma yapmak üzere gelmiş ve haftada bir kez bizimle buluşup konuşmak için Kültür Merkezinden bir oda rica etmişlerdi. Öğrenciler bu şekilde bitirme tezleri için bilgi almak ve bizler için de kendimiz gibi kişilerle deneyimlerimizi ve sorunlarımızı paylaşabileceğimiz sosyal bir alan yaratmak istiyorlardı.

1988 yılıydı. O zamanlar henüz lisedeydim ve hafta sonları da üniversite giriş sınavı için dershaneye gidiyordum. Dershane arkadaşım bir cumartesi günü onunla birlikte Alman Kültür Merkezindeki toplantılardan birine gelmem için beni haftalarca ikna etmeye uğraştı. Ama benim Türkiye'deki yeni hayatımla ilgili yeterince sorunum vardı zaten, bir de başkaların sorunlarını dinlemek istemiyordum. Ancak kız vazgeçmedi! Nihayetinde bir cumartesi günü gerçekten de onunla Kültür Merkezine gittim. Bir gidip bakarım, hoşuma gitmezse de bari neden katılmak istemediğime dair bir sebebim olur diye düşündüm. Ama şaşırarak fark ettim ki kişisel deneyim ve sorunlarım hakkında konuşmak hiç de düşündüğüm kadar kötü değilmiş. Kendimi anlaşılmış hissediyordum. Aynı şekilde düşündüğümüzü gördüm, bu da bende kabul görme ve dâhil olma duygusu yaratmıştı.

Bu etrafta duyuldu tabii ve cumartesi grubumuz gittikçe büyüdü. Aklımıza bu sorunlarımızı herkesle paylaşma fikri geldi. Ama nasıl? Bir grup gazete çıkarmak istedi, ancak bu deneme yasal düzenlemeler ve maddi zorluklar nedeniyle başarılı olamadı. Bizim grubumuz ise dikkatleri tiyatro ile üzerine çekmek istedi. Almanya'da yaşayan ve Türkiye'ye kesin dönüş yapmaya karar veren bir aileyi canlandırmak istedik. Ön planda dramatik ve trajikomik uyum sorunları olacaktı. Gazete çıkarmak isteyen grup başarısız olunca birçoğu gruptan ayrıldı, bazıları da bizim gruba katıldı, çünkü biz çok eğleniyorduk ve düzenli olarak provalara geliyorduk — o iki Alman kız öğrenci tezlerini yazmak üzere Türkiye'den ayrıldıktan sonra bile. Bugün tam hatırlayamıyorum, ama bir şekilde bize Almanya'dan bir kadın tiyatro pedagogunun geleceği ve bizimle çalışmaya devam edeceği haberi ulaştı. Ne de olsa bizim oyunumuz henüz bitmemiş ve sahnelenmemişti.

İşte gelmişti... Marlies Krause. O güne kadar bir tiyatro pedagogun ne olduğunu ve ne yaptığını dahi bilmiyordum, ama bunu hepimiz öğrenmek üzereydik. Asıl mesele, hepimizin onu ilk andan itibaren sevmiş olmasıydı. Böylece, üzerinde hep o siyah piyanonun durduğu sahnenin önünde, sandalyelerde çember düzeninde oturmuş tanışıyorduk. Marlies Berlin'de yaşıyordu ve DAAD-Öğretim elemanı olarak Dokuz Eylül Üniversitesinde çalışmak üzere İzmir'e gelmişti. Alman Kültür Merkezinin müdüründen bizim tiyatro grubumuzu duymuş ve bizimle tanışmak istemişti. Marlies çok güler yüzlüydü ve bizimle gerçekten ilgileniyordu. Biz de ona her şeyimizi anlattık: Hepimiz ailelerimizle birlikte 1983'te Türkiye'ye dönmüştük. Hepimiz üç aşağı beş yukarı aynı yaştaydık, çoğumuz okula devam ediyorduk ve üniversite sınavına hazırlanıyorduk. Hepimiz Türkiye'ye döndükten sonra hemen hemen aynı deneyimleri yaşamıştık ve benzer uyum sorunlarımız vardı. Böyle bakınca aslında sadece biri kendini tanıtsaydı olurdu, ama Marlies hepimizi tek tek, dikkatli ve empati kurarak dinledi. Hepimiz kendimizi onun yanında inanılmaz iyi hissediyorduk ve bize soru sorup hakkımızda daha çok ayrıntı öğrenmek istediğinde seviniyorduk. İsimlerimizi de iyi kötü aklında tutmaya başlayınca tiyatro oyunumuz hakkında daha çok şey öğrenmek istedi. Ona hayali ailemizi anlattık, ailedeki rollerimizi tarif ettik ve tek tek sahnelerden bahsettik. Ben ailenin babasını oynuyordum ve bu nedenle de ilk benim oynadığım karakteri anlatmamı istedi. Ben de şimdiye değin bu karakterle neler canlandırdığımızı anlattım. Marlies, yerinde ve ayrıntılı sorularla oynadığım karakterin kişilik özellikleri hakkında konuşmamı sağlıyordu. Anlattıkça bu karakter bana daha da tanıdık gelmeye başlamıştı. Örneğin, canlandırdığım karakterin bir trafik tıkanıklığında nasıl davrandığını, neler yaptığını, yanında kimin oturduğunu, pazarda alış veriş yaparken nasıl biri olduğunu ve pazarlık yapıp yapmadığını sordu. Karakter, gittikçe daha canlı ve gerçek olmaya başlamıştı ve birden o kişinin kim olduğunu anladım: Ben baştan beri bu rolde kendi babamı taklit ediyordum ve diğerleri de kendi ailelerindeki kişileri.

    Birlikte ve ayrı ayrı yapılan birçok provadan sonra ve Marlies'in kattığı harika fikirlerle birlikte tiyatro oyunumuzu Alman Kültür Merkezinde ailelerimize ve arkadaşlarımıza sahneleyebildik.

    Ancak tiyatro çalışmalarımız devam etti. Marlies, bizim için çoktan yeni bir proje üretmişti ve bununla belki turneye bile çıkacaktık. Zamanla grup içinde bazı değişiklikler oldu. Ayrılan ve katılanlar oldu, böylece yeni bir grup dinamiği doğdu. Sadece küçük bir çekirdek grup sabit kaldı, onun dışında her şey değişti. Böylece yeni ve daha iyi bir şey üretebilecektik. Hepimiz çok heyecanlıydık.

    Marlies, bizimle ve hayatımızla yakından ilgileniyordu. Bizler, alışık oldukları hayattan kopartılıp kendilerine nispeten yabancı bir kültürün içinde yeni bir hayata başlamak zorunda kalan bir grup gençtik. Bu şekilde Türk toplumunda yeni bir azınlık oluşturuyorduk. Kimse bizimle ne yapılması gerektiğini bilemiyordu – ailelerimizden tutun okullara kadar. Var olan kalıplara uymuyorduk ve kimse bu duruma hazır değildi. İlk araştırmalar bizim üzerimizde yapıldı. Belgesel film çeken bir ekip bile bizim tiyatro grubumuzu duymuş ve bizimle "Kinder dieser Welt" (Bu Dünyanın Çocukları) isimli program için bir bölüm çekmişti. Marlies de bizim uyum sorunlarımızla yakından ilgileniyordu, sorular soruyor ve dinliyordu, ama en önemlisi bize yardım ediyordu.

Kendimizi anlamamıza ve yeni çevremizde kendimizi yeniden tanımamıza yardımcı oluyordu. Bizlere, çok özel ve değerli olduğumuzu hissettirdi. Başa çıkamadığımız sorun ya da durumlarla baş edebilmemiz için yeni bakış açıları kazandıran özel yöntemler öğretti. Bu tanışma ve sorunlarımız hakkında konuşma sürecinde Marlies, hayali bir aile yerine bu sefer kendimizi ve belki ebeveynlerimizden birini oynama fikrini geliştirdi. Kendi deneyimlerimizi oynayacaktık ve bunun için çok önemli ve

dikkat çeken bir olayı seçmeliydik. Ayrıca bizden ebeveynlerimizle söyleşi yaparak Almanya'ya göç etme sebeplerini ve arka planını öğrenmemizi istemişti. Ergen olmamızdan, yaşadığımız kültür şoku ve onun beraberinde getirdiği uyum sorunlarından ve Türkiye'ye dönüş hakkında ailelerimizin bizim fikrimizi sormamasından dolayı ebeveynlerimizle aramız pek iyi değildi. Ailelerimizle ilişkilerimizin düzelmesi konusunda da Marlies'in çalışmalarının çok önemli katkıları oldu. Bu çalışma sayesinde anne ve babamı daha iyi tanıdım diye düşünüyorum şimdi.

Bir buçuk yıl birlikte yol aldık. Çok güzel bir tiyatro oyunu yarattık ve birçok kez başarıyla farklı seyirciler karşısında oynadık. İlk gösterimiz İzmir'deydi, her şeyin başladığı yerde. İkinci gösterimiz için Ankara Alman Kültür Merkezine davet edildik. Hatta iki kez Almanya'nın Berlin kentinde sahne aldık. Marlies, 15 kişilik bir grup genci Almanya'ya götürmeyi başarmış ve onların hayallerini gerçekleştirmelerini sağlamıştı. Neredeyse hepimiz yedi yıldır Türkiye'de yaşıyorduk ve bir daha asla eski memleketimizi göremeyeceğimiz gerçeğini kabullenmeye çalışıyorduk, çünkü o dönemlerde öğrencilerin yurt dışına çıkması çok zordu. Ne kadar mutlu olduğumuzu anlatamam. Berlin'de iki haftalık süremiz göz açıp kapayana kadar geçti ve ayrılık çok zor oldu.

Tüm bu yaşananlar hepimizi değiştirmişti, bambaşka insanlar olmuştuk. Kimilerimiz yeniden Almanya'da yaşayamadığı takdirde mutlu olamayacağını anladı. Aralarında benim de bulunduğum diğerleri ise dünyadaki her yerin memleketi olabileceğini kavradı. Kendini mutlu ve evinde hissetmek için sadece belirli bir duruşa ve geleceğe dair olumlu bir inanca ihtiyaç vardı ve bu yeni farkındalık yaşamlarımızda kendini gösterdi.

O zamanlarda tiyatro hayatımdaki en önemli şeydi. Beni mutlu ediyordu ve Türkiye'de bir geleceğimin olabileceğini görmemi sağlamıştı. Tiyatro grubumuzla yaptığımız Almanya seyahati de oranın artık çocukluğumdan bildiğim ve arkasından ağladığım Almanya olmadığını gösterdi. Yedi yıl içinde çok şey değişmişti, gittikçe daha çok Türkiye'ye ait oluyordum ve kendimi burada evimde hissediyordum. O dönemde Marlies ile tiyatro çalışmaları olmasaydı, belki bugün hâlâ eski yaşantımı arar ve kendimi gerçek vatanımda mutlu hissedemezdim. Tiyatro çalışmaları ve Marlies'in değerli desteği sayesinde kendimi daha iyi tanımış ve kabul etmeyi öğrenmiştim. Toplumdaki yerim hakkında daha derin bir görüşüm oluştu ve sahip olduğum bu şartları en iyi şekilde değerlendirmeye karar verdim.

Günümüzde Muğla'da mutlu bir yaşam sürüyorum, tabii ki Almanya'da doğmuş ve büyümüş bir eşim var, oğlumuzu iki dilli yetiştiriyoruz ve buradaki üniversitede akademisyen olarak çalışıyorum. 20 yıllık üniversitemizin Alman Dili Eğitimi Anabilim Dalı kurucularından biriyim. Birçok başka dersin yanında "Yabancı Dil Eğitiminde Drama" dersini de veriyorum. Bu derste öğrettiklerim, Marlies'in bizimle yaptığı tiyatro çalışmalarından öğrendiğim ve yabancı dil öğrenmek için de kullanılabilen ısınma alıştırmaları ve birçok farklı eğitsel tiyatro uygulama ve metotlarıdır. Marlies ile uzun yıllardır süre gelen dostluğumuz bugün hâlâ devam etmektedir. Kendisi, birçok kez üniversitemizde kongrelere katılmak, atölye çalışmaları yapmak ve konferans vermek üzere davetlerimi kabul etmiştir, hatta birkaç günlük misafir öğretim elemanı olarak ders vermeye dahi gelmiştir. Ben de uzun bir aradan sonra onun bir daveti üzerine Almanya'ya gidebilmiş ve "Dil Eğitimi, Kültürler Arası Öğrenme ve Tiyatro Pedagojisi" isimli bir çalışma atölyesinde yardımcı sunucu olarak görev almıştım. Her buluşmamız çok mutlu geçmekte ve bize İzmir'deki tiyatro grubumuzla yaşadığımız anılarımızı hatırlamamız, mesleki ve özel yaşamımızdaki gelişmeleri konuşmamız için bir fırsat olmaktadır.

Bu metni yazarken geçmişim hakkında çok düşündüm ve fark ettim ki Marlies ile yaptığım tiyatro çalışmaları bana Türkiye'de yeni hayatıma alışmak, kendimi evimde hissetmek, ailelerimizin bizim için yabancı bir ülke ve kültüre dönüş kararının yarattığı o bölünmüşlükten bir çıkış bulmak ve kendime mutlu ve başarılı olabileceğim bir gelecek yaratmak adına çok yardımcı olmuştu.

O zamanlar biz "rEmigranten" (Geri Dönenler)'dik, bu grubumuzun adıydı; biz "Arada Bir Yerde"ydik, bu oyunumuzun adıydı. Ama bu gün biz Sedat – Aslıhan – Erdal – Tibet – Tunç – Tijen'iz…, Muğla – Viyana – Kuşadası – Antalya – Münih – Berlin'de yaşıyoruz … hâlâ diğerlerinden biraz farklıyız, ama ayaklarımız yere basıyor. Kendi yolumuza devam ediyor ve geleceğe umutla bakıyoruz.

Durch Theatermachen wieder zu Hause ...

Sedat Ince

Wir trafen uns immer noch regelmäßig im deutschen Kulturinstitut, obwohl wir nicht so recht wussten, was wir mit uns anstellen sollten. Wir hatten nun mal den Schlüssel für den Theatersaal und wir wollten nicht aufhören, uns zu treffen, obwohl die Studentinnen aus Deutschland, die das Treffen von uns Rückkehrer-Jugendlichen in Izmir eingeleitet hatten, schon längst wieder weg waren. Sie hatten wohl das Kulturinstitut um einen Raum gebeten, um sich einmal in der Woche mit uns Rückkehrern zu treffen und mit uns über unsere Integrationsprobleme in der Türkei nach der Rückkehr aus Deutschland reden zu können. Die Studentinnen wollten so Informationen für ihre Doktorarbeit sammeln und für uns sollte ein soziales Umfeld entstehen, in dem wir mit unseresgleichen Erfahrungen austauschen und über unsere Probleme reden konnten.

Wir schrieben das Jahr 1988. Ich ging damals noch zur Schule und musste am Wochenende einen Vorbereitungskurs für die Uni-Aufnahmeprüfung besuchen. Eine Freundin aus dem Kurs hatte wochenlang versucht, mich zu überreden, an einem Samstag auch mal zu einem dieser Treffen im Kulturinstitut mitzukommen. Aber ich hatte genügend eigene Probleme mit meinem neuen Leben in der Türkei und keine Lust, mir auch noch die Probleme anderer anzuhören. Aber sie ließ nicht locker! Also ging ich an einem Samstag tatsächlich mit und dachte, ich lasse es einfach mal über mich ergehen, wenn es mir dort nicht gefällt, habe ich wenigstens einen Grund, weiter Nein zu sagen. Nun, zu meiner Überraschung musste ich feststellen, dass es gar nicht mal so unangenehm war, über persönliche Erfahrungen und Probleme zu reden. Ich fühlte mich verstanden. Wir hatten die gleichen Ansichten und das gab mir das Gefühl angenommen zu werden, dazuzugehören.

Sowas sprach sich natürlich herum, und unsere Samstagsgruppe wurde immer größer. Wir kamen auf die Idee, unsere Probleme publik zu machen. Aber wie? Eine Gruppe wollte eine Zeitung herausbringen, doch dieser Versuch scheiterte an rechtlichen Regelungen und mangelnden finanziellen Mitteln. Unsere Gruppe dagegen wollte mit Hilfe des Theaters auf sich aufmerksam machen. Wir wollten eine Familie darstellen, die in Deutschland lebt und sich zur Rückkehr in die Türkei entscheidet. Im Vordergrund sollten natürlich die dramatischen, tragisch/komischen Anpassungsprobleme stehen. Als aus der Zeitungsgruppe nichts wurde, sind viele ausgestiegen, manche wiederum haben sich zu unserer Gruppe gesellt, denn wir hatten viel Spaß und trafen uns regelmäßig zu den Proben – auch nachdem die Studentinnen das Land verlassen hatten, um ihre Arbeit zu schreiben. Ich kann mich heute nicht mehr genau erinnern, aber irgendwie erreichte uns die Nachricht, dass eine Theaterpädagogin aus Deutschland mit uns weiterarbeiten würde, da wir ja noch gar nicht fertig waren mit unserem Theaterstück und es noch nicht aufgeführt hatten.

Und da war sie … Marlies Krause. Bis dahin wusste ich noch nicht einmal, was eine Theaterpädagogin ist und macht, doch das sollten wir noch erfahren. Hauptsache war, dass wir sie alle auf Anhieb gern hatten. Da saßen wir nun im Kreis auf Stühlen vor der Bühne und dem schwarzen Klavier, das da immer stand, und lernten uns also kennen. Sie kam aus Berlin und war als DAAD-Dozentin an der Dokuz Eylül Universität in Izmir tätig, hatte vom Leiter des Kulturinstituts von unserer Theatergruppe gehört und wollte uns kennen lernen. Sie war sehr freundlich und schien sich tatsächlich für uns zu interessieren. Wir packten aus: Alle waren wir im Jahr 1983 mit unseren Familien – ohne nach unserer Meinung gefragt worden zu sein – in die Türkei zurückgekehrt. Wir waren alle ungefähr im gleichen Alter, gingen größtenteils noch zur Schule und bereiteten uns auf die Uni-Aufnahmeprüfung vor. Wir hatten alle mehr oder weniger die gleichen Erfahrungen nach unserer Rückkehr in die Türkei gemacht und hatten auch ähnliche Anpassungsschwierigkeiten. So gesehen hätte eigentlich nur einer von uns sich vorzustellen brauchen, aber Marlies hörte trotzdem jedem einzelnen von uns aufmerksam und einfühlsam zu. Wir fühlten uns alle unheimlich gut in ihrer Gegenwart und freuten uns, wenn sie Fragen stellte und Näheres über uns erfahren wollte. Als sie dann auch unsere Namen so ungefähr im Kopf hatte, wollte sie mehr über unser Theaterstück wissen. Wir erzählten von unserer fiktiven Familie, berichteten über unsere Rollen und die einzelnen Szenen. Ich ‚war' der Vater der Familie und sollte deshalb als erster über den Charakter berichten. Also erzählte ich, was wir bisher mit dieser Person gespielt hatten, aber das wollte Marlies gar nicht wissen. Mit geschickten, eingehenden Fragen ließ sie mich über die persönlichen Eigenschaften meiner Rolle sprechen und je mehr ich erzählte, desto bekannter schien mir die Person. Ich sollte zum Beispiel berichten, wie sich mein Charakter im Auto in einem Stau verhält, wie er reagiert und wen er auf dem Beifahrersitz hat. Oder wie er beim Einkaufen auf dem Markt ist und ob er mit den Verkäufern feilscht. Die Person, die ich spielte, wurde immer lebendiger und echter. Und plötzlich fiel es mir wie Schuppen von den Augen: Es war mein eigener Vater, den ich imitierte, wie auch die anderen die Familienmitglieder aus ihren Familien nachahmten.

Nach mehreren Einzel- und Gesamtproben und vielen tollen Ideen, die Marlies einbrachte, konnten wir unser Theaterstück im deutschen Kulturinstitut für unsere Eltern, Geschwister und Freunde zur Aufführung bringen.

Doch unsere Theaterarbeit ging weiter. Marlies hatte schon längst ein neues Projekt für uns ausgedacht, mit dem wir vielleicht sogar auf Tournee gehen sollten. Im Laufe der Zeit ergaben sich einige Veränderungen in der Gruppe. Einige verließen sie, andere kamen hinzu, so dass auch eine neue Dynamik innerhalb der Gruppe entstand. Eine kleine Kerngruppe blieb erhalten, ansonsten war alles neu. Somit konnte etwas Neues und Besseres gestartet werden. Wir waren alle gespannt.

Marlies zeigte wirkliches Interesse an uns und unserem Leben. Wir waren eine Gruppe Jugendlicher, die aus ihrer gewohnten Umgebung herausgerissen worden war und in einer ihnen relativ fremden Kultur ein neues Leben beginnen musste. Dadurch

bildeten wir eine neue Minorität in der türkischen Gesellschaft. Keiner wusste etwas mit uns anzufangen - von unseren Familien bis hin zu den Schulen. Wir passten nicht in das gewohnte Profil und niemand war darauf vorbereitet gewesen. Die ersten Untersuchungen wurden an uns gemacht. Sogar ein Dokumentarfilm-Team hatte von unserer Theatergruppe gehört und hat mit uns eine Folge „Kinder dieser Welt" gedreht. Auch Marlies engagierte sich für uns und unsere Rückkehrer-Problematik, stellte Fragen und hörte zu, aber am wichtigsten war, dass sie uns half. Sie half uns, uns selbst zu verstehen, uns in unserer neuen Umgebung neu wahrzunehmen. Sie gab uns das Gefühl, Individuen zu sein, die alle wertvolle und einzigartige Eigenschaften haben. Sie vermittelte spezielle Methoden, um eine neue Sichtweise auf ein Problem oder eine Situation, welche uns zu schaffen machte, zu gewinnen.

Aus all dem Kennenlernen und Über-Probleme-Reden entwickelte Marlies ziemlich schnell die Idee, diesmal tatsächlich uns selbst zu spielen, vielleicht auch einen Elternteil und keine fiktive Familie. Wir sollten unsere individuellen Erfahrungen spielen und uns dafür etwas Prägendes und Herausragendes aussuchen. Außerdem gab sie uns die Aufgabe, unsere Eltern zu interviewen, um ihre Gründe und Hintergründe für die

Migration nach Deutschland zu erfahren. Wegen dem problematischen Teenager-Alter, in dem wir alle waren, dem erlebten Kulturschock mit seinen zusätzlich belastenden Anpassungsschwierigkeiten und der Tatsache, dass uns keiner bei der Rückkehr-Entscheidung nach unserer Meinung gefragt hatte, standen wir nicht unbedingt auf gutem Fuß mit unseren Eltern. Auch zur Besserung dieser Beziehungen hat Marlies mit ihrer Arbeit viel beigetragen. Durch diese Aufgabe lernte ich meine Eltern erst kennen - würde ich heute behaupten.

Eineinhalb Jahre dauerte unsere Odyssee. Wir stellten ein tolles Theaterstück auf die Beine und konnten es mehrmals mit Erfolg vor unterschiedlichem Publikum aufführen. Die erste Aufführung war in Izmir, wo alles begonnen hatte. Zur zweiten wurden wir nach Ankara ins Goethe-Institut eingeladen. Und zweimal konnten wir unser Theaterstück tatsächlich in Deutschland, in Berlin, aufführen. Marlies hatte es geschafft, eine Gruppe von 15 Jugendlichen nach Deutschland zu bringen und ihre Träume zu verwirklichen. Fast alle waren wir seit sieben Jahren wieder in der Türkei und versuchten uns damit abzufinden, dass wir unsere alte Heimat nie wieder sehen würden, da es für Studenten damals so schwierig war, ins Ausland zu reisen. Ich kann nicht beschreiben, wie glücklich wir waren. Zwei Wochen Aufenthalt in Berlin vergingen wie im Flug und der Abschied fiel schwer. Doch wir waren alle ganz neue Menschen geworden. Einige erkannten, dass sie einen Weg finden müssen, um wieder in Deutschland leben zu können, weil sie sonst nicht glücklich werden würden. Andere – so auch ich – registrierten plötzlich, dass jeder Ort auf dieser Welt unsere Heimat sein kann und wir nur einen Standpunkt und eine Zukunftsperspektive brauchen, um glücklich und zu Hause zu sein. Diese Einsichten realisierten sich auch.

Zu dieser Zeit war das Theater das Wichtigste in meinem Leben. Es machte mich glücklich und ließ mich erkennen, dass ich mir doch eine Zukunft in der Türkei aufbauen kann. Auch unsere Reise nach Deutschland mit der Theatergruppe zeigte mir damals, dass es nicht mehr das gleiche Deutschland aus meiner Kindheit war, dem ich nachweinte. Nach sieben Jahren hatte sich vieles geändert, ich gehörte immer mehr in die Türkei und fühlte mich hier langsam zu Hause. Wenn die Theaterarbeit mit Marlies damals nicht gewesen wäre, würde ich vielleicht heute noch meiner alten Heimat nachtrauern und mich in meiner wirklichen Heimat unwohl fühlen. Dank dem Theater und der wertvollen Unterstützung von Marlies lernte ich mich selbst besser kennen und mich zu akzeptieren, bekam ein tieferes Verständnis zu meinem besonderen Standpunkt in der Gesellschaft und entschloss mich, das Beste daraus zu machen.

Heute lebe ich in Muğla, bin glücklich verheiratet – natürlich mit einer Rückkehrerin – habe einen Sohn, der bilingual aufwächst, und arbeite als Akademiker an der hiesigen Universität. Hier bin ich Mitbegründer und Leiter der Abteilung für Deutsch im Lehramt an unserer 20-jährigen Universität. Ich gebe neben vielen anderen Seminaren auch „Theater im Fremdsprachenunterricht". Was ich in diesem Kurs unterrichte, sind u. a. die Aufwärmübungen und viele andere theaterpädagogische Übungen und Methoden, die ich durch die Theaterarbeit mit Marlies kennen gelernt habe und die für das Fremdsprachenlernen genutzt werden können. Meine langjährige Freundschaft zu Marlies besteht heute immer noch. Marlies ist bisher schon mehrmals meinen Einladungen zu Kongressen, Workshops oder Konferenzen an unserer Universität nachgegangen; auch Einladungen zu mehrtägigen Gastdozenturen hat sie immer freundlich angenommen. Auch ich konnte auf Grund ihrer Einladung nach längerer Zeit endlich wieder einmal nach Deutschland reisen – dieses Mal als Co-Referent zu einem gemeinsamen Workshop zum Thema „Sprachbildung, Interkulturelles Lernen und Theaterpädagogik". Jedes unserer Treffen ist für uns ein glückliches Zusammenkommen, bei dem wir die Möglichkeit haben, über unsere gemeinsame Zeit mit der Theatergruppe in Izmir und über berufliche und private Entwicklungen zu reden.

Während ich diesen Text schrieb, habe ich viel über meine Vergangenheit nachgedacht und festgestellt, wie sehr mir die Theaterarbeit geholfen hat, mich in der Türkei und in meinem neuen Leben zu Hause zu fühlen, einen Ausweg aus dieser Zerrissenheit zu finden, die durch die Rückkehr unserer Familien in ein für uns unbekanntes Land mit fremder Kultur entstanden war, und eine Zukunftsperspektive aufzustellen, von der ich mir Glück und Erfolg erhoffen konnte.

Damals waren wir die „rEmigranten", so nannten wir unsere Theatergruppe, und wir standen „Irgendwo Dazwischen", so hieß unser Stück; doch heute sind wir: Sedat – Aslıhan – Erdal – Tibet – Tunç – Tijen … (wir leben in Muğla – Wien – Kuşadası – Antalya – München – Berlin …) immer noch ein wenig anders als die andern, aber stehen mit beiden Füßen im Leben, sind jeder für sich unseren eigenen Weg gegangen und sehen der Zukunft mit Hoffnung entgegen.

Theaterpädagogik interkulturell – als deutsche Theaterpädagogin in der Türkei

Marlies Krause

30 Jahre türkisch-deutsche Beziehungen in der Theaterpädagogik – das sind auch 30 Jahre in meiner eigenen theaterpädagogischen Praxis. Sie haben meine Arbeit geprägt, meine Einstellungen beeinflusst und mein Leben bereichert.
Sie begannen mit einer spontanen Idee. An einem Frühlingstag 1982 am Dartington College in Exeter im Süden Englands berieten wir – das Core Committee des vom Council of Europe unterstützten Kongresses "What can Theatre Practice do for the Welfare of the Community?" – über die Auswahl der Theatergruppen, die ihr jeweiliges Land repräsentieren sollten. Mein Vorschlag, auch Theateraktivitäten von Migrantinnen und Migranten – z. B. aus der Türkei – zu berücksichtigen, wurde angenommen und ich bekam den Auftrag, die türkische Theaterszene in Berlin zu recherchieren und Vertreter des türkischen Theaters zum Kongress 1983 nach England einzuladen.
Heute, 30 Jahre später, blicke ich auf einen reichen Schatz an Erfahrungen und Begegnungen mit Türkinnen und Türken zurück, hier, in Deutschland, und in der Türkei. Auf längeren und kürzeren Arbeitsreisen habe ich viel vom Leben in der Türkei erfahren, von politischen und kulturellen Entwicklungen, vom Umgang der Menschen miteinander und vom Theater in der Türkei. Und ich habe Türkisch gelernt.

Damals, 1982, auf der Suche nach türkischen Kongress-Teilnehmern begegnete ich einer erstaunlich großen Zahl von Theaterbegeisterten aus der Türkei, die zum Studium, zum Arbeiten oder aus politischen Gründen nach Berlin gekommen waren und die sich zum Theatermachen in verschiedenen Gruppen trafen. Peter Stein, Leiter der renommierten Schaubühne am Halleschen Ufer (jetzt: am Lehniner Platz), öffnete sein Haus für ein türkisches Ensemble und somit auch für ein neues Publikum. Neben Eigenproduktionen für Erwachsene und Kinder machten türkischsprachige Gastspiele aus der Türkei oder europäischen Nachbarländern mit Themen und Formen des türkischen Theaters bekannt.
Als die Besucher für das Kinder-Theaterstück „Küçük Kara Balık" – „Der kleine schwarze Fisch", an dessen Proben ich teilgenommen hatte, ausblieben, bot ich dem Dramaturgen an, mit vorbereitenden Theaterworkshops Lehrkräften den Besuch des türkischen Theaterstücks mit ihren Schulklassen schmackhaft zu machen. Mit Unterstützung eines Ensemblemitglieds – Yekta Arman – wurden von mir mit theaterpädagogischen Methoden Elemente der Geschichte und der Inszenierung vorweggenommen, sodass die jungen Zuschauer konkrete Bezugspunkte hatten, um einer Bühnengeschichte in einer fremden Sprache aufmerksam folgen zu können. Die Türkisch sprechenden Kinder

genossen das Theaterstück in ihrer Muttersprache und zeigten ihre Sprachkompetenz bei der Vorbereitung und beim anschließenden Gespräch mit den Darstellern. Dieses Projekt war eine theaterpädagogische Premiere und ein voller Erfolg.

Das türkische Ensemble musste 1984 nach Berlin-Kreuzberg ins „Tiyatrom" („Mein Theater") ziehen. Noch heute ist es ein Treffpunkt eines meist Türkisch sprechenden Publikums und eine Begegnungsstätte für Theaterschaffende aus der Türkei und aus Deutschland. Yekta Arman leitet das Theater seit 1989, arbeitet u. a. mit jugendlichen Amateuren und versteht sich seit unserem Projekt an der Schaubühne und seinem Studium an der jetzigen Universität der Künste (UdK) auch als – inzwischen promovierter – Theater-Pädagoge.

Für mich war der Besuch türkischer Theatergruppen eine Möglichkeit, innerhalb Berlins in kürzester Zeit zwischen den Kulturen und Sprachen zu wandern und andere Menschen und unterschiedliche Sichtweisen kennen zu lernen. Längere Reisestipendien nach Großbritannien und in die USA sensibilisierten mich darüber hinaus für die Bedeutung des Theaters in einer multikulturellen Gesellschaft und das interkulturelle Lernen mit und durch Theater.

Zurück in Deutschland bekam ich die Möglichkeit, meine interkulturellen Theatererfahrungen umzusetzen und meine Ideen einzubringen: 1983 beim 1. Gastarbeitertheater-Festival in Frankfurt, 1987 im Auftrag der Akademie der Künste Berlin bei der Programmgestaltung türkischer Künstler im Rahmen der Berliner 750-Jahr-Feier, bei meinen Seminaren als Gastdozentin und Lehrbeauftragte an der Hochschule der Künste (HdK – jetzt UdK) und der Freien Universität Berlin und bei Tagungen und Kongressen. Bei der Konzeption und Leitung der Ferienkurse „Theater der Anderen – anderes Theater" an der HdK (Theaterpädagogik) im Auftrag von Prof. Dr. Hans Wolfgang Nickel legte ich den Fokus der Tagung auf die multikulturelle Theater-Vielfalt der Stadt. In unterschiedlichen Veranstaltungsformaten – Workshops, Panel-Diskussionen, Theateraufführungen, Gesprächen – begegneten die Teilnehmer Fachleuten (Theater, Tanz, Pädagogik) unterschiedlicher Herkunft, besonders aus der Türkei. Aus Ankara konnten wir Prof. Dr. İnci San und Tamer Levent einladen.

Frau Prof. Dr. İnci San war ich 1984 bei einer Tagung mit bekannten Künstlern und Hochschullehrern aus Deutschland und der Türkei in Berlin begegnet. Sie unterstützte mich dort bei der Leitung meines theaterpädagogischen Workshops durch ihre Übersetzung, und wir begannen einen regen Austausch über kreative Methoden in der Pädagogik und im Theater, über die Entwicklung der Theaterpädagogik unter Prof. Dr. Hans Wolfgang Nickel u.a. an der Pädagogischen Hochschule (später Hochschule der Künste) in Berlin und über ihre eigene Arbeit an der Hacettepe Universität in Ankara. Sie berichtete von ihrer Zusammenarbeit mit Tamer Levent, der sich als Staatstheater-Schauspieler auch für kreative Theatermethoden (yaratıcı drama) interessierte und den Kontakt zu europäischen Kolleginnen und Kollegen suchte. Diesen Kontakt konnte ich herstellen, und so trafen wir uns 1984 bei der Tagung des internationalen Theaterverbands IATA/AITA in Kärnten, Österreich.

Begeistert von dem großen Potenzial des „Yaratıcı Drama" (Creative Drama, Drama in Education, Theaterpädagogik) konnten Prof. Dr. İnci San und Tamer Levent am Deutschen Kulturinstitut (Goethe-Institut) in Ankara ab 1985 im zweijährlichen Turnus große Tagungen zu dieser Thematik veranstalten. Experten und Studierende unterschiedlicher Disziplinen – Theater, Pädagogik, Psychologie u.a. – stellten sich bei Vorträgen, Podiumsdiskussionen und in Workshops den Herausforderungen und Chancen neuer kreativer, theaterpädagogischer, Methoden im Zusammenhang mit fachspezifischen Themen und historischen Formen des Theaters. Für uns deutsche Referentinnen und Referenten – Prof. Dr. Hans-Wolfgang Nickel u. a. – waren diese Tagungen auch eine Begegnung mit dem türkischen Ausbildungssystem, mit Schulen, Universitäten und sozialen Einrichtungen und dem professionellen Theater. Vom Engagement und von der Kreativität und Offenheit der Teilnehmenden in den Workshops und den Referentinnen und Referenten waren wir sehr beeindruckt.

Damals wurde – anknüpfend an deutsch-türkische Beziehungen in Wissenschaft, Pädagogik und Theater früherer Zeiten – der Grundstein für einen regen Austausch von Ideen und Kompetenzen im Bereich yaratıcı drama (Theaterpädagogik) durch Lehrende und Lernende gelegt, die zu Gastvorträgen, Workshops oder zum Studium in die Türkei oder nach Deutschland gingen.

Meine eigenen türkisch-deutschen Theatererfahrungen wurden am intensivsten, als ich die Chance wahrnahm, als Theaterpädagogin in die Türkei zu gehen. Drei Jahre lang (1988 – 1991) arbeitete ich als Gastdozentin, als Theaterpädagogin, an der „Dokuz Eylül Üniversitesi" (9. September Universität) in İzmir. Die Erfahrungen, die ich zuvor als Referentin bei den Tagungen „ Yaratıcı Drama" in Ankara (1985, 1987) und anschließenden Workshops mit Theater-Studierenden in İzmir hatte sammeln können, erleichterten mir die Entscheidung, die Einladung von Prof. Dr. Özdemir Nutku an seine Theaterabteilung der Universität anzunehmen.

Im Herbst 1988 zog ich also mit 20 kg Freigepäck zu meinem theaterpädagogischen Abenteuer nach İzmir. Neben der Organisation meines persönlichen Umfelds – Wohnung, Möbel, Transportmittel, Telefon, Schreibmaschine, Bewältigung bürokratischer Hürden – galt es, mein Arbeitsgebiet „Tiyatro Pedagojisi" (Theaterpädagogik) selbst abzustecken, die Seminarinhalte zu bestimmen und Projekte in einem mir fremden Umfeld zu entwickeln. Meine fachliche Kompetenz als Theaterpädagogin und meine Erfahrungen als Dozentin an der Hochschule der Künste Berlin begegnete den curricularen Vorgaben des Fachbereichs, den Regelungen der Universität und den Erwartungen der Studierenden. Eine große Herausforderung, bei deren Bewältigung mir die Unterstützung durch Kollegen und das Engagement der Studierenden sehr geholfen haben.

Während meiner fünfsemestrigen Gastdozententätigkeit an der Theaterabteilung und einsemestrigen an der Malerei-Abteilung der Fakultät der Schönen Künste entstanden unter meiner Leitung Theaterproduktionen, Kindertheaterstücke, Musik-Skulpturen und Wandgemälde. Wir entwarfen Modelle und Visionen für kulturelle Zentren und diskutierten Arbeitsbereiche für Theaterpädagogen oder andere künstlerisch-pädagogische Berufe in der Türkei. Die Studierenden lernten theaterpädagogische Methoden, Übungen und Darstellungsformen kennen und besuchten für Recherchen Orte und Menschen außerhalb der Universität. Mit Hilfe meiner mitgebrachten Bücher-Schätze (es gab noch kein Internet und keine DVDs!) stellte ich ihnen meine Vorbilder und Lehrmeister vor, mit denen ich an der HdK in Berlin gearbeitet hatte oder denen ich dort, auf Kongressen oder Studienreisen begegnet war. Einige Bücher wurden von den Studierenden alsbald ins Türkische übersetzt und somit einer breiteren Öffentlichkeit zugänglich gemacht, z.B. Bücher von oder über Augusto Boal oder Theaterstücke des Grips-Theaters.

Zu Beginn arbeitete ich im Studiengang „Dramatisches Schreiben". Aber schon bald nahmen auch Studierende anderer Studiengänge an Übungen oder Projekten teil (Schauspiel, Bühnenbild, Film, Musik, Medizin). Ihre unterschiedlichen Interessen und künstlerischen Kompetenzen unterstützten unsere Projekte produktiv, und mit ihren Fremdsprachen-Kenntnissen halfen sie mir bei der Verständigung.

Unsere Projekte führten uns ins Krankenhaus, in Schulen, ins Staatstheater, auf Plätze und auf Freilichtbühnen. Trotz strenger Regelungen und bürokratischer Hürden öffnete sich – fast – immer eine Tür und erlaubte Aktionen, die vorher nicht für möglich gehalten worden waren. Genehmigungen mussten von mir oft an oberster Stelle und oft persönlich eingeholt werden – beim Dekan oder Rektor der Universität, beim Direktor des Theaters, beim Bürgermeister oder Gouverneur. Oft gab es dann nicht nur die Genehmigung für unser Projekt, sondern auch sehr konkrete Unterstützung: Busfahrten in Nachbarstädte und Einladungen zum Essen für die ganze Gruppe, den Zugang zum Sitzungssaal des Rathauses, zur Bühne des Staatstheaters oder der Freilichtbühne der Kleinstadt und Einladungen an das Publikum per Lautsprecher im ganzen Dorf. Und wenn eine Tür geschlossen war, fand sich nach beharrlichem Suchen – meist – eine andere Möglichkeit, unser Vorhaben zu realisieren.

Persönliche Kontakte der Studierenden wurden genutzt, Kollegen um Mithilfe gebeten, Räume im französischen und deutschen Kulturinstitut in Anspruch genommen und das bestehende Netzwerk, das ich mit seinen Funktionen und Stolpersteinen so langsam verstand, genutzt. Ich wurde zu eigenen künstlerischen Aktionen außerhalb der Universität eingeladen, Studierende organisierten gemeinsame theaterpädagogische Auftritte im Rahmen von Festivals in entfernten Städten oder arrangierten Fernsehauftritte für mich, um „Theater-Pädagogik" – auf Türkisch (!) – vorzustellen und zu erläutern.

Im Mittelpunkt meiner theaterpädagogischen Arbeit in İzmir stand die Entwicklung des Theaterstücks „ARADA BIR YERDE – IRGENDWO DAZWISCHEN" mit der Gruppe

„Die rEmigranten". Unterstützt wurde ich durch das Stipendium „Berliner Künstler in die Türkei". Die jugendlichen Schauspieler waren sieben Jahre zuvor mit ihren Eltern aus Deutschland in die Türkei „zurückgekehrt" und mussten sich an ihre neue Heimat mühevoll anpassen (siehe den Beitrag von Sedat Ince in diesem Buch, S. 75). Einige von ihnen hatten sich beim Theaterspielen am deutschen Kulturinstitut (jetzt: Goethe-Institut) kennen gelernt und studierten wie die anderen Mitglieder der Theatergruppe inzwischen an der Dokuz Eylül Universität. Nach langen Gesprächen, Theaterübungen, Besuchen bei ihnen zu Hause entwickelte ich mit ihnen eine Szenen-Collage, in der sie mit darstellerischen und musikalischen Mitteln Erinnerungs- und

---

Mahmut Topçu
Begegnung mit Theaterpädagogik

Es war das Jahr 1998. Ich war Student des 4. Jahrgangs des Studiengangs Dramatisches Schreiben der Abteilung Bühne und Bildende Künste an der Dokuz Eylül Universität in Izmir. Wir erhielten die Nachricht, dass eine Dozentin mit dem Namen Marlies Krause aus Deutschland kommen würde. Mit ihr wurde der Unterricht in Theaterpädagogik eröffnet.
Für die ganze Theaterabteilung leitete sie Theater-Workshops. Wir saßen auf unserer Bühne im Kreis. Wir zogen unsere Schuhe aus und massierten als erstes unsere Füße. Wir lernten Spiel und Körperübungen kennen – pantomimische Übungen mit einer „Zaubermasse" (Teig-Spiel) oder Spiele mit Stärken und Schwächen der Partner (Status-Übungen).
In den theaterpädagogischen Seminaren entwickelten wir eigene Stücke mit Hilfe von improvisierenden Übungen. Darüber hinaus führten wir fünfzehn Projekte durch. Auch Studentinnen und Studenten verschiedener Fakultäten, deren Familien in Deutschland gelebt und gearbeitet hatten, waren daran beteiligt. Wir alle arbeiteten wie Assistenten unserer Dozentin Marlies Krause. Einige unserer Projekte waren: *Kind und Krankenhaus, Musik hören und Musik machen, Theater und Zuschauer, Tag der Musik, Kinderspiele im Hirtendorf und Irgendwo dazwischen* (siehe Artikel von Sedat Ince „Mit Theater nach Hause…" in diesem Buch):
Unsere Dozentin Marlies begann dieses Theaterstück mit Improvisationen. Sie entwickelte unser Stück mit uns gemeinsam und führte Regie. Begleitet wurde es von Live-Musik. Ich spielte Schlagzeug. Mit diesem Theaterstück ging die ganze Gruppe nach Deutschland und führte es dort auf. Eine Woche – zehn Tage lebten wir dort. Es wurden schöne Erinnerungen für uns. Ich war das erste Mal im Ausland. Mit Marlies Hocam arbeitete ich ein Jahr lang an der Universität und ein Jahr nach meinem Abschluss, also zwei Jahre, wie ihr Assistent. In Ankara nahmen wir an den Seminaren „Dramatizasyon III" teil. Alle Projekte wurden von mir schriftlich dokumentiert. Sedat Ince übersetzte die Texte ins Deutsche. Wir veröffentlichten die Bücher zweisprachig auf Türkisch und Deutsch und stellten sie vielen interessierten Institutionen zur Verfügung. Marlies Krause kehrte 1991 nach Deutschland zurück. Ich begann an der Hacettepe Universität zu arbeiten. Immer noch haben wir eine Dozent-Student-Beziehung. Und wir sind Freunde geblieben.
An Theaterabteilungen der Universitäten der Türkei wurden damals mit Marlies Krause zum ersten Mal im akademischen Sinne Seminare – *Tiyatro pedagojisi, Yaratıcı Drama* – durchgeführt. Sie machte den Anfang. Eventuell sollte auch eine solche Abteilung eröffnet werden. Aber es kam nicht dazu. Noch immer gibt es an Theaterabteilungen keine theaterpädagogischen Abteilungen, keine solche Seminare. Dabei wäre es notwendig. İnci San Hocam schreibt deshalb viele Artikel und arbeitet sehr viel, damit sich dieser Bereich weiterentwickelt. Und so wächst das kreative Drama und wird weiterwachsen.
Topçu, Mahmut, Hacettepe Universität

Bruchstücke aus ihrem Leben in Deutschland und in der Türkei erzählen: vom Fahrrad in Hamburg, von den Gummibärchen in Dortmund, vom Tod der alten Nachbarin und von der ersten Liebe im Schulbus. Auf der Bühne lassen sie die Zuschauer an ihrem ganz persönlichen Umgang mit dem Verlust des Vertrauten teilhaben, mit der Angst vor dem Unbekannten, mit der Neugier auf das Fremde. Im zweiten Teil des Stücks setzen sie Situationen aus dem Leben ihrer Eltern in Szene: „Warum bist du damals weggegangen?" Sie präsentieren die Wünsche und Hoffnungen, die Träume und Enttäuschungen ihrer Väter und Mütter. Die jugendlichen Schauspielerinnen und Schauspieler, die „rEmigranten", zeigen in ihrem Theaterstück, dass sie aus dem Leben zwischen den Kulturen Verletzungen davongetragen, aber auch eine große Stärke und neue Kompetenzen gewonnen haben.

Um mit einer Gruppe von fünfzehn Studentinnen und Studenten aus der Türkei nach Deutschland zu reisen, galt es viele organisatorische Hürden zu meistern. Mit finanzieller Hilfe (Dienste in Übersee) und vielfältiger Unterstützung vor Ort konnten wir Anfang 1990 unsere Theater-Revue vor einem begeisterten Publikum in Berlin aufführen, u. a. auch im „Tiyatrom".

1991, drei Jahre später, zog ich schweren Herzens wieder nach Berlin. Hier konnte ich jedoch meine neuen Erfahrungen in vielen Zusammenhängen einbringen und mich für interkulturelle Projekte engagieren: an schulischen und außerschulischen Einrichtungen, Hochschulen und in der Lehrerbildung. Manche Projekte brachten mich auch wieder in die Türkei: Einladungen zu Theaterworkshops, die Mitarbeit bei Filmproduktionen und die Sitzungen des Ausschusses für die Entwicklung des deutsch-türkischen Jugendaustausches, in den ich für sieben Jahre berufen worden war (für die BKJ, BAG). Trotz großer struktureller Unterschiede der beiden Partner-Länder wurden hier wichtige Grundlagen für längerfristige Austausch-Programme für Kinder, Jugendliche und Multiplikatoren in den Bereichen Sport und Kultur, insbesondere auch Theaterprojekte, geschaffen.

Den Studierenden und meinen Kolleginnen und Kollegen aus İzmir begegne ich immer wieder einmal – in der Türkei oder in Deutschland, bei Kongressen oder Einladungen zu Theaterworkshops oder Gastdozenturen, u.a. an die Universität Muğla. Viele dieser ehemaligen Studentinnen und Studenten lehren an Universitäten, arbeiten beim Film, Fernsehen oder Rundfunk, als bildende Künstler oder spielen Theater – manche von ihnen auch in Deutschland.

Müjdat Albak und Tülay Yongaci-Uzun z. B., ehemals Schauspiel-Studierende in İzmir und später experimentelle Theatermacher im sozialen Feld in Ankara, engagieren sich in Frankfurt am Main seit vielen Jahren im Verein Ora da! (Dort!) und im von ihnen gegründeten Theater für interkulturelle Verständigung durch Theater. Zu den

Interkulturellen Theatertagen anlässlich der Frankfurter Buchmesse 2008 mit dem Schwerpunkt Türkei luden sie Fachkollegen und Theatergruppen aus Deutschland und der Türkei ein. Auf ihre Einladung hin brachten Tamer Levent aus Ankara und ich in unserem gemeinsamen Theater-Seminar Menschen unterschiedlicher sprachlicher Herkunft zum Thema „Begegnungen über Sprachgrenzen hinweg" zusammen.

Über unsere spannende Workshoparbeit hinaus hatte ich die Möglichkeit, bei dieser Tagung auch Prof. Dr. Özdemir Nutku wieder zu sehen. In seinem Referat verwies er auf frühe interkulturelle Beeinflussungen und zog Parallelen zwischen den ausgedehnten Festen des Osmanischen Reichs seit dem 14. Jahrhundert und denen an damaligen europäischen Höfen. Mir bot sich die Gelegenheit, ihm nochmals für seine Einladung 1988 an die Theaterabteilung an der Dokuz Eylül Universität in İzmir zu danken, die Chance für intensive interkulturelle Theater-Erfahrungen, zu türkisch-deutschen theaterpädagogischen Beziehungen, die für mich mit einer spontanen Idee begonnen hatten – damals, vor 30 Jahren.

Kreative Projekte – zwischen Theater, Musik, Bildender Kunst (Auswahl)

>> Dramatisches Schreiben: „Kinder im Krankenhaus", theaterpädagogisches Projekt mit Studentinnen und Studenten der Theaterabteilung (Dramatisches Schreiben) der Dokuz Eylül Üniversitesi (9. September-Universität) in Zusammenarbeit mit Studierenden anderer Fachbereiche und Mitarbeitern und Patienten des Kinderkrankenhauses in İzmir, Recherche für Kindertheaterstücke, Entwicklung von Theaterstücken, theaterpädagogischen Übungen und Begleitmaterialien, Leitung: Marlies Krause.

>> Theaterprojekt: *Die rEmigranten* „Irgendwo dazwischen – Arada bir yerde" - ein deutsch-türkisches Musik-Theaterstück mit jugendlichen Rückkehrern (Studierenden der Dokuz Eylül Üniversitesi) in İzmir über das Leben zwischen und mit den Kulturen, Mitarbeit: Macit Sonkan, 1988 – 90, Aufführungen in İzmir, Ankara, Berlin. Theaterpädagogische Leitung und Regie: Marlies Krause.

>> Theater und Schule, theaterpädagogisches Modell-Projekt in Kooperation mit der Theaterabteilung der Universität Dokuz Eylül, dem Staatstheater Izmir und der Anadolu-Oberschule Yunus Emre. Jugendliche Rückkehrer aus Deutschland begegnen – zum ersten Mal in ihrer neuen Heimat – dem Theater in İzmir, den Schauspielern, dem Theaterdirektor, Studierenden und werden in den Räumen des Theaters durch Theaterübungen auf den Besuch von Theaterstücken vorbereitet. Weitere Projektplanungen zur Gewinnung von neuen Publikumsgruppen, zu Vor- und Nachbereitungsmodellen von Theaterstücken. Leitung: Marlies Krause.

>> Lieder-Abend /LIED GECESI mit Liedern von Bertolt Brecht, Kurt Tucholsky u. a. im deutschen Kulturinstitut; Gesang: Marlies Krause, Gitarre: Andreas Estedt; Workshop: Lieder von Bertolt Brecht, Leitung: Marlies Krause, 1990

>> Film-Reise (von Ankara bis Kars) zu Aufnahmen des später preisgekrönten Films „Camdan Kalp" (Herz aus Glas) mit Genco Erkal, Regie: Fehmi Yaşar, eigene kleine Rolle, Einblick in dörfliches Leben, kulturelle und politische Schnittpunkte und professionelle Filmproduktions-Strukturen in der Türkei.
>> Kinderspiele im Hirtendorf, Austausch von Kinderspielen in einem entlegenen Dorf in der Ost-Türkei, nahe der Stadt Kars, zusammen mit Macit Sonkan.
>> „Das Märchen-Fernglas" („Masal Dürbünü"), Kinder-Mitspieltheater mit Musik, eigene Produktion mit Studierenden verschiedener Abteilungen (Schauspiel, Bühnenbild, Film, Dramatisches Schreiben, Malerei u. a.) anlässlich des Neujahrs-/Weihnachtsfests im amerikanischen Kulturinstitut. Erarbeitung der Märchen-Collage mit Hilfe theaterpädagogischer Methoden – Improvisation, Austausch von Kindheitserinnerungen, Körperübungen etc. Einbeziehung des kindlichen Publikums bei der Vorbereitung (Herstellung von Requisiten, Kostümen, Märchen-erzählen) und der Aufführung (Mitspiel), 1990. Leitung und Regie: Marlies Krause.
>> Stein-Zeit-Musik, Musik Kreativ, Musikalische Experimente zum Tag der Musik (Müzik Şenliği) in der Fußgängerzone von İzmir mit Studierenden der Universität Dokuz Eylül, Kindern und Jugendlichen einer Theatergruppe aus Akhisar (Leitung: Macit Sonkan) und mit Beteiligung der Zuhörer. In Zusammenarbeit mit dem deutschen Kulturinstitut und der Stadtverwaltung. Große Aufmerksamkeit und Beachtung in der Presse, 1990. Leitung: Marlies Krause.
>> Musik-Happening/Performance mit Musik für Bläsergruppe, Metallskulpturen und Publikum zum Tag der Musik - im Herzen von İzmir. Mitwirkende: Studenten der Bildhauerei und der Musikwissenschaft der Universität Dokuz Eylül, Bläsergruppe des Bezirksorchesters von Bornova (İzmir), Schuhputzerjungen und Damen aus dem Publikum, 1991, unterstützt vom Deutschen Kulturinstitut. Konzept, Komposition und musikalische Leitung: Marlies Krause.
>> Experimente / Performances (Experimental art / deneysel sanat) mit verschiedenen Materialien, Medien und Ausdrucksformen: Fotografie, Kopiergeräte, Diaprojektoren, Video, Plastikfolien, Farben, Wandmalerei, Musik, Tanz, Theater, Performance mit Studierenden der Fakultät der Schönen Künste, Abteilung Malerei, der Dokuz Eylül Üniversitesi, İzmir, 1991. Leitung: Marlies Krause, Assistenz: Telat Cengiz.
>> Wand-Malerei zum Tag des Kindes, „23 Nisan": Studierende der Abteilung Malerei entwerfen eine Mal-Aktion mit 250 Schülerinnen und Schülern einer Schule und bemalen mit ihnen die 150 m lange Innenseite der Mauer rund um die Schule in Izmir, in Kooperation mit dem Bezirksbürgermeister und seiner Verwaltung. Beachtung in Zeitungen und im Fernsehen.
>> Wand-Malerei: Experimentelle Fotos – Masken aus Venedig, Spiele mit Licht und Farben – werden zu riesigen Gemälden auf Mauern eines neuen Verlags-Gebäudes im Zentrum İzmirs, Teilnehmende: Studierende der Abteilung Malerei, 1991. Leitung: Prof. Dr. Adem Genç, Marlies Krause.

Tiyatro Pedagojisi Kültürlerarası – Alman Tiyatro Pedagogu Olarak Türkiye'de

Marlies Krause

Tiyatro pedagojisi alanındaki 30 yıllık Türk-Alman ilişkisi – bu, aynı zamanda benim kendi tiyatro pedagojisi alanındaki çalışmamın da 30 yıllık parçası. Onlar benim çalışmama şekil verdi, düşünce yapımı etkiledi ve yaşamımı zenginleştirdi.

Bu yıllar spontan bir fikirle başladı. 1982'nin bir bahar gününde güney İngiltere'deki Exeter'de bulunan Dartington College'de biz – Avrupa Konseyi tarafından desteklenen "What can Theatre Practice do for the Welfare of the Community?" (Topluluğun refahı için tiyatro ne yapabilir?) başlıklı kongrenin merkez komitesi – ülkelerini temsil edecek olan tiyatro gruplarının seçimi üzerine görüş alışverişinde bulunduk. Göçmenlerin – örn. Türkiyeli – tiyatro faaliyetlerini de dikkate alma önerim kabul edildi ve Berlin'deki Türk tiyatro ortamını araştırma ve 1983'deki Kongre için Türk Tiyatrosu temsilcilerini İngiltere'ye davet etme görevini üstlendim.

Bugün, otuz yıl sonra, Türklerle edindiğim deneyimlerin ve karşılaşmaların zengin hazinesine bakıyorum, buradaki, Almanya ve Türkiye'deki. Uzun ve kısa iş seyahatleri esnasında Türkiye'deki yaşam, politik ve kültürel gelişmeler, insanların birbirleriyle ilişkileri ve Türkiye'deki tiyatro üzerine bir çok deneyim edindim. Ve Türkçe öğrendim.

O zamanlar, 1982'de Kongre için Türk katılımcı ararken, şaşırtıcı bir biçimde, öğrenim ve çalışma için ya da politik nedenlerden dolayı Berlin'e gelmiş ve tiyatro yapmak için farklı gruplarda biraraya gelen çok sayıda Türkiyeli tiyatro severle karşılaştım. Hallesches Ufer'deki (şimdi Lehniner Meydanı'nda bulunan) Schaubühne'nin tanınmış yöneticisi Peter Stein, tiyatrosunu bir Türk Tiyatro Topluluğu'na açmıştı ve böylece yeni bir seyirci topluluğuna da. Kendi prodüksiyonları olan yetişkin ve çocuk oyunlarının yanı sıra Türkiye'den ya da komşu Avrupa ülkelerinden gelen Türkçe oyunlar Türk Tiyatrosu'nun üsluplarını ve konularını tanıtıyorlardı. Provalarına katılmış olduğum çocuk oyunu "Küçük Kara Balık" seyircisiz kaldığında, oyunun dramaturguna, öğretmenler için ön hazırlık tiyatro atölyelerinin yapılmasını sağlayarak Türk Tiyatrosu'nu kendi okul gruplarıyla ziyaret etmelerini cazip kılabileceğimi söyledim. Sahnelemenin ve hikayenin bir parçası tiyatro pedagojisinin yöntemleriyle, tiyatro topluluğunun üyelerinden biri olan Yekta Arman'ın desteğiyle, benim tarafımdan önceden verildi ki, genç seyirci bir sahne olayını yabancı bir dilde dikkatle takip edebilmek için somut referans noktalarına sahip olabilsin. Türkçe konuşan çocuklar kendi anadillerinde oynanan tiyatro oyununun tadına vardılar. Ön hazırlıkta ve oyun sonrası oyuncularla yapılan sohbette kendi dil yeterliliklerini gösterdiler. Bu proje tiyatro pedagojisinin prömiyeriydi ve çok başarılıydı.

Türk tiyatro topluluğu 1984'de Berlin-Kreuzberg'deki "Tiyatrom"a taşınmak zorunda kaldı. Burası bugün hala hem Türkçe konuşan seyircinin önemli bir buluşma noktası hem de Alman ve Türkiyeli tiyatrocular için bir oyun sahneleme mekanı. Yekta Arman 1989'dan beri bu tiyatroyu yönetiyor. Diğer gruplarının yanı sıra genç amatörlerle çalışıyor ve kendisini, bizim Schaubühne'deki çalışmamızdan ve şimdiki Güzel Sanatlar Fakültesi'ndeki (UdK) öğreniminden beri – bu arada doktorasını yapmış – tiyatro pedagogu olarak görüyor.

Benim için, Türk Tiyatro gruplarını ziyaret etmek kısa süre içinde Berlin'de diller ve kültürler arasında gezmek, başka insanlar ve farklı bakış açılarıyla tanışmak için bir olanak oldu. Üstelik İngiltere ve ABD'ye uzun süreli seyahat destekleri sayesinde, çok kültürlü bir toplumda tiyatronun anlamı, tiyatroyla ve tiyatro aracılığıyla kültürlerarası öğrenme konularına karşı hassas hale geldim.

Almanya'ya geri döndüğümde kültürlerarası tiyatro deneyimlerimi hayata geçirmek ve fikirlerimi geliştirmek için olanaklar elde ettim: 1983'de Frankfurt'daki 1.Misafir İşçi Festivali'nde, 1987'de Berlin Sanatlar Akademisi (Akademie der Künste Berlin)'nin görevlendirmesiyle Berlin'in 750. yılı kutlaması çerçevesinde Türk sanatçılarının programını oluşturmada, Güzelsanatlar Yüksekokulu (Hochschule der Künste)'nda (HdK – şimdiki UdK) misafir öğretmen ve görevli öğretmen olarak verdiğim seminerlerimde ve Berlin Hür Üniversitesi (Freie Universität Berlin)'nin kurultay ve kongrelerinde.

HdK'nın (Tiyatro Pedagojisi Bölümü'nden) Prof. Dr. Hans Wolfgang Nickel tarafından "Başkalarının Tiyatrosu – Başka Tiyatro" başlıklı yaz kursunun hazırlanmasında ve yönetiminde bütün kuvvetimle Çok kültürlü Tiyatro – Kentin Çeşitliliği kurultayına odaklandım. Farklı kökenlerden, özellikle Türkiye'den uzman katılımcılar (tiyatro, dans, pedagoji) farklı etkinlik formatlarında – atölyeler, panel-tartışmalar, tiyatro gösterileri, söyleşi – buluştular. Ankara'dan Prof. İnci San ve Tamer Levent'i davet edebildik.

Prof. Dr. İnci San ile Berlin'de, Almanya ve Türkiye'den ünlü sanatçılarla yüksekokul öğretim görevlilerinin katıldığı bir kurultayda karşılaşmıştım. Oradaki tiyatro pedagojik atölye çalışmamda bana çevirisiyle destek verdi. Pedagojide ve tiyatroda yaratıcı yöntemler, Berlin Pedagoji Yüksekokulu'ndaki (daha sonra Güzelsanatlar Yükseko-

kulu oldu) Prof. Dr. Hans Wolfgang Nikel vb. yönetimi altındaki tiyatro pedagojisinin gelişimi ve Ankara Hacettepe Üniversitesi'ndeki kendi çalışmaları üzerine aramızda canlı bir iletişim başladı. Bana yaratıcı drama yöntemlerine ilgi duyan ve Avrupalı meslektaşlarıyla bağlantı kurmak isteyen devlet tiyatrosu oyuncusu Tamer Levent ile ortak çalışmasından söz etti. Bu bağlantıyı sağladım ve böylece 1984'de Avusturya Kärnten'deki uluslararası tiyatro birlikleri kurultayı IATA/AITA'da buluşmuş olduk.

"Yaratıcı Drama"nın (Creative Drama, Drama in Education, tiyatro pedagojisi) etkileyici potansiyelinden aldıkları şevkle Prof. Dr. İnci San ve Tamer Levent Ankara'daki Goethe Enstitüsü'nde 1985'ten itibaren her iki yılda bir bu konuya uygun büyük kurultaylar düzenlediler. Farklı disiplinlerden – tiyatro, pedagoji, psikoloji vb. – gelen uzmanlar ve öğrenciler sunumlarda, panellerde ve atölye çalışmalarında tiyatronun mesleki özel konularına ve tarihsel formlarına dayanarak yeni yaratıcı, tiyatro pedagojik yöntemlerin görevleri ve olanaklarıyla meşgul oldular. Bizim Alman konuşmacılar – Prof. Dr. Hans-Wolfgang Nickel vb.– için bu oturumlar Türk okul sistemiyle, okullarla, üniversitelerle, sosyal kurumlarla ve profesyonel tiyatroyla da bir karşılaşmaydı. Atölyelerdeki katılımcıların sorumluluk duygularından, yaratıcılık ve içtenliklerinden ve konuşmacılardan çok etkilendik.

O zaman – daha önceki zamanların bilim, pedagoji ve tiyatrosu ile bağlantı kurarak – canlı bir fikir değiş tokuşu ve yaratıcı drama (tiyatro pedagojisi) alanındaki yeterlilik için temel, misafir konuşmacı olarak, atölye çalışmaları ve öğrenim için Türkiye'ye ya da Almanya'ya gitmiş olan öğretenler ve öğrenenler tarafından atılmıştı.

Alman-Türk tiyatro deneyimlerim en yoğun noktasına, tiyatro pedagogu olarak Türkiye'ye gitme olanağını değerlendirdiğim zaman ulaştı. Misafir öğretim görevlisi olarak üç yıl boyunca (1988 – 1991) İzmir "Dokuz Eylül Üniversitesi"nde çalıştım.

Ankara'da daha önceki (1985, 1987) "Yaratıcı Drama" kurultaylarında konuşmacı olarak bulunduğumda ve bunu takiben İzmir'de tiyatro öğrencileriyle gerçekleşen atölyelerde toplayabildiğim deneyimler, Prof. Dr. Özdemir Nutku'nun üniversitedeki kendi Tiyatro Bölümü'ne davetini kabul etme kararını vermemi kolaylaştırdı.

Böylece 1988'in sonbaharında 20 kg'lık bagajımla tiyatro pedagojik maceramа doğru İzmir'e taşındım. Kendi kişisel çevremi organize etmenin – ev, mobilya, nakliye aracı, telefon, daktilo, bürokratik engelleri yenme – yanı sıra çalışma alanım tiyatro pedagojisini kendim belirlemek, seminerlere kendim karar vermek ve bana yabancı olan bir çevrede projeleri geliştirmek zorundaydım. Tiyatro pedagogu olarak alandaki uzmanlığım ve Berlin Güzel Sanatlar Yüksekokulu (Hochschule der Künste)'ndaki öğretmenlik deneyimlerim, mesleki alanın müfredatının gereklilikleriyle, üniversitenin kurallarıyla ve öğrencilerin beklentileriyle buluştu. Bu, meslektaşların desteği ve öğrencilerin sorumluluk duygusuyla üstesinden gelmemde bana çok büyük yardımcı oldukları büyük bir meydan okumaydı.

Güzel Sanatlar Fakültesi'nin Tiyatro Bölümü'ndeki beş sömestrlik ve Resim Bölümü'ndeki bir sömestrlik misafir öğretmenliğim sırasında benim yönetimim altında tiyatro yapımları, çocuk oyunları, müzikli heykeller ve duvar resimleri ortaya çıktı. Kültür merkezleri için modeller, vizyonlar tasarladık ve tiyatro pedagojisi için çalışma alanları ya da Türkiye'deki diğer sanatsal pedagojik meslekler üzerine tartıştık. Öğrenciler tiyatro pedagojik yöntemlerle, alıştırmalarla ve gösteri formlarıyla

tanıştılar. Araştırma için okuldışı mekanları ve insanları ziyaret ettiler. Yanımda getirdiğim kitap hazinemin (daha internet ve DVD'ler yoktu!) yardımıyla onlara Berlin HdK'da birlikte çalıştığım, orada kongrelerde, öğrenim gezilerinde karşılaştığım örnek aldığım insanları ve ustalarımı tanıştırdım. Bir kaç kitap hemen öğrenciler tarafından Türkçe'ye çevrildi ve böylece daha geniş bir kamuoyuna ulaşması sağlandı, örn. Augusto Boal'in ve onun üzerine kitaplar ya da Grips Tiyatrosu'nun oyunları.

Başlangıçta "Dramatik Yazarlık" bölümünde çalıştım. Ama kısa bir zaman içinde diğer bölümlerin (oyunculuk, sahne tasarımı, müzik, tıp) öğrencileri de alıştırmalara ve projelere katıldılar. Onların farklı ilgileri ve sanatsal ustalıkları bizim projelerimizi yapıcı biçimde destekledi. Yabancı dil bilgileriyle diğerleriyle anlaşmamda bana yardımcı oldular.

Projelerimiz bizi hastanelere, okullara, devlet tiyatrosuna, alanlara ve açık hava sahnelerine götürdü. Katı kurallara ve bürokratik engellere rağmen her zaman – hemen hemen – bir kapı açıldı ve daha önce olanaklı olması düşünülemeyen eylemlere izin verildi. İzinlerin çoğunlukla en yüksek merciiden ve çoğunlukla bizzat benim tarafımdan alınması gerekiyordu – üniversitenin dekanından ya da rektöründen, tiyatronun müdüründen, belediye başkanından ya da validen. Daha sonra çoğunlukla projelerimize sadece izin değil, ayrıca somut destekler de verildi: Komşu şehirlere gitmek için otobüs tahsisi, bütün grubun yemeğe davet edilmesi, belediyenin toplantı salonuna giriş izni, devlet tiyatrosunun salonunda ya da kasabanın açıkhava sahnesinde oynama, köyde megafonla seyircinin oyuna davet edilmesi gibi. Ve eğer bir kapı kapandıysa, önümüze koyduğumuz hedefi gerçekleştirmek için direngen bir arayışla – çoğunlukla – başka bir olanak bulundu.

Öğrencilerin kişisel bağlantıları kullanıldı, meslektaşlardan yardımcı olmaları rica edildi, Fransız ve Alman Kültür Enstitüleri'ndeki mekanlardan yararlanıldı ve işlerliğiyle, engellemeleriyle böylece yavaş yavaş anladığım mevcut ilişkiler ağı kullanıldı. Üniversite dışındaki bazı sanatsal faaliyetlere davet edildim, öğrenciler uzak şehirlerdeki festivaller çerçevesinde ortak tiyatro pedagojik gösteriler ya da tiyatro pedagojisini – Türkçe (!) – tanıtmam ve açıklamam için bana televizyon programları organize ettiler.

Mahmut Topçu

Tiyatro Pedagojisiyle Karşılaşma

1998' yılıydı. Türkiye, İzmir, Dokuz Eylül Üniversitesi, Sahne ve Görüntü Sanatları, Dramatik Yazarlık Sanat Dalı 4. sınıf öğrencisiydim. Almanya'dan Marlies Krause adında bir Öğretim Görevlisi geleceği söylendi. Tiyatro Pedagojisi dersi açıldı.

Tüm tiyatro bölümüne atölye yaptı. Daire biçiminde sahne'ye oturduk. Ayakkabılarımızı çıkardık. Ayaklarımıza masaj yaptık. Hamur oyununu oynadık. Güçlü-güçsüz oyununu oynadık. Tiyatro Pedagojisi dersinde doğaçlamadan başlayıp oyun yazma çalışmaları yaptık. Bunların yanı sıra da 15 proje hazırladık. Ailesi Almanya'da yaşamış, çalışmış, diğer fakültelerden öğrenciler de çalışmaya katıldılar. Her birimiz Marlies Hocamızın asistanı gibi çalıştık. Projelerden bazıları: *Çocuk ve Hastane, Müzik dinlemek ve yapmak, Tiyatro ve seyirci, Müzik şenliği, Çobanköy'de Çocuk oyunları ve Arada Bir Yerde:*

Bu oyunumuzu Marlies Hocam doğaçlamalarla başlattı ve oluşturdu, yönetti. Canlı müzik yaptık. Ben bateri çaldım. Bu oyunla Grup olarak Almanya'ya gittik oyunu orada sahneledik Bir hafta- 10 gün orada yaşadık. Çok güzel anılarımız oldu. Ben ilk kez yurt dışında bulundum.

Marlies Hocam'la 1 yıl okulda, 1 yıl da mezun olduktan sonra 2 yıl onun asistanı olarak çalıştım. Ankara'da *Eğitimde Dramatizasyon -III*, Seminerine katıldık Ben tüm projelerin kitapçıklarını yazdım. Almanca olarak da Sedat İnce yazdı. Türkçe ve Almanca olarak iki kültürde iki dilde kitapçıkları hazırladık. İlgili bir çok kuruma dağıttık. Marlies Hocam 1991'de Almanya!ya döndü. Ben de Hacettepe Üniversitesi'nde işe başladım. Hala öğretmen-öğrenciyiz. Hala dostuz.

Bir de bu yıl (2012) acı bir olay yaşadık. Ekim ayında, projelerimizin fotoğrafını çeken, yazar sinemacı, Sabri Kaliç'i sonsuzluğa uğurladık. Ruhu şad olsun.

Türkiye'de Tiyatro Bölümlerinde ilk kez *Tiyatro pedagojisi, Yaratıcı Drama,* ders olarak yapıldı. Belki Bölüm olarak da açılacaktı. Ama her ne olduysa olmadı. Tiyatro bölümlerinde hala tiyatro pedagojisi bölümü yok, dersi yok. Oysa bu çok önemli. İnci San Hocam, bu dalın gelişmesi için makaleler yazıyor, çalışıyor. Ama Yaratıcı Drama epeyce gelişti ve gelişmekte.
Mahmut Topçu, Hacettepe Üniversitesi

İzmir'deki tiyatro pedagojik çalışmamın merkezinde "geriye dönen göçmenler" grubuyla geliştirdiğim tiyatro oyunu " ARADA BİR YERDE – IRGENDWO DAZWISCHEN" bulunuyordu. "Berlinli sanatçılar Türkiye'de" bursuyla destekleniyordum. Genç oyuncular yedi yıl önce ebeveynleriyle Almanya'dan Türkiye'ye "geri dönmüşlerdi" ve yeni vatanlarına güçlükle adapte olmak zorundaydılar (Bkz. Sedat İnce'nin bu kitaptaki yazısı, S. 71). Bazıları birbirleriyle Alman Kültür Enstitüsü'nde (şimdiki Goethe Enstitüsü) tiyatro oynarken tanışmışlar ve bu arada tiyatro grubunun diğer üyeleri gibi Dokuz Eylül Üniversitesi'nde okuyorlardı. Uzun sohbetler, tiyatro alıştırmaları, ev ziyaretlerinden sonra onlarla, Almanya ve Türkiye'deki hayatlarından hatıralarını, geriye kalan anı parçacıklarını tiyatral ve müzikal yöntemlerle anlattıkları bir kolaj geliştirdim: Hamburg'daki bisikletten, Dortmund'daki kauçuk ayıcıktan, yaşlı komşunun ölümünden ve okul otobüsündeki ilk aşktan oluşan. Sahnede, alışılagelenin yitimiyle kişisel başa çıkma yöntemlerine seyirciyi dahil ettiler, bilinmezliğin korkusuyla, yabancı olana duyulan merakla başa çıkma yöntemlerine.
Oyunun ikinci bölümünde ailelerinin yaşamından durumları sahneye taşıdılar: "O zaman neden çektin gittin?" Anne ve babalarının dileklerini ve umutlarını, düşlerini ve düşkırıklıklarını sergilediler. Genç oyuncular, "geriye dönen göçmenler" tiyatro oyunlarında kültürler arasında yaşamaktan gelen yaralanmalardan zarar gördüklerini ama, büyük bir kuvvet ve yeni ustalıklar da kazandıklarını gösterdiler.

Türkiye'den on beş kişilik bir öğrenci grubuyla Almanya'ya seyahat için bir çok organizasyon engelinin üstesinden gelmek gerekiyordu. Mali yardımla (Dienste in Übersee*) ve gösteri mahallindeki çok çeşitli desteklerle 1990'ın başında Berlin'de, "Tiyatrom"un da aralarında bulunduğu, coşkulu bir seyirci topluluğuna tiyatro revümüzü gösterebildik.

1991'de, üç yıl sonra, istemeye istemeye tekrar Belin'e döndüm. Gerçi burada da bir çok kapsamda yeni edindiğim deneyimlerimi kullanabildim ve kültürler arası projelere angaje olabildim: Okulda ya da okul dışı kurumlarda, yüksek okullarda ve öğretmenlerin eğitiminde… Bazı projeler beni tekrar tekrar Türkiye'ye taşıdı: Tiyatro atölyelerine davetler, film prodüksiyonlarında ve yedi yıl boyunca görevli olduğum (BKJ, BAG) Alman-Türk gençlik değişiminin geliştirilmesi komisyonunun oturumlarında çalışma… İki partner ülke arasındaki büyük yapısal farklılıklara rağmen spor ve kültür alanındaki çocuk, genç ve multiplikatörlerin** uzun vadeli değişim programları, özellikle de tiyatro projeleri için önemli temeller oluşturuldu.

Halen İzmir'li öğrenciler ve meslektaşlarımla Türkiye'de, Almanya'da, kongrelerde, davetli olduğum tiyatro atölyelerinde ya da örn. Muğla Üniversitesi'nde misafir öğretmenliğim sırasında karşılaşıyorum. Bir çok eski öğrenci üniversitelerde öğretmenlik yapıyorlar, sanatçı olarak filmlerde, televizyonda, radyoda çalışıyorlar ya da tiyatro yapıyorlar – hatta onlardan bazıları Almanya'da.

* Dienste in Übersee, gelişme amaçlı projeleri destekleyen mezhepler üstü dini bir sivil toplum kuruluşudur (www.entwicklungsdienst.de) (çevirmenin notu)

**Multiplikator: Edindiği bilgiyi eğitim amaçlı kullanabilen ve böylece bilginin yayılmasına yardımcı olma ehliyetine sahip kişi ya da kurum (Duden, Deutsches Universal Wörterbuch A-Z, 1996, çevirmenin notu)

İzmir'deki eski oyunculuk öğrencilerinden ve daha sonra Ankara'da sosyal alanda deneysel tiyatro yapan Müjdat Albak ve Tülay Yongacı-Uzun Frankfurt am Main'de uzun yıllardan beri onlar tarafından kurulan "Ora da!" derneğinde, tiyatro aracılığıyla kültürlerarası uzlaşma amacı taşıyan tiyatrolarında uğraş veriyorlar. Ağırlık merkezinin Türkiye olduğu 2008 Frankfurt Kitap Fuarı münasebetiyle kültürlerarası tiyatro günlerine uzmanları, Almanya ve Türkiye'den tiyatro gruplarını davet ettiler. Davetleri üzerine Ankara'dan Tamer Levent ve ben farklı dil kökenlerinden gelen insanlarla "dil sınırlarını aşan buluşmalar" temalı ortak tiyatro seminerimizde biraya geldik.

Heyecanlı geçen atölye çalışmamızın dışında, bu toplantıda Prof. Dr. Özdemir Nutku'yu da yeniden görme olanağına kavuştum. Sunumunda eski kültürlerarası etkilenmelere işaret etti ve 14.yüzyıldan beri Osmanlı İmparatorluğu'ndaki muhteşem şenliklerle eskiden Avrupa saraylarında gerçekleştirilenler arasındaki paralelliklere dikkati çekti. Bu bana, 1988'de İzmir Dokuz Eylül Üniversitesi Tiyatro Bölümü'ne daveti, yoğun kültürlerarası tiyatro deneyimleri edinme şansı, benim – bir zamanlar, 30 yıl önce – spontan bir fikrimle başlamış olan Alman-Türk tiyatro pedagojik ilişkileri için ona yeniden teşekkür etme fırsatı verdi.

Türkisch-deutscher Kulturaustausch in Deutschland und zwischen der Türkei und Deutschland

Klaus Hoffmann

Türkisches Theater in Berlin seit den 60er Jahren

Nach dem Anwerbeabkommen 1961 zwischen der Bundesrepublik Deutschland und der Türkei kamen viele türkische ‚Gastarbeiter', wie man die Arbeitsmigranten nannte, weil man davon ausging, dass sie nur vorübergehend zur Leistung von Arbeit in Deutschland bleiben würden. Man ging von einem Rotationsmodell aus und machte sich keine Gedanken über eine Integrationspolitik. Die Rotation aber wurde nie wirklich praktiziert und besonders nach dem Anwerbestopp 1973 holten 'Gastarbeiter' ihre Frauen und Kinder nach. Mit der Familienzusammenführung war eine Einwanderungssituation geschaffen, ohne dass die Folgen bedacht wurden. „Man hat Arbeitskräfte gerufen, und es kommen Menschen", stellte der Schweizer Autor Max Frisch fest. Durch den Kindernachzug entstanden u.a. Bildungs- und Schulprobleme, ohne dass die Politik darauf vorbereitet war. Man schuf zwar Zuzugssperren in ‚überlasteten' Siedlungsgebieten, aber machte sich keine Gedanken über die notwendigen Konsequenzen einer Integration. Es sollte noch bis 2004/5 dauern, bis ein Zuwanderungsgesetz zustande kam und den Wandel Deutschlands zu einem Einwanderungsland anerkannte, über 40 Jahre nach den ersten Einwanderungen.

Als Berliner, der in Berlin-Kreuzberg SO 36, wohnte, nahm ich diese Entwicklungen hautnah wahr. Das Quartier um das Kottbusser Tor und die Adalbert- und Oranienstraße wurde ‚Klein Istanbul' genannt. Das türkische Theaterleben war zunächst in den 60er Jahren auf Tourneen von Gruppen aus der Heimat beschränkt. Eigene türkische Theaterinitiativen, die sich nicht nur auf Lieder und Folklore zurückzogen, gründeten sich erst Anfang der 70er Jahre, häufig in Zusammenhang mit politisch linken Vereinen, angesichts der politischen Auseinandersetzungen in der Türkei, mit der Studentenbewegung und den Universitätsbesetzungen, mit den Streiks der Arbeiter und den Landbesetzungen durch arme Bauern. Z. B. zeigte der türkische Arbeiter-Jugend-Verein Agitprop-Stücke und die Berlin Oyunculari (Berliner Darsteller) arbeiteten an der Volkshochschule Kreuzberg, wo ich Veranstaltungen zum Spielplan der Berliner Bühnen durchführte. Ihre erste Inszenierung war „Ein Schiff namens Demokratie" von dem Satiriker Aziz Nesin, nach dem heute in Berlin-Kreuzberg eine Grundschule benannt ist. In dem Volkshochschulbericht hieß es: "Ziel der Gruppe ist – wenn auch unter sehr schwierigen Bedingungen – den Türken, die einen beachtlichen Anteil der Kreuzberger Bevölkerung bilden, Theaterwerke zeitgenössischer Schriftsteller zu präsentieren und mit diesen Aktivitäten auch die deutsche Bevölkerung anzusprechen und ihnen das Kulturgut der Türken nahe zu bringen." (1) Dieses Engagement zeigt, dass sich die türkischen Kulturakteure damals nicht in eine kulturelle Isolation zurückziehen wollten. In ‚Berlin Oyunculari' arbeiteten Studenten, semiprofessionelle Schauspieler und Arbeiter in ihrer Freizeit zusammen. Mit diesem Ensemble baute Ende der 70er Jahre Peter Stein mit seiner inzwischen berühmt gewordenen Schaubühne am Halleschen Ufer in Kreuzberg, in der viele Freunde von mir arbeiteten, mit denen ich an der Freien Universität Theaterwissenschaft studiert hatte, ein türkisches Theater auf. Bis 1983 spielte es.

Zu dieser Zeit hielt sich der bekannte türkische Regisseur Çetin İpekkaya mit einem Stipendium des Deutschen Akademischen Austauschdienstes (DAAD) in Berlin auf und gründete 1984 mit anderen Theaterbewegten in Kreuzberg das 1. Türkische Theater Tiyatrom (Mein Theater), ein professionelles Theater, das noch heute existiert. Mit Çetin İpekkaya traf ich 1994 in Istanbul wieder zusammen, wo er künstlerischer Leiter des Stadttheaters von Istanbul war und auch ein Jugendtheater-Laboratorium leitete. Wir entwickelten einen türkisch-deutschen Theateraustausch mit Jugendlichen.

Die vitale Berliner Szene habe ich durch den Wegzug aus Berlin in den 80er Jahren nicht mehr intensiv verfolgen können. Eine aktuelle Liste türkischer und deutschtürkischer Theater zeigt, dass es auch heute deutschlandweit um die 40 türkische Theater- und Kabarettprojekte gibt. Aber ihre Arbeit geschieht meist unbemerkt von den Medien und ohne kritische Presse und Öffentlichkeit. Anders als in der Literatur, wo türkisch-deutsche Autoren einen beachtlichen Bekanntheitsgrad erworben haben, hat Theater noch nicht diese Beachtung gefunden. Diese Theater haben sich aber heute international und transkulturell geöffnet, haben sich konzeptionell, ästhetisch und inhaltlich neuen Ausdrucksformen gestellt.

Das Thema Migration und die türkisch-deutsche kulturelle Zusammenarbeit sind zentrale Aufgaben der BAG

Mit dem Thema Migration hat sich die BAG (Bundesarbeitsgemeinschaft Spiel und Theater e. V.) seit Anfang an beschäftigt. Als dann aber 1993 die Ausschreitungen von Rechtsradikalen in Hoyerswerda und Rostock, in Mölln und der Brandanschlag gegen das Haus einer türkischen Familie in Solingen verübt wurden, habe ich beim bundesweiten Treffen der Jugendclubs an Theatern im Juni 1993 im Nationaltheater Mannheim eine Rede gegen den Ausländerhass gehalten und für ein multikulturelles Zusammenleben in Deutschland geworben: "Mit Empörung haben wir von den Morden in Solingen erfahren. Wir trauern mit Ihnen um die Toten. Wir sind beschämt über den Fremdenhass und die Gewaltexzesse, die sich fortsetzen. Bei unserem Treffen werden wir uns mit dem Thema Gewalt und Gewaltbereitschaft beschäftigen, in Aufführungen, Workshops, Diskussionen. Wir fragen danach, wie lässt sich mit ästhetischen und theatralen Mitteln auf Gewalt reagieren. Persönlich und in unserer Arbeit wollen wir Wege suchen, um ein multikulturelles Miteinander in Deutschland gelingen zu lassen."

In Lingen (Ems) zum Welt-Kindertheaterfest 1994 beschlossen dann mein Freund Tamer Levent, der Direktor von TOBAV, dem Verband der Staatstheater der Türkei und des türkischen Amateurtheaterzentrums und ich als Vorsitzender der BAG eine deutsch-türkische Theaterkooperation für eine Kunst des Zusammenlebens. Über 20 Theaterpädagogen, Regisseure und Theaterleiter aus der Türkei und Deutschland waren zu einem zweitägigen Treffen zusammengekommen, um eine Zwischenbilanz aus den vielen einzelnen Aktivitäten der Zusammenarbeit, der Arbeit türkischer Theater in Deutschland, von Projekten mit deutschen und türkischen Schauspielern, Jugendlichen, von Theaterpädagogen in der Ausbildung zu ziehen. Angesichts der damaligen, schwierigen Situation in beiden Ländern war uns klar, dass eine neue kräftige Initiative notwendig ist. Der Austausch zwischen den Kulturen und die Begegnungen mit dem Fremden sind in einer multikulturellen Gesellschaft überlebensnotwendig. Theater sollte zu einem Ort der Begegnung und zu einem ‚Laboratorium sozialer Phantasie' gemacht werden. Mit Tamer Levent, der auch als Schauspieler und Regisseur tätig ist, hatte ich schon in den 80er Jahren im Weltverband des Amateurtheaters (AITA/IATA) eine intensive Kooperation gepflegt. 1992 nahm die BAG mit Gruppen am Welt-Kindertheaterfest in Antalya teil. Das war das erste Mal, dass ich in der Türkei war. Mit dabei war, möglich nach der Wiedervereinigung, der Vorsitzende der Amateurtheater der östlichen Bundesländer, Michael Hametner. In Ankara nahmen wir 1995 an der Europäischen Jugendtheaterwerkstatt EDERED unter dem Motto ‚Sanata Evet – Yes to Art' und am Theaterfestival zum Weltkongress der AITA/IATA in Ankara teil. Mit Tamer Levent teilte ich die Einschätzung, dass Theater für unsere Kultur und die menschlichen Werte von großer Bedeutung ist. In einem Schreiben zu meinem 70sten Geburtstag schrieb er mir 2009: "I will tell you my idea how art can be a life style for democratic life and may be we can make a drama workshop serials about democracy culture and participation democracy!!!"

Immer wieder spielten deutsche Gruppen bei Festivals in der Türkei - in Denizli, Bursa etc. 1996 waren türkische Schüler von der Deutschen Schule in Istanbul beim Schultheatertreffen in Hamburg zu Gast. Der Leiter der Gruppe, Christoph Zänglein, berichtet von den Folgen des Besuchs: "… eine ganze Reihe von türkischen Oberstufenschülern erkundigte sich nach Studienmöglichkeiten in Deutschland und zeigte ernsthaft Interesse. Dazu muss ich anmerken, dass türkische Schüler an der deutschen Schule in Istanbul das Abitur ablegen können und dann auch als sog. 'Bildungsinländer' Zugang zu deutschen Universitäten finden. Nur dafür interessiert sich kaum jemand. Ein Grund (aber nur einer von der ganzen Reihe) ist das negative Deutschland- und Deutschenbild, das in der türkischen Presse immer wieder kolportiert wird."

Die vielen Theaterbegegnungen deutscher und türkischer Jugendlicher in der Türkei und in Deutschland, die über die Jahre stattfanden und stattfinden, lassen sich hier nicht beschreiben. Ohne Übertreibung wird man sagen können, dass die BAG einen der intensivsten Jugendkulturkontakte kontinuierlich mit der Türkei hat.

Die neuen Bundesländer wurden nach 1990 in den Fachkräfteaustausch mit einbezogen. Große Fachkonferenzen zur Theaterpädagogik (zu den Themen: Theater und Schule, deutsche Theaterpädagogik, Stückentwicklung, Maskenspiel, Soziales Lernen und die Lehrstücktheorie Brechts etc.) veranstalteten wir in Ankara mit dem Goethe-Institut und dem Çağdaş Drama Derneği, dem Verband für zeitgenössisches Drama, mit seiner Gründerin Prof. Dr. İnci San und dem heutigen Vorsitzenden Dr. Ömer Adıgüzel 1997, 2002, 2004 und 2008. Dies ist auch in der türkischen Fachzeitschrift ‚Creative Drama Journal' dokumentiert. Die enge Zusammenarbeit führte 2004 zu einer Mitgliedschaft des Çağdaş Drama Derneği in der BAG, was für mich eine große Anerkennung für unsere Kooperation ist.

Das Jugend-Kulturbarometer des Zentrums für Kulturforschung (Bonn), stellte 2004 fest, dass junge Menschen mit künstlerischen Interessen gegenüber fremden Kulturen eine große Offenheit haben: „Sie setzen sich deutlich stärker für eine bessere kulturelle Verständigung und speziell für die Förderung von Kunst aus fremden Kulturkreisen ein, auch wenn sie selbst noch nicht damit vertraut sind." Kulturaktive Jugendliche erleben offenbar, dass die Auseinandersetzung mit fremden Kulturen bereichernd für die eigene kulturelle Entwicklung ist und dazu beiträgt, unterschiedliche Wahrnehmungen und Deutungen der Wirklichkeit kennen zu lernen. Dies kann junge Menschen befähigen, die eigene Kultur und den eigenen Standort vor dem Hintergrund der globalen kulturellen Vielfalt zu reflektieren und Offenheit und Dialogfähigkeit zu entwickeln. Das war für uns eine zusätzliche Ermutigung, mit kultureller Bildung, insbesondere mit interkulturellen theaterpädagogischen Aktivitäten in diesem Feld, tätig zu werden.

Über Kinder und Jugendliche mit Migrationshintergrund hat die BAG 2008 eine bundesweite Bestandsaufnahme „Theater interkulturell" (2) erarbeitet, bei der fast 500 Spielleiter, Theaterpädagogen und -lehrer befragt wurden. Die Erhebung hat mobilisierenden Charakter und will in den kulturellen Verbänden, Institutionen und Initiativen die Beschäftigung mit Kindern und Jugendlichen mit Migrationshintergrund verstärken und Handlungsimpulse auslösen für interkulturelle Theaterarbeit.

Die Szenen der kulturellen Bildung im Bereich Theater sollten transparenter werden und sich gegenseitig öffnen, um die Kommunikation zu verbessern, die gegenseitigen Zugänge an der kulturellen Arbeit zu erleichtern und die Kooperationen zu erweitern. Insgesamt sollte die Teilhabe von Kindern und Jugendlichen mit Migrationshintergrund an der Theaterarbeit verstärkt werden. Dabei sollte es zu einem Prozess des Miteinander- und Voneinander-Lernens kommen und die kulturellen Beiträge, die Migranten ‚mitbringen' sollten in die gemeinsame Arbeit mit schon bestehenden Theatergruppen eingebracht werden. 64% der Teilnehmer in den Projekten und Gruppen, die wir untersucht haben und die meist in Schulen arbeiteten, hatten eine türkische Herkunft. Aber der Normalfall war auch, dass die Gruppen heterogen, multiethnisch zusammengesetzt waren. Die meisten theaterpädagogischen Angebote wurden in den Gymnasien gemacht, sie waren also an formale Bildungsvoraussetzungen geknüpft. Das heißt, dass die Schnittstelle Kultur und Bildung stärker berücksichtigt werden muss.

Ein Ergebnis der Studie ist: 85% der Theaterpädagogen und Theaterlehrer sehen in der Theaterarbeit einen wichtigen Beitrag zur Integration in die deutsche Gesellschaft, ohne Theater instrumentalisieren zu wollen. Integration wird in erster Linie durch die Stärkung individueller Kompetenzen gefördert, Selbstbewusstsein und Kommunikationsfähigkeit (beides 97%) und Aneignung anderer Sichtweisen (82%) werden dabei als Schlüsselkompetenzen wirksam. Auch soziale Fakten, wie der Kontakt über die eigene kulturelle Gruppe hinaus, nicht nur mit Deutschen, fördern die Integration (63%).

Aus den Ergebnissen dieser ‚Bestandsaufnahme' ergibt sich auch folgende Handlungsempfehlung: Der internationale Austausch mit den Ländern, aus denen Menschen nach Deutschland gekommen sind, ist von großer Bedeutung. Diese Austausche, insbesondere mit der Türkei, müssen unter Einbeziehung der Menschen gestaltet werden, die aus diesen Ländern nach Deutschland gekommen sind. „In der Bestandsaufnahme wurde transparent, dass nur ein ganz kleiner Bruchteil der Gruppen und Projekte diese Beziehungen zu den Herkunftsländern mit in ihre Arbeit einbezieht. Für die Deutschen wäre diese Einbeziehung ein großer Kenntnisgewinn und Erfahrungswert. Für die Menschen mit Migrationshintergrund, die in Deutschland leben, bedeutet diese Form des Austausches immer auch noch eine Rückbindung und Auseinandersetzung mit ihrer Herkunftskultur. Durch diese Rückbindung soll keine Heimattümelei entstehen, sondern eine realistischere Einschätzung ihrer Kulturen, wie sie sich gegenwärtig entwickeln.

Der Austausch kann dazu beitragen, nationale und internationale Arbeit zu verknüpfen, was lange zu wenig geschah. Die häufig praktizierte Trennung zwischen nationaler und internationaler Kulturarbeit hat die BAG schon früh aufgegeben. Weder Kultur noch Menschen können sich entfalten, wenn sie sich nicht in anderen spiegeln, sich mit ihnen auseinandersetzen, sich beeinflussen lassen.

Vom Migrantentheater zum postmigrantischen Theater
Bei unserer Tagung „Theater in einer interkulturellen und multireligiösen Gesellschaft" 2008 in der Universität Hamburg konstatierte der Münchener Theaterwissenschaftler Christopher Balme: „Interkulturalität wirkt in der deutschen Theaterlandschaft wie ein Fremdwort." Der türkische Regisseur und Verleger Recai Hallac sagte bei der Tagung: „Sehr lange wurde in Deutschland, oder ich spreche lieber von Berlin, ein Theater gemacht, in dem Migranten als etwas Besonderes und Authentisches dargestellt wurden. Um dieses Authentische hervorzuheben, stellte man vor allem türkische Jungs auf die Bühne, die – auch unter Beteiligung vieler deutscher Regisseurinnen und Regisseure – mit einer ungeheuren Energie auf der Bühne herumtrampelten und am besten auch noch ganz viel schimpften. Je mehr Schimpfworte gebraucht wurden und je unflätiger diese waren, umso besser kam es beim Publikum und in

der Theaterwelt an. Geschichten wurden erzählt wie: ‚Weißt Du Bruder, ich war im Gefängnis und dann hat man mich rausgelassen und ich fick Deine Mutter' und so weiter. Es war dabei völlig unwichtig, ob diese Jungs wirklich spielen konnten oder nicht. Viel wichtiger war es, diesen Geruch der Straße auf die Bühne zu bringen. Das ging ein paar Jahre gut und ich glaube, am Ende hatten alle die Nase voll davon. Diese Stücke wurden weniger besucht und es zeigte sich ein Bedürfnis, die Menschen nicht nur als schimpfende Türken auf die Bühne zu stellen, sondern ihre schauspielerische Energie auf der Bühne zu zeigen. Dazu kam die Einsicht, dass diese Menschen die Phase der Migration, und damit die Phase von Wut und Schimpfen, eigentlich hinter sich gelassen hatten, sie zu neuen Einwohnern in Deutschland geworden sind und man gutes Theater mit ihnen machen kann." (3)

Es ist zu registrieren, dass das Migrantentheater sich zum post-migrantischen Theater gewandelt hat. Nicht mehr die Migranten, die tatsächlich noch gewandert sind, stehen auf der Bühne, sondern die Angehörigen der 2. und 3. Generation, die zu neuen Einwohnern in Deutschland geworden sind. Sie stehen nicht mehr auf der Bühne, um sozusagen authentisch ihre aufgestaute Wut über das fremde Heimatland schimpfend herauszulassen, sich als Opfer am Rand der Gesellschaft zu zeigen, Betroffenheit zu erzeugen oder exotisch zu wirken. Nicht mehr gut gemeintes sozialpädagogisches Dokumentartheater oder Ghetto-Kultur (türkisches Theater für Türken) sind das Ziel. Die Gruppen werden kulturell und ethnisch heterogen, entwickeln neue schauspielerische Energien und suchen neue Zuschauer. Eine post-migrantische künstlerische Suchbewegung entwickelt sich. Nicht mehr stereotype Vorwürfe, sondern ein neues Selbstbewusstsein, Wünsche und Träume werden dargestellt, andere Erzählperspektiven und gesellschaftliche Modelle probiert. Künstlerische Konzepte und ästhetische Qualität bekommen neben dem sozialen Engagement einen besonderen Wert.

Kulturtransfer zwischen Istanbul und Hannover
1997 war ich mit Wolfgang Schneider (damals Leiter des Zentrums für Kinder- und Jugendtheater in Frankfurt am Main) zu einer Tagung zum Thema ‚Kindermedien' im Goethe-Institut in Istanbul. Er sprach über das professionelle Kinder- und Jugendtheater in Deutschland und ich über die theaterpädagogische Arbeit mit Kindern und Jugendlichen. Dort traf ich wieder Frau Prof. Dr. İnci San und Frau Prof. Dr. Zehra İpşiroglu, die damals noch an der Istanbuler Universität lehrte (später dann an der Universität Duisburg-Essen). Sie lud mich in ihr Seminar ein, wo ich über die deutsche Theaterpädagogik sprach.

Der Kontakt mit dem Goethe-Institut führte zu weiterer Zusammenarbeit. 1997 brachte ich die von mir kuratierte Ausstellung „Orte der Stille" mit Bildern von Ricardo Saro und Skulpturen von Hartmut Stielow, die durch viele norddeutsche Kirchen gegangen war, in die Krim-Kirche (Christ Church) nach Istanbul. Sie zeigte deutsche Gegenwartskunst. Lothar Romain, damals Präsident der Hochschule der Künste, Berlin, schrieb im Ausstellungskatalog: „Die Bilder wie Skulpturen verlangen jede auf ihre

Weise ein großes Maß an Konzentration, weil ihnen alles Extrovertierte, Signalhafte oder ausladend Gestische fremd ist. Stielows Skulpturen sind disziplinierte Akte des Balancierens, Saros Bilder auch Gradwanderungen zwischen Mehrfahrbigkeit und ‚Monochromie'." Die Ausstellung stieß auf großes Interesse auch bei der Kunsthochschule in Istanbul, wo wir am Ufer des Bosporus mit Studenten mit Schrottplastiken experimentierten. Während der Ausstellung moderierte ich im Goethe-Institut eine Podiumsdiskussion zu „Kunst und Religion", an der Ahmet Cemal (Anadolu-Universität), Paul Imhof (Katholische Gemeinde deutscher Sprache), Tomur Atagök (Technische Universität Yildiz), Andac Arbas (Maulana Maulānā Mevlânâ Kultur- und Kunstverein) teilnahmen. Zu dem Thema ‚Religiöse Dimensionen im Europäischen Theater' habe ich mich 2008 im „Creative Drama Journal" des Çağdaş Drama Derneği in einem Aufsatz ausführlich geäußert.

Von der Milli Reasürans Kunstgalerie in Istanbul übernahm ich 1998 nach Hannover eine Fotoausstellung 'Istanbul – Eine Stadt der Glaubensbegegnungen. Gemeinsam und Miteinander'. Die Fotografen Am Celik Arevyan, Kamil Firat, Manuel Citak, Murat Germen und Orhan Cem Cetin zeigten eindrucksvoll das unvergleichliche multikulturelle Klima Istanbuls und das jahrhundertelange Zusammenleben einer multireligiösen Gesellschaft, einer Hauptstadt der Religionen.

1998 gründete ich in Hannover als Biennale das internationale Festival SCENA – Theater und Religion. Wir fragten danach, welche Rolle religiöse und spirituelle Erfahrungen im Gegenwartstheater spielen. Es war kein Festival christlicher Theaterkunst. Es ging nicht um Veranschaulichung religiöser Gehalte, nicht um einen theologischen Disput, noch weniger um einen Streit um die Wahrheit zwischen konkreten Religionen. Vielmehr ist es ein indirekter Dialog vermittels der künstlerischen Ausdrucksqualitäten des Mediums Theater in seinen unterschiedlichen Ausprägungen. In diesem interreligiösen Dialog geht es um die gegenseitige Wahrnehmung unserer Erfahrungen und Visionen, um die Kommunikation über das, „was uns unbedingt angeht" (Paul Tillich). Diesen Dialog einzuüben, scheint mir eine wichtige Aufgabe für Künstler und Mittler, Betrachter und Darsteller zu sein. Der Dialog der Religionen auf allen Ebenen ist eine entscheidende Aufgabe heute. Ohne ihn ist kein Religionsfriede möglich und ohne Religionsfrieden gibt es keinen Weltfrieden, kann kein friedliches Zusammenleben gelingen, wie wir es zurzeit auch brutal zur Kenntnis nehmen müssen.

Mein Freund Hasan Erkek, der an der Universität in Eskişehir Theaterwissenschaft lehrt, sprach beim ersten SCENA-Festival in einem Symposium über „From Traditional Anatolian Folk Performance to Modern Theatre" und beschrieb das anatolische Volkstheater, das auf Rituale und Mythen zurückgreift und noch immer den Geschichtenerzähler kennt, als eine Grundlage des zeitgenössischen türkischen Theaters in den ländlichen Regionen. Die Ursprünge dieses Volkstheaters liegen im Dionysos-Fest, im Schamanismus sowie im Islam. Aber die frühere religiöse Bindung ist inzwischen meist einer gesellschaftlichen Funktion gewichen. Traditionelle Bräuche liefern die Themen für das Theater, aber auch besondere Ereignisse im Leben, wie Hochzeit,

Geburt und Sterben oder traditionelle Bräuche werden mit zeitgenössischen Inhalten verknüpft. Erkek schildert, wie dieses Theater mit offenen Spielformen und einer Spiel-im-Spiel-Struktur vielfältige Rezeptionsformen ermöglicht. (4)

Die Anatole Street Players aus Istanbul mit Eftal Gülbudak und Ümran Inceoglu demonstrierten diese Theaterform in Hannover im Steintor-Viertel vor türkischem Publikum, das sich darin wiederentdeckte und spontan mitspielte. Mit zeremoniellen und rituellen Formen werden Gesellschaftsbezüge und Sozialkritik vereinigt und offene Mitspielmöglichkeiten angeboten. Ihr Stück „Das Lied der Erde" läßt sowohl die schamanistischen Wurzeln, wie auch die antiken Ursprünge erkennen. (5)

Über das Verhältnis des Islams zum Theater und insgesamt zu den Künsten hat der Schweizer Islamwissenschaftler Johann Christoph Bürgel in diesem Symposium gesprochen: „Gott ist schön und Er liebt die Schönheit – Islamische Mystik." (6)

SCENA lud auch die mystische Bewegung der Derwische in die Kirchenräume ein, was nicht ohne Widerspruch in der Kirche blieb, aber auch viel Zustimmung erhielt. In einem Leserbrief in der Hannoverschen Allgemeinen Zeitung hieß es am 21. August 2002: "Gotteslästerung. – Alle Argumente, die das Festival rechtfertigen sollen, können nicht darüber hinwegtäuschen, dass hier unserem christlichen Glauben schwerer Schaden zugefügt wird." Demgegenüber hieß es am 9. Oktober 2002: „wir waren ... sehr beeindruckt. Ja, die Kirchentüren öffnen für andere Religionen und Kulturen, das ist der richtige Weg zum gegenseitigen Verstehen und Frieden. Wir haben keine Angst vor Vermischung oder ‚Überfremdung'". Nachdem ein konservativer christlicher Nachrichtendienst in einem Bericht über das Festival von „Zeichen der Beliebigkeit" und von „Religionsmengerei" schrieb, fragte die damalige Landesbischöfin Margot Käßmann, „ob unsere evangelische Landeskirche als Trägerin des Projekts (SCENA) ihre eigene Sprache, ihr eigenes Profil, ihren Glauben ausreichend zur Sprache bringt?" Demgegenüber erklärte ich, dass ich in der Öffnung gegenüber anderen Religionen und Kulturen ein ur-evangelisches Anliegen sehe, den Anderen wahrzunehmen. Nur am Anderen wird mir das Eigene bewusst und gewiss. Deshalb bestand ich weiterhin auf einen offenen Dialog.

Ein Traum: Ein europäisches Jugendtheater-Festival in Troja / Truva

Ich war häufig in Troja / Truva und hatte die Idee, dort ein europäisches Jugendtheater-Festival zu entwickeln.

Die Idee
Troja (im folgenden benutze ich diese deutsche Schreibweise) als Ort des Zusammenprallens der Kulturen, als Stätte eines Krieges, bildet eine Herausforderung zu Aktivitäten für den Frieden und das interkulturelle und interreligiöse Zusammenleben. Theater kann für die notwendigen Dialoge die Voraussetzungen schaffen, weil es Offenheit und Kreativität, Emotionalität und sinnliche Wahrnehmung fördert. Theater

verfügt auch über die Kraft, Ideen, Visionen und existentielle Erfahrungen in gesellschaftlich vermittelbaren Symbolen, Ritualen und Spielen lebendig werden zu lassen.

Deshalb wollte ich in Troja ein Festival mit Aufführungen, Workshops und Symposien etablieren, bei dem sich alle zwei Jahre Jugendliche aus ganz Europa mit Künstlerinnen und Künstlern begegnen und zusammenarbeiten.

Warum Troja?
Troja: an der Meerenge zwischen Europa und Asien gelegen, geheimnisumwitterter Ort eines grauenvollen Krieges, von dem die Sänger des antiken Griechenlands gesungen haben, allen voran der blinde Homer...
Troja: eine Wüstung, in der archäologische Besessenheit und wissenschaftlicher Erkenntnisdrang die verwitterten Steine zum Sprechen zwingen wollen, um zu erfahren, wie hier vor mehr als 3000 Jahren gelebt, geliebt, gestritten, gespielt, gebetet, gefeiert, gestorben wurde.
Troja: Ort der Begegnung zwischen Menschen unterschiedlichster Nationen, die hier seit etwa 150 Jahren vom Rätsel der Geschichte(n) angelockt nach den Wurzeln europäischer Identität suchen.

Troja, an der Westküste der Türkei, in Kleinasien liegend, bündelt wie in einem Brennglas existenzielle, frühgeschichtliche Ereignisse unserer Frühgeschichte: Nicht nur der Trojanische Krieg und dessen Gestaltung im archaischen Epos oder der klassischen Tragödie sind mit dieser Örtlichkeit verbunden. Kleinasien war jener Landstrich, an dem sich die griechischen Auswanderer vor mehr als 3000 Jahren niedergelassen hatten, auf anatolischem Boden also, um in dieser Landschaft, in dieser Kultur gigantische Leistungen auf den Gebieten der Dichtung, der Philosophie, der Naturwissenschaften, der Regulierung eines Staatswesens zu entwerfen und zu erproben. Bedeutende Vertreter der Antike, Homer, Thales, Heraklit (um nur einige zu nennen), haben unter der Sonne Anatoliens gedacht, geschrieben und debattiert. Das Wort ‚Anatolien' kommt Griechisch ανατολή und bedeutet Osten, also Aufgang (der Sonne), östlich von Griechenland gelegen. Bis in die Gegenwart hinein finden wir hier Quellen für kreative Prozesse und Produktionen in Theater, Dichtung und bildender Kunst, sowie im Film.

So kann Troja zu einer Stätte intensivster Begegnungen mit den Wurzeln verschiedener Kulturen und der modernen Zivilisation werden.

Die (Wieder-)Entdeckung der antiken Dichtung mit ihrem unerschöpflichen Reichtum an Ereignissen und Verweisen, die Anfänge des naturwissenschaftlichen Denkens, das aus der exakten Beobachtung entsprungen und zur Abstraktion gelangt ist, die ersten systematischen Auseinandersetzungen mit den Fragen nach dem WOHER und dem WOHIN des Menschen, nach der Spannung zwischen vorgegebenem Schicksal und eigenverantwortlichem Handeln, die Entwicklung einer praktischen

Idee eines Staatswesens, das über rationale Prinzipien, Gesetze genannt, das soziale Miteinander lenkt, haben hier ihren Anfang genommen.

Von den Begegnungen junger Theaterspieler aus ganz Europa mit bedeutenden Künstlerinnen und Künstlern an diesem Ort, mit seinem ‚genius loci', können künstlerische, soziale und politische Impulse ausgehen, die den Dialog zwischen den Kulturen und Religionen produktiv beeinflussen und eine offene europäische Identität fördern.

Am Ort hatte ich bereits gute Kontakte aufgebaut: Prof. Dr. Korfmann, der deutsche Ausgrabungsleiter, unterstützte den Plan und hätte das Odeon-Theater zur Verfügung gestellt. Inzwischen ist Korfmann verstorben. 2003 hat die Erfurter Theatergruppe ‚Die Schotte' dort Szenen aus der Odyssee gespielt. Das Kulturamt der Stadt Çannakale, das für Troja zuständig ist, und auch die Universität von Çannakale, wo wir Seminare durchführten, unterstützten ebenfalls den Plan. Mit dem Istanbuler Stadttheater gab es schon Gespräche wegen der technischen Unterstützung.

Aber es blieb (m)ein Traum ...

Anmerkungen

(1) Yalcin Baykul: Türkisches Theater in Deutschland/Berlin, Didaktisches Material 1, Berlin 1995, hrsg. von der Spielberatung des Instituts für Spiel- und Theaterpädagogik. Als Manuskript vervielfältigt.

(2) Klaus Hoffmann, Rainer Klose (Hrsg.): Theater Interkulturell. Theaterarbeit mit Kindern und Jugendlichen. Berlin, Milow, Strasburg 2008.

(3) Recai Hallac: Endlich Normalität erreichen – Reflexionen über Theater und Migration, in: Wolfgang Sting, Norma Köhler, Klaus Hoffmann u.a.(Hrsg.): Irritation und Vermittlung – Theater in einer interkulturellen und multireligiösen Gesellschaft, Berlin 2008.

(4) Hasan Erkek: From Traditonal Anatolian Folk Performance to Modern Theatre, in: Ingrid Hentschel, Klaus Hoffmann (Hrsg.): Spiel – Ritual – Darstellung. Play – Ritual – Repräsentation. SCENA- Beiträge zu Theater und Religion, Münster 2005.

(5) Eftal Gülbudak, Ümran Inceoglu: From Play to Ritual in Anatolian Culture, in: Ingrid Hentschel, Klaus Hoffmann (Hrsg) a.a.O.

(6) Johann Christoph Bürgel: Gott ist schön und Er liebt die Schönheit – Islamische Mystik, in: Ingrid Hentschel, Klaus Hoffmann (Hrsg.) a.a.O.

Turkish-German Cultural Exchange in Germany and Between Turkey and Germany

Klaus Hoffmann

Turkish Theatre in Berlin Since the 1960s

After the bilateral agreement on labour recruitment was passed between West Germany and Turkey in 1961, a large number of Turkish "guest workers" arrived in Germany. These migrant workers were termed as such as it was assumed that they would only be staying temporarily to carry out work. It was presumed they would come and go based on a rotation principle, with no one bothering to think about an integration policy. This rotation principle never really became standard practice however and the "guest workers" even had their wives and children join them following the recruitment stop in 1973. Once these families had arrived, an immigration situation was created whose possible consequences had never even been considered. "A workforce was summoned, yet it was people who actually arrived", was Swiss author Max Frisch's assessment. The fact that children also joined their parents meant that problems also emerged in reference to education and schools without suitable policies being in place. Although immigration restrictions were introduced in "overstretched" areas, little thought was given to the essential consequences of integration. It was 2004/5 by the time an immigration act was passed which actually acknowledged Germany's transition into an country of immigration, over 40 years after the first wave of migrants arrived.

As a Berliner living in the Kreuzberg SO 36 district, I experienced these developments first hand. The neighbourhood around Kottbusser Tor and Adalbert- and Oranienstraße used to be called "Little Istanbul". In the 1960s, the Turkish theatre scene was initially restricted to tours by groups from the home country. Individual theatre initiatives that did not rely on songs and folklore only started to come together at the start of the 70s, frequently in connection with left-wing political associations in view of the political struggles in Turkey, the student movement and university occupations and the workers' strikes and the land occupations by poor farmers. The Turkish Workers' Youth Association showed agitprop plays for example, while the Berlin Oyunculari (Berlin Actors) were active at the Kreuzberg Volkshochschule (adult education centre), where I myself also organised events relating to the repertoire of the various Berlin theatres. Their first production was "Ein Schiff namens Demokratie" (A Ship Named Democracy) by satirist Aziz Nesin, who has a primary school named after him today in Kreuzberg. A report by the Volkshochschule stated that the "goal of the group is, despite very difficult conditions, to present theatrical works by contemporary playwrights to Kreuzberg's Turkish inhabitants, who make up a considerable portion of its population, whilst also addressing the German population with its activities and giving them an understanding of the riches of Turkish culture." (1) This sense of commitment shows that those active in the Turkish cultural scene did not want to retreat into cultural isolation. The Berlin Oyunculari group brought together students, semi-professional actors and workers in their free time. It was with this ensemble that Peter Stein established a Turkish theatre in the form of the now famous Schaubühne at Hallescher Ufer in Kreuzberg at the end of 70s, where many friends of mine worked with whom I had studied theatre studies at the Freie Universität. The theatre put on productions until 1983.

Well-known Turkish director Çetin İpekkaya was also in Berlin during this period thanks to a grant from the German Academic Exchange Service (DAAD) and founded the first Turkish theatre Tiyatrom (My Theatre) in Kreuzberg in 1984, a professional theatre that exists to this day. I met Çetin İpekkaya once again in Istanbul in 1994, where he was artistic director of the Istanbul City Theatre and also headed a youth theatre laboratory. We developed a Turkish Germany theatre exchange programme for young people.

After moving away from Berlin in 1980s, I was unable to follow the vital Berlin scene as intensively as before. A current list of Turkish and German-Turkish theatres shows that today too there are around 40 Turkish theatre and cabaret projects nationwide. Yet their work goes largely unnoticed by the media and does not usually receive critical attention or publicity. Unlike in the literary scene, where German-Turkish authors have been able to attain a significant profile, similar attention and status has yet to be bestowed upon the theatre scene. These theatres have however opened themselves up to international and transcultural themes and taken on new forms of expression in terms of concept, aesthetic and content.

The Subject of Migration and Turkish-German Cultural Cooperation are Key Tasks for the BAG

The BAG (Bundesarbeitsgemeinschaft Spiel und Theater e. V.) has dealt with the subject of migration from the very beginning. When right wing riots took place in Hoyerswerda, Rostock and Mölln in 1993 and an arson attack was carried out on the house of a Turkish family in Solingen, I gave a speech at the national meeting of theatre youth clubs at the Nationaltheater Mannheim in June 1993 condemning xenophobia and speaking out in favour of multicultural coexistence in Germany: "We have been outraged to hear about the murders in Solingen. We mourn their dead with them. We are deeply ashamed of the xenophobia and violent excesses that persist to this day. At this meeting, we will be exploring the subject of violence and the willingness to commit violence in performances, workshops and discussions. We will be asking the question as to how aesthetic and theatrical means can be harnessed as a reaction to violence. We want to find ways of enabling successful multicultural coexistence to thrive in Germany both personally and in our work."

At the World Children's Theatre Festival held in Lingen (Ems) in 1994, my friend Tamer Levent, director of TOBAV, the association of the Turkish State Theatres and Turkish amateur theatre centres, and I as the chairman of the BAG decided to establish a German-Turkish theatre cooperation on the art of peaceful coexistence. Over 20 theatre educators, directors and theatre heads from Turkey and Germany came together for a two-day meeting in order to take stock of the many individual activities taking place as part of the cooperation, the work being carried out by Turkish theatres in Germany, projects involving German and Turkish actors, young people and those being carried out by trainee theatre educators. In the face of the difficult situation in both countries at the time, it was clear to us that a new, powerful initiative was necessary. Cultural exchange and engaging with the unfamiliar are essential for the survival of a multicultural society. The idea was to make theatre into a place for encounters and a "laboratory of social fantasy". I had already maintained an intensive cooperation with Tamer Levent, who also works as an actor and a director, within the International Association of Amateur Theatre (AITA/IATA) in the 80s. In 1992, various BAG groups took part in the International Children's Theatre Festival in Antalya. That was the first time I went to Turkey. Michael Hametner, chairman of the amateur theatres in the state of the former East Germany, joined me there, now being able to attend following reunification. We took part at the European Youth Theatre Workshop EDERED in Ankara 1995 under the motto of "Sanata Evet – Yes to Art" as well as at the theatre festival to coincide with the AITA/IATA international conference also held in Ankara. Tamer Levent and I were both of the view that theatre is of huge significance for our culture and human values. In a letter he wrote me for my 70th birthday in 2009, he wrote that, "I will tell you my idea how art can be a lifestyle for democratic life and maybe we can make a drama workshop serials about democracy culture and participation democracy!!!"

German theatre groups continued to perform at festivals in Turkey, such as those in Denizli and Bursa etc. In 1996, Turkish students from the German school in Istanbul were guests at the meeting for school theatre in Hamburg. Christoph Zänglein, the head of their group, described what happened as a result of their visit: "A whole range of Turkish secondary school students asked about the possibility of studying in Germany and showed genuine interest in doing so. I should add here that Turkish students at the German school in Istanbul are able to take the German Abitur university entrance exam and are thus also treated the same as Germans when applying to German universities. Despite this however, hardly anyone was actually interested in doing so. One reason (of a whole series of them) was the negative image of Germany and the Germans circulated by the Turkish press again and again."

It is not possible to describe all the many theatre meetings between German and Turkish young people that have taken place in both Turkey and Germany over the years in suitable detail here. Without exaggeration though, it can be said that the BAG has maintained one of the most intensive ongoing youth cultural contacts with

Turkey. After 1990, the former East German states were also included in professional exchange programmes. We put on large specialist conferences on theatre education (taking in such subjects as theatre and school, German theatre education, developing plays, masque, social learning and Brecht's Lehrstück theory etc.) in Ankara in collaboration with the Goethe-Institut and Çağdaş Drama Derneği, the Association for Contemporary Drama, both with its founder Dr. İnci San and current chairperson Dr. Ömer Adıgüzel in 1997, 2002, 2004 and 2008. This is also documented in the Turkish specialist "Creative Drama Journal". This close collaboration led to Çağdaş Drama Derneği becoming a member of the BAG in 2004, which for me represents an important recognition of our cooperation.

In 2004, the youth cultural barometer of the Zentrum für Kulturforschung (Bonn) established that young people with artistic interests are particularly open to foreign cultures: "They champion improved cultural understanding to a much greater degree, in particular when it comes to promoting art from foreign cultural settings, even if they themselves are not yet familiar with them." Culturally active young people seemingly experience that engaging with foreign cultures enhances their own cultural development and plays a role in helping them get to know different perceptions and interpretations of reality. This can also empower young people to reflect upon their own culture and location before the backdrop of international cultural diversity and develop a sense of openness and an ability to take part in dialogue. This was an additional motivation for us to become active in cultural education and in intercultural theatre educational activities in particular.

In 2008, the BAG compiled a nationwide survey on children and young people with a migration background entitled "Theater interkulturell" (2), which entailed around 500 directors, theatre educations and teachers being polled. This survey has a mobilising function and seeks both to enable children and young people from a migration background to receive increased attention in cultural associations, institutions and initiative and to provide stimuli for intercultural theatre work.

The various different cultural educational scenes in the theatre world should become more transparent and open themselves up to one another in order to improve communication, make mutual access to cultural work easier and expand cooperation. The general goal should be the increased participation of children and young people from a migration background in theatre work. This should entail a process of learning together and from one other being created and the cultural contributions that migrants "bring with them" be incorporated into joint work with existing theatre groups. 64% of the participants in the projects and groups we investigated, most of whom worked at schools, were of Turkish origin. But it was equally normal to come across heterogeneous, multiethnic groups. Most theatre education courses were offered in the German university-tier "gymnasium" schools and were thus linked to formal education pre-requisites. That means that the interface between culture and education must be taken more strongly into consideration.

One finding of the study is that 85% of theatre educators and drama teachers see theatre work as making an important contribution to integration in German society without theatre being instrumentalised in the process. Integration can be promoted first and foremost by strengthening individual skills, with self-confidence and communication skills (both 97%) and taking on other points of view (82%) being most effective here. Social elements, such as contact that extends beyond one's own cultural group, i.e. not just with Germans, also promote integration (63%).

The results of this survey also led to the following guiding principle: international exchange programmes with the countries from which people came to Germany are of great significance. Such exchanges, including those with Turkey in particular, must be organised with the guidance of the people who originally came to Germany from the countries in question. "The survey made clear that only a very small proportion of groups and projects incorporates such relationships with these countries of origin into their work. For Germans, this sort of incorporation would form knowledge of real practical value. For people from a migrant background living in Germany, such exchanges always also imply a link back to and engagement with their culture of their origins. These links are not about engendering some sense of "home" but are rather aimed at allowing more realistic assessments of the two cultures to be made as well as how they are currently developing.

Exchanges can also play a role in connecting national and international work, which was frequently neglected in the past. The BAG gave up on the frequently practised distinction between national and international cultural work early on. Neither people nor cultures are able to find true expression if they do not reflect, grapple with or allow themselves to be influenced by one another."

From Migrant Theatre to Post-migrant Theatre

At our 2008 conference on "Theatre in an Intercultural and Multi-religious Society" at the University of Hamburg, Munich theatre scholar Christopher Balme stated that "interculturalism comes across like a foreign concept in the German theatre landscape." Turkish director and publisher Recai Hallac said at the conference that, "for a very long time, theatre was produced in Germany or rather Berlin in which migrants were depicted as something special and authentic. In order to emphasise this feeling of authenticity, Turkish lads were put on stage, who, often with the involvement of many German directors, trampled around with boundless energy and preferably swore as much as possible. The more swearwords to be heard and the more offensive they were, the better the production was received by the audience and the theatre world. Stories of a "You know what, bro, I was in prison and then they let me out so I'll fuck your mother" ilk were told and so on. It was entirely irrelevant whether these lads were able to act or not, what was important was bringing a sense of the street to the stage. After going well for a couple of years, I think everyone ended up getting pretty sick of it. Such plays became less well attended and the need gradually arose to show people's genuine theatrical energy on stage rather than just putting them there as a group of swearing Turks. In addition, it was realised that these people had actually left this phase of migration behind them, and thus also the phase of anger and swearing. They had become new inhabitants in Germany and it was quite possible to produce good theatre with them." (3)

It needs to be registered that migrant theatre has morphed into post-migrant theatre. It is no longer those who actually migrated that are on stage but rather those members of the 2nd and 3rd generations who have become new inhabitants of Germany. They no longer appear on stage to use bad language to let out their pent-up anger about their foreign home country in authentic terms, present themselves as victims on the margins of society, generate concern or come across as exotic. The goal is no longer well-meaning social educational documentary theatre or creating a ghetto culture (Turkish theatre for Turks). Theatre groups are becoming culturally and ethnically heterogeneous, developing new theatrical energies and seeking new audiences. A movement in search of post-migrant artistic expression is developing. It is no longer stereotypical accusations that are being depicted but rather a new sense of self-confidence and different wishes and dreams, just as additional narrative perspectives and social models are tried out. Artistic concepts and aesthetic quality take on a new significance alongside social commitment.

Cultural Transfer between Istanbul and Hanover

In 1997, I attended a conference on children's media at the Goethe-Institut in Istanbul together with Wolfgang Schneider (then head of the Centre for Child and Youth Theatre in Frankfurt am Main). He spoke on the subject of professional children's and youth theatre in Germany, while I gave a speech on theatre education work with children and young people. There I also met Prof. Dr. İnci San and Prof. Dr. Zehra İpşiroglu once again, who was still teaching at the University of Istanbul back then (before moving on to the University of Duisburg-Essen). She invited me to attend a seminar of hers, where I spoke about German theatre education.

The contact with the Goethe-Institut lead to further collaborations. In 1997, I brought the "Places of Silence" exhibition I had curated with pictures by Ricardo Saro and sculptures by Hartmut Stielow and which had toured through many churches in northern Germany to the Christ Church in Istanbul. It showed Germany contemporary art. Lothar Romain, back then president of the Hochschule der Künste, Berlin, wrote the following in the exhibition catalogue: "Both the pictures and the sculptures each demand a great degree of concentration, because extroversion, explicit signals and grand gestures are all foreign to them. Stielow's sculptures are disciplined balancing acts, while Saro's pictures walk the tightrope between the multicoloured and the monochrome." The exhibition also received a great deal of interest from the university of art in Istanbul, where we carried out experiments together with students to make sculptures out of rubbish on the banks of the Bosporus. During the exhibition, I chaired a panel discussion at the Goethe-Institut on "Art and Religion", which also included Ahmet Cemal (Anadolu University), Paul Imhof (Katholische Gemeinde deutscher Sprache), Tomur Atagök (Technical University Yildiz), Andac Arbas (Maulana Maulānā Mevlânâ Art and Cultural Association). I also made a comprehensive statement on "Religious Dimensions in European Theatre" in an essay that appeared in 2008 in the Creative Drama Journal published by Çağdaş Drama Derneği.

I brought a photographic exhibition entitled "Istanbul – A City of Religious Encounters. Togetherness" originally shown at the Milli Reasürans Gallery in Istanbul to Hanover in 1998. Photographers Am Celik Arevyan, Kamil Firat, Manuel Citak, Murat Germen and Orhan Cem Cetin showed Istanbul's incomparable multicultural climate and the successful coexistence of a multi-religious society over centuries in this capital of religions in suitably impressive fashion.

In 1998, I founded the biennial international festival "SCENA – Theatre and Religion" in Hanover, whose aim was to examine the role of religious and spiritual experiences in contemporary theatre. It was not a festival of Christian theatre art, nor was it about illustrating a particular religious content, conducting theological disputes, or arguing about the veracity of particular concrete religions. It was instead about creating an indirect dialogue by means of the quality of artistic expression within the medium of theatre in all its different manifestations. This interreligious dialogue is about the mutual perception of our experiences and visions, about communicating that "which really concerns us" (Paul Tillich). For me, practising this sort of dialogue seemed an important task for artists, intermediaries, observers and actors. Dialogue between the different religions at all levels is a task of decisive importance today. There can be no religious peace without this dialogue and no world peace without this religious one, just as it will not be possible to live together successfully in peaceful fashion without it, as we are forced to recognise in brutal fashion at this very moment.

My friend Hasan Erkek, who teaches theatre studies at the university in Eskişehir, spoke at the first SCENA Festival at a symposium entitled "From Traditional Anatolian Folk Performance to Modern Theatre", describing Anatolian folk theatre, which draws on rituals and myths and still makes use of a storyteller, as the basis for contemporary Turkish theatre in rural areas. The origins of this folk theatre lie in the Dionysius festival, shamanism and Islam. Yet these past religious connotations have now usually given way to a social function. Traditional customs provide the themes for theatre, as do special events in life such as weddings, births and deaths, which are then linked to contemporary ideas. Erkek describes how this form of theatre with its open acting forms and play within a play structure permits a wide range of different receptional forms. (4)

The Anatole Street Players from Istanbul, who count Eftal Gülbudak and Ümran Inceoglu among their number, demonstrated this form of theatre in front of a Turkish audience in Hanover's Steintor district, who saw themselves in it and spontaneously joined in. Ceremonial and ritual forms enable social references and social criticism to be brought together and offer the possibility for spontaneous participation. It is possible to discern both the shamanic roots and ancient origins of their play "The Song of the Earth". (5)

Swiss Islamic studies scholar Johann Christoph Bürgel spoke about the relationship between Islam and theatre and to the arts in general at the same symposium: "God is beautiful and He loves beauty – Islamic mysticism." (6)

SCENA also invited the mystic Devish movement to enter the church building, which took place not without resistance whilst also receiving as a great deal of support. A readers' letter in the Hannoversche Allgemeinen Zeitung from 21st August 2002 described it as, "blasphemy – all arguments intended to justify the festival are unable to deny the fact that our Christian faith is being seriously damaged here." By contrast, on 9th October 2002, another letter stated, "We were ... very impressed. We agree that opening the doors of the church to other religions and cultures is the right path to mutual understanding and piece. We are not afraid of commingling or 'foreign infiltration'". After a conservative Christian news agency talked of "signs of arbitrariness" and "religious blending" in connection with the festival, the state bishop of the time Margot Käßmann asked, "whether our evangelical state church as the sponsor of the (SCENA) project adequately expressed its own language, profile and beliefs?" In response, I explained that I see being open to other religions and cultures as one of the oldest evangelical missions, i.e. taking notice of the Other. It is only through the Other than I become aware and certain of what I am myself. For this reason, I continued to insist on an open dialogue.

A Dream: A European Youth Theatre Festival in Troy / Truva

I have been to Troy / Truva many times and had the idea of developing a European Youth Theatre Festival there.

The Idea
As a place where different cultures collide and the site of a war, Troy (I use the English name in the following) forms a challenge as far as peace efforts and intercultural and interreligious coexistence are concerned. Theatre is capable of creating the necessary prerequisites for dialogue given that it promotes openness and creativity, emotionality and sensory perception. Theatre also has the power to allow ideas, visions and existential experiences to be brought to life in socially communicable symbols, rituals and games.

That is why I wanted to establish a festival in Troy comprising performances, workshops and symposia taking place every two years where artists and young people from across Europe would meet and work together

Why Troy?
Troy: located on the straits between Europe and Asia, the site of a gruesome war still shrouded in secrecy, a war of which the singers of Ancient Greece used to sing, above all the blind Homer...
Troy: an abandoned city where archaeological obsession and the academic thirst for knowledge attempt to force the weathered stones to speak in order to find out how people lived, loved, argued, played, prayed, celebrated and died here over 3000 years ago.
Troy: A place where people of the most diverse nations come together, drawn here by the mysteries of history and stories in search of the roots of European identity for the around last 150 years.

Troy, located in Asia Minor on the west coast of Turkey, is a focal point for events from our early history: it is not just the Trojan War and its depiction in ancient epics or classic tragedies that are linked to this place. Asia Minor was the same small strip of land where Greek immigrants settled over 3000 years ago. It was on this Anatolian ground, in this landscape and culture, where immense achievements were made and tried out in the areas of poetry, philosophy, science and the regulation of a state entity. Some of the most significant representatives of the ancient era, including Homer, Thales and Heraclitus (to name just a few), thought, wrote and debated under the Anatolian sun. The word "Anatolia" comes from the Greek ανατολή and means east, the place where the sun rises eastwards of Greece. It is here that we find the source of creative processes and cultural products from the areas of theatre, poetry, the fine arts and film stretching from back then into the present day.

This enables Troy to become a site for intensive encounters with the roots of different cultures and modern civilisation.

The (re-)discovery of ancient poetry with its inexhaustible wealth of events and references, the beginning of scientific thought that arose from precise observation and extended to include abstraction, the first systematic explorations of the question of where humans came from and where they are going as well as of the tense relationship between pre-determined fate and self-governed action, the development of a practical idea for a state entity that directs social coexistence via rational principles termed laws – all this and more have their beginnings here.

The encounters between young theatre players from the whole of Europe and important artists at this particular location and the 'genius loci' it contains would be able to set a whole range of artistic, social and political impulses in motion which would have had a productive influence on the dialogue between different cultures and religious and promoted an open European identity.

I had already built up a good network of contacts on the ground there: Prof. Dr. Korfmann, the German head of excavations, supported the plan and would have made the Odeon Theatre available for the festival. Korfmann has now died in the meantime.

In 2003, the Erfurt theatre group "Die Schotte" acted out scenes from the Odyssey there. The cultural office of the city of Çannakale, under whose jurisdiction Troy falls, and the Universität of Çannakale, where we carried out seminars, also supported the plan. Discussions were also held with the Istanbul State Theatre with regards to technical support.

But it remained just my dream...

Notes
(1) Yalcin Baykul: Türkisches Theater in Deutschland/Berlin, Didaktisches Material 1, Berlin 1995, published by the Spielberatung des Instituts für Spiel- und Theaterpädagogik. Reproduced as a manuscript.
(2) Klaus Hoffmann, Rainer Klose (Eds.) Theater Interkulturell. Theaterarbeit mit Kindern und Jugendlichen. Berlin, Milow, Strasburg 2008.
(3) Recai Hallac: Endlich Normalität erreichen – Reflexionen über Theater und Migration, in: Wolfgang Sting, Norma Köhler, Klaus Hoffmann et al. (Eds.) Irritation und Vermittlung – Theater in einer interkulturellen und multireligiösen Gesellschaft, Berlin 2008.
(4) Hasan Erkek: From Traditonal Anatolian Folk Performance to Modern Theatre, in: Ingrid Hentschel, Klaus Hoffmann (Eds.) Spiel – Ritual – Darstellung. Play – Ritual – Repräsentation. SCENA- Beiträge zu Theater und Religion, Münster 2005.
(5) Eftal Gülbudak, Ümran Inceoglu: From Play to Ritual in Anatolian Culture, in: Ingrid Hentschel, Klaus Hoffmann (Eds.) loc. cit.
(6) Johann Christoph Bürgel: Gott ist schön und Er liebt die Schönheit – Islamische Mystik, in: Ingrid Hentschel, Klaus Hoffmann (Eds.) loc. cit.

Dünden Bugüne Eğitimde Tiyatro

Zehra İpşiroğlu

Arayış Yılları

Doksanlı yılların başlarında İstanbul Üniversitesi Edebiyat Fakültesi Dramaturgi ve Tiyatro Eleştirmenliği Bölümü'nün bir projesi olarak[1] bir ilköğretim okulunda eğitimde tiyatro çalışmalarını başlatmıştık. O dönemde benimle birlikte çalışan genç arkadaşlar, asistanlar ve yüksek lisans öğrencileriyle amacımız, bu okulda on, on beş kişilik küçük bir çalışma grubu oluşturmaktı. Ama evdeki pazarlık çarşıya uymadı. Çünkü hiç beklenmedik bir ilgi ve coşkuyla karşılaştık. Çocuklar çalışmalara katılmak için birbirleriyle yarışarak popüler şarkıcıların taklidinden ayaklarını yere vura vura bağıra çağıra şiir okumaya, televizyonda izledikleri ucuz güldürü taklitlerinden göbek atmaya değin tüm becerilerini canla başla sergiliyorlardı. Sonunda küçük öbekler oluşturarak tiyatro çalışmalarına katılmak isteyen yaklaşık yetmiş çocuğu kabul etmek zorunda kaldık. Çocuklardan kimi alışılagelen türde bir müsamere yapılacağını düşünüyor kimi de televizyonda gördüğü komedyenleri ve şarkıcıları taklit ederek bir gösteri hazırlanacağını sanıyordu. Oysa bizim amacımız çok farklıydı. Ne onlara 'şu iyidir şu kötüdür' gibi yüzbinlerce kez duya duya kanıksadıkları kalıpları öğretmeyi ne müsamerelerden alışık oldukları gibi vatan millet Sakarya edebiyatı yapmayı, ne de onları ucuz medya espirileriyle eğlendirmeyi istiyorduk. Tek amacımız vardı: Çocukların sesine kulak vermek, onlarla diyaloğa girmek...Kimdi bu çocuklar,sevinçleri, üzüntüleri, gözlemleri, yaşantıları, kaygıları, korkuları, beklentileri neydi? Nasıl bir çevrede yaşıyorlar, ne tür sorunlarla karşılaşıyorlardı? Onların kendilerini özgürce ifade edebilecekleri, duygularını, düşüncelerini dile getirebilecekleri yapıcı bir ortam yaratarak, özgün seslerini yakalamak istiyorduk. Çocuklar kendilerini hiç beklemedikleri bir çalışmanın içinde buldular böylece. Çok kısa bir süre içinde doğaçlama çalışmalarına gösterdikleri uyum şaşırtıcıydı. Almaya açık, uyanık ve esnektiler ve her şeyden önemlisi çalışmalardan inanılmaz keyif alıyorlardı. Sanki ders çalışma ve okul korkusuyla ya da boş zamanlarını geçirdikleri televizyonun etkisiyle bastırılmış olan yaratıcı gizilgüçlerini çıkaran büyülü bir değnek vardı elimizde. Bu değnek mucizeler yaratıyordu. Küçük büyük herkes heyecan içindeydi, çocukların dünyasını bulgulamanın heyecanı...Çocuklar yaşamlarında belki de ilk kez önemsendiklerini, ciddiye alındıklarını ayrımsamışlar ve kendilerine sunulan bu olanağa dört elle sarılmışlardı. Çalışmalar sırasında ortaya çıkan güçlükler yok muydu? Elbette vardı. Yedi sekiz yaşlarındakilere ulaşmak büyüklere oranla daha kolaydı ama disiplini sağlamak, oyun oynamanın da kurallarının olduğunu göstermek hiç de kolay değildi.

Buna karşılık oyunun kurallarına daha çabuk uyum gösteren daha büyük çocuklar kendilerini özgürce ifade etmede zaman zaman zorlanıyorlardı. Öte yandan öğretim üyeleri yardımcılarının, grup liderleri işlevini gören üniversite öğrencilerini de yönlendirmeleri, böylelikle her grubun içdinamiğini sağlamaları hiç de kolay değildi.

Tüm güçlüklere karşın yaşadığımız bu ilk olumlu deneyim bizlere yeni bir çalışma alanı açtı. Zaman içinde bu alan giderek yeşerdi. Üniversitedeki asistanların öncülüğünde yüksek öğretim öğrencileriyle birlikte İstanbul'un çeşitli semtlerindeki okullarda yaşama geçirilen bu çalışmalar özellikle yoksul ailelerden gelen çocuklara ulaşmayı hedefliyordu. Okul, okuldaki sorunlar, otoriter eğitim, şiddet, aile içi ilişkiler, kuşaklar arası çatışma, medyanın yaşamımızdaki etkisi, çevre kirliliği, arkadaşlık, kız erkek ayrımcılığı, ekonomik sorunlar, kısaca çocukların yaşamına giren her şey, ama her şey inanılmaz derecede zengin bir çalışma malzemesi sunuyordu. Kuşkusuz çalışmaların sürdürüldüğü yöreye ve katılan öğrencilere göre, karşılaşılan sorunlar da sürekli bir değişim gösteriyordu. Kimi yörede çocukların güvenini kazanmak, onların özgün sesini yakalamak hiç de kolay değildi, inanılmaz sabır, süreklilik ve disiplin gerektiriyordu. Ama yöreden yöreye değişen sorunlara karşın, ortak olan çocukların ciddiye alındıklarını, önemsendiklerin kısa bir sürede algılayabilmeleriydi.

Bir başka önemli olgu da çalışmaların düzenli olarak yapıldığı okullarda çocukların gelişimlerini ve değişimlerini somut bir biçimde gözlemleyebilmemizdi. Örneğin Kasımpaşa'da bir okulda bugün tanınmış bir çocuk tiyatrosu uzmanı ve eleştirmeni olan Y.Doç. Dr. Nihal Kuyumcu'nun yönetiminde başlatılan çalışmalarda sürekli olarak baskı ve cezaya maruz kalan çocukların sindirilmişliği ya da saldırganlığı göze çarpıyordu. Öyle ki bu okulda eğitimde tiyatro çalışmaları uzun süre başlatılamamış, sadece tiyatro çalışmalarını hazırlık olarak görme, duyma, dinleme ve konuşma becerilerini geliştirmeye yönelik alıştırmalar yaptırılmıştı. Ancak model olarak seçilen bu okulda sürdürülen yaz ve kış okulu kurslarına katılan çocuklar birkaç yıl içinde korkularını ve kaygılarını yenerek ve özgüven kazanarak öylesine bir gelişim gösterdiler ki, 1999 Marmara depreminden sonra depremzede kardeşlerine para toplamak amacıyla kendi girişimleriyle olağanüstü bir sokak gösterisi düzenlediler.

Güncelleştirerek oynadıkları sokak gösterisi bir masala dayanıyordu. Masalda Ali adında genç bir köylü bir dervişle karşılaşır. Derviş, Ali'ye köyünün yakınından geçen dere suyunun zehirli olduğunu, köy halkının bu sudan içmemesini, sudan içenlerin pek yakında akıllarını yitireceklerini söyler. Ancak Ali Derviş' in uyarısını diğer köylülere aktardığında, bu uyarıyı kimse ciddiye almaz. Bunun üzerine Ali köyünü terk eder. Yıllar sonra köyüne döndüğünde zehirli sudan içen köylülerin gerçekten delirmiş olduklarını görür. Ne var ki eğriye doğru, doğruya eğri diyen köylüler, bu kez de Ali'yi alaya alıp ona köyün delisi damgasını vururlar. Bu durumda Ali ne yapmalıdır? Tekrar köyden çekip gitmeli midir, yoksa zehirli sudan içip uyum mu sağlamalıdır, yoksa bu durumu değiştirmek için başka bir çözüm mü aramalıdır?

Sokak gösterisine katılan çocukların güncelleştirerek değiştirdikleri bu masalda Derviş, deprem tehlikesini gündeme getirerek köylüleri zamanında uyaran bir bilim adamına dönüşmüştü. Köylüler tehlikeyi duyunca paniğe kapılarak imama, muhtara ve köyün diğer büyüklerine başvururlar. Ancak imam dua etmek ve üfleyip püflemekten başka bir şey yapmadığından, Ali bir şeylerin değişebileceğine olan umudunu yitirip köyden çekip gider.Bir süre sonra döndüğünde, köyün depremden büyük hasar gördüğünü görür. Oyun, köylülerin köye böylesine zarar veren imamı tekme tokat köyden kovmalarıyla sonuçlanır. Geç de olsa köylülerin akılları başlarına gelmiştir, umut ışığı doğar.

O dönemde üniversite öğrenimlerini sürdüren, bugün ise bu alanda uzmanlaşmış olan yaratıcı drama lideri Burçak Karaboğa ve Emre Erdem'in ve yönetiminde çalışan bu grubun tiyatro gösterisi çok beğenilmiş, bu nedenle de Çağdaş Yaşamı Destekleme Derneği tarafından deprem bölgesine bir tiyatro turnesi düzenlenmişti. Sonraki aylarda da Berlin Grips Tiyatrosu' yla Duisburg-Essen Üniversitesi' nin geliştirdiği ortak bir proje olarak deprem bölgesinde yaşayan çocuklara, gençlere ve eğitimcilere yönelik tiyatro atölye çalışmaları yapılmıştı.

Bugün kimi meslek yaşamına atılmış olan kimi üniversitede okuyan Kasımpaşalı çocukların kişilik gelişimlerinde eğitimde tiyatro projesinin büyük katkısının olduğunu düşünüyorum.

Doksanlı yıllarda eğitimde tiyatro çalışmalarında başı çeken öğretim üyesi yardımcıları ve genç arkadaşlar hem kuramsal bir birikim elde etmeye çalışıyorlar hem de yurtdışından çağrılan çeşitli uzmanların desteğiyle farklı çalışma tekniklerini ve yöntemlerini öğreniyorlardı. Üniversite bünyesinde gençlerin kendilerini geliştirebilecekleri yepyeni bir çalışma alanı oluşmuştu. Bugün bu alanda büyük bir başarıyla çalışan yeni bir kuşağın yetiştiğini söyleyebiliriz.

Eğitimde tiyatroda kuramsal temelin atılması

Eğitimde tiyatro doğaçlamaya dayanıyor. Doğaçlamayla bir sorundan ya da bir konudan yola çıkılarak kurmaca bir durum yaratılıyor ve bu durum rol paylaşımıyla canlandırılıyor. Katılımcıların sürekli rol değişimiyle, günlük yaşamlarından canlandırdıkları kesitler, kendilerini başkalarının yerine koyma yetilerini geliştiriyor, böylece farklı roller ve söylemler aracılığıyla bir sorunu yalnızca kendi açılarından değil, başka açılardan da görüp değerlendirebiliyorlar. Eğitimde tiyatroda gözlemcilik kadar empati yetisinin geliştirilebilmesi de önemli. İnsanlar nasıl konuşuyorlar, nasıl davranıyorlar, davranışlarının ardında ne tür nedenler yatıyor, hangi söylemlerin etkisi altındalar, hangi değerlere bağlılar, ilişkilerdeki çatışmalar nasıl ortaya çıkıyor,gibi sorular yüzeyde görünenin ardında olanı anlamamızı sağlıyor. Bu tür çalışmalar çok gerçekçi bir düzlemde geliştirileceği gibi, taşlama, tersinleme, soyutlama gibi tekniklerden de yararlanılarak sürdürülebiliyor. Amaç bir sorunu abartma, çarpıtma, parodi yoluyla yabancılaştırarak alışılmadık bir açıdan sergilemekBu bağlamda reklamlardan masallara, karikatürlerden çizgi roman ve video kliplerine değin parodiye uygun olan her tür malzemeden yararlanılabiliyor.

Doksanlı yıllarda başlattığımız eğitimde tiyatro çalışmalarında farklı yöntem ve tekniklerle yaratıcılıkla eğitim ve öğretimi bütünleştirmeye çalışırken ünlü Güney Amerikalı tiyatrocu Augusto Boal'ın Ezilenlerin Tiyatrosu kuramı bizlere yepyeni bir ufuk açmıştı. Tiyatro aracılığıyla kendi ülkesindeki geniş halk kitlelerine, okuma yazma bilmeyenlerden ezilen alt katman kadınlarına değin çeşitli gruplarla ulaşmaya çalışan *Augusto Boal'ın* tiyatrosu ezilenlerin ve sömürülenlerin yanındadır, tiyatro aracılığıyla ezilenlerin sorunlarına çözümler üretmeye, onları bilinçlendirmeye çalışır. Boal tiyatrosunda izleyici de etkin bir konumdadır, böylece izleyiciler ve oyuncular oyunu birlikte oluştururlar.[2] Çalışmalarımızı Augusto Boal'in kuramına dayandırırken, amacımız hem çocukların ve gençlerin dünyasını bulgulamak, onların özgün seslerini yakalamak hem de onların yaşadıkları dünyayı daha iyi irdeleyebilmelerini sağlamaktı. Daha somut bir deyişle katılımcıların yaratıcı gizilgüçlerini ve eleştirel düşünme, irdeleme ve çözümleme yetilerini etkin kılmayı istiyorduk. Bu açıdan bu çalışmalar, sadece bireyin kendi duyularını bulgulamasını, kendini keşfetmesinde odaklaşan yaratıcı dramanın sınırlarını aşıyordu. Daha somut bir deyişle sosyal sorunlara duyarlılık, eleştirel bakış ve sorunların çözümü doğrultusunda geliştirilen yapıcı seçenekler eğitimde tiyatroyu farklı kılıyordu. Üniversite bünyesinde sürdürülen bu çalışmalar yüksek öğretim öğrencilerine de yeni bir ufuk açmıştı. Düşünme ve çözümleme yetileri ve yaratıcılıkları günden güne gelişiyordu. Çünkü her çalışma bir ilki oluşturduğundan yepyeni bir yaşantıya yol açıyordu. Ve her yaşantıyla birlikte aşılması gereken yeni yeni sorunlar ve çözümler gündeme geliyordu. Bu açıdan da bu çalışmalar büyük bir özen, disiplin, süreklilik kimi kez de özveri gerektiriyordu.

Göçmen işçi kökenli gençlerle eğitimde tiyatro çalışmaları

İkibinli yılların başında Duisburg-Essen Üniversitesi'nde Türkiyeli göçmen kökenli gençlerle yoğun olarak çalışma olanağı buldum. İstanbul'da eğitimde tiyatro uzmanı Nihal Kuyumcu ve Tiyatro Boyalıkuş'un yöneticisi Jale Karabekir birbirinden ilginç projelerle eğitimde tiyatro çalışmalarını sürdürürken, ben de bu alandaki çalışmalarımı Almanya'ya kaydırmıştım. Birbirimizle, özellikle de eğitimde tiyatro alanındaki yayınlarıyla da uzmanlaşan Nihal Kuyumcu'lı sürekli düşünce alışverişi ve iş birliği içindeydik. Hedef gruplarımız, toplumun altkatmanından gelenler olduğundan, sorunlar da doğal olarak ortaktı. Ekonomik zorlukların getirdiği sorunlar, modern yaşamla geleneksel arasındaki sıkışmışlık, ataerkil aile yapılanması, çocukların, gençlerin ve genç kızların ve kadınların üzerinde yarattığı baskılar çok katmanlı bir çalışma ve araştırma malzemesi sunuyordu bizlere.[3]

Bu dönemde Ezilenlerin Tiyatrosu'nun temel taşını oluşturan Forum Tiyatrosu bizlere yol gösterici olmuştu. Forum Tiyatrosu'nda güncel bir sorun doğaçlama yoluyla canlandırılıyor, sonra da izleyicilerin katılımıyla sahnede canlandırılan soruna çeşitli çözüm önerileri aranıyordu. Böylece sürekli rol değişimiyle aynı oyunun farklı çeşitlemeleri oynanıyordu. İzleyicinin etkin katılımını öngören Forum Tiyatrosu aracılığıyla hem kendimizi, içselleştirdiğimiz değerleri, rolleri, gelenekleri, tabuları hem de yaşadığımız çevreyi, toplumu daha iyi alımlama olanağını buluyorduk. Sorun-çözüm odaklı bir anlayışa dayanan bu tiyatroda gençlerin ilgisini çeken bir sorun seçilerek hedef gruba oynanıyor ve sonra da izleyicilerle birlikte gündeme getirilen soruna çözüm üretmeye çalışılıyordu. Bu çerçeve içinde okullarda gerçekleştirilen çocuklara yönelik gösterilerde aile içi çözülme, anne ve babanın ayrı yaşamasından dolayı çocuğun yaşadığı baskı ve ayrımcılık, kız erkek ayırımcılığı, yabancı düşmanlığı, şiddet, kuşak çatışması, ailelerin çocukların üzerinde yarattıkları baskılar, meslek seçiminde gençlerin güdümlenmesi, çıkarcılık ve ikiyüzlülük, çevre ve mahalle baskısı gibi sorunlar tüm çarpıcılığıyla gündeme geliyordu.

Ancak Almanya'daki Türklerle sürdürülen çalışmalarda farklı biçimlerde dile getirilen temel sorun hep toplumsal cinsiyet olgusunda odaklaştığından, zamanla doğrudan kadınlara yönelik çalışmalara da ağırlık vermeye başlamıştık. Örneğin eril aile yapılanmasının sorgulandığı bir forum çalışmasında ithal gelin sorunu gündeme gelmişti. Oyunumuzda Almancı koca bulup Türkiye'den Almanya'ya gelen gelin artık elini sıcak sudan soğuk suya sokmadan yaşama hayalindedir; dil öğrenecek, okuyacak, belki para kazanabileceği bir uğraşı olacaktır. Ancak evdeki pazarlık çarşıya uymaz. Gelin Almanya'ya gelip de kayınvalidenin eline düştüğü anda bütün hayalleri bir anda suya düşer. Pısırık kocası ve ailesi tarafından öylesine kuşatılır ki, nasıl kurtulacağını bilemez. Köln'deki gösterinin bu aşamasında, insanın içine işleyen derin bir suskunluktan sonra izleyen kadınlar ağlamaya başlamışlardı. Ama düşler dünyasında olmayacak şey yoktur, bu oyunda da farklı çözümler üretilmişti. Böylece bir anda izleyiciler oyuncu, oyuncular izleyici rolüne girince, izleyiciler kahkahalar arasında kendilerini sahnede bulmuşlardı. Kadınlar çıkış arayışı içinde rolden role girerken ünlü komedyenlere taş çıkartacak bir oyunculuk sergiliyorlardı. Roller sürekli değişirken, kimi kayınvalide oluyordu, kimi gelin, kimi görümce, kimi koca... Çatışmanın biçimi de sürekli değişiyordu ama özü bir türlü değişmiyordu. Çözüm bulmak hayal düzleminde bile olsa hiç de kolay değildi. Sahnede oynanan oyunun her çeşitlemesinde saldırı, şiddet, korku, baskı ve bol bol gözyaşı vardı. Ama sorular da vardı: Sorun kimde? Kayınvalidede mi, kocada mı, gelinde mi, yoksa bu ilişkileri körükleyen feodal geleneklerde mi? Gelenekler değişebilir mi, nasıl?

Kadınlarla yıllardır uyum çalışmasını sürdüren sosyal danışman Nurten Kum'a göre, bu oyun sayesinde kadınlar ilk kez kendi sorunlarını böylesine açık yüreklilikle tartışabiliyorlardı. Oyun sonrası yapılan tartışmada göçmen kadınlardan birinin 'Doğruyu söyleyin, içimizde kocasından dayak yememiş bir kadın var mı?' sorusu şimdiye değin tabu olan bu konuyu birden bütün çıplaklığıyla gündeme getirmişti. Aynı oyun üniversite çevresinde oynandığında, göçmen kökenli üçüncü kuşağın tepkisi göçmen kadınlarınkinden farklıydı. Gözyaşı yerine direnme, tartışma ve başkaldırı vardı. Bu böyle ama hep böyle kalmalı mı sorusu yeni çözümler üretiyordu. Dilin bir baskı ve ezinç aracı olmaktan çıkıp, diyaloğa dönüşmesinden kadınlar arası dayanışmaya kadar farklı çözümler getiriliyordu.

Okullarda gençlere yönelik çalışmalarda toplumsal cinsiyet sorunu üstüne de önemle duruldu. Her Forum Tiyatrosu yeni bir yaşantı ve deneyim alanı oluşuyordu. Kimi kez somut çözüm önerileriyle Forum Tiyatrosu'nun ana hedefine ulaşabiliyorduk, ama çoğu kez de sadece bir tartışma alanı yaratarak sorunları gündeme getirmekle yetiniyorduk. Özellikle eril yapılanmanın aşırı derecede içselleştirildiği tutucu ortamlarda herkesi tatmin edecek bir çözümü bulmak kolay değildi elbette, ama en azından kafamızdaki tabuların sorgulanması sağlanıyordu. Gençlerle yapılan Forum Tiyatrosu'nda gündeme gelen temel sorun kız erkek ayrımcılığıydı. Örneğin baba işsizdir. Üniversiteye giden çocukların giderek yükselen üniversite harçlarını karşılayacak parası yoktur. Bu nedenle kız ve erkek çocuk arasında ayrımcılık yaparak kızın okumasını engellemek ister. Bu durumda kız nasıl çıkmazdan kurtulacaktır? Ya da kız hukuk okumak istemektedir ama aile kızı bir an önce evlendirerek borçlarını ödemek istediğinden, kızın okumasına kesinlikle karşıdır. Bu durumda kız ne yapacaktır? Çözüm önerilerinde dikkati çeken, çözümün genellikle hep anneden beklenmesiydi. Anne, babayı ikna etmeye çalışırken kimi kez başarılı oluyor, kimi kez de eril düzenin kurallarını kıramadığı için tam bir çıkmaza giriyordu. Sözgelimi anne kızına üniversite harçlığını sağlayabilmek için babadan izin alarak dışarda çalışmaya başlar, ama bu sefer de bu durumun altında çok ezilir. Çünkü günde on saat çalıştığı gibi ev işlerinin ağır yükünü de tek başına taşır. Bu durumda ne olacaktır? İşe gitmekten vaz mı geçecektir, yoksa kız okumaktan mı vaz geçecektir, yoksa baba davranışını mı değiştirecektir? Sahnelediğimiz bu gösteride evde boş oturan işsiz babanın ev işlerini üstlenerek anneye yardımcı olması önerisi inanılmaz bir tepkiyle karşılandı. İzleyicilerin pek çoğu sorunun önemini görmekle birlikte, geleneksel kadın erkek rollerinin sorgulanmasından duydukları tedirginliği de yaşıyorlardı. Sonunda herkesi tatmin edecek bir çözüm bulunamadı ama en azından eril aile düzenindeki rollerin sorgulandığı hararetli bir tartışma ortamı yaratılabildi.

Biyografik tiyatro

Almanya'da eğitimde tiyatro alanında sürdürülen çalışmalar çerçevesinde Biyografik Tiyatro da önemli bir yer tutuyor. Duisburg-Essen Üniversitesi'nde çalışmaya başladıktan sonra Türkiye kökenli üçüncü kuşak işçi çocuklarının yaşam öykülerini toplamaya başlamıştım. Bu öykülerin içinden zamanla bir eleme yaparak "Özgürlük Yolları" kitabımı kaleme aldım. 2008 Abdullah Baştürk İşçi edebiyatı ödülünü kazanan ve Almancaya da çevrilen (Wege ins Freie) bu kitapta yer alan öyküler bir tiyatro gösterisine uygun bir malzeme sunuyordu. Böylece yaşam öykülerinden yola çıkarak doğaçlama çalışmalarıyla geliştirilebilecek bir tiyatro oyunu kurguladım. Bu oyun Theater an der Ruhr'un tiyatro eğitimcisi Bernhard Deutsch tarafından yaklaşık üç yıl süren tiyatro atölye çalışmalarında giderek geliştirildi ve sonunda sahnelendi. Önce Theater an der Ruhr'da gösterilen sonra da Ruhr bölgesinde turne yaparak büyük beğeni kazanan bu oyunda gençler kendi yaşamlarını, düşlerini, sorunlarını, çatışmalarını ve savaşımlarını özgün bir biçimde anlatıyorlardı. Belgelere dayanarak geliştirilen ancak gerçeküstü ve kara mizah ögelerine de geniş çapta yer verilen bu gösteride temel sorun modern yaşamla gelenekler arasındaki çatışmada düğümleniyordu. Sahnede canlandırılan ise bu çatışmayı aşmayı binbir güçlükle başarabilenlerin öyküleriydi.[4]

Anadolu'da Eğitimde Tiyatro

Son yıllarda Fethiye'de düzenlediğimiz Fethiye Sanat ve Kültür Günlerinde eğitimde tiyatrodan geniş çapta yararlanıyoruz. Bu etkinliklerde bir araya gelen sanatçılar, tiyatrocular, tiyatro eğitimcileri, yazarlar, yontucu ve ressamlar, filim yönetmenleri ve eğitimcileri ilk ve orta öğretim okullarında çocuklara ve gençlere yönelik atölye çalışmaları yapıyorlar. Bu çalışmaların içinde Tijen Savaşkan, Nihal Kuyumcu, Emine Kınacı, Burçak Karaboğa Güney'in yönlendirdikleri eğitimde tiyatro çalışmaları da önemli bir yer tutuyor.

Küçük çocuklara yönelik çalışmalarda çocuklara alışılmışın dışına çıkan farklı bir bakış kazandırılmaya çalışılırken masallardan da yararlanılıyor. Örneğin külkedisi artık onu kurtaracak olan prensi beklemekten bıkıp usandığından özgürlüğü seçer, bundan sonra kendi yaşamını kendi belirleyecektir. Oyunun başka bir çeşitlemesinde üvey anne ve kardeşleri tarafından inanılmaz baskılar gören külkedisi kardeşleriyle birlikte TV evlenme programına katılır ve ne şans üvey kardeşler eli boş dönerlerken külkedisi aradığı prensi bulup evlenir. Ne var ki oyunun finalinde külkedisini bu kez evin gelini olarak ezilip horlanırken görürüz. Bu kısır döngüden nasıl çıkılabilir? Yanıtı verecek olan izleyicidir.

Başka bir ilginç örneği "karınca ile ağustos böceği" fablını tersyüz eden bir gösteri veriyor. Bu gösteride tembellikle suçlanan ağustos böceği aslında bir müzisyendir, birbirinden güzel şarkılar söyleyip herkesin içini açar. Ya da kardeşleri kış için erzak toplarken dalga geçmekten başka hiçbir şey yapmayan, bu nedenle de diğerleri tarafından dışlanan tembel fare aslında bir öykücüdür, kış günlerinde diğer farelere birbirinden güzel öyküler anlatır, çünkü kardeşleri erzak toplarken, o da çevresinde olup bitenleri izleyerek öyküler kurgulamıştır kafasında. Doğaçlamadan yola çıkarak hazırlanan maskelerle ve kostümlerle renklendirilen bu gösterilerde yer alan çocuklar düş güçlerini kullanmanın, oyun oynamanın ve elbirliğiyle çalışarak bir gösteri sunmanın tadını sonuna kadar çıkarıyorlardı.

Çok ilgi çeken bir başka konu da Bertolt Brecht'in "Kafkas Tebeşir Dairesi" oyununun oyununun uyarlamasıydı. Daha büyük yaş gruplarındaki çocukların doğaçlama çalışmalarıyla geliştirdikleri bu uyarlamada annelik ve mülkiyet kavramı sorgulanıyordu.

Yaratıcı drama çalışmalarını yürüten Tijen Savaşkan kendi çalışmalarını şöyle dile getiriyor:

"'Fethiye Kültür ve Sanat Günleri çerçevesinde' ergenlerle gerçekleştirilen çalışmaların bence en önemlisi ergenlik sorunlarının 5-6 farklı soruna odaklı doğaçlamalarla ortaya çıkarıldığı ve bunların mitolojik bir efsane olan "Simurg" öyküsüyle birleştirildiği "Simurg, Küllerimizden Doğmak" adlı oyundan sonraki geri bildirimlerdi. Gerçek gücün kendi içimizde olduğu ve her türlü sorunu aşıp küllerimizden yeniden doğabileceğimiz "Simurg" olduğumuzu fark ettiren bu çalışma sonucu, birlikte çalıştığım ergenler kendilerini ilk kez tümüyle açabildiklerini ve çok anlamlı bir çalışma süreci yaşadıklarını ifade ettiler. Başka bir çalışma da İş Bankası Kültür Yayınları tarafından basılan, ressam Emel Kehri ve müzisyen Yaprak Sandalcı, iki sanatçı arkadaşımla birlikte yazdığımız ve uyguladığımız, müzik, resim ve drama çalışmalarını, çevre mesajlı bir öyküyle birleştirdiğimiz, Saint Saens'ın "Hayvanlar Karnavalı" adlı eserinden yola çıkarak oluşturulan projenin Fethiye'de uygulamasıydı. Bu kez çocukların bir klasik müzik eserini eğlenceli bir biçimde öğrenirken, doğayı korumaya yönelik bir temayı da içselleştirmeleri için bu eseri çalışmaya başladık. Çalıştığım okuldaki müzik öğretmeninin projeye en az benim kadar inanmasıyla gelişen süreçte, ben ilköğretim öğrencileriyle drama çalışmaları yaparken, ortaöğretim öğrencileri de 40 kişilik bir koroyla Saint Saens'ın "Hayvanlar Karnavalı" eserinin bölümleri üzerine yazılan şarkıları sadece 3 günde çalışarak, drama gösterisinin arkasında, sahnede çok güzel bir koro performansı sergilediler. Böylece, eser, kültür merkezinin açık alanında 40 kişilik bir koro ve 25 kişilik hayvan masklarıyla ve basit kostümlerle zenginleştirilmiş bir sahne performansına dönüştürüldü. Aynı çalışma sürecinde, Atatürk İlköğretim Okulu'nun bahçesindeki bir duvara da Almanya'dan iki yıldır aramıza katılan ressam Banu Theiss bir grup çocuğa müziği dinleterek "Hayvanlar Karnavalı"'nın büyük boyutlarda duvar resmini yaptırdı. Böylece, bir ilköğretim okulunun birçok öğrencisi, bu eserle ilgili çeşitli alanlarda çalışarak ya da arkadaşlarıyla etkileşerek bu eseri tanımış oldu. Aynı zamanda, yerel eğitimcilerle kolektif bir sanat çalışmasının da temelleri atılmış oldu. Artık sadece buradan götürdüklerimiz değil, resim ve müzik öğretmenlerinin de olaya katılması ve bize destek olmaya başlamaları yavaş yavaş amacımıza ulaşmaya başladığımızın ve oraya atılan sanat tohumlarının yeşermeye başlamasının kanıtıydı."[5]

2012 yılındaki Fethiye Kültür ve Sanat Günlerindeki etkinliklerde ise, sanat tarihçisi ve müzisyen Nazan İpşiroğlu yazdığı "Mozart ve Sihirli Flüt Operası" kitabına koşut olarak bir proje geliştirmişti:"Çocuklar İçin Sihirli Flüt". Tijen Savaşkan'ın yaşama geçirdiği bu projede "Sihirli Flüt çok renkli, eğlenceli aynı zamanda düşündürücü bir müzikli çocuk oyununa dönüştürüldü.. Sevginin dönüştürücü ve yapıcı gücünü gündeme getiren bu masalımsı oyun, çocuklar tarafından yine çocukların hazırladıkları bir sahne tasarımıyla büyük bir coşkuyla sergilendi. Banu Theiss'in yönetiminde Sihirli Flüt temasını konu alan duvar resimleri de bu projeyi görsel açıdan destekledi. İlginç olan Mozart'ın belki de adını bile duymamış olan çocukların bu projeye dört elle sarılmalarıydı.

Tijen Savaşkan bu oyunla ilgili notlarında çocuklarla yapılan çalışmaları şöyle anlatıyor:

"Sihirli Flüt" hem konu itibariyle hem de ilginç karakterleriyle çocuklarla çalışılabilecek en uygun ve keyifli operalardan biri. Çocukların ilgisini çekebilecek bir dizi kaçırılma ve kurtarılma macerası, örneğin Gece Kraliçesinin ve Sarastro'nun tapınağının temsil ettiği zıt değerlerin sahne üzerindeki somut çatışmaları ve Sarastro'nun tapınağının temsil ettiği değerlere ulaşma ve onların kötülüğü yenmesine yönelik karakterlerin mücadeleleri, değişimleri, dönüşümleri ve bunun sevgi yoluyla gerçekleşmesi temel izlek olarak alındı. Ayrıca, insanın gelişmesi ve insanlık için daha yüksek değerleri, iyiyi, doğruyu, erdemi ve adaleti keşfetmesi, sıradan olana karşı anlamlı bir yaşamın ipuçlarına ulaşması gibi temalarıyla bu opera, özellikle ergenliğe yeni adım atanlarla çok zengin tartışmalar, kavramsal çalışmalar ve bunların beden diline ve doğaçlamalara dönüştürüldüğü drama süreçleriyle oldukça verimli bir çalışma alanı sunabiliyor.

Çocuklar için yapılan bir *Sihirli Flüt* çalışmasında, operanın muhteşem sahne görselliğini ve müzikal performansı amatör çalışmalarda ve kısa bir zaman diliminde elde edemeyeceğimiz için, operanın içinde geçen kavramları öne çıkaran, minimalist ve en öz biçimde karmaşık masal kurgusunu sadeleştirme ve yorumlamaya doğru bir seçim yapmamız gerekti. Bunun için önce operanın içinde geçen kavramları çocuklarla birlikte birer birer ortaya çıkarıp, üzerlerinde tartışılabilecek karşıtlıklar ortaya koymak önemliydi. 11 iyi ve 11 bunun karşıtı olan kavramı birlikte düşünerek ortaya çıkardık. Operadaki iki grup karakteri, iyiler ve kötüleri temsil edecek biçimde 22 değer olarak pankartlara yazdık. Böylece çatışmanın temelini karanlık/ aydınlık, sevgi/ nefret, adalet/ haksızlık gibi toplam 22 kavramla çerçeveledik. Bu kavramların pankartlara yazılarak görselleşmesi de en temel dekorumuz oldu. Ters taraflarının duvar görüntüsünde olduğu bu pankartlar, dekor olarak Sarastro'nun tapınağının duvarlarını da oluşturdu. Belli bir değişim sürecini geçiren ve gelişen karakterler için, iyi ve yüksek değerleri temsil eden Sarastro'nun tapınağının sert ve aşılamaz duvar görüntüleri, zamanla ve uygun olan yerlerde pankartların ters döndürülmesiyle tapınağın temsil ettiklerini doğrudan seyirciye ve gelişen karaktere gösteriyordu. Ancak operada bu değişimi ve gelişimi gerçekleştiremeyen sıradan insanlar (Papageno, Papagena) ya da gerçekten kötü olan karakterler için (Gece Kraliçesi, Monostatos vb.) sadece sert ve aşılmaz duvarlar görünecekti. Bu pankartları taşıyan ve tapınağın duvarlarını oluşturan çocuklar ise, hem koro görevi yapan hem de Sarastro'nun tapınağının değerlerini zaman zaman bir ağızdan seyirciye hatırlatan ve gerektiğinde pankartları çevirerek oyunu anlamlı kılan unsurlardı. Ayrıca, Tamino ve Pamina'nın sevgiyle elele vererek bu değerlere ulaşma yolundaki değişim ve gelişmelerini ispatlama sınavlarında da bu sert duvarlar, sınavı geçtikleri anda döndürülerek, üzerlerinde yazan güzel değerlere ulaştıklarını seyirciye gösterecekti. Pankartların iki taraflı olması sahne pratiği ve dekor sorununu da kolayca çözdü ve algılamayı basit ve net hale getirdi. Bunun dışında, operanın müzikal unsuru, uvertürler, aryalar vb. müzik parçaları da oluşturulan kronolojik akışa göre ya belli bir seçki yapılarak kısaltıldı ya da fonda daha düşük volümde devam ederek, sahnedeki atmosfer için ve önemli bölüm ya da karakterleri temsil eden müziklerin öne çıkarılmasıyla kotarılmaya çalışıldı.

Bu temel dramaturjik seçimden sonra, sahne trafiği, bir ya da iki anlatıcı ve çocukların ortaya çıkardıkları doğaçlamalardan elde edilen diyaloglarla sürdürüldü. Dilimizde bu operanın çocuklara yönelik olarak düzenlenen sözleri de kaynak alınarak bir sahne metni oluştu. Bunların arasına *Sihirli Flüt* Operası'nın içinden doğrudan alınan ve çocukların oluşturduğu koronun söylediği anlamlı sözler(bölümler) yerleştirildi. Sahne aksiyonu, anlatıcı masal formunda operayı anlatırken, ya eşzamanlı dramaturji ve pandomimle olaylar kısaca gösterilerek ya da doğrudan diyaloglar kullanılarak ve arkada müzik desteğiyle sürdürüldü.

Çocuklarla birlikte karar verilen kötülük kavramının dünyamızdan tümüyle yok olmadığı yorumumuza karşın, bu operada iyinin zaferi vurgulanıyordu. 23. pankart olarak seçilen "Ümit"(Umut) kavramı son sahnede görsel olarak iyilerin ve kötülerin ellerinde bulunan pankartların silah gibi kullanılması ve iyilerin pankartlarının havada kalıp, kötülerin temsil ettikleri değerlerin kısmen yerlere düşmesi ve alçakta kalması seçimiyle, kötülüğün asla yokolmadığını görselleştirirken, daha büyük yazılmış "Ümit"sözcüğünün olduğu pankartın, hepsinin üzerinde belirmesi ve öne çıkması, çocuklarla belirlenen ve ümitlerimizin hiç yokolmaması gerektiğini vurgulayan bir yorumla sona erdi. Böylece çocuklarla gerçekleştirilen *Sihirli Flüt*, yaratıcı drama yöntemiyle çok keyifli atölye süreçleri ve oyunlar, tartışılan ve bedenle görselleştirilen kavramlar, sahne sahne gerçekleştirilen doğaçlamalar ve müziğin tanınmasına ve içselleştirilmesine yönelik olarak hazırlanan oyun ve yarışmalarla çocukların severek çalıştığı, hiç sıkılmadığı ve operayı kendilerine malettikleri, yeniden ürettikleri ve sahnede sergileyebildikleri keyifli bir sanat çalışmasına dönüştü. Planlanan daha uzun soluklu ve kapsamlı bir çalışmayla bu opera, drama çalışmasının ve sahnelemenin yanısıra operanın çeşitli sahnelerinden esinlenerek yapılan resimler, grup olarak gerçekleştirilen bir duvar resmi, karakterlerin basit mask ve kostüm çalışmaları, ya da basit koreografiler vb. öğelerle farklı sanat alanlarına yayılan bir sürece dönüştürülebilir".

Fethiye günlerinde yer alan ilginç bir çalışma da çocukların hazırladıkları bir radyo oyunuydu. Çocuk hakları sorununu gündeme getiren "Pinokyo Kral Übü'nün Ülkesinde" adlı tiyatro oyunum Nurten Kum tarafından radyo tiyatrosuna dönüştürüldü. Bu oyunda diktatör Kral Übü'nün ülkesinde yaşayan Pinokyo sosyalleşme süreci içinde bir Übü kopyasına, yani Übükop'a dönüşür. Radyo oyununda Pinokyo'nun Übü ülkesindeki serüvenleri tipik bir kara güldürü olarak sergileniyordu. Bu çalışmada ilginç olan, on bir on iki yaşındaki çocukların bu oyunda gündeme gelen sorunun özünü hem çok çabuk kavrayıp yorumlayabilmeleri hem de bunu en güzel esprileri yakalayarak, en iyi biçimde ifade edebilmeleriydi. Oysa bu oyunu okuyan bir çok yetişkin, oyunun iletisinin ve yazılış biçiminin, kullanılan kara güldürü ve grotesk motiflerin çocukların anlama kapasitelerini aşabileceğini, bu açıdan da bu oyunun çocuk oyunu olmadığını ileri sürmüştü. Önümüzdeki yıl sahneye taşınması planlanan bu oyuna çocukların etkin katkısı onların anlama, düşünme ve sorgulama yetilerinin ve yaratıcı gizilgüçlerinin yetişkinlerin hayal edemeyeceği kadar yoğun olduğunu gösteriyor.

Fethiye Kültür ve Sanat Günlerinde katılımcı Forum Tiyatrosu, yaratıcı drama, müzik ve ritm çalışmaları kapsamında gelişen tiyatro çalışmalarına yalnız küçüklerin değil, lise öğrencilerinin de ilgisi çok büyük. Yaratıcı drama ve Forum Tiyatrosu çalışmalarında çevre sorunları, medyanın etkisi, aile içi çatışmalar, kız erkek ayrımcılığı, kız erkek arkadaşlıklarında ailelerin kızların üstünde kurdukları baskı, okulda baskı, sınavda kopya çekme, çevre sorunları, çocuk hakları gibi doğrudan gençleri ilgilendiren güncel konular işleniyor. Forum Tiyatrosunda ise gündeme gelen sorunlar izleyiciyi birlikte oynayarak, yani sahnedeki oyunun akışına katkıda bulunarak düşündürmeye yönlendiriyor. Beş yıldır sürdürülen Forum Tiyatrosu öylesine büyük bir ilgi gördü ki, izleyenler tiyatroda gündeme gelen sorunları günlerce tartıştılar. Örneğin bir gösteride birbiriyle diyaloğu kopmuş olan klasik bir aile canlandırılmıştı. Oğullardan biri bir kıza aşık olduğundan bunalım içindedir, böylece kendisinden ve ailesinden para koparmayı amaçlayan iki serserinin etkisi altına girer. Bu durumda aile ne yapmalıdır? Ailede ne tür bir dönüşüm olmalıdır ki bu soruna yapıcı bir çözüm bulunabilsin? Oyunun çeşitlemelerinde geliştirilen öneriler eril bakışın nasıl içselleştildiğini açıkça gözler önüne seriyordu. Almanya'daki göçmen çevrede gözlemlediğim gibi burada da katılımcılar sorunun temeline inmekte aşırı derecede zorlanıyorlardı. Birkaç öneride baba rolünün üzerinde önemle durularak otoriter ve baskıcı değil, tersine oğullarına arkadaşça yaklaşan anlayışlı bir baba yaratılmaya çalışıldı, ancak bu kez de bütün sorumluluk anneye verildi. Oyun nasıl gelişirse gelişsin, anne hep edilgin ve çaresiz kaldığı gibi çocuklarını iyi yetiştiremediği için suçlu duruma düşüyordu. Sonunda izleyicilerden biri klasik anne rolünü değiştirme cesaretini gösterince, beklenmedik bir gelişim oldu. Anne birden her işe koşan ve herkese yaranmaya çalışan pasif rolünden kurtularak, babaya sorumluluğu birlikte taşıdıklarını anımsattığı gibi, ne istediğini bilen kendine güvenen kararlı duruşuyla belli bir sınır çizince, birden ailede herkes birbirine girdi. Babanın bu duruma iyice tepesi atmış, oğulları şaşırmıştı. Serseri arkadaşlar da sonunda çözümü çekip gitmekte buldular. Oğul da gerçi anneyle inatlaşarak onlarla birlikte gitti ama ailesinden para koparamadığı için kendisini sömürmeye çalışan bu ne olduğu belirsiz arkadaş çevresinde pek barınamayacağı da oldukça açıktı. Böylece tam bir çözüm değilse bile bir umut ışığı doğmuş oldu. Ne var ki katılımcıların da izleyicilerin de pek çoğu klasik rollerin böylesine kurcalanıp sorgulanmasından hiç de hoşnut kalmamışlardı. Yine de kafalarda bazı sorular oluşmuştu. Aile yaşamının nasıl olması ve anne ve babanın nasıl davranması gerekir ki, çocuklar bu tür dış tehlikelere karşı korunabilsinler? Bu soru üzerinde gösteri sonrasında da günlerce konuşulup tartışıldı.

Gücünü yaşamdan alan tiyatro

Yıllar içinde eğitimde tiyatro çalışmalarıyla İstanbul'un varoşları ve Fethiye ve çevresinden Almanya'nın Ruhr bölgesine değin farklı çevrelere ulaşabildik. Çalışmalarımızın ilk yıllarında İstanbul Üniversitesi Edebiyat Fakültesi Dramaturgi ve Tiyatro Eleştirmenliği Bölümü'nde bu çalışmaları sürdürürken, o yıllardaki üniversite yönetiminin bağnaz ve gerici tutumunun bilincinde olduğumdan, çağdaş bir yaşam biçimini ve demokratik bir duruşu benimseyen Çağdaş Yaşamı Destekleme Derneği'yle birlikte çalıştığımızı özenle gizliyordum. Amacımız öğrenci odaklı bir eğitim anlayışı içinde, hiçbir dayatma yapmadan eleştirel düşünebilen ve sorgulayabilen, her gördüğünü olduğu gibi kabul etmeyen ve kendi yaratıcı gizil gücünü keşfeden bireyler yetiştirmekti. Buna gelen olumsuz tepkiler de doğal olarak yoğundu. Ne var ki bu tepkilerin ardındaki ideolojiler farklıydı. Geleneksel ve tutucu bir çevre bu çalışmalara kendi ideolojisine birebir ters düştüğü için doğal olarak karşı çıkarken, göreceliği (yani herkes kendi yağında kavrulmalı gibi bir görüşü) dünya görüşü olarak içselleştirmiş eliter postmodern bir çevre de (ki bunların içinde ne yazık ki tiyatrocular da azımsanamayacak kadar çok) bu çalışmaları pek önemsemiyor, dahası açıkça karşı çıkıyordu. Bundan bir süre önce İstanbul Üniversitesi Dramaturgi ve Tiyatro Bölümü'nde yaptığımız açık oturumda da öğrencilerden gelen kimi tepkiyi, örneğin 'Siz de kendi ideolojinizi dayatmak istiyorsunuz!' ifadesini buna örnek getirebilirim. Çünkü bu tür bir tepkinin bir saptırmadan başka bir şey olmadığını düşünüyorum. Yaklaşık yirmi yıldır sürdürdüğümüz bütün bu çalışmaları yönlendiren tek güç insan, kadın, çocuk haklarına saygılı bir duruş. Türkiye'de yıllardır süregelen otoriter ve ezberci eğitim sistemine karşı sanat ve tiyatro aracılığıyla bir seçenek oluşturmayı amaçlıyoruz. Kuşkusuz bu hiç de kolay değil, çünkü sorun sadece öğrenimde değil, kendini toplumun her alanında gösteren otoriter, baskıcı ve eril yapılanmada odaklaşıyor. Bunun da yüzyılların getirdiği geleneklere dayandığını ve dünden bugüne değişmesinin hiç de kolay olmadığını biliyoruz. Ama en azından kendi koşullarımız, olanaklarımız ve birikimimiz çerçevesinde bu alanda çaba göstermeye çalışıyoruz.

    Bu yazının sınırlı çerçevesi içinde getirdiğim örnekler sadece kendi çalışmalarımızı kapsıyor. Ancak benzeri çalışmaların yıllardır başka kuruluşlar, dernekler, okullar, tiyatrolar tarafından da farklı biçimlerde sürdürüldüğünü biliyorum. Bu açıdan bu konuda verimli bir tartışma ortamı yaratabilmemiz çok önemli. Çünkü bu tür bir düşünce alışverişine ve dayanışmaya dinci ve milliyetçi ideolojilerin ve bağnazlığın giderek yükseldiği, heykellerin yıkıldığı, tiyatrolara ve tiyatroculara inanılmaz bir sansür ve baskının uygulandığı bir dönemde her şeyden çok gereksinimiz olduğu açık.

1   Bu proje Çağdaş Yaşamı Destekleme Derneği Beyoğlu şubesiyle işbirliğiyle geliştirilmiştir.
2   Nihal Kuyumcu, Augusto Boal Tiyatrosu, Ankara Kültür Bakanlığı yayınları 2001.
3   Forum Tiyatro ve Türkiye Uygulamaları, Teb Oyun dergisi, kış 2010-11 Sayı 08.
4   Özgürlük Yolları belgesel bir oyun. Zehra İpşiroğlu, Tiyatroda Kültülerarası Etkileşim, İstanbul 2008.
5   Tijen Savaşkan Teb Oyun dergisi, Sonbahar sayısı 2011.

Darstellendes Spiel im Bildungsbereich gestern und heute

Zehra İpşiroğlu

Ein kurzer Rückblick

Anfang der 90er Jahre haben wir begonnen, an der Universität Istanbul in der Abteilung für Dramaturgie und Theaterkritik ein Schulprojekt umzusetzen. Damals haben wir eine Gruppe aus jungen MitarbeiterInnen, AssistentInnen und MasterstudentInnen mit der Zielsetzung gebildet, in der Schule eine aus ca. 10 – 15 Personen bestehende Arbeitsgruppe zu gründen. Wir wussten nicht, wie die Theaterarbeit in der Schule ankommen würde. Entgegen unseren Befürchtungen wurde unsere Arbeit mit großer Begeisterung und Interesse aufgenommen. Die Kinder konkurrierten miteinander, den beliebten Sänger aus dem Fernsehen nachzuahmen, stampfend und schreiend Gedichte vorzutragen, die billige Komödie, die sie aus dem Fernsehen kannten, nachzuspielen und zu tanzen. Am Ende dieses Auswahlprozesses mussten wir siebzig Kinder, mit denen wir unsere Theaterarbeit aufnehmen wollten, auswählen. Die Kinder dachten, dass sie eine konventionelle Theateraufführung oder eine Show, in der sie Sänger und Schauspieler, die sie aus dem Fernsehen kennen, nachahmen würden. Jedoch war unsere Absicht eine ganz andere. Wir wollten weder "das ist gut, das ist nicht gut" sagen, was sie bereits hunderttausende Male immer wieder gehört hatten, noch wollten wir sie mit leeren Versprechungen und billigen Medienwitzen amüsieren. Wir hatten nur ein einziges Ziel: Mit den Kindern auf gleicher Augenhöhe in Kontakt zu treten. Wer waren diese Kinder? Was waren ihre Freuden, Sorgen, Beobachtungen, Erfahrungen, Ängste, Erwartungen? In was für einer Umwelt lebten und welche Probleme hatten sie? Wir wollten einen Raum schaffen, in dem sie sich frei äußern und ihre Gefühle und Gedanken in einer konstruktiven Atmosphäre ausdrücken können, damit wir die Kinder in einer authentischen Art und Weise würden mitnehmen können. Das hatten die Kinder von uns nicht erwartet. Es war erstaunlich, wie sie in einer sehr kurzen Zeit die Einhaltung der Improvisation geschafft hatten. Sie waren sehr aufnahmefähig, flexibel und hatten viel Freude an der Theaterarbeit. Es war, als ob wir einen Zauberstab, der die verborgenen kreativen Potenziale der Kinder aufdeckte, in der Hand hielten. Dieser Zauberstab schuf wirklich Wunder. Wahrscheinlich wurden diese Kinder das erste Mal in ihrem Leben so ernst genommen und haben deshalb unser Angebot voller Begeisterung angenommen und mitgemacht. Wir hatten selbstverständlich auch Probleme bei der Arbeit. Es war für uns leichter, die Sieben- oder Achtjährigen zu erreichen als die Jugendlichen. Gleichzeitig war es bei der Arbeit mit den Kleinen doch sehr kompliziert, diszipliniert zu bleiben und zu erklären, dass das

Spiel auch einige Regeln hat – was ja für alle Spiele die Grundbedingung ist. Allerdings wurden die Regeln des Spiels von den älteren Kindern sehr schnell verstanden, jedoch hatten diese wiederum Schwierigkeiten, sich frei auszudrücken. Auf der anderen Seite hatten unsere Mitarbeiterinnen die Schwierigkeit, die StudentInnen in der Führungsrolle einer Schülergruppe zu begleiten, wodurch die Gruppendynamik der Arbeitsgruppen nicht genug verstärkt werden konnte.[1]

Trotz aller Schwierigkeiten, die wir hatten, haben uns die ersten positiven Erfahrungen einen neuen Arbeitsbereich eröffnet. Das Projekt, das von den AssistentInnen aus der Universität geleitet und mit den Studierenden umgesetzt wurde, wurde in verschiedenen Stadtteilen von Istanbul verwirklicht und hatte das Ziel, möglichst viele Kinder aus sozial schwachen Familien zu erreichen. Die Themen, die die Kinder mitbrachten, haben unsere Arbeit sehr bereichert. Dabei ging es um die Schule und Schulprobleme, autoritäre Erziehung und Gewalt, familiäre Beziehungen und Generationenkonflikte, Umweltverschmutzung, Diskriminierung von Mädchen gegenüber den Jungen und ähnliche Probleme. Allerdings variierten die Themen je nach Stadtteil und Kindergruppe. In einigen Bezirken war es nicht einfach, das Vertrauen der Kinder zu gewinnen und sie zu erreichen. Das erforderte viel Geduld, Konsequenz und Disziplin. Trotz der verschiedenen Schwierigkeiten, die sich von einem zum anderen Stadtteil änderten, war das Gemeinsame, dass alle Kinder begeistert davon waren, dass sie zum ersten Mal in ihrem Leben so ernst genommen wurden. Das war für sie eine vollkommen neue Erfahrung.

Ein weiteres wichtiges Phänomen war die Beobachtung der Entwicklung der Kinder in den Schulen, in denen die Theaterarbeit stattgefunden hat. Zum Beispiel fiel in einer Schule in Kasımpaşa, in der die bekannte Kindertheaterexpertin und -kritikerin Doz. Dr. Nihal Kuyumcu[2] die Leitung der Theaterarbeit inne hatte, insbesondere die Passivität oder Aggressivität der Kinder auf, die unter konstantem Druck standen und ständig Bestrafungen ausgesetzt waren. Daher konnte man in dieser Schule lange Zeit nicht mit der Theaterarbeit beginnen, erst mussten Übungen zum Sehen, Hören, Zuhören und Sprechen laufen, bevor man so weit war. Die Kinder der Sommer- und Wintertheaterkurse aus dieser als Modell ausgewählten Schule konnten innerhalb weniger Jahre ihre Ängste und Sorgen bewältigen und Selbstvertrauen gewinnen, sodass sie bei der großen Erdbebenkatastrophe im Jahr 1999 in der Türkei ihren Mut zeigen konnten. Die Kinder hatten auf der Straße Theater gespielt und den Gewinn den Betroffenen der Erdbebenkatastrophe gespendet.

Die Geschichte dieses Straßentheaterstückes basierte auf einem Märchen. In diesem Märchen begegneten sich ein junger Bauer namens Ali und ein Derwisch. Der Derwisch sagte zu Ali, dass der Bach, der in der Nähe des Dorfes fließt, giftig sei und die Dorfbewohner dieses Wasser nicht trinken dürften. Ansonsten würden sie ihren Verstand verlieren. Ali erzählte alles, was er vom Derwisch erfuhr, den Dorfbewohnern, doch niemand nahm seine Warnung ernst. So verließ er sein Dorf. Als er nach einigen Jahren in sein Dorf zurückkehrte, sah er, dass die Dorfbewohner tatsächlich den Verstand verloren hatten. Allerdings brandmarkten sie ihn als Verrückten. Was sollte Ali in diesem Fall tun? Sollte er sein Dorf wieder verlassen oder sollte er selbst von dem Wasser trinken, um sich in das Dorfleben integrieren zu können? Oder sollte er nach einer ganz anderen Lösung für das Problem suchen?

Die Kinder, die das Straßentheaterstück aufgeführt haben, haben diese Geschichte etwas verändert. In der abgewandelten Version warnt der Derwisch als Wissenschaftler die Dorfbewohner vor der Gefahr eines nahenden Erdbebens. Als die Dorfbewohner das hörten, suchten sie den Rat des Imams, des Dorfvorsitzenden und des Dorfältesten. Da der Imam jedoch nichts anderes tat, als zu beten, verlor Ali die Hoffnung und verließ das Dorf. Als er nach einiger Zeit in sein Dorf zurückkehrte, sah er, dass das Dorf durch ein Erdbeben beschädigt worden war. Das Stück endete so, dass die Dorfbewohner den Imam wegjagten. So kamen die Dorfbewohner wieder zu Sinnen.

Die damaligen Studierenden und mittlerweile fachkompetente und kreative Theaterpädagogen, Burçak Karaboğa und Emre Erdem haben diese Theatergruppe geleitet. Das Stück kam damals so gut an, dass der Verein für Stabilisierung der Demokratie (Çağdaş Yaşamı Destekleme Derneği) eine Theatertournee zum Erdbebenort organisiert hatte. In den darauf folgenden Monaten wurde ein Theaterworkshop, der vom Berliner Grips Theater und der Universität Duisburg-Essen gemeinsam konzipiert wurde, für die Kinder, Jugendlichen und PädagogInnen in der Erdebebengegend Yalova verwirklicht.

Ich denke, das Projekt "Darstellendes Spiel" hat bei den damals beteiligten Kindern aus Kasımpaşa (einige von ihnen studieren heute, einige sind berufstätig) wesentlich zu ihrer Persönlichkeitsentwicklung beigetragen.

Die Dozentinnen, die im Bereich "Darstellendes Spiel" in den 90er Jahren tätig waren, haben damals versucht, sowohl theoretisches Wissen aus diesem Bereich zu sammeln, als auch mit der Unterstützung ausländischer Fachkräfte unerschiedliche theaterpädagogische Methoden und Techniken zu erlernen. So entwickelte sich innerhalb der Universität ein neuer Arbeitsbereich für junge Menschen. Mittlerweile ist eine junge Generation von MitarbeiterInnen herangewachsen, die mit großem Erfolg in diesem Bereich arbeitet.

Die theoretischen Grundlagen von Darstellendem Spiel

"Darstellendes Spiel" basiert auf Improvisation. Mit der Improvisationstechnik wird von einem Problem oder einem Thema ausgehend eine fiktive Situation geschaffen, von der ausgehend die Rollen später aufgeteilt und nachgespielt werden. Die Teilnehmenden tauschen andauernd ihre Rollen, stellen ihre Lebensabschnitte dar, versetzen sich in die Lage von anderen, sodass sie lernen, ein Problem durch das Einnehmen unterschiedlicher Rollen auch aus anderen Perspektiven zu verstehen. Im "Darstellenden Spiel" ist es wichtig, das Beobachten zu lernen und Empathie aufzubauen. Sich mit Fragen wie "Wie sprechen Menschen?", "Wie verhalten sie sich?",

"Was sind die Hintergründe ihres Verhaltens?", "Unter welchem Einfluss des Diskurses stehen sie?", "Welche Werte haben sie?", "Welche Beziehungskonflikte haben sie?" zu beschäftigen, ermöglicht uns zu erkennen, was sich unter der sichtbaren Oberfläche verbirgt. Solche Arbeit kann entweder in sehr realistischen Ebenen oder mit den Techniken der Abstraktion und der Verfremdung gemacht werden. Das Ziel ist dabei, zu versuchen, ein Problem durch Übertreibungs-, Verzerrungs- und Verfremdungstechniken aus einer ungewöhnlichen Perspektive zu betrachten. In diesem Sinne könnte man Werbung, Märchen, Karikaturen und Videoclips als Ausgangspunkt der Theaterarbeit nutzen.

Als wir angefangen haben, in den 90er Jahren in diesem Bereich unterschiedliche kreative Methoden und Techniken zu erproben, hatte uns die Arbeit des berühmten Theatermachers Augusto Boal einen neuen Horizont eröffnet. Er versucht, durch sein Improvisationstheater von der breiten Mehrheit bis hin zu den benachteiligteren Schichten der unterdrückten Analphabeten und Frauen alle zu erreichen; Lösungen für die sozialen sowie politischen Probleme und Konflikte zu finden und die Menschen dafür zu sensibilisieren. In seinem Theater ist der Zuschauer aktiv und baut mit den Schauspielern das Stück gemeinsam zusammen. Unser Ziel war, mit den Theatermethoden von Augusto Boal die Welt der Kinder und Jugendlichen zu entdecken und somit ihnen eine konstruktive Auseinandersetzung mit ihrer Umwelt und ihren Problemen zu eröffnen. Genauer gesagt, wollten wir die kreativen Potenziale, sowie das kritische Denken und die Analysefähigkeit der Teilnehmenden aktivieren. In diesem Sinne geht unsere Arbeit über die Grenze des kreativen Dramas, das sich auf die Persönlichkeitsentwicklung und -wiederfindung der Teilnehmenden konzentriert, hinaus. Genauer gesagt, hat die Sensibilität für soziale Fragen uns konstruktive Möglichkeiten des kritischen Denkens und Problemlösens eröffnet. Unsere Theaterarbeit mit den benachteiligten Zielgruppen wurde im Rahmen der Universität durchgeführt. Das bedeutete, dass somit auch der Horizont der Studierenden weitgehend erweitert wurde. Ihre Denk- und Analysefähigkeit sowie ihre Kreativität wurden stark gefördert. Durch diese neue Arbeitsweise öffneten sich unterschiedliche Erfahrungsräume, in denen die Probleme gemeinsam mit den Gruppenmitgliedern gelöst werden mussten. Das erforderte aber ein hohes Maß an Aufmerksamkeit, Disziplin, innerer Sammlung, Hingabe und Geduld.[3]

Die Theaterarbeit mit Jugendlichen mit Migrationshintergrund

Ende der neunziger Jahre hatte ich die Möglichkeit, unsere theaterpädagogische Arbeit mit Studierenden mit Migrationshintergrund an der Universität Duisburg-Essen weiterzuführen. Während die Theaterpädagogen Doz.Dr. Nihal Kuyumcu und die Leiterin des Theaters Boyalıkuş, Jale Karabekir, in Istanbul im theaterpädagogischem Bereich arbeiteten, hatte ich meine Arbeit in Deutschland aufgenommen. Wir, besonders Nihal und ich, standen im permanenten Austausch von Ideen und

Erfahrungen, die wir in der Praxis gesammelt hatten. Unsere Zielgruppen waren ähnlich und selbstverständlich auch die Probleme in der Praxis. Die Probleme – wirtschaftliche Herausforderungen, der Konflikt zwischen modernem und traditionellem Leben, die patriarchalische Struktur der Familie und die Unterdrückung von Kindern, Jugendlichen, vor allem jungen Mädchen und Frauen, bot uns im Ruhrgebiet sowie in Istanbul vielschichtigen Arbeits- und Forschungsstoff.

Während dieser Zeit orientierten wir uns am "Forum Theater", das der wichtigste Bestandteil des "Theaters der Unterdrückten" ist. Im "Forum Theater" wird ein aktuelles Thema improvisiert dargestellt. Danach werden unter Einbeziehung des Publikums verschiedene Lösungen für die dargestellten Probleme gesucht. So wurde das gleiche Spiel mit permanenten Rollenwechseln in verschiedenen Variationen vorgestellt. Durch das "Forum Theater", das die aktive Teilnahme des Publikums vorsieht, nehmen wir unsere inkorporierten Sozialwerte, die Rollen, Traditionen, Tabus, unsere Umwelt, unsere Gesellschaft besser wahr. In diesem Theater, das auf Problem- und Konfliktlösung beruht, wird eine Konfliktsituation aus der Umwelt der Jugendlichen ausgewählt. Danach wird dieser Konflikt auf der Bühne dargestellt und am Ende gemeinsam mit dem Publikum eine Lösung gefunden. Bei unserer Arbeit in den Schulen mit verschiedenen Altersgruppen (10- bis 19-Jährige) enstanden folgende Themen: Probleme der Kinder, die aus geschiedenen Familien kommen, die Unterdrückung sowie Diskriminierung von Mädchen und Frauen, Fremdenfeindlichkeit und Rassismus, Gewalt, Generationskonflikte, der familiäre Druck auf die Kinder, die Manipulation der Jugendlichen durch die Familie bei der Berufs- und Studiumwahl, Stresssituationen durch das soziale Umfeld. Dabei spitzten sich die Genderprobleme immer mehr zu, so dass wir uns bei unserer Theaterarbeit besonders auf geschlechterspezifische Beziehungen konzentrierten.

Das Thema einer Forumtheater-Szene war "Importbraut". Dabei ging es um eine junge Frau, die durch die Eheschließung mit einem ´Deutschländer´ nach Deutschland gekommen war und dabei große Erwartungen hatte, wie z.B. die Sprache zu erlernen, zu studieren und beruflich erfolgreich zu sein und Geld zu verdienen. Aber sie machte die Rechnung ohne den Wirt. Ihre Schwiegermutter durchkreuzte all ihre Pläne. Unterdrückt von ihrem allzu passiven Mann und dessen Familie wurde sie in die Verzweiflung getrieben und wusste keinen Ausweg mehr. Bei der Aufführung in Köln weinten die tief beeindruckten ZuschauerInnen, ebenfalls türkische Arbeiterinnen, die vielfach auch durch Eheschliessung aus den Agrargebieten der Türkei nach Deutschland gekommen waren. Alle waren erschüttert, weil das, was sie auf der Bühne sahen, letztendlich ihre eigene Geschichte war.

Doch die Welt der Imrovisation kennt keine Grenzen. So wurden auch in diesem Spiel verschiedene Lösungs-Alternativen ausprobiert. Die ZuschauerInnen und die SchauspielerInnen haben die Rollen miteinander getauscht, und plötzlich fanden sich die ZuschauerInnen lachend auf der Bühne wieder. Die Frauen schlüpften bei der Suche nach einer Lösung aus dieser Konfliktsituation von einer Rolle in die andere und übertrafen selbst die professionellen SchauspielerInnen. Die ständig wechselnden Rollen waren die Rolle der Schwiegermutter, der Braut, der Schwägerin und des Ehemanns. Die Konfliktformen änderten sich dabei ständig, wobei der Kern immer der gleiche blieb. Es war für diese Frauen nicht leicht, selbst auf der Improvisations-Ebene eine konstruktive Lösung zu finden. In jeder Variation des Spiels auf der Bühne gab es Spannung, Angst, Gewalt und viele Tränen. Aber es gab auch Fragen: Wer trägt die Verantwortung? Die Schwiegermutter, der Ehemann, die Braut oder ein feudaler Brauch? Wie veränderbar ist dieser Brauch?

Die Sozialarbeiterin Nurten Kum, die seit Jahren mit den Frauen arbeitet, sprach davon, dass die Frauen sich zum ersten Mal so offen und mutig mit diesen Themen auseinandergesetzt haben. Nach dem Spiel sagte eine Frau aus der Gruppe: "Sagt die Wahrheit, gibt es eine von uns, die noch nicht von ihrem Mann geschlagen wurde?" Das hat uns gezeigt, wie wichtig dieses Thema, das immer als ein Tabu wahrgenommen wurde, für die Frauen ist. Als das gleiche Spiel an der Universität aufgeführt wurde, war die Reaktion der jungen Frauen der dritten Einwanderungs-Generation anders. Anstelle der Tränen kamen Diskussionen und Rebellion auf. Die Frage, ob es so bleiben sollte, bringt immer wieder neue Lösungen hervor: z.B. war die Sprache kein Mittel der Unterdrückung mehr, sondern sie förderte den Dialog und die Solidarität zwischen Frauen.

Auch in den Schulen haben wir uns auf das Thema "Gender Studies" konzentriert. Jedes Forumtheater eröffnete einen neuen Raum für Erfahrungen und Erlebnisse. Manchmal konnten wir konkrete Lösungsvorschläge, die das Ziel des Forumtheaters sind, erarbeiten. Aber manchmal reichte es uns auch, nur einen Raum für Diskussionen durch das Forumtheater zu öffnen. Natürlich war es für uns nicht einfach, in einer Umgebung mit patriarchalen Strukturen eine befriedigende Lösung für alle zu finden. Aber diese Theaterform ermöglichte uns zumindest, über die Tabus zu reden. Das Hauptproblem beim Forumtheater mit Jugendlichen war die Diskriminierung der Mädchen in den türkischen Familien. Ein Beispiel: Der Vater ist arbeitslos. Er kann deshalb die teuren Studiengebühren nicht mehr bezahlen. Aus diesem Grund versucht er zu verhindern, dass seine Tochter weiterstudiert. Wie soll sie dieses Problem lösen? In einem anderen Beispiel will die Tochter Jura studieren. Da die Familie jedoch in Schulden steckt, möchte sie, dass die Tochter so schnell wie möglich einen reichen Ehepartner findet. Wie soll die Tochter aus dieser Konfliktsituation herauskommen? Bei den Lösungsvorschlägen war interessant zu beobachten, dass die Lösung stets von der Mutter erwartet wurde. Manchmal gelingt es der Mutter, den Vater zu überzeugen. Wesentlich häufiger aber rieb sie sich an den Regeln und Verboten der patriarchalischen Gesellschaft. Beispielsweise muss die Mutter sich darum kümmern, das Geld für die Studiengebühren zusammenzubekommen und muss daher ihren Ehemann um Erlaubnis bitten, arbeiten zu dürfen. Für sie ist das schwierig, da sie 10 Stunden arbeiten und nebenbei den Haushalt erledigen muss. Was wird in diesem Fall passieren? Wird die Mutter ihre Arbeit aufgeben, wird das Mädchen sein Studium aufgeben oder wird der Vater sein Verhalten ändern? In unserer Darstellung hilft der Vater, der nicht zur Arbeit geht, der Mutter im Haushalt. Diese Lösung konnte jedoch von vielen nicht akzeptiert werden. Obwohl die Zuschauer die Relevanz des Themas erkannten, hatten sie Angst sich dem Genderthema auszusetzen. Am Ende wurde keine für alle befriedigende Lösung gefunden. Aber zumindest wurde durch das Forumtheater ein Raum eröffnet, in dem über die Rollen in einer patriarchalischen Familie diskutiert wurde.)

Biografisches Theater

Im Rahmen unserer theaterpädagogischen Arbeit in Deutschland spielte das Biografische Theater eine bedeutende Rolle. Ich hatte die biografischen Geschichten von Studierenden mit Migrationshintergrund gesammelt. Diese Geschichten selektierte ich im Laufe der Zeit und schrieb das Buch "Wege in die Freiheit, Junge Migrationsgeschichten" (Özgürlük Yolları). Das Werk gewann den "Abdullah Baştürk"-Literaturpreis der Arbeiter, wurde ins Deutsche übersetzt und bot viel Stoff für eine Theatervorstellung.⁴] So hatte ich ein Theaterscript, basierend auf diesen Lebensgeschichten entworfen, das mit den Improvisationen weiterentwickelt werden konnte. Der Theaterpädagoge Bernhard Deutsch vom Theater an der Ruhr hatte fast drei Jahre lang mit den StudentInnen mit Migrationshintergrund an diesem Projekt gearbeitet, sodass das Stück schrittweise weiterentwickelt und am Ende aufgeführt wurde. Das Stück, in dem die Jugendlichen ihr Leben, ihre Träume, Probleme, Konflikte und Kämpfe in einer authentischen Art und Weise erzählten und dargestellt haben, wurde im Theater an der Ruhr gezeigt und kam beim Publikum sehr gut an, sodass es sogar auf Tournee im Ruhrgebiet ging. In der Aufführung, die auf Dokumentationen basierte, aber auch surrealistische und schwarz-humoristische Elemente enthielt, kam der Konflikt zwischen den Traditionen und dem modernen Leben zum Ausdruck. Was dargestellt wurde, waren die Geschichten derjenigen, die diese Konfliktsituationen trotz grosser Hindernisse mit großen Mühen bewältigt hatten.

Darstellendes Spiel in Anatolien

In den letzten Jahren verlegten wir unsere theaterpädagogische Arbeit in eine kleine Stadt an der ägäischen Küste, nämlich nach Fethiye. Die KünstlerInnen, die bei den "Kultur- und Kunsttagen" jedes Jahr im Frühjahr dort zusammenkommen, die Theater- und FilmpädagogInnen, AutorInnen, BildhauerInnen, MalerInnen, MusikerInnen veranstalten mannigfaltige Workshops mit Kindern und Jugendlichen in verschiedenen Schulen in Fethiye und in den Dörfern der Umgebung. Dabei hat das Theater einen besonderen Stellenwert. In der Theaterarbeit mit Kindern wird vielfach von Märchen ausgegangen. Ziel ist dabei, den Kindern zu zeigen, die Dinge aus verschiedenen Perspektiven zu betrachten, sowie auch einiges, was als selbstverständlich gilt, zu hinterfragen. So wartet Aschenputtel nicht mehr auf den Prinzen, der sie retten soll, sondern sie bestimmt ihr Leben selbst und wählt die Freiheit. In einer weiteren Variante dieses Märchens nahmen die Stiefmutter, die Stiefschwester und Aschenputtel an einer TV-Sendung teil, in der man einen Partner suchen kann, was dem Aschenputtel auch im Unterschied zu ihren hässlichen Stiefschwestern leicht gelingt. Doch im letzten Teil des Stückes sehen wir, dass sich nichts an Aschenputtels Leben geändert hat, denn diesmal wird sie statt von ihrer Stiefmutter und den Geschwistern von ihrem Mann und ihrer Schwiegermutter unterdrückt. Wie soll sie diesem Teufelskreis entfliehen? Der Zuschauer soll darauf die Antwort geben.

Ein weiteres interessantes Beispiel ist die Arbeit mit Fabeln, z.B. "Ameise und Grille" von Lafontaine. Die Grille, die im Original ein Faulpelz ist und dadurch bestraft wird, wurde plötzlich ein Musiker, der durch seinen wunderschönen Gesang alle verzaubert. Oder in einer anderen Fabel wurde die Maus als ein Faulpelz gezeigt, der den ganzen Tag nichts tut, während die Geschwister hart arbeiten, um Vorräte für den Winter zu sammeln. Aber die Maus, die von allen wegen ihres sonderbaren Verhaltens gemobbt wird, stellt sich, als der Winter kommt und alle sich in ihr Loch verkriechen als eine wunderbare Geschichtenerzählerin heraus. So erzählt sie die schönsten Geschichten, die sie sich während des Sommers ausgedacht hatte, als die anderen arbeiteten. Improvisierend wurden mit den Kindern Masken und Kostüme gebastelt. So mussten die Kinder ihre Fantasie benutzen und kamen in den Genuss, spielerisch und in Zusammenarbeit mit anderen Kindern der Gruppe ein Theaterstück vorzubereiten.

Ein anderes interessantes Thema war die Neubearbeitung des Stücks "Der kaukasische Kreidekreis" von Bertolt Brecht. Diesmal wurde mit den älteren Kindern das Stück, in dem man sich mit Mutterschaft und Eigentum auseinandersetzen muss, durch die Improvisation weiterentwickelt.

Die Theaterpädagogin Tijen Savaşkan, die mit den Methoden des kreativen Dramas arbeitet, beschreibt ihre Arbeit folgendermaßen:"Das wichtigste bei der Arbeit mit Jugendlichen im Rahmen der 'Kultur- und Kunsttage' in Fethiye waren die Rückmeldungen auf unsere Arbeit. Alle Kinder und Erwachsenen waren davon begeistert. Besonders anregend war die mythologische Geschichte von Phönix. Diese Arbeit hat uns gezeigt, dass die wichtigste Kraft eigentlich in uns selbst wohnt und dass wir alle Probleme überwinden und wie 'Phönix aus der Asche' emportreten können. Andere für die Kinder sehr anregende Beispiele waren die Aufführungen von 'Karneval der Tiere' als eine Umweltgeschichte oder 'Zauberflöte für Kinder', in der die ethischen Werte wie Liebe, Gerechtigkeit, Mut mit Musik und darstellendem Spiel umgesetzt wurden". [5]

Eine besonders interessante Arbeit während der "Kultur- und Kunsttage" in Fethiye war ein Hörspiel, das die Kinder vorbereitet hatten und das auch im Rundfunk gesendet wurde. Aus meinem Theaterstück "Pinocchio ist im Land von König Übü"[6]), in dem es um Kinderrechte geht, wurde von der Journalistin und Sozialarbeiterin Nurten Kum ein Hörspiel entwickelt. Pinocchio lebt im Land eines Diktators, des Königs Übü, und verwandelt sich im Prozess der Sozialisation in eine Kopie von Übü, besser gesagt, "Übükop". In dem Hörspiel wurde das Abenteuer von Pinocchio im Land von König Übü als eine typische schwarze Komödie präsentiert. Das Interessante an diesem Hörspiel war, dass die elf- und zwölfjährigen Kinder sowohl das Wesentliche des Stückes sehr schnell begriffen hatten und interpretieren konnten, als auch den schwarzen Humor erfassen und in passender Art und Weise ausdrücken konnten.

Bei dem Forumtheater für und mit den Jugendlichen in Fethiye kamen wieder Themen vor wie Umweltprobleme, der Einfluss der Medien, Konflikte in der Familie, Diskriminierung von Mädchen und Frauen, die Unterdrückung in der Schule, das Schummeln bei Prüfungen usw. Das Forumtheater fand in Fethiye so grossen Anklang, dass die Zuschauer tagelang über die vorgeführten Probleme diskutierten.

Bei einer Aufführung wurde z.B. eine patriarchalische Familie dargestellt. Einer der Söhne verliebte sich in ein Mädchen und geriet in eine Krise, sodass er unter dem Einfluss von zwei Betrügern, die ihn und seine Familie erpressten, stand. Was soll die Familie in dieser Situation machen? Was für eine Veränderung soll in der Familie geschehen, damit eine konstruktive Lösung gefunden werden kann? Die Lösungsvorschläge in den verschiedenen Varianten des Stücks zeigten, wie die patriarchalischen Strukturen verinnerlicht waren. Wie ich im Umfeld von MigrantInnen in Deutschland beobachtet hatte, taten sich auch die TeilnehmerInnen in Fethiye schwer, den Hintergrund der Probleme zu verstehen. Bei einigen Vorschlägen, fokussiert auf die Rolle des Vaters, wurde versucht, jenseits eines autoritären und repressiven Vaters, einen freundlichen Vater, der wie ein Freund für seine Söhne ist, darzustellen. Doch diesmal wurde die gesamte Verantwortung auf die Mutter übertragen. Unabhängig davon, wie das Stück weiterging, wurde die Mutter für die Erziehung der Kinder verantwortlich gemacht, da sie immer passiv und hilflos war. Als eine Frau im Publikum letztendlich den Mut zeigte, die 'klassische' Rolle der Mutter zu durchbrechen und somit neue Lösungsalternativen anbot, gab es bei den TeilnehmerInnn sowie im Publikum große Aufregung. So wurde sehr anregend über patriarchalische Familienstrukturen diskutiert.

Zusammenfassung

Wir konnten in den vielen Jahren von der Peripherie Istanbuls bis Fethiye und bis zum Ruhrgebiet in Deutschland mit unserer theaterpädagogischen Arbeit sehr viele Menschen erreichen. Unser Ziel war, jungen Menschen zu ermöglichen, ihre eigenen kreativen Potentiale und Möglichkeiten zu entdecken und auszudrücken. Mittlerweile hat von unserer Arbeit vor allem eine ganze Generation von Lehrern profitiert, die heute in den Schulen mit ähnlichen kreativen Techniken und Methoden sehr ergiebig arbeiten.

Die Beispiele, die ich im begrenzten Rahmen dieses Essays angebracht habe, zeigen nur unsere Arbeit. Jedoch weiß ich, dass ähnliche Projekte seit Jahren auch von anderern Institutionen, Bürgerinitiativen, Schulen und Theatern durchgeführt werden. In dieser Hinsicht wäre es besonders wichtig, dass ein Rahmen für einen konstruktiven Gedanken und Erfahrungsaustausch entsteht, insbesondere in einer Zeit, in der autoritäre, religiöse nationalistische, kurz: antidemokratische Tendenzen in der Türkei sich verstärken.

1 Dieses Projekt wurde in der Zusammenarbeit mit ÇYDD, einer Bürgerinitiative zur Unterstützuıng der Demokratie, entwickelt.
2 Nihal Kuyumcu, Augusto Boal Tiyatrosu, Ankara Kültür Bakanlığı yayınları 2001.
3 Forum Theater und dessen Anwendungen in der Türkei, Teb Oyun dergisi, kış 2010-11 Sayı 08.
4 Wege ins Freie ein dokumentarisches Stück. Zehra İpşiroğlu, Tiyatroda Kültülerarası Etkileşim, İstanbul 2008.
5 Tijen Savaşkan Teb Oyun dergisi, Sonbahar sayısı 2011.
6 Zehra İpşiroğlu, Pnokyo Kral Übü'nün Ülkesi'nde, İstanbul 2003.

2. Drama-Arbeitsfelder / Theater-Arbeitsfelder: gegenwärtig

2. Drama-Çalışma Alanları / Tiyatro-Çalışma Alanları: çağdaş

Zur Entwicklung und gegenwärtigen Praxis des kreativen Dramas in der Türkei

Ömer Adıgüzel

Das türkische Erziehungssystem hat sich, trotz der seit der Zeit der Republik ständig durchgeführten Innovations- und Entwicklungsarbeiten, von seiner auf das Auswendiglernen und die Speicherung von Informationen gerichteten Zielsetzung noch nicht gänzlich befreien können, es hat die psychomotorische Seite des Lernens vernachlässigt und sich eher auf den kognitiven Bereich gerichtet. Dies hatte zur Folge, dass man sich in allen Erziehungsbereichen eher auf das Ergebnis als auf den Prozess konzentrierte und der eigentliche Erfolg von Bildungsprogrammen daran gemessen wurde, ob die erworbenen Informationen reproduziert werden konnten. In dieser Hinsicht ist das türkische Erziehungssystem noch weit entfernt, Ansätze erfahrungsorientierten Lernens zu praktizieren und die vermittelten Informationen sind nicht darauf gerichtet, Denken im Sinne von Problemlösungen anzuregen.

Erfahrungsorientiertes Lernen benötigt die Interaktion mit anderen, es knüpft an Lernerfahrungen an, die die Lernenden in und außerhalb der Schule sammeln konnten. Das auf Erfahrungen gerichtete Lernen sorgt beim Individuum bekanntermaßen für ein dauerhafteres Lernen. Erinnerung und Dauerhaftigkeit, welche bei einer Unterweisung, die überwiegend auditiv ist, 10 % des Gelernten entsprechen, belaufen sich bei der visuellen Information auf 30 %, während sie bei einer auf die Erfahrungen gerichteten Bildung 90 % erreichen.

Das kreative Drama in der Pädagogik ist eine Methode und Disziplin des erfahrungsbezogenen Lernens, das mit seinen Besonderheiten, seiner vielfältigen Funktionalität in jedem Lernumfeld bei der Aneignung der sozialen Fähigkeiten und vor allem beim Lernen verschiedener Sachverhalte besonders einflussreich ist.

Das, was in Deutschland als „Theaterpädagogik" und „Darstellendes Spiel" bezeichnet wird, wird in der Türkei – in Anlehnung an die Begriffsverwendung in England - das „kreative Drama" in der Erziehung genannt. Dieser Begriff entspricht einem Unterrichtsfach im Ausbildungssystem, einem Verfahren in anderen Unterrichtsfächern und steht – bezogen auf Methoden und Lehrmaterial — eher dem Begriff „Darstellendes Spiel" nahe.

Das kreative Drama stützt sich auf die Gruppenaktivität und auf die Lebensformen der Gruppenmitglieder. Ausgangspunkt und Entwicklung des Drama-Prozesses stehen in direktem Zusammenhang mit der Bearbeitung der Erfahrungen, die die Teilnehmenden einbringen. Im Umfeld des Dramas werden die Assoziationen und Erinnerungen, die Erfahrungen der Teilnehmenden bei der Lösung von gesellschaftlichen Problemen in einer Als-ob-Realität unmittelbar angesprochen. Die Erarbeitung von Lösungsmöglichkeiten des Problems mit Techniken des Dramas setzt an den Lebenserfahrungen der Teilnehmer an. Die Gruppe probiert gemeinsam unterschiedliche neue Wege, Haupt- und Seitenstraßen der Konfliktlösung und der Darstellung, lässt sich auf den Spaß im Spiel und auf das freie Kreieren sowie auf das "so tun als ob" ein. Die Praxis des kreativen Dramas ist ohne Interaktion, ohne die Begegnung mit anderen nicht möglich.

Seit den 80er Jahre wurden in der Türkei im Bereich „kreatives Drama" in der Pädagogik neue wissenschaftliche Perspektiven eröffnet und Untersuchungen intensiviert. Im Zuge dessen wurde das kreative Drama als eine Methode, eine selbstständige Disziplin (Unterricht) und ein ästhetisch-künstlerisches Gebiet in das Bildungssystem integriert. Der in der Türkei nach ca. 20 Jahren erreichte Stand zeigt deutlich, dass das kreative Drama nicht nur ein Fach und eine Methode ist, das an privaten Schulen bzw. Institutionen unterrichtet wird, sondern auch ein Fach, das in den Curricula der Grundschulen des Nationalen Bildungsministeriums als Wahlpflichtfach zu finden ist. Darüber hinaus ist es von großer Bedeutung, dass in der Studie des YÖK "Neustrukturierung der Pädagogischen Fakultäten" (auch wenn diese Studie zahlreiche Aspekte besitzt, die diskussionsbedürftig sind) die Fächer "Drama in der Vorschule" und "Drama in der Grundschule" auch in die Studienpläne des grundständigen Lehramtsstudiums als Wahlfach aufgenommen wurden. Dies zeigt uns, dass das Drama in der Türkei auf akademischem Niveau einen überaus hohen Stellenwert erreicht hat. Im Folgenden werden diese Entwicklungen aufgezeigt und neuere Tendenzen im Bereich des „kreativen Dramas" in Schule und Hochschule der Türkei beschrieben.

Drama in den Schulen der Türkei – Vorläufer und historische Entwicklung

Die Einführung des kreativen Dramas bzw. die weit verbreitete Verwendung von Drama im Unterricht in der Türkei erfolgte zur Zeit der Republik. Vor dieser Periode waren Drama-Aktivitäten in den Schulen nicht denkbar. Als Vorläufer im Bereich „Drama" in der Schule gilt Baltacıoğlu, einer der wichtigsten Pädagogen jener Zeit. Er hat sich in seinem Buch „Die Gesamtdidaktik" mit dem Theater an den Privatschulen Istanbuls befasst. Gleichzeitig wurde eine Broschüre, „Die prozessuale Unterrichtung der schulischen Darstellungen", herausgeben mit dem Ziel, in der Schulausbildung Drama-Vorführungen zu veranstalten. In dieser Broschüre wurde auch das Verhältnis von Theater, Erziehung und Bildung thematisiert (vgl. Çoruh, 1950, S. 6). Im Erziehungsbericht von Baltacıoğlu mit dem Titel „Das methodische Lehren der Schuldarstellungen" heißt es: "Kein Wort kann die Bedeutung so wirksam und vollständig erläutern wie Gesichter, Hände oder Körper." Hier wird von der Körpersprache, dem Gesichtsausdruck und Gesten, kurzerhand vom Spiel geredet. In derselben Broschüre aus dem Jahr 1925 gibt Baltacıoğlu an, dass "die Schuldarstellungen nicht nur für das Lesen, Schreiben und die mündliche Erläuterung, sondern auch für das Erlernen der

Geschichte, Literatur und der Sozialwissenschaften" eine wesentliche Rolle spielen (vgl. San, 1998). Damit wurde die Idee vom „Drama" als Bildungs- und Ausdrucksmittel in den Unterrichtsplan für die Grundschulen in den Abschnitten Erziehungs- und Bildungsprinzipien aufgenommen.

Baltacıoğlu hat 1938 die Bedeutung von Wesen, Gestalt und Inhalt des Schultheaters für die Erziehung und Bildung in seinem Buch mit dem Titel „Gemeinsamer Unterricht" erneut betont: „Der Ausdruck findet seine höchste, also beste, richtigste und schönste Form in der Theaterkunst. Demnach ist das Theater, die Darstellungskunst das höchste und letzte Mittel der Rhetorik. Die Schule muss das wissen, um davon zu profitieren. Was mich zufrieden stellt, ist, dass der Lehrplan die Darstellungen als Ausdrucksmittel betrachtet…" (Çoruh, 1950, S. 10).

Später wurde in den Lehrplänen der Grund- und Mittelschulen auf die Drama-Aktivitäten in Form von Dramatisierung von Unterrichtsinhalten eingegangen. Es wurde empfohlen, dass vor allem Fächer wie Türkisch, Geschichte und Gymnastik mit dieser Methode erteilt werden sollten. (vgl. Çoruh, 1950, S. 47).

In Selahattin Çoruhs 1950 erschienener Schrift „Drama in den Schulen" finden sich Abschnitte wie die Einführung von „Drama" in die Schulen, das Kind und Drama-Aktivitäten, pädagogische Grundsätze, die Rolle des Dramas bei der Zusammenarbeit von Schule und Eltern, Drama-Vorstellungen, Theater, Marionetten, Schattentheater und Rundfunkvorstellungen. Es ist das erste Buch, das außerhalb des Theaters das „Drama" in der Türkei betonte und unmittelbare Praxisbeispiele für die Lehrer anbot.

1965 wurde ein weiteres Buch über Drama-Unterricht von Emin Özdemir veröffentlicht: „Drama mit Praxis". Özdemir vertritt den Standpunkt, dass die Drama-Methode im Leben der Kinder von großer Bedeutung ist, da sie an einen natürlicher Lernprozess anknüpft, der sich aus der Nachahmungskraft der Kinder ergibt (vgl. Özdemir, 1965, S. 3). „Drama mit Praxis" bezieht sich auf die Weiterbildungsangebote des Kultusministeriums für die Lehrer. In diesem Buch wird die Drama-Methode beschrieben, es wird von Fingerspiel, Pantomime, Nachahmungen, unselbständiger und selbständiger Drama-Darstellung gesprochen und zudem werden Praxisbeispiele, bezogen auf Fächer wie Sozialwissenschaften, Bürgerkunde, Erdkunde und Geschichte, aufgezeigt.

Im Türkischlehrplan der Grundschule aus dem Jahre 1968 finden sich unter den Ausführungen über die mündliche und schriftliche Schilderung diese Sätze: „ Die kleinen Drama-Tätigkeiten haben einen bedeutenden Stellenwert für das freie Sprechen der Schülern. Drama bietet auch Gelegenheit bestimmte Themen mit dem Körper darzustellen. Aus diesem Grunde soll der Lehrer eine gehörte oder gelesene Geschichte von den Schülern in der Klasse darstellen lassen. Das gilt auch für die Lerninhalte im Fach Sozialkunde oder in anderen Fächern. Damit ist noch in der ersten Klasse anzufangen. Hierbei sind die bereits erwähnten Drama-Tätigkeiten und die Aufführung schriftlicher Bühnenwerke nicht miteinander zu verwechseln. Was mit einfachen Drama-Methoden gemeint ist, ist, dass die Kinder ein Geschehen darstellen, indem sie sich in die Lage der Personen versetzen, die in den gehörten oder gelesenen Texten vorkommen. Die Schüler Schattentheater oder Marionettenspiele spielen zu lassen und schriftliche Bühnenwerke darstellen zu lassen, ist ebenfalls eine Methode, die das freie Sprechen entfalten soll. Man kann bei den Klassen- und Schulvorstellungen davon profitieren. Das Basteln von Schattentheater- und Marionettenfiguren z.B. durch die Schüler bieten für die Schreibpraxis gute Gelegenheiten. Zuweilen kann ein Thema auch nur mit Bewegungen ausgedrückt werden" (vgl. Kultusministerium, 1968, S. 121,122, Oğuzkan, 1983, S. 235).

Im Mittelschulprogramm aus dem Jahre 1962 wurde angeführt, dass die Schüler das Gesehene, Gelesene und ihre Gedanken „mit Darstellungen auszudrücken" versuchen sollten. Außerdem wurde bei der Schilderung der im Türkischunterricht gelesenen Texte darauf hingewiesen, dass auf den Voraussetzungen aus dem Drama-Unterricht der Grundschulausbildung aufgebaut werden kann. Bei der freien Entfaltung der Sprechfähigkeiten der Schüler wurde außer auf „Unterredung, Erzählung, Diskussion und Schilderung" auch auf die bedeutende Rolle der Drama-Praxis" hingewiesen. (Oğuzkan, 1983, S. 236).

Das Kultusministerium hat im Jahre 1983 einen Bericht veröffentlicht, der „Vorschläge über die Entwicklung der Ausbildung der Schönen Künste in der Türkei" enthielt. Dieser Bericht enthielt auch verschiedene Vorschläge unter dem Titel „Spiel, Drama oder dramatische Tätigkeiten". Sie beinhalten Folgendes:

In den Kinderheimen und Kindergärten sollen Gruppenbeziehungen und damit verbundene Grundkenntnisse und -fähigkeiten durch die Praxis von Spiel und Drama aufgebaut werden. Diese ist sind in Form von kreativen Tätigkeiten zu gestalten, bei denen Mittel wie Stimme, Worte, Malen/Zeichnen und Erzählen eingesetzt werden sollten. Zudem sind Programme zu entwickeln, welche dem Grundsatz „ganzheitlicher Bildung" entsprechen. (...) Zwei Stunden vom insgesamt 10stündigen Türkischunterricht sind als mündliche Erzählung und Drama-Praxis zu behandeln. Die vorschulische Praxis des Dramas ist auch in der ersten Phase der Grundschulausbildung effektiv fortzusetzen. Damit zwei Stunden des Türkischunterrichts als Erzählen und Drama erteilt werden können, soll den Klassenlehrern ein Weiterbildungsseminar angeboten werden, um ihnen somit die Möglichkeit zu geben, sich für diese Praxis zu qualifizieren. Zudem muss für diese Lerninhalte ein Lehrbuch ausgearbeitet werden. (...) In den Mittelschulen sind Theaterkenntnissen, Diktion und Dramatisierung im Türkischunterricht überwiegend anzustreben (vgl. Kultusministerium, 1983, S. 1, 2,3,6,7).

Das kreative Drama seit den 80er Jahren

In der Geschichte des Bildungssystems der Türkei lässt sich also eine gewisse Tradition in Bezug auf Drama und Spiel in der Schule nachweisen. Die Auseinandersetzung mit dem *kreativen Drama* (in einem weitgefassten und zeitgenössischen Sinn) beginnen allerdings erst in den 1980er Jahren mit der gemeinsamen Arbeit von Prof. Dr. Inci San von der Universität Ankara und dem Theaterkünstler Tamer Levent San.

Die kreativen Drama-Arbeiten in der theoretischen und praktischen Didaktik, die San und Levent zusammen mit den englischen und deutschen Experten unternommen haben, bilden in dieser Hinsicht in der Türkei auch die Anfangsjahre des kreativen Dramas. Anfang 1980 hat Levent mit jungen Amateurbühnenkünstlern Improvisationsarbeiten begonnen. An der Fakultät für Erziehungswissenschaften der Universität Ankara wurden im Jahre 1982 mit 70 Studenten Werkstätten zum kreativen Drama (Theaterpädagogik / Darstellendes Spiel) durchgeführt.

Das erste internationale Seminar zum „Drama" wurde 1985 unter Mitwirkung des deutschen Kulturinstituts und der englischen Kulturvereine veranstaltet. Experten des kreativen Dramas aus Deutschland und England nahmen an diesen Seminaren teil und leiteten die Werkstattarbeit. Die Mehrzahl der Teilnehmer an den Werkstätten bestanden aus Pädagogen, die sich maßgeblich an der Entwicklung der Didaktik beteiligt hatten. Mit Blick auf die heutige Situation lässt sich feststellen, dass es auch diese Pädagogen und Erziehungswissenschaftler – und nicht in erster Linie Künstler und Bühnenkünstler – waren, die für den Bereich des kreativen Dramas eintraten und sich ihn aneigneten. Die internationalen Seminare, die seit 1985 alle zwei Jahre veranstaltet werden, haben einen großen Einfluss auf die Entwicklung von Interessen und Kenntnissen der Verfahren des kreativen Dramas in Ankara und der Türkei ausgeübt. Sie sind wesentlich für die Verbreitung und steigende Bedeutung dieser Methode verantwortlich.

Die Pädagogen für die Vorschule, Pädagogen, Psychologen, Kunstlehrer und einige Amateurbühnenkünstler, die diese Seminare besuchten, haben 1990 – ausgehend von den in den Seminaren erworbenen Kenntnissen – den zeitgenössischen Drama-Verein gegründet. Zu den Zielen dieses Vereins gehören:

>> die Förderung und Verbreitung der Praxis des kreativen Dramas,
>> die Organisation von Veranstaltungen, Seminaren und Konferenzen zu diesem Zweck,
>> die Einführung des kreativen Dramas als Kunstform, als Fach und effektive Lehrmethode in die Lehrpläne der Schulen,
>> Information über Arbeiten, die außerhalb der Schule mit verschiedenen Zielgruppen, wie Kranken, älteren Leuten und Süchtigen, stattfinden,
>> die Weiterbildung von Mitarbeitern, die die Praxis des kreativen Dramas anleiten können,
>> das Anbieten von Möglichkeiten für diejenigen, die sich vor allem im Bereich von Kindertheater bilden und weiterentwickeln wollen,
>> die Förderung des kreativen Dramas als ein effektives Verfahren insbesondere in der Erziehung und im Theater.

Im Laufe der Zeit haben zunächst die privaten Bildungseinrichtungen, hauptsächlich die vorschulischen Bildungseinrichtungen in Ankara, den Bereich des kreativen Dramas gefördert und angenommen. In der Folge begann sich die Drama-Darstellung und der Drama-Unterricht in den Grund- und Mittelschulen dieser privaten Bildungseinrichtungen rasch auszubreiten. Im Zuge dessen konnten auch die staatlichen Schulen dieser Entwicklung nicht länger widerstehen, auch sie begannen mit dem kreativen Drama zu arbeiten, überwiegend als freie Tätigkeit, Projektarbeit, im Unterricht einzusetzende Methoden oder auch als Unterrichtsfach. Der Begriff „kreatives Drama" beginnt sich sowohl in der Schule als auch in der außer-schulischen Bildungsarbeit durchzusetzen: Mal ist damit die Arbeiten an Gedichten gemeint, mal aufführungsbegleitende Aktivitäten des Kindertheaters oder Tanzübungen und –aufführungen, immer mehr und öfter wird vom kreativen Drama gesprochen.

Die Mehrzahl derer, die in diesen Bildungseinrichtungen die Drama-Praxis vorantreiben, sind Mitglieder des zeitgenössischen Drama-Vereins, die sich in den Kursen oder Seminaren des Vereins weitergebildet haben. Zum Teil haben sie auch Vorlesungen über das kreative Drama besucht, die seit 1990 von der Abteilung für schöne Künste an der erziehungswissenschaftlichen Fakultät der Universität Ankara im Rahmen eines Magisterstudiums angeboten werden, und ihre Magisterarbeit und/ oder ihre Dissertation innerhalb dieses Studienprogramms geschrieben. Darüber hinaus wurde damit begonnen, in den Abteilungen für Entwicklungspsychologie des Kindes an den Universitäten Gazi und Hacettepe sowie in der Theaterabteilung der Fakultät für Sprachen, Geschichte und Erdkunde Vorlesungen zum kreativen Drama anzubieten. Dies bedeutete zugleich, dass aus diesen Studienzusammenhängen heraus Magisterarbeiten entstanden sind; nahezu 100 Magisterarbeiten und Dissertationen sind bis heute in diesem Bereich verfasst worden.

Inzwischen wurde auch das 350stündige Ausbildungsprogramm des zeitgenössischen Drama-Vereins für die Drama-Lehrer und -Leiter, der die einzige nicht-staatliche Organisation ist, die im Zuge dieser Entwicklungen Weiterbildungen anbietet, vom Kultusministerium genehmigt. und der zeitgenössische Drama-Verein wurde als Mitglied der BAG Spiel und Theaterpädagogik e.V. in Deutschland anerkannt

Wie geht's weiter – aktuelle Tendenzen

Im Sonderfachbericht über die Entwicklung der Bildung der Schönen Künste aus dem Jahre 1991, in dem es um Probleme der Kunstausbildung in den Schulen der Türkei geht, wurde festgestellt, dass innerhalb der Kunstausbildung zwischen der phonetischen, plastischen und dramatischen Dimension der Kunst kein Gleichgewicht besteht (Kultusministerium, 1991, S. 14, Art. 7). Obwohl das Drama bei der Kunstausbildung ein eigener und sehr wichtiger Bildungszweig ist und als durchaus wirkungsvolle Lehrmethode und Lehrtechnik dient, könne von dieser Eigenschaft des Dramas noch nicht profitiert werden. (Art. 9, s. 14). Deshalb wurden folgende Vorschläge gemacht:

Es ist auf ein Gleichgewicht im Verhältnis zwischen den phonetischen, plastischen und dramatischen Dimensionen und Elementen der Kunstausbildung zu achten (Art. 8, S. 18). Dem Drama, als einer sozialen Kunstform, soll bei der Kunstausbildung wegen seiner spezifischen Qualitäten, seiner Eigenschaft, das Selbstvertrauen der Spielenden zu stärken und die kognitiven Fähigkeiten auszubilden, besondere Aufmerksamkeit zukommen (Art. 9, S. 18). Die Kunst ist in der Vorschul-, Grundschul-, Mittelschul- und Hochschulausbildung ein unentbehrlicher Bestandteil „der gemeinsamen Allgemeinkultur". Als erster Schritt in diesem Zusammenhang sind Musikunterricht und Malen, die in den Gymnasien als fakultative Fächer angeboten werden, umgehend in obligatorische Fächer zu verwandeln und außerdem „Drama" als fakultatives Fach in den Gymnasien einzuführen. (Art. 1:20). Von der Vorschulausbildung an ist im Rahmen der allgemeinen Kunstausbildung dem Drama eine große Bedeutung beizumessen. In allen Lehrerbildungsprogrammen muss „Drama" als ein obligatorisches Fach unterrichtet werden, was als einer der auf die professionelle Kunstausbildung gerichteten Vorschläge zu betrachten ist (Art 8:24).

Vergleicht man die Berichte, so lässt sich feststellen, dass im Bericht aus dem Jahre 1983 „Drama" als Begriff verwendet wurde, die Einführung des Dramas als eine Lehrmethode empfohlen und seine Bedeutung für das handelnde Individuum und die Gruppe hervorgehoben und akzeptiert wurde. Im Bericht aus dem Jahr 1991 hingegen wird davon gesprochen, dass das Drama innerhalb der allgemeinen Ausbildung und Kunstausbildung ein umfangreicher Lehrbereich ist. Diesem Bericht zufolge ist das Drama eine eigene Lehrmethode, die für die Eingliederung des Individuums in die Gesellschaft und das Entstehen des Selbstvertrauens beim Individuum sorgt. Dass man darauf bestand, dass das „Drama" in allen Lehrerbildungsprogrammen als obligatorisches Fach anzubieten ist, stellt eine der wichtigsten Entwicklungen dar.

Die aufgezeigten Entwicklungen im türkischen Erziehungssystem haben erhebliche Veränderungen hervorgerufen. Es wurde begonnen, pädagogische Ansätze vorzustellen, bei denen die Lernenden und aktiven Lehrmethoden im Mittelpunkt stehen. Bei diesen Diskussionen bekam das kreative Drama als eine Methode, welche sich die Lehrer in kurzer Zeit aneignen können und deren Folgen sehr wirksam sind, eine zentrale Bedeutung.

Der Unterrichts- und Erziehungsrat hat im September 1998 das Ausbildungsprogramm für den fakultativen Drama-Unterricht in den Grundschulen veröffentlicht. Seit 1998 hat das kreative Drama als Unterrichtsfach unter den sieben fakultativen Fächern in den Schuljahren 4-8 im türkischen Erziehungssystem einen festen Platz erhalten. Ungeachtet der noch nicht vorhandenen Stellen wurden ein Ausbildungsprogramm erstellt und offizielle Drama-Handbücher (eher für die Lehrer) vorbereitet. Die Einführung des kreativen Dramas als ein obligatorisches Fach an den Lehrerhochschulen und pädagogischen Fakultäten sorgte sowohl für die Ausbildung von Drama-Lehrern als auch für die Aneignung und Praxis des kreativen Dramas als eine effektive Lehrmethode in der Lehrerweiterbildung. Lernen durch Erleben, interdisziplinäre Bezüge, aktives Rollenspiel und Improvisationstechniken sind auf diese Weise in großem Umfang in das türkische Erziehungssystem eingegangen.

Im Gefolge der PISA-Studie (die Türkei belegte unter 41 Ländern in den Bereichen Mathematik und Naturwissenschaften den 36. Platz, im Bereich der Lesefähigkeiten den 34. Platz) wurden weitere fundamentale Reformen des Erziehungssystems eingeleitet und neue Programme ins Leben gerufen. Die Türkei hat auf die Resultate der PISA-Studie sehr schnell reagiert und die Unterrichtspläne der Klassen 1-5 der Grundschule sowie sämtliche Unterrichtspläne der Mittelstufe verändert und somit ein ganz neues Bildungsprogramm entwickelt und es im ersten Jahr nach seiner Entwicklung an 100 Pilotschulen in verschiedenen Landesteilen erprobt. Inzwischen wurde begonnen, es im Bildungsjahr 2005/2006 landesweit einzuführen. Dieses Erziehungsprogramm bezieht sich wahrnehmungs- und lerntheoretisch auf einen konstruktiven Ansatz und auf die Theorie der multiplen Intelligenzen (H. Gardner).

Das neue Programm ist auf den Schüler und das aktive Lernen konzentriert, es richtet sich eher auf den Lernprozess als auf das Ergebnis und erfordert eine sowohl geistige als auch körperliche Beweglichkeit. Mit diesen Prinzipien steht es dem kreativen Drama nahe. Dies hat auch bewirkt, dass das kreative Drama im neu ausgearbeiteten Programm vor allem als ein Lehrverfahren/mittel aufgenommen wurde, das fast in jedem Unterricht und zur Erreichung der angeführten Ziele empfohlen wird. Zum Beispiel bei der Vermittlung der Themen der 1.-3. Klasse („meine Schulbegeisterung", „mein unvergleichbares Heim" und „Gestern, Heute, Morgen") sowie bei vielen Themen des sozialwissenschaftlichen Lernbereichs wie „Kultur, Erbe, Menschen, Orte" wird als Lehrverfahren unmittelbar auf das Drama verwiesen und werden Techniken wie Spiel, Rollenspiel und Improvisation empfohlen. Gemäß diesem Verständnis wurden auch die Lehrbücher ausgearbeitet und wird das kreative Drama in einer Zeit, in der sich die Bemühungen zur Annäherung an die Erziehungssysteme der EU-Länder intensivierten, als eine wesentliche Methode des Lehrens und Lernens angesehen.

Das kreative Drama in der Hochschulausbildung

Nachdem 1997 die Unterrichtsfächer „Drama in der Grundschulausbildung und in der Vorschule" an allen pädagogischen Fakultäten zu einem obligatorischen Fach in der Lehrerausbildung wurde, begann die Universität Ankara im Jahr 2000 ein selbständiges Magisterprogramm, das auf die Ausbildung im Bereich des kreativen Dramas ausgerichtet ist. Nicht nur in den lehrerausbildenden Fakultäten, sondern auch in anderen pädagogischen Bereichen, in den Sozialwissenschaften, den Fremdsprachen, in Psychologie, Schülerberatung, Naturwissenschaften und Mathematik begann das kreative Drama als fakultatives Fach relevant zu werden. Selbst in der mit einer Universität gleichzusetzenden Polizeiakademie begann sich das kreative Drama — mit dem Ziel der Entwicklung des Einfühlungsvermögens und der demokratischen Haltung und Handlung — als ein obligatorisches Fach im Lehrplan durchzusetzen.

Das Magisterprogramm „kreatives Drama" am Institut für Erziehungswissenschaft der Universität Ankara wurde innerhalb der Abteilung der Schönen Künste gegründet, es kann mit oder ohne Magisterarbeit absolviert werden.

Laut Studienordnung des Instituts hat das Magisterprogramm ohne Magisterarbeit das Ziel, dem Teilnehmer grundlegende Kenntnisse im beruflichen Bereich zu verschaffen und zu vermitteln, wie die vorhandenen Kenntnisse in der Praxis anzuwenden sind. Dieses Programm besteht aus mindestens zehn Veranstaltungen, für die 30 Kredit-Punkte vergeben werden, und einem Semesterprojekt.

Wenn bestimmte Voraussetzungen erfüllt und Prüfungen ablegt werden, können die Studierenden zu dem Programm mit einer Magisterarbeit übergehen. Dieses Programm ist auf eine Teilnehmerzahl von 25 pro Jahr beschränkt und für die Lehrer in verschiedenen Bildungseinrichtungen und die Absolventen der erziehungswissenschaftlichen und theaterwissenschaftlichen Abteilungen konzipiert.

In dem Programm werden folgende Veranstaltungen als obligatorisch oder fakultativ angeboten: Kunstepochen, Kunsttheorien, kreatives Drama 1 und 2, Spiel- und Bühnenkunde 1 und 2, Kinder- und Jugendliteratur und das kreative Drama, Theatergeschichte und deren Theorien, Geschichte des kreativen Dramas, seiner Ansätze und Methoden , Bildung im Museum und Drama, Kindertheater, Drama in der Vorschule, Bewegung/Tanz und Drama, Programm- und Projektentwicklung beim Drama, Didaktik des Dramas, Entwicklungspsychologie, Kunstphilosophie, Kunstpsychologie, Untersuchungsmethoden und -techniken usw. Die Studierenden, die das Programm besuchen, können auch zusätzliche Vorlesungen belegen, aus Bereichen, in denen sie sich weiterqualifizieren wollen oder aus dem erziehungswissenschaftlichen oder theaterwissenschaftlichen Bereich.

Ende 2005 wurde das Magisterprogramm für das kreative Drama zu einem unabhängigen Wissenschaftszweig im pädagogischen Institut an der Universität Ankara und seitdem werden neben den Magisterprogrammen mit und ohne Magisterarbeiten auch Promotionsprogramme angeboten.

Letztendlich hat die Ausbildung des kreativen Dramas in der Türkei vor allem in Folge der wissenschaftlichen Zusammenarbeit mit deutschen Instituten eine sehr schnelle Entwicklung zu verzeichnen. Vor allem das Institut für Theaterpädagogik der Universität der Künste Berlin hat zur Verbreitung des kreativen Dramas in der Türkei einen wichtigen Beitrag geleistet; in letzter Zeit sind auch die BAG Spiel und Theater e.V. und Lehrende des Darstellenden Spiels an den Universitäten Hamburg, Hildesheim und Hannover beteiligt. Die Einrichtung des kreativen Dramas als obligatorisches Fach in der Lehrerabteilungen und als obligatorisches und auch fakultatives Fach in den Grundschullehrplänen sowie dessen Etablierung als Lehrmethode in vielen Unterrichtsfächern gemäß dem neu entwickelten und 2006 eingeführten Bildungsprogramm sind insgesamt sehr positiv zu beurteilen.

Anm. Hg.:

Wir danken den Herausgeber_innen der *Zeitschrift für Theaterpädagogik* für die freundliche Genehmigung des Abdrucks dieses Artikels, der in leicht geänderter Fassung im Heft 49 zum Thema *Theaterpädagogik in Europa* erschienen ist.

Literatur

Adıgüzel,H.Ö.(2002). „Das auf Erfahrung beruhende Lernen und Dramatisierungsverhältnis bei der Bildung", Universität Marmara, 1. Symposium über Lernen und Lehren , Istanbul.

Çoruh, S.(1950) Drama in den Schulen (2.Auflage), Istanbul.

MEB (2004). PISA -Projekt 2003, nationaler Frühbericht, Ankara.

MEB (1983). Vorschläge über die Entwicklung der Ausbildung der Schönen Künste in der Türkei, Ankara: Oberberatungsrat des Kultusministeriums.

MEB (1991). der Ausschussbericht über die Entwicklung der Ausbildung der Schönen Künste in der Türkei, Ankara: Kultusministerium: Ankara, Unterrichts- und Erziehungsrat.

MEB (1968).Das Grundschulausbildungsprogramm, Ankara: Publikationen des Kultusministeriums.

OECD (2003) Learning for Tomorrows World-First Results From PISA, Paris.

OECD (2003) Results From PISA Executive Summary, Paris.

Oğuzkan, Ferhan. Kinderliteratur, Ankara: Gül Druckerei, 4. Auflage, 1983.

Özdemir, E. (1965) Drama und Praxis, Ankara: Publikationen des Kultusministeriums.

San, I.(1998). "Die Praxis des kreativen Dramas in der Türkei – gestern und heute.", Zweiter nationaler Kongress für Kinderkultur, (4-6 November 1998), Ankara.

Yaratıcı Drama ile Doğa Eğitimi

Nejat Akfırat

Her şey aslında 13 yaşındaki bir delikanlının bir doğa gezisinde kendisine sorulan bir soruya verdiği cevapla başladı. Gençler, bir doğa gezisi sırasında buldukları çeşitli kayaçları arkadaşının babasına gösterdiler. Babanın "Bu kayaçların şekilleri ve renkleri neden böyle?" diye sorduğunda, delikanlı "Bilmem ki, allah öyle olmasını uygun bulmuştur herhalde" diye yanıtlamıştı. Öğretim programlarında doğa farkındalığı ve çevre duyarlılığı ile ilgili her ne kadar konular bulunsa da, öğrencilerin aldıkları bu bilgileri içselleştirmeleri ve yaşamlarına uygulamaları oldukça zor olabilmektedir. Bu soruya alınan cevap bizleri harekete geçirerek bir doğa farkındalığı ve çevre duyarlılığı geliştirme projesi yapmaya itti. İşte önümüzde somut bir mesele durmaktaydı. Çağdaş Drama Derneği kurulduğu 1990 yılından bu yana Türkiye'de eğitimde, Yaratıcı Drama'yı (YD) bir yöntem ve disiplin olarak kullanılması için çalışmalar sürdürmektedir. ÇDD'nin uzun süreli çalışmaları sonucunda YD'nın eğitim programlarının içine girmesi ve yaygınlaşması başarılmıştı. Okul programlarında YD, bir ders olarak bulunsa da farklı disiplinlere uygulanarak YD yöntemiyle okul dışında böyle bir doğa eğitimin yapılması gerekiyordu.

ÇDD Genel Başkanı ve Ankara Üniversitesi Eğitim Bilimleri Fakültesi öğretim üyesi Doç. Dr. Ömer Adıgüzel'in sorumluluğunda TÜBİTAK'ın "Bilim ve Toplum" projesine başvurarak, proje desteği alındı. Op. Dr. Cahit Koçak ve Dr. Nejat Akfırat'ın proje sorumlu yardımcıları olduğu projede Ankara Üniversitesi'nden öğretim üyeleri Prof. Dr. Koray Haktanır, Prof Dr. Berna Alpagut, Hacettepe üniversitesi'nden Murat Köker, Maden Tetkik ve Arama Genel Müdürlüğü'nden (MTA) Dr. Eşref Atabey, Gonca Nalcıoğlu, Gonca Gürler ve Çağdaş Dram Derneği'nden Bil. Uzm. Ö. Özlem Gökbulut, Doç. Dr. Oylum Akkuş İspir, Yrd. Doç. Dr. Pınar Özdemir, Özge Akbaş, Ferhat Tütüncü görev aldılar. Bu proje ile öğrencilerin, okul dışında yapılacak eğitim programı uygulaması ile kendilerinin gözlem ve araştırma yapma, öğrenme ve anlama gibi uygulamaları yaparak bilimsel araştırmayı ve bilimi sevmelerini sağlamalarını amaçladık öncelikle.

Çocuk en erken yaşlardan başlayarak merak ettiği, görebildiği, dokunabildiği, duyabildiği, kısacası duyularını kullanabildiği, gözlemleyebildiği ve test edebildiği bir ortamda çok daha hızlı ve etkin bir öğrenme gerçekleştirilebilir. Bunu sağlayan ortamsa önceden yapılandırılmış etkinliklerin planlı bir şekilde sunulduğu sınıf ortamından çok, doğanın ta kendisidir. Doğal yaşam alanları, öğrenmenin en hızlı gerçekleştiği açık hava laboratuvarlarıdır. Doğal yaşama verilen zararlar, bunun neden ve sonuçları doğa eğitiminin çevre eğitimiyle kesiştiği önemli bir kavşak noktası olup, doğa eğitimi çocuklarımızın yaşadıkları ve gelecekte yaşayacakları çevre sorunları konusunda farkındalık oluşturmaları, bu sorunların çözümüne yönelik stratejiler geliştirmeleri, kişisel ve toplumsal ölçütte öncelik almaları için kendilerini geliştirmelerine yönelik olanaklar sunmaktadır.

Etkili ve kalıcı bir çevre eğitimi hedefleniyorsa, çocuğun yakın çevresinin ve bu çevredeki değişimlerin farkına varmasını sağlayacak temalar seçip belirli bir program dahilinde çeşitli etkinliklerle destekleyerek çocuğun ilgisini çevre üzerinde yoğunlaştırmak gerekir. Çevre bilincinin geliştirilebilmesi için eğitimcilerin çocuklara, çevreyle ilgili bilgi vermeleri, çevreyi benimsetmeleri, çevreyle ilgili yeterli materyal sağlamaları, özendirici eylemler geliştirmeleri ve uygulama sonuçlarını somutlaştırarak çevre ile ilgili değer ve yargılarını geri beslemeleri gerekmektedir. Bunları sağlayabilmek için de karşımıza yaratıcı drama çıkmaktadır (Şimşekli, 2001).

Yaratıcı dramadaki öğrenme, bir tür yeniden yapılanmadır. Öğrencilerin, çocuk ya da genç, öğrendiklerini, bilgilerini yeni bir bakış açısından değerlendirmesidir. Kazanılmış kavramların irdelenmesi, bu kavramlara yeni anlamlar yüklenmesi söz konusudur. Deneyim ve yaşantılar yeniden gözden geçirilir. Tüm bu süreçler doğal bir öğrenmeyi getirir. Yaratıcı drama ile edinilen bilgilenme, okul disiplinleri içinde edinilen ezbere dayalı, kuramsal bilgilenme değildir. Yaratıcı dramada gene çeşitli disiplinlerden gelen bilgi kullanılır ama bu kez bilgiler ünik bir biçimde dünya ile kurulan öznel ve nesnel ilişkiler içinde yapılanır. Eğitim kurumları genellikle bu tür öğrenmeyi sağlayamamaktadırlar. Bunun için de yaratıcı dramanın eğitimde kullanımı bir gereksinmedir. Yaratıcı drama çalışmaları, demokratik, çeşitli ve değişik ilişkileri görebilen, bağımsız düşünebilen, hoşgörülü ve yaratıcı çocuk, ergen ve gençler yetiştirmeye yöneliktir ve hep biliyoruz ki günümüzün bilinçli gençliği yukarıdaki nitelikleri kazanmaya gerçekten isteklidir (Adıgüzel, 1994; San, 1989).

Çalışmanın Amacı:

Bu projenin amaçları aşağıda maddeler halinde verilmiştir:
>> Okul dışında yapılacak eğitim programı uygulaması ile öğrencilerin kendilerinin gözlem ve araştırma yapma, öğrenme ve anlama gibi uygulamaları yaparak bilimsel araştırmayı ve bilimi sevmelerini sağlamak,
>> Jeolojik dönemler boyunca gerek yer şekillerinin gerekse iklim ve bitki örtüsünü sürekli değiştiğini algılamak,
>> Mineral, kayaç ve fosillerin nasıl oluştuğunu anlamak,
>> Doğa tarihine bütüncül bir bakış kazandırmak,
>> Doğadaki ekolojik dengeyi algılamak ve yaratıcı drama yoluyla içselleştirilmesini sağlamak
>> Yaratıcı drama yoluyla empati, gözlem, dikkat etme, uyumlu olma, sorumluluk duygusu ve ekip çalışmasını geliştirmek,
>> Yaratıcı drama yoluyla kendine ve doğaya dair farkındalığını geliştirmek,
>> Bilimi keşfetme duygusunu geliştirmek

Özetle, Kazan ve çevresinin sahip olduğu kayaç, fosil ve mineral zenginliği tanıtma ve bu bölgenin son 35 milyon yıllık dönemine ilişkin jeolojik ve paleoantropolojik evriminin tanıtılması amaçlanmaktadır. Bütün bu evrelerin yaratıcı drama kullanılarak içselleştirilmesi hedeflenmektedir.

Örneklem: Kazan ilçesinde bulunan ilköğretim okullarının dört ve beşinci sınıflarına devam eden ve gönüllülük esasına göre seçilen 30'ar kişiden üç grup halinde toplam 90 öğrencinin toplam 48 saatte Kazan İlçesi ve çevresindeki Tarihi değerleri hakkında bilgi edinmeleri; kayaçların, denizel ve karasal fosillerin ayırdına varabilmeleri için uzman kişilerden bilgi edinmeleri ve bu bilgileri drama yöntemiyle pekiştirmeleri amaçlanmıştır.

Çalışmanın Yaklaşım, Yöntem ve Teknikleri: Yaratıcı Drama temel yöntem olarak kullanılmıştır. Bunun yanında soru-cevap, düz anlatım, gezi-gözlem, araştırma, yorumlama, sınıflandırma gibi tekniklere de yer verilmiştir. Çalışmada uygulanan plan örneklerinden biri Ek'te verilmiştir.

Sonuç ve Öneriler: Anlamlı öğrenme ve bilgide kalıcılık sağlanması hedeflerinden oldukça uzak bir eğitim sistemi içerisinde bu tür projeler öğrencilere doğa eğitiminin verilmesi yanında birçok kazanımı içermektedir. Özellikle ilköğretim çağındaki öğrenciler için fen ve doğa eğitimi, fen bilgilerinin aktarılmasından çok, çocuğun merakını giderecek yönde olmalıdır. Verilen eğitimlerde ilgi ve merak uyandırmak kullanılan öğretim yöntemi ile yakından ilgilidir. Ayrıca eğitimlerde bir öğretim yöntemi olarak kullanılan yaratıcı dramanın da öğrencilerin kişisel gelişimleri, yaratıcılıkları, sosyalleşmesi ve kendini ifade etmeyi sağlaması gibi birçok konuda fayda sağladığı düşünülürse, bu tür projelerin sayılarının artması gerektiği düşünülmektedir.

Çocuklar çalışmalara istekli katılmış, programlanan katılımcı sayısının oluşması için okullarda katılmak isteyen öğrenciler arasında kura çekilmiş, bazı günler konuk katılımcılar da sürece dahil olmuşlardır. Çocukların öğrenme isteği ve heyecanı proje ekibini de motive etmiştir.

Yapılan tüm çalışmalar, öğrencilerin kendi çevrelerinden ve yaşamlarından yola çıkılarak geliştirilmiştir. Hangi konu üzerinde çalışırsa çalışılsın öğrencilerin yaparak, yaşayarak işin içinde olmaları sağlanmıştır. Sürecin sonuna gelindiğinde de bu çalışmalarda öğrendiklerinin çok daha kalıcı olduğu gözlemlenmiştir.

Ütopya Oyun, Bilim ve Sanat Merkezi'nde yapılan çalışmaların dışında çeşitli bölgelere arazi gezileri düzenlenmiş, verilmek istenen bilgi kendi doğal ortamında verilmiştir. Çocuklar taşlara kendileri dokunmuş, fosilleri kendileri temizlemiş, toprakları mikroskopta incelemiş, kazıları fırçalarla, küreklerle kendileri yapmışlardır. Bu yapılan çalışmalara ek olarak yaratıcı dramanın yaşantılar eklemesi çocukların farkındalıklarını geliştirmiştir.

Proje çocuklara "yeni" bir öğrenme ve yaşam modeli sunmuştur. Doğal bir ortam, yeni arkadaşlıklar, heyecanlı, bilgili öğretim üyeleri, öğretmenler, ablalar, ağabeyler, her an yeni bir şeyler öğrenilen çevre, doğa gezileri, zamanı unutturan oyunlar, eğlendirirken öğreten yaratıcı drama atölyeleri ve programı destekleyen kurum tarafından sağlanan donanım ve malzeme desteği...

Bu süreçte dünyanın 4,5 milyar yıllık, hayatın 3,5 milyar yıllık geçmişiyle tanışmışlar. Bir hücreyle başlayan canlılığın milyon yıllarda evrilip çeşitlenerek günümüzdeki görünüme nasıl ulaştığı hakkında fikir sahibi olmuşlar. Bu sürecin mücessem kanıtları olarak 30–50 milyon yıllık denizel fosilleri, 13–15 milyon yıllık ağaç fosillerini, 9–10 milyon yıllık fil, gergedan ve kaplumbağa fosillerini yerinde görmüşler, elle tutmuşlardır.

"Zaman geldi üç saat sıkılmadan "ders" dinlediler, zaman geldi oyuna dalıp yemeği unuttular, zaman geldi haziran sıcağında dağların ve kendilerinin zirvelerine tırmandılar. Gün oldu yerbilimci, gün oldu toprak bilimci, gün oldu paleoantropolog "oldular". Öğretmen, öğretim üyesi, bilim adamı, bilim kadını olmak istediler. Proje bitmesin, yatıya da kalsınlar, hatta tüm dersleri, okulları "Ütopya'ya" taşınsın istediler".

Projenin toplumsal etkisini arttırmak düşüncesiyle her grubun son çalışma gününe velilerin de katılımı sağlanmıştır. Çocuklar proje sürecinde öğrendiklerini anne babalarına sunarken hem kendileri hem veliler hem de biz gururlandık. Bu günler bizim için de veliler için de çok öğretici oldu. Çok ilgiliydiler, ancak, doğa tarihi, milyon yıllar, fosiller çoğunluğun oldukça uzak oldukları kavramlardı ve yaşadıkları yakın çevrenin böylesine zengin olmasını ilgi ve şaşkınlıkla karşıladılar.

Okullarımızda "zorunlu müfredat" dışında benzer bilimsel proje ve programlar geliştirme ve uygulamalar başlatmak ve bunları gelenekselleştirmek için daha fazla bilgi, kaynak ve enerji aktarımına ihtiyaç olabilir. Öğrencilerin süreç içinde yapmış oldukları etkinliklerde alan uzmanlarından öğrendikleri bilgileri canlandırmaları ile bilgileri içselleştirdikleri süreç sonunda yapılan sunumlarda görülmüştür.

Sürecin sonunda çocuklar, bilimin yaşamdan kopuk bir şey olmadığını aksine her yerde, her şekilde yaşantımızın içinde olduğunu görmüşlerdir. Buradan yola çıkarak çocukların bilime karşı olumlu bir tutum geliştirdikleri söylenebilir.

Kaynakça

Adıgüzel, Ö. (1994). Eğitimde yeni bir yöntem ve disiplin: Yaratıcı drama. Ö. Adıgüzel, (Ed.), Yaratıcı drama içinde (158-179). Ankara: Naturel Yayıncılık.

San, İ. (1989). Eğitimde yaratıcı drama. Ö. Adıgüzel, (Ed.), Yaratıcı drama içinde (57-68). Ankara: Naturel Yayıncılık.

Şimşekli, Y. (2001). Bursa'da Uygulamalı Çevre Eğitimi Projesine Seçilen Okullarda Yapılan Etkinliklerin Okul Yöneticisi ve Görevli Öğretmenlerin Katkısı Yönünden Değerlendirilmesi", Bursa: Uludağ Üniversitesi Eğitim Fakültesi Dergisi, Cilt: XIV, Sayı:1.

Ek
3. GÜN
5. OTURUM – SABAH

>> Mekan: Sinap Kazı alanı, Ütopya Oyun Bilim Sanat Merkezi
>> Konu: Fosil
>> Katılımcılar: İbrahim Bitik İlköğretim Okulu 4 ve 5. sınıfa devam eden 30 öğrenci
>> Süre: 6 saat (09.30 – 17.00)
>> Araç ve Gereçler: Kağıtlar, boya kalemleri, bant, dişçi aleti (orak sond – düz sond), fırça, kraft kağıtları, boya kalemleri
>> Yöntemler: Yaratıcı Drama

>> Teknikler: Doğaçlama, rol oynama, düz anlatım, soru-cevap, gösterip yaptırma, (oyun)
Proje Sorumluları:
>> Proje Yürütücüsü: Yrd. Doç. Dr. H. Ömer Adıgüzel (Eğitimbilimci, Yaratıcı Drama Uzmanı)
>> Proje Uzmanları: Bil. Uz. Nejat Akfırat (Psikolojik Danışman, Yaratıcı Drama Lideri), Cahit Koçak (Hekim)
>> Alan Uzman/ları - Atölye Sorumluları: Prof. Dr. Berna Alpagut (Öğr. Üyesi, Paleoantropolog) Ferhat Tütüncü (Psikolojik Danışman, Yaratıcı Drama Yüksek Lisans Öğrencisi)

Etkinlik 1: Atların yarışı: Katılımcılar çember olurlar. Liderin yönergesiyle atların farklı yollarda yürürken çıkardığı seslerin ritmi gösterilir. Atlar toprakta; ellerin göğse vurulmasıyla çıkan ritimle yürür. Asfaltta; ellerin dizlere vurulduğunda çıkan ritimle yürür. Kumda; ellerin birbirine hızlıca sürtülmesiyle çıkan ritimle yürür. Suda; dilin üst damaktan alt tarafa doğru vurulmasıyla çıkan sesle yürür. Lider yönergeleriyle atların nerde yürüdüğünü karışık şekilde söyler hareketi yanlış yapan katılımcı oyundan çıkar. Oyun son kişi kalana kadar devam eder.

Etkinlik 2: Parmak yakalama oyunu oynanır. Çemberdeki öğrenciler sağ ellerinin işaret parmaklarını ortaya çıkarırlar ve sol ellerini de soldaki arkadaşının parmağını tutabileceği mesafede hazır tutar. Oyunun kuralı kendi sağ işaret parmağını sağındaki arkadaşına kaptırmadan soldaki arkadaşının işaret parmağını yakalamaya çalışmaktır. Öğrencilerin ayakları sabittir. Hareket etmeleri yasaktır. Sağ işaret parmaklarını da ellerinin içine saklamaları yasaktır. İşaret parmağı yakalanan öğrenci diğer arkadaşının parmağını yakalamaya çalışmayacaktır. Oyun lider başlayın demesi ile başlar ve onun durun demesi ile biter. Parmakları yakalanan öğrenciler oyun dışına alınır. Diğer öğrenciler çemberi daraltarak oyuna devam eder. Liderin yönergesi ile sol işaret parmağı kaçırılıp, sağ elle diğer öğrencinin parmağı yakalanmaya çalışılır. Çalışma parmakların yönleri değiştirilerek devam eder. Çember daraldığında lider öğrencilerin oturmalarını ister ve bu şekilde hareketlerini biraz daha kısıtlayarak çalışmaya devam etmelerini sağlar.

Etkinlik 3: Öğrencilere buldukları fosilleri koyacakları üzerlerinde isimleri yazılı olan birer poşet ve fırça verilir. Fosilin ne olduğu öğrencilerle soru-cevap tekniği kullanılarak hatırlanır.
Berna Alpagut: Fosil neydi hatırlayan var mı?
Çocuk: Milyonlarca yıl önce yaşamış canlı kalıntılarıdır.
Berna Alpagut: Burası 9.8 milyon yıl öncesine ait fosillerin bulunduğu bir alan.

Etkinlik 4: Öğrencilere bölgede hazırlanan karelerde 4'er kişilik gruplar halinde fırçalarla hafif hafif süpürerek yumuşak toprağı temizlemeleri istenir. Daha sonra orak sondlar verilerek dikkatlice temizlemeleri gerektiği söylenir. Öğrenciler buldukları fosilleri üzerinde isimleri yazılı olan poşetlere koyarlar. Kazı alanında bulduklarını alan sorumlusuyla birlikte inceleyerek, sorumluya teslm ederler.

Etkinlik 5: Ütopya'ya dönüş. Mekanda serbest olarak dolaşılır. Liderin yönergesiyle her katılımcı istediği bir hayvanın formunu alarak donar. Lider her katılımcıya teker teker dokunarak seçtiği hayvanın ne olduğunu söylemesini ister.

Etkinlik 6: Katılımcılar dört kişilik gruplara ayrılır. Her gruptan ortak birer hayvan belirlemesi istenir. Seçilen bu hayvanın özelliklerinden yola çıkılarak canlandırma yapılır. Canlandırmalar tüm gruplar tarafından izlenir.

YEMEK ARASI (12.30 – 14.00)
6. OTURUM – ÖĞLEDEN SONRA

Etkinlik 7: Katılımcılar çember olur. Sinap arazisinde yapılan etkinliklerle ilgili değerlendirme yapılır. Katılımcılar düşüncelerini söyler.
Çocuk: Fosillerin nasıl bulunduğunu öğrendim.
Çocuk: Fosil bulmanın emek ve sabır gerektirdiğini öğrendim.
Çocuk: Fosil kelimesinin İngilizce taşlaşmak olduğunu öğrendim.

Etkinlik 8: Katılımcılar mekanda kendilerine bir başlangıç ve daha sonra zihinlerinde gidecekleri üç ayrı nokta daha belirlerler. Müzik eşliğinde liderin yönergesiyle başlangıç noktasından hareketle belirlenen noktalara seçilen bir hayvanın yürüyüşü yapılarak gidilir.

Etkinlik 9: Katılımcılar dört gruba ayrılır. Kraft kağıtlarına verilen boya kalemlerini kullanarak bir önceki etkinlikteki hayvanların yürüyüşlerini ve gittikleri yolu çizmeleri istenir. 2. aşama olarak kraft kağıtlarındaki yollar pastel boyalarla boyanır.

Etkinlik 10: Katılımcılar çember olur. Müzik eşliğinde seçtikleri bir hayvan dans etseydi nasıl dans ederse öyle dans ederler. Seçtikleri hayvanı çemberin ortasına gelerek sırayla dansını canlandırılır.

Etkinlik 11: Katılımcılar daha önceden belirledikleri noktalara müzik eşliğinde o hayvan gibi dans ederek giderler ve her noktadan sonra müzik değişir ve farklı noktalara giderken farklı bir hayvanın dansını yapılır. Bütün noktalara en az bir kez gidinceye kadar devam edilir.

Etkinlik 12: Katılımcılar çember olur. Liderin yönergeleriyle ortada bir mum olduğu ve mumu söndürmek için burundan nefes alınarak hep birlikte üflenmesi istenir. Nefesler düzenleninceye kadar etkinliğe devam edilir.

Etkinlik 13: Hediye olarak dağıtılan bez çantaların üstüne boya kalemleriyle projeyle ve yapılanlarla ilgili resim çizmeleri istenir.

Etkinlik 14: Bir önceki yapılan çalışmalardaki kraft üzerine yapılan resimler kullanılarak resmi yapan grup üyeleri dışındaki katılımcılara gösterilerek ne ifade ettiği tek kelime olarak söylenir. Verilen yanıtları resmi yapan grup üyeleri not alır. Bütün gruplar için aynı çalışma yapılır. Daha sonra katılımcılardan ellerindeki kelimelerin içinde geçtiği bir mektup yazmaları istenir.

Etkinlik 15: Katılımcılardan proje boyunca yapılan çalışmalarla ilgili olarak evlerinde not tutmaları istenir.

Naturpädagogik mit *creative drama*

Nejat Akfırat

Alles fing eigentlich an während einer Naturreise mit 13-jährigen Jungen und der Antwort auf eine Frage. Die Jungen zeigten verschiedene Felsbrocken, die sie gefunden hatten. Auf die Frage:"Warum ist die Farbe und Form des Felsbrocken so?", antwortete der Junge: "Weiß ich nicht. Vielleicht wollte Allah, dass es so ist." Auch wenn sich Themen im Zusammenhang mit Naturbewusstsein und Umweltsensibilität in den Lehrprogrammen befinden, wird es aber ziemlich schwer sein, dass die Schüler die Informationen, die sie erhalten, verinnerlichen und sie in ihrem Leben anwenden.

Die Antwort auf die obige Frage hat uns dazu bewegt, ein Projekt zur Entwicklung von Naturbewusstsein und Umweltsensibilität durchzuführen. Vor uns steht ein konkreter Fall. Seit der Gründung des *Çağdaş Drama Derneği* (ÇDD) 1990 in der Türkei wird Spiel- und Theaterpädagogik (*Yaratıcı Drama,* YD) als eine Methode und Disziplin von ihm angewendet. Durch das langfristige Arbeiten des ÇDD wurde erreicht, dass die YD in Schulprogramme einbezogen und verbreitet wird. Das müsste erweitert werden in Hinsicht auf verschiedene Disziplinen und Unterrichtsfächer und auch außerhalb der Schulen angewendet werden.

Unter Verantwortung des ÇDD-Vorsitzenden und Dozenten der Ankara Universität, Fakultät für Erziehungswissenschaften, Ass. Dr. Ömer Adıgüzel, hat man sich für das TÜBİTAK-Projekt „Wissenschaft und Gesellschaft" beworben und eine Unterstützung erhalten. In das Projekt wurden der Chirurg Dr. Cahit Koçak und Dr. Nejat Akfırat als stellvertretender Projekt-Verantwortlicher, die Dozenten der Ankara Universität Prof. Dr. Koray Haktanır, Prof Dr. Berna Alpagut, von der Hacettepe Universität Murat Köker, von der Generaldirektion für Mineralforschung und Erkundung (MTA) Dr. Eşref Atabey, Gonca Nalcıoğlu, Gonca Gürler und vom ÇDD ‚als wissenschaftlicher Experte Ö. Özlem Gökbulut, Ass. Dr. Oylum Akkuş İspir, Asst. Ass. Dr. Pınar Özdemir, Özge Akbaş, Ferhat Tütüncü beauftragt. Mit diesem Projekt haben wir in erster Linie bezweckt, die Schüler mit der Durchführung von Schulungsprogrammen außerhalb der Schule mit eigenen Beobachtungen und Forschungen zu betrauen, indem sie Übungen durchführen und als wissenschaftliche Forschungen verstehen, und dass sie die Wissenschaft selbst lieben lernen.

Seit seinen frühen Jahren kann das Kind das, was es findet, sieht, berührt, hört, neugierig wahrnehmen, kurz gesagt, seine Sinne benutzen. Alles, was es beobachten kann in seiner Umgebung, kann es prüfen. Es kann ein viel schnelleres und effektiveres Lernen durchgeführt werden. Das Umfeld, das das bewirkt, sind nicht die Klassenzimmer, wo vorkonfigurierte Ereignisse in einer strukturierten Art und Weise präsentiert werden, sondern die Natur selbst. Natürliche Lebensräume sind Labore im Freien, in denen Lernen am schnellsten stattfindet. Auch die Schäden, die im natürlichen Leben verursacht wurden, deren Ursachen und Folgen, waren immer auch Knotenpunkte der Naturbildung mit der Umweltbildung, damit die Kinder ein Bewusstsein entwickeln für die Probleme der Umwelt, in der sie jetzt leben und leben werden. Sie können Strategien entwickeln zur Bewältigung dieser Probleme, und es gibt dadurch Ansätze für das Finden persönlicher und sozialer Kriterien für die Entwicklung von Natur und Umwelt.

Wenn das Ziel eine effektive und dauerhafte Umweltbildung ist, muss die direkte Umgebung des Kindes und die Ermöglichung der Veränderungen in der Umwelt Thema innerhalb des Programms sein. Ein bestimmtes Interesse des Kindes wird entwickelt durch die konzentrierte Unterstützung von verschiedenen Umwelt-Aktivitäten. Um das Umweltbewusstsein zu entwickeln, müssen die Erzieher den Kindern Informationen über die Umwelt geben, genügend Material zur Verfügung stellen in Bezug auf die Umwelt, Fördermaßnahmen entwickeln und implementieren, die Ergebnisse zu verfestigen in der Lage sind und umweltbezogene Werte und Urteile unterstützen. Um das alles zu realisieren, bietet sich die kreative Drama / *creative drama* / die Theaterpädagogik an (Şimşekli, 2001).

Solches Lernen ist eine neue Art Bildung. Die Schüler bewerten als Kind oder Jugendliche das, was sie gelernt haben, mit ihrem Wissen aus einer neuen Perspektive. Neue Begriffe werden den Erfahrungen und Erlebnisse zugemessen und dadurch neu betrachtet. All dies bringt ein natürlicher Lernprozess mit sich. Durch das kreative Drama erworbenes Wissen, ist nicht auswendig gelerntes, wie etwa in der Schuldisziplin erworbenes, theoretisches Wissen. Gebraucht werden in einem Lernen mit den Methoden des kreativen Dramas Informationen aus verschiedenen Disziplinen, aber jedes Mal einzigartig strukturiert und auf die objektiven und subjektiven Informationen bezogen. Bildungseinrichtungen, können in der Regel diese Art des Lernens nicht bieten. Darum ist die Nutzung des kreativen Dramas in der Bildung eine Voraussetzung. Studien zum kreativen Drama beziehen sich auf die Erziehung von demokratischen, vielfältigen und abwechslungsreichen Beziehungen sehende, unabhängig denkende, tolerante und kreative Kinder, Jugendliche und junge Erwachsene, und wir wissen vor allem, dass die anspruchsvolle Jugend von heute wirklich die oben genannten Eigenschaften erlangen will (Adıgüzel, 1994; San, 1989).

Ziel der Studie

Bezweckt ist mit der Durchführung von Schulungsprogrammen außerhalb der Schule, mit eigenen Beobachtungen und Forschungen zu lernen und indem Schüler solche Übungen durchführen, sollen sie das als wissenschaftliche Forschungen verstehen und die Wissenschaft selbst damit lieben.
- >> Sie erkennen, dass während der Zeit der geologischen Perioden sowohl Landschaftsformen als auch Klima und Vegetation sich ständig verändert haben.
- >> Die Entstehung der Mineralien, Gesteine und Fossilien verstehen.
- >> Eine ganzheitliche Sicht der Naturgeschichte gewinnen.

>> Das ökologische Gleichgewicht in der Natur erkennen und das Verinnerlichen durch kreatives Drama sicherzustellen.
>> Durch kreatives Drama, Einfühlungsvermögen, Beobachtung, Aufmerksamkeit entwickeln und konsistent sein, um ein Gefühl für Verantwortung und Teamarbeit entwickeln.
>> Das Bewusstsein von sich selbst und der Natur durch kreatives Drama entwickeln.
>> Entwicklung des Gefühls für Entdeckung der Wissenschaft.

Das Projekt ist im Ort Kazan und seiner Umgebung angesiedelt. Es wird bezweckt, die Felsen, den fossilen und mineralischen Reichtum die Kazan und Umgebung besitzen, vorzustellen und die letzten 35 Millionen Jahre dieser Region in Bezug auf die geologische und paläoanthropologischen Evolution vorzustellen. Es wird erwartet, dass alle diese Phasen mit kreativem Drama verinnerlicht werden.

Dieses Projekt wurde von Grundschülern der Provinz Kazan durchgeführt. Insgesamt 90 Schüler, die die 4. und 5.Klasse besuchen, wurden auf freiwilliger Basis ausgewählt und in 3 Gruppen je 30 Schüler aufgeteilt. In insgesamt 48 Stunden erhielten sie Informationen von Experten über die historischen Werte von Kazan und Umgebung; mit theaterpädagogischer Hilfe sollten sie konsolidiert werden.

Ansätze, Methoden und Techniken der Studie: Kreatives Drama wurde als Grund-Methode verwendet. Außerdem sind Frage und Antwort, Vorträge, Ausflüge und Beobachtung, Forschung, Interpretation, Klassifizierung ebenfalls vorhandene Techniken. Ein Beispiel für den Studien-Plan wird im Anhang gegeben.

Schlussfolgerungen und Empfehlungen: Wir wissen, dass das Bildungssystem weit von den Zielen sinnvoller Lern- und Wissensbeständigkeit entfernt ist. Die neue Art solcher Kreativ-Drama-Projekte bringt neben der Naturbildung auch weiteres mit sich. Vor allem für Schüler in der Grundschule sollten Wissenschaft und Naturbildung eingeführt werden, anstatt der Informationsübertragung der Wissenschaft. Die Neugier des Kindes soll befriedigt werden. In der Ausbildung hängen Neugier und Wecken von Interesse eng mit den Unterrichtsmethoden zusammen. Außerdem wird das kreative Drama als eine Bildungs-Methode eingesetzt. Sie bewirkt viel für die persönliche Entwicklung, die Kreativität, Sozialisation und Selbstdarstellung. Deshalb sollte sich die Anzahl dieser Art von Projekten erhöhen.

Die Kinder haben mit hoher Bereitschaft teilgenommen, so dass die geplante Anzahl der Teilnehmer leicht zu finden war. An manchen Tagen haben sich Gastteilnehmer beteiligt. Die Lernbereitschaft und Begeisterung der Kinder hat das Projektteam motiviert.

Alle Studien wurden auf der Grundlage des Lebens und der Umgebung der Schüler entwickelt. Gleichgültig über welches Thema die Schüler arbeiten, wurde dafür gesorgt, dass sie durch das Selber-Machen und Erleben sich an der Sache beteiligen. Am Ende des Projektes hat man beobachtet, dass das, was sie in ihren Studien gelernt hatten, noch beständiger war.

Außerhalb der Studien, die im „Ütopya Spiel-, Wissenschaft- und Kunstzentrum" durchgeführt wurden, hat man Umweltreisen in verschiedene Regionen organisiert und die Informationen, die übermittelt werden sollten, wurden in ihrer natürlichen

Umgebung gegeben. Die Kinder fassten die Steine, Felsen selber an, die Fossilien haben sie selbst gereinigt, die Erde mittels des Mikroskops untersucht, die Grabungen mit Pinsel und Schaufel selbst durchgeführt. Neben diesen Studien wurde das kreative Drama ins Leben gerufen, und das hat das Bewusstsein der Kinder verbessert.

Das Projekt hat den Kindern ein "neues" Modell des Lernens und Lebens angeboten: Eine natürliche Umgebung, neue Freundschaften, spannende, sachkundige

Dozenten, Lehrer, Schwestern, Brüder, dass jeden Moment etwas Neues gelernt wird, Umwelt, Naturreisen, Spiele, die die Zeit vergessen lassen, kreative Theater-Workshops, die während der Unterhaltung lehren, und die Unterstützung der Werkzeuge und Materialien, die von den Programm unterstützenden Institutionen zur Verfügung gestellt waren.

Die Schüler haben sich mit 4,5 Mrd. Jahre Geschichte der Erde und 3,5 Mrd. Jahre Geschichte des Lebens bekannt gemacht: Wie das Leben begonnen hat, angefangen mit einer einzelnen Zelle, sich in Millionen von Jahren entwickelt und diversifiziert hat. Und sie bildeten sich eine Meinung über das heutige Aussehen. Als auffällige Zeichen sahen sie Meeresfossilien, die 30 - 50 Mio. Jahre alt sind, Baumfossilien, die 13-15 Mio. Jahre alt sind, und Fossilien von Elefant, Nashorn und Schildkröte, die 9 - 10 Mio. Jahre alt sind - und sie wurden am Ort gesehen und in den den Händen gehalten.

Es gab Zeiten, wo sie ohne sich zu langweilen 3 Stunden lang am „Unterricht" teilgenommen haben. Es gab Zeiten, wo sie das Essen vergessen haben, weil sie tief in dem Rhythmus des Spieles waren. Es gab Zeiten, wo sie in der Hitze vom Juni Gipfel der Berge und eigene Gipfel bestiegen haben. Mal „wurden" sie Geologe, mal

Bodenwissenschaftler, mal Paläoanthropologe. Sie wollten Lehrer, Dozent, Wissenschaftler werden. Sie wollten nicht, dass das Projekt zu Ende geht, wollten sogar, dass ihr Unterricht samt der Schule nach „Ütopya" umziehen.

Mit den Gedanken, die sozialen Auswirkungen des Projekts zu erhöhen, nahmen auch die Eltern der jeweiligen Gruppe am letzten Arbeitstag teil. Während die Kinder den Eltern demonstrierten, was sie in dem Projekt gelernt hatten, waren sie selbst, die Eltern und wir stolz darauf. Diese Tage waren für uns und für die Eltern sehr lehrreich. Sie waren sehr interessiert, aber Naturgeschichte, Millionen von Jahren, Fossilien, das waren Begriffe, von denen die Mehrheit ziemlich weit war und dass die nahe Umgebung, in der sie leben, so reich ist, wurde mit Aufmerksamkeit und mit Erstaunen begrüßt.

Es können außer den „Pflichtlernprogrammen" in den Schulen ähnliche wissenschaftliche Projekte und Programme entwickelt und Anwendungen gestartet werden. Um dies zu verstetigen, werden mehr Wissen, Mittel und Übermittlung von Energie benötigt werden. Es wurde in den Vorträgen gesehen, dass die Schüler die Informationen, die sie von den Experten auf dem Gebiet während der Studien erhalten, durch kreatives Drama verinnerlicht und dargestellt werden konnte.

Am Ende des Prozesses haben die Kinder gesehen, dass die Wissenschaft nicht aus dem Leben auszugrenzen ist, sondern ganz im Gegenteil, dass sie überall, in jeder Hinsicht ein Teil unseres Lebens ist. Basierend darauf können wir sagen, dass die Kinder eine positive Einstellung gegenüber der Wissenschaft entwickelt haben.

Literaturangaben

Adıgüzel, Ö. (1994). Eğitimde yeni bir yöntem ve disiplin: Yaratıcı drama. Ö. Adıgüzel, (Ed.), Yaratıcı drama içinde (158-179). Ankara: Naturel Yayıncılık.

San, İ. (1989). Eğitimde yaratıcı drama. Ö. Adıgüzel, (Ed.), Yaratıcı drama içinde (57-68). Ankara: Naturel Yayıncılık.

Şimşekli, Y. (2001). Bursa'da Uygulamalı Çevre Eğitimi Projesine Seçilen Okullarda Yapılan Etkinliklerin Okul Yöneticisi ve Görevli Öğretmenlerin Katkısı Yönünden Değerlendirilmesi", Bursa: Uludağ Üniversitesi Eğitim Fakültesi Dergisi, Cilt: XIV, Sayı:1.

Anhang

Beispiel 3. Tag
5. Sitzung - am Morgen
>> Räumlichkeiten: Ausgrabungsgebiet Sinap, „Ütopya Spiel-, Wissenschaft- und Kunstzentrum"
>> Thema: Fossilien
>> Teilnehmer: 30 Schüler, die weiterhin die 4. und 5. Klasse der Ibrahim Bitik Grundschule besuchen

>> Dauer: 6 Stunden (09.30 – 17.00)
>> Werkzeuge und Hilfsmittel: Papier, Buntstifte, Klebeband, zahnärztliche Instrumente (Sichelsonde, Flachbohrer), Pinsel, Kraftpapier
>> Methoden: Kreatives Drama
>> Techniken: Improvisation, Schauspiel, Vorträge, Frage-Antwort, Darstellung von gezeigtem Spiel

Projekt-Verantwortliche:
>> Projektkoordinator: Asst. Assoc. Dr. H. Ömer Adıgüzel (Erziehungswissenschaftler, Kreativ-Drama-Experte)
>> Projekt Experten: Wissenschaftlicher Experte Dr. Nejat Akfırat (Psychologischer Berater, Kreativ-Drama-Trainer), Cahit Koçak (Arzt)
>> Gebietsexperten – Workshop-Verantwortliche: Prof. Dr. Berna Alpagut (Dozent. Paläoanthropologie), Ferhat Tütüncü (Psychologischer Berater, Kreativ-Drama-Graduate Student)

1. Aktivität: Pferde im Rennen: Die Teilnehmer bilden einen Kreis. Mit Anweisung der Trainer werden Klänge der Laufrhythmen von Pferden in unterschiedlichen Gangarten dargestellt. Die Pferde laufen auf dem Erdboden; in dem Rhythmus, wie man mit den Händen auf die Brust schlägt. Auf dem Asphalt, wie man mit den Händen auf die Knie schlägt. Auf dem Sand, wie man beide Händen reibt. Im Wasser … Der Trainer gibt mit seinen Anweisungen in gemischter Form an, wo das Pferd läuft, der Teilnehmer, der die Bewegung falsch macht, scheidet aus dem Spiel aus. Das Spiel geht weiter, bis eine Person übrig bleibt.

2. Aktivität: Das Spiel „Finger fangen" wird gespielt. Die Schüler, die im Kreis sind, strecken ihren rechten Zeigefinger aus und halten ihre linke Hand in dem Abstand bereit, in dem sie den Zeigefinger ihres Freundes fassen können. Regel des Spiels ist, ihren rechten Zeigefinger nicht von den rechts Stehenden fassen zu lassen, aber in der Zeit zu versuchen, den Zeigefinger des links stehenden Freundes zu fangen. Die Füße der Schüler bleiben stabil. Es ist verboten, sich zu bewegen. Es ist verboten, den rechten Zeigefinger in der Hand zu verstecken. Der Schüler, dessen Zeigefinger gefasst wurde, darf nicht versuchen den Finger seines Freundes zu fangen. Mit dem Startruf des Trainers fängt es an und mit seinem Stoppruf endet es. Die Schüler, dessen Finger gefasst wurden, scheiden aus dem Spiel aus. Die anderen Schüler machen weiter, in dem sie den Kreis einengen. Mit der Anweisung des Trainers wird der linke Zeigefinger versteckt und mit der rechten Hand wird versucht, die Finger des anderen zu fangen. Die Aktivität wird fortgeführt, indem die Richtung der Finger gewechselt wird. Mit dem Schrumpfen des Kreises fordert der Trainer die Schüler auf, sich hinzusetzen und auf diese Weise die Bewegungsfreiheit der Schüler ein wenig einzuschränken und so weiter zu machen.

3. Aktivität: Den Schülern werden mit ihren Namen versehene Tüten gegeben, damit sie die Fossilien hineintun können, die sie gefunden haben. Mit der Frage-Antwort-

Technik werden Schüler zum Erinnern und Sichern ihres Wissens angeregt:.
Beispiel:
Berna Alpagut: Erinnert sich noch jemand was ein Fossil war?
Das Kind: Reste von Lebewesen, die vor Millionen von Jahren gelebt haben.
Berna Alpagut: Das ist ein Gebiet, wo sich 9,8 Mio. Jahre alte Fossilien befinden
…

4. Aktivität: Die Schüler werden nun aufgefordert, in vorbereiteten Quadraten Flächen in Vierer-Gruppen mit der Kehrbürste vorsichtig von der weichen Erde sauber zu kriegen. Später wird ihnen eine Sichelsonde gegeben und gesagt, dass die Fossilien sorgfältig gereinigt werden. Die Schüler stellen die Fossilien, die sie gefunden haben, in die Tüten hinein, worauf ihre Namen stehen. Was sie im Ausgrabungsgebiet gefunden haben, untersuchen sie mit dem Gebietsverantwortlichen und geben dies dem Verantwortlichen weiter.

5. Aktivität: Rückkehr zum „Ütopya"-Zentrum. Es darf in den Räumlichkeiten frei herumgegangen werden. Mit dem Aufruf des Trainers nimmt jeder Teilnehmer die Form eines Tieres an und bleibt wie erfroren stehen. Der Trainer berührt jeden Teilnehmer einzeln und fordert ihn auf, den Namen des Tieres zu nennen, das er dargestellt hat.

6. Aktivität: Die Teilnehmer teilen sich in Vierer-Gruppen. Von jeder Gruppe wird erwünscht, gemeinsam ein Tier zu bestimmen. Davon ausgehend werden Darstellungen durchgeführt. Sie werden von der ganzen Gruppe verfolgt.

Mittag-Pause (12.30 – 14.00)
6. Sitzung - am Nachmittag

7. Aktivität: Die Teilnehmer bilden einen Kreis. Einschätzung in Bezug auf die Aktivitäten, die sie in der Sinap Landschaft durchgeführt haben. Die Teilnehmer sprechen ihre Gedanken aus.:Das Kind: Ich habe gelernt, wie man Fossilien findet.
Das Kind: Ich habe gelernt, dass Geduld und Aufwand erforderlich sind, um Fossilien zu finden.
Das Kind: Ich habe gelernt, dass das Wort Fossil in Englischen Versteinerung bedeutet.

8. Aktivität: Die Teilnehmer bestimmen für sich einen Anfangspunkt und danach weitere drei Punkte aus ihrem Gedächtnis. Sie gehen in Begleitung von Musik mit Anweisung des Trainers von dem Anfangspunkt aus an die bestimmten Punkte, mit einem ausgewählten Tierlauf.

9. Aktivität: Die Teilnehmer teilen sich in Vierer-Gruppen. Sie werden aufgefordert, dass sie unter Verwendung der Buntstifte auf dem Kraftpapier die Läufe der Tiere der vorherigen Aktivität und den Weg, den sie gegangen sind, zeichnen. In der 2. Etappe werden die Wege mit Buntstifften bemalt.

10. Aktivität: Die Teilnehmer bilden einen Kreis. Sie sollen so tanzen, wie ein Tier ihrer Wahl in Begleitung von Musik tanzen würde. Sie kommen Reihenweise in den Kreis hinein und stellen den Tanz des Tieres, das sie bestimmt haben, dar.

11. Aktivität: Die Teilnehmer gehen in Begleitung von Musik auf die Punkte, die sie vorher bestimmt haben - genau so tanzend, wie das Tier, das sie ausgewählt haben; nach jedem Punkt wechselt die Musik und auf den Wegen zu verschiedenen Punkten müssen sie verschiedene Tiertänze durchführen. Es wird weiter gemacht, bis alle Punkte ein Mal begangen sind.

12. Aktivität: Die Teilnehmer bilden einen Kreis. Durch Anweisung des Trainers wird verlangt, dass die Kerze, die in die Mitte gestellt wurde, nach Einatmung durch die Nase ausgepustet wird. Diese Aktivität wird fortgesetzt, bis die Atmung reguliert ist.

13. Aktivität: Auf die Stofftaschen, die als Geschenk verteilt wurden, sollen mit Buntstiften Bilder vom Projekt und Aktivitäten gezeichnet werden.

14. Aktivität: Mit Verwendung der Bilder, die auf die Kraftpapiere gemalt wurden (von den Aktivitäten davor), werden Bilder den Teilnehmer gezeigt, die nicht zu den Gruppenmitgliedern gehören, die diese Bilder gemalt haben, und es wird von ihnen erwartet, dass sie die Bedeutung mit einem Wort beantworten. Die Gruppenmitglieder, die die Bilder zu den Antworten gemacht haben, bekommen eine Note. Derselbe Vorgang wird für alle Gruppen durchgeführt. Dann werden die Teilnehmer gebeten, mit den Wörtern, die sie in den Händen haben, einen Brief zu schreiben.

15. Aktivität: Die Teilnehmer werden gebeten, sich Notizen zu machen und mit nach Haus zu nehmen - im Hinblick auf die Arbeit, die im Rahmen des Projektes durchgeführt worden ist.

Creative & Drama Education - ein Erlebnis-Bericht

Gerd Koch

Ich will ein Hospitations-Erlebnis während eines theaterpädagogischen Fachkräfteaustausches zwischen der BAG Spiel und Theater und ÇDD in der Türkei, was auf den ersten Blick abweicht von herkömmlicher theaterpädagogischer Arbeit, näher betrachten, und beziehe mich auf meine Eindrücke, auf Informationen seitens türkischer und deutscher KollegInnen sowie auf theater- und kulturpädagogische Verständnisse.

Und ich will versuchen, das, was ich wahrgenommen habe, als ein Konzept von Creative Drama wiederzuerkennen. Vorab und schlagwortartig kann ich das Wahrgenommene und Bedachte unter das Motto "Kultur(en) lernen – kreativ leben" stellen (ich verwende etwas verändert das Motto, das sich die Akademie Remscheid aus Anlass ihres 50jährigen Bestehens gegeben hat, wobei ich "Kultur" in den Plural setzte, um die alltagskulturelle und auch lebenspraktische, handwerkliche Qualifizierung deutlicher zu machen).

Wir besuchten das Dorf Kazan in der Nähe von Ankara. Auf einem Grundstück mit verschiedenen Wohn- und agrarisch genutzten Häusern hielten wir. Eine größere Zahl von Kindern im sog. Grundschulalter waren schon auf dem Gelände an diesem Samstagmorgen; einige Erwachsene ebenso. Manche waren mir als Kollegen (in der Tat zumeist Männer) aus einem Treffen in Ankara bekannt. Einige andere waren, wie uns gesagt wurde, aus dem Dorf: der Eigentümer des Anwesens (ein Arzt, der hier einen Zweitwohnsitz hat?), Dorfbewohner, z. T. Eltern der Kinder, jüngere Praktikantinnen. Das Gelände verfügte über freie Flächen, eine Pflanzung von jungen Bäumen (Zuchtgarten mit Pflanzen, die verkauft werden), einen überdachten Grillplatz. Ein älteres Gebäude wurde als eine Art Heimat- oder Dorfmuseum genutzt, wie uns später gesagt und gezeigt wurde: Der Besitzer des Anwesens hatte es dazu gemacht und Material (Bild- und Text-Dokumente, Werkzeuge, landwirtschaftliche Geräte) gesammelt. In diesem Haus fanden unser Frühstück statt und unsere Besprechung. Und dort trafen sich später auch die Kinder nach ihren Aktivitäten, die draußen stattgefunden hatten. Das Haus wurde barfuß oder mit Plastikschutz für die Schuhe betreten.

Wir konnten gemeinschaftliche Spiele und theaterorientierte Übungen der Kinder beobachten. Die Grundform war ein Kreis. Ein sehr starker Bezug auf die gesamte Gruppe war zu sehen. Zuwendungen der Anleitenden auf einzelne Spielerinnen, Einzelübungen und gruppenorientiertes Tun wechselten sich ab, wettkampfähnliche und ruhige Aktionen waren sichtbar. Die Spielleitung war im Spielgeschehen. Etwa zwei Stunden lang dauerte das wechselvolle Spielgeschehen. Es wurde mit einer Art

Picknick am Grillplatz beendet. Dann kamen die Kinder im unteren Raum des Heimatmuseums zusammen und bekamen Arbeitsbögen, die von einem Kollegen von Creative Drama (Psychologe) verteilt wurden. Ich kann nicht genau sagen, welche Aufgaben im Einzelnen nun bewältigt wurden sollten. Ich vermute, und so habe ich später auch den Kollegen verstanden, es war eine Art aktivierender feed-back-Bogen: Vorformulierte Fragestellungen zum vorher stattgefundenen Spiel(en) und Forschen sollten beantwortet werden, es konnte darüber gesprochen werden – untereinander und mit dem Kollegen, der nicht identisch mit der Spielleitung war, der aber gleichwohl am Rande des Spielgeschehens und beim Picknick dabei war. Wenn ich es richtig verstanden habe, dann findet bei den allsamstäglichen Aktivitäten immer diese Kombination von unmittelbarem Machen und einem Reflektieren des Tuns statt. Man möchte Bildungs-, Lern- und Erfahrungsprozesse kontinuierlich verfolgen und Angebote verbessern und steuern können. Nachhaltigkeit ist angestrebt.

Dieser pädagogische Ansatz wurde noch dadurch bestätigt, dass in späteren Gesprächen deutlich wurde, dass hier ein anderes pädagogisches, methodisches Lehr-Lern-Modell als das sonst in der Schule gepflegte, zum Tragen kommen sollte: Keine Anweisungspädagogik, sondern Erlebnis- und Erfahrungsorientierung, Selbsttätigkeit, die sich bis hin zur Selbstreflexion in schriftlicher Form zog. Es wurde auch berichtet, dass die Kinder freiwillig und gerne kämen und die Eltern das Unternehmen sehr unterstützten.

Seitens der Kollegen von Creative Drama wurde ein weiteres didaktisches und wissenschaftliches Interesse für diese Art ihrer Bildungsprogrammatik deutlich gemacht: In dieser Region befinden sich viele archäologisch interessante Fundstellen, die die frühere Besiedlung und Nutzung bei Ausgrabungen zu Tage bringen. Auch Bodenschätze sollen hier vorliegen. Ein Hochschullehrer aus einer der Universitäten Ankaras macht deshalb mit den Kindern Erkundungen in dieser Gegend. Es wird historisch, empirisch gearbeitet: Die gefundenen Materialen und ihre Erforschung dienen nun dazu, die Anfänge eines materialistischen, positivistischen, naturalistischen (schlicht: wissenschaftlichen) Geschichtsverständnisses zu gewinnen. Mir fällt der plastische Wahlspruch der schwedischen Geschichtswerkstättenbewegung ein: "Grabe wo Du stehst!" Die dort lebenden Kinder wenden sich ihrem Gebiet zu und machen es dadurch zu etwas Eigenem (gleich einer Pädagogik der aktiven Weltaneignung). Naturwissenschaft soll vor Ideologie, Metaphysik gehen (so habe ich geschlussfolgert). Zugleich ist dieser Ansatz erlebnis- und erfahrungsorientiert. Er stellt die Anfangszüge von naturwissenschaftlicher Forschung auch spielerisch dar; denn Gefundenes kann – mit Stolz – gezeigt werden (an das performative Konzept sog. *land art* könnte hier erinnert werden und es könnte im Konzept von Creative Drama genutzt werden, wenn es darin nicht schon seinen Platz hat). Man respektiert die Geschichte und die Landschaft, man tut etwas gemeinsam und mit wissenschaftlich-fachlicher Begleitung und kann Ergebnisse sachlicher und kommunikativer Art präsentieren – sei es im Heimatmuseum oder auch *outdoor* szenisch bzw. im dörflichen

Kontext. Einbettung, Beheimatung in einem freiwilligen und individuell bedeutsamen Zusammenhang wird kreativ und mit Respekt vor Menschen und Dingen vorgeführt.

Methodische Haltungen und Ansätze

Mich hat dieser komplexe pädagogische Ansatz von Creative Drama an folgende mir bekannte pädagogisch-methodische Ansätze und professionelle Haltungen erinnert: Ich konnte einiges davon, z. T. neu und eigenständig kombiniert, am Beispiel der Arbeit der türkischen Kollegen (während der Hospitationen und in ausführlichen Gesprächen) wieder erkennen — manchmal ganz sinnlich direkt oder als Grundhaltung. Ich sehe Belege dafür, dass sich avancierte künstlerische, theatrale, dramatische, performative und pädagogische, forschende, wissenschaftliche Recherche, Darstellung und Feldarbeit nicht ausschließen und der Habitus der hier Tätigen sich produktiv angleichen (können). Ich gebe im Folgenden (m)eine Stichwortliste dessen, was ich beobachtete:

Entdeckendes Lernen – forschendes Lernen – Erlebnis- und Erfahrungsorientierung – genetisches, also Erkenntnis entwickelndes, entwicklungsbezogenes Lehren und Lernen (Martin Wagenschein) – Akzeptieren des sog. Fehlers als eigen- und selbst-schöpferische (also kreative) Qualifikation beim Lernen – Ressourcen- statt Defizit-Orientierung – Lernen am Erfolg (Jona B. Rosenfeld) – lebenslanges, lebensbegleitendes Lernen/Lernen über die Lebenszeit ist auch ein dialogischer Aushandlungsprozess zwischen Subjekten – lebensweltliche Orientierung in der Bildung (Hans Thiersch) bedeutet: subjektive Aneignung und Gestaltung der Alltagswelt, so dass sie zu einer ‚begriffenen' Welt werden kann – der Ansatz beim szenischen Lernen erscheint manchen als Umweg: er zeichnet aber den ‚wirklichen' Weg des Erkennens besser und dauerhafter nach, als vorbereitete Geradlinigkeit (Horst Rumpf) – pragmatische Kooperationen unterschiedlicher künstlerischer, wissenschaftlicher Disziplinen – Bildlichkeit beim Lehren, Lernen, Erkennen nutzen, vgl. auch das sog. imaginative Lehren und Lernen, wobei Imagination nicht nur das offene Bild und seine Konstruktion und Mehrdeutigkeit meint, sondern auch die eher tiefenpsychologische Imagination (vgl. den Imaginata-Ansatz von Peter Fauser) – Projektorientierung (John Dewey/William Heard Kilpatrick) in der Pädagogik meint zweierlei: eine Aufgabe gestaltend zu bewältigen und diese Aufgabe überhaupt erstmal zu (er)finden, zu gestalten und evtl. zu korrigieren (gleich: Zukunftsgerichtetheit) – Arbeit und Leben/Arbeit und/als Lernen – Lehren und Lernen als Zukunftswerkstatt (Robert Jungk), als Werkstatt für Erfindungen zu verstehen – Aufbau einer Lehr-Lern-Kommunikation die primär vom Lerner, von den Lernern ausgeht, von deren Neugier (gleich optimistisches Subjektverständnis) – die Dinge klären und dem Menschen helfen (Hartmut von Hentig) – Würde, Respekt, Kinderrecht-Konvention der UNO zur Grundlage nehmen und Bildung in Form von NGOs organisieren – Grundverständnis: Spiral-Curriculum (nach Saul B. Robinsohn), d. h. jeder kann jedes auf der Stufe seines Erkenntnisvermögens lernen: also Ausbildung eines subjektiven Curriculums wird ermöglicht zu lernen und zu lehren – Lernen des Lernens und Lernen des Lehrens sowie Lehren des Lernens sind zusammenzubringen – systemisches Lernen, d. h. auch, lernende Systeme entwickeln – „soziologische Phantasie und exemplarisches Lernen" (Oskar Negt) zusammenbringen, d. h. interessante/interessierende Punkte, Themen, Topoi finden, die reichhaltig und mehrperspektivisch das Lernen anregen – Lernergebnisse zeigen können, gleich: Erkenntnis und Performanz zusammenbringen – das Zeigen des Erforschten und/oder Erkannten als Evaluation nutzen – Zeigen als Herstellung von Öffentlichkeit nutzen, sich deutlich und selbst-bewusst aussetzen können, partizipieren mit anderen, Position beziehen können – Bildung und Kunst als kulturelle Dynamisierung verstehen und üben und als Aspekt von Experimentieren ins Offene, als demokratischem Experimentalismus (John Dewey/Hauke Brunkhorst) verstehen – sich beim Erforschen und Lernen durchaus freundschaftlich mit anderen fordern und sich damit in seinen Potenzen respektieren (gleich: über sich hinauswachsen bzw. aus schlummernden Potenzen und Latenzen öffentlich zeigbare Performanzen und intervenierende Produktionen erstellen) – Lernen ist eine Verhaltensänderung: es kann (muss) auch ein Verwerfen von vorherigen Gewissheiten und ein Erkennen (sein); anerkennen, dass etwas vielleicht nicht mehr gültig ist – Differenzsensibilisierung: eine Sache kann so und anders sein (vgl. Bertolt Brecht: Verfremdung, neues Sehen/Neues sehen: gleich anders-sehen) – Interessensorientierung als Kunst des Zerlegens (eine intellektuelle Haltung einnehmen) – Utopie-Entwicklung nach der philosophischen, sozial-existentialistischen Maxime von Ernst Bloch: "Ich bin. Aber ich habe mich noch nicht. Darum werden wir erst" – Abstandhaltende Reflexivität als *scholastic view* (Pierre Bourdieu), als menschliche Kraft, verstehen.

Ich meine, ich habe hier eine Reihe pädagogischer Haltungen und Konzepte aufgelistet, die – auch – Theater-Pädagogik und Creative Drama mehr oder weniger fundieren können, bzw. ich habe solche pädagogisch-methodische Haltungen gewählt, die sowohl in ein künstlerisches wie in ein pädagogisches Feld hineinreichen. Theater wie Pädagogik sind Praxeologien – sie gestalten die Logik(en) von Praxis/Praxen.

Creative! & Drama!

Ich komme zurück auf den methodischen Ansatz von Creative Drama, wie ich ihn als Betrachter von außen mir zurechtgelegt habe. Kreativität meint hier Selbst-Schöpferisch-Sein, die ‚fruchtbaren Momente' (so benannt beim Reformpädagogen Friedrich Copei; bei Gotthold Ephraim Lessing in der Zeit der Aufklärung hieß es: prägnanter Moment) in Bildungsprozessen erkennen und ausdrücklich gestalten. Drama soll heißen bzw. kann nach meinen Überlegungen im Zusammenhang des Ansatzes von Creative Drama heißen: Wir haben hier ein weites und intensives Verständnis von Spiel, spielerischem Ablauf, spielerischer Handlung vor uns. Und eben auch kein gleichgültiges Spiel (als das vermeintlich Unernste). Sondern: Wenn gespielt, inszeniert, ,performiert' wird im pädagogischen Konzept und Kontext von Creative Drama, dann ist es dramatisch – also bedeutsam, gestaltet, intensiv, handlungs-, entwicklungs- und interessenbezogen, nicht gleichgültig, sondern es hat einen starken Handlungs-Antrieb.

Kindliches Spiel als Selbst-Distanz (Richard Sennett)

Die sozial-ästhetische und damit kommunikative Dramatik von kindlichem und erwachsenem Spiel hat m. E. sehr gut der Soziologe Richard Sennett herausgearbeitet. Dessen Differenzierungen will ich hier abschließend anführen, um eine weitere Begründung des Ansatzes von Creative Drama zu liefern.

Der amerikanische Sozialwissenschaftler und Philosoph Richard Sennett, der im Übrigen auch Künstler/Musiker ist, hat eine aufregende Untersuchung vorgelegt, zuerst 1977 auf Englisch, dann 1983 auf Deutsch. Die Untersuchung trägt den Titel "Verfall und Ende des öffentlichen Lebens. Die Tyrannei der Intimität". Gewöhnlich wird der (zündende und herausfordernde) zweite Titel "Tyrannei der Intimität" kräftig zitiert und ist mancherorts schon zu einem Sprichwort/Slogan geworden, wenn es darum geht zu kennzeichnen, wie das heutige soziale, kommunikative Leben typischerweise abläuft: Das Intime, das sog. Authentische gilt als das Wahre, Wertvolle. Bei sog. zwischenmenschlichen Konflikten und ihren Lösungen gibt es eine Hierarchie, die dem Intimen, dem Authentischen, der Ausstellung des eigenen Selbst hohe Priorität einräumt. ,Echtheit' ist angesagt. Richard Sennett nun ist dieser Kult des vermeintlich Intimen/Authentischen/Echten ein Hinweis auf mangelnde Zivilisiertheit/Zivilität innerhalb der Erwachsenenwelt. Denn interessanterweise sieht Sennett hier einen Unterschied zwischen kindlichen Verhaltensweisen und denen von Erwachsenen am Werke. Ja, er wirft der Erwachsenenkultur vor, die Chancen, die Kinder namentlich in ihrer Art zu spielen entwickeln, zu unterdrücken, zu missachten. Kindliches Handeln im Spiel zum Beispiel ist nach Sennett ein Einüben in Selbst-Disziplin, während das Handeln der Erwachsenen gekennzeichnet sei durch "die Überzeugung, wahre zwischenmenschliche Beziehungen bestünden in Enthüllungen von Persönlichkeit zu Persönlichkeit" (S. 382), "der Glaube an den Wert direkter zwischenmenschlicher Beziehungen auf der Ebene der Intimität hat uns davon abgehalten, unser Wissen von der Realität ... zur Leitlinie unseres ... Handelns zu machen" (S. 381; ich habe hier zwei entscheidende Begriffe weggelassen: Sennett erkennt an dieser Stelle seiner Ausführungen einen Mangel im politisch-öffentlichen Umgang mit Machtverhältnissen politisch-ökonomischer Art als Folge von Intimisierung – man wird ihm darin folgen können, denke ich).

Richard Sennetts Analyse des kindlichen, kommunikativen Spiel-Umgangs weist auf die kindliche Fähigkeit hin, mittels des Spiels Energien für den öffentlichen Ausdruck zu gewinnen. Kindliches Spiel ist demnach kein Intimisierungsvorgang sog. unverstellter Zwischenmenschlichkeit/Kindlichkeit, sondern ein Erwerben von

Selbst-Distanz als Befähigung zu Welt-Erklärung, Welt-Strukturierung, Welt-Wissen und Welt-Meisterung.

Diese Sichtweise von Richard Sennett korrespondiert mit fast 200 Jahre alten Vorstellungen der deutschen Klassik und Romantik: Für Schiller und Schleiermacher oder Humboldt war es das Spiel nicht nur des Kindes, mit dem sich die Menschen die Welt aneignen. Was z.B. beim Kind wie Spiel aussah, war etwas ganz Ernstes, Wirkliches: Es war eben seine, des Kindes Weise, Welt zu erkennen, zu gestalten und sich in dieser Welt zu zeigen. Dieser öffentliche Austausch wurde als erzieherisch bedeutsam angesehen. Erst später finden wieder verstärkt – durchaus verständlich – Intimisierungen von Erziehung und Bildung statt, etwa im Schutzraum von Schulstuben. Diese sensible Tradition hat sich weitgehend durchgesetzt, so dass heute Erziehung und Therapie häufig nahe aneinander geführt werden – und die Schulkritik aber dagegen fordert, die Stadt als Schule, als Feld mit Lernorten zu sehen und sich "schools without walls" (Schulen ohne Mauern) wünscht.

In solchem Diskussionszusammenhang steht eine Pädagogik des Theaters/des Dramas als herumziehende (nomadisierende) Veranstaltung. Sie akzentuiert das Trainieren und die Möglichkeit des öffentlichen Ausdrucks von Kindern und Jugendlichen; denn das Machen/Handeln zeigt ein Grenzen überschreitendes Tun, eine Aktivität an, und Arbeit ist eine Werte schaffende, kreative Betätigung körperlicher und geistiger Kräfte, die der regelhaften Befriedigung der Lebensbedürfnisse dient … In der Physik wird Arbeit definiert als: Kraft mal Weg in der Kraftrichtung, so schreibt es mein konservatives Knaurs-Konversationslexikon (S. 67) gar nicht so unrichtig und recht plastisch. In ihrer Beteiligung an theatralen Prozessen gewinnen Kinder und Jugendliche ein anderes Verständnis von Arbeit, nämlich als selbstbestimmtes soziales und leib-seelisches Vermögen und als öffentliches und nicht entfremdetes Tätigwerden. Theaterarbeit als eine Art "Lebensgewinnungsprozeß" (Karl Marx), als Gestaltung von Lebenskunst – so der Titel eines Handlungs- und Forschungsprogramms der Bundesvereinigung Kulturelle Jugendbildung (BKJ).

Der Jugendforscher Werner Springer sagt treffend: "Im konkreten Handeln lernen Kinder und Jugendliche, Chancen und Probleme anzugehen oder anders als bisher aufzugreifen und zu lösen. Nur im Handeln können sie sich als kompetent und produktiv erfahren, einschließlich der Erfahrung im Umgang mit eigenen Grenzen und den Grenzen, die durch andere Personen, durch Normen oder materielle Strukturen gesetzt werden. Diese Erfahrungen sind fundamental: sie stärken ihr Selbst-Bewusstsein, ihre Gestaltungskraft, ihre praktischen und kommunikativen Kompetenzen im Kontakt mit Gleichaltrigen sowie bei der Suche nach befriedigenden Ergebnissen mit den Erwachsenen, also den Eltern, Erzieherinnen und Erziehern, Ausbilderinnen und Ausbildern, Kommunalpolitikern und Politikerinnen, Vertretern und Vertreterinnen von Kirchengemeinden, die über Ressourcen in dem oder für den sozialen Raum verfügen, wie z. B. Informationen, Geld, Räume und Materialien." (S. 11)

Literatur

Klaus Hoffmann, Ute Handwerg, Katja Krause (Hrsg.): Theater über Leben. Entwicklungsbezogene Theaterarbeit/Theatre of Relevance. Theatre Work Focussing Development. Berlin, Milow, Strasburg 2006.

Knaurs Lexikon A-Z. München 1951.

Gerd Koch: Lernen mit Bert Brecht. Bertolt Brechts politisch-kulturelle Bildung. Hamburg 1979; 2., erw. Aufl. Frankfurt am Main 1988.

Ders.: Einige Ideen zum Bildungsbegriff innerhalb einer Pädagogik der Lernorte: In. Dieter Neumann/Jürgen Oelkers (Hrsg.): Soziales und politisches Lernen. Frankfurt am Main 1987.

Ders.: Theater mit Kindern in der Alltagskultur. In: Bernd Ruping, Wolfgang Schneider (Hrsg.): Theater mit Kindern. Weinheim, München 1991.

Ders.: Verfremden. Lehren aus einer ästhetischen Praxis für die Bewältigung der uns umgebenden Normalität. In: Birgit Jank/Uwe Reyher (Hrsg.): Ganz Aug' und Ohr. Die andere art einer ästhetischen und sozialen Praxis. Obertshausen 1994.

Ders.: "Ich bin. Aber ich habe mich nicht. Darum werden wir erst". In: Angela Haubner, Ellen Tichy, Heiner Zillmer (Hrsg.): Warum spielt der Mensch ... Theater? Hannover 2001.

Ders.: Auf zur Mahagonny-Methode. Lehrhaftes aus dem Lernangebot "Aufstieg und Fall er Stadt Mahagonny". In: Francesca Vidal (Hrsg.): Bloch-Jahrbuch 2007. Träume von besserer Bildung. Mössingen-Talheim 2007.

Richard Sennett: Verfall und Ende des öffentlichen Lebens. Die Tyrannei der Intimität. Frankfurt am Main 1983.

Werner Springer: Auf den Alltag kommt es an! In: Jugend & Gesellschaft, H. 2, 2000.

Creative & Drama Education – An Experience Report

Gerd Koch

I would like to take a closer look at the experiences I had observing the exchange programme for theatre education professionals between the BAG Spiel und Theater and ÇDD in Turkey, which at first glance represents a departure from standard theatre educational work. I refer in the process to my own impressions, information provided by both Turkish and German colleagues of mine and various different conceptions of theatre and cultural education.

I also attempt to identify the concept of creative drama in what I observed. As a starting point and sort of watchword for my experiences, my thoughts and impressions can be best described by the motto "Learning about Culture(s) – Living Creatively" (I am using the same motto here employed by the Akademie Remscheid for their 50th anniversary, albeit in slightly altered form. Pluralising "culture" serves as a clarifying qualification with respect to everyday culture, life skills and technical aspects).

We visited the village of Kazan near Ankara, stopping at a plot of land with houses and agricultural buildings on it. It was Saturday morning and a large number of children of so-called primary school age were already there, as were several adults. I already knew some of them (most of them actually men) from a previous meeting in Ankara. Several others were from the village, as we were told: the owner of the grounds (a doctor with a second home here?), village residents, some of them the parents of the children, and some young interns. The grounds included some open spaces, an area where trees had been planted (a nursery selling plants) and a roofed over area for barbecuing. An older building was used as a sort of local or village museum, as we were told and shown later: the owner of the complex had set it up for this purpose and collected material (visual and text documents, tools, agricultural equipment) accordingly. This was where we had breakfast and where our meetings took place. Later on, the children also got together there following the activities, which took place outside. It was customary to enter the building barefoot or with plastic shoe covers.

We were able to watch group games and theatre-oriented exercises with the children. The basic form here was a circle, with strong involvement on the part of the group as a whole able to be observed. The focus of the activities alternated between attention being given to individual players by the person leading the game, individual exercises and group-oriented sections, with both competitive and calmer elements also evident. The person leading proceedings was also actively involved. The highly varied games and role-play activities lasted for around two hours and were drawn to a close with a sort of picnic in the barbecue area. Then the children all came together in the downstairs room of the local museum and were given worksheets by a colleague from the Creative Drama department (a psychologist). While I can't exactly say which individual exercises were supposed to be completed, I imagine that it was a sort of activating feedback worksheet, which is also what I understood from my colleagues later on. Pre-formulated questions on the game(s) and investigations that had taken place earlier were supposed to be answered, with the children able to discuss these questions both as a group and with my Turkish colleagues, who had not actively led the games themselves but had been on hand during the activities and at the picnic. If I understood correctly, these regular Saturday activities always consist of the same combination of direct doing followed by reflection on what has been done. The idea is to continually monitor educational, learning and experience processes and to adapt and improve the activities being offered accordingly. Sustainability is the goal.

As became clear in subsequent discussions, this educational approach also received endorsement based on the idea that it is supposed to establish a different methodological education model for teaching and learning than that usually followed in schools: orientation via experience rather than instruction-based education, self-directed learning that extends to written self-reflection. It was also mentioned that the children come of their own accord and that the parents are very supportive of the entire enterprise.

My colleagues from the Creative Drama department also revealed an additional point of didactic and academic interest with respect to this form of educational goal: the region contains many sites of archaeological interest whose excavations are unearthing the historical settlement of the area and how it was used. Mineral deposits are also supposed to be located in the region. A lecturer from one of the Ankara universities is thus carrying out expeditions in the area with children, carrying out historical and empirical work. The materials found and the research carried out on them now enable the children to begin to acquire a materialist, positivist, naturalistic (or simply, academic) understanding of history. The vivid slogan of the Swedish historical work place movement comes to mind here: "Dig where you're standing!" Local children thus turn their attention to the area in which they live and make it their own in the process (similar to educational approaches that promote active appropriation of the world). Science should take precedent here over ideology and metaphysics (at least that was my conclusion). At the same time, this approach is experience-oriented, depicting the initial steps of scientific research in playful fashion, for what is found can also be shown with pride (we might also think of the performative concept of land art here, which could be used as part of the concept of creative drama if not being done so already). Respect is shown for history and the landscape, activities are carried out collectively under academic, specialist supervision and results of an objective and communicative nature can be presented, whether in a local museum or outdoors in a theatrical or village context. The idea of embedding such items or providing a spiritual home for them within a voluntary, individually significant context is demonstrated in creative fashion and with suitable respect for both people and objects.

Methodological Stances and Approaches

The complex educational approach employed by creative drama reminded me of the following educational / methodological approaches and professional stances. I was able to recognise several of them, often combined in new, independent ways, in the examples of my Turkish colleagues' work I saw (during both the observations and in comprehensive discussions), whether in direct, sensory fashion or in the form of a basic stance. I see evidence for the idea that advanced artistic, theatrical, dramatic, performative and educational, investigative and academic research, representation and field work are not mutually exclusive and that the respective habitus of those active in each of these areas may come together in productive fashion. The following list consists of my own keywords and ideas with respect to what I observed:

Learning though discovery – investigative learning – experience orientation – genetic teaching and learning, that is, teaching and learning related to developing insights (Martin Wagenschein) – accepting so-called mistakes as a form of individual- and self-creative qualification during learning – resource rather than deficit orientation – learning from success (Jona B. Rosenfeld) – life-long / life-accompanying learning / learning across the lifespan as a dialogic process of negotiation between subjects – environmental orientation in education (Hans Thiersch) implies the subjective appropriation and shaping of the everyday world in order that it becomes an "understood" world – scene-based learning approaches are often seen as a mere detour, although they trace the "true" path of insight better and in more long-lasting fashion than any sort of pre-prepared straightforwardness (Horst Rumpf) – pragmatic cooperation between different artistic and academic disciplines – making use of visuality in teaching, learning and perception, see also so-called imaginative teaching and learning, whereby imagination does not just refer to open images and their construction and ambiguity but also more deep-seated processes of imagination (see the imaginata approach by Peter Fauser) – project orientation (John Dewey/ William Heard Kilpatrick) in education usually refers to two things: completing a task creatively and finding (discovering), shaping and possibly adapting this task to begin with (equivalent to a future orientation) – work and life/ work and / as learning – teaching and learning as a workshop for the future (Robert Jungk), as a workshop for understanding discoveries – establishing communication between teachers and learners that primarily takes the learner or learners and their curiosity as its starting point (equivalent to an optimistic understanding of the subject) – clearing up different matters and helping people (Hartmut von Hentig) – taking dignity, respect and the UN Convention on the Rights of the Child as a basis and organising education in the form of NGOs – a basic understanding of the spiral curriculum (after Saul B. Robinsohn), that is, anyone can learn anything at the level of their own cognitive capacity: the creation of a subjective curriculum is enabled for both learning and teaching – learning to learn, learning to teach and teaching learning should be brought together – systematic learning, which also means developing learning systems – bringing together "sociological fantasy and learning by example" (Oskar Negt), that is, finding interesting/intriguing points, subjects and topoi that stimulate learning comprehensively and from a multitude of perspectives – the ability to show the results of learning, equivalent to bringing together insight and performance – making use of showing what has been investigated and / or identified as a form of evaluation – making use of showing to generate a public sphere, to open oneself up to being exposed with clarity and confidence, to create participation with others and to establish a position – understanding and practising education and art as form of cultural dynamisation and grasping it as an aspect of open experimentation, as democratic experimentalism (John Dewey/Hauke Brunkhorst) – making demands on oneself during investigation and learning in suitably friendly fashion with others and thus having respect for oneself and one's skills (equivalent to moving beyond oneself or creating publicly displayable performances and interventional productions based on hidden skills and latencies) – learning is a change in behaviour: it can (must) also be a rejection of previous certainties and a form (state) of recognition; recognising that something may no longer apply – sensitisation to difference: things can be alike or different (see Bertolt Brecht: distancing, new ways of seeing, seeing new things: seeing differently as a matter of course – interest orientation as an art of deconstruction (taking on an intellectual stance) – developing a utopia according to the philosophical, social-existentialist maxims of Ernst Bloch: "I am. But I don't have myself yet. That's why we become we in the first place" – understanding a form of reflexivity that keeps its distance as a *scholastic view* (Pierre Bourdieu), as a human force.

I believe to have listed a series of educational stances and concepts here that could to a greater or lesser extent also form the foundation of theatre education and creative drama, or I have, so to speak, chosen methodological stances in education that extend into both the fields of art and education. Theatre and education are both praxeologies - they shape the logic(s) of practice / practices.

Creative! & Drama!

I now return to the methodological approach of creative drama or rather my assessment of it as an external observer. Creativity refers here to the idea of being self-creative, recognising "fruitful moments" (a term used by reformist educationalist Friedrich Copei, which Gotthold Ephraim Lessing described as the "pregnant moment" at the time of the Enlightenment) in educational processes and shaping them in explicit terms. According to my own thoughts on the creative drama approach, drama is supposed to / can refer to the following: a broad-based, intense understanding of games and role-play, acting processes and playful action. Yet it's not just about any old game or form of acting (allegedly non-serious in nature), but rather the idea that when acting, staging or "performance" take place as part of the educational concept and context of creative drama, it is inherently dramatic, carries significance, has been specifically formed, is intense, related to action, development and different interests rather than indifference and contains a strong impetus for action.

Child's Play as Self-Distance (Richard Sennett)

In my opinion, sociologist Richard Sennett explored the socio-aesthetic and thus also communicative dramatics of child and adult play with a great deal of success. I would thus like to conclude by drawing on his differentiated views to provide further justification for the creative drama approach.

American social scientist and philosopher Richard Sennett, who is also an artist and musician, published a most exciting study in 1977 entitled "The Fall of Public Man". Yet it is the (stirring and challenging) title of its final chapter "The Tyrannies of Intimacy" that has been most broadly cited, even becoming a catchphrase or slogan in certain circles when the focus is on characterising how social, communicative life typically unfolds today: the intimate, the so-called "authentic" is seen as being true or valuable. A hierarchy exists within so-called interpersonal conflicts and their solutions which gives significant priority to the intimate, the authentic and the exhibition of the individual self. "Genuineness" is in, as it were. For Richard Sennett, this cult of the supposed intimate/authentic/genuine is an indication of a lack of civilisedness/civility within the adult world. It is of particular interest that Sennett sees a difference between the conduct of children and that of adults at work here. For he accuses the adult culture of repressing or disregarding the chances actually developed by children in their way of playing. According to Sennett, children's actions during play offer practice in self discipline, whereas the actions of adults are characterised by the "belief that real human relations are disclosures of personality to personality" (p. 339), "the belief in direct human relations on an intimate scale has seduced us from converting our understanding of … realities … into guides for our own …. behavior." (p. 339; I have left out two decisive concepts here: Sennett identifies clear drawbacks in how power relations of a political-economic nature are treated both publically and politically as a direct consequence of intimisation – I think one can follow him there).

Richard Sennett's analysis of how children treat play in communicative terms refers to the childish ability to use play to acquire energies for public expression. In line with this, child's play is thus not a process of making so-called undisguised interpersonal relations or childishness more intimate but serves instead as means of acquiring self-distance as a skill to explain, structure, gain knowledge about and master the world.

Richard Sennett's view here corresponds with the almost 200 year old ideas of German Classicism and Romanticism: for Schiller and Schleiermacher or Humboldt, it wasn't just child's play that enabled people to appropriate the world. What, for example, looked like child's play was actually something very serious and real: it was the child's way of recognising and shaping the world and showing his or herself within it. This sort of public exchange was regarded as educationally significant. It was only later that increasing, entirely understandable attempts took place to make education more intimate, such as in the protective space of classrooms. This sensitive tradition has to a large extent prevailed, so that education and therapy are frequently carried out in close proximity to one another today, while critics of schools demands on the other hand that cities themselves be regarded as schools and fields of learning, expressing the desire for "schools without walls".

Theatre or drama education takes the form of a travelling (nomadic) event in the context of such discussions. It accentuates the training of and possibility for public expression on the part of children and young people. For doing something/taking action is an activity that implies boundaries being crossed, with work forming a creative pursuit for physical and mental ability that generates values and which serves to satisfy the needs of life in regimented fashion. In the field of physics, work is defined as force multiplied by distance in the direction of the force in question, a suitably vivid definition. Their involvement in theatrical processes allows children and young people to acquire a different understanding of work, namely as a self-determined, social, physical and mental capacity and as a public, non-alienating form of taking action. Theatre work as a process for appropriating life (Karl Marx), as a means of shaping the art of living – which is also the title of a practical and research programme by the Bundesvereinigung Kulturelle Jugendbildung (BKJ).

Youth researcher Werner Springer has some truly fitting words to this end: "By taking concrete action, children and young people learn to tackle chances and problems or to grasp them differently than previously and find solutions as such. It is only by taking action that they can experience themselves as competent and productive, which includes the experience of dealing with their own boundaries and those set by other people, norms or material structures. These experiences are fundamental: they strengthen their self-confidence or awareness of the self, their creative power, their practical and communication skills in contact with those of the same age as well as when looking for satisfying results with adults, that is, parents, educators, trainers, (local) politicians and parish representatives who have resources in or for the social space at their disposal, such as information, money, spaces and materials." (p. 11)

Bibliography

Klaus Hoffmann, Ute Handwerg, Katja Krause (Eds.): Theater über Leben. Entwicklungsbezogene Theaterarbeit/Theatre of Relevance. Theatre Work Focussing Development. Berlin, Milow, Strasburg 2006.

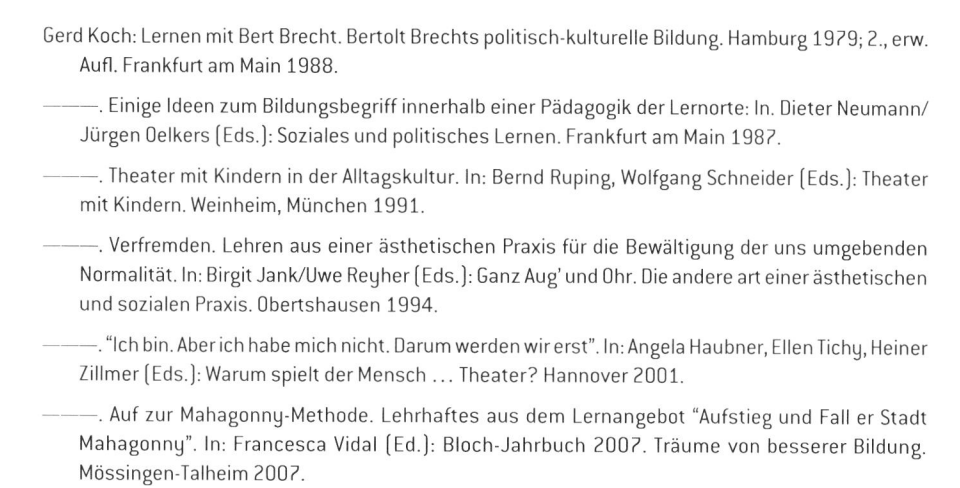

Gerd Koch: Lernen mit Bert Brecht. Bertolt Brechts politisch-kulturelle Bildung. Hamburg 1979; 2., erw. Aufl. Frankfurt am Main 1988.

———. Einige Ideen zum Bildungsbegriff innerhalb einer Pädagogik der Lernorte: In. Dieter Neumann/Jürgen Oelkers (Eds.): Soziales und politisches Lernen. Frankfurt am Main 1987.

———. Theater mit Kindern in der Alltagskultur. In: Bernd Ruping, Wolfgang Schneider (Eds.): Theater mit Kindern. Weinheim, München 1991.

———. Verfremden. Lehren aus einer ästhetischen Praxis für die Bewältigung der uns umgebenden Normalität. In: Birgit Jank/Uwe Reyher (Eds.): Ganz Aug' und Ohr. Die andere art einer ästhetischen und sozialen Praxis. Obertshausen 1994.

———. "Ich bin. Aber ich habe mich nicht. Darum werden wir erst". In: Angela Haubner, Ellen Tichy, Heiner Zillmer (Eds.): Warum spielt der Mensch ... Theater? Hannover 2001.

———. Auf zur Mahagonny-Methode. Lehrhaftes aus dem Lernangebot "Aufstieg und Fall er Stadt Mahagonny". In: Francesca Vidal (Ed.): Bloch-Jahrbuch 2007. Träume von besserer Bildung. Mössingen-Talheim 2007.

Richard Sennett: The Fall of Public Man. New York 1977.

Werner Springer: Auf den Alltag kommt es an! In: Jugend & Gesellschaft, H. 2, 2000.

Eingreifen Lernen mit Lehrstücken
oder: Das Private ist politisch und das Politische ist privat – wo gilt dies noch?

Jutta Heppekausen

Theaterarbeit gilt als Königsweg der internationalen Verständigung, da die ästhetische Wahrnehmung und Gestaltung über die Sprache hinaus Personen und Situationen ganzheitlich erfassen, ausdrücken und in Bewegung setzen kann. Unterschiede *und* Gemeinsamkeiten können so sichtbar und annehmbar werden. Meine theaterpädagogischen Erfahrungen in Italien, Palästina, Israel, Russland, Georgien, Bosnien und anderswo haben mir darüber hinaus ermöglicht, eigene Selbstverständlichkeiten im Denken und Handeln zu relativieren: In fremder Umgebung entstehen auf der Bühne alltägliche Szenen von Freude oder Trauer, von Sinnsuche, Liebe, Angst, Macht, von Nähe und Distanz mit so unterschiedlichen Konkretisierungen, dass mir das Spezifische meiner Lebensbedingungen und wie ich sie (er)lebe oft mit frischer Schärfe bewusst werden. Das Ermutigende daran kann sein, dass uns der Gedanke – und das Gefühl – „Es kann also auch ganz anders sein" auch unsere eigene Lebenswirklichkeit als möglicherweise veränderbar wahrnehmen lässt. Darum hat mich ganz besonders ein Lehrstück-Experiment im Jahre 2010 in Bursa (Türkei) interessiert: Welche Szenen von den TeilnehmerInnen werden gerade hier entwickelt und wie viel Veränderungsmut bei Missständen kommt auf?

„Das Private ist politisch und das Politische ist privat", war ein zentraler Slogan der Studenten- und Frauenbewegung in den 1960er Jahren in Deutschland[1]. War dies eine naive Illusion von der Veränderbarkeit gesellschaftlicher Machtverhältnisse, ein unerfüllbarer Traum von Demokratie? Heute, über vierzig Jahre später, haben wir es mit schier unüberschaubaren Zentralisierungsprozessen in Wirtschaft und Politik zu tun, mit einer Globalisierung unserer Lebensverhältnisse, mit „Luftgeschäften" von Banken, die unsere Renten kippen (*Was ist schon das Ausrauben einer Bank, gegen die Gründung einer Bank*, sagte dazu Bertolt *Brecht*). Gleichzeitig leben wir – zumindest in Zentraleuropa – mit weniger offener politischer Repression, haben ausgeweitete Entscheidungsmöglichkeiten (und auch -zwänge) in alltäglichen Dingen wie beruflichen Wegen, Lebensformen und – Kaffeesorten ...: Brauchen wir überhaupt noch ein Verständnis von Zusammenhängen zwischen Privatem und Öffentlichem, zwischen der eigenen kleinen persönlichen Welt und gesellschaftlichen Prozessen bis hin zum globalisierten Bedingungs-Gestrüpp? Und: Stellt sich diese Frage in der Türkei anders?

Vielleicht brauchen wir, die weniger Mächtigen in Deutschland ebenso wie in der Türkei, ein mutiges Selbst-Bewusstsein in diesen Widersprüchen, die eine/n manchmal fast zerreißen können, besonders dringend. Vielleicht gilt es hier wie dort, unser Selbst im Mikrokosmos unseres Alltags als Teil des Makrokosmos gesellschaftlicher Zusammenhänge bewusst zu erkennen und mit Brecht, die Dialektik lobend, im Probehandeln des Spiels zu erleben: „So, wie es ist, bleibt es nicht" (Brecht). Vielleicht kann eine ästhetische Auseinandersetzung mit der je eigenen Wirklichkeit in diesem Sinn demokratische Haltungen stärken. Vielleicht kann Theaterspielen mit Amateuren in pädagogischen Feldern einen produktiven Beitrag dazu leisten, *sich in die eigenen Angelegenheiten einzumischen* (so der Sänger und Dichter Wolf Biermann) und *die Welt endlich bewohnbar zu machen* (Brecht)? Und vielleicht stellt sich diese Frage in einem Land wie der Türkei gar nicht so anders wie in Deutschland?

Kontext und Text

So wie Brecht mental nach China oder Japan ging, um einen fremden Blick zwecks Erkennen des allzu Vertrauten einzuladen, so gingen wir real in die Türkei und konnten so gemeinsam mit 20 türkischsprachigen angehenden Theaterpädagog/innen aus pädagogischen, sozialen und psychologischen Feldern folgende Frage an Ausschnitten aus deren uns fremd-vertrauter Wirklichkeit anschauen:

> Wie nützlich und wie veränderbar ist „der Brauch"?
> [Töre ve gelenek – faydalarl ve esnekliği mi?]

Erspielen, Erspüren, Erkennen, Erproben wollten wir diese Frage im Sinne einer handelnden Übung in dialektischem Denken und Fühlen mit Bertolt Brechts Lehrstück „Der Jasager" in der zweiten Fassung von 1931, also erschienen kurz vor dem Beginn de NS-Herrschaft. In der auf ein japanisches Nô-Stück zurückgehenden Parabel geht es um einen Knaben, dessen Mutter an einer Seuche erkrankt ist und der sich zu ihrer Rettung an einer Forschungsreise mit Studenten und einem Lehrer beteiligen möchte, um für sie Medizin zu holen. Der Knabe erkrankt im Gebirge und kann nicht über einen steilen Grat getragen werden. Der Brauch verlangt von ihm, dass er sein Einverständnis erkläre, zurückgelassen zu werden. Der Knabe ist nach einer Pause des Nachdenkens einverstanden und möchte aus Angst vor dem Alleine- Sterben ins Tal hinab geworfen werden. Dies vollziehen die Studenten mit Unterstützung des Lehrers, nachdem sie versprochen haben, der Mutter die Medizin zu bringen. Im Text heisst es:

> „Dann nahmen die Freunde den Krug
> Und beklagten die traurigen Wege der Welt
> Und ihr bitteres Gesetz
> Und warfen den Knaben hinab.
> Fuß an Fuß standen sie zusammengedrängt

An dem Rande des Abgrunds
Und warfen ihn hinab mit geschlossenen Augen
Keiner schuldiger als sein Nachbar
Und warfen Erdklumpen
Und flache Steine hinterher."
(Brecht, in: Szondi 1966, S.40)[2]

Lernangebot: Kompetenzen in dialektischen Haltungen erweitern

Ziel der theaterpädagogischen Arbeit mit diesem Stück war, das Selbst-Bewusstsein über eigenes Handeln in Konfliktsituationen zu stärken, und zwar bei Konflikten zwischen individuellen (privaten, persönlichen) Interessen *und* Ansprüchen, Traditionen, Gepflogenheiten der Gemeinschaft, in der die Einzelnen leben und zu der sie sich zugehörig fühlen oder fühlen möchten – also das alte und immer wieder neue Widerspruchs-Verhältnis von Individuum und Gesellschaft, von Einzelnen und Kollektiven, von konkreter Aktualität und Tradition oder – mit Klaus Holzkamp gesprochen – um *soziale Selbstverständigung*.[3] Selbst-Bewusstsein und -Verständigung meinen hier also ein vertieftes Verstehen und Erfühlen der eigenen Rolle(n), ihre Begründungen in ihrer sozialen Bedingtheit, eine Klärung der Wirkungen des konkreten Handelns und der relativen Freiheitsgrade, bezogen auf Veränderungsmöglichkeiten im jeweiligen sozialen Kontext. Dazu kann die spielerisch-handelnde Auseinandersetzung im szenischen Kontext folgende Kompetenzen fördern:

Perspektiven zu wechseln zur Klärung der eigenen (Gestaltungs-)Macht durch ein Sich-Hineinversetzen in die Wahrnehmungswelten unterschiedlicher, oft geradezu gegensätzlicher Rollen sowie in die unterschiedlichen Perspektiven von Nähe und Distanz; innere Ambivalenzen sowie äußere Widersprüche auszuhalten, um eigene Haltungen im Aushandeln mit dem Umfeld zu klären. Damit können emotionale und kognitive Voraussetzungen von *eingreifendem Denken* (Bertolt Brecht, zitiert nach Steinweg 2005, S. 87) gestärkt werden.

Zusammenhänge herstellen zu können zwischen dem Mikrokosmos der eigenen sozialen Alltagsrealität und dem gesellschaftlichen Makrokosmos. „Die Lehrstücke sind Übungen, die das Persönliche, d.h. die Erfahrung in Konflikten mit Personen des unmittelbaren eigenen Handlungs- und Lebenszusammenhangs mit dem Politischen, d.h. Konflikterfahrungen in Institutionen, im Beruf, in politischen Gruppierungen, mit politischen Gegnern oder sozial Mächtigen bis hin zur Wahrnehmung internationaler Konflikte verbinden. Der Text, das Spielen des Textes, erleichtert es, den Zusammenhang der eigenen Konflikterfahrung mit der gesellschaftlichen Konfliktstruktur zu erkennen." (Steinweg 2005, S. 20)

Weise am Weisen ist die Haltung

> Zu Herrn Keuner, dem Denkenden, kam ein Philosophieprofessor und erzählte ihm von seiner Weisheit. Nach einer Weile sagte Herr Keuner zu ihm:'Du sitzt unbequem.' Der Philosophieprofessor wurde zornig und sagte: 'Nicht über mich wollte ich etwas wissen, sondern über den Inhalt dessen, was ich sagte.' ‚Es hat keinen Inhalt', sagte Herr Keuner,'ich sehe dich täppisch gehen und es ist kein Ziel, dass du, während ich dich gehen sehe, erreichst. Du redest dunkel und es ist keine Helle, die du während es Redens schaffst. Sehend deine Haltung, interessiert mich dein Ziel nicht. (Bertolt Brecht)

Vier Tage, die ... was eigentlich? ... veränderten[4]

Nach Bewegungsübungen zur Gruppenfindung und Aktivierung von Körper und Stimme zeigt sich bei der Themen-Soziometrie zu „Meine momentane Haltung zu Bertolt Brecht" ein extrem breites Spektrum von „Auf-dem-Ball-Liegen" (der Ball symbolisierte Brecht und sein Werk) über neugierig nach ihm greifen, halb zugewandt mit einem „Spielbein" zum möglichen Weglaufen, mit Distanz aber hoher Körperspannung und offenem Blick („Ich kenne von Brecht bisher kaum etwas, will es aber kennen lernen") bis hin zu mehreren Metern Abstand und abgewandter Haltung („Eigentlich müsste ich gerade etwas ganz anderes machen, will aber hier dabei sein.").

Einem bild- und text-gestützten Theorieimpuls über Lehrstücke allgemein folgt eine körperliche Annäherung an den Begriff *sozialer Gestus*: mit dem „Bild des Wortes"[5] erforschen wir die in dieser Gruppe herrschenden spontanen Körperassoziationen zu „Lehrer/in". Die Spontanhaltungen wurden mit ‚sound and movement' in Bewegung gesetzt und ‚Familien' von ähnlichen Darstellungen gebildet. Dominant zu etwa gleichen Anteilen sind in der Gruppe vorhanden: ein strafender Gestus, ein liebevoll zugewandter und ein zeigender. Sozial konkrete Situationen dazu und ihre Bedingungen werden im Gespräch kurz zusammengetragen.

Mit dem Text des deutschsprachen Dichters Christian Morgensterns („Das große Lalula"), gesprochen z.B. im Ton eines Nachrichtensprecher nach einem Terroranschlag, als Marktschreierin mit den letzten Blumen im Angebot, als *gansta* im *battle*, als Richter beim Verkünden einer Gefängnisstrafe oder als Liebende beim Treueschwur vor einer Trennung, loten wir Zusammenhänge und Widersprüche von „Worten", Intonation und Körperausdruck aus. Angelehnt an eine Übung aus dem Repertoire der *Lee-Strasberg-Method* („Schauspiel ist die Fähigkeit, absolute Realität auf der Bühne zu erzeugen") spielen wir mit dem *empty vessel* (leeren Gefäß): Eine Teilnehmerin spielt einen anderen – mit dem Lalula-Text – an, der seinerseits zunächst nicht weiß, wer und wo er ist und spontan reagiert. Nach wenigen Minuten haben die Partner/innen ebenfalls ihre Rollen gefunden und können sie anschließend sozial konkret benennen. Der interaktive Charakter von Rolle und Gestus kann so erfahrbar werden.

Die erste Begegnung mit dem „Jasager" hat die Gruppe bei einer Lesung der türkischen Übersetzung. Wir lesen den ganzen Text mit allen Regieanweisungen im Sitzkreis reihum, d.h. ohne Rollenzuteilung an bestimmte Leser/innen und ohne besondere Betonung (distanzierte Wahrnehmung). Um zu einer emotionalen Identifikation einzuladen, gehen die Teilnehmer/innen danach mit dem Text in der Hand in wechselnden Tempi durch den Raum, lesen laut jede/r für sich einzelne Abschnitte oder Sätze mit wechselnder Intonation und Gefühlsfärbung, erproben sinnunabhängig verschiedene gestische Gestaltungen (unter Tischen versteckt, Wände verschiebend, zusammengekrümmt liegend, in der Raummitte deklamierend). Nach längerer Zeit werden sie aufgefordert, dabei miteinander in Kontakt zu treten, sodass brüchige, absurde Dialoge entstehen. Mit dieser Erfahrung in Körper und Kopf ziehen sich alle wieder auf sich selbst zurück und markieren die Textstellen, die sie am intensivsten positiv oder negativ berührt haben, schreiben die in diesem Sinn für sie bedeutsamste Stelle heraus und *clustern* die Sätze auf dem Boden des Seminarraums (vgl. *Lichtflecken*-Arbeit nach Stanislawski). Auf dieser Grundlage werden vier Gruppen gebildet, die die gleichen, als Szenen abgrenzbaren Textstellen ausgewählt haben.

Immer wieder unterbrochen durch energiespendende Körperübungen, dem Geben und Nehmen von Haltungen, dem Aktivieren von emotionalem und Körper-Gedächtnis und kurzen Feedback-Runden über den Arbeitsprozess erarbeiten diese Gruppen ihre Szene. Dabei orientieren sie sich an den eingeführten Improvisationsregeln: keine Regie, sondern Spiel nach Impulsen, Ja-Sagen zu Angeboten, Perspektivenwechsel – d.h. alle spielen einmal alle Rollen. Gespielt wird mit dem Textblatt in der Hand und nach jeder Spielrunde geben alle ein kurzes Blitzlicht ab: Welche Gefühle löst das Spiel in mir aus? Welche Körperhaltungen, Tonfälle, Gesten, Blicke, Bewegungen im Raum sind mir aufgefallen? Welche Alltagerinnerungen sind mir dazu eingefallen? Am Schluss einigt sich die Kleingruppe in einer zeitlich begrenzten „Dramaturgiephase" (maximal 15 Minuten) auf eine Spielvariante, die sich aus all diesen Spielerfahrungen zusammensetzt: Welche Rollen, welche szenischen Gestaltungen interessieren mich am meisten? Was hat mich am intensivsten beunruhigt? Nach einigen Anregungen zu Verfremdungstechniken werden nun die Szenen für eine Präsentation in der Gesamtgruppe bearbeitet. Hinweise der Spielleiterin zum „Ernstnehmen" der körperlichen Erfahrung z.B. beim Tragen eines Spielers über einen realen „schmalen Grat" von Tischen und Stühlen helfen beim Einfühlen in den Konflikt; Unterstützung z.B. bei Zeitlupentechnik, dem Einsatz von Tüchern, bei Stimm-Experimenten und einem bewussten Spiel mit Raum werden mit Staunen und Freude genutzt. Zur Aufführung kommen Szenen, die die Zuschauer/innen einem Wechselbad von berührendem Mitgefühl und distanzierender Irritation aussetzen. Es wird passagenweise gesungen, ohne Worte in Zeitlupe gespielt und immer wieder wird die Szene ‚eingefroren' (*freeze*), damit ein/e Spieler/in an den „Bühnenrand" treten kann, um einen Kommentar aus persönlicher Perspektive zu der von ihr dargestellten Figur abzugeben oder aus der Figurenperspektive ihre Handlungsmotivation zu erläutern. Die Zuschauer/innen benennen Momente, die sie besonders berührt haben und welche Assoziationen zu eigenen Erlebnissen sich bei ihnen herstellten. Genannt werden

Szene des Gespräches zwischen Mutter, Lehrer und Knabe über die große Reise:
>> Sohn will das Elternhaus verlassen – Schwierigkeit des Abschiedes
>> Egoistische Tochter, die einen Mutterschmerz ignoriert
>> Lehrerworte, die ernster genommen werden als Mutterworte – Staat oder Familie, wer erzieht?
>> Lehrer als schlechtes Vorbild – Wunsch nach selbstlosem Lehrer

Szene: Gespräch der Studenten mit dem Knaben, der Versuch, ihn über den steilen Grat zu tragen und die Entscheidung, ihn um Einverständnis zu bitten, ihn zurückzulassen:
>> Mensch und Natur – der Mensch muss sich unterwerfen
>> der Krieg im Süden (Kurdistan), „nationale Interessen"
>> Einverständniserklärung des Knaben und die Studenten werfen den Knaben ins Tal (zweimal gewählte Szene):
>> Druck von Autorität und Mitstudierenden gegen einzelne im Seminar
>> Handeln ohne Gefühl, ohne Rücksichtnahme und ohne Diskussion an vielen Stellen, z.B. in der Schule

Im nächsten Schritt lassen die Teilnehmer/innen – sich im Raum bewegend – das Erlebte nachklingen, lassen Erinnerungen an Alltagssituationen aufkommen, spielen mit geschlossenen Augen einige zentrale Gesten von darin Beteiligten an (Einfühlung), kommentieren mit einem Standbild ihr eigenes aktuelles Gefühl dazu (Hilfe zur Distanzierung durch Ausdruck)[6], kommen dann wieder in ihre Szenengruppen zurück, tauschen sich über das gefundene Alltagsmaterial aus der türkischen Gegenwart kurz aus und einigen sich nach subjektivem Impuls auf eine Szene, die alle am meisten interessiert. Die gefundene Alltagsszene wird nun so improvisiert, dass alle Kleingruppenmitglieder eine Rolle darin finden, alle Spieler/innen alle Rollen einmal gespielt haben und in der „besten" – d.h. die dichtesten, emotional und kognitiv intensivsten Momente aufgreifenden – Variante dramaturgisch mit Verfremdungstechniken bearbeitet. Der Originaltext aus dem „Ja-Sager" soll als Text*baustelle* benutzt werden, d.h. Passagen können umgeschrieben, neu zusammengestellt und eigene Worte sparsam mit aufgenommen werden. Es entwickeln sich aus allen Erlebnissen der Kleingruppenteilnehmer/innen synthetisierte Szenen. Reflexionskriterien sind dabei:
   Werden die Haltungen der Figuren (als sozialer Gestus) deutlich?
   Werden für uns relevante „Selbstverständlichkeiten" („Brauch") deutlich?

Zuletzt findet die Gruppe einen Titel zu dem, was für sie jeweils Kernthema ihrer Szene ist.

Die erarbeiteten Szenen werden nun innerhalb der Seminargruppe je zweimal aufgeführt: Einmal dürfen die Zuschauer/innen die Ablauf stoppen, eine Figur ihrer Wahl aus dem Geschehen herausrufen (alle anderen verharren im Standbild) und Fragen stellen: zum Hintergrund der Figur, zu den Beziehungen zwischen den Figuren, zur Handlungsmotivation und zu inneren Widersprüchen. Größere Zusammenhänge kommen so ins „Bild" für alle Beteiligten, die Spieler/innen vertiefen ihre Rollenarbeit.

Am Schluss sind folgende Parallelszenen entstanden, die hier kurz inhaltlich skizziert werden:

Szene: „Weggehen"
Eine schwangere Frau teilt ihrem Mann mit, dass sie auswandern möchte, um dem Kind eine bessere Zukunft (Bildung, soziales System) zu ermöglichen und bittet ihn, ihren Arbeitsvertrag, den er geschlossen hat, aufzulösen. Ihr Mann lässt sich überzeugen, der Chef nicht: „Unser Land hat Ihre Ausbildung bezahlt!". Die Frau beschließt, dennoch auf jeden Fall zu gehen und fordert ihren Mann auf, aus Liebe mitzugehen.

Szene: „Behinderung"
Ein Arzt teilt seiner schwangeren Patientin mit, dass ihr Kind zu 40 % behindert sein wird und empfiehlt eine Abtreibung. Der Ehemann redet ihr auch in dieser Richtung zu, der Sohn will das neue Kind auf jeden Fall als Spielgefährten, der Chor besingt das Schönste auf Erden, die Familie. Die Mutter bricht auf dem schmalen Grat zusammen.

„Leben mit dem Brauch"
Ein zehnjähriges Mädchen wird auf die Hochzeit vorbereitet. Sie weint, die Mutter tröstet sie. Der zukünftige Ehemann, sechzehn Jahre alt, versucht gegenüber den eigenen Eltern dem Plan zu widersprechen. Die Eltern argumentieren mit der Familienehre – der Bruder der Braut hatte die eigene Tochter entführt: „Ein Mädchen geben, ein Mädchen nehmen." Der Sohn fügt sich widerstrebend, schreitet mit dem Hochzeitszug, in dem keiner froh ist, ins Leere. Der Chor singt die Schlussverse (aus Brechts Lehrstück): „... und beklagten die traurigen Wege der Welt und warfen den Knaben hinab ... Keiner schuldiger als sein Nachbar ...".

Szene: „Recht(losigkeit)"
Ein einflussreiches Elternpaar fordert von einer Lehrerin, dafür zu sorgen, dass ein aggressiver Junge, Sohn einer sozial benachteiligten alleinerziehenden Mutter, von der Schule verwiesen wird, da er das eigene Kind und auch andere Klassenkamerad/innen mehrfach geschlagen habe. Die Lehrerin ist nach einigem Zögern einverstanden und teilt dies der Mutter mit, die ohne Widerspruch „ins Tal hinab" geht.

Der seine landesbewusste Rede singende Chef, der im Text süßliche und im Ton nüchterne Song des Chores über das Familienglück, der schmerzgebeugt mitten ins Publikum hinein schreitende Hochzeitszug, bei dem der *rap* des ehrbewussten

Vaters, unterstrichen durch das rhythmische Spiel mit der Gebetsperlenkette, noch nachklingt , die die Nervengrenzen ausreizende, wortlose Langsamkeit, mit der die Abschiebung der Mutter angezettelt wird, in seiner Unaufhaltsamkeit nur unterbrochen von persönlichen *statements* der Spieler/innen zum Handeln dieser Figuren, um sich dann rasant und lächerlich auf einem Büro-Rollhocker zurückzuziehen – diese Spielszenen bewirken, obwohl alle im Raum die Szenen inzwischen kennen, nachdenkliches Gemurmel, bisweilen begleitet von plötzlichem Lachen, immer wieder gefolgt von irritiertem Schweigen, manchmal auch ärgerlichem Stirnrunzeln und verschränkten Armen.

Am nächsten Morgen nach einer Nacht zum „Überschlafen" entscheidet sich die Gruppe in soziometrischer Wahl (räumliches Positionieren der Gruppenmitglieder zu Standbildern, die die Essenz der jeweiligen Szene ausdrücken) für die 4. Szene (knapp vor der 3.) zur weiteren Bearbeitung, die als *Forumtheater* nach Augusto Boal zur weiteren theatralen Bearbeitung vorgeschlagen wird. Entscheidungskriterien waren:
Mit welchen Haltungen sind Sie in Ihrem Alltag am meisten konfrontiert?
Welche Haltungen sollten am dringendsten geändert werden?
Welche wollen wir hier bearbeiten?

In der Diskussion wurde argumentiert, dass die Verheiratungsszene eher dem Landleben entspringe, dass von den hier Anwesenden aber niemand im Moment selbst so lebe, wenn es auch einigen vertraut sei. Gleichzeitig ging die Schwierigkeit, Tradition und Brauch zu verändern, vielen sehr nah – einigen zu nah, sodass bei den Improvisationen die Leitung auch die Aufgabe hatte, darauf zu achten, dass kein/e Spieler/in in einer Wiederholung (möglicherweise Re-Traumatisierung) von eigenen Erlebnissen stecken blieb. Rollen-Rotation, Verfremdungstechniken und ästhetisch argumentierende Zwischengespräche unterstützten dies. Das Schulthema beschäftigte diese Gruppe, die vornehmlich aus Erzieher/innen, Lehrer/innen und Erwachsenenpädagog/innen bestand, beruflich und persönlich mindestens ebenso stark.
Bei dem Versuch, den Ausgang des Geschehens der 4. Szene zu verändern, dominieren dann zwei Strategien der ausgegrenzten Mutter: kämpferischer Widerstand gegen die Lehrerin und ein mitleids-heischendes Zusammenbrechen vor deren Augen. Keine dieser beiden Strategien bewirkt eine sichtbare Verhaltensänderung bei den Eltern oder der Lehrerin. In dem Auswertungsgespräch wurde das Einzel-Kämpfertum dieser Strategien thematisiert. Zum Tragen kamen hier und heute Haltungen, die von eher hilflosem Taktieren und einem Gefühl der Vereinzelung geprägt waren. Für diese Haltungen konnten die Teilnehmer/innen einige Entsprechungen in anderen aktuellen Auseinandersetzungen in ihrem beruflichen und politischen Alltag finden, von deren *Bedingungs-Gestrüpp* in den unterschiedlichen Szenen dieses Workshops einiges sichtbar geworden war.

Nach einem Theorie-Impuls zu Brechts Weiterarbeit an dem „Ja-Sager", seiner Säkularisierung und der rationalistisch begründeten Entstehung des „Nein-Sagers" werden die Gruppenmitglieder ein letztes Mal einer Übung im dialektischen Denken und Fühlen ausgesetzt. Sie identifizieren sich zunächst mit einer der Rollen, die sie im Laufe dieser vier Workshoptage am meisten berührt hat: Rollenrequisite nehmen, eine typische Haltung einnehmen, diese in Bewegung setzen mit Geste und typischem Satz. An einem angenehmen Platz im Raum legen dann alle Spieler/innen ihr Rollenrequisit – und damit die Rolle – ab, markieren ihren eigenen, privaten/persönlichen Platz gegenüber, erklären von hier aus laut zu sich selbst, warum sie sich mit dieser Rolle identifizieren und stellen an diese Rolle die Frage: „Wie nützlich und wie veränderbar ist ‚der Brauch'?" Anschließend pendeln sie räumlich, gestisch und stimmlich zwischen ihrer eigenen Perspektive und der der Rolle hin und her und führen so im wiederholten Rollenwechsel einen nach außen gekehrten inneren Dialog über dieses Thema. Zum Abschluss schreiben alle ihre Erkenntnisse auf eine große, ausgerollte Papierrolle. Hier fanden sich Statements und Schreibdialoge wie:

Die Tradition bestimmt den Gestus. Nimm die Tradition im Gestus wahr.

Wenn du etwas ändern möchtest, dann ändere zuerst deine Denkweise. Dann fang an kämpfen!

Verzichte nicht!

Nur wenn du es willst, ändert es sich.

Nein, ändere zuerst deinen Gestus. Also kommt zuerst die Haltung, dann der Gedanke…

Die Persönlichkeit

Die Nachahmung

Der Gestus

Die Verfremdung

Neuer kollektiver Gestus

Wem nützt das Denken?

Sind meine Ja's eigentlich Nein's?

Kann ich gut entscheiden, was ich will? Es ist leicht und schwer „ja" zusagen.

Die Veränderung ist paradox.

Man soll zuerst sehen, was man ist. Wenn du verstanden hast, was du bist, dann heißt das: Du hast dich verändert.

Auch wenn es uns traurig macht, sollten wir nicht auf die eigenen Entscheidungen verzichten. Wenn es ein Schicksal gibt, dann ändert sich das nicht.

Alles in mir hat mit meiner Kraft zu tun.

Ich bin stärker, wenn der Staat und die Öffentlichkeit mit mir ist.

Schluss?

In der Lehrstückarbeit ging es diesmal um Ermutigung, um eine Haltung von Wachheit, von Neugier, von Erkenntnis-Lust auf Widersprüche. Vorgeschlagen wurde ein Lernvergnügen zu erleben, das erfahrbar werden kann, wenn wir es wagen, Ungereimtheiten (z.B. von Moralvorstellungen, Routinen), Spannungsverhältnisse (z.B. zwischen Personen, Gruppen und/oder Werten), Interessenkollisionen mit ihren Bedingungs-Zusammenhänge und uns selbst darin genau aus der Nähe anzuschauen. Von diesem Mut hatten die Teilnehmer/innen in Bursa einiges auf- und eingebracht. Dies wird sich nach den vier Tagen setzen und in Haltungen, ins Denken, Wahrnehmen und Fühlen auf eine Weise integrieren, auf die wir als Workshopleiter/innen keinen weiteren Einfluss mehr haben. Der Tenor der Schluss-Auswertung war: Freude am Nachdenken über die eigene Rolle in Wirkungszusammenhängen war spürbar geworden. Dazu gehörten die mehrfach ausgedrückten Wünsche nach selbst-bewusstem Handeln in den verwirrenden Verhältnissen, in denen wir uns immer mehr selbst regieren und uns oft nicht bewusst sind, in wessen Interesse wir das tun.[7]

Im Spielen mit Brechts Lehrstücken liegen besondere Potenziale: Die Übung im Bewusstwerden des sozialen Gestus, im dialektischen Denken und Fühlen trifft sich mit Bourdieus Gedanken von der „Erfinderkunst", „Spontaneität" oder „geregelter Improvisation" des Habitus, mit dem der im Habitus angelegte Raum für Innovation, für die Veränderung sozialer Strukturen zur Sprache gebracht wird (Bourdieu 1987, S.104/104). Beim körperlichen Gestalten von Szenen werden Gefühls- und Realitätsschichten zugänglich, die den Spieler/innen vorher nicht unbedingt bewusst waren. Beim ständigen Verändern der Lehrstückszenen – parabelhafter Schlüsselszenen generalisierter Konflikte zwischen Individuum und Gesellschaft – stellen sie Beziehungen her: zwischen ihren eigenen Erfahrungen und denen der Figuren, zwischen den Figuren untereinander und zwischen ihnen und einer sozialen und gegenständlichen Umwelt. In den Körperhaltungen, dem Gestus der Spielenden werden dabei Gefühle und Lebenshaltungen transportiert, die Ausdruck individueller wie kultureller Normen („Bräuche", Traditionen) sind (vgl. der „sozialisierte Körper" oder der inkorporierte soziale Sinn des Habitus, Bourdieu 1987, S. 135 f.). So werden diese durch ihre szenische Darstellung der bewussten, begrifflichen Reflexion zugänglich – und damit einer bewussten, verantwortlichen Wahl, einer Entscheidung. Der kreative Akt des szenischen Gestaltens bringt innere Bilder, nicht bewusstes Wissen über Gefühle und ihre Einbindung in soziale Situationen im körperlichen – oder besser: leiblichen – Ausdruck mit Sprache (Begriffen) in Verbindung. Die subjektive Deutung der gegenständlichen und sozialen Welt kann den Spielenden so be-greif-bar werden. „Die aktive Tätigkeit des Begreifens und Ver-Stehens vermittelt die soziale Situation mit Sprache und mit den inneren Informationsmustern des spielend lernenden Organismus" (Gipser 1999, S.156). Insbesondere in Situationen, bei denen der Habitus in Konflikt, „in die Krise" gerät, richtet sich der Blick bei der Klärung von Beziehungsblockierungen so untrennbar auch auf institutionelle Strukturen und in ihnen herrschende Normen. Spezifisch ‚Türkisches' war in diesem Workshop in Zeiten der Globalisierung zwar teilweise in den Stoffen zu beobachten, nicht aber in den ihnen zugrundeliegenden Themen und Strukturen.

In diesem Sinn bleibt das Angebot, in produktiver Auseinandersetzung mit einem Brecht'schen Lehrstück Persönliches zu inszenieren, ein politischer Anspruch. Er zielt nicht mehr – wie in einigen Kreisen in den 1970er Jahren – auf ein gemeinsames politisches Eingreifen selbst – etwa im Sinne einer Schulung politischer Gruppen, der Produktion einer Agitprop-Szene mit aufklärerischem Anspruch oder dem Verabreden von gemeinsamen politischen Aktionen. Es zielt vielmehr auf die Stärkung eines gesellschaftlich gefassten Selbst-Bewusstseins, auf etwas, was Michel Foucault die „Kunst, nicht dermaßen regiert zu werden", nennt (Foucault 1996, S. 11). Welche Erkenntnisse die Kursteilnehmer/innen gewinnen, welche Fragen sie entwickeln und welche Schlussfolgerungen im Denken, Handeln und Wahrnehmen sie aus dem im Kurs Erlebten ziehen, liegt – wie bei allen Lernangeboten – außerhalb der Macht der Lehrenden.

1   Diese Losung wurde insbesondere von der damaligen Frauenbewegung in der BRD vertreten, ihren „Weiberräten" mit dem Anliegen, über den eigenen Körper, die eigenen Sexualität, den eigenen Bauch selbst zu bestimmen – und auf diskriminierende gesellschaftliche Strukturen verändernd einzuwirken, die das Private bis hin zum eigenen Körper so nachhaltig enteignen.

2   In der 1. Fassung, der japanischen Version noch näher, gibt es keine vernünftige Begründung für diesen Schritt, denn die Mutter ist nicht mehr schwer krank. Die Reise ist eine Pilgerreise und dient hier dem Lernen. Der Knabe schließt sich den Studenten an, um für seine Mutter zu beten. Zwar erkrankt der Knabe auch, aber es gibt keinen steilen Grat. Der Knabe verlangt ohne Nachdenken, dass ihm geschieht „wie allen geschieht" und das wiederholte einzige Argument ist die Vorschrift, dem „Großen Brauch" zu folgen, denn es ist ein „mächtiger Brauch", der „(s)eit alters her besteht" (Nachwort von Peter Szondi (1966). in: Bertolt Brecht: Der Jasager und der Neinsager. Vorlagen, Fassungen, Materialien. Frankfurt/M.: suhrkamp, S. 103-112, S. 21 ff.). Diese Fassung wurde 1926 von Berlin-Neuköllner Schülern, mit denen Brecht das Lehrstück erprobte, abgelehnt, die gegen den „Brauch" protestierten und Lösungen entwarfen (den Knaben anzuseilen z.B.). Brecht schrieb daraufhin die oben dargestellte säkularisierte Fassung (die Schule liegt in der Stadt statt im Tempel), bei der es um eine rational begründete Entscheidung („Einverständnis mit dem Richtigen") geht. Die oben zitierte Schluss-Sequenz des Chores ist in beiden Fassungen identisch. Einen anderen Schluss hat der nach der Neuköllner Schülerrezeption geschriebene „Neinsager": In dieser Fassung geht die Handlung von ähnlichen Voraussetzunge wie in der 1. Fassung aus (Mutter nicht mehr krank, Forschungsreise), allerdings behält Brecht das Motiv des steilen Grats jetzt bei, ebenso wie das Motiv des Nachdenkens des Knaben. Folgerichtig bittet der Knabe hier die Studenten, gemeinsam mit ihm umzukehren, da „das Lernen durchaus warten (kann)". Er argumentiert mit „Vernunft" und

spricht den Kernsatz des Neinsager-Stückes aus: „Ich brauche vielmehr einen neuen großen Brauch, den wir sofort einführen müssen, nämlich den Brauch, in jeder neuen Lage neu nachzudenken." (ebd. 49, vgl. auch den interpretativen Vergleich der Fassungen im Nachwort von Peter Szondi, ebd. S. 103-112)

3 Vgl. Osterkamp, Ute/ Huck, Lorenz (2006): Überlegungen zum Problem sozialer Selbstverständigung und bewusster Lebensführung, in: Rihm, Thomas: Schulentwicklung: Verlag für Sozialwissenschaften, S. 25-39.

4 Die hier beschriebene Lehrstückarbeit fußt auf der Ausbildungspraxis von Gitta Martens (Martens, Gitta (1991): „Der Weg ist die Aufgabe!" oder: „Was mache ich mit meiner Rolle, wenn?", in: Ruping, Bernd (Hrsg.): Gebraucht das Theater. Die Vorschläge Augusto Boals: Erfahrungen, Varianten, Kritik. Lingen-Remscheid, S. 171-183, insbes. S. 84 zum „emotionalen Gedächtnis") und den Erfahrungen von Reiner Steinweg (Steinweg, Reiner (2005): Lehrstück und episches Theater. Frankfurt/Main: Brandes und Apsel).

5 Lemke, Th. u.a. (2000): Gouvernementalität, Neoliberalismus und Selbsttechnologien.in: Bröckling, U. u.a.: Gouvernementalität der Gegenwart. Studien zur Ökonomisierung des Sozialen. Frankfurt/M.: suhrkamp, S. 7-40. V Boal, Augusto (1999): Der Regenbogen der Wünsche. Seelze-Velber: Kallmeyer, S.41.

6 Vgl. Martens a.a.O. S. 84.

7 Die Subtilität der Machtausübung zeigt sich nach Foucault in einer globalen Verschiebung von „Disziplinar- zu Kontrollgesellschaften" (Deleuze). Neoliberale Machtpraktiken kontrollieren nicht mehr direkt durch Vorschriften, Verbote und Repression, sondern durch Kommunikation. Fremdregieren wird durch Selbstregieren ersetzt, indem sich Normen und Erwartungen etablieren, die sich scheinbar „von selbst verstehen", aber sehr Unterschiedliches bedeuten können, z.B. Autonomie, Verantwortung, Qualität, Reflexion, Planung, Evaluation. Um als Kommunikations-PartnerIn anerkannt zu werden, müssen diese Normen erfüllt werden. „Wer es an Initiative, Anpassungsfähigkeit, Dynamik, Mobilität und Flexibilität fehlen lässt, zeigt objektiv seine und ihre Unfähigkeit, ein freies und rationales Subjekt zu sein ... Entscheidend ist die Durchsetzung einer ‚autonomen' Subjektivität als gesellschaftliches Leitbild, wobei die eingeklagte Selbstverantwortung in der Ausrichtung des eigenen Lebens an betriebswirtschaftlichen Effizienzkriterien und unternehmerischen Kalkülen besteht." (Lemke, Th. u.a. (2000): Gouvernementalität, Neoliberalismus und Selbsttechnologien, in: Bröckling, U. u.a.: Gouvernementalität der Gegenwart. Studien zur Ökonomisierung des Sozialen. Frankfurt/M.: suhrkamp, S. 7-40).

Öğretici Oyunlarla Müdahale Etmeyi Öğrenmek
veya: Özel Olan Siyasidir Ve Siyasal Olan Özeldir – Bu Hâlâ Nerede Geçerli?

Jutta Heppekausen

Tiyatro, estetik algı ve tasarımı dilin ötesine taşıyarak, kişileri ve durumları tümüyle kavrayabildiği, ifade edebildiği ve devinime sokabildiği için uluslararası iletişimin en iyi yoludur. Farklılıklar ve benzerlikler ancak böyle görünür hale gelir ve kabul görürler. İtalya, Filistin, İsrail, Rusya, Gürcistan, Bosna ve diğer yerlerde tiyatro eğitimi alanında edindiğim tecrübeler bana düşünmek ve harekete geçmek hakkında bildiklerimi göreceleştirme yetisi kazandırdı: Yabancı bir çevredeyken günlük yaşamdan kesitlerin sahnelendiğini görürüz. Sevinç veya hüznü; arayış, aşk, korku ve güç ilişkilerini; çeşitli boyutlarıyla yakınlık ve uzaklığı anlatan işte bu sahneler bana kendi yaşam koşullarımın ve bunlarla ilgili algımın sert bir şekilde farkına varmamı sağlar. Burada cesaret verici olan ise, "başka türlüsü de mümkün" dedirten o düşüncenin – ve duygunun – kendi gerçekliğimizin bile değişebilir olduğu hissini vermesidir. Bu nedenle 2010 senesinde Bursa'da gerçekleşen bir "öğretici oyun" deneyi özellikle ilgimi çekti: Bu deneydeki hangi sahneler katılımcılar tarafından geliştirildi? Zorluklar karşısında değişim için nasıl bir heyecan duyuluyor?

"Özel olan siyasidir ve siyasal olan özeldir", 60'lı yıllardaki Alman öğrenci ve kadın hareketinin temel sloganlarından biriydi.[1] Bu, toplumsal güç ilişkilerinin değişebilirliğini uman naif bir ilüzyon muydu? Gerçekleşmeyen bir demokrasi rüyası mıydı? Bundan kırk yıl sonra, bugün, siyaset ve ekonomi alanında neredeyse takibi imkansız bir merkezileşme süreciyle, yaşam koşullarımızın küreselleşmesiyle ve bankaların emekli maaşlarımıza köstek olan spekülasyonlarıyla uğraşıyoruz. (Bertolt Brecht'ten alıntılarsak: *Bir banka kurmanın yanında bir banka soymak nedir ki?*). Eş zamanlı olarak biz, en azından Orta Avrupa'da, nispeten çok belirgin olmayan bir siyasi baskıyla yaşıyoruz. Mesleki yönelimler, yaşam biçimleri ve kahve çeşitleri gibi günlük mevzularda alacağımız kararlarda bolca seçeneğe (ve zorunluluğa) sahibiz. Peki hala özel ve kamusal olan arasındaki bağı, yani kendi küçük kişisel dünyamız ile küreselleşen koşullar karmaşası da dahil olmak üzere bütün bu toplumsal süreçler arasındaki ilişkiyi anlamaya ihtiyacımız var mı? Ve bu soruyu Türkiye'de başka türlü mü sormalıyız?

Almanya'da ve aynı şekilde Türkiye'de bizim gibi iktidara yakın olmayanların en acil ihtiyacı insanı neredeyse delirten o tutarsızlıklar karşısında daha fazla özgüvene sahip olmaktır. Belki orada olduğu gibi burada da, günlük hayatımızın mikrokozmosunda yer alan benliğimizin toplumsal ilişkiler makrokozmosunun bir parçası olduğunun farkına varmak ve bunu (diyalektiği överek) Brechtyen oyunun davranış simulasyonlarıyla yaşamak istiyoruzdur: "Böyle olduğu gibi kalmayacak" (Brecht). Belki bu bağlamda kendi gerçekliklerimizin estetik anlamda sorgulanması demokratik duruşlarımızı güçlendirecektir. Belki pedagojik alanda örneklerini gördüğümüz, amatörlerin katılımıyla sahnelenen tiyatro oyunları, *insanı kendi meselelerine katmak* (şair ve ozan Wolf Biermann'ın dediği gibi) ve *Dünya'yı yaşanabilir kılmak* (Brecht) adına yapıcı olabilirler. Belki de bu sorular Türkiye gibi bir ülkede Almanya'da olduğundan çok da farklı sorulmuyorlardır?

Bağlam ve Metin

Brecht bildiğimizi zannettiklerimizi daha yakından tanımamız için alışagelmedik bakış açıları önerir ve bu amaçla Çin'e veya Japonya'ya zihinsel seyahatler yapardı. Biz de buna benzer bir amaçla ama sahiden Türkiye'ye gittik ve sosyal, ruhbilimsel ve eğitim bilimsel alanlardan gelen 20 müstakbel Türk tiyatro pedagoguyla beraber, onların bizim alışık olmadığımız gerçeklikleri üzerinden şu soruya cevap aradık:

> Töre ve gelenekler ne kadar faydalı ve ne kadar esnektirler?

Bertolt Brecht'in Nazi döneminden kısa bir süre önce, 1931 senesinde ikinci baskısını yayınladığı öğretici oyunu "Evet diyen" ile diyalektik düşünme ve hissetme egzersizleri yaparak yukarıdaki soruyla oynamak, onu hissetmek, tanımak ve prova etmek istedik. Bir Japon Nô oyununa dayanan bu parabelde salgından hastalanan annesine ilaç bulmak için bir öğretmenin ve öğrencilerinin düzenlediği bir araştırma gezisine katılmaya niyetlenen bir oğlanın hikayesi anlatılır. Oğlan dağda hastalanır ve dik bir yamaçtan aşağı taşınamaz. Töreler ona dağda bırakılması için rıza göstermesini dayatmaktadır. Oğlan bir süre düşündükten sonra buna razı olur ancak yalnız ölmekten korktuğundan kendisinin vadiye doğru atılmasını ister. Oğlanın annesine ilaç götürecekleri sözünü veren öğrenciler, öğretmenlerinin yardımıyla oğlanın bu isteğini yerine getirirler. Metinde şöyle anlatılır:

> "Böylece dostlar testiyi aldılar.
> Dünyanın tüm üzüntülerinden
> Ve acımasız yasalarından yakındılar.
> Ve oğlanı aşağı attılar.
> Uçurumun kenarında
> Yanyana, omuz omuza duruyorlardı
> Ve onu aşağı atarken gözlerini kapadılar.
> Hiçbiri ötekinden daha suçlu değildi
> Ve ardından
> Toprak parçaları
> Ve yassı taşlar attılar.
> (Brecht, Bütün Oyunları Cilt 3, 1998. s. 204)[2]

Dinlemek isteyene dersimiz: Diyalektik tavırlarda yetkinliğini geliştirmek

Bu oyunu kullanarak gerçekleştirdiğimiz pedagojik çalışmanın amacı, çatışma halindeki davranışlarımızda/ tepkilerimizde farkındalığı güçlendirmekti. Bu çatışma, bireysel (özel, kişisel) ihtiyaçlar/ ilgiler *ile* bireyin bir parçası olduğu, kendisini ait hissettiği veya hissetmek istediği bir topluluğun talepleri, gelenekleri ve âdetleri arasındadır. Yani bu, birey ve toplum, şahıs ve kollektifler, güncellik ve gelenek arasındaki eski ve bitmek bilmeyen tezatlar ilişkisinin tümünü kapsar; ve Klaus Holzkamp'ın dediği gibi *sosyal anlamda kendinle uzlaşmayla* ilgilidir.[3] Farkındalık ve uzlaşma ile burada kendi rolünü (rollerini) derinlemesine anlamak ve duyumsamak ve bu rolün sosyal göreceliklere bağlı olarak tanımlanması ima ediliyor. Ayrıca farkındalık ve uzlaşma, içinde bulunduğu sosyal bağlamdaki esnekliklere göre değişen özgürlük düzeyini ve somut biçimde harekete geçmenin nasıl etkileri olacağının açıklığa kavuşturulmasını ifade ediyor. Buna ek olarak, tiyatro bağlamında oyun ile eyleme geçirmek çabası şu becerileri geliştirebilir:

Farklı ve çoğu zaman adeta zıt rollerin algı dünyasına olduğu gibi yakınlık ve uzaklıkla ilgili farklı bakış açılarına da kendini konumlandırmak suretiyle kendi (yaratma) gücünü açığa çıkarmak ve böylelikle perspektif değiştirebilme

Çevreyle olan müzakerelerde benimsenen tavrın berraklaştırılması adına içsel duygu karmaşalarına ve dışsal çelişkilere tahammül edebilme. Böylece *müdahale ederek düşünmenin* (Bertolt Brecht, Steinweg'den alıntılayarak 2005, S. 87) duygusal ve bilişsel koşulları güçlendirilmiş olur.

Günlük sosyal gerçekliklerimizden oluşan mikrokosmos ile toplumsal makrokosmos arasında bağlantı kurabilme. "Öğretici oyunlar *kişisel* olan ile *siyasi* olanı ilişkilendirmek için yapılan egzersizlerdir, yani bu bizimle doğrudan doğruya ilişkisi olan insanlarla yaşadığımız çatışmaları, kurumlar, siyasi örgütlenmeler ve mesleki ortam içerisinde, siyasi rakipler ve iktidar sahipleriyle yaşadığımız çatışmalarla ilişkilendirmek demektir. Metin, ve metnin oynanması, kendi çatışmalarımızdan edindiğimiz tecrübeleri toplumsal çatışmalarla bağdaştırabilmek adına bize yardımcı olur." (Steinweg, 2005, s.20)

Bilgenin bilgelik yaparkenki halidir, duruş dediğimiz

> Düşüncelere dalmış olan Bay Keuner'in yanına bir felsefe hocası yanaşır ve kendi bilgeliğinden bahseder. Bir süre sonra Bay Keuner hocaya dönerek 'Rahatsız oturuyorsun.' der. Felsefe hocası öfkelenir, 'Kendim hakkında değil, sana anlattıklarım hakkında bir şey duymak istiyordum.' der. 'Bu anlattıklarının bir anlamı yok' der Bay Keuner. 'Bir amacın olmaksızın langır lungur yürüdüğünü görüyorum. Karanlık konuşuyorsun ve konuşurken hiç bir şeyi aydınlatmıyorsun. Bu sarsak duruşunu gördükten sonra amacın beni ilgilendirmiyor. (Bertolt Brecht)

Dört gün neyi değiştirdi?[4]

Bursa Atatürk Kültür Merkezi'nin ortasındaki cam odada buluşuyoruz ve çalışmamıza başlıyoruz: Hem grubun tanışmasını hem de bedenin ve sesin harekete geçmesini sağlamak için öncelikle hareket egzersizleri yapıyoruz. Ardından "Bertolt Brecht'e karşı şu andaki duruşum" konulu sosyometrede "topun üstünde yatmak"tan (top burada Brecht ve eserlerini sembolize ediyor) merakla topu eline almaya; mesafeli ama çakı gibi dik ve hazır bir pozisyonda sanki bir ayağıyla topa vuracakmış gibi yapmaktan ("Brecht'i hiç bilmiyorum ama tanımak istiyorum.") birkaç metre geri çekilip durmaya ("Aslında şu anda bambaşka bir şey yapıyor olmalıydım ama burada kalmak istiyorum.") kadar çok geniş bir yelpazenin olduğunu görüyoruz.

Öğretici oyunlara odaklandığımız, görseller ve metinlerle desteklediğimiz teori bölümünden sonra *sosyal jest* terimine bedenen yakınlaşıyoruz: "Sözün resmi"[5] metoduyla "öğretmen"e dair grup içerisinde kendiliğinden oluşan bedensel çağrışımları inceliyoruz. Bu doğaçlama duruşlar "sound and movement" ile hareketlendirildi ve benzer tasvirlerden "familyalar" oluşturuyor. Bunlar arasında grup içerisinde neredeyse eş düzeyde baskın olan cezalandırıcı, şefkatli ve yol gösterici jestler. Bu jestlerin sosyal çevredeki somut örnekleri kısaca özetleniyor.

Alman şair Christian Morgenstern'in metnini ("Büyük Lalula"), terör saldırısını bildiren bir muhabirin, tezgahtaki son çiçeklerini satmaya çalışan bir seyyar satıcının, *battle* yapan bir *gangsta* rapçinin, hapis cezası veren bir yargıcın veya ayrılık öncesi bağlılık yemini eden bir sevgilinin sesinden okuduk ve "sözler", tonlama ve beden dili arasındaki ilişkiyi irdeliyoruz. *Lee Strasberg metodu* repertuarından bir egzersize dayanarak ("Oyunculuk, sahnede mutlak gerçekliği yaratabilme yetisidir.") *empty vessel* (boş kap) ile oynuyoruz: Bir katılımcı – Lalula metnini kullanarak- nerede ve kim olduğunu bilmeyen ve gelişi güzel tepkiler veren bir diğer bir katılımcıyla karşılıklı oynuyor. Birkaç dakika sonra eşler de kendi rollerini buluyorlar ve bu rollerini somut olarak tanımlayabiliyorlar. Rolün ve jestin etkileşimli karakteri bu yolla tecrübe edilebiliyor.

Grubun "Evet diyen" ile ilk tanışması oyunun Türkçe çevirisinin okunmasıyla oluyor. Çember düzeninde oturup, reji direktifleri de dahil olmak üzere bütün metni baştan sona okuyoruz. Herhangi bir rol dağılımı yapmıyoruz ve tonlamadan kaçınıyoruz (mesafeli algı). Duygusal kimlikleri tanımlayabilmek için katılımcılar ellerindeki metinle odanın içinde ordan oraya gidiyor, herkes kendi bölümünü veya cümlesini yüksek sesle ve değişen tonlamalarla okuyor, anlamlandırma ihtiyacı duymadan farklı jestleri (masanın altına saklanarak, duvarları iterek, yerde iki büklüm kıvrılarak, odanın ortasında nutuk çekerek) deniyorlar. Uzunca bir süre sonra birbirleriyle iletişime geçmeye zorlanıyorlar. Bu durum paramparça ve absürd diyalogların ortaya çıkmasına sebep oluyor. Bedenlerindeki ve zihinlerindeki bu tecrübeyle herkes yeniden kendi kabuğuna çekiliyor ve metnin içerisinde kendilerini olumlu veya olumsuz biçimde en çok etkileyen bölümleri belirliyorlar, arasından en önemli olduğunu düşündüklerini bir yere yazıyorlar ve bu cümleleri yere serip kümelendiriyorlar[6] (bkz. Stanislawski'nin

Lichtfleck çalışması). Bunu baz alarak dört grup oluşturuluyor ve her grup bu metnin içinden sahnelenebilecek parçaları seçiyor.

Gruplar arada sırada hareket değiş-tokuşları, bedenin duygusal hafızasını etkinleştirme gibi yorucu beden egzersizleriyle; ve çalışma süreciyle ilgili geri bildirimlerle bölünerek sahnelerini çalışıyorlar. Bu aşamada önceden belirlenen doğaçlama kurallarına uymaları gerekiyor: Reji yerine dürtülere göre oynamak, tekliflere "evet" demek, perspektif değişikliği. Herkes her rolü bir kere oynayacak anlamına geliyor bu. Metin elde tutularak oynanıyor ve herkes her turun sonunda kısa bir değerlendirme yapıyor: Oyun bende hangi duyguların açığa çıkmasına neden oldu? Hangi duruşlar, tonlamalar, jestler, bakışlar ve hareketler dikkatimi çekti? Bunlar hangi hatıralarımı canlandırdı? Son olarak, belli bir süreyle sınırlanan (azami 15 dakika) "dramaturji aşaması"na geliniyor. Burada her grup bütün bu süreçte edindiği tecrübe doğrultusunda bir oyunda karar kılıyor: Hangi roller, hangi motifler en çok ilgimi çekti? Ne beni en çok rahatsız etti? Yabancılaştırma tekniği hakkındaki birkaç bilgiden sonra sahnelerin, tüm katılımcı grubuyla beraber, temsile hazırlanılmasına geçiliyor. Oyun liderinin yönlendirmeleri (ör. bir oyuncu masa ve sandalyelerden yapılmış sahici bir "dar yamaç"tan taşınırken daha "ciddi" olunmasını istemesi); veya zamanlama tekniği konusundaki destekler, ses alıştırmaları esnasında kağıt mendil temini ve mekanın oyun içerisinde bilinçli kullanımı ilgi ve takdirle karşılanıyor. Temsile seçilen sahneler seyirciyi dokunaklı anlar ve araya mesafe koyan iritasyonlar arasında git-gelli bir yere konumlandırmayı amaçlıyor. Bazen belli bölümler şarkılaştırılıyor, bazen sözsüz oynanıyor ve sahne tekrar tekrar 'donuyor' (*freeze*). Sahne donunca bir oyuncu sahne kenarına çıkıp kendi oynadığı figür hakkında kişisel bir yorumda bulunuyor veya figürün perspektifinden davranış biçimine açıklamalar getiriyor. Seyirciler kendilerini en çok etkileyen anları ve bu anların hangi çağrışımlara yol açtığını söylüyorlar. Bunlar:

Anne, öğretmen ve oğlanın seyahat hakkında konuştukları sahne:
>> Erkek çocuk evden çıkmak istiyor – Vedalaşmanın zorluğu
>> Annenin acısını yok sayan bencil kız çocuğu
>> Anne nasihatlarından daha önemli olan öğretmen nasihatları – Devlet veya aile, kim eğitir?
>> Kötü örnek olarak öğretmen – Özverili öğretmen dileği
>> Sahne: Öğrenciler oğlanla konuşuyor ve onu dik yamaçtan taşımaya uğraşıyorlar. Ondan dağda bırakılması için rıza göstermesini istiyorlar.
>> İnsan ve doğa – İnsan boyun eğmelidir.
>> Doğu'daki savaş (Kürt sorunu), "milli meseleler"

Oğlanın rızası ve sonrasında öğrencilerin oğlanı vadiye atması (bu sahne iki kez seçildi):
>> Ders içerisinde otorite sahibinin ve diğer öğrencilerin belli bir öğrenciye baskı yapması
>> Birçok yerde karşımıza çıkan duygusuz, pervasız ve sorgusuz tutumlar, ör. okulda

Bir sonraki adımda katılımcılar mekanda hareket ederek kendi geçmişlerine gidiyor ve günlük yaşamdan bazı anları hatırlamaya çalışıyorlar. Gözleri kapalı, bu hatıralarda yer alan kişilerin jestlerini oynuyorlar (empati) ve o anda hissettiklerini sabit duruşlarla ifade ediyorlar (ifadelerle mesafe koymaya yardım)[7]. Ardından herkes kendi grubuna geri dönüyor, Türkiye gündeminden seçtikleri sıradan sahneler üstüne fikir değiş-tokuşu yapıyorlar ve herkesin ilginç bulduğu bir sahne üstünde anlaşıyorlar. Şimdi bu seçilen sahne, her grup üyesinin kendine bir rol bulması, her oyuncunun her rolü en az bir kere oynaması ve en "iyi" fırsatların (yani en yoğun, en duygusal ve bilişsel olarak en dolu anları yakalayarak) dramaturjik anlamda yabancılaştırma teknikleriyle değerlendirmesi şartıyla doğaçlanacak. "Evet diyen"in orijinal metni "ham malzeme" olarak kullanılacak. Bu, belli pasajların yeniden yazılması, başka türlü bir araya getirilmesi ve yeni sözcüklerle zenginleştirilmesi anlamına geliyor. Grup üyelerinin anıları bir arada sentezlenerek yeni sahneler yaratılıyor. Yansıtmaları gereken kriterler şunlar:

> Figürlerin davranışları (sosyal jest olarak) anlaşılır mı?
> Bizim geçerli kabul ettiğimiz "olağanlıklar" ("töre ve gelenekler") anlaşılır mı?

> Son olarak her grup kendi sahnesi için uygun olan bir isim seçiyor.

Çalışılan sahnelerin çalıştay grubu içerisinde iki temsili olacak şimdi: İlkinde seyirciler akışı durdurup seçtikleri bir figürü çağırabiliyor (diğerleri oldukları yerde donuyor) ve figürün arkaplanı, diğer figürlerle ilişkisi, davranışını belirleyen etkenler ve içsel tezatları hakkında sorular yöneltebiliyorlar. Böylece daha kapsamlı bağlantılar herkes için "görünür" hale geliyor ve oyuncular rollerini derinlemesine çalışabiliyorlar.

Bunun neticesinde ortaya çıkan paralel sahneleri kısaca özetlersek:

"Terketme" sahnesi
Hamile bir kadın, kocasına çocuklarına daha iyi bir geleceği mümkün kılmak adına başka bir ülkeye göç etmeleri gerektiğini söyler ve bu nedenle ondan varolan iş kontratını feshetmesini ister. Adam bunu anlayışla karşılar ancak patronu aynı fikirde değildir ve "Bu ülke yetiştirdi sizi!" der. Kadın her ne olursa olsun gitmeye kararlıdır ve kocasını ona olan aşkından dolayı beraber gelmesi için ikna etmeye çalışır.

"Engelli" sahnesi
Doktor hamile olan hastasına doğacak çocuğunun %40 ihtimalle engelli olacağını söyler ve kürtaj önerir. Kadının kocası da aynı fikirdedir. Oğlu yeni doğacak kardeşinin ona iyi bir oyun arkadaşı olacağını düşünmektedir. Koro "aile yeryüzündeki en güzel şey" şarkısını söyler. Kadın dar bir yamaçtan geçerken yere yığılır.

"Töreyle yaşamak"

On yaşındaki bir kız düğüne hazır edilmektedir. O ağlar, annesi teselli eder. 16 yaşındaki müstakbel kocası kendi ailesini bu fikirlerinden vazgeçirmeye uğraşır. Aile bunun bir namus meselesi olduğunu söyler, zira gelinin erkek kardeşi kızlarını kaçırmıştır. "Bir kız verdiysek bir kız alacağız." derler. Delikanlı ailesine gönülsüzce boyun eğer ve kimsenin mutlu olmadığı düğün alayına katılır. Koro (Brecht'in oyunundan) son dörtlüğü okur: "... Dünyanın tüm üzüntülerinden ve acımasız yasalarından yakındılar, ve oğlanı aşağı attılar...Hiçbiri ötekinden daha suçlu değildi...".

"Hak(sızlık)" sahnesi

Nüfuzlu bir aile, öğretmenden oğullarını ve birkaç sınıf arkadaşını döven hırçın çocuğun okuldan uzaklaştırılması için gerekeni yapmasını ister. Bu çocuk, zor durumdaki dul bir annenin oğludur. Öğretmen biraz tereddüt etse de ailenin bu isteğini kabul eder ve çocuğun annesine durumu bildirir. Anne, itiraz etmeden "vadiden aşağı" yuvarlanır.

Milliyetçi nutuklar atan patron, şirin bir güfteye ve sade bir besteye sahip "aile saadeti" şarkısını söyleyen koro, acılar içinde seyircilerin arasından geçen düğün alayı, namuslu babanın *rap*'i ve tespih çekerken yaptığı ritmik oyun, anne ağır aksak gönderilirken hakim olan o sinir bozucu sessizlik (bu hava, sadece oyuncuların bir büro sandalyesine oturup, oynadıkları figürler hakkında yorum yapmalarıyla kesintiye uğruyordu)...Salondaki herkesin artık bu sahnelere aşina olmasına rağmen, sahneler yine de düşünceli mırıldanmalara, ara sıra buna eşlik eden gülüşmelere, bunu müteakip hususrsuz edici sessizliklere, bazen de kaşların çatılmasına ve el-kol hareketlerine sebep oluyordu.

Bir gece "üstüne" uyuduktan sonra, ertesi sabah grup sosyometrik seçimini yapıyor (grup üyeleri kendilerini mekanın içinde sabit duruşlarla konumlandırıyor. Her duruş belli bir sahnenin ruhunu yansıtıyor), ve bunun sonunda dördüncü sahne (üçüncüden biraz daha fazla oyla) daha ayrıntılı çalışılmak üzere seçiliyor. Bu sahne Augusto Boal'ın *Forum tiyatrosu* prensibine göre çalışılacak. Kararda etkili olan kriterler şunlardı:

Günlük hayatınızda en çok hangi tutumlarla karşılaşıyorsunuz?
Sizce hangi tutumların acilen değiştirilmesi gerekiyor?
Hangilerini burada irdelememiz lazım?

Tartışmada, düğün sahnesinin ekseriyetle kırsal yaşamı resmettiği ve bazılarının bu duruma aşina olmasına rağmen salondaki kimsenin şu anda böyle yaşamadığı iddia edildi. Ancak birçoğu töre ve gelenekleri değiştirmenin zor olduğunu kabul ediyordu. Hatta bazıları için bu zorluk o kadar aşikardı ki, yönetmenlerin doğaçlama esnasında oyuncuların kendi tecrübelerinin (ve bunların travmatik yansımalarının) tekrarı içinde kaybolmamalarına dikkat etmeleri gerekiyordu. Rol değişimleri, yabancılaştırma teknikleri ve estetik üzerine yapılan ara konuşmalar buna yardımcı oluyordu. Okul teması, çocuk eğitimcileri, yetişkin eğitimcileri ve öğretmenlerden oluşan ve hem mesleki hem de kişisel olarak güçlü olan bu grubun özellikle ilgisini çekti.

Dördüncü sahnedeki sonun değiştirilmesini ön gören deneyde, dışlanan anneye ait iki strateji belirginleşiyor: Öğretmene karşı mücadeleci bir direniş ve öğretmenin bu durum karşısındaki merhametli gözyaşları. Bu iki stratejinin de ailenin veya öğretmenin davranışlarına görünür bir etkisi olmuyor. Değerlendirme konuşmasında bu stratejilerdeki "tek tabanca" mücadeleden bahsedildi. Burada öne çıkan davranışlara bugün özellikle yalnızlık hissi ve çaresizlikten ileri gelen taktiksel hareketler neden oluyordu. Katılımcılar bu davranışlara kendi mesleki ve siyasi yaşamlarından örnekler verdiler. Bu davranışların kaotik yapısı çalışılan sahnelerde farklı şekillerde konu edilmişlerdi.

Brecht'in "Evet diyen" oyunuyla ilgili devam çalışmaları, oyunun sekülerleştirilmesi ve bunun rasyonel bir sonucu olarak ortaya çıkan "Hayır diyen" oyunu üzerine teorik bir girişten sonra grup üyeleri son bir kez diyalektik düşünmek ve hissetmek egzersizine yönlendiriliyorlar. Herkes kendini bu dört gün boyunca en yakın gördüğü rolle özdeşleştiriyor: Rol için gerekli aksesuar temin ediliyor, tipik bir davranış seçiliyor ve bu, tipik bir cümle ve jestlerle hareketlendiriyor. Oyuncular mekandaki uygun bir yere bu aksesuarları - ve böylelikle rollerini – bırakıyor, bunun karşısına kendilerine özel/kişisel alanlarını işaretliyor ve burada durup yüksek sesle neden bu rolle kendilerini özdeşleştirdiklerini anlatıyorlar. Burada role yönelttikleri soru şu: "Töre ve gelenekler ne kadar faydalı ve ne kadar esnektirler?" Bunun sonucunda mekan, jest ve ses devamlı olarak oyuncunun kendi perspektifi ve rolü arasında gidip geliyor ve tekrarlanan rol değişikliği boyunca oyuncu iç diyaloglarını seslendiriyor. Son olarak herkes düşüncelerini büyük bir rulo kağıdın üstüne yazıyor. Burada şunun gibi ifadeler ve diyaloglar yer alıyordu:

Gelenek jesti belirler. Jestin içinde geleneği ara.

Eğer bir şeyi değiştirmek istiyorsan önce kendi düşünce biçimini değiştir. Ancak ondan sonra mücadeleye başla!

Taviz verme!

Sadece sen istersen bir şeyler değişebilir.

Hayır, öncelikle jestini değiştir. Ardından davranışını ve daha sonra düşüncelerini...

Kişilik

Taklit

Jest

Yabancılaştırma

Yeni kollektif jest

Düşünmek kime yarar?

Benim evetlerim yoksa hayırlarım mı?
Ne istediğime gerçekten karar verebiliyor muyum? "Evet" demek kolay ve zor.

Değişim paradoksaldır.
İnsan önce ne olduğunu bilmeli. Eğer ne olduğunu anladıysan değiştin demektir.

Eğer bu bizi üzecekse, kendi kararlarımızdan vazgeçmek zorunda değiliz.
Kaderimiz buysa değişmez.

İçimdeki her şey kendi gücümle ilgilidir.

Devlet ve halk arkamdaysa daha güçlü olurum.

Sonuç?

Öğretici oyun çalışmasında bu sefer cesaretlendirme, uyanık ve meraklı olma, tezatları anlamlandırma gibi becerilere odaklandık. Öyle bir öğrenme süreci önerdik ki, burada cesaret edebildiğimiz ölçüde (ör. ahlak anlayışlarındaki, rutinlerdeki) tutarsızlıklara, (ör. kişiler, gruplar ve/ veya değerler arasındaki) gerginliklere, fikir ayrılıklarına neden olan koşullara ve bunların içerisinde kendimizi nerede gördüğümüze daha yakından bakabilelim. Bursa'daki katılımcılar bundan güç alarak bazı şeyleri açığa çıkardılar. Bunlar bu dört günün sonrasında onların davranışlarına, düşüncelerine, algılarına ve hislerine bir şekilde dahil olacak. Bu sürece çalıştay yöneticisi olarak bizlerin herhangi bir etkisi yok artık. Sonuç değerlendirmesinde vurgulanan nokta şuydu: Kendi rolünün etkileri hakkında düşünmenin ve bundan sevinç duymanın farkına vardık. Kendimize hep daha fazla hakim olduğumuz ama bunu kim için yaptığımızı bilmediğimiz kafa karıştırıcı durumlarda bile bilinçli davranmayı öğrenmek, bu bağlamda birçok kez ifade edilen bir dilek oldu.[8]

Brecht'in öğretici oyunlarını oynuyor olmak ciddi bir potansiyele işaret ediyor: Sosyal jestlerin farkına varmak, diyalektik düşünmek ve hissetmek, Bourdieu'nun "habitus"a ait "uydurma sanatı", "dürtüsellik" veya "düzenlenmiş doğaçlama" kavramlarıyla örtüşüyor. "Habitus"un içinde açılan bu alan, yenilikler ve sosyal yapıların değiştirilmesi için kullanılıyor (Bourdieu 1987, S.104/104). Sahneler bedensel olarak tasarlanırken oyuncuların daha önce farkına varmadıkları duygu ve gerçeklik katmanları açığa çıkıyor. Sahnelerin devamlı değişmesi sayesinde – birey ve toplum arasındaki çatışmaları konu edinen parabel nitelikteki anahtar sahneler – oyuncular birçok ilişki kuruyorlar: kendi tecrübeleri ve figürlerin tecrübeleri arasında, figürlerin kendileri arasında, kendileri ve sosyal ve materyel çevre arasında…Oynayanların jestleri gibi beden duruşlarında da, kişisel ve kültürel normların (töre ve gelenekler) ifadesi olan duygular ve davranış biçimleri aktarılıyor (bkz. "sosyalleşmiş beden" veya "habitus"un birleşik ve sosyal anlamı, Bourdieu 1987, s.135 f.). Böylelikle bunlar, bilinçli bir yansıtmanın ve tabii bilinçli ve sorumluluk sahibi bir seçimin ve kararın sahnelenmesiyle ifade ediliyor. Teatral tasarımın yaratıcı edimi, içsel imgeleri, duygulara dair farkındasızlığı ve bunun sosyal durumlarla bedensel – daha doğrusu fiziksel – bütünleşmesini dil (kavramlar) ile bir araya getiriyor. Materyel ve sosyal dünyanın öznel izahı, oynayanlar için bu yolla kavranabilir hale geliyor. "Kavramak ve anlamak gibi aktif faaliyetler, dili ve oynayarak öğrenen organizmaların içsel bilgi birikimlerini kullanarak sosyal durumu aktarır" (Gipser 1999, s.156). Özellikle "habitus"un çatışmaya ya da "krize" girdiği durumlarda, ilişki sorunlarını açıklarken kurumsal yapıları ve onlara hakim olan normları göz ardı edemeyiz. Eğer küreselleşme çağındaki bu çalıştayda "Türkiye'ye özel" bir şey varsa, bu kendini kısmen anlatılarda ve güncel malzemelerde belli ediyordu, bu anlatıların temelindeki tema ve yapılarda değil.

Bu anlamda Brechtyen bir oyunu yapıcı şekilde irdeleyerek kişisel bir şeyi sahneleme önerisi politiktir. Bu, 1970'li yıllarda bazı çevrelerde olduğu gibi ortak bir siyasi endoktrinasyonu (siyasi grupların eğitimi, propaganda amaçlı açıklayıcı bir sahnenin hazırlanması veya politik aksiyonların planlanması) hedeflemiyor. Daha ziyade Michel Foucault'nun "O denli yönetilmeme sanatı" (Foucault 1996, s.11) dediği şey hakkında toplumsal farkındalığın güçlendirilmesini hedefliyor. Katılımcıların çalıştay boyunca yaşadıklarından neler öğrendikleri, hangi soruları geliştirdikleri ve düşünmek, davranmak ve algılamak ile ilgili hangi çıkarımları yaptıkları her çalışmada olduğu gibi öğretenlerin kontrolü dışındadır.

1   Bu slogan zamanında özellikle Federal Almanya'daki özgürlükçü kadın hareketi tarafından kullanılmıştı. Bu hareket kadınların kendi bedenleri, cinsellikleri ve doğurganlıklarıyla alakalı olarak mutlak söz hakkına sahip olmalarını ön görüyor; toplumdaki ayrımcı yapılanmalara karşı kadın bedeni de dahil olmak üzere her alanda mülkiyetsizliği savunan bir değişimi hedefliyordu.

2   Türkçe çevirisi için kaynak: Brecht, Bertolt, Bütün Oyunları Cilt 3, çev. Ayse Selen, Mitos Boyut Yayınları, İstanbul, 1998. (çev. notu) Japon versiyonuna daha yakın olan ilk versiyonda oğlanın annesi artık ağır hasta olmamasından ötürü bu son için mantıklı bir açıklama yok. Buradaki yolculuk dini bir yolculuktur ve öğrenme/ aydınlanma amaçlıdır. Oğlan, öğrencilere annesi için dua etme niyetiyle katılır. Oğlan hastalanır, fakat dik yamaçtan bahsedilmez. Oğlan hiç düşünmeden töreleri kabullenir. Başına gelen "herkesin başına gelebilecek" bir şeydir. "Asırlardan beri geçerli" olduğu için bu "yüce töre", "kudretli bir töre"dir ve bu nedenle bu törenin izinden gidilmelidir. (Peter Szondi'nin sonsözü (1966): Bertolt Brecht: Der Jasager und der Neinsager. Vorlagen, Fassungen, Materialien. Frankfurt/M.: suhrkamp, S. 103-112, S. 21 ff.). Bu versiyon 1926 senesinde Brecht'in bu oyunu prova ettiği Berlin-Neukölln'lü öğrenciler tarafından tepki toplamış ve öğrencilerin töreleri protesto etmelerine ve çözüm önerileri üretmelerine ön ayak olmuştu (ör: oğlanı ipe bağlamak). Brecht bunun üstüne yazımda bahsettiğim daha seküler ikinci versiyonu yazar (okul tapınakta değil şehirdedir). Burada oğlanın kararının rasyonel bir temeli vardır ("doğru olana gösterilen rıza"). Yukarıda alıntıladığım koronun kapanış sekansı her iki versiyonda da aynıdır. Neukölln'lü öğrencilerle yaşanılan tecrübe sonrası yazılan "Hayır diyen"in ise başka bir sonu vardır: Bu versiyonda dramatik yapı ilk versiyondakine benzer motifler üzerine kurulmuştur (anne hasta değildir, araştıma gezisi yapılmaktadır), ancak Brecht "dik yamaç" ve "oğlanın düşünmesi" motiflerine burada da yer verir. Tutarlı olarak, oğlan öğrencilere birlikte geri dönmeyi önerir, çünkü "öğrenmenin acelesi yoktur".

"Makul" bir biçimde kendini anlatır ve "Hayır diyen" oyununun kilit cümlesini söyler: "Benim aslında öyle bir töreye ihtiyacım var ki, bu, töreleri her duruma göre yeniden düşünebilmek töresidir ve derhal yürürlüğe girmelidir." (aynı yerde s.49, ayrıca Peter Szondi'nin yorumuyla versiyonların karşılaştırıldığı sonsöz için, s.103-112)

3   bkz. Osterkamp, Ute/ Huck, Lorenz (2006): Überlegungen zum Problem sozialer Selbstverständigung und bewusster Lebensführung, in: Rihm, Thomas: Schulentwicklung: Verlag für Sozialwissenschaften, S. 25-39.

4   Burada bahsi geçen öğretici oyun Gitta Martens'in eğitim pratiğine dayanmaktadır. (Martens, Gitta (1991): „Der Weg ist die Aufgabe!" oder: „Was mache ich mit meiner Rolle, wenn?", in: Ruping, Bernd (Hrsg.): Gebraucht das Theater. Die Vorschläge Augusto Boals: Erfahrungen, Varianten, Kritik. Lingen-Remscheid, S. 171-183, insbes. S. 84 zum „emotionalen Gedächtnis") und den Erfahrungen von Reiner Steinweg (Steinweg, Reiner (2005): Lehrstück und episches Theater. Frankfurt/Main: Brandes und Apsel).

5   Boal, Augusto (1999): Der Regenbogen der Wünsche. Seelze-Velber: Kallmeyer, S.41.

6   Yazar, burada İngilizce'deki cluster sözcüğünü Almanca dilbilgisi kurallarına uygun olarak fiilleştirip kullanıyor: *clustern*. (Çev. Notu.)

7   bkz. Martens a.g.e S. 84.

8   Foucault'ya göre, iktidar pratiklerinin kurnazlığını "disiplin" toplumundan "kontrol" toplumuna geçişte görebiliriz (Deleuze). Neoliberal iktidar pratikleri artık sadece kuralları, yasakları ve baskıları değil iletişimi de kullanarak kontrol sağlıyor. Başkaları tarafından yönetilmenin yerini kendini yönetmek alırken burada ör. otonomi, sorumluluk, kalite, yansıtma, planlama, değerlendirme gibi "kendine özgü" ama çok farklı anlamlara sahip normlar ve beklentiler ortaya çıkıyor. İletişim ortağı olarak tanınmak için bu normların yerine getirilmesi gerekiyor. "İnsiyatifler, uyum becerisi, dinamiklik, hareketlilik ve esneklik konusunda eksiği olanlar, özgür ve rasyonel bir özne olmadaki beceriksizliklerini nesnel bir biçimde göstermiş olurlar...Burada belirleyici olan toplumsal bir model olarak "otonom" öznelliğin sözünü geçirmesidir, ancak kendinden sorumlu olma isteği iktisadi verimlilik kriterlerine ve işverenin hesaplamalarına bağlıdır. "(Lemke, Th. u.a. (2000): Gouvernementalität, Neoliberalismus und Selbsttechnologien, in: Bröckling, U. u.a.: Gouvernementalität der Gegenwart. Studien zur Ökonomisierung des Sozialen. Frankfurt/M.: suhrkamp, S. 7-40).

Türkiye'de Gerçekleştirilen Dil
Edebiyat ve Yaratıcı Drama Çalışmalarında Alman Oyun ve Tiyatro Pedagoglarının İzleri

Ferah Burgul, İlhan Akfırat

Bir güzel sanat dalı olarak edebiyat, bireyden hareketle toplumun değişiminde, bireyin önce kendini ardından diğerlerini anlaması sürecinde, yaşamadan yaşanmışlık kazanmasında, düşünme, algılama ve gözlem yetilerinin gelişmesinde önemli rol oynar. Edebiyatın dili evrenseldir ve tıpkı müzik gibi bir edebî eser de aynı dili ve kültürü paylaşmayan insanları aynı düşüncede birleştirebilir. Sanat ve edebiyattaki evrensel dil nasıl hem bireye hem de tüm insanlığa dokunabiliyorsa yaratıcı drama da aynı evrensel dili oyun yoluyla yakalamakta, hem bireye hem de insanlığa dokunmaktadır. Yaratıcı drama; sanat, eğitim, tiyatro ve edebiyat bileşenleri üzerine kurulu bir yapı sergilemektedir. Dolayısıyla yaratıcı drama bu dört bileşene benzer ve onlardan farklı özellikler göstermektedir.

Olay, düşünce, duygu ve hayallerin dil aracılığıyla sözlü veya yazılı olarak biçimlendirilmesi sanatı olarak tanımlanan edebiyat, estetik eğitimin bir dalı olarak görülse de dil eğitimin de önemli bileşenlerinden birini oluşturmaktadır. Öyle ki insan yaşamı boyunca okur, yazar, konuşur ve dinler. Söz konusu dil becerilerinin en etkin ve estetik biçimde kullanılabilmesi kişinin dil yeterliliğinin yanı sıra yaratıcılığı ile doğru orantılı olup bireyin çağdaşlaşma düzeyinin de bir göstergesidir. Çağın gerektirdiği aydın insan; dünü hatırlayan, bugünü okuyarak yarını görebilen, geleceğe ilişkin çıkarımda bulunan, ileri görüşlü, demokratik tutum geliştirebilen, estetik davranış sergileyebilen, tutarlı ve duyarlı insandır. Söz konusu donanıma sahip aydın insan, ezbere dayalı bir eğitim sistemi ile değil, bilişsel ve duyuşsal öğrenme alanlarını bir bütün olarak ele alan çok yönlü ve etkileşimli bir sanat eğitimi süreci olan yaratıcı dramanın kullanıldığı aktif bir eğitim sistemi ile daha kolay yetiştirilebilir.

Çağın ihtiyacı olan yaratıcı ve çağdaş bireyi yetiştirmek isteyen eğitim sistemleri de yaratıcılığı ve etkileşimi esas alan aktif yöntemleri kullanmak zorundadır. Türkiye'de 1980'li yıllardan sonra gelişen yaratıcı drama alanı, hem estetik eğitimi karşılaması hem de edebiyatın yaratıcı yönünü beslemesi açısından önemli aktif yöntemler arasında yer almaktadır. Gerek edebiyatın, gerekse Türkçenin ve anadilin öğretiminde yaratıcı drama bir yöntem olarak aktif bir şekilde kullanılmakta ve bu şekilde bireye dil bilinci, dil yeterliliği ve dil estetiği kazandırmak amaçlanmaktadır.

Türkiye'de hem bir öğretim yöntemi hem de başlı başına bir disiplin olan yaratıcı dramanın sanatsal, estetik ve kültürel eğitim süreci olarak örgün ve yaygın eğitimde her geçen gün daha da ciddiye alındığı gözlenmektedir. Özellikle Milli Eğitim Bakanlığı ve yüksek öğretim programları bünyesinde yaratıcı drama alanına ilişkin yeni programların oluşturulması ve uygulanması bu gözlemin somut göstergelerinden birini oluşturur. Yaratıcı dramanın 1997 öğretim programından itibaren eğitim fakültelerinde özellikle Okulöncesi, Sınıf Öğretmenliği, 2007 yılından sonra da Sosyal Bilgiler Öğretmenliği, Türkçe Öğretmenliği, Beden Eğitimi Öğretmenliği, Yabancı Diller Öğretmenliği Anabilim Dalları'nda zorunlu ders; kız meslek liselerindeki çocuk gelişimi bölümlerinde yine zorunlu ders ve sanat dalları öğretmenleri ile sanatçı yetiştiren yüksek okul ve fakültelerde zorunlu/seçmeli ders olarak yer alması, Türkiye'de örgün eğitim açısından yaratıcı dramaya verilen önemi de gösterir. Söz konusu olumlu gelişmelerde, 1980'li yıllardan günümüze kadar ulusal ve uluslararası bağlamda düzenlenen seminer, kongre ve atölye çalışmaları ile gerçekleşen kültürlerarası kaynak aktarımının etkisi yadsınamaz.

1985 yılından beri Türkiye'de yaratıcı drama olarak anılan Almanya'da ise oyun ve tiyatro pedagojisi olarak programlarda yer alan çalışmaların Türkiye'de dil ve edebiyat alanlarında yapılan çalışmalara yansıması daha çok disiplinlerarası bir düzlemde gerçekleşmiştir. Bu yaklaşım son 30 yıldır yapılan pek çok seminer ve atölye çalışmasında kendini göstermektedir. Sözgelimi 1985 yılında gerçekleştirilen "Uluslararası Eğitimde Dramatizasyon Semineri"nde, yaratıcı dramanın dramatizasyon kavramından farkı ve çağdaş anlamına yönelik genel bilgilendirme yapılmış ve doğaçlamanın eğitim ve sanat eğitiminde ve özellikle edebiyat alanında bir yöntem olarak kullanımına yönelik çalışmaların yapıldığı görülmüştür. Bu seminer ilerleyen zamanlarda Türkiye'de edebiyat ve Türkçe öğretimi alanında yapılan çalışmalarda izlerini hissettirmiştir. Seminer, dramatizasyon odaklı çalışmalar aracılığıyla özellikle Türkçe ve edebiyat öğretim programlarında yer alan ve eski öğretmenlerin bildikleri bir öğretim yöntemi olan dramatizasyonun çağdaş anlamdaki yeni kullanımının, yöntem, araç ve alanlarının tanıtılması açısından yararlı olmuştur. Örneğin aşağıda belirtilen çalışmalar 1985 yılında Alman oyun ve tiyatro pedagogları tarafından yapılan çalışmaların Türkiye'deki etkisini göstermektedir.

>> Erkek, H. (1995). *Masaldan canlandırma sinemasına dramatizasyon.* Anadolu Sanat, (2), 47-55.
>> Kavcar, C. (1986).*Türkçe öğretiminde dramatizasyon yöntemi.* Türk Dilinin Öğretimi Toplantısı, 83-91.
>> Kazıcı, E. (2008). *İlköğretim ikinci kademe Türkçe derslerinde deyim ve atasözlerinin öğretiminde dramatizasyon yönteminin etkililik düzeyi.* Yayımlanmamış yüksek lisans tezi, Konya: Selçuk Üniversitesi.
>> Koç, K. (2009). *İlköğretim 7. sınıf Türkçe dersinde dramatizasyonla yaratıcı dramanın karşılaştırılması.* Yayımlanmamış yüksek lisans tezi, Samsun Ondokuz Mayıs Üniversitesi.
>> Köklü, S. (2003). *Türkçe öğretiminde 7. ve 8. sınıf öğrencilerine dinlediğini anlama davranışının kazandırılmasına dramatizasyonun etkisi.* Yayımlanmamış yüksek lisans tezi, İstanbul: Marmara Üniversitesi.
>> Üstündağ, T. (1988). *Dramatizasyon ağırlıklı yöntemin etkililiği.* Yayımlanmamış yüksek lisans tezi, Ankara: Hacettepe Üniversitesi.

Uluslararası seminerler kapsamında Alman uzmanlar tarafından yapılan çalışmalar dil ve edebiyat açısından ele alındığında; oyun yazma, edebî metinlerden yola çıkarak oyun çıkarma ve doğaçlamalar oluşturma, oyundan hareketle metin yazma ve yaratıcı yazma başlıklarına odaklanıldığı görülür. Sözgelimi 15-19 Mart 1993 tarihleri arasında gerçekleştirilen 5. Uluslararası Eğitimde Yaratıcı Drama Semineri kapsamında Prof. Dr. H. W. Nickel'in gerçekleştirdiği "Kollektif Oyun Yazma" atölyesi kapsamında kolektif bir oyun metni yazılmasını, "kahraman-engeller-eylem" üçlüsü içinde ve "oyun başlığı, oyun fabl'ı, prolog, gelişim ve son" bağlamında ele almıştır. Çalışma doğrultusunda gerçekleşen metin yazma süreci edebî metin oluşturma yönüyle edebiyatı yakından ilgilendirmiş ve gerçekleşen çalışmanın ardından Türkiye'de çocuk gelişimi, tiyatro, eğitim ve edebiyat eğitimi alanlarında çalışanların oyundan hareketle metin yazma çalışmalarına önem verdikleri ve benzer çalışmalar yaptıkları belirlenmiştir. Bu tür çalışmalara örnek olarak aşağıdaki çalışmalar gösterilebilir:

>> Elena Uluçay (2012). *"Drama Yöntemiyle Çocuklarla Müzikli Oyun Hazırlama"* Yayımlanmamış dernek projesi, Ankara: T. C. MEB Özel Doğaç.
>> Karahan, D. (2011). *"Yazıyorum, oynuyorum" "yazınsal türlerle yaratıcı drama"*. Yayımlanmamış dernek projesi, Ankara: T. C. MEB Özel Doğaç.
>> Karakuş, F. (2000). *Drama yönteminin ilköğretim beşinci sınıf öğrencilerinin öykü yazma becerilerine etkisi.* Yayımlanmamış yüksek lisans tezi, Adana: Çukurova Üniversitesi.
>> Tokgöz, Aksoy, İ. (2004). *İlköğretim 4. ve 5. sınıf Türkçe programlarında edebî türlerden öykünün öğretiminde yaratıcı drama yönteminin etkililiği.* Yayımlanmamış yüksek lisans tezi, Çanakkale: Çanakkale Onsekiz Mart Üniversitesi.
>> Mahmut Topçu (2013) *Yaratıcı Drama Yöntemiyle Oyun Yazma.* Yayımlanmamış dernek projesi, Ankara: T. C. MEB Özel Doğaç.

5. Uluslar arası Eğitimde Yaratıcı Drama Semineri kapsamında gerçekleşen bir başka çalışma da doğrudan olmasa da dolaylı yollardan edebiyat ve metin odaklı çalışmaları etkilemiştir. Seminer'e Berlin'den katılan dans pedagogu Ulrika Sprenger yönetmiş olduğu "Devinim-Dans-Drama" başlıklı atölye çalışmasına 12. yy İran ozanlarından Nizami'nin bir masalından yola çıkarak başlar. Sprenger'in amacı edebî metinden hareketle katılımcıların bedenlerini duyumsamalarını, edebî metinde yer alan kahramanların hislerini içselleştirmelerini ve katılımcıların okuduklarını beden dili, jest ve mimikleri ile ifade edebilmelerini sağlamaktır. Ulrika'nın bu çalışması, edebî metinlerin oyun, dramatizasyon ve doğaçlamanın yanında beden, ritim ve müzikle de işlenebileceğini göstermiş ve özellikle masal odaklı çalışmaların doğaçlama, dramatizasyon, ritim ve dans bileşenini de ele alan pek çok çalışmanın oluşmasını sağlamıştır. Söz konusu çalışma edebî metinlerin ritim ve dansla da işlenebileceğinin somut bir örneği olmuştur.

Uluslararası seminerler kapsamında edebiyatla ilgili olarak ele alınan bir diğer çalışma konusu oyun çıkarmadır. 7. Uluslararası Eğitimde Yaratıcı Drama Semineri'nde

Hannover'den Gunter Mieruch tarafından gerçekleştirilen "Öğrencilerle Nasıl Oyun Çıkarırım?" başlıklı atölye çalışması ile bir metinden (öykü, haber, şiir, vs.) yola çıkılarak doğaçlama yapma ve oyun çıkarma üzerinde durmuştur. Söz konusu çalışma ile yaratıcı drama çalışmalarında edebi metinlerin kullanım çeşitliliği fark edilerek farklı türde metinlerden hareketle oyun çıkarma konusunda yapılan çalışmalarda artış görülmüştür.

>> Ataman, M (2005). *Doğaçlama yönteminin kullanılarak seyirlik oyun oluşturulması*. Yayımlanmamış dernek projesi, Ankara: T. C. MEB Özel Doğaç.
>> Boyancı, A. (2008). *Yaratıcı Drama Yöntemiyle Forum Oyunu Hazırlama*. Yayımlanmamış dernek projesi, Ankara: T. C. MEB Özel Doğaç.
>> Gümüşlü, İ.H. (2007). *Ankara İlköğretim 2. Sınıf Öğrencileriyle "Yaratıcı Drama Yöntemini Kullanarak Bir Oyun Sahneleme*. Yayımlanmamış dernek projesi, Ankara: T. C. MEB Özel Doğaç.
>> Karahan, D. (2011). *"Yazıyorum, oynuyorum" "yazınsal türlerle yaratıcı drama"*. Yayımlanmamış dernek projesi, Ankara: T. C. MEB Özel Doğaç.
>> Mermerkaya, N. (2012). *Bir Deniz Masalı, İlköğretim Öğrencileriyle, Yaratıcı Drama Yöntemi Kullanılarak Bir Tiyatro Oyunu Sahnelenmesi*. Yayımlanmamış dernek projesi, Ankara: T. C. MEB Özel Doğaç.
>> Özen, Z. (2005). *"Ben orhan veli" yaratıcı drama ve tekniklerini kullanarak sahneleme örneği*. Yayımlanmamış dernek projesi, Ankara: T. C. MEB Özel Doğaç.
>> Tuluk, N. (2007). *Yaratıcı drama' da sahneye baharın gelişi hıdırellez*. Yayımlanmamış dernek projesi, Ankara: T. C. MEB Özel Doğaç.

7. Uluslararası Eğitimde Yaratıcı Drama Semineri'nde Roger Fornoff'un "Brecht'in Öğretici Oyunlarından Çıkarak Sosyal Öğrenme Amaçlı bir Tiyatro Modeli Kuramı" adlı atölye çalışması ile Brecht'e göre öğretici oyun tiyatrosunun pedagojik işlevleri üzerinde durulmuştur. Bu seminerin ardından Bertolt Brecht ve Öğretici Oyunlar konusu, 2010 yılında düzenlenen 16. Uluslararası Yaratıcı Drama Semineri'ne de konu olmuştur. Bu seminer kapsamında Dr. Roger Fornoff "Öğretici Oyunların Yapılandırılması", Jan Weisberg ve Swanje Noşmaelke "Sosyal/Bedensel Davranış Çalışmaları", Jutta Heppekaisen "Öğretici Oyunlar ve Yönetim Çatışma, Okul ve Öğrenme Alıştırmaları", Prof. Dr. Hans Martin Rutter "Öğretici Oyunlar ve Müzik" adlı atölye çalışmaları gerçekleştirilmiş. Yapılan çalışmalar Türkiye'de Bertolt Brecht ve Öğretici Oyunlara ilişkin farkındalığın artmasını sağlamış ve konuyla ilgili çeşitli çalışmalara esin kaynağı olmuştur.

>> Senem Sönmez Arslan, S., S. (2011). *Yaratıcı Drama Yöntemiyle Bir Oyun Metninin Brecht Dramaturgisine Göre İncelenmesi*. Yayımlanmamış dernek projesi, İstanbul: T. C. MEB Özel Doğaç.
>> Tüzün Z. (2013). *Bertolt Brecht'in Oyunlarındaki "Gestus" Kavramı'nın Yaratıcı Drama Yöntemiyle İşlenmesi*. Yayımlanmamış dernek projesi, Ankara: T. C. MEB Özel Doğaç.
>> Vural, Akar V. (2006). Bertolt Brecht'in öğretici oyunları ve eğitimde drama: eleştirel düşünmeye yönelik tutumlar üzerine yarı deneysel bir çalışma. *Yaratıcı Drama Dergisi, 1(1)*, 131-146.

Bertolt Brecht ve Öğretici Oyunlar temasını esas alan 16. Uluslararası Eğitimde Yaratıcı Drama Semineri'nde ayrıca Prof. Dr. Gerd KOCH tarafından "Öğretici Oyunlardan Yola Çıkarak Metin Yazma" adlı atölye çalışması gerçekleştirilmiştir. Koch, atölyeye örnek olarak Bertolt Brecht'ten tamamlanmamış tiyatro eserlerini getirerek gösterdiği farklı tekniklerle katılımcılara metinleri tamamlama çalışmaları yaptırır. Prof. Dr. Gerd KOCH, 2011 yılında gerçekleşen 19. Uluslararası Eğitimde Yaratıcı Drama Semineri kapsamında da Türkiye'ye gelerek "Yaratıcı Yazma Yöntemi ile "Kentlilik Bilinci" adlı bir atölye çalışması gerçekleştirmiştir. Gerçekleştirdiği atölyeler doğrultusunda; kavram yazma, çağrışımdan hareketle şiir yazma, diyalog yazma vb. çalışmalar yapan Koch, yaratıcı yazma teknikleri ile edebi türlerin oluşturulması ve tamamlanmasında kullanılabilecek önemli teknikler aktarmıştır. Koch'un etkisi aşağıda gösterilen yaratıcı yazma çalışmalarında kendini göstermektedir:

>> Ataman, M. (2005). *Yaratıcı Drama ve Yaratıcı yazma: Bilkent Hazırlık Okulu'nda Yapılan Bir Çalışma.* Yayımlanmamış dernek projesi, Ankara: T. C. MEB Özel Doğaç.
>> Eğitmen, A. (2008).*Okul öncesi 6 yaş çocuklarının yaratıcı drama yöntemiyle masal yaratma süreci.* Yayımlanmamış dernek projesi, Ankara: T. C. MEB Özel Doğaç.
>> Erdoğan, T. (2012). *Yaratıcı Yazma*. Yayımlanmamış dernek projesi, Ankara: T. C. MEB Özel Doğaç.
>> Karahan, D. (2011). *"Yazıyorum, oynuyorum" yazınsal türlerle yaratıcı drama".* Yayımlanmamış dernek projesi, Ankara: T. C. MEB Özel Doğaç.
>> Kırmızı, F. (2009). *Türkçe Dersinde Yaratıcı Drama Yöntemine Dayalı Yaratıcı Yazma Çalışmalarının Yazmaya Yönelik Tutuma Etkisi.* Yaratıcı Drama Dergisi, c.4, S.7, 51-57.
>> Ataman, M. (2011). Yaratıcı Yazma İçin Yaratıcı Drama. Pegem Akademi Yayınları: Ankara.
>> Serin, A. (2005). *Yaratıcı dramayla kurgulanmış yaratıcı yazma çalışmalarına ilişkin bir model önerisi.* Yayımlanmamış yüksek lisans tezi, Ankara: Ankara Üniversitesi.
>> Ulaş, H., A. (2008) Türkçe 1 Yazılı Anlatım Dersinin Yaratıcı Drama Etkinlikleriyle "Yaratıcı Yazma" Biçiminde İşlenişinin Öğrenci Başarısına Etkisi. *13. Uluslararası Eğitimde Yaratıcı Drama /Tiyatro Kongresi Bildiri Kitabı.* SMG Yayıncılık: Ankara.202-212.

Alman tiyatro ve oyun pedagogları tarafından Türkiye'de sıklıkla çalışılan bir diğer konu başlığı "Doğaçlama ve Anlatı Tiyatrosu"dur. Kimi zaman yapılandırılması, kimi zaman ögeleri kimi zaman da farklı teknikleri doğrultusunda ele alınan bu konu, kaynağını edebî metin oluşturması ya da bir anlatıdan hareketle oluşması durumunda edebiyat çalışmalarını yakından ilgilendirmektedir. Bu duruma örnek olarak 26.02.2001 – 02.03.2001 tarihleri arasında gerçekleştirilen 8. Uluslararası Eğitimde Yaratıcı Drama Semineri kapsamında bir çalışma yürüten Wolfgang Nickel'in atölyesi gösterilebilir. Nickel, "Doğaçlama ve doğaçlama tiyatrosu niteliği ve formları" başlıklı atölye çalışmasına gerçeklik ve kurgusallık kavramlarıyla başlamış, katılımcıları kelimeden öyküye ve öyküden doğaçlamaya ulaştırmış, duygudan monologa, monologdan oyuna yönlendirmiş ve atölye kapsamında katılımcıların anlatılarına dayalı olarak playback tiyatro ve forum tiyatro örnekleri sergilemiştir. Anlatı tiyatrosu sözlü gelenek içerisinde yer alan meddahlık geleneğinin günümüze aktarımı şeklinde olup söz konusu çalışmanın ardından Türkiye'de anlatıya yönelik farkındalığı arttırmıştır. 21. Seminerde Urfa'da yapılan seminerin konusu ritüel ve anlatı odaklı olup Nickel'in 2001 yılında gerçekleştirdiği bu çalışmaya bir tür "gönderme" özelliği taşımıştır. Öyle ki son seminerden sonra meddah, ortaoyunu, ritüel ve anlatının Türkiye'deki yaratıcı drama çalışmalarında konu olarak ele alınmasında geç de olsa farkındalığın artmasını sağladığı söylenebilir. Anlatı tiyatrosu ve meddahlık geleneğini birleştiren çalışmalara Türkiye'den örnek olarak Sekmen (2005) tarafından yapılan "*Arayışın anlamı ve drama uygulamalarında meddahlık tekniklerinden yararlanmak için bir model*" adlı çalışması gösterilebilir.

Anlatı tiyatrosu konusunda gerçekleştirilen bir diğer çalışma, Berlin'den Dr. Ines Honsel'in 11. Uluslararası Eğitimde Yaratıcı Drama Semineri' kapsamında gerçekleştirdiği "Dün, Bugün, Yarın" bağlamında eğitimde yaratıcı dramada anlatı tiyatrosunun rolü ve farklı anlatı tiyatrosu teknikleri" adlı çalışmasıdır. Honsel'in, masallar, öyküler ve biyografilerden yola çıkarak edebî türlere farklı yaklaşımlarla gerçekleştirdiği bu atölyenin ardından ülkemizde masalların yaratıcı drama çalışmalarındaki kullanım alanının genişliği fark edilmiştir. Türkiye'de yapılan yaratıcı drama çalışmalarında bir edebî tür olarak masallara odaklanılması İnes Honsel'in çalışmasıyla benzer özellikler taşımakla birlikte Türkiye'de işlenen masallar anlatı yerine daha çok masalların birlikte oluşturulması, canlandırılması ve bir eğitim aracı olarak kullanılması yönünde olmuştur. Bu konuda Türkiye'de gerçekleştirilen çalışmalar şu şekilde gösterilebilir:

>> Sevim, E. (2006). *Yaratıcı drama ve masallar.* Yayımlanmamış dernek projesi, Ankara: T. C. MEB Özel Doğaç.
>> Layiç, Ş. (2008). *Masallar ve yaratıcı drama.* Yayımlanmamış dernek projesi, Ankara: T. C. MEB Özel Doğaç.
>> Özyılmaz, S. (2008). *Klasik masallar ve drama.* Yayımlanmamış dernek projesi, Ankara: T. C. MEB Özel Doğaç.

Türkiye'de 1980 ve 1990'lı yıllar ile kıyaslandığında, 2000'li yıllarda dil - edebiyat ve yaratıcı drama alanında daha çok çalışmanın gerçekleştirildiği görülmektedir. Söz konusu çalışmalarda görülen artışta, Çağdaş Drama Derneği tarafından düzenlenen uluslararası kongre ve seminerler ile kültürlerarası etkileşimle edinilen birikimin önemi yadsınamaz. Türkiye'de gerçekleştirilen dil-edebiyat ve yaratıcı drama çalışmaları incelendiğinde Çağdaş Drama Derneği'nin uluslararası çalışmalarının yanı sıra ulusal anlamda da birçok çalışma gerçekleştirdiği, uluslararası seminerlerde edinilen birikimleri dernek üyesi liderleri aracılığıyla yaygın ve örgün eğitime aktardığı görülmektedir. Sözgelimi 7-8 Nisan 2012 tarihlerinde, Trabzon›da düzenlenen «Yazınsal Türler ve Yaratıcı Drama" başlıklı atölye ve 9 Haziran 2013 tarihinde Ankara'da Drama Günleri etkinliğinde düzenlenen "Edebiyat ve Drama" atölyesi ÇDD lideri İlhan Akfırat tarafından gerçekleştirilmiştir. Atölye kapsamında rol oynama ve doğaçlama, donuk imge, dedikodu halkası, toplantı düzenleme gibi farklı drama teknikleriyle çeşitli yazınsal ürünler (şiir, öykü, vb) oluşturularak eğitimcilere edebî metin ve edebî türlerin yaratıcı drama yöntemiyle birçok farklı şekilde nasıl ele alınabileceği aktarılmıştır.

Çağdaş Drama Derneği, liderleri tarafından gerçekleştirilen dil-edebiyat konulu atölyelerin yanı sıra çeşitli birim ve yayın organları ile de dil-edebiyat çalışmalarını gerçekleştirmektedir. ÇDD bünyesinde oluşturulan Edebiyat Birimi, edebiyatla yaratıcı dramayı buluşturmak amacıyla 2007 Eylül'ünde kurulmuştur. Birim çalışmaları doğrultusunda yazar ve şairleri tanımak-tanıtmak ve onların eserlerini yaratıcı drama yöntemiyle incelemek, yazınsal tür ve metinleri dramayla yeniden keşfederek metinlerin satır aralarını okumak amaçlanmıştır. Bu kapsamda birim çeşitli tema (Yabancılaşma, Yaşadığımız Kent Ankara), yazar/şair (Nazım Hikmet, Can Yücel, Bedri Rahmi Eyüboğlu, Kemal Tahir), edebî tür (öykü, deneme, şiir, türkü, vb.) ya da eserlerden (Mülksüzler, Bereketli Topraklar Üzerinde, Kuvayı Milliye Destanı, vb.) hareketle yaratıcı drama etkinlikleri gerçekleştirmiş ve söz konusu etkinliklerden elde edilen ürünler birim katılımcıları tarafından hazırlanan "Edebiyat ve Drama Bülteni Dergisi" adlı dergide yayımlamıştır.

Sonuç olarak Türkiye'de, ulusal ve uluslararası bağlamda gerçekleşen bu çalışmaların yanı sıra dil-edebiyat ve yaratıcı drama alanında birçok yüksek lisans ve doktora tezi, makale, bildiri ve bitirme projeleri doğrultusunda farklı çalışmaların da yapıldığı görülmektedir. Yapılan bu çalışmalar incelendiğinde çalışmaların belli konularda yoğunlaştığı ve özellikle yaratıcı dramanın eğitim bileşenine ağırlık verildiği dikkat çekmektedir. Gerçekleştirilen çalışmalarda ele alınan konular sınıflandırıldığında; "edebî türlerin öğretimi, edebî eser/dönem/kişilerin incelenmesi, yaratıcı yazarlık, dil becerilerinin (okuma, dinleme, konuşma, yazma) ve Türkçenin öğretiminde yaratıcı dramanın bir yöntem olarak kullanımı" başlıkları doğrultusunda Türkiye'de dil-edebiyat ve yaratıcı drama bağlamında 100'den fazla araştırmanın bulunduğu belirlenmiştir. Yaratıcı drama alanında yapılan çalışmaların ağırlıklı olarak özellikle dil becerilerinin gelişimi ve Türkçe öğretimi alanlarında yapılması dil, edebiyat ve yaratıcı drama alanlarının geleceği açısından ümit vericidir.

Spuren deutscher Spiel- und Theaterpädagogen
in Werken für Sprache, Literatur und Kreatives Drama, die in der Türkei entstanden sind

Ferah Burgul, İlhan Akfırat

Als ein Teil der Künste spielt die Literatur eine wichtige Rolle bei der Veränderung der Gesellschaft. Dazu gehören Erkenntnisprozesse und die Entwicklung von Wahrnehmen und Beobachtung. Die Sprache der Literatur ist global, und ein literarisches Werk kann wie die Musik Menschen aus verschiedenen Kulturen in gleicher Weise inspirieren. Auch das Kreative Drama vermag dies. Kreatives Drama vereint Bestandteile aus Kunst, Lehre, Theater und Literatur und bringt zugleich Neues hervor.

Die Literatur, die Ereignisse, Gedanken, Gefühle und Vorstellungen mittels Sprache schriftlich formt, kann als Gestaltungskunst verstanden werden. Auch wenn sie als eine Disziplin der ästhetischen Lehre gesehen wird, stellt sie in der Sprachlehre eine der wichtigsten Elemente dar. Der Mensch liest, schreibt, redet und hört sein Leben lang. Das aktive und ästhetische Umgehen mit der Sprache zeigt neben dem Sprachgefühl auch die Bildung der Person. Es wird heute von einem gebildeten Menschen erwartet, dass er sich an die Vergangenheit erinnert, dass er die Gegenwart versteht und die Zukunft erkennt, dass er die Zukunft betreffende Fragen erfasst, vorausschauend ist, eine demokratische und ästhetische Haltung demonstriert, und dass er konsequent und rezeptiv ist. Der Mensch, der diese Eigenschaften besitzt, kann in einem Lehrsystem, in dem das Kreative Drama angewendet wird, leichter ausgebildet werden als in einem System, das nur das Auswendiglernen verlangt.

Die Lehrsysteme, die eine kreative und kulturell offene Person ausbilden möchten, müssen kreative und interaktive Methoden benutzen. Das in der Türkei in den 1980-er Jahren entwickelte Kreative Drama, ist eine der wichtigsten aktiven Methoden, die das ästhetische Lehrsystem besitzt und die die Kreativität der Literatur fördert. Es wird mit Kreativem Drama, sowohl in der Literatur als auch im Unterricht der türkischen Sprache, die Förderung des Sprachbewusstseins, der Sprachkompetenz und der Sprachästhetik einer Person angestrebt.

Es ist zu beobachten, dass von Tag zu Tag der künstlerische, ästhetische und kulturelle Bildungsverlauf in der Türkei, in der Berufsausbildung und im Bereich der informellen Bildung, ernster genommen wird. Besonders die Entwicklung und Anwendung neuer Programme, die durch das Bildungs-Ministerium und die Hochschulinstitutionen gefördert werden, sind augenfällige Beweise dieser Beobachtung. Seit 1997 wird Kreatives Drama an den pädagogischen Fakultäten besonders in den Instituten für die Vorschulzeit und Klassenlehrerausbildung als Pflichtfach gelehrt; nach 2007 kommen die Institute für die Ausbildung von Sozialkunde-, Türkisch-, Sport- und Fremdsprachenlehrer hinzu. Auch an den Berufsschulen im Studiengang „Kinderentwicklung" wird es als Pflichtfach und an den Kunsthochschulen als Pflicht- bzw. Wahlfach gelehrt. Dies zeigt, wie sehr man auf die formelle Bildung in der Türkei setzt. Dank der nationalen und internationalen Seminare und Kongresse des *Çağdaş Drama Derneği* (ÇDD) wurden interkulturelle Erfahrungen transponiert. Dies führte seit den 80-er Jahren bis heute zu positiven Fortschritten, was nicht unerwähnt bleiben soll.

Die seit 1985 in der Türkei unter dem Begriff Kreatives Drama, in Deutschland als Spiel- und Theaterpädagogik bezeichnet, stattfindenden Tätigkeiten und Aktivitäten, sind in der Türkei in Sprache und Literatur inzwischen etabliert. Diese Annäherung lässt sich seit 30 Jahren in den meisten Seminaren und Workshops beobachten. Zum Beispiel wurde im Jahre 1985 ein Seminar „Dramatisierung in internationaler Erziehung" veranstaltet, in dem der Unterschied zwischen den Begriffen Kreatives Drama und Dramatisierung gemacht wurde. Neben der modernen Bedeutung wurde eine allgemeine Begriffs-Herleitung vorgestellt. Es hat sich herausgestellt, dass Improvisieren auf pädagogischer, künstlerischer und insbesondere auf literarischer Ebene als Methode benutzt wurde. Dieses Seminar hat für Tätigkeiten im Literatur- und Türkischunterricht Spuren hinterlassen. Es war sehr sinnvoll, im Seminar die Methode, das Mittel, den Bereich und den Gebrauch einer modernen Form von Dramatisierung zu präsentieren. Diese ist hauptsächlich in Lehrplänen für den Türkisch- und Literaturunterricht vertreten und als Methode auch den älteren Lehrern bekannt. Zum Beispiel die unten erwähnten, von deutschen Spiel- und Theaterpädagogen beeinflussten Werke, zeigen die Auswirkungen auf Aktivitäten in der Türkei.

>> Erkek, H.; *Dramatisierung von Erzählung auf Darstellung;* Anatolische Kunst, (2), 47-55.
>> Kavcar, C.; *Die Methode der Dramatisierung im Türkischunterricht;* Konferenz über die Bildung der Türkischen Sprache, 83-91.
>> Kazıcı, E.; *Die Wirkung der Dramatisierungsmethode auf die Themen des Türkischunterrichts, Redensart und Sprichwörter in der 4. Jahrgansstufe;* nicht veröffentlichte Masterarbeit, Selçuk Universität Konya
>> Koç, K.; *Das Vergleichen der Dramatisierung und des kreativen Dramas im Türkischunterricht der 7. Jahrgangsstufe;* nicht veröffentlichte Masterarbeit, Ondokuz Mayıs Universität Samsun.
>> Köklü, S.; *Die Wirkung der Dramatisierung auf die Schüler der 7. und 8. Jahrgangsstufe im Türkischunterricht bei Übung von Verstehen des Gehörten;* nicht veröffentlichte Masterarbeit, Marmara Universität İstanbul.
>> Üstündağ, T.; *Die Wirkung der Methode mit dem Schwerpunkt Dramatisierung;* nicht veröffentlichte Masterarbeit, Hacettepe Universität Ankara.

Wenn man die Studien, die von deutschen Fachgelehrten im Rahmen der internationalen Seminare erarbeitet wurden, unter dem Aspekt der Germanistik betrachtet, lässt sich eine Konzentration auf die Bereiche Theaterstücke schreiben anhand von literarischen Texten, Theaterstücke schreiben und Improvisationen erarbeiten anhand der Theaterstücke, Texte schreiben und kreatives Schreiben praktizieren. Beispielsweise wurde im Rahmen des vom 15. bis 19. März 1993 stattgefundenen 5. Seminars für „Kreatives Drama in der Internationalen Bildung" in einem Atelier ein kollektives Theaterstück geschrieben. Die Werkstatt wurde von Prof. Dr. H.-W. Nickel geleitet und in Verbindung mit „Held-Hindernisse-Handlung" und „Titel des Theaterstückes, Fabeltheater, Vorspiel, Handlung und Ende" betrachtet. Der durch das Erarbeiten entstandene Textschreibevorgang war für die Literatur mit ihrem Können des literarischen Texte-Schreibens sehr bedeutend. Nach dem Seminar haben die Teilnehmer, die in den Bereichen Kinderentwicklung, Theater, Erziehung und Literaturunterricht in der Türkei tätig waren, beeinflusst vom Theaterstück, das Textschreiben praktiziert. Es wurde festgestellt, dass sie ähnliche Aktivitäten durchgeführt haben. Als Beispiele für diese Art von Aktivitäten können die unten genannten Initiativen gelten:

>> Elena Uluçay; *Vorbereitung eines musikalischen Spiels mit den Kindern mittels Drama;* nicht veröffentlichtes Vereinsprojekt
>> Karahan, D.; *Ich schreibe und spiele. Kreatives Drama in literarischen Gattungen;* nicht veröffentlichtes Vereinsprojekt
>> Karakuş, F.; *Die Wirkung der Drama-Methode auf die Schüler der 5. Jahrgangsstufe beim Schreiben von Geschichten;* nicht veröffentlichte Masterarbeit; Universität Çukurova, Adana
>> Tokgöz, Aksoy, İ.; *Die Wirkung des Dramas beim Lehren der literarischen Gattung Erzählung in den Jahrgangsstufen 4 und 5;* nicht veröffentlichte Masterarbeit, Onsekiz Mart Universiät Çanakkale, Çanakkale.
>> Mahmut Topçu; *Aufführungen schreiben mit der Methode des Dramas;* nicht veröffentlichtes Vereinsprojekt.

Diese Projekte gehören zum Kurs Kreatives Drama Doğaç (geregelt vom Bildungs-Ministerium).

Eine andere Aktivität, die im Rahmen des 5. Seminars für „Kreatives Drama in Internationaler Bildung" verwirklicht wurde, hatte auf die Literatur und auf das textorientierte Arbeiten indirekte Wirkung. Das von der Berliner Tanzpädagogin Ulrike Sprenger geleitete Atelier „Bewegung-Tanz-Drama" basierte auf einem Märchen des persischen Dichters Nizami aus dem 12. Jh.

Das Ziel von Sprenger war, dass die Teilnehmer mit Hilfe der literarischen Texte ihre Körper fühlen, die Gefühle der im literarischen Text vorkommenden Charaktere internalisieren und das, was sie lesen mit der Körpersprache, Gestik und Mimik auszudrücken.

Diese Arbeit von Ulrike Sprenger zeigte, dass literarische Texte neben Theater, Dramatisierung und Improvisierung auch mit Körper, Rhythmus und Musik bearbeitet werden können. Sie zeigte auch, dass vor allem aus auf Märchen fokussiertes Arbeiten viele Interpretationen mit den Komponenten wie Improvisation, Dramatisierung, Rhythmus und Tanz entstehen.

Diese Arbeit war ein anschauliches Beispiel dafür, dass literarische Texte auch mit Rhythmus und Tanz bearbeitet werden können.

Ausgehend von einer Atelierarbeit mit dem Titel „Wie kann ich mit den Kindern aufspielen?", die im Rahmen des 7. Seminars für „Kreatives Drama in Internationaler Bildung" von dem Hamburger Gunter Mieruch durchgeführt wurde, wurde anhand eines Texts (Erzählung, Bericht, Gedicht usw.) von Improvisation und vom Aufspielen gesprochen.

Mit dieser Arbeit wurden die Anwendungs-Möglichkeiten von literarischen Texten und dem Kreativen Drama entdeckt. Die Anzahl der Arbeiten über das Aufspielen, ausgehend von Texten verschiedener Gattungen, ist gestiegen.

>> Ataman, M.; *Entstehung eines Stückes unter Verwendung der Improvisationsmethode*; nicht veröffentlichtes Vereinsprojekt.
>> Boyancı, A.; *Erfinden von Forum-Spielen mit der Methode des kreativen Dramas*; nicht veröffentlichtes Vereinsprojekt.
>> Gümüşlü, I.H.; *Vorführung eines Stückes mit der Methode des kreativen Dramas mit Zweitklässlern der Grundschule Ankara*; nicht veröffentlichtes Vereinsprojekt.
>> Karahan, D.; *Ich schreibe und spiele. Kreatives Drama mit literarischen Gattungen*; nicht veröffentlichtes Vereinsprojekt.
>> Mermerkaya, N.; *Ein Meeresmärchen. Vorführung eines Theaterstückes mit Grundschülern unter Verwendung der Methode des kreativen Dramas*; nicht veröffentlichtes Vereinsprojekt.
>> Özen, Z.; *Ich bin Orhan Veli. Beispiel für eine Vorführung mit Hilfe des kreativen Dramas und dessen Methoden*; nicht veröffentlichtes Vereinsprojekt.
>> Tuluk, N.; *Die Ankunft des Frühlings auf der Bühne beim Kreativen Drama, Hıdırellez*; nicht veröffentlichtes Vereinsprojekt.

Beim 7. Seminar für „Kreatives Drama in Internationaler Bildung" stand im Fokus das Atelier zum Thema „Brechts didaktisches Spiel als Theatermodel mit dem Ziel, sozial zu lernen und die pädagogische Funktion des Lehrstücks nach Brecht. Die Werkstatt wurde von Roger Fornhoff geleitet. Auch 2010 stand das „Internationale Drama-Seminar" unter dem Thema „Bertolt Brecht und die didaktischen Spiele". Im Rahmen dieses Seminars wurden die folgenden Werkstätten durchgeführt: Roger Fornoff - „Aufbau der Didaktischen Spiele", Jan Weisberg und Swantje Nölke - „Soziale/körperliche Verhaltensübungen", Jutta Heppekausen - „Didaktische Spiele und Administrationskonflikt, Schul- und Lernübungen", Hans Martin Ritter - „Didaktische Spiele und Musik". Die durchgeführten Werkstätten haben das Bewusstsein im Zusammenhang mit Bertolt Brecht und seiner Lehrstück-Konzeption in der Türkei verstärkt und es wurde von vielen Übungen, die mit diesem Thema in Verbindung sind, inspiriert.

>> Senem Sönmez Arslan, S.; *Prüfen eines Spieltextes nach Brechts Dramaturgie mit der Methode des kreativen Dramas*; nicht veröffentlichtes Vereinsprojekt.

>> Tüzün Z.; *Ausübung des Ausdruckes „Gestus", der in Theaterstücken von Bertolt Brecht vorkommt, mit der Methode des kreativen Dramas;* nicht veröffentlichtes Vereinsprojekt.
>> Vural, Akar V.; *Die Didaktischen Spiele von Bertolt Brecht und Drama in der Erziehung: eine quasi-experimentale Arbeit über Vorgehensweise mit kritischem Denken;* Kreatives Drama Zeitschrift, 1(1), 131-146.

Beim 16. Seminar für „Kreatives Drama in Internationaler Bildung", bei dem das Thema Bertolt Brecht und die Didaktische Spiele wiederholt aufgegriffen wurde, führte Gerd Koch die Werkstatt „Texte schreiben, ausgehend vom didaktischen Spiel" durch. Koch brachte als Beispiel unvollendete Theaterstücke von Bertolt Brecht mit ins Atelier und bat die Beteiligten, die Texte zu beenden und zwar mit den verschiedenen Methoden, die er ihnen zeigte.

Als Gerd Koch im Jahre 2011 zum 19. Seminar für „Kreatives Drama in Internationaler Bildung" in die Türkei kam, führte er eine Werkstatt zum Thema „Die Methode des kreativen Schreibens und das Bewusstsein, ein Städter zu sein" durch. Neben den Aufgaben, ein Begriffs-Cluster, mit Assoziationen Gedichte und Dialoge zu schreiben, zeigte Koch auch Methoden, die hilfreich für das Bilden und Beenden von literarischen Gattungen sein können. Der Einfluss von Brecht ist im Bereich des Kreativen Schreibens in der Türkei deutlich erkennbar, wie die Auflistung zeigt:

>> Ataman, M.; *Kreatives Drama und Kreatives Schreiben: eine Studie, die in der Vorbereitungsklasse von Bilkent durchgeführt wurde;* nicht veröffentlichtes Vereinsprojekt.
>> Eğitmen, A.; *Der Verlauf des Märchenerfindens der 6-jährigen Vorschulkinder mit der Methode des kreativen Dramas;* nicht veröffentlichtes Vereinsprojekt.
>> Erdoğan, T.; *Kreatives Schreiben;* nicht veröffentlichtes Vereinsprojekt.
>> Karahan, D.; *Ich schreibe und spiele. Kreatives Drama mit literarischen Gattungen;* nicht veröffentlichtes Vereinsprojekt.
>> Kırmızı, F.; *Die Wirkung der Arbeiten des kreativen Schreibens, die im Türkischunterricht stattfinden und auf die Methode des kreativen Dramas beruhen;* Kreatives Drama Zeitschrift, c4, S.7, 51-57.
>> Ataman, M.; *Kreatives Drama für kreatives Schreiben. Serin, A. Ein Modelbeispiel für die Arbeiten des kreativen Schreibens, die mit dem kreativen Drama zusammengesetzt sind;* nicht veröffentlichte Masterarbeit, Universität Ankara, Ankara.
>> Ulaş, H.A.; *Die Wirkung des mit den kreativen Dramaaktivitäten des Türkischunterrichts der Niveaustufe A1 gelehrten kreativen Schreibens auf die Leistungen der Schüler;* Sitzungsbericht des „13. Seminar für „Kreatives Drama in Internationale Bildung" / Erklärungsbuch für Theater-Tagung.

Ein anderes Thema, das in der Türkei oft durch deutsche Theater- und Spielpädagogen bearbeitet wird, ist „Das Improvisations- und Erzähltheater". Dieses Thema, das mal von der Strukturierung, mal von den Bestandteilen und mal von den diversen Techniken her angegangen wird, wird in der literarischen Beschäftigung angewendet, wenn auf literarische Texte oder auf Anlehnungen zurückgegriffen wird.

Als Beispiel dafür kann das Atelier von Wolfgang Nickel aus dem Jahr 2001 angeführt werden.

Nickel thematisierte in seiner Werkstatt „Improvisation, Formen und Prägungen des aleatorischen Theaters" zuerst die Begriffe Realität und Spekulation, führte die Beteiligten vom Wort zur Erzählung und von der Erzählung zur Improvisation. Er leitete sie vom Gefühl zum Monolog, vom Monolog zum Spiel und stellte im Rahmen der Werkstatt Beispiele für Playbacktheater und Forumtheater vor, die auf den Erzählungen der Beteiligten basierten.

Das Erzähltheater ist der mündlichen Meddah-Tradition zuzuordnen, die auf heute übertragen wird, und es hat das erzählungsorientierte Bewusstsein in der Türkei gesteigert.

Das Thema des 21. Internationalen Drama-Seminars, das 2013 in Urfa stattfand, war auf die Themen Rituale und Erzählungen fokussiert und galt als eine Art Zuspruch an die Studie, die Nickel im Jahr 2001 durchgeführt hatte.

So hat er also, auch wenn es etwas dauerte, doch bewirken können, das Bewusstsein dahingehend zu fördern, dass Bereiche wie Meddah-Erzählungen, Ortaoyunu (improvisiertes türkisches Volkstheater), Ritual und Erzählungen Themen des Kreativen Dramas in der Türkei sind.

Für Studien, die das Erzähltheater und die Meddah-Tradition kombinieren, kann als Beispiel in der Türkei das Werk von Sekmen (2005) "Ein Modell zum Gebrauch von Meddah-Techniken bei der Bedeutung der Suche und der Drama-Anwendungen" angeführt werden.

Ein anderes Beispiel zum Erzähltheater ist der Ansatz von Ines Honsel aus Berlin, der im Rahmen des „11. Seminars für Kreatives Drama in internationaler Bildung" unter dem Titel "Im Kontext Gestern, Heute, Morgen. Die Rolle vom Erzähltheater im kreativen Drama und in der Bildung" vorgestellt wurde.

Nach Honsels Werkstatt, die mit diversen Ansätzen zu literarischen Gattungen arbeitete und die von Märchen, Erzählungen und Biografien ausging, wurde in unserem Land die Bedeutung der Märchen für das Kreative Drama erkannt:

>> Sevim, E.; *Kreative Dramen und Märchen;* nicht veröffentlichtes Verbandsprojekt.
>> Layiç, Ş.; *Märchen und kreatives Drama*; nicht veröffentlichtes Verbandsprojekt.
>> Özyılmaz, S.; *Klassische Märchen und Drama;* nicht veröffentlichtes Verbandsprojekt.

Wenn man die Jahre 1980er und 1990er vergleicht mit den Jahren um 2000, sieht man, dass der Türkei ab dem Jahr 2000 mehr Aktivitäten zum Thema Sprache, Literatur und kreatives Dramen verwirklicht werden.

An der Zunahme dieser Aktivitäten lassen sich die Wichtigkeit der internationalen Drama-Kongresse und -Seminare, die vom Çağdaş Drama Derneği veranstaltet werden, und die Erfahrung, die mit interkulturellen Interaktionen gemacht werden konnten, ablesen.

Wenn man die Projekte, die in den Bereichen Sprache, Literatur und Kreatives Drama in der Türkei realisiert werden, betrachtet, sieht man, dass der ÇDD seine internationalen Erkenntnisse auch im nationalen Feld nutzt, indem Multiplikatoren des ÇDD diese Erfahrungen in die formelle Bildung übertragen.

Die im Rahmen des 2008 in Trabzon stattgefundenen Drama-Seminars durchgeführte Werkstatt „Literarische Gattungen und Kreatives Drama" und die im Juni 2013 in Ankara während der „Drama-Tage" veranstaltete Werkstatt „Literatur und Drama", geleitet vom Vorstandsmitglied des ÇDD, Ilhan Akfırat, sind Beispiele dafür.

Im Rahmen der Werkstatt wurden unter Anleitung literarische Texte gestaltet anhand von diversen Drama-Techniken, wie Einteilen in Akte, Improvisation, starre Bilder, Gerüchte in Umlauf bringen, die Einberufung von Versammlungen, Gedichte, Geschichten usw.

Neben den Werkstätten, die der ÇDD zum Thema Sprache und Literatur durchführt, veröffentlichen Dramapädagogen auch Artikel in Fachzeitschriften.

Der Verband hat 2007 eigens für den Bereich Drama und Literatur einen Arbeitskreis eingerichtet.

Die Tätigkeiten des Arbeitskreises verfolgen das Ziel, bislang wenig bekannte Autoren und Dichter bekannter zu machen und deren Werke mittels des Kreativen Dramas zu untersuchen, literarische Gattungen und Texte mit dem Drama neu zu erkunden und so die Zwischenzeilen der Texte zu lesen.

In diesem Kontext hat der Arbeitskreis Projekte und Veranstaltungen durchgeführt zu verschiedenen Themen (z.B. Entfremdung, Ankara die Stadt, in der wir leben), zu unterschiedlichen Autoren und Dichtern (z.B. Nazım Himket, Can Yücel, Bedri Rahmi Eyüboğlu, Kemal Tahir), zu vielfältigen literarische Gattungen (z. B. Geschichten, Essay, Gedicht, Gesang) oder zu verschiedenen Werken (z. B. „Die Besitzlosen auf Mutter Erde", „Das Epos der Kuvayi Milliye"). Ergebnisse und Berichte zu den Projekten sind in der Zeitschrift "Edebiyat ve Drama Bülteni Dergisi" (Zeitschrift für Literatur und Drama) veröffentlicht worden.

Als Zusamenfassung lässt sich sagen, dass neben vielen internationalen und nationalen Projekten des ÇDD auch zahlreiche Masterarbeiten, Dissertationen, Fachaufsätze und Studien zum Thema Literatur und Drama entstanden sind bzw. entstehen.

Wenn man diese Studien näher beleuchtet, fällt auf, dass sie sich auf besondere Themen konzentrieren und dass das Kreative Drama einen hohen Bildungsanteil hat. Bei näherer Betrachtung der Studien wurde festgelegt, dass sich in der Türkei eine große Anzahl der Untersuchungen im Kontext von Sprache, Literatur und Kreativem Drama mit Themen befasst, wie z. B. Literaturtheorie, -interpretation und -geschichte, kreatives Schreiben, Sprachwissenschaft. Da die durchgeführten Studien sich besonders auf die Förderung der sprachlichen Kompetenzen und den Türkischunterricht spezialisieren, sieht es nach einer aussichtsreichen Zukunft für die Verbindung von Sprache, Literatur und Kreativem Drama aus.

Türkiye'de Müze Eğitimi ve Müzede Drama

Ayşe Çakır İlhan, Ayşe Okvuran

Müzeler 19. yüzyıldan başlayarak eğitim işlevine önem veren kurumlar olmuşlardır. Eğitim-öğretim okulla sınırlandırılamaz.Bu nedenle müzeler öğrencinin eğlenerek öğrendiği, eğitimcinin kendisini geliştirdiği eğitim ortamlarıdır. Her müzenin ziyaretçisine verecek bir mesajı vardır, ancak eserleri, nesneleri ve sergileri ile belli bir müzenin mesajı, ziyaretçi ile etkileşimsel bir *müze yaşantısı* sonunda anlamlı hale gelebilir.. Müze eğitimi, yaşam boyu eğitim sürecinde, yaşantılara dayalı, çok yönlü öğrenme ve yaşam alanları olarak müzelerin eğitimde etkin kullanımını içermektedir.. Müzelerde hazırlanacak eğitim etkinlikleri okul eğitimini tamamlamakta ve öğrenmeyi kolaylaştırmaktadır. Müzede drama ise müzelerde kullanılan en etkili öğretim yöntemlerinden biridir.

Müzede Drama / Tiyatro

Yaratıcı drama yaşamdaki dramatik anların uzmanlarca, bir grup etkileşimi içinde canlandırılmasıdır. Drama, kendi içinde bir öğretim yöntemi, bir disiplin, bir sanat eğitimi alanı olarak ayrımlaşmaktadır. Drama oyunlarına canlandırma, rol oynama, doğaçlama da denilebilir. Drama etkinlikleri sınıfta ya da sınıf dışı müze, galeri,ören yerleri gibi eğitsel ortamlarda da yapılabilir. Drama alanı bir öğretim yöntemi olarak pek çok öğretim tekniğini barındırır: Donuk imge, geriye dönüş, doğaçlama, rol oynama, dedikodu halkası, pandomim vb. Bir öğretim yöntemi olarak drama sosyal bilgiler, Türkçe, sanat eğitimi, fen öğretimi vb. alanların öğretiminde yararlanılan bir yöntemdir.

Günümüzde müzelerdeki nesnelerin, vitrinlerde, gerçek içeriklerinden uzaklaştırılarak yer aldığı, oysa drama yoluyla izleyiciye gerçek bir deneyim yaşatarak nesnelerin belli bir topluma, kültüre ait olduğunun anlaşılmasının sağlanabileceği belirtilmektedir (akt.Okvuran,2012). Müzede drama/tiyatro ziyaretçilerin, müze içindeki eğitsel yaşantılarını artırmayı hedefler. Öykü anlatmaktan, canlı tarih yorumuna, müzikal gösterimden, kukla, mim, vb'ne kadar pek çok türü bulunmaktadır. Müzede drama/tiyatroda anahtar kavram, drama yoluyla nesnelerin ve koleksiyonların yorumlanmasıdır.. Müzede drama/tiyatroda oyuncu ile ziyaretçi arasında gerçek bir etkileşim yaşanır .Bu etkileşim, müzenin geçmiş, bugün ve gelecek arasındaki köprü görevine bir gönderme yapar.

Türkiye'de Müze Eğitimi

Türkiye'de ilk müze kurma çabaları 1846 'da eski eser ve silahların toplanıp depolanması ile başlar ve 1869'a dek depolanan eserler MÜZE-İ HÜMAYÛN'da toplanır. 1878-1881'de eski eserlerin korunması, taşınması ve kazıların bilimsel yapılması için bir müze komisyonu kurulur. Eğitim müze ilişkisinde okul müzesi kavramı sıklıkla vurgulanır. 1923 tarihli hükümet programında memleketimizdeki tarihi eserleri koruyabilmemiz için, ulusun bütün fertlerini tarihi eserlere karşı ilgilendirmekten ve bunun ulusal bir borç ve ödev olduğundan söz edilmektedir. Atatürk'ün çabasıyla pek çok müze açılır.1958 yılında öğretmenler için müzecilik el kitabı yayımlanır. 1960'larda müzelerin eğitim kurumu olduğundan, okul-müze ilişkisinin kurulmasından, öğretmenlerin kendi bölgelerindeki müze ve eski eserleri tanıması için geliştirilmesinin gereğinden söz edilir . Cumhuriyetin ilk yıllarında müzelerin kültür kurumu olarak öneminin vurgulandığı görülmektedir.

Türkiye 'de ilk kez,Yıldız Teknik Üniversitesi'nde 1989 yılında *Müzecilik* Yüksek Lisans Programı açılmıştır. Dersler ve uygulamalarla müzeciliği desteklemek, çağdaş müzecilik anlayışını yerleştirmek hedeflenmiştir. Ankara Üniversitesi'nde 1997 yılında açılan *Müze Eğitimi* Anabilim Dalı tezli ve tezsiz yüksek lisans programında disiplinlerarası bir yaklaşımla müzelerde eğitimin nasıl yapılacağını içeren dersler verilmektedir. Halen Türkiye'de pek çok üniversitede müzecilik ve müze eğitimi konusunda lisans ve yüksek lisans düzeyinde eğitimler sürdürülmektedir.

Eğitim fakültelerinin görsel sanatlar öğretmenliği bölümlerinde ise müze eğitimi ve uygulamaları dersi seçimlik/zorunlu bir ders olarak yer almakta ve müzedeki eserlerin incelenmesi, müze rehberi hazırlama, müze gezileri vb. konuları içermektedir (İlhan, 2000)

Tüm eğitim fakültelerinin sınıf öğretmenliği, sosyal bilgiler öğretmenliği, okul öncesi öğretmenliği bölümlerinde zorunlu müze eğitimi dersleri yoktur; ancak sanat ve estetik, sanat eğitimi, uygarlık tarihi, görsel sanatlar öğretimi vb. derslerde müze ve müze eğitimi konuları yer almaktadır. Eğitim fakültelerindeki müze eğitimi dersleri ise seçimlik olarak açılmaktadır. MEB İlkokul ve ortaokullarda okutulan görsel sanatlar (GSD) ve sanat etkinlikleri (SEP) öğretim programlarında ise müze eğitimi alanı ağırlıklı olarak yer almaktadır. GSD müze bilinci sağlamak, ulusal ve evrensel tarihi ve sanat eserlerini tanımak, değerini takdir etmek, kültürel mirası korumak vb. kazanımları içermektedir. SEP ise müze eğitimini ve dramayı temel bir öğrenme alanı olarak ele almıştır. Oyun ve canlandırma sanat etkinlikleri dersinin merkezinde yer almaktadır.. Müze eğitimi, sanatlar eğitimi, proje çalışmaları öğrenme alanları drama yöntem ve teknikleriyle gerçekleştirilmektedir (Okvuran, 2010). MEB'e bağlı güzel sanatlar liselerinde de müze eğitimi dersi bulunmaktadır.

Günümüzde Türkiye'deki müzecilik anlayışı değişmektedir. Sergileyen ve gösteren müzecilik anlayışından paylaşan ve eğiten müzecilik anlayışına doğru dönüşüm yaşanmaktadır.

Türkiye'de Müzede Drama

Türkiye'de özel müzeler içinde İstanbul Vehbi Koç Vakfı Müzesi çocuklar için ilk müze eğitimi uygulamalarını başlatmıştır. İlköğretim ve anasınıfları için eğitim setleri düzenleme, gezici müze-büs, kardeş okul projesi, görme engelliler için eğitim projesi, keşif masası, eğitim programları düzenleme, vb. etkinlikleri örnekler içinde sayılabilir. 2000'li yıllardan itibaren açılan resmi ve özel müzelerde çocuk ve gençler için eğitim birimleri yer almakta ve uzman eğitimcilerle müzelerde açılan geçici ve kalıcı sergiler üzerine dramayı da içeren eğitimler düzenlenmektedir.

Müzede drama öncelikle katılımcılarda empatiyi artırır, kolaylaştırıcılık sağlar, öğrenmeyi sağlar, estetik eğitime katkıda bulunur, eğlenmeyi artırır. Müzede dramada rol oynama (katılımcıların hazır rollerle yaptığı canlandırmalar), doğaçlama (katılımcıların spontan bir biçimde orada ve o anda yaptığı canlandırmalar), sıcak sandalye (tarihten önemli bir kahramanın rolünde duyguların yansıtılması) ve rol içinde sorgulama (kahramanın rol kişisi içinde bir durumun sorgulanması) gibi teknikler müzede drama alanında empati becerisini artırabilecek tekniklerdir. Sokakta oynayamayan çocuk müzede oynayabilmektedir. MDGF müze eğitimi projesine katılan gençler müze eğitiminde kullanılan ara-bul oyunlarını %70 oranında eğlendirici, heyecanlandırıcı ve bilgi verici bulmuşlardır (MDGF Raporu, 2011).

1992 yılında Antalya'da Uluslararası Amatör Tiyatrolar Birliği tarafından düzenlenen Dünya 2.Çocukların Tiyatroları Festivalinde, atölye etkinliklerinden biri arkeoloji müzesinde yapılmıştır. Drama alanında yetişenlerin, müzede ilk drama yaşantısı 1995 yılında Anadolu Medeniyetleri Müzesi'nde bir ritüel gerçekleştirerek başlamıştı.Çağdaş Drama Derneğinin Uluslararası seminerinde canlandırılan Kibele Ritüeli katılanları çok etkilemişti. Daha sonra Anadolu Medeniyetleri Müzesi'nde drama yöntemiyle yeni müze eğitimleri gerçekleştirilmiştir. Başlangıçta müzeciler müzede oluşan yeni etkinliklerden dolayı gergindi. Ancak eğitime yatkın müzeciler drama eğitimcileriyle işbirliği yapmaya başladılar. Böylece farklı kentlerdeki kültür bakanlığı müzelerinin eğitim merkezi gibi işlev görmeye başladığı söylenebilir. Ankara'da 1996 yılında Cumhuriyet ve Kurtuluş Savaşı Müzeleri ile Ankara Üniversitesi Eğitim Bilimleri Fakültesi arasında 'Yuva-Müze Projesi' imzalanmıştır. Bu proje ile okul öncesi dönem çocuklarına müzedeki iki odada müzeleri tanıtmak ve müze kültürü oluşturmak üzere eğitim etkinlikleri düzenlemek amaçlanmıştır. Proje kapsamında okul öncesi çocuklarına eğitim etkinlikleri düzenlenmiştir.1995 yılında Tarih Vakfı tarafından düzenlenen İnsan Hakları Sergisi ÇDD'nin iki lideriyle, müzede drama yöntemiyle yapılmıştır. 1996 yılından itibaren MEB tarafından düzenlenen müzik-resim-drama konulu yaz kurslarında müze eğitimi uygulamaları da yer almış, Antakya Mozaik Müzesi'nde Kapadokya'da ve Ankara'da Gordion Müzesi'nde orijinal uygulamalar yapılmıştır.

1996 yılında Habitat sergileri Dünya Kenti İstanbul ve Anadolu'da Konut ve Yerleşme Sergilerine katılan çocuklar ÇDD'nin liderleri tarafından drama yöntemiyle gezdirilmiştir. 1998 yılında Ankara' da Lezzetin Öyküsü sergisi ilköğretim öğrencilerine drama yöntemiyle gezdirilmiştir. Çağdaş Drama Derneği'nin düzenlediği drama eğitimlerinde 1995 yılından itibaren müze eğitimi de yer almaya başlamıştır. ÇDD'de halen bir müze eğitimi birimi bulunmaktadır. Bu birimde de çocuk ve gençlere Ankara ve çevresindeki müzelerde , drama yöntemiyle gönüllü eğitimler düzenlenmektedir.

AÜ Eğitim Bilimleri Fakültesi tarafından üniversitelerde drama dersini veren öğretim elemanlarına düzenlenen yoğun kurslarda müze eğitimi de önemli bir yer almış, Ankara Gordion Müzesi'nde iyi örnekler gerçekleştirilmiştir. Müze eğitimi alanında 1985-2000 yıllarında müze ve drama eğitimleri çok az yer alırken, 2000'lerden itibaren hem uygulamaların ve hem de yayınların çoğaldığı söylenebilir. 2000'li yıllar drama yöntemiyle müze eğitimlerinin yoğun bir biçimde geçirildiği yıllardır. Tarih Vakfı tarafından düzenlenen Üç Kuşak Cumhuriyet ve Aile Albümleri sergisi, İstanbul Rahmi Koç Müzesi'ndeki müze eğitimi gezileri, İstanbul Askeri Müze'deki eğitim etkinlikleri vb. drama yöntem ve teknikleriyle gerçekleştirilmiştir. 2000 yılında Çocuk Müzeleri Kurma Derneği (ÇMKD) kurulmuş ve müze gönüllüsü olarak pek çok eğitim etkinlikleri ve seminer düzenlemiştir. 2007 yılından itibaren Sanat Eğitimcileri Derneği, Çağdaş Drama Derneği ve Çocuk Müzeleri Kurma Derneğii (SEDER-ÇDD-ÇMKD) ortaklığıyla Eğitim ve Müze Seminerleri düzenlenmiş ve alanda ileri adımlar atılması için ufuk açıcı olmuştur. Müze eğitimi alanında genç kuşakların yetişmesinde kullanılabilecek yeni yayınlar yapılmıştır. Türkiye'deki müzede drama etkinlikleri tarihine baktığımızda sırasıyla sivil toplum örgütlerinin, Ankara Üniversitesi öncülüğünde üniversitelerin, Milli Eğitim Bakanlığı'nın ve Kültür Bakanlığının müze eğitimi etkinliklerine katıldığı görülmektedir.(Okvuran,2012)

Müze eğitimi disiplinlerarası bir eğitimdir. Dramada kullanılan oyunlar ve teknikler, eğitimde kullanılan yöntemler ve teknikler, müze eğitiminde kullanılan teknikler bir arada kulllanılarak müze eğitimi gerçekleştirilir. Müzede drama bu bütünün içinde önemli bir parçayı oluşturur. Drama aracılığıyla müze eğitimi yapan uzmanların, hem genel eğitim yöntem ve teknikleri bilgisine ve hem de drama eğitimini müzeye göre yorumlama bilgisine ve deneyimine sahip olması gereklidir. Türkiye'de müze eğitimi alanında Avrupa Birliği TÜBİTAK, Üniversiteler, Kalkınma Ajansları v.b. kurumlar tarfından desteklenen pek çok proje gerçekleştirilmektedir. Bu projelerin çoğunda drama yöntem olarak kullanılmaktadır. Bu projelerden biri de MDGF-BM-UNICEF Müze eğitimi ve Dostluk Treni projesidir.

Müze Eğitimi ve Dostluk Treni Projesi Ankara Üniversitesi, T.C. Kültür ve Turizm Bakanlığı, SHÇEK ve Birleşmiş Milletlerin dört kuruluşunun (UNDP, UNESCO, UNICEF ve UNWTO) 2010-2011 yılları arasında yürüttüğü bir projedir. Proje, Doğu Anadolu'da Kültür Turizmi İçin ittifaklar BM Ortak Programının bir ayağı olarak uygulanmaktadır. 2009 yılından bu yana Kars'ta gerçekleştirilen BM Ortak Programı İspanya Hükümeti tarafından Binyıl Kalkınma Hedefleri-Fonu(MDGF) tarafından desteklenmektedir. Ortak Programın ana amacı Kars ilinde kültür turizmini harekete geçirmektir. BM Ortak

Programı kapsamında müzelerin daha işlevsel kılınması, müzelerin çocukların severek gezeceği mekânlar haline getirilmesi, çocuklarda yaratıcılık becerisinin desteklenmesi ve katılımcı ve kalıcı bir öğrenme ortamının hazırlanması amacıyla bir Müze Eğitim Programı geliştirilmiştir. Müze eğitim projesinde Ankara Üniversitesinden Prof.Dr. Ayşe Çakır İlhan,Doç.Dr.Müge Artar,Doç..Dr.Ayşe Okvuran,Araş.Gör.Ceren Karadeniz görev almışlardır.

Yukarıdaki amaçlar doğrultusunda çocukların bakış açısının BM Ortak Programı sürecine katılması ve genel hedefe çocuklarla birlikte katkı sağlanması için SHÇEK'den il çocuk hakları komitesinde çalışan çocuklar Ankara Üniversitesi Müze Eğitimi Anabilim Dalı'ndan müze eğitimi almışlardır. Daha sonra müze eğitimcisi ve akran lideri olan bu çocuklar 8 ilde (İstanbul, Ankara, Eskişehir, Erzurum, Erzincan, Sivas, Kayseri, Kars) akranlarına müzelerde eğitim verdiler. Gerçekleştirilen eğitimlere 370 çocuk ve 160 yetişkin katılmıştır..

Proje, *her müzeye* uyarlanabilecek bir eğitim paketini ve müzede uygulanacak eğitimleri kapsamaktadır. Eğitim paketinde yer alan etkinlikler;*oyun, gündelik yaşam* ve *kültürel miras* temalarında hazırlanmıştır.Proje kapsamında öğrencilere kazandırılmak istenen beceriler şunlardır: Liderlik,Farklılıklara saygı, İletişim ve Sosyal Beceriler, Güdülenme, Farkındalık Eğitimi, İnsan ve Çocuk Hakları Eğitimi, Çocuk Katılımı Eğitimi, Kültürel Miras Eğitimi, Kültürel Farkındalık Eğitimi, Yaratıcı Düşünme Eğitimi, Hoşgörü Eğitimi.

Müze Eğitimi Projesi kapsamında *Ankara, İstanbul, Erzurum, Kars, Sivas, Erzincan Kayseri,Eskişehir* illerinde müze eğitimleri yapılmıştır . Proje boyunca yapılan etkinlikler müze öncesi müzede ve müze sonrası etkinlikler olarak gerçekleştirilmiştir. Müze öncesinde Isınma ve dikkat oyunları, Beyin fırtınası, Hayali müze gezisi, Donuk İmge çalışması, Zaman Kapsülü ,Rol Kartı çalışması. Müzede Isınma ve Dikkat Çalışmaları ,Müze Kuralları Beyin Fırtınası,Ara-Bul Çalışması (İpucu Kağıtları) ,Tarih Şeridi ve Dilsiz Harita Çalışması ,Tematik Çalışma: Canlılar, Kaplar, Giysiler (Afiş Hazırlama), Donuk İmge Çalışması (FOTOGRAF 1,2,3,4) ,Müze Oluşturma , Müze sonrası Değerlendirme ,Kapanış etkinlikleri düzenlenmiştir.

Müze Eğitimi çalışmalarının sonucunda 5 kitaptan oluşan bir "Müze eğitimi modülü" geliştirilmiştir. Modülün 1., 2. ve 3. kitapları her müzeye uyarlanabilecek özellikte ve "oyun, kültürel miras ve gündelik yaşam" temalarında hazırlanmıştır. Birinci kitap yetişkinlere yönelik olarak hazırlanırken, ikinci kitap akran eğitimcileri hedeflemiştir. Üçüncü kitap müze eğitimi katılımcıları için genel bir etkinlik paketi olarak planlanırken, 4. ve 5. kitaplar Erzurum ve Kars Müzelerini örneklemektedir. Proje kapsamında Erzurum ve Kars Müzelerinde çocukların müze eğitimi etkinliklerinde kullanabilecekleri birer adet "Çocuk Müze Odası" oluşturulmuştur. Proje kapsamında 18-23 nisan 2012 tarihleri arasında İstanbul'dan Kars'a Dostluk Treni gezisi düzenlenmiştir. Müze eğitimi etkinliklere katılan öğrencilerin; %59.8'i erkek, %40.2'ise kızdır. Öğrencilerin % 24'ü müze eğitimi etkinlikleri sırasında araştırma yaptıklarını dile getirmişlerdir. %53.7'si ise kısmen araştırma yaptıklarını belirtmişlerdir. Öğrencilerin %95.5'i arkadaşlarıyla çalışmaktan zevk aldıklarını belirtmiştir. Öğrencilerin %97'si etkinlikler sırasında işbirliği yapmaktan zevk almıştır.Öğrencilerin görüşleri şöyledir: *"Bir nesneye tek açıdan bakmamak gerekir. Bir nesnenin farklı yönlerini keşfettim."* ,*"Tarihime sahip çıkmam gerektiğini öğrendim, benim de bir şeyler yapmam gerekiyor!"* .Öğrencilerin %88.1'i etkinlikler sırasında ortaya farklı bir ürün koyduğunu*"Bu eğitimle müzeleri daha iyi gözlemleyeceğim. Çok sevdim."*,*"Müzede oyun oynanabileceğini öğrendim."* ,*"Sunum yapmayı öğrendim."* ,*"Grup çalışmasının ve işbölümünün önemini öğrendim."* Vbg. Tüm katılımcılar bu eğitimin kendileri için yararlı olduğunu belirtmişlerdir. Özellikle akran gurubundaki katılımcılar, daha önce müze denildiğinde akıllarına gelen olumsuz görüşlerin değiştiğini, müzelerin eğlenilebilecek ve bilgi edinilebilecek öğrenme merkezleri olduğunu düşündüklerini belirtmişlerdir(Müze eğitimi yayınlanmamış raporu,2011).

Tren seyahati 18-22 nisan 2011 tarihleri arasında gerçekleştirilmiştir.Trende 7-17 yaş grubunda 33 çocuk ve 24 yetişkin bulunmaktaydı. Tren seyahati İstanbul'da Haydarpaşa garından başlamış ,Eskişehir, Ankara, Kayseri ,Sivas, Erzincan ve Erzurum illerine uğrayarak Kars'ta sona ermiştir.Çocukların diliyle dostluk treni "Misyonumuz ;kültürel mirasımızı daha yakından tanımak,çocuklar ve müze eğitimleri ile ilgili çalışmalarımızı tanıtmak,yeni yerler görmek,dostlar edinmek ve eğlenmek…..."olarak anlatılmaktadır (Raylı Beşik,2011).

Çocuklar dostluk trenini şöyle tanımlamaktadırlar:"Tren dar koridorları,temiz kompartmanları ve koltukları,beş vagonu,55 kişilik yemekli vagonu ve mutfağı,hem drama ve hem de diğer etkinlikleri gerçekleştirmek için eğitim salonu ve en donanımlı bir salon olarak olarak konferans vagonundan oluşmakta".Dostluk treninde çocuklar her gün için günlük gazete çıkardılar ,gazetenin adı 'Raylı beşik " olarak oylama yoluyla belirlendi.Haydarpaşa garından büyük bir kalabalık tarafından uğurlanıldı .Çocuklar tren gezisini anlattıkları kitaplarında kapanışı anlatmaktadır:"Kars Dostluk Treninin son durağıydı.Artık öteberimizi toplama zamanı geldi.Son dört gündür düşlerimize,oyunlarımıza ve her zaman derlitoplu olma çabamıza tanıklık eden kompartmanımıza,üzerinde hala adlarımızın yazılı olduğu kapılarımıza elveda diyoruz. Ve son kez trenin dik merdivenlerinden iniyoruz."(Raylı Beşik,2011)

Dostluk treni boyunca çocuklardan günlük tutmaları istenmiş ve gezi sonunda günlüklerin analizi yapılmıştır.Dostluk Treni değerlendirmeleri kapsamında 33 kişiden oluşan akran grubundan 25 kişinin günlükleri incelenmiştir. Öğrenciler, dostluk treni süresince tren yolculuğu yapmış olmaktan ötürü heyecanlı olduklarını belirtmişlerdir (11 kişi). Ayrıca, çocukların büyük bölümü ilk defa tren yolculuğu yaptıklarını ifade etmişlerdir. Çocukların tamamı (24 kişi) dostluk treninin durduğu her garda hazırlanan karşılamaları ve uğurlamaları çok beğendiklerini (23 kişi) ve bu nedenle çok heyecanlandıklarını belirtmişlerdir. Çocuklar illerdeki programları çok beğendiklerini (20 kişi) ve bu etkinliklerin eğlenceli olmalarının yanı sıra öğretici olduklarını da belirtmişlerdir. Ayrıca illerdeki karşılamalarda SHÇEK yuvalarında kalan çocukların hazırladıkları etkinlikler çocukları duygulandırmıştır. Çocukların yorumları şöyledir:

"Bu proje muhteşemdi arkasının gelmesi dileğiyle".

"Böyle bir projenin içinde bulunmaktan onur ve mutluluk duyuyorum".

"Çok heyecanlıydım çünkü iki yıldır planlamasını yaptığımız tren bu sabah kalkıyordu (4 kişi)".

"İnsanın içinde ne kadar yıllarını vermiş olsa da garip bir heyecan vardı. İçim kıpır kıpırdı. Treni gördüm, sanki yeni doğmuş bir çocuğa bakıyordum."

"Dostluk treni süper bence. Çok beğendim. Her gün bu ve bu gibi şeyler olsa bence o zaman hayat çekilir. Yoksa başka türlü hayat çekilmiyor".

"Hem şehrime dönme sevinci hem de alıştığım sıcak ortamı bırakma hüznü var içinde. Umarım tekrar böyle bir ortamda bulunurum".

"Ben "yeni giriyorum aralarına, ne yaparım" diyordum. Bu düşünceler beynimi kemirirken kendimi orada buldum. Zamanla alışmaya ve onlara katılmaya başladım. Bu proje benim için çok anlamlı, eğitici ve geliştirici geçti".Proje sonrası hazırlanan kitaplar Türkçe ve ingilizce olarak basılmış ilgili kişi ve kurumlara ücretsiz olarak dağıtılmıştır.Kitarlaro UNICEF'in web sayfasından " Müze eğitimi ve dostluk treni"ulaşılmaktadır.

Sonuç olarak özellikle 2000'li yıllardan sonra müzelerden bir eğitim ortamı olarak yayarlanma fikri Türkiye'de hayata geçmeye başlamıştır. Özel müzeler başta olmak üzere Kültür ve Turizm Bakanlığı,Üniversiteler, Müzelerde eğitim konusunu önemsemekte açtıkları yeni müzelerde Eğitim Birimleri oluşturmaya çalışmaktadırlar.Tüm bu gelişmelerde müzelerde gerçekleşen eğitimlerde kullanılan drama yönteminin önemli katkısı olduğu söylenebilir.

Kaynakça

Adıgüzel, Ö. ve Öztürk, F. (1999). Türk Eğitim Düşüncesinde Okul Müzesinden Müze Pedagojisine Değişim. Eğitim ve Bilim, 14 (114), 73-81.

Adıgüzel, Ö. (2001). Müze Pedagojisi ve Müzelerde Yaratıcı Drama ile Öğrenme Ortamları Oluşturma. 3. Ulusal Drama Semineri. Drama ve Müze Pedagojisi. Ankara: Fersa Matbaacılık.

Earl, A. (1997). Müze Pedagojisi Türkiye'de Nasıl Gelişti? Tarih Konuşan Drama. 6. Uluslararası Eğitimde Drama, Maske, Müze Semineri. Ankara: İşkur Matbaacılık.

İlhan, A. Ç, Artar, M., Okvuran, A., Karadeniz,C.(2011). Müze eğitimi Raporu (Yayınlanmamış). Ankara: MDGF.

İlhan, A.Ç., Artar, M., Okvuran, A., Karadeniz,C. (2011). Müze Eğitim Modülü. Ankara: UNICEF Yayını.

UNICEF (2011).Raylı Beşik .Çocuk Müze Eğitimi ve Dostluk Treninin Öyküsü. Yay. Haz: Bernard Kennedy, Ayşegül Oğuz Goodman. Ankara: UNICEF yayını.

Okvuran, A. (2010). The relations between arts education, museum education and drama education in elemantary education. Wces-Procedıa Social And Behavıoral Scıences. 3-5 Şubat 2010, İstanbul.

Okvuran, A. (2012). Müzede Dramanın Bir Öğretim Yöntemi Olarak Türkiye'de Gelişimi. Eğitim ve Bilim Dergisi 37: 166.

Museumspädagogik in der Türkei und Drama im Museum

Ayşe Çakır İlhan, Ayşe Okvuran

Ab dem 19. Jh. nehmen die Museen in der Türkei ihren Bildungsauftrag ernst. Bildung und Lehre kann nicht nur auf die Schule begrenzt werden. Deswegen sind die Museen Orte, wo die Kinder mit Spaß lernen und auch die Lehrer sich dabei weiterentwickeln. Jedes Museum hat eine Botschaft an seine Besucher, aber die Botschaft eines bestimmten Museums mit seinen Werken, Objekten und Ausstellungen, mit einem interaktiven Museums-Leben, bekommt erst durch die Besucher/innen am Ende eine Bedeutung. Museumspädagogik beinhaltet das Konzept des lebenslangen Lernens, basierend auf Erlebnissen, vielfältigem Lernen und der effektiven Nutzung und Verwendung der Museen. Die Bildungsveranstaltungen, die in den Museen vorbereitet werden, ergänzen die Schulbildung und vereinfachen das Lernen. Drama im Museum ist eine der sehr wirksamen Bildungsmethoden.

Drama / Theater im Museum

Kreatives Drama ist die Darstellung von dramatischen Momenten im Leben, die in einer interaktiven Gruppe entstehen. Drama ist zum einen eine Lernmethode und zum anderen Teil der Künste. Drama-Spiele können auch als Animation, Rollenspiel und Improvisation bezeichnet werden. Drama-Veranstaltungen können im Klassenraum oder in Museen, Galerien sowie archäologischen Stätten stattfinden. Das kreative Drama umfasst viele Lehrtechniken bzw. -methoden: Starres Bild, Rückblendung, Improvisation, Rollenspiel, Klatsch-Kreis, Pantomime usw. Drama ist eine verwendete Lehrmethode im Unterricht der Fächer Sozialkunde, Türkisch, Kunst-, oder Naturwissenschaften.

In der heutigen Zeit werden die Objekte in den Schaukästen der Museen ausgestellt, entfernt von ihrem tatsächlichen Inhalt. Man weiß, dass Zuschauer/innen mit Hilfe von Drama Erfahrungen machen können, die ihnen verständlich werden lassen, dass die ausgestellten Objekte zu einer bestimmten Gesellschaft, einer bestimmten Kultur gehören (akt. Okvuran, 2012). Beim Drama / Theater im Museum wird darauf hingewirkt, dass die Besucher/innen ihre Bildungs-Erfahrungen erhöhen können. Es gibt viele Drama-Methoden, wie Geschichten erzählen, angeregt Geschichten interpretieren, musikalische Vorführung, Puppen, Pantomime und ähnliches. Drama / Theater im Museum ist ein Schlüssel für die Interpretation von Objekten und Ausstellungen. Im Museum findet zwischen den Besucher/innen und Objekten eine echte Interaktion statt. Wer interagiert hier? Diese Interaktion gehört zu den Kernaufgaben des Museums beim Verstehen von Vergangenheit, Gegenwart und Zukunft.

Museumspädagogik in der Türkei

Die ersten Bestrebungen für die Gründung eines Museums haben mit der Sammlung und Lagerung von alten Werken und Gewehren begonnen. Von 1846 bis 1869 wurden die Werke im MÜZE-İ HÜMAYÜN (Museum des Imperiums) gesammelt. Zwischen 1878 und 1881 wurde eine Museums-Kommission gegründet, um die alten Werke zu schützen, zu transportieren und die Ausgrabungen wissenschaftlich zu begleiten. Im Kontext von Bildung und Museum wird der Begriff Schulmuseum oft hervorgehoben. Im Regierungsprogramm aus dem Jahr 1923 ist die Verpflichtung und Aufgabe, alle Bürger/innen der Nation für historische Denkmäler zu interessieren, erwähnt. Damit sollten die historischen Denkmäler in unserem Land geschützt werden. Unter der Regierung Atatürks wurden viele Museen eröffnet. Im Jahr 1958 wurde das Handbuch für Museologie veröffentlicht. Im Jahr 1960 wurden die Museen zu Bildungs-Einrichtungen erklärt. Sie seien wichtig beim Aufbau der Beziehung zwischen Schulen und Museen. Ferner unterstützten sie die Qualifizierung der Lehrer/innen. In den ersten Jahren der Republik wurden die Museen als wichtige kulturelle Institutionen gesehen.

Erstmals wurde ein Master-Programm für Museologie an der Technischen Universität Yıldız eröffnet. Im Jahr 1997 wird an der Ankara Universität auf Grundlage einer Museologie-Konzeption die Abteilung für Museumspädagogik eröffnet. Sie bietet ein Master-Programm mit und ohne Masterarbeit an. In diesem Programm wird unterrichtet, wie man mit einem interdisziplinären Ansatz in Museen unterrichten kann. Auch heute gibt es an vielen Universitäten Bachelor- und Master-Programme in den Fachbereichen Museologie und Museumspädagogik.

An der Fakultät für Bildung und Lehramt für Bildende Künste hingegen werden Museumspädagogik und ihre Anwendungen als Wahl- oder Pflicht-Fach angeboten. Der Studiengang beinhaltet Fächer, wie die Untersuchung der Werke im Museum, die Erstellung von Museumsführern, die Organisation von Museums-Exkursionen usw. (İlhan, 2000).

Nicht alle Fakultäten für Bildungs-Wissenschaften haben in den Lehramts-Studiengängen Grundschulpädagogik, Sozialkunde und Vorschulpädagogik Pflichtfächer für Museumspädagogik, aber Fächer wie Kunst und Ästhetik, Kunsterziehung, Geschichte der Zivilisation, Bildende Kunst umfassen Themen wie Museum und Museumspädagogik. An den Fakultäten für Bildungs-Wissenschaften wird Museumspädagogik als Wahlfach angeboten. Aber an den staatlichen Grund- und Mittelschulen wird in Fächern wie Bildende Kunst und Kunst-Aktivitäten hauptsächlich Museumspädagogik angeboten. Die Ausbildungsgänge für die Bildenden Künste haben die Aufgabe, ein Bewusstsein für und Wissen über Museen zu schaffen. Inhalte sind: nationale und internationale Geschichte und Kunstgeschichte sowie Kulturpolitik. Im Kunst-Aktivitäten-Programm hingegen sind Museumspädagogik und Drama wesentliche Lernbereiche. Spiel und Animation stehen im Kunst-Aktivitäten-Unterricht im Mittelpunkt. Museumspädagogik, Kunstbildung, Projektarbeiten werden mit Drama-Methoden und -Techniken durchgeführt (Okvuran, 2010). An staatlichen Gymnasien mit dem Schwerpunkt Bildende Kunst gibt es auch Museumspädagogik-Unterricht.

In der heutigen Türkei ist das Verständnis für Museologie im Wandel: Wir erleben eine Wandlung von der bewahrenden, ausstellenden und zeigenden Museologie hin zu einer partizipativen, kulturell-bildenden, erzieherischen Museologie.

Drama / Theater im Museum in der Türkei

Unter den privaten Museen ist das Museum der Vehbi Koç Stiftung in Istanbul das erste, das Programme der Museumspädagogik für Kinder gestartet hat. Für Grundschulen und Kindergärten werden Aktivitäten wie Methodenkoffer, das mobile Museum, Schulpartnerprojekte, Bildungsprojekte für Sehbehinderte, Aufklärungs- und Bildungsprogramme veranstaltet. Seit 2000 bieten Erzieher/innen für Kinder und Jugendliche in den eröffneten staatlichen und privaten Museen Bildungs-Programme, die auch mit Drama-Methoden arbeiten, zu den temporären und dauerhaften Ausstellungen an.

In erster Linie erhöht Drama im Museum die Empathie unter den Teilnehmenden, bietet Erleichterung, ermöglicht das Lernen, ist Teil ästhetischer Bildung und erhöht den Spaß. Techniken wie Rollenspiele, Improvisation, der heiße Stuhl (Reflektierung der Emotionen in der Rolle von einem wichtigen Helden in der Geschichte) und Befragung in der Rolle (die Befragung einer Situation in der Rolle des Helden) erhöhen die Empathie.

1992 fand im archäologischen Museum von Antalya das 2. Welt-Kindertheater-Fest der International Amateur Theatre Association (IATA) unter dem Moto „Die Welt gehört den Kindern" statt.

Dramapädagog/innen konnten im Jahr 1995 Drama in Verbindung mit einem Ritual im *Museum für Anatolische Zivilisationen* erleben. Der Çağdaş Drama Derneği (ÇDD) inszenierte im Rahmen einer internationalen Konferenz das Ritual der Kybele (altanatolische Muttergottheit) Die Teilnehmer/innen zeigten sich sehr berührt. Danach wurden im *Museum für Anatolische Zivilisationen* museumspädagogische Programme mit Drama-Methoden durchgeführt. Am Anfang standen die Museumsangestellten wegen der neuartigen Aktivitäten unter Spannung. Aber die offenen Museumsangestellten haben dann angefangen, mit den Dramapädagog/innen zusammenzuarbeiten. Auf diese Weise werden die Museen vom Kulturministerium als Bildungszentren gesehen. 1996 wurde in Ankara zwischen dem Museum der Republik, dem Museum des Befreiungskrieges und der Ankara Universität, Fakultät für Bildungswissenschaften, das Projekt «Spielschule-Museum» vereinbart. In diesem Projekt wurden eigens für Kinder im Vorschulalter zwei Räume in den Museen eingerichtet, in denen sich die Museen vorstellen und die Kinder in einen ersten Kontakt mit der Museums-Kultur bringen.

Das Projekt beinhaltet ein Ausbildungspaket, das in jedem Museum und seinen Ausbildungs-Programmen verwirklicht werden kann. Das Ausbildungspaket umfasst Spiele und Themen aus dem täglichen Leben und dem kulturellen Erbe. Folgende Fähigkeiten sollen entwickelt werden: Leitung, Achtung der Verschiedenheiten, Kontakt,

Sozialisierung, Motivation, Wahrnehmung, Menschen- und Kinderrecht, Teilnahme der Kinder, kulturelles Erbe, Wahrnehmung der Kulturen, Kreativität, Toleranz.

Zum Inhalt des Museums-Ausbildungs-Projektes wurden bisher Seminare in Ankara, Istanbul, Erzurum, Kars, Sivas, Erzincan, Kayseri und durchgeführt. Im Verlauf des Projektes wurden die Museumsbesuche durchgeführt und nachbereitet. Vor dem eigentlichen Besuch werden Aufwärm- und Konzentrationsspiele, Brainstorming, virtuelle Museums-Besuche, Standbildarbeiten, Zeitkapsel, Rollenkartbearbeitungen gemacht. Im Museum werden noch einmal Aufwärm- und Konzentrationsübungen gemacht, Museums-Regeln erklärt, Brainstorming, Such- und Finde-Gruppenspiele, Geschichtsstreifen und wortlose Landkartenspiele, thematische Arbeiten: Aktualisierung, Verlebendigung, Kleider, Standbildarbeiten, Museums-Konstruktion, Auswertung des Museums-Besuches, Abschlussarbeiten durchgeführt.

Am Ende der Ausbildung wurden 5 Bücher „Module zur Wahrnehmung der Museums- Ausbildung" erarbeitet. Die Module 1, 2 und 3 können mit „Spiel, kulturellem Erbe und dem täglichen Leben" in jedem Museum Anwendung finden. Das erste Buch wurde speziell für Erwachsene entwickelt, indessen sich das zweite an Ausbilder gleichen Alters wendet. Während das dritte Buch der Museumspädagogik sich auf generelle Aktivitäten bezieht, beinhalten die Bücher vier und fünf an Beispiele der Museen in Erzurum und Kars. Gemäß dem Inhalt des Projektes wurden in den Museen in Kars und Erzurum `Kindermuseums-Räume´ entwickelt. Im Verlauf des Projektes wurde in der Zeit vom 18. bis 23. April 2012 eine Freundschaftsreise mit dem Zug von Istanbul nach Kars organisiert. Die geschlechtliche Teilnahme am Projekt bestand zu 59,8% aus Jungen und zu 40,2% aus Mädchen. 24% teilten mit, dass sie während des Projektes Forschungen tätigten. Hingegen 53,7% teilten mit, dass sie teilweise an Forschungsaktivitäten teilnahmen. 95,5% hatten Freude an der Zusammenarbeit mit ihren Freunden, 97% hatten Freude am Teamwork. Sie vertraten folgende Meinung: "Man soll Objekte nicht aus einer Perspektive betrachten. Ich habe verschiedene Aspekte eines Objekts entdeckt.", "Ich habe gelernt, dass ich mir meine Landesgeschichte aneignen soll, ich muss auch etwas dafür tun!". 88,1% von den Schüler/innen gaben an, dass sie etwas anderes erwartet haben. Sie meinten nach Ende des Projektes, einen Blick für Museen gewonnen zu haben: "Mit dieser Bildung werde ich die Museen besser betrachten. Mir hat es sehr gut gefallen. Ich habe gelernt, dass man auch in einem Museum spielen kann.", "Ich habe gelernt, wie man eine Präsentation macht.", "Ich habe gelernt, wie wichtig Gruppenarbeit und Arbeitsverteilung ist." Alle Teilnehmer/innen gaben an, dass sie sich mit diesem Projekt in verschiedenen Aspekten weitergebildet haben. Speziell die gleichaltrige Gruppe gab zu, dass sie ihr Vorurteil zu Geschichte und Museums-Kultur positiv abbauen konnte und dass sie sich auch in einer Museumsatmosphäre durch Sehen lernen amüsieren können. (Museumsausbildungs-Bericht 2011; nicht veröffentlichte Ausgabe)

In der Gruppe befanden sich 33 Kinder im Alter von 7-17 Jahren und 24 Erwachsene. Sie starteten in Haydarpaşa–Istanbul und fuhren weiter über Eskişehir, Ankara,

Kayseri, Sivas, Erzincan und Erzurum zur Endstation in Kars. Der Freundschafts-Zug wurde von den Kindern folgendermaßen beschrieben: „Unsere Mission ist, unser kulturelles Erbe näher kennen zu lernen, mit Kindern und bildenden Museums-Aktivitäten unser Projekt vorzustellen, neue Städte zu sehen, neue Freunde zu gewinnen und Spaß zu haben."(Raylı Beşik –Railkrippe-, 2011)

Andere Kinder haben den Freundschafts-Zug so beschrieben: "Der Zug besteht aus engen Korridoren, sauberen Abteilen und Sitzen, 5 Waggons und einem Speisewagen für 55 Personen und der Küche. Es gibt sowohl für Drama als auch für andere Aktivitäten einen sehr gut geeigneten Ausbildungs-Raum und zweckmäßig ausgestatteten Konferenzraum." Im Freundschafts-Zug haben die Kinder jeden Tag eine Tageszeitung vorbereitet und nach einer Abstimmung haben sie die Zeitung 'Railkrippe' genannt. Der Zug wurde an der Haydarpaşa-Station von einer großen interessierten Menschgruppe verabschiedet.

Literatur:

Adıgüzel, Ö. ve Öztürk, F. (1999). Türk Eğitim Düşüncesinde Okul Müzesinden Müze Pedagojisine Değişim. Eğitim ve Bilim, 14 (114), 73-81.

Adıgüzel, Ö. (2001). Müze Pedagojisi ve Müzelerde Yaratıcı Drama ile Öğrenme Ortamları Oluşturma. 3. Ulusal Drama Semineri. Drama ve Müze Pedagojisi. Ankara: Fersa Matbaacılık.

Earl, A. (1997). Müze Pedagojisi Türkiye'de Nasıl Gelişti? Tarih Konuşan Drama. 6. Uluslararası Eğitimde Drama, Maske, Müze Semineri. Ankara: İşkur Matbaacılık.

İlhan, A.Ç, Artar, M., Okvuran, A., Karadeniz,C.(2011). Müze eğitimi Raporu (Yayınlanmamış). Ankara: MDGF

İlhan, A.Ç., Artar, M., Okvuran, A., Karadeniz,C. (2011). Müze Eğitim Modülü. Ankara: UNICEF Yayını.

UNICEF (2011).Raylı Beşik .Çocuk Müze Eğitimi ve Dostluk Treninin Öyküsü. Yay. Haz: Bernard Kennedy, Ayşegül Oğuz Goodman. Ankara: UNICEF Yayını.

Okvuran, A. (2010). The relations between arts education, museum education and drama education in elementary education. Wces-Procedıa Social And Behavoıral Scıences. 3-5 Şubat 2010, İstanbul.

Okvuran, A.(2012). Müzede Dramanın Bir Öğretim Yöntemi Olarak Türkiye'de Gelişimi. Eğitim ve Bilim Dergisi 37:166.

Türkiye'deki Müzik Eğitimi Alanında Alman Eğitimcilerin Rolü, Orff Yaklaşımı ve Yaratıcı Drama İlişkisi

Ali Öztürk

Eğitim Alanında Türk Alman İlişkilerine Kısa Bakış

Türklerle Almanların ilişkileri 19. yüzyıl sonlarına doğru Osmanlılarla, Kayzer Almanyası arasında ekonomik, askeri ve eğitim alanında oluşmaya başlamıştır. Öncesinde ise Fransızların etkili olduğu görülür. Birinci Dünya Savaşı öncesinde, İttihat ve Terakki Partisi yöneticileri Almanya ile her alanda ilişkileri artırdılar.

Osmanlı döneminde birçok üst düzey asker Almanya'ya eğitime gönderilmişti. Birçok Alman subayı da Osmanlı Ordusunu eğitmek için İstanbul'a gitmişti. Özellikle 1914 sonrasında çok sayıda öğrenci, değişik alanlarda eğitim için Almanya'ya gönderilmişti.

1918 yılında 20 kadar öğretmen Almanya eğitim sistemini incelemek, görgü ve becerilerini artırmak amacıyla Almanya'ya gönderilmişti.

Bunlardan birisi de cumhuriyet dönemi eğitim tarihinde önemli bir yer tutan Köy Enstitüleri uygulamasının kuramcısı ve yöneticisi olan İsmail Hakkı Tonguç'tu. İsmail Hakkı Tonguç, 1918-1919 arasında Ettlingen'de öğretmenler seminerine katıldı.

1925-1926 yılında Leipzig ve Karlsruhe'den çağrılan Alman eğitimciler, İlköğretim Programını, Türk eğitimcilerle birlikte hazırladılar. Başka bir deyişle Cumhuriyet dönemi eğitim ve öğretiminin müfredat programı hazırlanırken Alman eğitiminden yararlanıldı.

Tonguç, 1933'de Alman eğitim bilimcisi Kerschensteiner'in kuramsal çalışmalarını inceledi ve eserlerini Türkçeye çevirdi. Köy Enstitülerinin kuruluş ilkeleri, amaçları ve eğitim yöntemlerini oluştururken özellikle Alman eğitimcisi Kerschensteiner'in "Görev için eğitim, görevin yerine getirilmesi için çalışmak" anlayışından ve "Eğitimin belleğe ve ezbere değil, işe ve üretime dayanması" ilkesinden yararlanmıştı (Yalçın, 2007).

İlk Müzik Eğitimcileri Almanya'dan Paul Hindemith, Prof. Eduard Zuckmayer

Paul Hindemith (1895-1963)
Hindemith, Türkiye Milli Eğitim Bakanlığı tarafından ülkenin müzik eğitimini organize etmek üzere eğitim materyali hazırlamakla görevlendirildi. İstanbul'dan Ankara'ya taşınan Ankara Müziki Muallim Mektebi'nde Alman tiyatro yönetmeni Carl Ebert ile dersler vermeye başladı. Özellikle Hindemith "Üniversal ve Türk Polifonik Müzik Eğitimi Programı"nı hazırlamakla devlet müşaviri olarak görev aldı. Türk hükümeti, Paul Hindemith ve Carl Ebert'ten, bir yüksek öğretim kurumu olarak kurulan Ankara Devlet Konservatuvarı'nda kadrolu hocalık yapmalarını istedi. Carl Ebert bunu kabul

ettiyse de Paul Hindemith kabul etmedi. Ancak Türkiye'ye 1935-1937 yılları arasında kısa sürelerle danışman olarak geldi. Müzik kurumlarında incelemeler yaptı. Bazen yeni düzenlemeler için raporlar yazdı ve uygulamaları denetledi (http://www.newacademia.com/turkeys_modernization/).

Prof. Eduard Zuckmayer (1890-1972)

Zuckmayer, 1933 yılında Nazilerin iktidara gelmesi üzerine Paul Hindemith'in önerisi ile Türkiye Cumhuriyeti Milli Eğitim Bakanlığı'ndan gelen teklif üzerine 1936'da Türkiye'ye geldi. Türkiye'deki ilk ve ortaöğretimdeki müzik derslerinin programının hazırlanmasında, uygulanmasında ve müzik öğretmeni yetiştirilmesinde önemli hizmetlerde bulundu. Zuckmayer, 1938 yılında Musiki Muallim Mektebi'nde müzik öğretmeni yetiştiren bölümün Gazi Eğitim Enstitüsü'ne bağlanması üzerine çalışmalarına bu enstitüde devam etti. Bu bölüm uzun yıllar Türkiye'de müzik öğretmeni yetiştiren tek okuldu. Zuckmayer, yüzlerce müzik öğretmeni yetiştirdi. Birçok Alman okul şarkısını Türkçeye uyarladı. 1972'de ölene kadar piyano bölümü, orkestra, koro yöneticiliği, oda müziği, müzik teorisi, müzik formları, açıklamalı müzik gibi derslerin öğretmenliğini ve bölüm başkanlığını sürdürdü (http://tr.wikipedia.org/wiki/Eduard_Zuckmayer).

Carl Orff (1895-1982) ve Türkiye'de Orff-Schulwerk

Gerek Alman müzik eğitiminin Türkiye'deki yansıması nedeniyle, gerekse de içinde dans/devinim ve söz öğelerini barındırması nedeniyle yaratıcı dramayla yakın ilişkisi olan "Orff-Schulwerk" konusunu irdelemekte yarar olacaktır.

Orff-Schulwerk yaklaşımı, müzik, dans/devinim ve söz öğelerinin, eğitsel etkinlikler bütünlüğünde kullanılmasıdır. Diğer bir deyişle yukarıda belirtilen öğelerin, müzik başta olmak üzere değişik eğitim alanlarında temel ifade aracı olarak değerlendirilmesidir. Farklı diller ve kültürlerden hareketle evrenselliği yakalayan Orff-Schulwerk yaklaşımı, temel müzik eğitimi başta olmak üzere disiplinler arası bir çalışma anlayış ve programını da kendi iç dinamiklerinde ortaya koyabilmiştir.

Alman besteci ve eğitimci Carl Orff'un 1923 yılında Dorothee Günther ile başlayan işbirliği ve ardından kurdukları Günter-Schule, güçlü bir eğitim tohumunun başlangıç noktası olmuştur. Çoğunlukla vurmalı çalgıların kullanımıyla gerçekleştirilen ritmik jimnastik ve dans çalışmalarını, yeni yaratıcı çalışmalar izlemiştir. 1925 yılında Günter-Schule'ye Gunild Keetman'ın öğrenci olarak katılmasıyla Orff'un o güne değin üzerinde çalıştığı öğretiye ilişkin görüşleri yepyeni bir boyut kazanmıştır. Carl Orff'la Gunild Keetman'ın 1948 yılında yapmaya başladıkları "Orff-Schulwerk, Çocuklar İçin Müzik" adlı radyo programlarında düşüncelerini uygulama olanakları bulmuşlardır. Orff ve Keetman, çalışmalarına 1961'de Salzburg Mozarteum Akademisi'nde Orff-Schulwerk Merkezi'ni açarak devam etmişler ve burada seminerler düzenlemişlerdir. 1963 yılında Orff Enstitüsü'ne dönüştürülen bu oluşum ile müzik ve hareket eğitimi için öğretmenler yetiştirilmeye başlanmıştır.

Bireysel ifade ve yaratıcılığın geliştirilmesinden, küme dinamizmine, toplumsallaşmaya değin, amaç ve hedef davranışlar bulmak olasıdır bu yaklaşımda.

Orff-Schulwerk'in Temel Görüşleri

Dans ve müzik insanın bedensel, ruhsal ve zihinsel gücünün elementer biçimde dışa vurumudur.
>> Dil/Söz, dans ve müzik çocuğun birbirinden ayırmadığı hareket alanıdır.
>> Başlangıçtan beri şarkıya çalgı eşlik eder.
>> Kulaktan kulağa geçen veya nota yazımı yapılan müziği veya geleneksel dans formlarını uygularken yaratıcılık katılır.
>> Her insan kendini (duygularını) müzik ve hareketle ifade etme potansiyeline sahiptir (www.orffmerkezi.org).

Orff-Schulwerk'in Türkiye'deki Kısa Geçmişi

Türkiye'de Orff- Schulwerk yaklaşımı ile ilgili çalışmalar, müzik eğitimcisi Muzaffer Arkan'la başlamıştır.1950'li yılların başında henüz konservatuarda öğrenci iken Carl Orff'la tanışmıştır:

> "Sanırım 1951'de ilk tanışmamız 51'de mi? O civarda bir şey... Mektup yazdım ve dedim ki sizinle tanışmak arzu ediyorum. Nasıl bir görüşme imkanı bulabiliriz? Sayın Carl Orff da bana yazdığı mektupta diyor ki Münih'e geldiğiniz zaman şu telefondan beni arayın. ... Avrupa'da düzenlenen uluslararası müzik festival ve seminerlerine katılmak üzere gittiğim zaman, "gelip sizi alacağım" dediler ve gelip aldılar...(Arkan, 2004).

Carl Orff'un çalışmalarını yerinde izleyen Arkan, bir yandan öğreti hakkında bilgilenirken diğer yandan da Orff çalgılarını tanımış, örnek uygulamalarını görmüştür:

> "Orada, evinde bir katta tarihi slefonlar, metalefonlar ta asırlarca önce yapılmış şeyler. Beni gezdirdi. Sonra da kendisinin Stüdyo 49'da imal ettirdiği bu aletleri evinde bana gösterdi. Dedi ki bunlar da benim bu "Orff-Schulwerk für Kinder" metodum için ısmarladığım, yaptırdığım aletler. Onları özel imal ediyorlar. Stüdyo 49 sadece Orff aletleri imal ediyor. Ve onu söyledi ve gösterdi. Ben de bundan tabi çok duygulandım. Münih'te radyo evinde çalışması vardı. TV ve radyoda çocukları çalıştırıyor. Oraya beni de götürdü, onları izledim (Arkan, 2004).

Bu çalışmalarını düzenli olarak 6 yıl yaz aylarında sürdüren Arkan, Münih ve Salzburg'da yapılan seminerlere ve sempozyumlara katılmıştır. Bu arada kendisinden yapılan istek üzerine kimi Türk ezgilerini de Orff çalgılarına uyarlamış ve Carl Orff'a göndermiştir. Carl Orff'un çocuklar için müzik anlayışını Türkiye'de ilk olarak TED Ankara Kolejinde kullanmıştır:

> "Şöyle ki orff ensturmanlarını "Orff Schulwerk für Kinder" Çocuklar için Orff Öğretisi) sisteminin ensturmanlarını, ilk kez Türkiye'ye ben getirdim. İlk kez Türk Eğitim Derneği Ankara Koleji'ne getirttik ve ilk uygulamayı orada yaptım. Bunun konserlerini izleyen değerli Profesör Edward Zugmayer bir konserime geldi, davet ettim. Konserimle çok ilgilendi, çok hoşuna gitti ve bu

> Orff ensturmanlarıyla yapılan çalışmaların ne kadar enteresan olduğunu canlı olarak gördü. Konserimle çok ilgilendi, çok hoşuna gitti ve bu Orff ensturmanlarıyla yapılan çalışmaların ne kadar enteresan olduğunu canlı olarak gördü. Zaten biliyor ama Türkiye'deki uygulamasını görünce heyecanlandı... Enstürmanları Gazi Eğitim Enstitüsü'nün müzik bölümüne de getirmeyi sağladı (Arkan, 2004).

1890'da doğup, 1972'de ölen Zuckmayer, I. Dünya savaşı sonrasında 1936'da Ankara'ya gelmiş, 1938'de Gazi Eğitim Enstitüsü müzik bölümü başkanlığına getirilmiş, ölene kadar bu görevini sürdürmüştür. Zuckmayer, Türkiye'deki müzik eğitim anlayışını biçimlendiren kişi olmuştur. Türkiye'de Orff- Schulwerk yaklaşımını, Arkın'dan bir adım daha ileri götürerek öğretmen yetiştiren kurumlardan Gazi Eğitim Enstitüsündeki öğrencilerine tanıtmıştır. Bu durumu Uçan ve Dinçer Baykara şöyle dile getirmişlerdir:

> "Ben Gazi Eğitim Enstitüsü Müzik Bölümüne 1959 yılında girdim. İlk yıl Zuckmayer'in yönetiminde bölüm orkestramız, tabii Anadolu gezilerimiz, eğitim konserleri bunlar. Ben ilk kez Orff çalgılarını bölümümde 1.sınıfta orkestram yanımda, ben keman çalıyordum, yanımda bir iki arkadaşım da işte metelafon ya da kislefon birisini çalıyordu filan. Orff çalgılarını ilk kez orada ben, Zuckmayer'in yönetimindeki eğitim müziği çalışmalarında gördüm" (Uçan, 2002).

> "Gazi'de okurken, 60-63 arası. Zuckmayer'le çalışıyorduk bire bir. İşte koro öğretmenimiz oydu. O da işte koroların içinde Orff çalgılarına yer vermişti. Ara ara yapılan açıklamalardan sonra Orff çalgılarının bazılarını orkestra içinde ve koro eşliğinde kullandık"(Baykara, 2002).

> Zuckmayer'le koro çalışmalarında başlayan Orff- Schulwerk yaklaşımı ne yazık ki öğrencileri tarafından pek kabul görmemiş olsa gerek ki mezun olduktan sonra bu öğretiden derslerinde yararlanmamışlar. Baykara,"Arkadaşlarımla bu konuyu konuşmadım. Yani Zuckmayer'den ne kadar yararlandıklarını bilmiyorum. Ama onların birçoğu yani tanıştığım arkadaşlar hep klasik eğitimde kaldılar. Klasik eğitimi tercih ettiler ve alay ettiler benimle"(Baykara, 2002).

1959'da Zuckmayer'in yaptığı denemeler, 1968-1969 yıllarında Erdoğan Oktay ve Muammer Sun'un yürüttüğü hizmetiçi eğitim kurslarında ele alınır. Muzaffer Arkan ise konservatuarda çalışıyor olması nedeniyle o yıllarda öğretmenlerle Orff- Schulwerk yaklaşımına ilişkin uygulama yapma fırsatı bulamamıştır. 1970'li yıllarda Orff- Schulwerk yaklaşımıyla ilgili bir çalışmaya rastlanmamıştır.

> "1981-'82'de, şu anda uygulanan 1994 yılında kabul edilmiş, ilköğretim müzik dersi izlencesini oluşturmak için çalışmalara başlanmıştır. Zaman zaman kesintiye uğrayan izlencede Orff- Schulwerk yaklaşımı yansımaları da görülmektedir" (Uçan, 2002).

1981-82 başlayan müzik programının oluşturulma çalışmasının yanı sıra o yıllarda Orff- Schulwerk yaklaşımının Türkiye'de gelişmesine, büyük katkı sağlayan bir özel kurum "Liz Teyze Çocuk Yuvası" görülmektedir. Alman Asıllı Lizoletta (Liz) Sey bu kurumu 10 işletmiş, Schulwerk çalışmaları ise 2003'e kadar devam etmiştir. Almanya ve Avusturya'dan çok sayıda eğitimci Türkiye'de seminer vermiştir.

Türkiye'de Orff- Schulwerk yaklaşımı, Uçan'ın (2002) da belirttiği gibi 1990'lı yılların başlarına kadar çeşitli yönleriyle ve parça parça biliniyor ve yaşanıyordu.

1990'lı yıllardan başlayarak Orff- Schulwerk yaklaşımına ilgi biraz daha artmış, bu konudaki çalışmalarda bir artış gözlenmiştir. Yine de temel olarak Orff- Schulwerk yaklaşımının ele alınması ve uygulanmasının en temel yeri olan üniversitelerde durum hiç de iç açıcı değildir. Ne konservatuar müzik bölümlerinde ne de ilköğretim bölümlerinde müzik eğitiminde Orff- Schulwerk yaklaşımı sistemli olarak ele alınmaktadır. Alınıyorsa bile bu tamamen bireysel çabalar çerçevesinde kendini göstermektedir. Eğitim Fakültelerinin 1998 yılında yeniden yapılanmasıyla oluşturulan genel izlencede, ki bu izlencede her bir ders için taslak izlenceler sunulmuştur. Müzik dersleriyle ilgili taslak izlencelerde ise ne yazık ki Orff- Schulwerk yaklaşımıyla ilgili olarak, Orff çalgıları olarak da bilinen vurmalı çalgılara yer verilmiş ama yaklaşımın temel ilkeleri olarak nitelendirilen müzik-dans ve söz öğelerinin eğitimde kullanımına ilişkin herhangi bir açıklamaya rastlanmamaktadır. Bu eksikliklere karşın kimi Eğitim Fakültelerinin müzik öğretmenliği anabilim dallarındaki eğitimcilerin kişisel bilgi ve deneyimleriyle sınırlı da olsa Orff-Schulwerk yaklaşımında uygulamalar yaptıkları bilinmektedir.

Özetlemek gerekirse, Münih'te başlayıp, Salzburg'da devam eden yapılanma, bugün dünyanın dört bir yanında yayılmaya devam etmektedir. Ancak Orff-Schulwerk yaklaşımının, müzik eğitimi programlarında düzenli olarak yer almamış olması, Türk eğitim sisteminin içinde bulunduğu genel sorunlarının bir yansımasıdır. Yine de yetersizliklere rağmen 2002 yılında İstanbul'da açılan Orff merkezinin çalışmaları, hizmet içi eğitimler, araştırmalar, yayınlar, seminerler, 2002'de ve 2005'de yapılan 1. ve 2. Uluslararası Orff-Schulwerk sempozyumları, bu konuda azımsanmayacak bir yol alınmasını sağlamıştır.

Yaratici Drama İle Orff-Schulwerk Yaklaşiminin Ortak Bileşenleri

Öğretim İlkeleri
Yaratıcı drama, bireysel duygu ve düşüncelerin anlatımında değişik biçim ve tekniklerin denenmesini öngörür. Yeni olana deneyerek ulaşılır. Deneyimlerin paylaşılması küme çalışmalarında kendini gösterir.

Bir yandan iletişim becerilerinin geliştirilmesi, empati kurulması istenirken diğer yandan da yaparak yaşayarak öğrenmenin olanakları sunulur. Aynı düşünceleri Orff-Schulwerk yaklaşımının amaçları için de söyleyebiliriz.

Gerek müzik yaparken ya da devinimde bulunurken, gerekse dans ederken katılımcıların birbirlerini hissetmeleri, anlamaları istenir. Orff-Schulwerk yaklaşımı ve yaratıcı drama alanlarının ikisi de yeni anlatım yolları oluşturmayı ve var olanları geliştirmeyi yararlı görür. Regner'in (1980) belirttiği gibi önemli olan araç-gereç değil, eğitsel (pedagojik) temellerdir. Ona göre;

"Çoğunlukla değişik ilgi ve becerilere sahip bireylere, küme içerisinde birlikte ve birbirinden öğrenme olanaklarının sunulması gerekir.

Müzik ve dansın uyum sağlayıcı ve tedavi edici etkisinin bireye ve kümedekilere yararlı olabilmesi için kişiliğin her boyutuna seslenmesi gerekir.

Kendiliğinden üretkenliğin, her aşamada vurgulanması gerekir.

Doğaçlama ve bestelemenin, modellerin işlenmesine, müzik dinlemeye ve müzik hakkında bilgi edinmeye bağlı kalması gerekir.

Elementer müzik ve dans eğitimi, mümkün olduğunca didaktik öğreticiliğinden kurtulup kendini hazırlamış olan kişiliğin sanatla karşılaşması için kıvılcım olmalıdır."

Temel müzik ve devinim/dans eğitiminin çıkış noktası insanın içinde var olan tartımsal (ritmik), devinimsel dil ve müzik birlikteliğidir.

Orff-Schulwerk yaklaşımının temelindeki müzik, devinim/dans ve konuşma/söz öğeleri insanın tüm duygularını kapsar. Yeri geldiğinde de bunu harekete geçirir. Gözlemleme, keşfetme, sezgisel kavrayış, oyun kurma, doğaçlama ve biçim verme (biçimlendirme) birer kazanım olarak insan yaşamında önemli yer tutar.

İnsanın çocukluktan başlayarak bu deneyimleri kazanması; onun düşünsel doyumuna ve kendini kanıtlamasına yardımcı olur. Çocuğun kendine uygun becerilerinin neler olduğunu sezinleyip ifade etmesi, kendisi ve çevresiyle barışık yaşamasını da kolaylaştırır. Çünkü bireysel anlatım biçimlerinin ortaya çıkmasında ve yaratıcı yönde gelişmesinde çocuğun kazandığı yaşantı zenginliği (bilgi ve deneyim) büyük önem taşır.

Orff-Schulwerk Öğelerinin Yaratıcı Drama Uygulamalarına Yansıması

Bilindiği gibi Orff-Schulwerk yaklaşımının üç temel öğesi bulunmaktadır. Bunlar: müzik, devinim/dans ve söz/konuşmadır. Bu üçlünün birlikteliği Orff öğretisinin bütününü oluşturur. Yaratıcı drama uygulamalarında da bunların tümünü görmek olasıdır. Bunlara kısaca değinelim:

Söz/Konuşma

İster sözlü, ister sözsüz olsun, anlatım her insanın temel gereksinimidir. Gücünü değişik yollardan alan konuşma eylemi, iletişim için en önemli ileti kanalıdır. Çünkü söz anlamak ve anlatmaktır.

Söz, mimik ve jestlerin kullanılmasıyla yeni anlamlar kazanır. Söz, Orff-Schulwerk yaklaşımında devinim/dans ve müzikle birleştirildiğinde sağlam bir üç ayak (sac ayağı) oluşturur. Böylece üçünün birbirleri arasındaki etkileşimi gerçekleşir. İşte, Orff-Schulwerk yaklaşımının karakteristik yapısı bunun üzeri kuruludur.

Konuşma alıştırmaları, Orff yaklaşımının her aşamasında önemli rol oynar. Çünkü müzikte yalnızca ritmik değerleri sayarak bir yere varılamaz. Söz ve konuşmayı da kullanmak gerekir. Tekerlemeler, sayışmalar, şiirler bunun başlangıç noktasıdır. Öykülerle, masallarla, destanlarla geliştirilebilir.

Orff-Schulwerk yaklaşımında ezgi ve ritimlere yeni anlamlar ve işlevler katarak, sözün de katkısıyla, müzik, sahne yapıtına dönüşebilir. Jest, mimik ve değişik seslerin kullanılmasıyla sözlü ya da sözsüz anlatım sağlanabilir. Jungmair'in (2002) belirttiği gibi öğretmenin yapması gereken, Orff-Schulwerk yaklaşımında seçilen modeli oyun ya da çalgısal parçayı "çocuk için yapılmış" gibi öğretmek değil, onun çocuklar tarafından keşfedilmesini sağlamak gerekir. Bu da yeniden yaratmaktır.

Çalgılar rol kişisi olarak kullanılabileceği gibi, oluşturulan oyundaki rol kişileri bedenlerini ve seslerini çalgıya dönüştürebilirler. Böylece yaşanan, oynanan ve öğrenilen bir ortam yaratılmış olur. Bu da yeni ifade biçimini sağlar ki, çocuğun gelişimi için su ve ekmek kadar önemlidir.

Müzik

Müzik tarihi ve edebiyatı incelendiğinde pek çok eserin dramatik bir örgüye dayandırıldığı görülür. Tiyatro sanatının bazı örneklerinin müzik sanatıyla yeniden yaratıldığı dikkati çeker. Müzikal, operet, opera, oratoryo vb. türler buna örnek gösterilebilir. Tiyatro sanatı açısından bakıldığında ise müziğin daha çok yan öğe olarak kullanıldığı görülmektedir. Genellikle olay örgüsünün aktarımında konuya uygun olduğu düşünülen müzikler fonda duyurulur. Örneğin "benzetmeci" (dramatik) tiyatroda müzik, oyun metninin sunulmasına yardımcı olarak, onu doğrulamak, süslemek, ruhsal durumlar yaratmak gibi işlev üstlenmesine karşın, "göstermeci" (epik) tiyatroda anlatılmak isteneni varsaymayı, yorumlamayı, yer yer tepki göstermeyi ve durum yaratmak yerine davranışlar sergilemeyi işlev edinir. Yaratıcı drama etkinliklerinde ise doğrudan ya da dolaylı olarak müziğin kullanıldığı görülür. Bunun için bazen kayıtlardan (kaset, CD vd.), bazen de katılımcıların oluşturduğu müzikten yararlanılır. Katılımcıların yaratıcılığı, eğitsellik açısından daha önemlidir. Bu amaca yönelik olarak değişik teknikler kullanılır. Özellikle Orff çalgıları olarak da bilinen vurmalı çalgıları katılımcıların kullanabilmeleri, olası yaratıcılıklara katkı sağlayacaktır. Bunun çeşitli tekniklerle gerçekleştirilmesi olasıdır. Konuya ilişkin birkaç çalışma önerisi şöyle sıralanabilir:

>> Seçilen ya da yaratılan müziğin çağrışımları üzerinde öykü oluşturup canlandırma yapılabilir.
>> Seçilen ya da yaratılan müziğin konusuna ilişkin somutlaştırılmış olay, durum, oluşum vb. verilerden hareketle oyunlaştırılabilir.
>> Okulöncesi eğitimin konuları arasında dramatizasyon çalışmalarında masallar, şiirler, çocuk şarkıları oyunlaştırılabilir.
>> Seçilen eserlerin ezgisel yapısının yanı sıra eserdeki çalgılar kişileştirilip oyunlar kurulabilir.

Dans

İnsanın anne karnında başlayan devinimi (hareketi) yaşam boyu devam etmektedir. İster müzikle, ister müziksiz; ister yapılandırılmış, ister doğaçlama dans ettiğimiz bir gerçektir. Daha çok da isteğimize göre devinim/dans etmemiz bizi mutlu eder. Bu kendiliğindenlik aynı zamanda bir dışavurumdur, bir ifadedir. Bu ifade biçimi bir yandan kendi başına ve bağımsız gelişebildiği gibi bir yandan da diğer sanat alanları, özellikle müzik sanatı ile yepyeni olanaklar yaratmaktadır. Müzik ve dans arasındaki ilişkiyi Haselbach (1991) şöyle tanımlamaktadır: "Dans ve müzik arasındaki yakın ilişki tiyatro sanatında bütünleşir. Örnek olarak Uzakdoğu dans oyunları, eski Yunan tragedyaları ve komedileri, Orta Avrupa dinsel oyunları, Afrika dans efsaneleri verilebilir. Günümüzde ise müzikaller, dans tiyatroları, video klipler ve multimedya gösterileri örnek olarak gösterilebilir".

Yaratıcı drama eğitim ortamlarında dansın müzikle etkileşiminin yansıtılabildiği en uygun alandır. Yaratıcı dramada bir yandan devinim/dansla ifade yolları araştırılırken öte yandan dans tiyatrosuna kadar uzanan bir oluşum zinciri gerçekleştirilebilir. Dansın dramada kullanımıyla ister çocuklar için ister yetişkinler için devinimle anlatımın gerçekleştiği görülür. Özellikle çocukların gerçek ve düşsel (hayali) deneyimlerini canlandıracakları uygun bir kanal oluşturur. Yaratıcı dramada, dans deneyimleri bireylerin küme içindeki etkileşimine yardımcı olur. Düzenlenmesi bakımından zorlukları olsa da değişik kümelerin birbirlerini izlemesi öğretici ve heyecan vericidir. Dramada, dans uygulamaları geliştikçe çocukların bir karakterden diğerine geçişi, dans yoluyla daha da kolaylaşır. Bu da deneyimlerinin artmasına yardımcı olur. Uygulamaların, sınıf etkinliği olduğu, sahnede değil sınıfta yapılması gerektiği unutulmamalıdır. Tüm bunların doğaçlama olması, herkesin rol alabilmesi, eğitsel amaçlar için önemlidir.

Drama Aşamalarında Orff-Schulwerk'in yeri

Burada Orff-Schulwerk yaklaşımıyla, yaratıcı dramanın aşamaları karşılaştırılmaya çalışılacaktır:

Isınma ve Oyun
Yeni şeyler öğrenmeye gereksinim duymak ona hazırlanmayı, ısınmayı gerektirir. Her yapılan işin bir öncesi ve hazırlığı vardır. Bazen düşüncenin, bazen bedenin bazen de her ikisinin birlikte kullanıldığı görülür. Yaratıcı dramada da Orff yaklaşımı uygulamalarında da bunu çok belirgin olarak görebiliriz.

Yapılan ısınma çalışmaları ister bedensel olsun, ister düşünsel olsun sürece yöneliktir. Küme dinamizmine katkı sağlayacak her ısınma çalışması işimizi daha da kolaylaştırır. Öte yandan kendine ve kümedekilere güven duyma, duyu organlarını kullanma, bireysel enerjiyi işe dönüştürme ısınma sürecinde başlar. Bu durum oyun sürecinde de devam eder. Unutulmamalıdır ki, oyun en önemli ifade araçlarından biridir. Oyun sürecinde bir yandan eğlenirken diğer yandan da öğrenme gerçekleşir. Araç-gereçler değişik işlevlerde kullanılabilir. Örneğin, iki malet üzerinde parmakları yarıştırmak, bir yandan oyun ve eğlence bir yandan da parmaklar için alıştırmadır. İki sıra halindeki kümelerin ellerindeki topu geriye doğru değişik biçimlerde iletip sıranın en sonundakilere ulaştırmaları bir yandan yarışma, diğer yandan bedensel bir devinimdir. Örnekleri artırmak mümkündür. İster kümeyle, ister nesnelerle etkileşim başlamıştır artık. Hepsinin ortak yanı eğitim-öğretim ortamında sürece katkıda bulunmak, bireysel enerjiyi küme dinamizmine dönüştürmek ve yaratıcı düşünceyi desteklemektir.

Canlandırma/Doğaçlama

Temel müzik ve devinim/dans eğitiminin çıkış noktası, insandaki içsel ritmik devinimin dil ve müzikle birlikteliğidir. Jungmair (2001), "İnsandaki içsel ritim, devinim ve söz olarak yansır. İçsel ritmin dışavurumu, becerilerin keşfedilmesine ve geliştirilmesine yardımcı olur" diyor. Bu beceriler kimi zaman dans, kimi zaman şiir, kimi zaman da resimdir. Orff-Schulwerk yaklaşımı bu temel elementlerin birbirleriyle ilişkili olarak kullanımını gerekli görür. "İlişkilendirmeyi, kolaylaştıracak en yaygın teknik doğaçlamadır. Ancak unutulmamalıdır ki, doğaçlama için bilgi ve deneyim zorunludur" (Jungmair, 2001).

Özgürlükle dağınıklığın karıştırılmaması gerekir. Her rastlantısallığı doğaçlama olarak değerlendirmek bizi yanlışlara götürebilir. Her yapılanın kendi içinde bir dayanağı olmalıdır. "Ben yaptım, oldu" demek bizi doğaçlamanın ilkesinden uzaklaştırır. Doğaçlamanın sonuca götürücü, deneyim kazandırıcı olabilmesi için iç tutarlılık gereklidir.

Yaratıcı drama uygulamaları için de aynı şeyleri söylemek mümkündür. Her doğaçlama gerek Orff-Schulwerk yaklaşımında, gerekse yaratıcı drama çalışmalarında yeni düşüncelere ışık tutmalıdır. Bir önceki doğaçlama ile bir sonraki arasında esinti ve bilgi aktarımı bulunmalıdır. Doğaçlamanın sonuca götürücü olması, sürece katkı sağlar. Unutmamak gerekir ki her deneyim, bilinmeyenlerin kapı koludur. Açılacak kapıdan içeri girme istek ve kararlılığı (cesareti), yeni bilinmeyene ilgili olduğumuzu gösterir.

Değerlendirme

Her iki alanda da katılımcıların, bilgi ve becerileri başkalarıyla kıyaslanmaz. Esas olan katılım ve yaşantılardır. Gözden geçirme ve paylaşımlar, her bir sürecin doğru özümsenmesine yardımcı olur. Gerek Orff-Schulwerk yaklaşımında gerekse yaratıcı dramada gösteri doğrudan hedef değildir. Gösteriye yönelik tekrarların özellikle çocukları çok sıktığı ve yorduğu gözlenmiştir. Yapılanların olumlu ya da olumsuz eleştirilmesi ve paylaşması, katılımcıların bireysel gelişimleri açısından, sonrası için ışık tutar. Küme içindeki değerlendirme ve tartışmalarda, geliştirilebilir sonuçlara ulaşılabilir. Yetenekli-yeteneksiz, başarılı-başarısız, yeterli-yetersiz gibi bir ayrım yerine, yapabildiğine sahip çıkmak ve onu geliştirmek önem kazanır. Bu da ilgi ve cesareti artırır. Yaratıcı dramada da Schulwerk yaklaşımında da bireysel özellikler, farklılıklar anlamlı ve önemlidir.

Çağdaş Drama Derneğinde Alman Eğitimcilerin Dans Müzik Çalışmaları

Yukarıda söz edilen kurumlardaki Almanya odaklı müzik ve hareket eğitiminin yanı sıra, kurum olarak Çağdaş Drama Derneği (ÇDD)'ndeki seminerler veren kişilerin çalışmalarından söz etmek gerekecektir. Çünkü ÇDD, kurumsal kimliğiyle düzenli olarak drama seminerleri ve o drama seminerler içinde müzik ve dans/devinim çalışmalarına önem veren tek dernektir Türkiye'de. Almanya'dan (az sayıda da Avusturya'dan) ÇDD seminerlerinde görev alan müzik ve dans/devinim çalışmaları yapanlar, kronolojik olarak şöyle sıralanır:

>> Uluslararası Seminer, Ankara
>> Uluslararası Seminer, Ankara
>> Uluslararası Seminer, Ankara
>> Uluslararası Seminer, Ankara, Ulrike Sprenger "Devinim ve Dansa Dayalı Süreç", Karl Meyer "Doğaçlama'dan Müzik Tiyatrosuna"
>> Uluslararası Seminer, Ankara Ulrike Sprenger "Devinim/Dans Drama"
>> Uluslararası Seminer Ankara, Renate Breitig "Kültürel, Tarihsel, Kişisel Bağlamda Zaman"
>> Uluslararası Seminer Ankara, Nadja Raszewski "Dans ve Hareket Tiyatrosu"
>> Uluslararası Seminer Ankara Karl Meyer "Devinimsel Doğaçlama"
>> Uluslararası Seminer, Hatay,
>> Uluslararası Kongre ve Seminer, Ankara,
>> Uluslararası Seminer, Adana, Karl Meyer "Erken Çocuklukta Müzik ve Dans Orman Seromonisi"
>> Uluslararası Seminer, Eskişehir, Ulrike Jungmair "Müzik, Dans ve Drama"
>> Uluslararası Seminer, Bursa, Prof. Hans Martin Ritter "Öğretici Oyunlar ve Müzik"
>> Uluslararası Kongre ve Seminer, İstanbul
>> Uluslararası Seminer, Antalya
>> Uluslararası Seminer, Kocaeli
>> Uluslararası Seminer, Urfa
>> Uluslararası Seminer, Trabzon, Frederike Lampert, "Dans/Devinimde Doğaçlama Yapıları İçin Dokuz Nokta Tekniği ve Kullanımı"

Sonuç

Türkiye ile Almanya arasında sanat eğitiminin, özellikle müzik eğitiminin başlangıcı, Osmanlı dönemine dayanır. Özellikle Türkiye Cumhuriyetinin kurulmasından sonra Hindemith ve Zuckmayer'in Türkiye'ye gelmiş olmaları, önemli müzik sanat ve eğitim kurumlarını oluşturmuş olmaları, hala saygıyla anılmaktadır.

Onların başlattığı sanatsal kalkınma, maalesef devam ettirilememiş, genel eğitim politikalarının olumsuz yanları, müzik eğitimine de yansımıştır.

Uzun aradan sonra önemli 1950'li yıllarda Alman besteci ve eğitimci Carl Orff, Türkiye'ye gelmese de onun Orff-Schulwerk yaklaşımı, Türkiye'de önemli bir ilgi görmüştür.

Orff'un bu yaklaşımının en önemli özelliği müzik, dans/devinim ve söz öğelerini birlikte kullanmasıdır. Bu yanıyla, yaratıcı dramanın disiplinler arası özelliği çok örtüşmektedir. Özellikle yaratıcı drama uygulamalarının, öğretim yönteminde ya da sanatsal biçime dönüştürülmesinde, dans ve müziğin yeri büyüktür. Schulwerk yaklaşımı konusunda bugüne değin yapılanların bilinmesi, bundan sonra yapılacaklara da yön verecektir.

Orff-Schulwerk yaklaşımı ve yaratıcı drama benzerlikleri olan iki olgudur. Özellikle bu iki olguya eğitimdeki işlevleri açısından bakıldığında örtüştükleri noktaların olduğu görülür. Oyunun temel olarak ele alınması bu olguların benzer noktalarından biridir. Öyle ki her ikisinde de etkinlikler oyunla başlatılıp yine oyunla bitirilebilir. Öte yandan bu iki olgu birbiri içinde ve ayrı ayrı da var olabilmektedir. Gerektiğinde yaratıcı drama içinde Orff-Schulwerk yaklaşımından, gerektiğinde de Orff-Schulwerk yaklaşımı içinde yaratıcı dramadan yararlanılabilir. Kendi özgünlüklerini koruyarak gelişmiş olmaları, onların güçlü yapılara sahip olduğunu göstermektedir.

Yaratıcı drama ve Orff-Schulwerk yaklaşımının ortak beklentisi, gelişen çağın gerisinde kalmayan, algılayan, anlayan ve yorumlayabilen, sorgulayabilen insanın merkezde olduğu bir dünyadır.

Bu anlayıştan hareketle, 1990 yılında kurulan ve alanında halen tek dernek olma özelliği olan Çağdaş Drama Derneği (ÇDD), bu yazının yazıldığı tarihe kadar 22 tane Uluslararası Drama Semineri düzenlemiş, hepsinde değişik ülkelerin alan uzmanlarından da yararlanmıştır. Müzik dans/devinim çalışmalarında önemli deneyimlerini paylaşan Alman eğitimcilerin yaptıkları seminer ve workshop'lar azımsanmayacak sayıdadır.

Kaynakça

Arkan, Muzaffer. 13.2.2004 tarihinde Ali Öztürk'ün kendisiyle yaptığı görüşme.

Deliorman, Leyla. (1977). Müzik Özel Öğretim Metodu ve Uygulama, Yaygın Yükseköğretim Kurumu yayınları, Ankara.

Dinçer Baykara, İnci. 1.6.2002 tarihinde Ali Öztürk'ün kendisiyle yaptığı görüşme.

http://tr.wikipedia.org/wiki/Eduard Zuckmayer

http://www.kemalyalcin.com

http://www.newacademia.com/turkeys modernization

http://www.orffmerkezi.org

Jungmair, Ulrike. (1980). "Orff Öğretisinin Model Karakteri Üzerine", Salzburg Sempozyumunda sunulan bildiri. Orff Okul Öğretisi, Metinler-1. (Çev: COMPAS Übersetzungen, Berlin).

Jungmair, Ulrike. (2002). "Carl Orff Anlayışı Çerçevesinde Temel Müzik ve Dans Pedagojisi", Orff-schulwerk Info, Orff Schulwerk Eğitim ve Danışmanlık Merkezi Yayınları, Ocak 2002, Sayı, 1.

McCaslin, Neille. (1990). Creative Drama in the Classroom. Longman, 5th.Ed. California.

Haselbach, Barbara. (1980). "Orff Öğretisinin Dans Eğitimine İlişkin Görüşleri", Salzburg Sempozyumunda sunulan bildiri. Orff Okul Öğretisi, Metinler-1. (Çev: COMPAS Übersetzungen, Berlin).

Haselbach, Barbara. (1991). "Movement and Dance: Integrated Elements of Orff Schulwerk", The Orff Echo. US.

San, İnci. (1991). "Eğitimde Yaratıcı Drama", Ankara Üniversitesi Eğitim Bilimleri Fakültesi Dergisi. Ayrı Basım. Cilt 23, Sayı 2, 573-583.

San, İnci. (1996). "Yaratıcılığı Geliştiren Bir Yöntem ve Yaratıcı Bireyi Yetiştiren Bir Disiplin: Eğitsel Yaratıcı Drama", Yeni Türkiye Dergisi, Yıl 2, Sayı 7, 148-160.

Uçan, Ali. 1.6.2002 tarihinde Ali Öztürk'ün kendisiyle yaptığı görüşme.

Uluç Sey, Rana. 1.6.2002 tarihinde Ali Öztürk'ün kendisiyle yaptığı görüşme.

Öztürk, Ali. (1999). "Yaratıcı Dramada Müziğin Kullanımı", Türkiye 1. Drama Liderleri Buluşması'nda sunulan bildiri. 13-14 Kasım 1999. Oluşum Tiyatrosu ve Drama Atölyesi Yayınları, Ankara.

Öztürk, A. (2011) "Eğitimde Yaratıcı Müzikten Yaratıcı Dramaya" Eğitimci -Öğretmen Dergisi-, Sayı: 1 Mart, 2011, ss.24-28, Vize Yayıncılık: Ankara.

Regner, Hermann. (1980). "Uyarlama ve Uygulama Sorunu Üzerine Düşünceler", Salzburg Sempozyumunda sunulan bildiri. Orff Okul Öğretisi, Metinler-1. (Çev: COMPAS Übersetzungen, Berlin).

Die Rolle der deutschen Pädagogen im Bereich der Musikausbildung in der Türkei, der Orff-Theorie und ihre Beziehungen zum Kreativen Drama

Ali Öztürk

Ein kurzer Hinblick auf die Beziehung zwischen den Türken und den Deutschen im Bereich der Bildung

Die Beziehung zwischen den Türken und den Deutschen fing am Ende des 19. Jahrhunderts mit den Osmanen und dem Deutschen Kaiserreich in den ökonomischen, militärischen Bereichen und in den Bildungsbereichen an. Man kann sehen, dass davor die Franzosen wirkungsvoller waren. Vor dem ersten Weltkrieg haben die Vorstehenden der Partei der Einheit und des Fortschritts ihre Beziehungen mit dem deutschen Staat in allen Bereichen gestärkt.

Im Osmanischen Reich wurden viele Soldaten mit hohem Rang zur Fortbildung nach Deutschland geschickt. Und viele deutsche Offiziere sind nach Istanbul gegangen, um das Militär der Osmanen fortzubilden. Hauptsächlich nach 1914 wurden viele Schüler zur Bildung in verschiedenen Bereichen nach Deutschland geschickt.

Im Jahr 1918 wurden 20 Lehrer nach Deutschland geschickt, um das Bildungssystem zu erkunden, Erfahrungen zu sammeln und ihre Leistungen zu verbessern.

Einer von denen war İsmail Hakkı Tonguç, der Theoretiker und Leiter der Dorf-Institute. İsmail Hakkı Tonguç hat an den Lehrer-Seminaren in Ettlingen in den Jahren 1918 - 1919 teilgenommen.

1925 bis 1926 haben die deutschen Pädagogen, die aus Leipzig und Karlsruhe eingeladen worden sind, mit den türkischen Pädagogen die Lehrpläne für die Grundschule zusammen vorbereitet. Anders ausgedrückt: Es wurde von der deutschen Erziehung Gebrauch gemacht, um den Lehrplan für Erziehung und Bildung der Republikzeit zu erstellen.

Tonguç hat 1933 die Schriften des deutschen Pädagogen Kerschensteiner analysiert und seine Werke ins Türkische übersetzt. Als er die Gründungsprinzipien, das Ziel und die Lehrmethode für die Dorf-Institutionen entwickelte, hat er die Auffassung „Bildung für den Beruf, Arbeiten um den Beruf zu vollbringen" und das Prinzip „Die Bildung darf nicht auf Gedächtnis und Auswendigkönnen, sondern muss auf Arbeit und Produktion beruhen" von dem deutschen Pädagogen Kerschensteiner zur Hilfe genommen (Yalçın, 2007).

Die ersten Musik-Erzieher aus Deutschland : Paul Hindemith, Prof. Eduard Zuckmayer

Paul Hindemith (1895- 1963)
Hindemith wurde von dem türkischen Schulministerium beauftragt, Bildungsmaterialien zu gestalten und Lehrpläne für die Musikausbildung zu erstellen. Er hat an der Musik-Schule (Ankara Müziki Muallim Mektebi), die von Istanbul nach Ankara gezogen ist, mit dem Leiter des Deutschen Theaters Carl Ebert zusammen unterrichtet. Insbesondere wurde Hindemith als Staatlicher Berater berufen, um das Programm ‚'Universale und türkische polyphone Musik-Ausbildung" auszufertigen. Die türkische Regierung wollte, dass Paul Hindemith und Carl Ebert in dem städtischen Konservatorium Ankara, was als Hochschule erbaut wurde, fest angestellt arbeiten. Carl Ebert hat dies angenommen, Paul Hindemith jedoch nicht. Er ist trotzdem in den Jahren 1935 bis 1937 öfters für kurze Zeit als Berater in die Türkei gekommen, hat die Musikschulen geprüft und manchmal auch Berichte für neue Regelungen abgefasst und die Ausführungen überprüft (http://www.newacademia.com/turkeys_modernization/).

Prof. Eduard Zuckmayer (1890 – 1972)
Nachdem die Nazis 1933 an die Regierung kamen und das Schulministerium der Türkischen Republik ihn eingeladen hat, ging Zuckmayer mit der Empfehlung von Paul Hindemith in die Türkei. Bei der Erstellung von Lehrplänen für den Musikunterricht für die Primar- und Sekundarstufe und deren Ausführungen hat er große Hilfe geleistet. Und für die Ausbildung für Musiklehrer ebenfalls. Nachdem sich 1938 die Branche Lehramt Musik der Musiki Muallim Schule mit dem Gazi Bildungs-Institut verband, hat Zuckmayer seine Arbeiten in dem Institut weitergemacht. Die einzige Branche für das Lehramt Musik war für viele Jahre nur auf dieser Schule. Zuckmayer hat hunderte Musiklehrer ausgebildet. Er hat viele Schullieder vom Deutschen ins Türkische übertragen. Er hat bis zu seinem Tod 1972 in den Fächern Klavierlehre, Orchester, Chorführung, Kammermusik, Musiktheorie, Formen der Musik, Bedeutung der Musik und andere unterrichtet und war Abteilungsleiter. (http://tr.wikipedia.org/wiki/Eduard_Zuckmayer).

Carl Orff (1895-1982) und das Orff-Schulwerk in der Türkei
Wegen dem Wiederschein der deutschen Musiklehre in der Türkei und auch wegen der Zusammenfügung von Tanz/Bewegungen und Wörtern hat das Orff-Schulwerk eine nahe Beziehung zum kreativen Drama. Deshalb ist es günstig, darauf einzugehen.

Das Orff-Schulwerk bedeutet, die Musik, den Tanz/die Bewegung und die Wörter in einem bildungsaktiven Zusammenhang zu benutzen. Anders ausgedrückt sind die oben genannten Faktoren, hauptsächlich die Musik, als Grundausdrucksmittel in den verschiedenen Bildungsbereichen zu sehen. Das Orff-Schulwerk hat die interdisziplinäre Arbeitsmentalität und das Arbeitsprogramm, insbesondere die Grundausbildung für Musik, in ihrer eigenen Dynamik unterbringen können.

Der deutsche Komponist und Lehrer Carl Orff hat 1923 mit Dorothee Günther eine Zusammenarbeit angefangen und danach die Günther-Schule gegründet, womit sie den Kern für eine kräftige Bildung gelegt haben. Nach den rhythmischen Gymnastik- und Tanz-Übungen, bei denen meist Schlaginstrumente benutzt worden sind, wurden neue kreative Übungen gemacht. Als 1925 Gunild Keetman als Schülerin in die Günther-Schule kam, hat die Lehre von Orff eine neue Dimension erreicht. Als 1948 Carl Orff und Gunild Keetman das Radio-Programm „Orff-Schulwerk, Musik für Kinder" machten, hatten sie die Möglichkeit, ihre Ideen zu veröffentlichen. Orff und Keetman haben 1961 ihre Arbeiten am Sitz des Orff-Schulwerks, dem Mozarteum in Salzburg, eröffnet, fortgesetzt und dort Seminare veranstaltet. 1963 wurde dies zum Orff-Institut umgewandelt, und dort wurden Lehrer ausgebildet, um Musik zu lehren.

In diesem Werk sieht man Methoden zur Entwicklung von individuellem Ausdruck und individueller Kreativität, Massendynamik, Sozialisierung.

Die Grundmerkmale des Orff-Schulwerks
>> Tanz und Musik sind die elementaren Ausstrahlungen der körperlichen, geistigen und mentalen Stärke
>> Sprache, Tanz und Musik sind die Bewegungsbereiche, die das Kind nicht unterscheidet
>> Das Instrument hat das Lied von Anfang an begleitet
>> Bei der KULAKTAN KULAGA oder Musik mit Notenschrift oder beim Ausüben der traditionellen Tanzformen wird Kreativität beigemischt
>> Jeder Mensch hat das Potenzial, sich selbst (seine Gefühle) durch Bewegungen und durch Musik auszudrücken (www.orffmerkezi.org)

Kurzer Rückblick auf das Orff-Schulwerk in der Türkei

Die Recherchen über das Orff-Schulwerk haben in der Türkei mit dem Musiklehrer Muzaffer Arkan angefangen. Anfang 1950 hat er Carl Orff kennengelernt, als er noch Schüler im Konservatorium war:

> Ich glaube, ich habe ihn 1951 kennengelernt. Also ungefähr zu der Zeit ... Ich habe ihm einen Brief geschrieben, dass ich ihn kennenlernen möchte und habe gefragt, wie wir uns sehen könnten. Er antwortete mir und schrieb, dass ich ihn, wenn ich nach München fahre, unter dieser Telefonnummer erreichen könne ... Wenn ich zum Internationalen Musik Festival und zu den Seminaren komme, wollte er mich abholen. So hat er das auch gemacht. (Arkan, 2004)

Während er die Werke von Orff sah, hat er sich mehr über Bildung informiert und außerdem hat er die Orff-Instrumente kennengelernt. Und er hat die Übungen gesehen:

> Er hat in einem Geschoss Instrumente wie Xylofone, die vor Ewigkeiten gebaut worden sind. Er hat mich rumgeführt. Später hat er mir die Geräte gezeigt, die er im Studio 49 hatte anfertigen lassen. Er meinte, das sind die Geräte, die er anfertigen liess für die Methode "Orff-Schulwerk für Kinder". Die liessen sich spezialanfertigen. Das Studio 49 hat nur Orff-Instrumente produziert.

> Als er mir das erzählte, war ich gerührt. Er hatte in München in einer Radiosendung gearbeitet. Er liess im Fernsehen und im Radio die Kinder arbeiten. Er hat mich auch dort hingebracht und ich hab sie mir angesehen. (Arkan,2004)

Arkan hat 6 Jahre lang regelmäßig jeden Sommer seine Studien gemacht und hat an den Seminaren und Symposien in München und Salzburg teilgenommen. In dieser Zeit hat er auf den Wunsch von Carl Orff türkische Lieder für die Orff-Instrumente transkribiert und sie ihm zugeschickt. Die Kinderlieder von Orff wurden in der Türkei als erstes im TED Ankara Kolleg benutzt:

> Die Orff-Instrumente und das Schulwerk habe ich in die Türkei gebracht. Wir haben sie zum (Türkischen Bildungsverein) TED Ankara Kolleg gebracht und dort habe ich die ersten Übungen gemacht. Ich habe den Professor Eduard Zuckmayer zu den Konzerten eingeladen. Obwohl er über die Intrumente Bescheid wusste, war er sehr begeistert über die Konzerte und sehr aufgeregt, weil es in der Türkei stattfand. Er hat diese Instrumente auch ins Gazi Bildungsinstitut eingebracht. (Arkan,2004)

Zuckmayer, geboren 1890, gestorben 1972, kam 1936 nach Ankara, wurde 1938 Leiter der Musikbranche und war dort bis zum Ende seines Lebens tätig. Zuckmayer hat die Musikausbildung in der Türkei strukturiert. Er hat das Orff-Schulwerksystem den Schülern des Gazi Bildungsinstituts, den zukünftigen Musiklehrern, gelehrt und somit ist er einen Schritt weitergekommen als Arkan. Dies haben Uçan und Dinçer Baykara erzählt:

> Ich kam im Jahre 1959 in die Musikbranche des Gazi Bildungsinstituts. Ich lernte die Orff- Instrumente in den Kursen von Zuckmayer kennen (Uçan, 2002).

> Als ich auf der Gazi war, 1960 - 1963, habe ich mit Zuckmayer zusammen geübt. Er war unser Chor-Lehrer. Er benutze die Orff-Instrumente in dem Chor. Er klärte uns hin und wieder über die Instrumente auf und wir benutzten manche von denen während des Chors. (Baykara, 2002)

Die Schüler jedoch fanden diese Instrumente nicht sehr begeisternd, da sie später als Lehrer diese nicht als Lehrmaterial benutzten.

> Ich habe mit meinen Freunden nicht über dieses Thema geredet. Ich weiss also nicht, wie sehr sie von Zuckmayer profitierten. Aber viele von denen, also, die ich kennengelernt habe, blieben bei der Klassischen Methode. Sie Bevorzugten die Klassische Methode und machten sich über mich lustig. (Baykara, 2002)

Die Studien von Zuckmayer, die 1959 gemacht wurden, wurden 1968-1969 in dem Kurs von Erdoğan Oktay und Muammer Sun thematisiert. Da Muzaffer Arkan in den Jahren im Konservatorium gearbeitet hatte, konnte er sich nicht damit befassen, den Lehrern über das Orff-Schulwerk zu erzählen.

In den 70er Jahren wurde das Orff-Schulwerk nicht erwähnt.

> In dem 1994 angenommenen Programm für den Musikunterricht der Grundschulen wurde teilweise auch auf das Orff Schulwerk eingegangen. (Uçan, 2002)

In den Jahren 1981-82 wurde angefangen, Lehrpläne für den Musikunterricht zu erstellen. In denselben Jahren wurde auch das Orff-Schulwerksystem in der Türkei eingebracht, was von einem privaten Unternehmen namens "Tante Liz´ Kindergarten" gesponsert wurde. Die deutschstämmige Lizoletta Sey hat dieses Unternehmen 10 Jahre geleitet. Vom Schulwerksystem wurde nur bis 2003 Gebrauch gemacht. Es haben viele Ausbilder aus Deutschland und Österreich in der Türkei Seminare abgehalten.

Wie Uçan (2002) betonte, wurde bis Anfang der 90er das Orff-Schulwerk in verschiedenen Hinsichten und stückweise bekannt und benutzt. Das Interesse am Orff-Schulwerk ist ab 1990 gestiegen. Trotzdem war die Lage an den Universitäten, die das Schulwerk grundsätzlich lehren sollten, nicht so erfreulich. Weder in den Musikbranchen des Konservatoriums noch im Musikunterricht der Grundschulen wurde das Schulwerk systematisch angegangen. Selbst wenn es angegangen wurde, waren es nur individuelle Strebungen. In dem Entwurf vom Lehrplan des Musikunterrichts waren zwar die als Orff-Instrument bekannten Schlaginstrumente enthalten, aber über die Bildung für die als Grundprinzipien benannten Musik-Tanz- und Wort-Elemente sind jedoch keine Äußerungen vorhanden. Trotz der großen Lücken haben die Lehrkräfte der Fakultät für Musik ihre eigenen Kenntnisse und Erfahrungen benutzt und Übungen vom Orff-Schulwerk gemacht.

Um es kurz zu fassen, es breitet sich die in München angefangene und in Salzburg fortentwickelte Struktur heute überall auf der Welt aus. Doch dass das Orff-Schulwerk nicht dauernd in den Lehrplänen vorhanden war, sieht man anhand der Probleme im türkischen Erziehungssystem. Trotz der Mängel wurde 2002 ein Orff-Forum in Istanbul gegründet; Fortbildungen, Forschungen, Veröffentlichungen, Seminare wurden gemacht. Außerdem wurden 2002 und 2005 die beiden Internationale Orff-Schulwerk-Symposien veranstaltet, wobei diese ganzen Anstrengungen nicht zu unterschätzende Beiträge geleistet haben.

Gemeinsames Vorgehen: Das Kreative Drama und das Orff-Schulwerk – zusammenfassende Betrachtungen

Bildungsprinzipien
Das Kreative Drama zieht es vor, die Formulierung der individuellen Gefühle und Denkweisen auf andere Art und Techniken zu benutzen. Der Austausch von Erfahrungen zeigt sich bei der Gruppenarbeit.

Während einerseits verlangt wird, die Kontaktfähigkeit weiter zu entwickeln und Empathie aufzubauen, wird andererseits die Möglichkeit angeboten, aus eigenen Erfahrungen und Kenntnissen zu lernen. Das gleiche gilt auch für das Orff-Schulwerk.

Ob beim Musikmachen, bei der Bewegung oder beim Tanzen: die Beteiligten müssen sich spüren und sich verstehen. Das Orff-Schulwerksystem und das Kreative Drama finden es aufschlussreich, neue Erklärungswege zu entwickeln und die vorhandenen weiterzuentwickeln. Wie Regner (1980) meinte: wichtig sind nicht die Utensilien, sondern die pädagogischen Grundbausteine:

>> Die Individuen, die verschiedene Interessen und Fähigkeiten haben, sollten meist in Gruppen zusammengetan werden, damit sie voneinander lernen können.
>> Damit die Auswirkung des Akkords und der Heilung für die Person und für die Gruppe gewinnbringend wird, müssen die Größen jeder Person angepasst sein.
>> Das individuelle Produzieren muss bei jeder Phase betont werden.
>> Das Improvisieren und Komponieren muss abhängig bleiben von den Bearbeitungen von Modellen, dem Musikzuhören und der Informierung über die Musik.
>> Die elementarische Musik und die Tanzerziehung müssen soweit wie möglich von der didaktischen Belehrung abkommen und der Auslöser sein für die Begegnung mit der Kunst der Person, die sich vorbereitet hat.

Die Entstehung der Musik- und Tanzerziehung ist das Beisammensein der rhythmischen, beweglichen Sprache und Musik.

Die Elemente Musik, Bewegung/Tanz, Rede/Wörter des Orff-Schulwerksystems umfassen alle Gefühle des Menschen. Und wenn die Zeit kommt, löst sie sie aus. Beobachtung, Auffindung, intuitive Auffassung, Spiel-Aufstellung, improvisieren und strukturieren sind als Errungenschaften sehr wichtig im Leben.

Wenn ein Mensch in seiner Kindheit schon solche Erfahrungen sammelt, kann er seine Gedanken sättigen und sich selbst beweisen. Wenn das Kind seine eigenen Fähigkeiten kennenlernt und sie auch ausdrücken kann, kann es zufrieden mit sich selbst und zu seiner Umgebung sein. Denn die Erfahrungen und Erkenntnisse, die es wegen der individuellen Ausdrucksweise und Kreativität sammelt, sind sehr wichtig.

Die Widerspiegelung der Faktoren der Schulwerkstatt-Orff auf die Ausübung des Kreativen Dramas

Wie es auch schon bekannt ist, bevorzugt die Schulwerkstatt-Orff eine Vorgehensweise mit drei Grundfaktoren. Diese sind: Musik, Bewegung/Tanz und Worte/Sprechen. Die Einheit dieser drei Faktoren bildet die Gesamtheit der Orff-Lehre. Es ist ebenso möglich, all diese Faktoren bei den Ausübungen des kreativen Dramas zu sehen. Nun kurz zu den Faktoren:

Worte/Sprechen
Entweder mit oder ohne Worte, jeder hat es nötig, sich auszudrücken. Das Sprechen ist der wichtigste Kommunikationsweg. Weil Worte das Verstehen und Erzählen umfassen.

Mit der Verwendung von Worten, Mimik und Gestik werden neue Bedeutungen gewonnen. Worte bilden nach der Annäherung des Orff-Schulwerks zusammen mit

Bewegung/Tanz und Musik einen standsicheren Dreifuß. Somit kommt ein Zusammenwirken untereinander zustande. Auf das geht auch die charakteristische Struktur des Orff-Schulwerks zurück.

Sprechübungen spielen bei jeder Phase des Orff-Ansatzes eine wichtige Rolle, weil es nichts bringt, nur die rhythmischen Schläge zu zählen. Man muss auch Worte und das Sprechen verwenden. Der Ausgangspunkt dafür sind Zungenbrecher, Kinderreime und Gedichte. Mit Erzählungen, Märchen und Heldengedichten kann es weitergeführt werden.

Nach dem Ansatz des Orff-Schulwerks kann die Musik, dadurch dass man der Melodie und dem Rhythmus neue Funktionen hinzufügt, mit Hilfe von Worten, in ein Bühnenwerk umgewandelt werden. Mit Gestik, Mimik und Verwendung von verschiedenen Lauten kann eine Ausdrucksweise mit oder ohne Worte geschaffen werden. Was auch Jungmair (2002) betonte, war, dass die Lehrer das nach dem Ansatz des Orff-Schulwerks ausgesuchte Modell, Spiel oder die Instrumentalmusik den Kindern nicht als nur Kinderkram beibringen, sondern versuchen, dass die Kinder diese selbst entdecken. Und das nennt sich Neugestaltung.

Die Instrumente können als Personen verwendet werden; genauso können auch die Personen in dem Werk ihre Körper und Stimmen in Instrumente umwandeln. Somit herrscht eine Atmosphäre, wo gelebt, gespielt und gelernt wird. Und dies wiederum führt zu neuen Ausdrucksformen, was für die Entwicklung eines Kindes wichtig ist wie Wasser und Brot.

Musik

Wenn man in der Musikgeschichte und -literatur recherchiert, sieht man, dass viele Werke auf einer dramatischen Handlung basieren. Auffällig ist auch, dass einige Beispiele der Theaterkunst mit der Musikkunst nochmal geschaffen worden sind. Gattungen wie Musical, Operette, Oper, Oratorium u.a. sind hierfür Beispiele. In Anbetracht der Theaterkunst wird die Musik als ein Nebenfaktor gesehen. Meistens spielt bei der Übertragung der Handlung eine passende Musik im Hintergrund. Zum Beispiel hat im Illusionstheater (dramatisch) die Musik eine Funktion als Helferin beim Vorführen des Spieltextes, sie bestätigt und schmückt den Spieltext und kreiert geistige Momente; andererseits hat sie im Präsentationstheater (episch) die Funktion, das Erzählte anzunehmen, zu kommentieren, an manchen Stellen zu reagieren und anstatt Momente zu schaffen, vorzuführen. Bei den Aktivitäten des kreativen Dramas wird die Musik direkt oder indirekt verwendet. Dafür werden manchmal Aufnahmen (Kassette, CD u.a.) benutzt, oder manchmal wird auch die Musik benutzt, die von den Beteiligten gemacht wurde. Die Kreativität der Beteiligten ist, in Bezug auf die pädagogische Erziehung, wichtiger. Zweckgebunden werden auch verschiedene Techniken verwendet. Vor allem hilft das Spielen der Orff-Instrumente, also der Perkussionsinstrumente, den Beteiligten, ihre Kreativität zu verstärken. Dies wird mit verschiedenen Techniken umgesetzt. Zu diesem Thema könnten einige Übungsbeispiele so aussehen:

>> Aus der Assoziation der ausgesuchten oder gemachten Musik kann eine Geschichte geschrieben und dargestellt werden.
>> Zum Thema der ausgesuchten oder gemachten Musik können ein versachlichtes Ereignis, eine versachlichten Lage oder Entwicklung u.a. zu einem Spiel umgesetzt werden.
>> Bei den Dramatisierungsübungen, die unter den Themen der Vorschulerziehung vorhanden sind, können Märchen, Gedichte, Kinderlieder zu einem Spiel umgesetzt werden.
>> Neben der melodischen Struktur der ausgesuchten Werke können die Instrumente des Werkes personifiziert und Spiele gemacht werden.

Tanz
Die im Bauch der Mutter angefangene Bewegung des Menschen geht während des gesamten Lebens weiter. Ob mit Musik oder ohne Musik, ob es vorbereitet ist oder improvisiert, es ist eine Tatsache, dass wir tanzen. Man möchte auch immer mehr tanzen, denn tanzen macht uns glücklich. Diese Spontanität ist auch gleichzeitig ein Ausdruck bzw. eine Darstellung. Diese Ausdrucksweise kann sich einerseits allein und unabhängig entwickeln, andererseits kann sie mit anderen Kunstbereichen, besonders mit Musik als Kunst, ganz neue Möglichkeiten schaffen. Die Beziehung zwischen Musik und Tanz bezeichnet Haselbach (1991) so:

> Die enge Beziehung zwischen Tanz und Musik wird in Theaterkunst integriert. Als Beispiel kann man die Tanzspiele des Fernen Ostens, die antiken griechischen Tragödien und Komödien, mitteleuropäischen religiösen Spiele und afrikanischen Tanz-Legenden geben. Und heutzutage kann man Musicals, Tanz-Theater, Videoclips und Multimedia-Shows als Beispiel zeigen.

Kreatives Drama ist der beste Bereich, wo man die Interaktion zwischen Tanz und Musik reflektieren kann. Es ist einerseits die Forschung von Ausdrucksmöglichkeiten mit der Bewegung und mit dem Tanz, andererseits kann es bis zu einer Entwicklungskette hin zu einem Tanztheater sein. Bei der Darstellung von Tanz im Drama für Kinder als auch für Erwachsene sieht man, wie die Bewegung vorankommt. Besonders ist sie ein wichtiger Kanal bei der Aufmunterung von wirklichen und imaginären Erfahrungen der Kinder. Beim kreativen Drama hilft der Tanz, Erfahrungen mit Gruppeninteraktionen zu machen. Obwohl die Choreografierung sehr anstrengend ist, ist es spannend zu sehen, dass verschiedene Gruppen aufeinander folgen. Mit der Entwicklung der Tanzübungen, wird es einfacher für Kinder, von einem Charakter zum anderen zu wechseln. Und das erweitert die Erfahrungen. Man soll auch nicht vergessen, dass diese Anwendungen nicht auf der Bühne, sondern in der Klasse gemacht werden sollten. Es ist für die pädagogischen Zwecke wichtig, dass diese Anwendungen improvisiert sind und dass alle eine Rolle bekommen können.

Die Stelle des Orff-Schulwerks bei den Drama-Etappen

Hier wird versucht, von der Sicht des Orff-Schulwerks die Etappen vom kreativen Drama zu vergleichen.

Aufwärmung und Spiel

Wenn man das Bedürfnis hat, neue Sachen zu lernen, muss man sich dafür vorbereiten und sich dafür aufwärmen. Alles was man macht, hat einen Anfang und braucht eine Vorbereitung. Man verwendet dabei manchmal die Gedanken, manchmal den Körper und manchmal beides.

Aufwärmungsübungen sind körperlich und gedanklich nach dem Vorgang gerichtet. Jede Aufwärmungsübung, die zur Entwicklung der Gruppendynamik beiträgt, vereinfacht unsere Arbeit. Einerseits, um sich selbst und den anderen Gruppenteilnehmern zu vertrauen, die Sinnesorgane zu verwenden und die persönliche Energie zur Arbeit umzuwandeln – alles fängt bei der Aufwärmung an. Diese Situation wird im Spielprozess auch weitergehen. Man sollte nicht vergessen, dass Spielen eine von den wichtigsten Ausdrucksmethoden ist. Bei der Spielphase, bei der man Spaß hat, lernt man auch. Die Mittel und Instrumente können in verschiedenen Funktionen verwendet werden. Wenn beispielsweise zwei Reihen der Gruppen den Ball in ihren Händen in verschiedenen Weisen weiterleiten und zu dem am Ende der Reihe weiterleiten, ist es einerseits ein Wettbewerb, andererseits eine körperliche Motorik. Die Wirkung in der Gruppe und mit Objekten hat dann angefangen. Alle haben gemeinsam an Bildung und Erziehung mitgewirkt, persönliche Energie zur Gruppendynamik verwandelt und kreative Ideen gefördert.

Animation/Improvisation

> Der Ausgangspunkt von Bildung in Grundmusik und Bewegung/Tanz ist das Zusammensein der inneren rhythmischen Bewegung mit der Musik. Jungmair sagt (2001): Der innere Rhythmus von Menschen wird als Rhythmus, Bewegung und Aussprache reflektiert. Der Ausdruck vom inneren Rhythmus hilft bei der Entdeckung und Fortbildung der Begabungen. Diese Begabungen sind manchmal Tanzen, manchmal Gedichte und manchmal das Malen. Die Sicht vom Orff-Schulwerk ist, dass die Grundelemente miteinander angewendet werden sollen. Die Beziehung dazu zu vereinfachen, ist die Improvisation, die am weitesten verbreitete Technik. Aber man darf nicht vergessen, dass man für die Improvisation Wissen und Erfahrung braucht. (Jungmair, 2001)

Man darf Freiheit und Unordentlichkeit nicht verwechseln. Jede Spontanität als Improvisation zu beurteilen, kann uns zum Falschen führen. Alles muss in sich selbst einen Anhaltspunkt haben. „Ich habe es gemacht, und es hat geklappt" zu sagen, entfernt uns von dem Prinzip der Improvisation. Damit die Improvisation zu einem Ergebnis und Erfahrung führen kann, muss man interne Konsistenz haben.

Für kreatives Drama kann man auch das gleiche sagen. Beim Orff-Schulwerk oder beim kreativen Drama sollte jede Improvisation neue Ideen erbringen. Zwischen dem vorherigen und der danach kommenden Improvisation sollte eine Relation und ein Wissenstransfer bestehen. Eine zum Ergebnis führende Improvisation trägt zu dem Prozess bei. Man sollte nicht vergessen, dass jede Erfahrung der Türgriff zur Ungewissheit ist. Der Wille und die Entschlossenheit, durch die offene Tür zu gehen, zeigt, dass wir Interesse für die neue Ungewissheit haben.

Bewertung
Man kann die Kenntnis und Fähigkeiten der Teilnehmer nicht mit anderen vergleichen. Wichtig sind das Teilnehmen und die Erlebnisse. Das Überprüfen und der Austausch der Erfahrungen sind sehr hilfreich, um das Verfahren richtig zu verinnerlichen. Bei dem Orff-Schulwerk und auch bei dem KreativenDrama sind die Aufführung nicht das direkte Ziel. Die Wiederholungen, die in den Aufführungen gemacht wurden, langweilen und überanstrengen Kinder. Dass es positiv oder negativ kritisiert und weiter erzählt wird, ist für die individuelle Entwicklung der Teilnehmer hilfreich. Die Bewertungen und Besprechungen in der Gruppe können für die Entwicklung zu hilfreichen Resultaten führen. Statt die Fähigkeiten in talentiert / untalentiert, erfolgreich / erfolglos, ausreichend / nicht ausreichend zu unterscheiden, sollte man die Fähigkeiten, die man hat, weiterbilden. Und das fördert das Interesse und den Wagemut. Bei dem Kreativen Drama und bei dem Orff-Schulwerk sind die individuellen Eigenschaften und Unterschiede sehr wichtig.

Tanz- und Musik-Arbeiten der deutschen Erzieher im Zeitgenössischen Drama Verein (ÇDD)

Neben den auf Deutschland basierenden Musik- und Bewegungskursen der oben genannten Unternehmen müssen wir auch die Arbeiten der Leute, die Seminare vom Zeitgenössischen Drama Verein (ÇDD) veranstaltet haben, erwähnen. Weil dieser Verein, der den Drama-Seminaren und der Musik/Tanz-Arbeit in den Seminaren Bedeutung beimisst, der einzige Verein in der Türkei ist. Die Teilnehmer der ÇDD-Seminare, die aus Deutschland und teilweise aus Österreich kamen und Arbeiten über Musik und Tanz/Bewegung gemacht haben, sind chronologisch angegeben:

>> Internationales Seminar, Ankara
>> Internationales Seminar, Ankara
>> Internationales Seminar, Ankara
>> Internationales Seminar, Ankara, mit Ulrike Sprenger: Das Verfahren zur Bewegung und zum Tanz; Karl Meyer: Vom Improvisieren bis zum Musik-Theater
>> Internationales Seminar, Ankara, mit Ulrike Sprenger: Bewegung/Tanz Drama
>> Internationales Seminar, Ankara, mit Renate Breitig: Die Zeit im kulturellen, historischen und persönlichen Zusammenhang
>> Internationales Seminar Ankara, mit Nadja Raszewski: Tanz und Bewegungstheater

>> Internationales Seminar, Ankara, mit Karl Meyer: Die Bewegungsimprovisierung
>> Internationales Seminar, Hatay
>> Internationaler Kongress und Seminar, Ankara
>> Internationales Seminar, Adana, mit Karl Meyer: Musik und Tanz im Wald, Zeremonie in früher Kindheit
>> Internationales Seminar, Eskişehir, mit Ulrike Jungmair: Musik, Tanz und Drama
>> Internationales Seminar, Bursa, mit Prof. Hans Martin Ritter: Didaktische Spiele und Musik
>> Internationaler Kongress und Seminar, Istanbul
>> Internationales Seminar, Antalya
>> Internationales Seminar, Kocaeli
>> Internationales Seminar, Urfa
>> Internationales Seminar, Trabzon, mit Frederike Lampert: Die Neun-Punkte-Technik und der Gebrauch für Improvisierungswerke bei Tanz/Bewegung

Schlusswort

Die Kunstausbildung, besonders Musikausbildung, zwischen der Türkei und Deutschland reicht bis zum Osmanischen Reich. Dass Hindemith und Zuckmayer nach der Gründung der Türkischen Republik in die Türkei gekommen sind und wichtige Unternehmen für Musik Kunst und Bildung gegründet haben, wird heute immer noch ehrend erinnert.

Der Aufschwung, den sie begonnen haben, wurde leider nicht weitergeführt und die negativen Seiten der Erziehung haben die Musikausbildungen auch negativ beeinflusst.

In den 50er Jahren kam der Komponist Carl Orff zwar nicht in die Türkei, aber sein Orff- Schulwerk wurde in der Türkei mit Interesse aufgenommen.

Die wichtigste Eigenschaft des Orff-Schulwerks ist, dass Musik, Tanz/Bewegung und Wort-Elemente zusammen benutzt werden. Dies ähnelt der interdisziplinären Eigenschaft des KreativenDramas. Bei der Erziehungsmethode oder der Umwandlung in eine künstlicherische Art sind der Tanz und die Musik sehr wichtige Bestandteile des Kreativen Dramas. Die bis heute zum Thema Orff-Schulwerk gemachten Arbeiten werden den Weg für die späteren Arbeiten weisen.

Das Orff-Schulwerk und das Kreative Drama sind zwei sich sehr ähnelnde Konstitutionen. Wenn man die beiden Konstitutionen im Rahmen der Erziehung betrachtet, sieht man, dass sie in vielen Themen kongruieren. Dass das Spiel als Grundbaustein benutzt wird, ist einer der Themen der beiden Konstitutionen, die sich ähneln. Bei beiden können die Aktivitäten mit einem Spiel anfangen und aufhören. Die beiden Konstitutionen können sowohl miteinander als auch getrennt angewendet werden. Man kann das Orff-Schulwerk mit dem Kreativen Drama verwenden, und das Kreative

Drama auch im Orff-Schulwerk. Dass sie ihre Originalität beibehaltend ausgestaltet worden sind, zeigt, dass sie stark strukturiert sind.

Die gemeinsamen Erwartungen des Orff-Schulwerks und des Kreativen Dramas ist die Weltsicht eines von der weiterentwickelnden Epoche nicht zurückbleibenden, wahrnehmenden, verstehenden, interpretierenden und befragenden Menschen.

Der 1990 gegründete ÇDD, was immer noch das einzige Verein dieser Branche ist, hat bis zu dem Datum, wo dieser Text geschrieben wurde, 22 Internationale Dramen-Seminare veranstaltet und bei jeden Seminar Experten aus verschiedenen Ländern eingeladen. Die Zahl der Seminare und Workshops, die die deutschen Lehrkräfte veranstaltet haben und wo sie ihre Erfahrungen über die Arbeiten über Musik Tanz/Bewegung erzählt haben, sind nicht zu unterschätzen.

Quellen

Arkan, Muzaffer. Gespräch am 13.02.2004 mit Ali Öztürk

Deliorman, Leyla (1977): Sonderausbildungsmethode und Anwendung von Musik

Dinçer Baykara, İnci. Gespräch am 01.06.2002 mit Ali Öztürk

http://tr.wikipedia.org/wiki/Eduard Zuckmayer

http://www.kemalyalcin.com

http://www.newacademia.com/turkeys modernization

http://www.orffmerkezi.org

Jungmair, Ulrike (1980). Über den Modelcharakter der Orff-Lehre", präsentiert im Symposium in Salzburg. Orff-Schullehre, Texte-1 (Übersetzung: COMPAS Übersetzungen, Berlin).

Jungmair, Ulrike (2002). Grund Musik- und Tanzpädagogik im Rahmen der Carl Orff Theorie", Orff-schulwerk Info.

McCaslin, Neille (1990). Creative Drama in the Classroom. Longman, 5th.Ed. California.

Haselbach, Barbara (1980). Die Ansicht der Orff Lehre über die Tanzausbildung, präsentiert im Symposium in Salzburg. Orff-Schullehre, Texte-1. (Übersetzung: COMPAS Übersetzungen, Berlin).

Haselbach, Barbara (1991). Movement and Dance: Integrated Elements of Orff Schulwerk, The Orff Echo. US.

San, İnci (1991). Kreativ Drama in der Ausbildung, Ankara Universität, Pädagogische Fakultäts-Zeitschrift. Sonderdruck. Band 23, Heft 2, S. 573-583.

San, İnci (1996). Die Methode für die Entwicklung der Kreativität und eine Disziplin für Erziehung kreativer Individuen:. Zeitschrift YeniTürkiye, Jahrgang 2, Heft 7, S. 148-160.

Uçan, Ali. Gespräch am 1.6.2002 mit Ali Öztürk.

Uluç Sey, Rana. Gespräch am 1.6.2002 mit Ali Öztürk.

Öztürk, Ali (1999). Der Gebrauch von Musik im Kreativ Drama", präsentiert in dem 1. Zusammentreffen der Drama-Vorstehenden in der Türkei. 13.-14. November 1999.

Öztürk, A. (2011). Von Kreativ Musik zu Kreativ Drama in der Ausbildung, Zeitschrift Erzieher –Lehrer, Heft: 1 , 2011, S. 24 -28.

Regner, Hermann (1980). Gedanken über die Probleme der Anpassung und Implementierung", präsentiert im Symposium in Salzburg. Orff-Schullehre, Texte-1. (Übersetzung: COMPAS Übersetzungen, Berlin).

Öteki Kültürlerle Tanışmak

İnci San

Bir yandan merak, serüvenci ruh, bilme ve öğrenme dürtüsü; bir yandan ise kuşku, ürküntü, alışılmış olanın verdiği rahatlık, kabul edememe ya da kabul edilmeme korkusu. Bu ikili duygular ve yaklaşımlar, yabancı ve başka olan her şeye karşı duyumsananlardır. Bazen birinci durum öne çıkar bazen diğeri.

Kimi zaman gereksinimler, zorunluluklar sonucu öteki ile karşılaşırız, öteki kültürle tanışır ve onun içine gireriz; bazen isteyerek de olur bu –hele önceden bir fikrimiz varsa kolayca isteyebiliriz de- bazen de zorlanırız itiliriz ve mecbur kalırız.

Bireysel karşılaşma olursa bu, önce karşımızdaki öteki kişinin, jest, mimik, giyim kuşam, selamlaşma ritüeli gibi ait olduğu topluluğun ya da toplumun davranış norm ve değerleriyle ilgili simgeleri öğrenmekle işe başlamalıyız. Sonra algılama, düşünme ve eylem biçimleri işin içine girer. Bunları kavradıkça o kişiye içinde bulunduğu topluluğu daha iyi anlarız.

Bu tür karşılaşmalar eski çağlardan bu yana en çok göç olgusu ile ortaya çıkmış ve çoğu kez iyi niyet ve dostlukla bağdaşmayan durumlar olarak yaşanmış olsa gerekir. Antikitede kolonilerin ve daha sonraki dönemlerde sömürgelerin oluşması süresinde, yöneten yönetilen ilişkileri ve çeşitli baskılarla geçen yüz yıllarda acaba iyi niyet, anlaşma, anlaşılma, olguları ne zaman ortaya çıkabilmiştir? Bu sorular ancak aydınlanma dönemlerini ve hümanizma anlayışlarını inceleyerek yanıtlanabilir.

Ya da çok önemli değişmelerin yaşandığı 20. yüzyıl sanat anlayışlarına bir göz atmak da öğretici olabilir. Plastik sanatlarda genelde Avrupa sanatında klasikçilik, bir başka deyişle yansımacı ve mükemmeli arayan anlayış, zaman zaman ortaçağ ve kuzey Avrupa gelenekleriyle gölgelenmişse de, romantizm akımı da dahil olmak üzere bu söz konusu yaklaşım sürmüştür. Özellikle 19. Yüzyıl sonları ve 20. Yüzyıl başlarında daha da yoğunlaşarak Ortadoğu ve Uzak doğu uygarlıkları ile dünyanın çeşitli yerlerindeki ilkel toplulukların yaşama biçimleri ve dolayısıyla süsleme ve yontu biçim ve biçemler titizlikle incelenmeye başlamıştı. Böylece sanatlarda denenebilecek başka geleneklerin ve varlığı ortaya çıkmış, kısaca seçenekler çoğalmıştı (Lynton, s.14). 1870'ler ve 1880'lerden başlanarak uzak ülkelerin sanat biçimleri, Japon tahta oyunları, daha sonra Afrika, güney denizleri adaları ve güney Amerika'daki "ilk kabile sanatı, İran ve Hint resim sanatı yanı sıra, mağara resimleri ve çocukların yaptıkları resimler irdeleniyor, yeni bulgulara ve yeni esinlemelere yol açıyordu.

Avrupalı ressamlardan bir post empresyonist olan Gauguin (1848-1903)'in resimsel biçiminin Tahiti adasında yaşarken geçirdiği değişim, heyecan verici renkler ve düzenlemelerle anlatıma, doğalcılıktan ve yanılsamasan (illüzyon) uzak bir biçin ve biçeme kavuşmuştu. Bu yeni yaklaşım başlangıçta garip karşılanmıştı ama daha ressamın ölümünden üç yıl sonra Salon d'Automne' deki sergisiyle saygınlık kazanmaya da yönelmişti.

Önemli ve devrimciliği kuşku götürmez bir yeni sanat yaklaşımı olan KÜBİZM, bir başka post empresyonist olan Cezanne' dan (1839-1906), özellikle onun söylemlerinden ve genç sanatçılara öğütlerinden de etkilenmiş olmakla birlikte, herhalde Afrika sanatının da etkisiyle büyük bir değişimi yaşama geçirmişti. "Düzlem, renk, yüzey zenginliği, geometri ve eşsiz ilişkiler düzeni" (Lynton, s.24) bu yenilikçiliği özetleyebilir. Böyle bir resim türü başlangıçta akademik alışkanlığın kabaca hor gördüğü bir tür olmuştu.

Müzikte ve danstaki evrilnelerde de değişim yaşanıyordu. Dalcroze müzik ve sözlüklerin anlatımını temel, içgüdüsel dans devinimlerine benzeyen beden hareketleriyle açıklayan ve Eurythmics adı verilen bir yöntem geliştirmişti. (Stravinsky'nin İlkbahar Ayini bale müziği bundan etkilenmiş; Rudolf Steiner de antroposophie adını verdiği öğretisinde bu yöntemi de uygulamaya koymuştu.) Gene plastik sanatlara dönecek olursak, sonradan bir fov olarak adlandırılacak olan Fransız Vlaminck (1876-1958) Paris'teki Musee l'Homme adı altında birleşmiş olan o zamanki Etnografya ve Antropoloji Müzelerinde sergilenen Afrika ve başka ülkelerden toplanmış "ilkel" el işlerini görmüş, 1904'lerde birkaç Afrika yontusu ve maske satın almıştı. Vlaminck'ten bir maske alan Derain'in atölyesinde de Matisse ve Picasso bu maskeyi ve bir iki Afrika heykelini görmüşlerdi. Lynton'a göre işte bu yıllarda "birden bire değişik kaynaklı bir sanatı tanıma isteği kök saldı. Zengin bir damar bulunmuştu" (Lynton, s.29). Afrika oymacılığını sanat olarak ele alan ilk kitap Alman sanat eleştirmeni Karl Einstein'in 1915'te yayınlanan Negerplastik adlı kitabı oldu. 1916'da da New York'ta Alfred Stieglitz'in 291 adlı dergisinde Marius de Zayes'ın "Afrika Zenci Sanatı: Modern Sanata Etkisi" adlı yazısı çıktı. Önce 291 Galerisinde 1914'te, Afrika yontuları, daha sonra ikinci bir sergiyle de, insanlara ulaştı. 1910'lardan başlayarak Paul Guillaume'un Galerisinde 19. ve 20. yüzyıl resim ve heykelleriyle birlikte Afrika sanatı örnekleri de sergilenmeye başlamıştı. Guillaume'un 1917'de Sculptures Nêgres kitabı yayınlandı.

Bu sanatta görülen özellikle yüzlerdeki ve figürlerdeki çarpıtmalar garip bir anlatım taşıyordu. Fov akımı sanatçılarından Matisse'in renk kullanımı ile gerçekleştirdiği keskin yüzey bölümlerini, biçimlerde değil ama renklendirmede izliyoruz. Heykellerinde ise parçaların oranlarını değiştirerek hareketsiz heykele bir devinim kazandırdığını gözleye biliyoruz.

Kirchner'in (1880-1938) etnografik malzemeye ilgi duyan bir başka sanatçı olarak 1905'te Dresden'de kaleme aldığı Die Brücke (Köprü) grubu bildirgesi şöyleydi:

"İlerlemeye, sezgili ve yaratıcı bir yeni kuşağa inandığınız için, bütün gençleri birleşmeye çağırıyoruz. Geleceğin kurucusu olan biz gençler, eski yerleşmiş güçlere karşı yaşama ve çalışma özgürlüğü istiyoruz. Doğrudan doğruya ve ikiyüzlülüğe kapılmadan içindeki yaratma gücünü duyan herkes aramıza katılabilir."

Gerek Fov'lar, gerek Die Brücke grubu ve Gauguin, Van Gogh, Munch, Ensor, Nolde gibi sanatçıların artık eski Yunan, Roma, İtalya ve Fransa'dan kaynaklanan gelenekleri bir yana bırakıp Kuzeyli diyebileceğimiz öğeleri ya da uzak ülke sanatlarına daha yakın biçemler geliştirmeleri, imgelerinde "güzellik" kavramını da sorgulamalarına yol açmıştır. Artık çarpıcı renkler, ürkütücü figürler, uyumsuzluk, düzensizlik, acı ve tedirginlik de resim ve heykel sanatının arasına girmişti.

Mavi Atlı, " der blaue Reiter" 1912' de Kandinsky ve Marc'ın yayınladığı, müzik ile ilgili yazıların da yer aldığı yıllığın adıydı. Kitapta yer verilen plastik sanat ürünlerinin çeşitliliği ve kültürlerarasılığı şaşırtıcı ölçüdeydi: Elli resim dinsel ve dindışı Rus baskıları, Avrupa halk sanatları, örnekleri, çocuk resimleri, Bizans Mozaiği, Gauguin'in bir resmi yanında El Grecon'un bir tablosu gibi ürünlerden; ellisi post empresyonistlerden örneklerden; on altısı da yeryüzündeki çeşitli ilkel toplulukların yaptıkları mask, insan ve başka nesnelerin resimlerinden oluşuyordu (Lynton, s.46-47). Çağın müzik örnekleri, Schönberg, Berg, Webern'in besteleri üzerine yazılar ve özellikle post empresyonist ve daha yeni sanat hakkında açıklamaların da yer aldığı yıllık, hemen o yıl İngilizceye ve Rusçaya çevrilmişti.

1909 ve 1911 yılları arasında Braque ve Pcasso'nun yaptıkları resimler, resim sanatının soyuta doğru evrilmesinin ilk işaretleri olarak görülebilir. Picasso'nun Avingnon'lu Kızlar başlığını taşıyan büyük boy resminde Afrika totem ve masklarının etkisini görüyorsak, bundan sonraki yapıtlarında karşımıza çıkan yeni biçem, kesinlikle gerçek nesnelerden yola çıkan ama onların dolaysız görüntülerini ancak bize çok tanıdık gelen kimi araştırmacılar, ima ve işaretlerden tanıyabileceğimiz, parçalanmış biçimleriyle ortaya koyan, bilmece çözer gibi ancak arayıp zihnimizde bir araya getirebileceğimiz imgelerdi. Bu biçem çözümsel (analitik) kübizm olarak adlandırıldı.

Bir nesnenin böylesine parçalanabilirliği ve zihinde tümleştirilebileceği bu biçem, tümüyle devrimsel nitelikteydi ve bir sanatçının bakışının ve görme biçiminin ne denli değişik, başka, biricik olabileceğinin de tam bir kanıtıydı.

Tam bir yüzyıl önce yaratılmış olan Kübizm akımından sonra, tüm o dönemler için yepyeni, değişik bir dizi yeni akım ardı ardına gelmiştir. Fütürizm, Dada, geometrik soyutluk, suprematizm, konstruktivizm, elementarizm, yeni nesnelcilik, gerçeküstücülük, soyut ekspresyonizm, happeningler vd.

Kuşkusuz bu oluşum ve sanatsal olguların ortaya çıkması yalnızca plastik sanatları üretenlerce, o döneme dek yabancı, öteki ve uzak kalmış kültürlerin örneklerini görmek, tanımak ve kavramak olanaklarını bulmuş olmalarıyla açıklanamaz. Başka kültürlerin varlığından haberdar olabilmenin yanı sıra, diğer sanat dallarının, daha doğru deyişle, diğer sanatsal yaratıcılık alanlarının da evrildikleri yepyeni doğrultular, ayrıca bilim alanında hızla ortaya çıkan yeni buluş, bulgu ve kuramların bilinmesi ve ortaya konan yeni sanat yapıtlarının çarpıcı çekiciliğinin de etkileri büyük olmuştur.

Evrilme sürüyor ve giderek sanatlar arası, sanatlar geçişli ürünler biçiminde gelişip karmaşıklaşıyor ve zenginleşiyor. Enis Batur'un dediği gibi, "… çağdaş sanatlar artık belli bir coğrafyanın kültürü değil, neredeyse bütün yerkürenin yaratıcılarının buluştuğu yekpare bir platform." (Cumhuriyet Kitap Eki, Mart 2011, Sayı: 1099).

Öteki kültürlerle karşılaşmanın nasıl bir kültürlerarasılığa yol açabildiğine, özellikle plastik sanatlar bağlamında değinilmeye çalışıldı.

Bundan sonraki tiyatro /drama ile eğitimbilimin kesişme noktası da kesinlikle sanatlar ve kültürler geçişli drama çalışmaları biçiminde varlığını sürdürecektir.

Kaynaklar

San, İnci: Ankara Üniversitesi ve Bilkent Üniversitesinde verdiği "20. Yy Sanat Akımları" yüksek lisans dersleri notları.

Lynton, Nobert: Modern Sanatın Öyküsü, Çev.: Cevat Çapan ve Sadi Öziş, Remzi Kitapevi, 1. Baskı. 1982, İstanbul, 398 s.

Bekanntschaft mit anderen Kulturen

İnci San

Auf der einen Seite: Neugier, Abenteuerlust, der Drang zu wissen und zu lernen; auf der anderen Seite: Zweifel, Furcht, die Bequemlichkeit, das zu akzeptieren, was die Gewohnheit einem gibt, oder Angst vor Ablehnung. Diese ambivalenten Gefühle und Annäherungen sind Empfindungen gegen alles, was fremd und anders ist. Manchmal ist der erste Fall vorherrschend, manchmal der andere.

Gelegentlich begegnen wir infolge von Bedürfnissen, Notwendigkeiten den Anderen, machen Bekanntschaft mit der anderen Kultur und gehen in sie herein; manchmal passiert das aus eigenem Willen. Besonders wenn wir davon schon eine ungefähre Vorstellung haben, können wir das viel schneller wünschen. Manchmal werden wir gezwungen, gestoßen und müssen es tun.

Wenn es eine individuelle Begegnung ist, sollten wir erst mit der Wahrnehmung von Gestik, Mimik, Kleidung sowie Begrüßungsritualen, der Gemeinschaft, der jemand angehört, oder mit Verhalten, Normen und Wertsymbolen lernen anzufangen. Dann kommen neben der Wahrnehmung das Denken und die Handlung ins Spiel. Wenn wir das alles begreifen, können wir die Person und die Gemeinschaft, in der sie sich befindet, besser verstehen.

Diese Art von Begegnungen ist seit alten Zeiten mit den Migrationsrealitäten entstanden und wird oftmals mit gutem Willen und mit einer Freundschaft unvereinbarten Situationen erlebt worden sein, z. B. Aussiedlungen in der Antike und in den späteren Phasen der Kolonienbildung. Dann die Beziehungen zwischen Regierenden und Regierten: Sie gingen mit verschiedenen Unterdrückungen einher. Und die Frage, wann werden aus guten Absichten, Zustimmungen und Verständnis Tatsachen? Diese Fragen können nur durch Untersuchungen im Kontext von Aufklärung und Humanismus beantwortet werden.

Oder: Es kann sehr lehrreich sein, einen Blick ins 20. Jahrhundert zu werfen, wo wichtige Veränderungen im Kunstverständnis erlebt wurden. In der europäischen bildenden Kunst wurde im Allgemeinen der Klassizismus, mit anderen Worten, das Verständnis des Reflektierens und die Suche nach Perfektion ins Zentrum gestellt, auch wenn es von Zeit zu Zeit (Mittelalter und nordeuropäische Tradition einschließlich der Romantik) getrübt wurde. Ende des 19., Anfang des 20. Jahrhundert wurde konzentriert begonnen, einige Forschungen über die Kulturen der Nahen und Fernen Ostens und über die Art und Weise des Lebens, ihrer Ornamentik, Skulpturformen und Stile der sog. primitiven Gemeinschaften in verschiedenen Teilen der Welt sorgfältig zu untersuchen. Somit tauchte die Erkenntnis auf, dass es auch andere erprobte

Traditionen in der Kunst gibt und die Optionen vermehrten sich (Lynton, S. 14). Angefangen von etwa 1870 wurden Kunstformen von fernen Ländern untersucht: japanische Holzschnitzereien, das Kunsthandwerk in Afrika, Kunstformen auf den Südsee-Inseln und einige Künste der ‚primitive Stämme' in Südamerika, persische und indische Bildkunst und Höhlenmalereien und Bilder, die von Kindern gemalt wurden. Das alles führte zu neuen Erkenntnissen und zu neuen Inspirationen.

Paul Gauguin (1848 - 1903), ein europäischer Maler, welcher ein Post-Impressionist war, wandelte sein Bildformat während seiner Zeit auf der Insel Tahiti um und erreichte Darstellungen in Form und Stil mit aufregenden Farben und Arrangements – fern von Naturalismus. Dieser neue Ansatz wurde zunächst als seltsam angesehen, aber nur drei Jahre nach seinem Tod, mit seiner Ausstellung Salon d'Automne, war seine Kunst auf dem Weg, sich Respekt zu verschaffen.

Es besteht kein Zweifel, dass der Kubismus eine wichtige und revolutionäre neue Kunstauffassung ist, was von einem weiteren Post-Impressionisten, Paul Cezanne (1839 - 1906), durch seinen Diskurs und seine Ratschläge an die jungen Künstler, aber vor allem durch die Bekanntschaft mit der afrikanischen Kunst beeinflusst wurden. Die Stichworte „Fläche, Farbe, Oberflächenvielfalt, Geometrie und die einzigartige Beziehungsharmonie" (Lynton, S. 24) fassen diese Innovation begrifflich zusammen. Am Anfang wurde dieses Bildformat von den akademischen Gewohnheitsträgern grob verachtet.

Es wurden auch Veränderungen in der Entwicklung von Musik und Tanz erlebt. Émile Jaques-Dalcroze entwickelte eine Methode, die den musikalischen Ausdruck von Wörtern zur Basis nahm, mit instinktiven Tanz- und Körper-Bewegungen (Eurythmics). Strawinskys Ballettmusik "Le sacre du printemps" („Die Frühlingsweihe") wurde von ihr beeinflusst; Rudolf Steiner hat in seiner „Anthroposophie" diese Methode umgesetzt. Wen wir wieder zur bildenden Kunst zurück kehren, wird der Franzose Maurice de Vlaminck (1876 - 1958) zu nennen sein, der später Fauvist (nach franz. „wilde Bestie") genannt wird. Er hatte im Museum L'homme in Paris afrikanische Künste und sog. primitive Handarbeiten gesehen und um 1904 einige afrikanische Skulpturen und Masken gekauft. André Derain hatte eine Maske von Vlaminck erhalten, in seiner Werkstatt haben Matisse und Picasso diese Maske und afrikanische Skulpturen gesehen. Nach Lynton wurde in diesen Jahren „plötzlich ein Wunsch nach Anerkennung einer Kunst unterschiedlicher Herkunft verankert. Eine reiche Ader wurde gefunden" (Lynton, S. 29). Das erste veröffentlichte Buch, das die afrikanische Schnitzerei als Kunst behandelte, war das Buch mit dem Namen „Negerplastik" von dem deutschen Kunstkritiker Carl Einstein. In New York erschien im Jahr 1916 in der von Alfred Stieglitz geleiteten Zeitschrift „291" der Artikel von Marius de Zayes „Afrikanische Negerkunst: Auswirkungen auf die Moderne Kunst". Im Jahr 1914 hatte die afrikanische Schnitzerei, zuerst in der Galerie 291, die Menschen erreicht. Ab 1910 waren in der Galerie von Paul Guillaume neben europäischen Bildern und Skulpturen aus dem 19. und 20. Jahrhundert auch Beispiele von afrikanischer Kunst zu sehen. 1917 wurde das Buch „Sculptures Nêgres" von Guillaume veröffentlicht.

In dieser Kunst trugen vor allem Verzerrungen im Gesicht und Figuren einen seltsamen Ausdruck. Bei Henri Matisse können wir den Einsatz von Farbe mit scharfen Oberflächenabschnitten beobachten, nicht in Form aber in der Färbung, und bei den Skulpturen können wir durch Änderung von Proportionen beobachten, dass die stabile Statue an Bewegung gewinnt.

Ernst Ludwig Kirchner (1880-1938) ist ein weiterer Künstler, der sich für die ethnographischen Materialien interessierte, und der 1906 in einer Erklärung der Künstlergruppe „Die Brücke" schrieb: *Mit dem Glauben an Entwicklung, an eine neue Generation der Schaffenden wie der Genießenden rufen wir alle Jugend zusammen, und als Jugend, die die Zukunft trägt, wollen wir uns Arm- und Lebensfreiheit verschaffen gegenüber den wohlangesessenen älteren Kräften. Jeder gehört zu uns, der unmittelbar und unverfälscht wiedergibt, was ihn zum Schaffen drängt.*

Sowohl der Fauvismus als auch die Maler der „Brücke" und Gauguin, Künstler wie van Gogh, Munch, Ensor, Nolde legten die von antiken Griechen, Römern, aus Italien und Frankreich stammenden Traditionen beiseite und nahmen Elemente von Nordländern oder von Künsten ferner Länder auf. Dies führte dazu, den herkömmlichen Begriff von Schönheit in Frage zu stellen. Jetzt werden auffallende Farben, unheimliche Figuren, Koordinationsstörungen, Unordnungen, Schmerzen und Angst in Malerei und Skulptur-Kunst Platz finden.

Der von Wassily Kandinsky und Franz Marc veröffentlichte "Blaue Reiter" von 1912 war eine Publikation, in der auch Musik bezogene Schriften enthalten waren. Sie wurde noch im selben Jahr ins Englische und Russische übersetzt. Die Publikation enthielt eine Vielfalt von Formaten der bildenden Kunst und eine erstaunliche Interkulturalität:

Fünfzig geistliche und weltliche Bilder aus Russland, europäische Volkskünste, Kinderbilder, byzantinische Mosaike neben einen Bild von Gauguin, Gemälde von El Greco; fünfzig Abbildungen waren post-impressionistische Beispiele; sechzehn bestanden aus Masken, Menschen und Bildern anderer Objekte, die von verschiedenen sog. primitiven Gemeinschaften der Erde gemacht wurden (Lynton, S. 46-47). Weiterhin: Beispiele zeitgenössischer Musik wie Schönberg, Berg, Webern in Schriften und Kompositionen und vor allem post-impressionistische und neuere Aussagen über die Kunst.

Die zwischen 1909 und 1911 von Georges Braque und Pablo Picasso gemachten Bilder können als erste Anzeichen für die Entwicklung der abstrakten Malerei angesehen werden. Wenn wir in Picassos großformatigem Bild „Die Mädchen von Avignon" die Effekte des afrikanischen Totem und Masken sehen, erkennen wir Deutungen und Markierungen, die in unseren Köpfen wie ein Rätsel aufzulösen sind. Dieses Format wurde analytischer Kubismus genannt. Diese Fragmentierung und eine nur im Geiste zusammensetzbare Art waren völlig revolutionär und sind ein Beweis dafür, wie besonders und anders und einzig seine Art und Weise zu sehen ist.

Nach dem Kubismus, der vor einem Jahrhundert entstanden ist, kamen viele neue, unterschiedliche Kunstströmungen und Richtungen wie Futurismus, Dadaismus, geometrische Abstraktion, Suprematismus, Konstruktivismus, Elementarismus, neue Sachlichkeit, neue Gegenständlichkeit, Surrealismus, abstrakter Expressionismus, Happenings u.a.

Ohne Zweifel kann die Entstehung dieser künstlerischen Fakten nicht nur dadurch erklärt werden, dass die Künstler die Möglichkeit hatten, Beispiele von bis dahin ferngebliebenen Kulturen, verschiedenen handwerklichen und künstlerischen Arbeitsweisen zu sehen und zu verstehen, sondern das Bewusstsein von der Existenz anderer Kulturen entwickelte sich, wie auch andere Zweige der Kunst, genauer gesagt: die künstlerische Kreativität hat sich in neue Richtungen umgewandelt . Außerdem sind Erfindungen, Erkenntnisse und Theorien in den sich schnell entwickelnden Gebieten der Wissenschaft zu berücksichtigen. Die atemberaubenden Auswirkungen der Attraktivität der neuen Kunst zeigten sich großartig.

Die Entwicklung führt weiter und die Kunst wird zunehmend Inter-Kunst, komplexer und reicher, in ihren Produkten weiter entwickelt - wie es auch Enis Batur sagt: „... zeitgenössische Kunst ist nicht mehr Kultur einer bestimmten Geographie, sie wird von fast allen Kreativen der Erde als eine eingreifende Plattform integriert." (Cumhuriyet Kitap Eki, Mart 2011, Sayı: 1099).

In diesem Aufsatz wurde versucht, hauptsächlich über Beispiele aus der bildenden Kunst, zu zeigen, wie die Begegnung mit anderen Kulturen Interkulturalität hervorrufen kann.

Der nächste Schnittpunkt einer Pädagogik von Drama und Theater könnten und müssen auf Kunst und Transkulturalität basierende Dramastudien sein.

Literaturangaben

San, İnci: Eigene Unterrichtsnotizen aus der Lehre im Magister-Studiengang "20. Yy Sanat Akımları" (Kunst des 20. Jahrhunderts) an der Ankara Universität und Bilkent Universität.

Lynton, Nobert: Die Geschichte der modernen Kunst, Übersetz.: Cevat Çapan und Sadi Öziş, Remzi Kitapevi, 1. Baskı. 1982, İstanbul, 398 S.

Yaratıcı Drama / Tiyatro Pedagojisi Yoluyla Kültürlerarası Gençlik Çalışmaları

Ali Kırkar

Bu çalışma, BAG ve ÇDD (Çağdaş Drama Derneği) işbirliği ile gerçekleştirilmiş bir değişim projesinin sürecini ve sonuçlarını görünür kılmak; bu süreç ve sonuçları tartışmaya açmak, bulgu ve çıkarımlardan hareketle, kültürler arası gençlik sanat çalışmalarını hem irdelemek hem de yapılacak çalışmalara katkı sunmak amacını taşımaktadır.

Giriş

Kültürlerarasılık, güncel politikalardan uluslararası ilişkilere, hemen hemen tüm sanat formlarını kapsayan sanatsal yaratımlara kadar eskiye oranla bugün daha çok aşina olduğumuz bir kavram. Bunun altında yatan etken; çok büyük zannettiğimiz dünyanın iletişim teknolojilerinin hızlı gelişimiyle aslında o kadar da büyük olmadığının anlaşılmasıdır diyebiliriz. İletişim teknolojilerinin gelişmesi dünyamızda son 20 yıl içinde gerçekleşen sosyo politik ve ekonomik gelişmelerden ayrı düşünülemez. Bu gelişmelerin en belirgini, dünyanın "iki kutuplu" siyasal örgütlenmesinin yarattığı savunma ve içe dönük reflekslerden vazgeçilmesidir. Buna paralel olarak tüm dünyayı etkileyen küresel ısınma ve doğal kaynakların azalması vb. konular sadece ülkeler bazında değil dünya ölçeğinde düşünmeyi ve davranmayı zorunlu kılmıştır. Ekonomistlerin küreselleşme/globalizm adı altında ele aldıkları bu konu elbette çok boyutlu incelemeyi gerektiren bir olgudur. Olumlu ya da olumsuz bir yargıya varmak ve bu gelişmeleri değerlendirmek bu yazının çerçevesi dışındadır. Ancak son 20 yılda yaşanan gelişmelerin kültürler arası etkileşimi yoğunlaştırdığı, dünyanın farklı yerlerinde, farklı kültürlerdeki insan topluluklarının bir birlerine bakışlarını değiştirdiğini rahatlıkla söyleyebiliriz. Bu değişimin olumlu uzantıları olduğu gibi olumsuz etkileri de yaşanmaktadır. Bu olumsuzluklar, etnik sorunların ve kültürlerarası gerginliklerin çoğalması, kültürlerarasında mevcut önyargılara bağlı gerilimlerin artması biçiminde ifade edilebilir.

Doğanın kendiliğinden yaratımları dışında insanın doğaya eklediği ve sistemleşen her tür yaşamsal örüntüye kültür diyoruz. Bir toplumun kendine özgü yaşayış biçiminin tümü kültüre dahildir (Tezcan). Öyleyse rastlantısal olmayan, sosyal ve ahlaki (ethic) açıdan bir değer taşıyan, evrensel insanî değerlere uygun olan her tür bilgi, deneyim, birikim kültürün kapsamı içindedir. Sanat ve eğitim bu nedenle kültürden ayrı düşünülemeyecek kavramlardır. Tüm sanat formları, kültürel değerlere göre biçimlenir; eğitim, kültürü hem var eder hem de kültürün sürekliliğini sağlar.

Çünkü ağırlıklı olarak öğretimin merkezi okul (formal eğitim) iken eğitimin alanı sınırlandırılamamaktadır.

Her toplum kültürünün kendi içinde bir bütün olduğunu söylemeye sanırım gerek yoktur. Bu bütünlük tarihsel, coğrafi, ekonomik gerekliliklerle bin yıllardır oluşa gelen bir birikimdir. Bu anlamda bir toplumun kültürünün başka bir toplumun kültüründe üstün olduğu iddia edilemez. Ancak ve ancak toplumların kültürel farklarından söz edilebilir. Kültürel farklar ise o kültürü yaşamayan insanlar için ilgi çekici olabileceği gibi kültürlerarasındaki önyargıların da temel sebebi olabilmektedir. Kültürlerarası önyargılar, çağımızın en önemli küresel sorunlarından biri yaratmaktadır: Ayrımcılık… Bugün gerek toplum içi sorunların gerekse kültürlerarası sorunların en önemlisi ayrımcılıktır. Maalesef, kitle iletişim araçları çok izlenmek (reyting) adına ya da hükümetlerin yanlış politikalarını desteklemek adına önyargıyı ve ayrımcılığı körükleyen yapımlar/yayınlar yapabilmektedir.

Kültürel ayrımcılığın giderilmesi, kültürlerarası ön yargıların yıkılması için farklı kültürlerin birbirini tanıması, birbiriyle temasa geçmesi, hatta bu etkileşimin devletlerin hükümet politikalarında yer alması gerekmektedir. Gerek bir toplumun iç barışı gerekse dünya ölçeğinde barış inşa edilmek isteniyorsa kültürlerarası etkileşimin önü açılmalı, bu yöndeki etkileşim daha da boyutlandırılmalıdır. Bu ise ancak "başka kültürlere önyargısız yaklaşma kültürü"nü geliştirmekle mümkün olabilir.

Dünyayı küçülten bilişim ve iletişim olanakları diyalektik olarak beraberinde sorunlar da getirmiştir. Bu sorunların en önemlileri bireyin yalnızlaşması ve yabancılaşmasıdır. Masanın başında dünyanın öbür ucuna erişip eş zamanlı interaktif süreçler yaşayabilen günümüz insanı, sosyal anlamda giderek yoksullaşmaktadır. Özellikle genç bireylerde görülen sosyal aşınma/dezanformasyon başta eğitim alanı olmak üzere farklı uzmanlık alanlarının önemli bir sorunudur. Genç bireyler, sosyalleşmek yerine kolay ulaşılır olan ve onları sadece edilgin (pasif) bir tüketici olarak tutan ama eğlence vadeden bilişim olanaklarını daha çok tercih etmektedirler. Bu durum, onları, yaparak yaşayarak, başka insanlarla karşılaşıp sorun çözerek kazanacakları deneyim ve becerilerden uzak tutmaktadır. Kaldı ki kolay ulaşılan kitle iletişim araçlarının (TV, sosyal medya vb) aktardığı bilginin ve davranış kültürünün niteliği ayrı bir tartışma konusudur. Dolayısıyla günümüzde genç bireylerin yaşam kültürü, edilgin (pasif) alımlayıcısı oldukları kitle iletişim araçlarının etkisi (manipülasyonu) altındadır.

Türkiye'de okula devam eden kentli gençler, sonuç odaklı, sınavlara bağlı eğitim sistemi nedeniyle okul- dershane — ev üçgeninde adeta hapsedilmiş gibidir. Bu can sıkıcı manzarada onları rahatlatan tek şey kitle iletişim araçları ve sanal oyunlar olmaktadır. Duyguları çok sık değişkenlik gösteren, meraklı, ilgili, dinamik genç bireylerden bir yetişkinin davranışını beklemek doğaya aykırıdır. Genç bireylere yönelecek eğitim süreçleri, onlara kolay ulaşan bu eğlenceli iletişim ve bilişim araçları kadar ilgi çekici olmalıdır. Genç bireylerin kendilerine, çevrelerine ve dünyada olup bitenlere dair farkındalıklarının geliştirilmesi onlara yönelen eğitim süreçlerinin asıl hedefi olmalıdır. Gençlerin evrensel insani değerlere sahip birer birey olarak yetiştirilmesi gerekmektedir. Çünkü genç bireyler, bir toplum kültürünü devralan, o kültürü sürdürecek olan asal dinamiklerdir.

Kültür pedagojisi, genel olarak, aynı kültüre mensup insanların üyesi oldukları yaşam kültürünün değerlerini tanıyarak bu kültürel değerlerin katkısıyla gelişmelerini amaçlar. Kültür pedagojisinin temelini, özellikle okul dışı olan ve kültürel pratiğe dayalı olarak planlanmış eğitim süreçleri oluşturur (Adıgüzel). Özellikle genç bireylerin kişilik gelişimlerinde, sosyal ve sanatsal duyarlılıklarının inşa edilmesinde izlenecek yollardan en etkilisi kültür pedagojisi çalışmalarıdır. Çünkü kültür pedagojisi çalışmalarında dört boyut karşımıza çıkmaktadır:

    1-Toplumsal eleştiri olarak kültür

    2- Estetik öğrenme olarak kültür

    3- Sosyo kültürel eylemeler olarak kültür

    4- Pedagojik alan olarak kültür (Richard, 1985:10, Akt. Adıgüzel).

Bu dört alana temas etmeleri genç bireylerin kendini gerçekleştirmesi için son derece önemli ve gereklidir.

Kültür pedagojisi, yaşamın her alanında kültür değerleri ile gerçekleşen geniş ve çok boyutlu bir eğitimi karşılayan bir kavramdır. Dolayısıyla oyun pedagojisi, yaratıcı drama, tiyatro pedagojisi gibi informal eğitim alanları kültür pedagojisinin etkili birer biçimidir. Örgün eğitim daha ziyade çocukların ve gençlerin akademik gelişimini temel almakta, onları bir mesleğe hazırlamaktadır. Kültür pedagojisine dahil alanlar ise yaşantıya dayalı öğrenme ile bilgiyi buldurma ve onu davranışa dönüştürme alanlarıdır. Yaşantı ile öğrenilen bilgininin, keşfedilen bulgunun, formal yöntemlerle öğrenilen bilgiden daha kalıcı olduğu ise eğitimbilimciler tarafından her fırsatta vurgulanmaktadır. Bu nedenle genç bireylerin yaşama hazırlanmalarında, kendi duygularını tanımalarında, dahil oldukları kültüre dair ve dünyasal (küresel) keşiflerinde kültür pedagojisi biçimleri kullanılmalıdır.

Genç bireylerde evrensel insani değerlerin içselleştirilmesi, ancak farklı kültür ortamlarında bulunmaları, farklı kültürlere mensup bireylerle temas etmeleri yoluyla gerçekleşebilir. Yerel olan kültürel değerlerden evrensel olan kültürel değerlere açılmak için formal eğitimin olanakları yeterli değildir. Bu nedenle kültür pedagojisi çalışmaları *kültürlerarası pedagojik* nitelikler de içermelidir. Ancak bu yolla kültürel farklılıkların birer tehdit olmadığı tam tersine kültürel farklılıkların birer zenginlik olduğu anlaşılabilir. Kültürlerarası ayrımcılığın ve önyargıların ancak bu yolla önüne geçilebilir.

Bir Kültürlerarası Etkileşim Projesi

Projenin Adı: *HamburgİstanbulFusion*
Bu proje ÇDD (Çağdaş Drama Derneği / Türkiye) ile BAG (Almanya) girişimi ve işbirliği ile 2010 yılında gerçekleştirilmiştir.

Projenin Amacı:
"Barış ve Kültürlerarası Etkileşim için Tiyatro" üst başlığı ile tasarlanan proje iki ülke gençleri arasında mevcut önyargıları sorgulamak ve tartışmak amacıyla tasarlanmış ve uygulanmıştır.
Almanya'daki gençlerin Türkiye'deki yaşam kültürü ve gençler hakkındaki oluşmuş yargılarını (imajı), Türk gençlerinin de Almanya'daki yaşam kültürü ve Alman gençleri hakkında taşıdıkları yargıları (imajı) tiyatro olanakları ve yaratıcı drama süreçleriyle sorgulamayı, mevcut imajları ve önyargıları tartışmaya açmayı amaçlayan projede 14- 19 yaş aralığında 12 Alman genci ve 11 Türk genci birlikte çalışılmıştır.

Projenin Uygulama Takvimi:
Proje kapsamında önce 10 Ekim - 16 Ekim 2010 tarihleri arasında Alman ekibin İstanbul ziyareti gerçekleşmiş; Türk ekibin Almanya ziyareti ise 07 Kasım - 14 Kasım 2010 tarihlerinde gerçekleşmiştir.

Projenin Kurumsal Ortakları:
>> Theatre Am Strom – Hamburg / Almanya
>> Gymnasium Kirchdorf/Wilhelmsburg- Hamburg / Almanya
>> Çağdaş Drama Derneği İstanbul Şubesi – İstanbul / Türkiye
>> Beşiktaş Atatürk Anadolu Lisesi- İstanbul /Türkiye

Projenin katılımcı Profili:
Türk gruptaki katılımcılar Beşiktaş Atatürk Anadolu Lisesi'nin tiyatro topluluğuna devam eden gönüllü öğrencilerden oluştu. Öğrenciler bu okulda ortalama 2 yıl süre yine kendi istekleriyle okulda İ. Erdal Kantarcı tarafından yürütülen tiyatro kulübü çalışmalarına devam etmekteydiler.

Alman gruptaki öğrenciler, Gymnasium Kirchdorf'da Buruno Hönig tarafından yürütülen tiyatropedagojisi derslerine katılan gönüllü öğrencilerden oluştu. Buradaki dikkate değer olan durum ise; Alman gruptaki öğrencilerin farklı etnik kökenlere mensup olmasıydı. Bu öğrenciler Almanya'da yaşayan farklı kültürel geçmişi olan göçmen-işçi ailelerin çocuklarıydı. Bir başka önemli nokta ise üç öğrencinin uzun yıllar önce Almanya'ya yerleşmiş Türk işçi ailelerine mensup olmasıydı. Türk ailelerin çocukları dahil Alman gruptaki herkes ilk kez İstanbul'da bulunmaktaydı.

Projede Kullanılan Uygulama Yöntemleri:
Proje süresince, yaratıcı drama, tiyatro pedagojisi, interaktif tiyatro teknikleri yöntem olarak kullanılmıştır

Projenin Uygulanış Biçimi:
>> Alanlarında öncü olan iki kurum (BAG ve ÇDD) arasında sürmekte olan uzman değişim programının bir uzantısı olarak gerçekleşen projede BAG ve ÇDD'nin ekonomik olanakları içinde gerçekleşmiştir.
>> BAG üyesi olan Theater Am Strom, Hamburg'ta bir ortaöğretim kurumu olan Gymnasium Kirchdorf ile; Çağdaş Drama Derneği İstanbul Şubesi ise Beşiktaş Atatürk Anadolu Lisesi ile işbirliği yapmıştır.
>> Proje kapsamında İstanbul'da ve Hamburg'da her iki ülkenin gençlerinin katılımcı olduğu atölyeler, atölyelerin ürünü olan gösteriler ve kültürel etkinlikler gerçekleştirilmiştir.
>> Projenin İstanbul ve Hamburg etaplarında aynı öğrenciler katılımcı olmuşlardır.
>> Alman ekip Theater Am Strom yönetmeni Christiane Richers'ın koordinatörlüğünde / danışmanlığında; Türk ekip ise Ömer Adıgüzel'in koordinatörlüğünde / danışmalığında çalışmıştır.
>> Projenin İstanbul etabında, Alman tiyatro pedagogları Morena Bartel ve Bruno Hönig ile 12 Almanyalı genç İstanbul'da misafir edilmiş; Türk gençleriyle Alman gençlerinin birlikte katıldığı İstanbul'daki atölyeler bu uzmanlar tarafından yönetilmiştir.
>> Projenin Hamburg etabında ise her iki grubun birlikte katıldığı atölyeler, yaratıcı drama lideri /yönetmen Ali Kırkar tarafından yürütülmüştür.
>> İstanbul'da ve Hamburg'daki atölyeler ve diğer etkinlikler Ulrich Raatz (Sinemacı) tarafından belgesele dönüştürülmek üzere kaydedilmiştir.
>> Türk ekipteki katılımcılar; 14-19 yaş aralığında 4 erkek 7 kız öğrenciden oluşmaktadır. Alman ekipteki katılımcılar ise 5 erkek 7 kız öğrenciden oluşmaktadır.
>> Projenin İstanbul etabındaki atölyelerde her iki katılımcı grubun İngilizce bilmesi avantajından faydalanılmış; Hamburg etabında ise Bahar Gürey tarafından Türkçe-Almanca çeviri yapılmıştır.
>> Projenin İstanbul etabında her iki grubun katılımıyla altışar saatlik 4 atölye (toplam 24 saat) çalışması gerçekleştirildi. Bu atölyelerin ürünü olan doğaçlama gösteri ise 15 Ekim 2010 Cuma akşamı seyirciye sunuldu.
>> Projenin Hamburg etabında her iki grubun katılımıyla beşer saatlik 5 atölye (toplam 25 saat) gerçekleştirildi. Bu atölyelerin ürünü olan doğaçlama gösteri, 12 Kasım 2010 Cuma akşamı seyirciye sunuldu.
>> Her iki grup da misafir oldukları ülkede gençlik tiyatrosu yapan bir kurumu ziyaret etmiş, birer oyun izlemiş, misafir olunan kentin kültürel ve tarihi dokusunu tanımak amaçlı çevre-kültür gezileri gerçekleştirmiştir.

Atölyelerin Uygulanışı

İstanbul (10.10.2010 / 16.10.201)
Projenin İstanbul etabında atölyeler, Morena Bartel ve Bruno Hönig tarafından ÇDD İstanbul Şubesi'nde uygulanmıştır.

1. Gün
Eğitmenler tarafından projenin amacı, içeriği, takvimi, İstanbul'daki hareket planı hakkında bilgi paylaşıldı.
Alman eğitmenler tarafından tanışma, etkileşim ve kaynaşma amaçlı çalışmalar yapıldı.
Katılımcı grupların birbirleri hakkında mevcut algıları doğaçlamalar ile dışa vuruldu.

2. Gün
Alman grup öğleden önce Üsküdar'da çevre kültür gezisi gerçekleştirdi. Bu esnada tamamen program dışı olarak hiç tanımadıkları bir Türk ailenin ısrarını kıramayarak evde konuk edildiler.
Öğleden sonra her iki grup atölye gerçekleştirdi. Doğaçlamalarda Alman grubun çevre-kültür gezisinin etkileri ve gözlemlendi. Her iki grup birbirlerinin yaşam kültürlerine dair algılarını doğaçladı. Gerçek yaşam ile doğaçlamalara yansıyan algılar arasındaki farklar ve benzerlikler bulgulandı.

3. Gün
Alman grup öğleden önce Tiyatro Yeniden adlı topluluğu ziyaret etti ve topluluğun oyununun genel provasını izledi.
Öğleden sonra her iki grup bir adada atölye yaptı. Her iki toplumun aile yaşantısına dair doğaçlamalarla etkileşim derinleştirildi.

4. Gün
Öğleden önce Alman grup Beşiktaş Atatürk Anadolu Lisesi'ni ziyaret etti. Misafir grup derslere girerek sınıf ortamını ve okul kültürünü gözlemledi.
Öğleden sonra her iki grup atölye gerçekleştirdi. İnteraktif tiyatro ve forum tiyatro teknikleri ile çalıştı. İstanbul'da gerçekleşecek performansın adının "Sizce Biz Yaşıyoruz?" olmasına karar verildi.

5. Gün
Öğleden önce Alman grup kendi içinde çalışma yaptı.
Öğleden sonra her iki grup atölyede önceki günlerde yapılmış doğaçlamaları yapılandırarak gösteri hazırlığı gerçekleştirdi.

6. Gün
Her iki grup birlikte performans için prova yaptı.
Türk öğrencilerin aileleri ve okul arkadaşlarından oluşan seyircilere (yaklaşık 250 seyirci) saat 20.00 de performans sergilendi.

Hamburg (07.11.2010 / 14.11.2010)
Hamburg'daki atölyeler Yaratıcı drama lideri Ali Kırkar tarafından, Gymnasium Kirchdorf'un dinlenme salonunda gerçekleştirilmiştir.

1. Gün
Türk grup öğleden önce Hamburg'da çevre-kültür gezisi gerçekleştirdi.
Öğleden sonra her iki grupla birlikte grup içi iletişim ve grup dinamiği amaçlı yaratıcı drama atölyesi uygulandı.

2. Gün
Öğleden önce Türk grup, Gymnasium Kirchdorf yöneticileri ve BAG Genel Sekreteri Ute Hangver'in de katıldığı bir toplantı gerçekleştirdi.
Öğleden sonra her iki grup Türk grubun Almanya'ya dair ilk izlenimleri ve okul ortamına dair gözlemlerinden doğaçlama çalışmaları gerçekleştirildi.

3. Gün
Öğleden önce Türk grup Gymnasium Kirchdorf'da derslere konuk edildi ve sınıf ortamı okul kültürü gözlemlendi.
Öğleden sonra her iki grubun katılımıyla atölye gerçekleştirildi. Hr iki kültürün benzer ve farklı yönlerine dair izlenimlerin yola çıkarak doğaçlama çalışmalar yapıldı.

4. Gün
Öğleden önce Türk grup şehir turuna katıldı.
Öğleden sonra birlikte atölye gerçekleştirildi. Yapılan doğaçlamalardan sonra kapanış performansın adı ve içeriği belirlendi. Kapanış performansı için; Bir Düşümüz var! (We have a dream!) adı benimsendi.

5. Gün
Öğleden önce Türk grup kendi içinde bir çalışma gerçekleştirdi.
Öğleden sonra her iki grubun katılımıyla kapanış gösterisine yönelik doğaçlama çalışmaları gerçekleştirildi.

6. Gün
Öğleden önce her iki grubun katılımıyla kapanış gösterisi için doğaçlama performansın dramaturgisi üzerine masa başı çalışması yapıldı.

Öğleden sonra gruplar kapanış performansı için süreç boyunca yapılan doğaçlamalardan yapılandırarak kapanış performansını oluşturdu.
13 Kasım 2010 akşamı her iki grubun katılımıyla doğaçlama performans Gymnasium Kirchdorf'da seyircilere sunuldu.

7. Gün
Öğleden önce her iki grubun ve eğitmenlerin katılıyla değerlendirme toplantısı gerçekleştirildi.
Değerlendirme toplantısında, süreci baştan sona kaydetmiş olan Ulrich Raatz'ın bu kayıtlardan "Hamburg-İstanbul Fussion" adıyla bir belgesel oluşturması kararı alındı.
Öğleden sonra Türk grup uğurlandı.

Sonuç- Değerlendirme ve Öneriler
Bu projede amaçlanan Tiyatro olanaklarıyla kültürlerarası etkileşim ve önyargılarla yüzleşilmesi amacı proje katılımcısı 23 genç birey üzerinde aşağıdaki etkilerle gerçekleşmiştir.

Her ülke gençleri birbirlerinin yaşam kültürlerini başta TV olmak üzere kitle iletişim araçlarının yansıttığı biçimde ve yansıttığı kadar tanımaktadırlar. Birlikte yaşantılanan 12 günlük paylaşım sonucunda gençler, diğer kültürdeki akranlarının yaşam kültürleri hakkında önyargılarıyla hesaplaşmıştır. Yüzleşilen ve sorgulanan bazı önyargılara örnek olarak;

Almanyada yaşayan gençler Türkiye'deki akranlarının aile içi ilişkilerini yanlış ve eksik tanımaktadırlar.

Projenin başındaki atölyelerde Türkiye'de aile içi şiddetin normal olduğu algısı yaygınken proje sonunda bu algı değişmiş; Alman gençler gözlemleri ve akranlarının yaşamdan transfer ettiği canlandırmalarda tahmin ettiklerinden çok daha özgür ve demokratik işleyen aile ilişkileri gördüklerini ifade etmişlerdir.

Türk gençler; Almanya'daki akranlarının kendilerine oranla daha rahat ve daha özgür bir yaşantısı olduğunu düşünmekteyken, yapılan çalışmalar sonunda zannettikleri kadar hatta özledikleri biçimde bir rahatlığın olmadığını görmüşler, bu durum her iki grupta da şaşkınlık yaratmıştır. Örneğin; Almanya'da gençlerin 18 yaş öncesi gece dışarı çıkması veya bir arkadaşında misafir kalması aile içinde ciddi bir sorun olurken atölyeye katılan Türk gençlerin bunu ortalama ayda bir kez yaşabiliyor olması önemli bir farkındalıktı.

Almanyalı gençler; okul ortamında, Türk gençlerini sınıf içi davranış ve okul içi davranışlarında beklediklerinden daha sakin, öğretmene ve çalışanlara karşı gereksizce saygılı bulmuş, ancak öğretmelerinde bu saygıyı hak edecek davranışlarda olduğunu ifade etmişlerdir. Bekledikleri gibi öğretmen merkezli bir ders işlenişi olduğu, öğretmenlerin öğrencilerin varlığını önemsemez gibi davrandığı buna karşılık öğrencilerin bunu da sorun olarak görmediğini vurgulamışlardır.

Türk gençler ise; Almanya'daki öğretmenleri tahmin etiklerinden daha sıcak ve daha gayretli bulduklarını belirtmiş; buna karşın öğrencilerin genelinin derse ilgisiz ve derste can sıkıntısı yaşadığını gözlemlemişlerdir. Ayrıca Gymnasium Kirchdorf'da çok sayıda farklı etnik kökene mensup öğrenci olmasını ilginç bulduklarını ifade etmişlerdir.

Türk öğrenciler, gözlemlerine dayanarak Almanya'da sokakta, alışveriş esnasında insanları birbirlerine karşı çok mesafeli bulmuş; okul bahçesinde öğrencilerin yalnız ya da en çok iki kişilik gruplar olarak etkileşimde olduğunu ifade etmişlerdir. Doğaçlamalarda bu durum her elamanı sadece kendi görevini yapan büyük bir mekanizma ile gösterilmiş; Almanyalı öğrenciler de bu imgeyi Almanya'daki yaşam kültürü için uygun bulmuşlardır.

Alman öğrenciler Türkiye'deki sokak ve ev yaşamını şaşılacak derece yakın ve ilgili bulmuş; İstanbul (Üsküdar)daki çevre incelemesi sırasında tanımadıkları bir ailenin onları evlerine konuk etmesine ve ikramlar sunmasında çok hoşnut olduklarını ifade eden doğaçlamalar yapmışlardır. Türk öğrenciler merak ettikleri ve Hamburg'daki ilk gün kendilerine söylendiği halde Almanyalı akranlarının evlerine davet edildikleri halde sonradan bunun gerçekleşmemesinden üzüntü duyduklarını estetik biçimde ifade etmişlerdir.

Almanyalı gençler, Türkiye'de herkese açık alanlarda insanların öz bakımlarına dair rahat davranışta olduklarını gözlemlemiş; bu durum, meydandaki çeşme başında burnunu temizlemek, parkdaki herkesin kullanımına açık bank üzerinde seyyar satıcının mallarını koyması, dükkanın önündeki taburede oturan dükkan sahibinin çoraplarını değiştirmesi vb. durumlarla doğaçlamalara yansımıştır.

Ülkeler dair ilk izlenimler üzerinden yapılan doğaçlamalarda ve kapanış gösterilerinde Alman grubun Türkiye'ye seyahatinin kolaylığı görünürken Türk öğrencilerin Almanya'ya giriş yaşadıkları vize sorunu ve ülkeye girişte pasaport kontrolündeki memur tavırları eleştirilmiştir. Bu konuda ilginç bir tepki ile karşılaşılmış; Alman gruptaki aslen Türk olan öğrenciler bu doğaçlamalarda "Almanya'nın yanlış anlaşıldığı ve kötü bir imajla gösterildiği" üzerinden hassasiyet geliştirmişlerdir.

Her iki ülke gençlerinin ebeveynlerinin korumacı tavırlarından rahatsız olduğu atölyelerde sıkça altı çizilen bir durum olarak ortaya çıkmıştır.

Her iki grup da yaşanılan toplam 13 günlük sürecin kendilerine çok faydalı olduğu, algılarındaki (tahminlerindeki) durum ile gerçek durumları karşılaştırıp nesnel olan durumlara ulaştıkları için mutlu olduklarını defalarca ifade ettiler. zellikle bu durum Hamburg'daki kapanış performansının temasını oluşturdu. Gençler dramaturgi çalışması esnasında kendi istekleriyle "We Have A Dream!" adını verdikleri gösterinin kanavasını ve iletisini bu isme uygun olarak tasarlamayı tercih ettiler.

Öneriler

>> Bu çalışmanın düşündürdüğü ve ortaya koyduğu sonuçlara göre.

- \>\> Kültür pedagosi çalışmaları "kültürelerarası pedagojik" bir nitelikle daha sık yapılmalıdır.
- \>\> Bu çalışmaların küçük gruplarla yapılması dahi bu çalışmalara katılan gençlerin ulaştıkları kendi çevrelerinde (aile, arkadaş grubu, okul vb.) son derece etkili olacaktır.
- \>\> Farklı ülkelerde eğitim programlarının içine "kültürlerarası pedagoji" uygulamaları içeren dersler konulmalı, bu konuda çalışmalar yapan öğrenci kulüplerinin açılması teşvik edilmelidir.
- \>\> Farklı ülkelerdeki STKlar benzer çalışmalar için ikna edilmeli ÇDD ve BAG dayanışması bu konuda rehber olmalılıdr.
- \>\> Ortaöğretim kurumlarında yapılacak olan AB Değişim Programlarına (Comenious, Erasmus, Grundvig vb) mutlaka kültürpedagojisi/kültürlerarası pedagoji çalışmaları programlanmalı ve uygulanmalıdır.
- \>\> Farklı kültürlerden gençlerin yaşantıya dayalı sanat çalışmaları, estetik yolla öğrenme olanaklarını içeren kamplar devletlerin kültür politikaları içinde daha fazla yer bulmalıdır.

Interkulturelle Jugendarbeit durch kreatives Drama / Theaterpädagogik

Ali Kırkar

Das hier vorgestellte Projekt wurde in Zusammenarbeit zwischen der Bundesarbeitsgemeinschaft (BAG) Spiel und Theater und dem *Çağdaş Drama Derneği* (ÇDD) durchgeführt, um die Prozesse und Ergebnisse eines Austauschprojektes sichtbar zu machen, diese Prozesse und Ergebnisse zu diskutieren und davon ausgehend Schlussfolgerungen zur interkulturellen Jugendkulturarbeit abzuleiten.

Einführung

Interkulturalität ist ein Begriff, mit dem wir heute mehr als früher vertraut sind; das gilt für die aktuelle Politik und internationale Beziehungen ebenso wie für die Kunst und künstlerische Prozesse. Der zugrunde liegende Faktor ist: Wir können sehen, dass die Welt, die wir uns so groß vorgestellt haben, durch die rasante Entwicklung der Kommunikations-Technologien eigentlich so groß nicht ist. Die Ausbreitung der Kommunikations-Technologien in unserer Welt während der letzten 20 Jahre kann nicht losgelöst von den sozio-politischen und wirtschaftlichen Entwicklungen betrachtet werden. Die offensichtlichste dieser Entwicklungen ist die weltweite bipolare politische Aufteilung der Welt, die auf Verteidigung setzt und auf Selbsterkenntnis verzichtet. Hinzu kommen die globale Erderwärmung, die Schrumpfung natürlicher Ressourcen und andere Themen, die nicht nur länderspezifisch zu denken und zu beheben sind, sondern auf globaler Ebene gedacht werden müssen.

Diese Themen, die Wirtschafts-Wissenschaftler unter dem Begriff Globalisierung fassen, sind gewiss Phänomene, die multi-dimensionale Ansichten erfordern. Die Frage zu beantworten, ob diese Entwicklung als positiv oder negativ zu beurteilen ist, würde den Rahmen dieses Artikels überfordern. Doch die Entwicklungen der letzten 20 Jahre haben die Interaktion zwischen den Kulturen intensiviert. In verschiedenen Teilen der Welt haben Menschen aus verschiedenen Kulturen ihre Ansichten geändert. Zu dieser Änderung haben sowohl positive Erfahrungen als auch negative Einflüsse beigetragen.

Jede Art von systematisiertem elementarem Muster, das auf den Menschen zurückgeht, nennen wir Kultur, ausgenommen ist die Schöpfung der Natur. Die spezifische Lebensweise einer Gesellschaft ist ganz in ihrer Kultur enthalten (Tezcan). Kunst und Bildung können nicht getrennt von der Kultur berücksichtigt werden. Alle Kunstformen sind durch kulturelle Werte geformt; Bildung ruft einerseits die Kultur ins Leben, anderseits gewährleistet sie die Kontinuität der Kultur. Vor allem weil der Kern der Bildung die Schulbildung ist, darf dieser Bildungs-Bereich nicht eingeschränkt werden.

Man kann nicht behaupten, dass die Kultur einer Gesellschaft der Kultur einer anderen Gesellschaft überlegen sei. Jedoch können kulturelle Unterschiede der Gesellschaft erwähnt werden. Die kulturellen Unterschiede können für die Menschen, die in dieser Kultur nicht leben, von Interesse sein. Jedoch können sie auch Anlass für (inter-)kulturelle Vorurteile sein. Vorurteile stellen eines der wichtigsten globalen Probleme unserer Zeit dar: Diskriminierung ist eines der wichtigsten Probleme sowohl im binnengesellschaftlichen als auch im internationalen Kontext. Leider sind viele Massenmedien im Wettbewerb um die beste Schlagzeile bzw. die meist gesehene Sendung oder, indem sie eine fragwürdige Politik der Regierung unterstützen, in der Lage, mit ihren Produktionen und Publikationen, Vorurteile und Diskriminierung zu entfachen.

Um eine kulturelle Diskriminierung zu vermeiden, um interkulturelle Vorurteile abzubauen, müssen verschiedene Kulturen sich einander kennen lernen, miteinander in Kontakt kommen. Diese Form der Interaktion muss auch die obersten Bereiche eines jeden Staates erreichen. Egal ob es um den Frieden im eigenen Land oder den Weltfrieden geht, wenn man ihn aufbauen/erhalten will, sollten die Wege für interkulturelle Interaktionen geöffnet werden. Dies kann nur möglich sein, wenn die Kulturen sich ohne Vorurteile einander nähern.

Informations- und Kommunikations-Möglichkeiten, die die Welt überschaubarer machen, haben auch dialektisch Probleme mit sich gebracht. Das wichtigste dieser Probleme sind die individuelle Einsamkeit und Entfremdung. Der moderne Mensch von heute, der von seinem Tisch aus Zugriff auf die andere Seite der Welt hat und Teil interaktiver Echtzeit-Prozesse sein kann, lebt im sozialen Sinne verarmt. Vor allem bei jungen Menschen ist die soziale Verarmung in verschiedenen Bereichen ein wichtiges Problem, insbesondere im Bereich der Bildung. Anstatt sich zu sozialisieren, bevorzugen junge Menschen leicht zugängliche und viel versprechende IT-Geräte, die sie nur als passive Verbraucher sehen, aber mehr Spaß versprechen. Dieser Umstand hält sie ab vom Selbermachen, vom Leben, vom Erfahrungs- und Fähigkeits-Erwerb, von der Suche nach Problemlösungen, die sie durch die Begegnung mit anderen Menschen erfahren bzw. erlernen könnten. Die leicht zugänglichen Mittel der Massenmedien (TV, Soziale Medien etc.), die Qualität des übermittelten Wissens und die Verhaltens-Kultur sind Gegenstand einer gesonderten Diskussion. Die Lebens-Kultur der jungen Menschen von heute macht sie zu passiven Rezeptoren unter dem Einfluss der Massenmedien.

Städtische Jugendliche, die die Schule in der Türkei besuchen, sind ergebnisorientiert. Wegen des Bildungs-Systems, das auf Prüfungen ausgelegt ist, sind die Schüler im Dreieck von Schule-Privatunterricht-Elternhaus buchstäblich gefangen. In dieser drückenden Situation ist das einzige, was sie runter kommen lässt, Massenmedienkonsum und virtuelle Spiele. Von einem jungen Menschen, der neugierig und dynamisch ist, der sich bedeutsam fühlt und dessen Gefühle sich sehr oft verändern, kann man nicht das Verhalten eines erwachsenen Menschen erwarten. Die Bildungsprozesse, die sich an die jungen Menschen richten, müssen so faszinierend sein, wie die sie so leicht erreichenden spaßvollen Kommunikations- und Informations-Werkzeuge. Damit die jungen Menschen sich selbst, ihre Umwelt und ein Weltbewusstsein entwickeln können, muss der Bildungsprozess dahingehend ausgerichtet sein. Die Jugendlichen müssen als Individuen mit universellen menschlichen Werten ausgebildet werden. Weil junge Menschen die Kultur einer Gesellschaft erben, sind sie die Hand, die diese Kultur pflegen wird.

Kulturpädagogik zielt vor allem auf kulturelle Bildungsprozesse im nicht schulischen Bereich (Adıgüzel). Vor allem für die Persönlichkeits-Entwicklung der jungen Menschen bieten die Methoden der Kulturpädagogik gute Möglichkeiten, z.B. fördern sie soziale und künstlerische Sensibilitäten. Die vier Dimensionen der Kulturpädagogik sind:
1. Kultur als Gesellschaftskritik
2. Kultur als ästhetische Bildung
3. Kultur als soziokulturelle Aktion
4. Kultur im pädagogischen Bereich (Richard, 1985).

Der Kontakt mit diesen vier Bereichen ist äußerst wichtig und notwendig zur Selbstentwicklung der jungen Menschen.

Pädagogische Spiele, kreatives Drama, Theaterpädagogik im informellen Bildungsbereiche sind effektive Formen der Kulturpädagogik. Die formale Bildung zielt eher auf die akademische Entwicklung von Kindern und Jugendlichen, sie bereitet sie auf den Beruf vor. Die Kulturpädagogik setzt auf die Erfahrung durch aktives und kreatives Tun und ermöglicht Veränderung und Entwicklung. Dass das auf Selbsterfahrung basierende Wissen nachhaltiger sein kann als das in formalen Lernprozessen erworbene, wird von den Pädagogen bei jeder Gelegenheit betont. Daher sind bei der Vorbereitung der jungen Menschen auf das Leben Methoden der Kulturpädagogik wichtig
    Die Internalisierung der universellen menschlichen Werte bei jungen Menschen kann nur stattfinden, wenn sie sich in verschiedene kulturelle Umgebungen begeben können und durch den Kontakt mit Personen aus unterschiedlichen Kulturen. Um sich ausgehend von den lokalen kulturellen Werten den universellen zu öffnen, sind die Möglichkeiten der formalen Bildung nicht ausreichend. Daher sollte die kulturpädagogische Ausbildung *interkulturelle* Qualifikationen enthalten. Nur auf diese Weise wird verständlich, dass kulturelle Unterschiede keine Bedrohung sind, sondern dass sie eine Bereicherung darstellen. Diskriminierung und interkulturelle Vorurteile können nur auf diese Weise verhindert werden.

Ein interkultuelles interaktives Projekt

Name des Projekts: HamburgİstanbulFusion
Dieses Projekt wurde in Zusammenarbeit zwischen dem ÇDD und der BAG durchgeführt.

Projektziel:
Unter der Überschrift "Theater für Frieden und interkulturelle Interaktion" wurde das Projekt mit dem Ziel entwickelt und umgesetzt, unter der Jugend der beiden Länder bestehende Vorurteile zu diskutieren und zu hinterfragen.

Die Vorurteile über die türkische Lebenskultur und Jugend seitens der jungen Menschen in Deutschland und die Vorurteile über die deutsche Lebenskultur und Jugend seitens der jungen Menschen in der Türkei sollten mit den Möglichkeiten von Prozessen des Theaters und kreativen Dramas überprüft werden. Die bestehenden Vorstellungen und Vorurteile sollten in einer offenen Diskussion thematisiert werden. In dem Projekt haben 12 deutsche und 11 türkische Jugendliche im Alter von 14-19 Jahren zusammengearbeitet.

Durchführung des Projekts
Im Rahmen des Projekts reiste erst die deutsche Gruppe vom 10.-16. Oktober 2010 zum Besuch nach Istanbul. Die Rückbegegnung der türkischen Gruppe in Deutschland fand vom 7.-14. November 2010 in Hamburg statt.

Projektpartner
Theater am Strom – Hamburg / Deutschland
Gymnasium Kirchdorf/Wilhelmsburg - Hamburg / Deutschland
Çağdaş Drama Derneği, Verband Istanbul/Türkei
Beşiktaş Atatürk Anadolu Gymnasium - Istanbul /Türkei

Profil der Projektteilnehmer
Die Teilnehmer der türkischen Gruppe waren Schüler der Theatergemeinschaft des Beşiktaş Atatürk Anadolu Gymnasiums. Die Schüler besuchten auf eigenen Wunsch und außerunterrichtlich durchschnittlich zwei Jahre den Theaterkurs von I. Erdal Kantarcı.

Die Schüler der deutschen Gruppe waren Schüler des Gymnasiums Kirchdorf. Sie nahmen freiwillig an dem von Bruno Hönig geführten Theaterkurs teil. Bemerkenswert war hier, dass die Schüler der deutschen Gruppe aus verschiedenen ethnischen Kontexten waren. Diese Schüler waren Kinder von in Deutschland lebenden Migrantenfamilien mit vielfältiger Kulturgeschichte. Ein weiterer wichtiger Punkt war, dass drei Schüler zu türkischen Arbeitnehmerfamilien gehörten, die vor vielen Jahren nach Deutschland übergesiedelt sind. Jeder Teilnehmer der deutschen Gruppe, darunter auch die türkischen Jugendlichen, waren zum ersten Mal in Istanbul.

Vorbereitungs-Methoden im Projekt

Während des Projekts wurden kreatives Drama / Theaterpädagogik, interaktive Theatertechniken als Methode verwendet.

Das Umsetzungsformat des Projekts

- Zwischen den beiden Pionierinstitutionen (BAG und ÇDD) auf dem Gebiet des deutsch-türkischen Austauschs wird dieses Projekt von beiden mit eigenen bzw. öffentlichen Finanzierungen realisiert.
- Theater am Strom, das Mitglied der BAG ist, hat mit dem Gymnasium Kirchdorf in Hamburg und ÇDD, Verband Istanbul, hat mit dem Beşiktaş Atatürk Anadolu Gymnasium zusammengearbeitet.
- Im Rahmen des Projekts in Istanbul und Hamburg wurden Workshops, an denen die Jugendlichen beider Länder teilnahmen durchgeführt, am Ende dieser Workshops wurden Vorführungen gezeigt und kulturelle Veranstaltungen besucht.
- Am Projekt in Istanbul und Hamburg haben jeweils dieselben Schüler teilgenommen.
- Die deutsche Gruppe wurde geleitet von der Regisseurin Christiane Richers, Theater am Strom. Die türkische Gruppe arbeitete unter Leitung von Ömer Adıgüzel.
- In Istanbul wurden die deutschen Theaterpädagogen Morena Bartel und Bruno Hönig sowie 12 Jugendliche beherbergt. Die Workshops in Istanbul, an denen die türkischen und deutschen Jungendlichen gemeinsam teilgenommen haben, wurden von Morena Bartel und Bruno Hönig geleitet.
- In Hamburg, wo beide Gruppen an Workshops teilnahmen, wurde die Theaterarbeit von Ali Kırkar, Dramapädagoge und Direktor, durchgeführt.
- Das Projekt in Istanbul und Hamburg wurde von Ulrich Raatz (Dokumentarfilmer) filmisch begleitet. Es ist ein Dokumentarfilm entstanden.
- Die Teilnehmer der türkischen Gruppe waren vier Jungen und sieben Mädchen im Altersbereich von 14-19 Jahren. Die Teilnehmer der deutschen Gruppe waren 5 Jungen und 7 Mädchen.
- Während der Istanbulphase des Projekts hat man in den Workshops davon profitiert, dass beide Gruppen Englischkenntnisse hatten. In der Hamburgphase des Projekts hat Bahar Gürey türkisch-deutsch übersetzt.
- In der Istanbulphase des Projekts wurden 4 Workshops à 6 Stunden mit Beteiligung beider Gruppen durchgeführt. Die Aufführung, die das Produkt aus den Workshops ist, wurde am Freitagabend, 15. Oktober 2010, dem Publikum präsentiert.
- In der Hamburgphase des Projekts wurden 5 Workshops á 5 Stunden mit Beteiligung beider Gruppen durchgeführt. Die Aufführung, die das Produkt aus den Workshops ist, wurde am Freitagabend, 12. November 2010, dem Publikum präsentiert.

>> Beide Gruppen haben in dem Land, wo sie zu Gast waren, eine Einrichtung besucht, die Jugendtheater aufführt, sie sahen eine Aufführung, sie führten eine Umwelt-Kultur-Reise durch, um die kulturelle und historische Beschaffenheit der jeweiligen Stadt kennen zu lernen.

Durchführung des Projekts in Istanbul (10.10.2010 / 16.10.201)

In Istanbul wurden die Workshops von Morena Bartel und Bruno Hönig in den Räumen des ÇDD Istanbul angeleitet.

1. Tag
Das Ziel des Projekts, Inhalte, Ablauf und Information über die Planungen in Istanbul wurden durch die Theaterpädagogen / Dramaleiter mitgeteilt.
Von den deutschen Theaterpädagogen wurden Übungen für das Kennenlernen, für Zusammenarbeit und Interaktion angeleitet.
Die aktuellen Wahrnehmungen der Teilnehmergruppen voneinander wurden durch Improvisations-Übungen sichtbar.

2. Tag
Die deutsche Gruppe führte am Vormittag eine Umwelt-Kultur-Reise durch. Einige Teilnehmer waren zu Gast in einer türkischen Familie, von der sie spontan eingeladen wurden.
Am Nachmittag haben beide Gruppen im Workshop zusammengearbeitet. Bei den Improvisationen der deutschen Gruppe waren die Auswirkungen der Umwelt-Kultur-Reise zu beobachten. Beide Gruppen haben ihre Wahrnehmungen über die Lebenskultur durch improvisierte Szenen einander vorgestellt. Die Unterschiede und Ähnlichkeiten zwischen dem realen Leben und den improvisierten Wahrnehmungen wurden reflektiert.

3. Tag
Die deutsche Gruppe besuchte am Vormittag die Generalprobe der Theatergemeinschaft „Wiederum Theater".
Am Nachmittag arbeiteten beide Gruppen auf einer Insel im Workshop zusammen. Mit den Improvisationen über das Familienleben beider Länder hat sich die Zusammenarbeit vertieft.

4. Tag
Am Vormittag besuchte die deutsche Gruppe die Schüler des Beşiktaş Atatürk Anadolu Gymnasium besucht. Die Besucher nahmen teil am Unterricht und beobachteten das Leben im Klassenzimmer und die Schulkultur.

Am Nachmittag im Workshop wurde mit interaktiven Techniken des Theaters und Forumtheaters gearbeitet. Es wurde beschlossen, dass der Name der Aufführung in Istanbul „Ihr glaubt, dass wir leben" heißen soll.

5. Tag
Am Vormittag hat die deutsche Gruppe allein gearbeitet.
Am Nachmittag haben beide Gruppen in den Workshops gearbeitet, die Improvisationen der letzten Tage weiterentwickelt und die Abschlussaufführung vorbereitet.

6. Tag
Beide Gruppen probten gemeinsam für die Abschlussaufführung.
Einem großen Publikum (ca. 250 Plätze), das hauptsächlich aus Familienmitgliedern und Schulfreunden bestand, wurde das Workshopergebnis gezeigt.

Durchführung des Projekts in Hamburg (07.11.2010 / 14.11.2010)

Die Theaterworkshops in Hamburg wurden vom Dramapädagogen Ali Kırkar in der Aula des Gymnasiums Kirchdorf durchgeführt.

1. Tag
Die türkische Gruppe machte am Vormittag eine Umwelt-Kultur-Reise in Hamburg.
Am Nachmittag arbeiteten beiden Gruppen zusammen an den Themen Kommunikation und Gruppendynamik.

2. Tag
Die türkische Gruppe hatte am Vormittag ein Treffen, an dem die Leitung des Gymnasiums Kirchdorf und die BAG-Generalsekretärin, Ute Handwerg, teilgenommen haben.
Am Nachmittag haben beide Gruppen Improvisationen über die ersten Eindrücke und die Beobachtungen des Schulumfeldes erarbeitet.

3. Tag
Am Vormittag war die türkische Gruppe am Gymnasium Kirchdorf zu Gast und machte im Unterrichtsumfeld und zur Schulkultur Beobachtungen.
Am Nachmittag fand mit der Beteiligung der beiden Gruppen ein Workshop statt. Es wurden Improvisation erarbeitet, basierend auf den Eindrücken über die Ähnlichkeiten und unterschiedlichen Aspekte beider Kulturen.

4. Tag
Am Vormittag machte die türkische Gruppe einen Rundgang durch die Stadt.

Am Nachmittag haben beide Gruppen einen Workshop durchgeführt. Nach der Improvisation, wurde über den Titel und die Inhalte der Schlussaufführung diskutiert. Die Aufführung hieß „Wir haben einen Traum!" (We have a dream!).

5. Tag
Am Vormittag hat die türkische Gruppe allein gearbeitet.
Am Nachmittag bereiteten beiden Gruppen die Abschlussaufführung vor.

6. Tag
Am Vormittag und Nachmittag arbeiteten beide Gruppen in Workshops weiter an der Abschlussaufführung.
Am Abend des 13. November 2010 wurde die Aufführung im Kirchdorf Gymnasium dem Publikum vorgestellt.

7. Tag
Am Vormittag fand mit allen Teilnehmern und Leitern ein Auswertungstreffen statt. Im Auswertungstreffen wurde auch beschlossen, dass Ulrich Raatz, der den Prozess von Anfang bis Ende aufgezeichnet hatte, einen Dokumentarfilm mit dem Titel „Hamburg-Istanbul Fusion" erstellt.
Am Nachmittag wurde die türkische Gruppe verabschiedet.

Ergebnisse, Auswertung und Empfehlungen

Das Projekt wurde von verschiedenen Partnern durchgeführt. Ziel war es, durch interkulturelle Interaktionen Vorurteile der beteiligten Teilnehmer zu thematisieren. Dabei wurden die folgenden Auswirkungen auf die jungen Menschen deutlich.

Die Jugend eines jeden Landes kennt die Lebenskultur anderer Länder, vor allem in der Art und Weise, wie sie im TV und anderen Massenmedien gezeigt wird. Nach zwölf Tagen des Zusammenlebens haben gleichaltrige Jugendliche aus unterschiedlichen Kulturen ihre Vorurteile über die Lebenskultur der Anderen hinterfragt.

Einige Beispiele:
1. Junge Menschen, die in Deutschland leben, kennen innerfamiliäre Verhältnisse ihrer Altersgenossen in der Türkei ungenau und unvollständig.
a) In den Workshops dominierte zu Beginn des Projekts die Wahrnehmung, dass häusliche Gewalt in der Türkei normal sei. Am Ende des Projekts hat sich diese Wahrnehmung verändert. Die deutschen Jugendlichen hatten mit ihren Beobachtungen und den Animationen ihrer Altersgleichen, die sie aus dem Leben übertragen haben, in Hinsicht ihrer Prognosen eine freie und demokratische Funktionsweise in die Familienbeziehungen zum Ausdruck gebracht.
b) Die türkischen Jugendlichen dachten, dass die gleichaltrigen deutschen Jugendlichen ein bequemes und freies Leben, ganz im Gegensatz zu ihnen, führen. Am

Ende des Projekts mussten sie aber feststellen, dass sie doch nicht so bequem wie angenommen leben und Dinge in ihrem Leben vermissen. Diese Situation hat bei beiden Gruppen eine Verwirrung erzeugt. Zum Beispiel: Während bei den Jugendlichen in Deutschland das Übernachten bei Freunden vor dem 18. Lebensjahr ein ernsthaftes Problem in der Familie darstellt, war es den türkischen Jugendlichen, die am Projekt teilgenommen haben, möglich, durchschnittlich ein Mal im Monat dies zu tun. Das war ein signifikanter Unterschied.

2. Die deutschen Jugendlichen haben festgestellt, dass die türkische Jugendlichen im Schulumfeld und in den Klassen sich ruhiger verhalten haben als sie dies erwartet hatten. Den Lehrern und Mitarbeitern gegenüber würde zuviel Respekt gezeigt. Jedoch fanden sie auch, dass die Lehrer mit ihrem Verhalten diesen Respekt verdienten. Wie erwartet, war der Unterricht ein lehrerzentrierter Prozess. Die Jugendlichen hatten beobachtet, dass die Lehrer die Anwesenheit der Schüler ignorierten. Die türkischen Schüler sahen dies im Gegensatz zu den deutschen Jugendlichen nicht als Problem.

3. Die türkischen Jugendlichen dagegen fanden die Lehrer in Deutschland noch fleißiger und inniger als erwartet. Jedoch haben sie beobachtet, dass die Schüler in der Regel dem Unterricht ohne Interesse folgten und sich langweilten. Sie gaben an, dass es für sie auch interessant war, dass es am Gymnasium Kirchdorf viele Schüler mit verschiedenen ethnischen Hintergründen gibt.

4. Die türkischen Schüler haben die Menschen in Deutschland, basierend auf ihren Beobachtungen auf der Straße und während des Einkaufs, als sehr distanziert im Umgang miteinander wahrgenommen. Sie haben festgestellt, dass die Schüler auf dem Schulhof entweder allein oder in Zweier-Gruppen standen. In den Workshop-Improvisationen wurde diese Beobachtung als ein großer Mechanismus dargestellt, in dem jedes Element nur seine Aufgabe erledigt. Die deutschen Schüler haben dieses Bild für die deutsche Lebenskultur als geeignet empfunden.

5. Die deutschen Schüler fanden das Straßen- und Privatleben in der Türkei erstaunlich kontaktfreudig und präsent. Bei einem Rundgang in Istanbul (Üsküdar) hatte eine ihnen unbekannte Familie sie zu sich nach Hause eingeladen und bewirtet. Darüber waren sie sehr erfreut und haben bei ihren Improvisationen dies zum Ausdruck gebracht. Die türkischen Schüler haben in einer ästhetischen Weise ausgedrückt, dass sie es bedauerten, in Hamburg nicht in den Familien der Jugendlichen zu Gast gewesen zu sein, obwohl sie vom ersten Tag an eingeladen wurden und sie so neugierig waren.

6. Die deutschen Schüler haben beobachtet, dass in der Türkei die Menschen in den öffentlichen Bereichen sich ohne große Zier verhalten. Diese Beobachtungen, also z.B. das Naseputzen am Brunnen auf dem Platz oder dass Straßenverkäufer ihre Waren auf Bänke stellen, die eigentlich für den öffentlichen Gebrauch sind, oder dass ein Ladenbesitzer sich die Socken auf einem Hocker vor dem Laden auszieht und andere mehr. Diese Situationen wurden auch in den Workshops reflektiert.

7. Bei den Improvisationen über die ersten Eindrücke in den jeweiligen Länder und bei der Abschlussaufführungen hat man die Vorteile der deutschen Gruppe bei der problemlosen Einreise in die Türkei gesehen. Jedoch wurde von den türkischen Schülern das Problem bei der Einreise nach Deutschland und die Haltung der Passkontrollbeamten kritisiert. Auf dieses Thema gab es eine interessante Reaktion: Türkischstämmige Schüler der deutschen Gruppe reagierten empfindlich und fanden, dass in dieser kritischen Improvisation die Deutschen missverstanden und schlecht dargestellt wurden.
8. Jugendliche beider Länder kritisierten die Überfürsorge der Eltern als unangenehm und diese Situation wurde häufig in den Workshops unterstrichen.
9. Beide Gruppen gaben mehrmals an, dass dieses 12-Tage-Erlebnis für sie sehr von Nutzen war. Sie haben die tatsächliche Situation mit ihren Vorannahmen verglichen und waren sehr glücklich, dass sie zu einer objektiveren Einschätzung gelangen konnten, insbesondere mit Blick auf die Abschlussaufführung in Hamburg. Die Jugendlichen beschlossen während der Workshops aus eigenem Antrieb, dass die Aufführung "We Have A Dream!" heißt und sie erstellten eine entsprechende Leinwandbotschaft.

Empfehlungen

Anhand der Ergebnisse des Projekts ist folgendes vorzuschlagen:

>> Kulturpädagogische Projekte mit einem interkulturellen Schwerpunkt sollten öfter durchgeführt werden.
>> Kleinere Gruppen, in denen solche Projekte durchgeführt werden sollten, beziehen die jungen Menschen und deren Umfeld (Familie, Freundeskreis, Schule etc.) sehr wirksam ein.
>> Schulcurricula in verschiedenen Ländern sollten kulturpädagogische Kurse beinhalten. Die Gründung von Schülerclubs sollte in dieser Hinsicht gefördert werden.
>> Zivilgesellschaftliche Organisationen verschiedener Länder müssen von ähnlichen Programmen überzeugt werden, die ÇDD und BAG-Zusammenarbeit kann in dieser Hinsicht exemplarisch sein.
>> In den EU-Austauschprogrammen (Comenius, Erasmus, Grundtvig etc.) müssten für Mittelstufen-Schulen unbedingt kulturpädagogische und interkulturelle Programme vorgesehen sein und auch umgesetzt werden.
>> Kulturelle Programme für junge Menschen aus verschiedenen Kulturen die sich am Leben orientieren und Austausche, die ästhetische Lernmöglichkeiten ermöglichen, sollten in der Kulturpolitik jedes Staates mehr Platz finden.

Willkommen in meinem Alltag – HamburgIstanbulFusion

Christiane Richers

Anbahnung

Die Teilnahme an einem ersten Fachaustausch führte mich mit meinem Kollegen Axel Wiest, Sozialpädagoge an einer Ganztagsschule in St. Pauli/Hamburg, im Jahr 2008 nach Istanbul und Ankara. Etliche SchülerInnen der Ganztagsschule hatten über Jahre an meinen Stadtteiltheaterinszenierungen auf St. Pauli teilgenommen. Die Schule zeigte Interesse an einem Austauschprojekt mit Jugendlichen. In Istanbul und Ankara erhielten wir intensive Einblicke in unterschiedlichste Arbeitsstrukturen (Uni, freie Theaterszene, Kontexte des Theaterverbandes Çağdaş Drama Derneği, Schulen, private Träger). In mehreren Gesprächsrunden konnte ich ein Theater-/Filmprojekt mit vorwiegend türkischstämmigen SchülerInnen aus Hamburg-Wilhelmsburg vorstellen, das mir als gedanklicher Ausgangspunkt für einen zukünftigen Austausch diente. In diesem Projekt hatten sich GymnasialschülerInnen aus Hamburg-Wilhelmsburg, einem Einwandererstadtteil südlich der Elbe, intensiv mit ihren Prägungen durch die (türkischen) Eltern und ihre Identitätsfindung im Alltagsleben in Wilhelmsburg beschäftigt.

Im Rahmen des Austauschs begegneten wir in Istanbul in einem Gymnasium in Beşiktaş/Istanbul der Theatergruppe BAAL zum ersten Mal und waren begeistert von der Gruppenstruktur und den spielerischen Fähigkeiten der jugendlichen DarstellerInnen. Wir lernten Ali Kırkar, den Gründer und Leiter der Theatergruppe, kennen. Mit inspirierenden Eindrücken und vielen neuen Kontaktadressen fuhren wir nach Hause.

Der zweite Fachaustausch im Jahr 2009 war für die Konkretisierung des Austauschprojekts von hoher Bedeutung. Diesmal reisten mit meine Kollegin Morena Bartel von Theater am Strom, Schauspielerin, und Bruno Hoenig vom Gymnasium Kirchdorf-Wilhelmsburg, Lehrer u.a. für Darstellendes Spiel. (Die Ganztagsschule St. Pauli war zwischenzeitlich abgesprungen.) Wir hatten alle bereits verbindlich entschieden, das Austauschprojekt gemeinsam durchzuführen, begegneten der Gruppe BAAL in Beşiktaş zum zweiten Mal und hatten einen ersten spielerischen Moment konkreter Vorbereitung: Die Gruppe zeigte uns in ihrem eigenen Probenraum unterm Schuldach, was ihr zum Thema „Was ist deutsch" einfiel – unverkrampft und humorvoll zeigten sie, wie wenig ihnen dazu einfiel. Etliche Jugendliche hatten kaum Assoziationen und wenn doch, standen Assoziationen zu militärischem Stechschritt und Hitlergruß als Merkmale aus der deutschen Vergangenheit im Vordergrund. Über Hamburg wusste niemand etwas. Die Gruppe zeigte dann – wieder höchst spielfreudig und bühnenpräsent – Improvisationen und selbst entwickelte kleine Inszenierungen zu Situationen aus ihrem Alltag. Im Vordergrund standen eindeutig der Lebensbereich Schule und das Thema Leistungsdruck.

In Istanbul lernten wir außerdem die schönen neuen Räume des Çağdaş Drama Derneği kennen. Dort gab uns Ali Kırkar einen kurzen, aber intensiven Eindruck in seine Arbeitsweise mit Theatergruppen. Wir hatten jetzt eine konkretere Vorstellung, wie mit Stimme und Körper gearbeitet wird und mit welchen Mitteln Ali die Improvisation von Szenen initiiert.

Austausch

Die Mühen der Vorbereitung
Die komplexe und zeitaufwändige Vorbereitung im Detail zu beschreiben, würde den Rahmen dieses Beitrags sprengen. Zwei wesentliche Einschnitte sollen aber erwähnt sein, die das Projekt spürbar verändern sollten:
1. Durch die beiden Besuche bei der Gruppe BAAL war von Beginn an klar, dass die sich begegnenden Gruppen sehr unterschiedlich sein würden. An dem Wilhelmsburger Gymnasium gab und gibt es keine langjährige eigenständige Theatergruppe. Also kam nur ein Kurs Darstellendes Spiel infrage. Der zuständige Lehrer wählte einen erfahrenen Kurs Darstellendes Spiel aus, in dem die Gruppenbildung weit vorangeschritten war, um dem hohen Niveau der Gruppe BAAL einen spielerisch möglichst gleichwertigen Partner gegenüberzustellen. Dann kam von türkischer Seite die Nachricht über die Notwenigkeit, den Austausch um ein halbes Jahr nach hinten zu verschieben. Der ursprünglich ausgewählte Kurs des Wilhelmsburger Gymnasiums konnte zu dem späteren Zeitpunkt wegen Abiturvorbereitungen nicht mehr teilnehmen. Ein Ersatzkurs konnte gefunden werden, dieser hatte sich aber erst vier Wochen vor der Begegnung in Istanbul zusammengefunden. Von 12 SchülerInnen waren 11 mit Migrationshintergrund, 8 davon mit türkischem. (Eine typische Konstellation für die Schülerschaft des Gymnasiums in Wilhelmsburg. Auch die ursprüngliche Gruppe war ähnlich zusammengesetzt). Einige TeilnehmerInnen kannten sich kaum und alle hatten nur geringe Theatererfahrungen. Die unterschiedlichen Ausgangsbedingungen der beiden Austauschgruppen wurden dadurch grundlegend verschärft.
2. Die nicht rechtzeitig ausgestellten Visa für die Istanbuler Gruppe prägten die Rückbegegnung in Hamburg maßgeblich.

„Willkommen in meinem Alltag – HamburgIstanbulFusion"
Die Begegnung fand im Herbst 2010 in Form von zwei zeitlich schnell aufeinanderfolgenden einwöchigen Zusammentreffen der Jugendlichen statt, erst in Istanbul, dann in Hamburg. Durch die zeitliche Nähe sollten die Jugendlichen mit einer hohen Erfahrungsdichte konfrontiert und damit thematisch unter „Spannung" gehalten werden. Eine vergleichende intensive Kommunikation über die beiden Lebenswelten war so recht direkt möglich. Besonders berücksichtigt wurden kulturelle Unterschiede

und Gemeinsamkeiten in Schule (z.B. Thema Prüfungsdruck, Unterrichtsklima, Rollenverhältnis Schüler und Lehrer u.a.), Familie (z.B. Rolle von Mann und Frau, Verhältnis Eltern und Kinder) und Stadtteil. Die Eindrücke wurden nicht nur gesammelt, sondern umgehend mit den Mitteln des Theaters und des Films verarbeitet und umgesetzt. Diese Szenen wurden dann in zwei Abschlußvorstellungen dem zahlreichen Publikum gezeigt und regten allgemein zum Nachdenken, Lachen und Diskutieren an.

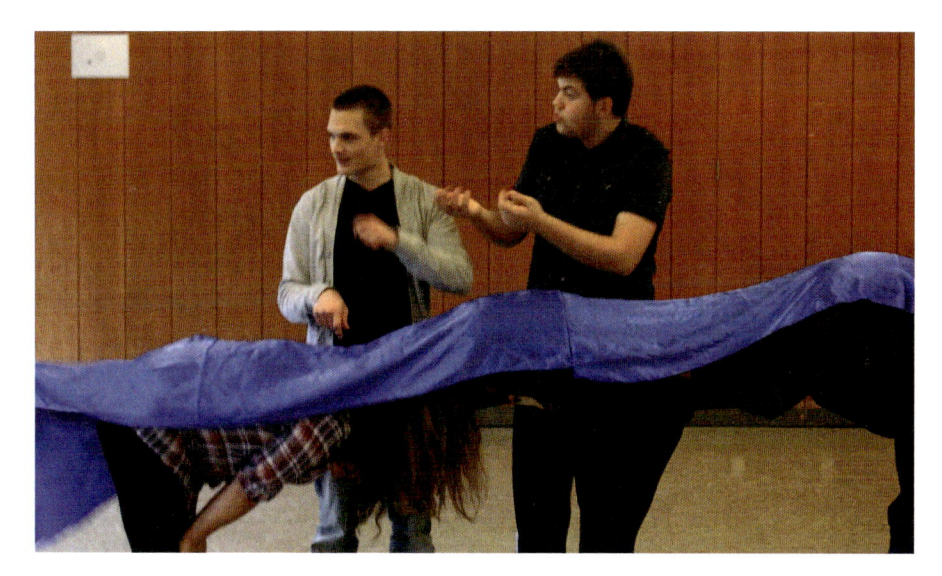

Istanbul

In Istanbul lag die Leitung der Theaterarbeit bei der Hamburger Schauspielerin Morena Bartel von Theater am Strom, in Hamburg leitete Ali Kirkar aus Istanbul die Theaterarbeit an.

Die Arbeitsweise war in den beiden Wochen sehr unterschiedlich.

Morena Bartel motivierte die Hamburger SchülerInnen zu Recherchen im öffentlichen Raum des Stadtteils und ließ zu den gemachten Beobachtungen und direkten Gesprächen mit StadtteilbewohnerInnen improvisieren. Den Improvisationen wurde ein offener szenischer Rahmen gegeben. Die Szenen wurden dann den Istanbuler SchülerInnen präsentiert und diese griffen in die Handlung ein und veränderten die Darstellungsformen und Inhalte. Diese Diskussion auf theatraler Ebene führte dann hin zur Abschlußpräsentation in der Aula des Gymnasiums. Der Hamburger Dokumentarfilmer Ulrich Raatz trug mit der filmischen Begleitung erfolgreich zur szenischen Auswertung bei, so dass in der Präsentation auch Filmsequenzen aus dem Stadtteil gezeigt werden konnten.

In den wenigen Wochen bis zum Wiedersehen in Hamburg hielten die TeilnehmerInnen den Kontakt per Mail und facebook. Die Vorfreude war groß.

Hamburg

Der Start in die zweite gemeinsame Theaterwoche gestaltete sich unerwartet schwierig, da das Konsulat der Deutschen Botschaft in Istanbul die Visa für einige TeilnehmerInnen aus der Türkei nicht rechtzeitig zum Abflugtermin bereitstellte. Nur ein kleiner Teil der Gruppe reiste wie geplant an, die anderen folgten mit zweitägiger Verspätung – eine schwierige Situation!

Für die deutlich verkürzte gemeinsame Zeit in voller Besetzung entstand dennoch, dank Ali Kırkars konzentrierter Gestaltung, eine aussagekräftige Anzahl an Szenen. Die Arbeit fand diesmal allerdings kaum als Suchbewegung im Stadtteil statt. Stärker als in Istanbul wurden die Szenen aus Körper- und Gruppenübungen im Probenraum entwickelt.

Reflexionen

In einem Nachgespräch mit den Hamburger TeilnehmerInnen, wenige Wochen später, wurde deutlich, wie nachhaltig sie der Austausch bewegt hatte. Vieles war anders in Istanbul, als sie es erwartet hatten. Selbstwahrnehmung und Einschätzungen über das Leben in Istanbul wurden infrage gestellt und in Bewegung versetzt. Z.B. wurden die SchülerInnen mit türkischem Familienhintergrund in der Türkei sofort als Deutsche erkannt. Ihr Türkisch wurde nicht immer verstanden. Diese Erfahrung kollidierte mit der Selbstdarstellung als Türken und TürkeiexpertInnen. Überraschend für die Wilhelmsburger war auch der Eindruck, dass die Istanbuler Jugendlichen mehr Freiheiten genießen als sie selbst in Hamburg. Istanbul erschien ihnen als liberales, weltgewandtes Umfeld, in dem Jugendliche auch abends spät unterwegs sein dürfen. Viele kannten hier deutlich strengere Regeln von ihren eigenen Eltern.

Verstärkt nahmen die SchülerInnen die multikulturelle Zusammensetzung ihrer Gruppe wahr und beschrieben dies nach der Begegnung bewusster und positiver. Mit Vorsicht vermuten wir, dass die Identifizierung mit der deutschen Gesellschaft und ihrer Einwanderungsgeschichte bei einigen durchaus bewusster und stärker wurde.

Zwei Jahre nach der gelungenen Durchführung des Austauschprojekts beschäftigen mich/uns für zukünftige Begegnungen folgende Eindrücke, Fragen und Pläne:

Die Theaterkompetenzen in den beiden Gruppen waren sehr unterschiedlich: Die Istanbuler Gruppe stellte eine eigenständige Theatergruppe mit eigenem Theaternamen und erfolgreicher langjähriger Praxis dar. Die Gruppe war mühelos in der Lage, gestellte Themen improvisatorisch zu bearbeiten. Raum- und Rhythmusgefühl, sowie hohe Sensibilität im Zusammenspiel kamen hinzu, der Mut, sich emotional und körperlich einzubringen, war wie selbstverständlich.

Davon war der Hamburger Kurs Darstellendes Spiel weit entfernt. Unerfahrenheit und damit einhergehende Unsicherheit und schnelle Überforderung waren hier die großen Themen. Ein gutes Potential zeigte sich bei den Hamburger TeilnehmerInnen jedoch in Bezug auf die konzeptionierte Arbeitsform. Mit großer Offenheit, Neugier und

Lust gingen die SchülerInnen an ihnen unbekannte Orte in Istanbul, kamen mit weiteren IstanbulerInnen in intensive Gespräche und erlebten so hautnah verschiede Aspekte des Lebensalltags ihrer türkischen Partner. In Hamburg fand die Motivation zur direkten Auseinandersetzung mit dem realen Umfeld der SchülerInnen kaum statt. Die Eindrücke von der Stadt Hamburg blieben beim Besichtigungsprogramm stehen, aus dem aber ebenfalls durchaus mögliche Fragestellungen für eigene Szenen hätten entwickelt werden können. Zum Beispiel lagen Themen wie: „Diese Stadt ist langweilig" und „Das ist ja alles türkisch hier" in der Luft und hätten bei genauerer Beschäftigung mit diesen nur scheinbar flüchtigen Eindrücken zu spannenden, aufschlussreichen Szenen führen können. Bei den Hamburger TeilnehmerInnen entstand der Eindruck, dass das Interesse der türkischen Jugendlichen an ihrem Wilhelmsburger Alltag, ihrer Lebenswelt deutlich kleiner war als ihr eigenes am Leben in Istanbul. Dieser Eindruck ließ sie nach der gemeinsamen Woche in Hamburg enttäuscht zurück, wenn ihnen auch viele der gemeinsamen Theaterübungen und Improvisationen Spaß gemacht hatten. Es wurde deutlich, dass sie sich mehr Neugier von den Istanbuler Jugendlichen gewünscht hätten. Ihre Motivation, sich auf die Istanbuler einzulassen, sank, je näher die Abschlußpräsentation rückte. Artikulieren konnten sie ihre Enttäuschung aber erst im Nachgespräch Wochen später.

Dieser Moment der Enttäuschung ist für uns höchst interessant, weil er ein anders geartetes Suchen nach der eigenen Identität impliziert. Für viele Hamburger SchülerInnen ist es nach wie vor kompliziert und vielschichtig, die eigene Identität zwischen Gegenwart (Hamburg-Wilhelmsburg) und Vergangenheit (Herkunft aus der Türkei oder einem anderen Land und kulturelle Prägung durch die Familie) zu entwickeln, zu behaupten und offen zu definieren. Sie begreifen sich alle als Wilhelmsburger, viele als Hamburger, gleichzeitig aber eher als Türken denn als Deutsche. Die meisten von ihnen haben also Patchwork-Identitäten, in denen sich oftmals Werte reiben oder widersprechen – emotional immer wieder ermüdend, unruhig machend, somit immer suchend. Die Istanbuler TeilnehmerInnen erschienen ihnen als Türken in Istanbul latent als beneidenswert, wurden aber auch als Menschen mit einer eindeutigeren Identität ähnlich wie „deutsche Hamburger" wahrgenommen: "Die waren hier in Hamburg plötzlich irgendwie arrogant." Es wäre für die Hamburger Jugendlichen eine Art „Aufwertung" gewesen, wenn sich diese „problemfreien, netten, theaterfitten, neu gewonnenen Freunde" an ihre auf dieser Ebene viel kompliziertere Welt ernsthaft herangetastet hätten. Dazu fehlte aufgrund der Visaprobleme teilweise die Zeit. Eine eigene deutliche Hürde beim Zusammenfinden bauten die Wilhelmsburger TeilnehmerInnen allerdings auch selbst auf: Einige erschienen nicht regelmäßig zu den gemeinsamen Probenzeiten, da der eigene Schulstress und diverse Jobs es ihnen schwer machten, Theater an die erste Stelle ihres Zeitplans in dieser Woche zu stellen. Die Schulleitung hatte das ganze Austauschprojekt ausdrücklich unterstützt, daran lag es nicht. Der Druck baute sich in den SchülerInnen selbst auf, vielleicht auch aus dem Hintergrund durch die Eltern.

Spannend wird der Aspekt der Enttäuschung erst, wenn man ihn von allen möglichen Vorwürfen und Gefühlen des Scheiterns befreit. Eine Vertiefung und Weiterentwicklung der gemachten Erfahrungen bei zukünftigen Austauschen scheint uns notwendig und sehr sinnvoll. Eine junge Lehrerin am Gymnasium Wilhelmsburg möchte, gemeinsam mit Theater am Strom, unbedingt die Tradition des Austauschs weiterführen. Wir würden dann von Hamburger Seite die Arbeit am Austausch über das unterschiedliche Verständnis und die gesellschaftlichen Rahmenbedingungen von Identitätsfindung von Jugendlichen noch viel stärker ins Zentrum der Arbeit stellen.

Auch die Form der theatralen Bearbeitung von Recherchen in der täglichen Welt, im öffentlichen Raum, im jeweiligen Lebensumfeld der SchülerInnen würden wir gerne durch noch ausführlichere Vorgespräche für beide Begegnungsorte stärker angleichen, um die Arbeitsformen für beide Orte adäquat entwickeln zu können.

Grundsätzlich befürworten wir nach wie vor den Austausch gerade auch sehr unterschiedlicher Gruppen und sind gerne bereit dazu. Ein Austausch soll schließlich nicht nur Einigkeit und unkompliziertes Gelingen ermöglichen, sondern auch Unterschieden Raum lassen. Annäherungen, wie sie unseren beiden Gruppen immer wieder gut gelungen sind, werden umso wertvoller für alle Beteiligten.

Respekt

Die grundlegenden Voraussetzungen für theaterpädagogische Arbeit in Istanbul/der Türkei und Hamburg/Deutschland haben wir in unserem Projekt als sehr unterschiedlich wahrgenommen. Die türkischen Kollegen arbeiten, soweit uns das bekannt wurde, ehrenamtlich. Sie stecken also den größten Teil ihrer Freizeit in die theaterpädagogische Arbeit, ein unglaublich hohes Engagement. Sie haben geringe Möglichkeiten, Gelder für Projekte zu beantragen. Ihre Reise nach Hamburg fand auf Grund der oben erwähnten Visaproblematik zudem unter großen Schwierigkeiten statt. Nur mit hohen, privat eingebrachten (!) zusätzlichen Kosten, die durch die Notwendigkeit entstanden, einen Teil der Gruppe mit zu spät ausgehändigten Visa auf einen späteren Flug umzubuchen, konnte der zweite Teil des Austausches in Hamburg realisiert werden. Wir haben tiefen Respekt vor den guten Nerven und dem Realisierungswillen der türkischen Kollegen und hoffen auf leichtere Bedingungen für die Zukunft.

Die Theaterleute des freien Theaters THEATER AM STROM in Hamburg sind als Freiberufler abhängig von bewilligten Projektanträgen. Projektgelder sind hier bei so unterschiedlichen Adressen wie Behörden, Stiftungen und Sponsoren einzuwerben. Beträge aus den Töpfen der Schul- und der Kulturbehörde sicherten die Arbeit im Wesentlichen. Nur die Unterstützung der BAG Spiel und Theater machte die Finanzierung der Reisekosten möglich. Die bisherigen Begegnungen hinterlassen weiterhin Fragen, wie diese Unterschiede zwischen den Bedingungen in der Türkei und in Deutschland bei Austauschen strukturell und inhaltlich noch besser berücksichtigt werden können – zumal in Zeiten allgemeiner harter Kürzungen in den neuen Haushalten der Städte und Gemeinden. Zunehmend kommen Klagen von engagierten Stiftungen hinzu, die sich nicht in der Lage sehen, die Kürzungen der öffentlichen Gelder zu kompensieren.

Gündelik Yaşantıma Hoş Geldiniz- Hamburg İstanbul Kaynaşması

Christiane Richers

Yol Açma

Hamburg'daki, St.Pauli'de bir okulda sosyal pedagog olan çalışma arkadaşım Axel Wiest ile yaptığımız mesleki alandaki fikir alışverişi bizi 2008 yılında İstanbul ve Ankara'ya kadar götürdü. Axel'in çalıştığı okuldaki bir çok öğrenci yıllarca, St.Pauli'de şehir tiyatrolarındaki kurslarıma katılmışlardı. Bundan dolayı okul, gençlerle yapmak istediğimiz bu değiş-tokuş projesine ilgi duyuyordu. İstanbul ve Ankara'da geçirdiğimiz zamanda; üniversiteler, bağımsız tiyatrolar, Çağdaş Drama Derneği, okullar ve özel kuruluşların nasıl çalıştığı ile ilgili yeterince bilgi toplamıştık. Yaptığım görüşmeler sonrasında; özellikle Hamburg, Wilhelmsburg'daki türk gençlerinin çoğunlukta olduğu bir grup kurarak, tiyatro-film alanında bir proje yapabileceğim kanısına vardım. Bu da gelecekte yapacağımız uluslararası bir proje için bana fikir vermişti. Bu proje de, Hamburg-Wilhelmsburg'dan (Elbe'nin güneyindeki göç bölgesi) gençler; ailelerinin onların üzerindeki etkileri ve Wilhelmsburg'daki günlük yaşam alanlarındaki kimlik arayışları üzerine çalıştılar. Almanya Türkiye arasında yaptığımız proje kapsamında; İstanbul Beşiktaş'ta bulunan bir lisenin tiyatro grubu BAAL ile ilk karşılaşmamızda, grubun yapısından ve gençlerin oyuncu yetilerinden çok etkilendik. Grubun kurucusu ve yöneticisi Ali Kırkar ile tanıştık. Bir çok ilham verici fikirle ve iletişim bilgileri ile evimize geri döndük.

Proje fikrini somutlaştırmak için 2009 yılında ikinci buluşmamızı gerçekleştirdik. Bu kez, Türkiye'ye çalışma arkadaşım, oyuncu Morena Bartel ve Kirchdorf-Wilhelmsburg Lisesi'nde (St.Pauli okulu geçen zaman da projeden çekilmişti) öğretmen ve tiyatro öğretmeni Bruno Hoenig ile birlikte gittik. Bu projeyi kesin olarak birlikte yapacağımızın kararını çoktan vermiştik ve Beşiktaş'ta BAAL grubu ile ikinci kez buluşup, yaptığımız somut hazırlıklar çerçevesinde ilk oyunsal süreçleri yaşamaya başladık: BAAL grubundaki gençlerle, okullarındaki prova salonunda çalıştık ve „Alman nedir?" sorusunun çağrışımlarını doğaçlama yöntemlerle ifade etmelerini istedik. Onlar da bize; çok rahat, esprili bir biçimde, bu konu hakkında çok da fazla çağrışımlarının olmadığını gösterdiler. Gençlerin çoğunda herhangi bir çağrışım oluşmadı, oluşanlarda ise, askeri adımlarla yürüyüp, Hitler selamı vermeleri ile Almanya'nın geçmişi ön plana çıkıyordu. Hamburg hakkında hiç kimse herhangi bir şey bilmiyordu. Grup üyeleri daha sonra, yine hevesli ve sahnedeki kendine güvenli duruşlarıyla, kendi günlük yaşamlarından kısa sahneler sergilediler. Okul yaşamı ve başarı kaygıları tema olarak öne çıkanlardandı. Ayrıca İstanbul'da Çağdaş Drama Derneği'nin güzel mekanını tanıma fırsatımız oldu. Ali Kırkar burada bize, kendi tiyatro grubu ile nasıl çalıştığına dair güzel ip uçları verdi. Bu karşılaşmadan sonra Ali'nin; ses ve bedenle nasıl çalıştığı ve hangi metodlarla doğaçlama sahneleri oluşturduğu hakkında artık daha fazla somut fikrimiz vardı.

Değiş-Tokuş

Hazırlığın Zorlukları
Karmaşık ve uzun zaman alan hazırlıklarımızı en ince ayrıntısına kadar betimlemek bu yazının sınırlarını aşar. Fakat projemizi değiştiren iki farklı noktadan mutlaka bahsetmemiz gerekecek:
1. BAAL grubunu her iki ziyaretimizin sonunda, en başından beri çok net bir şekilde ortaya çıkan şey, her iki grubun da birbirinden çok farklı olduğu gerçeğiydi. Wilhelmsburger Lisesi'nde uzun zamandır, düzenli çalışan bir tiyatro grubu yoktu. Sadece bir tiyatro kursu vardı. Kurs hocası; deneyimli BAAL grubu ile uyuşabilmesi için, tiyatro alanında deneyimli öğrencileri kursa seçti. Daha sonra Türkiye'deki partnerlerimizden buluşmamızı altı ay sonrasına erteleme önerisi geldi. Wilhelmsburg lisesindeki öğrenciler ise, önerilen tarihlerdeki bitirme sınavları yüzünden çalışmaya katılamayacaklarını söylediler. Bu durumda yeni bir grup oluşturmalıydık. Bunun üzerine İstanbul'daki buluşmamızdan tam dört hafta sonra yeni bir grup oluşturabildik. 12 öğrenciden 11'i göçmen, bunlardan da 8'i Türkiye kökenli gençlerdi. (Wilhelmsburg'daki bir lise için çok tipik bir durumdu bu. Daha önce seçilmiş grup da benzer özellikleri taşıyordu.) Gruptaki bazı katılımcılar birbirlerini tanımıyorlardı, bazıları ise daha önce tiyatro deneyimi yaşamamışlardı. Bu şekilde, değiş-tokuş projesine katılacak her iki grubun yapısal farklılıkları daha da keskinleşmiş oldu.
2. İstanbul'dan gelecek olanların vizelerinin zamanında çıkmaması, Hamburg'da yapacağımız buluşmayı bağlayıcı bir biçimde etkiledi.

„Günlük Yaşamıma Hoş Geldin – HamburgİstanbulKaynaşması"
Karşılaşma; 2010'un sonbaharında, birbirini arka arkaya takip eden birer haftalık zaman dilimlerinde, önce İstanbul'da, sonra da Hamburg'da gerçekleşti. Karşılaşma zamanlarının birbirine bu kadar yakın olmasından dolayı, gençler yaşadıkları yoğun deneyimlerle yüzleşmek ve „Gerilim" teması ile uğraşmak durumundaydılar. İki farklı yaşam alanı üzerine de doğrudan olarak gözlem yapıp her iki alanı karşılaştırmalı olarak anlamak mümkündü. Özellikle, okul (örn: sınav baskısı, ders ortamı, öğrenci ve öğretmenler arasındaki ilişkiler), aile (örn; kadın-erkek rolleri, anne, baba ve çocuk arasındaki ilişkiler) ve şehir yaşamındaki kültürel farklılıklar ve benzerlikler dikkate alındı. Bu alanlardaki izlenimleri toplamakla kalmadık, aynı zamanda tiyatro ve filmin diline de çevirdik. Bu sahneler daha sonra, iki farklı gösteri ile bir çok insana sergilendi ve herkesi işlenilen konular hakkında düşünmeye, gülmeye ve tartışmaya itti.

İstanbul

İstanbul'daki tiyatro çalışmalarını, Theater am Strom tiyatrosundan Hamburg'lu oyuncu Morena Bartel, Hamburg'daki çalışmaları ise Ali Kırkar yönetti. Her iki haftada da sergilenen çalışma biçimleri birbirinden çok farklıydı. Morena Bartel Hamburg'lu öğrencileri kamusal alanda araştırma yapmaya motive etti ve şehirdeki gözlemlerinden ve şehirde yaşayanlarla yaptıkları sohbetlerden yola çıkarak doğaçlamalar yapmalarını sağladı. Doğaçlamalar için tiyatral boş alanlar bırakıldı. Böylece belirlenmiş sahneler İstanbul'dan gelen öğrencilere sergilendi ve onlar da izledikleri bu sahnelerin hem içeriklerini hem de sergilenme biçimlerini değiştirip yeniden sundular. Tiyatral düzlemde yapılan bu tartışmaları lisenin tiyatro salonunda yaptığımız gösteriye taşıdık. Hamburg'lu belgesel yönetmeni Ulrich Raatz kamerasıyla tüm sürece eşlik etti ve gösteride şehrin kimi bölgelerinde çekilmiş görüntüler de sergilendi. Büyük bir heyecanla beklemeye başladık.

Hamburg

Beraber çalışacağımız ikinci haftamız, İstanbul'daki Alman Konsolosluğunun vizeleri uçuş tarihlerine göre vermemesinden dolayı, zorluklarla başladı. Gruptan bir kaç kişi planlanan zamanda, geri kalanı ise iki günlük gecikme ile Hamburg'a ulaşabildi. Bu da bizim için oldukça zor bir durumdu.

Birlikte geçireceğimiz çalışma zamanının azalmasına rağmen; çalışmalarımızda, Ali Kırkar'ın yoğunlaştırılmış programı sayesinde, güçlü içeriklere sahip bir çok sahne elde ettik. Bu defa çalışmalarda şehirde yapılan araştırma bölümleri olmadı. Bunun yerine sahneler; prova yaptığımız mekanda, çeşitli beden ve grup alıştırmalarından yola çıkılarak oluşturuldu.

Süreç Üzerine Düşünme

Hamburg'lu gençlerle bir kaç hafta sonra yaptığımız görüşmeler bize, bu değiş-tokuş projesinin onları kalıcı olarak nasıl etkilediğini gösterdi. İstanbul'da yaşadıkları bir çok şey beklediklerinden çok farklıydı. İstanbul'daki yaşam üzerine kişisel algıları ve değerlendirmeleri hakkında bir daha düşünmeye başladılar. Örneğin, türk kökenli alman gençler, Türkiye'de doğrudan Alman olarak algılandılar. Onların konuştuğu Türkçe Türkiye'de pek anlaşılmadı. Bu deneyim, kendilerini Almanya'da türk ve Türkiye uzmanı olarak sergileme biçimleriyle çatıştı. Ayrıca Wilhelmsburg'lu gençler, İstanbul'daki gençlerin kendilerine görc daha özgür hareket edebildiklerini gördüler. İstanbul onlara, gençlerin akşamları da dışarı çıkabildikleri bir dünya kenti olarak görünmeye başladı. Bir çoğu Hamburg'da ailelerinin katı kurallarıyla yaşamak zorundaydı.

Bu karşılaşmadan sonra, Hamburg'lu gençler, gruplarının çok kültürlü oluşunu daha da bilinçli olarak algılamaya ve bunu pozitif bir değer olarak düşünmeye başladılar. Dikkatli bir biçimde, onların Alman toplumu ile özdeşleşmeleri ve göç hikayesini daha bilinçli algılamaya başladıklarını umut ediyoruz.

Bugün, bu projenin üzerinden geçen iki sene sonra, gelecekte yapılabilecek projelere dair izlenimlerim, sorularım ve planlarım şöyledir: 1. Her iki grubunda tiyatral yetileri birbirinden çok farklıydı: İstanbul'da gelen grup uzun süredir birbiriyle çalışan, kendilerine ait bir isimlerinin olduğu deneyimli bir gruptu. Bu yüzden gruptakiler, verilen yönergelere göre kolaylıkla doğaçlama yapabiliyorlardı. Gruptakilerin; mekan ve ritim duyguları gelişmişti ve birbirilerine karşı duyarlıydılar, bundan dolayı kendi-

lerini bedensel ve duygusal olarak rahatlıkla ifade edebiliyorlardı. Bunun karşısında Hamburg'dan gelen grup çok farklıydı. Deneyimsizlik ve buna bağlı olarak güvensizlik ve çabuk demoralize olmaları grup için önemli temalardı. Bir yandan da, konsept bazlı çalışma söz konusu olduğunda Hamburg'lu grubun önemli potansiyelleri açığa çıktı. Öğrenciler; İstanbul'da bilmedikleri mekanlara büyük bir merak, açıklık ve istekle gittiler. İstanbul'lularla yoğun sohbetler gerçekleştirip, türk partnerlerinin yaşamına dair çok farklı bakış açılarını deneyimlemiş oldular. Öğrenciler, Hamburg'dayken kendi reel çevreleri hakkında hemen hemen hiç tartışmıyorlardı. Ziyaret esnasında Hamburg'a dair izlenimler öylece geride kaldı. Oysaki bu izlenimlerden yola çıkılarak farklı sahneler üretilebilinirdi. Örneğin tema olarak; „Hamburg sıkıcı bir şehir.", „Burada herşey türk." alınıp, bu temalar ile gerçekten ilgilenilseydi, yüzeyselmiş gibi görünen izlenimlerden çok; daha ilginç ve aydınlatıcı sahneler üretilebilinirdi. Hamburg'lu katılımcılar, türk gençlerinin onların Hamburg'daki yaşamlarına olan ilgisinin, onların türk gençlerinin İstanbul'daki yaşamlarına olan ilgisinden daha az olduğu izlenimine kapıldılar. Gençlerin bu izlenimleri, Hamburg'da, tiyatro alıştırmaları ve doğaçlamalar yaparak geçirdikleri bir haftanın sonunda oldukça azalmıştı. Yine de bu gençler, İstanbul'dan gelenlerin onların yaşamlarıyla daha çok ilgilenmelerini istediler. Gösteri yaklaştıkça kendilerini İstanbul'lu gençlere bırakma motivasyonu giderek düştü. Tüm bu düşüncelerini ve hayal kırıklıklarını, projenin üzerinden geçen bir kaç hafta sonra yaptığımız konuşmalarda ifade edebildiler.

Bu hayal kırıklığı, farklı bir kimlik arayışını içermesi bakımından bizim için oldukça ilginçti. Bir çok Hamburg'lu genç için kimliklerini şimdiki zaman (Hamburg-Wilhelmsburg) ve geçmiş (Türkiye kökenli veya başka bir ülke ve ailenin beraberinde taşıdığı kültür) arasında oluşturmak, iddia etmek ve açıklayabilmek oldukça karmaşık bir

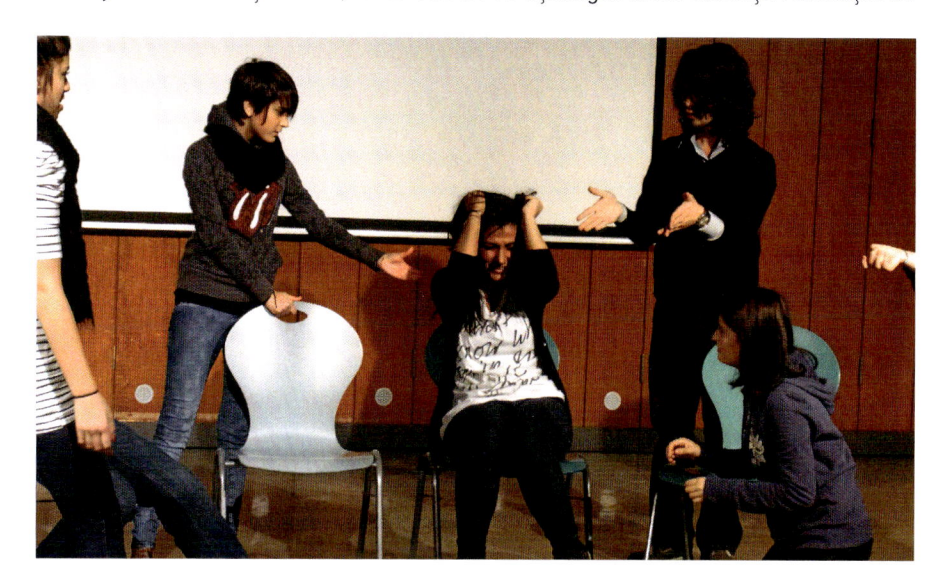

süreçti. Hepsi kendini Wilhelmsburg'lu, bir çoğu da Hamburg'lu, bunun yanında alman yerine türk olarak tanımlıyordu. Bir çoğu; onları duygusal olarak yoran, rahatsız eden ve sürekli arayışta olmalarına neden olan; değerlerin birbiriyle çatıştığı, birbirine karşı çıktığı patchwork kimliklere sahiptiler. İstanbul'lu katılımcılar, bizim gençlerimizin İstanbul'da türk olduklarını düşünseler de, burada onları „Hamburg'lu Alman- Alman Hamburg(eri)" olarak algıladılar. Hamburg'da birden kibirli oldular". „Bu „problemi olmayan, nazik, tiyatral açıdan fit, yeni kazanılmış İstanbul'lu arkadaşlar", onların bu „kompleks" var oluşlarını daha iyi anlayabilselerdi, Hamburg'lu gençlerin kendilerini daha iyi hissetmelerine „yücelmelerine" olanak sağlayabilirlerdi. Buna, vize problemlerinden dolayı kaybedilmiş zaman engel oldu. Wilhelmsburg'lu gençler, grup oluşturulurken çok bariz bir engeli kendileri oluşturdular: Kimileri prova saatlerine düzenli katılmadı, çünkü okul stresi ve çalışmak zorunda oldukları farklı işler onları tiyatroyu hayatlarının önemli bir parçası yapma konusunda alıkoyuyordu. Okul yönetimi tüm projeyi her şekilde desteklediği için problem oradan kaynaklanmıyordu. Bu baskıyı gençler kendi kendilerine oluşturmuşlardı, belki de ebeveynleri evde baskı yapıyorlardı.

İlginç olan, hayal kırıklıklarının; her türlü eleştiri ve başaramama dugusunun ortadan kaldırılmasından sonra tüm bunların ifade edilmesiydi. Yaşanılan bu deneyimlerin derinleştirilmesi ve geliştirilmesi için bu projenin devamının getirilmesini gerekli ve anlamlı buluyoruz. Wilhelmsburg Lisesi'nden genç bir öğretmen Theater am Strom tiyatrosu ile birlikte bu geleneği mutlaka devam ettirmek istiyor. Bu durumda biz de, projenin Hamburg partneri olarak, kimlik arayışındaki farklılıklar ve toplumsal faktörleri yapılacak yeni projenin ana teması yapmak isteriz.

Çalışma biçimlerinin her iki şehir içinde uygun hale getirmek için; günlük yaşamdaki, kamusal alandaki ve öğrencilerin yaşam alanlarındaki araştırmaların tiyatral olarak işlenmesini, her iki şehir içinde daha detaylı konuşmalar yaparak dengelemek isteriz.

Esas itibariyle önceden olduğu gibi farklı grupların bir araya gelmesini tercih ediyoruz ve bunun için hazırız. Nihai olarak bu tarz değiş-tokuş projeleri temelde birlik ve kolay elde edilmiş başarılara odaklı olmamalı, aksine farklılıklar için alan yaratabilmeli. Bizim gruplarımızda kolayca gerçekleşen bu tarz yakınlaşmalar, proje katılımcıları için çok değerli süreçlerdir.

Saygı

Projemizdeki tiyatro pedagojisi çalışmalarının temel koşulları her iki şehirde de İstanbul/Türkiye'de ve Hamburg/Almanya'da farklıydı. Öğrenebildiğimiz kadarıyla, türk meslektaşlarımız gönüllü çalışıyorlardı. Boş zamanlarının büyük bir kısmını tiyatro pedagojisi çalışmaları için harcıyorlardı. Bu tarz projeler için para bulabilecekleri fonlar çok az. Tüm bunların yanında Almanya'ya vize almak konusunda büyük sorunlar yaşadılar. Projenin ikinci kısmı, geç alınan vizeler yüzünden değiştirilmek zorunda kalınan uçak biletlerine harcanan para ile Hamburg'ta yapılabilirdi. Türk meslektaşlarımızın yaşanan bu zorluklara rağmen, projeyi gerçekleştirmek istemelerini büyük bir saygıyla karşıyor, gelecekte koşulların daha rahat olmasını diliyoruz.

Hamburg'taki THEATER AM STROM tiyatrosunda bağımsız çalışan tiyatrocular ise başvurulan proje paralarına bağımlılar. Proje paralarını burada çok farklı adreslerden isteyebiliyoruz, örn: devlet kurumları, vakıflar, sponsorlar. Okulun kasasından ve kültür bakanlığından gelen katkılar da projeyi yapmamızı kolaylaştırdı. Sadece BAG'nin yaptığı katkılarla bile yol masraflarımız karşılanmış oldu. Bugüne kadar yaptığımız projeler sonrasında şu soruları sormadan edemiyoruz; Projeleri planlarken; özellikle şehirlerin bütçelerinde ve mahalli idareler de yapılan kısıntılar söz konusu olduğunda, Türkiye ve Almanya'nın koşulları arasındaki yapısal ve içeriğe dair farklılıkları nasıl göz önünde bulundurabiliriz? Vakıfların, yapılan bu bütçe kısıntılarını telafi edemeyecekleri konusundaki şikayetleri giderek artmakta.

3. *community* & Kommunikation: Kulturelle Bildung exemplarisch

3. Kültürel Eğitimde Toplum ve İletişim Örnekleri

„Alles ganz anders - aber so verschieden nu ooch wieder nicht"
Ein transnationaler Kulturaustausch Berlin-Bademler

Johanna Kaiser

Die Sonne macht sich auf den Heimweg, die Dämmerung bricht an. Eine Herde Ziegen folgt ihrem Hirten ins Dorf. Wir stehen auf dem Vorplatz des hellblau gestrichenen Dorftheaters von Bademler, ca. 30 km von Izmir (Türkei) gelegen, und grüßen den vorüberziehenden Bauern stolz mit dem frisch gelernten ‚iyacsamlar' ! 'N' Abend' kommt es freundlich grinsend zurück.

Einige Stunden später kommt es zu einer weiteren überraschenden Begegnung. Eine junge, sportlich gekleidete Frau kommt auf mich zu und wir kommen ins Gespräch. Sie ist hier in Bademler geboren, in Hamburg aufgewachsen und spricht mit starkem norddeutschem Akzent. Sie freut sich, deutsch sprechen zu können und auf die Aufführung aus Berlin. Ich erfahre, dass sie mit ihrem Mann vor kurzem aus Deutschland wieder nach Bademler gezogen ist. Es ist ein Versuch, in der Türkei Fuß zu fassen. „Wir hoffen, dass wir hier Glück haben werden!" sagt sie und zeigt auf das neueröffnete kleine Café auf dem Marktplatz.

Auch wir hoffen auf unser Glück, auf der Bühne in Bademler.

Der Auftritt der Bunten Zellen (Altentheatergruppe des Theaters der Erfahrungen Berlin*) soll ein Höhepunkt des transnationalen Kulturaustausches werden und bildet den Abschluss unserer fünftägigen Forschungsreise.

Die Konstellation in dieser Unternehmung ist außergewöhnlich:
Beteiligt sind
a) die Theatergruppe ‚Bunte Zellen' aus Berlin, deren Theater sich aus sozial- und gesellschaftspolitisch relevanten Themen speist, die über Improvisation kollektiv erarbeitet und von deutsch-deutschen und türkisch-deutschen Theaterspielerinnen und -spielern im Alter von 65-82 Jahren auf die Bühne gestellt werden,
b) eine Gruppe von Studierenden der ASH Berlin, die größtenteils selbst neben deutsch- auch kurdisch- und türkischsprachig ist und im Rahmen des Profinprojektes** an der ASH dieses Praxisfeld sozialer Kulturarbeit unter dem Fokus transkultureller Prozesse und ästhetischer Verarbeitungsformen von Migration erforschen und
c) Protagonistinnen und Protagonisten aus Bademler***, die Theater spielen oder spielten und größtenteils einige Jahre in Deutschland gearbeitet und gelebt haben.

Die Forschungsarbeit mit den Studierenden vor Ort wird mit entsprechendem Fragenkatalog vorbereitet, das Ziel der Reise ist eine intensive filmische Auseinandersetzung mit Identitäten, Auswirkungen von Migration in den Biografien der Menschen sowie mit Formen von künstlerischen Verarbeitungsmöglichkeiten von Migrationserfahrungen.

Täglich umreißen wir erneut das Forschungssetting, welches hier sehr speziell scheint. Die türkisch- und kurdischsprachigen Studierenden sind gefragt, ihre Kompetenzen in den Interviews mit der theaterspielenden Dorfbevölkerung in Bademler einzusetzen. Mit Mitgliedern der türkisch-deutschen Theatergruppe ‚Bunte Zellen' hatten sie bereits in Berlin gearbeitet und filmische Interviews gemacht.

Nun geht es in die zweite Runde, die Bedeutung des Theaterspiels, die besondere Form hier in Bademler im Kontext von Migration soll erforscht, die Begegnung anlässlich des Gastspiels dokumentiert und transkulturelle Prozesse sowie die Kontextualität der Theaterarbeit im gesellschaftlichen Diskurs sollen ermittelt werden.

Mit der Kamera ausgerüstet brauchen die Studierenden nicht lange zu warten. Neugierig und offen, aufgeschlossen und interessiert gehen die Menschen auf der Straße oder im Café auf uns zu, voller Stolz präsentieren der Bürgermeister und der Theaterverein die Besonderheit dieses Dorfes und dessen Theatergeschichte.

Im Theater lernen

Diese hatte ihren Anfang in den 20er-Jahren, als ein Lehrer begann, mit der ‚aufsässigen' Dorfjugend Theater zu machen. Die Eltern mischten sich ein, auch sie wollten auf die Bühne! „Wir sind nicht lange zur Schule gegangen damals", berichtet ein alter Mann. „Wir lebten von der Hacke, von harter Arbeit. Aber da haben wir uns gedacht, wo können wir noch ein bisschen weiter lernen? Am besten im Theater!" Von nun an gab es jährlich Premieren, das halbe Dorf beschäftigte sich mit Rollenarbeit, Stücke schreiben, Plakate malen, Kostüme nähen, die Faszination zu dem Medium wuchs von Jahr zu Jahr, ein richtiges Theater musste her. Und sie bauten es sich – bis auf das Dach. Ein Sponsor aus dem Nachbardorf half aus – und dann war auch das geschafft.

Auf dem Friedhof zeigt uns der Bürgermeister Gräber, die nicht nur die Inschrift des hier Beerdigten, sondern auch den Namen seiner Lieblingsrolle zeigen. Leben und Sterben mit und für das Theater. Mittlerweile organisiert das Dorf den nationalen Amateurtheatertag am 27. März mit einem jährlichen Theatertreffen in Bademler, das nationale Jugendtheatertreffen findet in Bademler statt, es gibt Autoren, die extra für dieses Dorf ein Stück schreiben. Es gibt einen Kulturverein, der über Nachwuchsmangel nicht zu klagen hat und es gibt Gäste aus aller Welt. So auch uns.

Die Aufführung findet drei Stunden später als angekündigt statt. Die Zeit wird weiter genutzt und die Studierenden machen weitere Interviews mit einigen Dorfbewohnern, während die Spieler/-innen der Bunten Zellen des „Theaters der Erfahrungen" aus Berlin zum Teil hinter der Bühne dösend auf ihren Auftritt warten, zum Teil mit den Kolleginnen und Kollegen des Dorftheaters plaudern.

So findet sich schließlich Clemens aus Berlin mit Hassan, dem ehemaligen Bürgermeister von Bademler, auf einem Sofa mitten auf der Bühne wieder: Ein wunderbares Forschungssetting für transkulturelle Begegnungen. Die Kamera wird ins Laufen gebracht und Hassan versucht Clemens die Bedeutung des Theaters zu beschreiben. Auch er war einige Jahre in Deutschland, spricht jedoch zunächst im Interview türkisch. Eine Studentin übersetzt.

Plötzlich schaut er Clemens bewegt an. Er sucht nach deutschen Worten, möchte seinen Gesprächspartner nun direkt anzusprechen, um ihm sichtlich bewegt zu sagen, was ihm auf dem Herzen liegt. Er strahlt ihn an, offensichtlich hat er die richtigen Worten gefunden: „Theater, Theater – einfach wunderbar!"

Es ‚funkt' zwischen den beiden Herren; eine transkulturelle Begegnung die in diesem Moment alles über die Bedeutung des Theaters in diesem Kontext und für diese Menschen aussagt.

Und die Aufführung wird tatsächlich wunderbar. Ganze Familien kommen, der Saal füllt sich. Das Stück mit dem Titel: ‚Ganz anders aber so verschieden nu ooch wieder nicht' erzählt von Migrationserfahrungen im deutsch-deutschen und türkisch-deutschen Kontext. In einer Parallelmontage baut sich ein perspektivreiches Bild auf der Bühne auf, welches eher Gemeinsamkeiten als Differenzen heraus arbeitet.

Der Schlussapplaus ist begeistert, auch nach der Vorstellung bleiben viele Zuschauer_innen noch zu einer Diskussion. Fachkundige Fragen über die Theaterarbeit, Probenrhythmus, Methoden, die Gruppenarbeit und die Regie werden gestellt, daneben wird reges Interesse an den aktuellen gesellschaftlichen Zuständen in Deutschland sichtbar: „Gibt es rassistische Reaktionen auf das Stück in Deutschland? Ist es normal, dass deutsche alte Menschen und deutsch-türkische alte Menschen zusammen über Migrationserfahrung Theater machen?" Normal? Wahrscheinlich nicht.

Zumindest ist diese Begegnung hier außergewöhnlich!

Hintergrundinfos

* Zu den Bunten Zellen (deutsch-türkische Altentheatergruppe): www.theater-der-erfahrungen.de

** Zu Profin (Projektleitung Prof. Johanna Kaiser): Seit 2010 konnten an der Alice Salomon Hochschule in Berlin vom DAAD (Profin) unterstützt Projekte initiiert werden, die die Ressourcen von Studierenden im transkulturellen Beziehungsfeld fördern. Neben einem Mentoringprogramm (initiiert von Prof. Dr. Dariuš Zifonun) für Studierende der sozialen Arbeit und diversen Netzwerkaktivitäten wurde in der Lehre im Bereich Theater dazu ein Schwerpunkt zur Förderung studentischer Ressourcen im transkulturellen Kontext ausgebaut.

*** Zu Bademler: HüriyettArtikel: http://tinyurl.com/bgst24d

"Her şey farklı – Ama o kadar da değil!"
Berlin – Bademler uluslararası kültür değişimi

Johanna Kaiser

Güneş evine doğru yola çıkarken, alacakaranlık çöküyor. Bir keçi sürüsü çobanını takip ederek köye doğru gidiyor. Açık maviye boyanmış Bademler Köy Tiyatrosu'nun – İzmir'e (Türkiye) 30 km. uzaklıkta bulunan – ön bahçesinde dikilip, gururla yeni öğrendiğimiz 'iyacşamlar' deyimiyle geçen bir köylüyü selamlıyoruz! Samimiyetle sırıtarak 'N' Abend' diyerek karşılık veriyor.

Bir kaç saat sonra başka bir süpriz karşılaşma oluyor. Spor giyimli genç bir kadın bana doğru geliyor ve sohbete başlıyoruz. Burada Bademler'de doğmuş, Hamburg'da yetişmiş ve koyu bir Kuzey Almanya aksanıyla konuşuyor. Almanca konuşma olanağı bulabildiği ve Berlin'den gelen bir oyun izleyeceği için çok sevinçli. Kocasıyla kısa bir süre önce Almanya'dan tekrar Bademler'e taşındığını öğreniyorum. Türkiye'de tutunma çabası içindeler. "Burada şansımızın yaver gideceğini ümit ediyoruz." diyerek yeni açtıkları pazar yerindeki kahveyi gösteriyor.

Biz de, Bademler'de sahnedeki şansımızın yaver gitmesini ümit ediyoruz.

Bunte Zellen[1]'in (Berlin'den Theater der Erfahrungen[*2]'in yaşlılar tiyatro grubu) gösterisi uluslararası kültür değişimi programının doruk noktası ve beş günlük araştırma gezimizin de kapanışı olacak.

Bu girişimde bir araya gelen gruplar alışılmışın çok dışında:

a) Tiyatro oyunları, doğaçlamalarla kollektif olarak geliştirilip 65-82 yaşları arasında (batı) Alman-(doğu) Alman ve Türk-Alman oyuncular tarafından sahnelenen sosyal ve toplumsal politik önemli konulardan beslenen Berlin'den 'Bunte Zellen' tiyatro grubu,

b) büyük bir kısmı Almanca'nın yanı sıra Kürtçe ve Türkçe konuşabilen, Profin[**] projesi çerçevesinde göçmenliğin transkültürel sürecine ve estetik ele alış yöntemlerine odaklanarak sosyal kültürel çalışmanın bu uygulama alanını araştıran Berlin ASH[3]'dan bir öğrenci grubu ve

c) tiyatro oynayan, oynamış olan ve çoğunluğu bir süre Almanya'da çalışıp yaşamış Bademler[***]'den kadın ve erkek başoyuncular katılıyorlar.

Araştırma, üniversite öğrencileriyle olay mahallinde uygun soru listesi hazırlanarak başladı. Gezinin amacı, kimliklerle, göçmenliğin insanların yaşamlarına etkileriyle ve göçmenlik deneyimlerinin sanatsal ele alma olanaklarının biçimleriyle yoğun sinemasal bir uğraşım olacak.

Şimdi burada çok özel görünen araştırma alanının çerçevesini her gün yeniden bozup çiziyoruz. Türkçe ve Kürtçe konuşan öğrencilerden yeteneklerini, Bademler'de tiyatro oynayan köylülerle yapılan söyleşilerde kullanmaları bekleniyor. Bu öğrenciler, Berlin'de Alman-Türk tiyatro grubu 'Bunte Zellen' ile önceden çalışıp sinematik söyleşiler yapmışlardı.

Şimdi ikinci tur geliyor: Tiyatronun anlamı, yani burada Bademler'deki özel biçimi, göçmenlik bağlamında araştırılacak ve misafir oyun sebebiyle gerçekleşecek buluşma belgelenecek. Hem transkültürel süreç hem de toplumsal söylemdeki tiyatro çalışması bağlamsallığı ortaya çıkartılacak. Kamerayla donanmış öğrencilerin daha fazla beklemeye ihtiyaçları yok. Sokaklardaki, kahvelerdeki insanlar merakla ve ilgiyle bize doğru geliyorlar. Muhtar'la tiyatro derneği üyeleri bize köyün özelliklerini ve tiyatro tarihlerini anlatıyorlar.

Tiyatroda öğrenme

Bu hikayenin başlangıcı, bir öğretmenin 'isyankar' köy gençleriyle tiyatro yapmaya başladığı, yirmili yıllara dayanıyormuş. Aileler olaya karışmış ve onlar da sahneye çıkmak istemişler! Yaşlı bir adam, "Biz, o zamanlar pek okula devam etmezdik", diye anlatmaya başlıyor. "Kazmaya giderdik, geçimimizi ağır işten sağlardık. Ama sonra, kendi kendimize düşündük: Biz, başka nerede bir şeyler öğrenebiliriz? En iyisi tiyatroda!" İşte her yıl, köyün yarısının rollerle, oyunların yazılmasıyla, afişin hazırlanmasıyla, kostümlerin dikilmesiyle uğraştığı prömiyerler olurmuş, yıldan yıla medyanın ilgisi artmış ve doğru dürüst bir tiyatro binası yapmak için kolları sıvamak zorunda kalmışlar. Ve binayı da inşa etmişler – çatıya kadar. Komşu köyden bir sponsor onlara yardım etmiş – ve sonra binayı tamamlamışlar.

Muhtar bize mezarlıkta, ölenlerin adlarının dışında oynadıkları en sevdikleri rollerin de yazılı olduğu mezar taşlarını gösterdi. Tiyatroyla, tiyatro için yaşamak ve ölmek.

Bu arada her yıl Bademler'de 27 Mart'taki Ulusal Amatör Tiyatro Günü organize edilmekte, Ulusal Genç Tiyatro Buluşması Bademler'de gerçekleşmekte ve özel olarak bu köy için oyun yazan yazarlar bulunmakta. Genç kuşak eksikliği çekmeyen bir Kültür Dernekleri ve dünyanın her yerinden gelen ziyaretçileri var. Bizim gibi.

Oyun planlandığından üç saat gecikerek başlıyor. Bu zaman değerlendiriliyor ve öğrenciler – Berlinli "Theater der Erfahrungen"'in tiyatro grubu Bunte Zellen'in kimi oyuncuları kuliste uyuklayarak oyunun başlamasını beklerken, kimileri köy tiyatrosundaki meslektaşlarıyla çene çalarken – bazı köylülerle röportaj yapmaya devam ediyorlar.

Böylece Berlinli Clemens ile Bademler'in eski muhtarı Hasan sahnenin ortasındaki kanepede biraraya geliyorlar: Transkültürel bir buluşma için harika bir araştırma ortamı. Kamera çalışıyor ve Hasan, Clemens'e tiyatronun önemini anlatmaya çabalıyor. O da bir kaç yıl Almanya'da kalmış, ama söyleşiye önce Türkçe konuşurak başlıyor. Bir öğrenci çevirmenlik yapıyor.

Hasan birdenbire heyecanla Clemens'e bakıyor. Almanca sözcükler arıyor, kalbinden geçenleri ona tam olarak heyecanla aktarabilmek için, konuşma arkadaşına doğrudan hitap etmek istiyor. Gözleri parlıyor, belli ki doğru sözcükleri bulmuş: "Theater, Theater – einfach wunderbar!"⁴

İki bey arasında bir "elektriklenme" oluyor, şu anda bu bağlamda ve bu insanlar için tiyatronun anlamı üzerine herşeyi açıklayan transkültürel bir karşılaşma gerçekleşiyor.

Ve gösteri belli ki çok harika geçecek. Bütün aileler geliyor ve salon doluyor. 'Her şey farklı ama o kadar da farklı değil' adlı oyun, (batı) Alman-(doğu) Alman ve Türk-Alman bağlamında göçmenlik hikayeleri anlatıyor. Farklılıklardan çok ortak yanları gösteren çok açılı bir resim sahnede paralel bir kurgu içinde oluşuyor.

Oyunun sonunda çok duygusal bir alkış kopuyor. Gösteriden sonra seyircilerden bir çoğu konuşmak için kalıyor. Tiyatro çalışması, prova düzeni, yöntemler, grup çalışması ve reji üzerine uzmanlık soruları soruluyor. Bunun yanısıra Almanya'daki güncel sosyal duruma belli ki büyük bir ilgi var: "Almanya'da oyuna ırkçı tepkiler geliyor mu? Yaşlı Almanların ve yaşlı Alman-Türkler'in birlikte göçmenlik deneyimleri üzerine tiyatro yapması normal mi?"

Normal?

Galiba değil.

En azından bu karşılaşma burada alışılmışın dışında!

Metinde geçen bazı sözcükler için açıklamalar:

* Bunte Zellen (Alman-Türk yaşlılar tiyatro grubu): www.theater-der-erfahrungen.de

** Profin (Prof. Johanna Kaiser'in yönetimi altında): 2010'dan beri Berlin Alice Salomon

Yüksekokulu'nda DAAD (Profin) tarafından desteklenen, transkültürel alanda öğrencilerin potansiyellerini geliştiren projeler hayata geçirilebildi. Sosyal Hizmet öğrencilerinin Rehberlik programınının (Prof. Dr. Dariuš Zifonun tarafından gerçekleştirilen) ve çeşitli etkinlik ağlarının yanı sıra ayrıca tiyatro bölümünde öğrencilerin transkültürel bağlamdaki yeteneklerini desteklemek için önemli bir alan açıldı.

*** Bademler: Hürriyet gazetesinden bir haber: http://tinyurl.com/bgst24d

1 Renkli Hücreler ç.n.
2 Berlin Deneyimlerin Tiyatrosu ç.n.
3 ASH: Alice Salomon Yüksekokulu ç.n.
4 "Tiyatro, tiyatro – gerçekten harika!"ç.n.

Türkiye'de Almanca Dersi için Eğitsel Oyunların Geliştirilmesi
Topaç Oyunu Örneğinde

Hasan Coşkun

Özet

Türkiye'de Almancaya olan ilgiyi arttırmak ve Almanca düzeyini yükseltmek için kuşkusuz değişik önlemlerin alınması ve geliştirilmesi gerekmektedir. Almanca dersi cazip ve ilgi çekici olmalıdır. Öğrencilerin motive edilmeleri için Almanca dersinin veriliş yöntemi oldukça önemlidir. Bunun için, yabancı dil öğretim bilgisi ile okul ve sosyal pedagoji alanındaki deneyimleri önermek mümkündür. Geleneksel Almanca dersiyle karşılaştırdığımızda, belirtilen alanlarda edinilen bilgilerden yararlanıldığında öğrencilerin ilgisini çekmek ve kendilerini güdülemek daha kolay olur. Bu bağlamda değişik eğitsel öğrenme türlerinin kullanımı ön plana çıkmaktadır.

Okullarda, yükseköğretim ve geleneksel eğitim birimlerinin dışındaki kurumlarda 340.000 Almanca öğrenen vardı (Bakınız Netzwerk Deutsch, 2010). Öğrenciler, eğitim alanındaki AB uyum önlemleri bağlamında ortaöğretim kurumlarında, özellikle derslerin bir bölümünün bir yabancı dilde verildiği ve Anadolu liseleri diye adlandırılan liselerde iki yabancı dil öğrenmektedirler. Bundan dolayı gelecek yıllarda Almanca öğrenen öğrencilerin sayısı büyük bir oranda artacaktır (Bakınız Ankara'daki Türk ve Alman Kültür İşleri Kurulunun 2012 Yıllı Raporu).

Bu bölümde, Yabancı Dil olarak Almanca (DaF) dersi için geliştirdiğim topaç oyunu örneğinde eğitsel oyunların Almanca dersinde nasıl başarılı bir şekilde kullanıldığı ortaya konulacaktır. Bu bağlamda oyun fikri, oyun kuralları, konuşma kalıpları, hedef grupları, dil kombinasyonları (bileşimleri), oyun türevleri, oyunun kendisi ve eğitici materyaller konusuna değinilecektir.

Çocuk oyuncakları alanında tanınmış Alman firması HABA "Çocuklar için oynamanın neden önemli olduğu" sorusuna aşağıdaki cevapları vermektedir:
1. Oynayan kişi, yalnız değildir.
2. Oynayan kişi, kılıktan kılığa girer.
3. Oynayan kişi, sabırlı olur.
4. Oynayan kişi, başkalarının söylediklerini dinler.
5. Oynayan kişi, kendine güvenir.
6. Oynayan kişi, konuşur.
   (HABA, o.J. S. 4-5)

Anahtar sözcükler: Yabancı dil olarak Almanca, topaç oyunu, dil dersi, özel öğretim bilgisi

1. Giriş

Bu makalede „Oyunlarla Dil Öğretimi„ (Coşkun, 2006) kitabındaki eylemsel yaklaşım ile olan deneyimler ışığında, topaç oyunu, öğretim bilgisi açısından ele alınacaktır. Almanca dersini Türkiye'de öğrenenler için ilgi çekici duruma getirmek amacıyla geleneksel yöntemsel düzenleme gözden geçirilmelidir. Almanca dersi, Türkiye'de ilkokulda, ortaokulda, lisede ve üniversitede genelde ikinci yabancı dil olarak okutulduğundan dolayı bu ders okuyucu için özellikle ilgi çekici duruma getirilmelidir. Burada, Türkiye'de İngilizcenin hemen hemen bütün eğitim kurumlarında birinci yabancı dil olarak okutulduğunu belirtmek istiyorum. Derste değişik yöntemlerin ve „yabancı dil olarak Almanca" (DaF) dersi için geliştirilen ve öğretim bilgisi açısından düzenlenen eğitsel oyunların kullanılması çok önemlidir. Burada, Türkiye'de ilkokulda öğretim bilgisi açısından geliştirilen eğitsel oyunların hemen hemen kullanılmadıklarını ve büyük oranda önemsenmediklerini belirtmek istiyorum. Aşağıda, eğitsel oyunların yabancı dil dersinde kullanılması adım adım anlatılacaktır.

2. Topaç Oyunlarının Tarihçesi

Hemen hemen her ülkede topaç oyununun bilindiği düşünülmektedir. Antropoloji açısından insanlar her zaman, yuvarlanan ve kendi etrafında dönen objelere ilgi duymuşlardır. İnsanlar büyük bir olasılıkla, topaçlar sanayide üretilene kadar yuvarlak taşlarla, çakıllarla, yuvarlanabilir özelliğe sahip fıstık, ceviz, fındık, kestane ve portakallarla ilgilenmişlerdir. Bu objeleri elle veya bir araçla harekete geçirmek insanlar için ilgi çekici olmuş olabilir. Objenin olanaklar dahilinde kendi etrafında uzun süre dönüyor olması, daha da ilgi çekici olabilir.

Arkeolojik kazılardaki buluntuların kanıtladığı gibi, topaç en eski oyunlardan biridir. Topaç oyuncak olarak kullanılmaktan başka kumar ve falcılıkta da yerini almıştır. Topaç, teknikte sağlamlaştırmada ve navigasyonda kullanılmaktadır. Çünkü, kendisine dışarıdan bir müdahalede bulunulmadığında, dönme içtepinin yönü aynı kalmaktadır. Dönme ekseni, dönme içtepisinin yönü ile aynı olduğu durumda da bu kural değişmemektedir.

Topaç ezelden beri dünyanın her yerinde insanları büyülemiştir. Topaçla, sadece çocuklar tekrar tekrar oynamamaktadırlar. Değişik alanlardan gelen bilim insanları da topaçla ilgilenmektedirler. İlahiyatçılar ve felsefeciler karşılaştırmalar için topacı kullanmaktadırlar. Sanatçılar ve müzisyenler topaçtan ilham almaktadırlar, Topaç değişik bilim kollarında ele alınmış. Fizik ve halk biliminde çocuk oyuncağı olarak ayrıntılı bir şekilde ele alınmış. Topaç, tarih, pedagoji, felsefe, teoloji, dilbilim, biyoloji, hukuk, ufoloji gibi klasik bilim dallarında da ilgi görmüştür. (http://www.institut-fuer-kreiselforschung.de/ Erişim tarihi 30.03.2013)Açık havada yapılan oyun için ahşaptan yontulmuş bir topaca, 70-80 santim uzunluğunda ve ucuna bir ip bağlı olan çubuktan yapılmış kamçı ve üzerinde yeşilliğin olmadığı düz bir alan gerekmektedir. Amaç, topacı ucu üstünde kamçıyı kullanarak çevirmek ve bunun yine kamçı ile olanaklar dahilinde uzun süre çevirmektir. Oyundaki başarı, topacın dönme süresi ile doğru orantılıdır.

Bir topacı kamçı ile çevirmek için, kelimenin tam anlamıyla, topaca kamçı ile yandan vurulmalıdır. Bu eylemi uzun süre devam ettirmek için topaca kamçı ile sürekli vurulmalıdır. Kamçının yapıldığı materyal her zaman önemli idi. Avrupa'da kamçı yılanbalığı derisinden yapılıyordu. Yılanbalığı derisi bir taraftan ucuz ve yumuşak, diğer taraftan dayanıklı idi. Diğer kültürlerde insanlar değişik deriler, lifler ve dokuma şeritleri (ipleri) kullanıyorlardı. (http://www.peitschenkreisel.de/ Erişim 30.03.2013)

Dil dersi için geliştirdiğim topaç oyununu tasarlamaya ilişkin oyun fikri, İç Anadolu'da bulunan Ankara ilinde yer alan bir köyde edindiğim deneyimlere dayanmaktadır. Köyümüzde o zamanları kırbaç topaç yaygın idi.

Kırbaç topacı açık havada eğitsel oyun olarak kullanmak kolaydır. Oyun alanına taş plakalar serilebilir. Oyun alanı büyüklüğü (ölçüsü) dikkate alınarak, topaç çerçevesi (çantası) için geliştirilen döşeme / tabanlık, her bir taş plakanın üstüne bir resim, söz konusu numara ve üç dildeki yazılarıyla birlikte gelecek şekilde büyütülür. Her resmi ayrı ayrı büyütme taş plakanın ölçüsüne göre büyütme olanağı da bulunmaktadır. Öğrenciler, örneğin müzik eşliğinde dervişler gibi oyun alanında bir topaca benzer şekilde dans edebilirler.

3. Dil Dersi *İçin Geliştirilen Topaç Oyunu Çantasının* Temel Yapısı
Bizzat geliştirilen topaç oyununun tasarımının amacı, örneğin dışarıda, açık havada yerde oynanan topaç oyununun evde, boş zamanları değerlendirme kurumlarında, okullarda halının veya masanın üstünde oynanmasıdır.

Bir topaç oyun takımı, iki çantadan oluşmaktadır. Bir çantayı ise üç çerçeve meydana getirmektedir. Her çerçeve 40 x 40 x 3,5 cm ölçülerinde bir kare formatında üretilmiştir. Çerçeveler iki taraftan iki vida, dört pul ve iki somun ile birbirine tutturulmaktadır. Üç çerçeveden oluşan bir çantada, her çerçeve için beş topaç, resimli döşemeler/tabanlıklar (oyun alanı / karton / mukavva), oyun kuralları, bir yazı tura madalyonu veya bir zar bulunmaktadır. Bundan dolayı topaç oyunu çantası, iki işlevi yerine getirmektedir. Her bir çerçeve aynı zamanda oyun alanı olarak kullanılmaktadır. Çerçeveler birleştirildikten sonra oyun için gerekli olan materyalleri (aksesuarları) içeren bir kaba dönüşmektedirler. Taşımak için her çantanın ortasındaki çerçevede bir tutamak bulunmaktadır.

Değişik konular için geliştirilmiş ve çerçevelerin içine yerleştirilen döşemeler/tabanlıklar bulunmaktadır. Her oyun mekanının döşemesinde / tabanlığında 25 resim bulunmaktadır. 00 numaralı resim anahtar sözcüğü karakterize etmektedir. Diğer 24 resim, belirli bir konu ile ilgili olarak belirlenmiştir. Her grup için tasarlanan oyun takımında 5 topaç bulunmaktadır. Bu topaçlardan birinin üzerinde anahtar sözcüğü yer almaktadır. Diğer dört topacın her birinde ise toplam 25 sözcükten bir sözcük bulunmaktadır. Takımda ayrıca bir zar vardır.

4. Bir örnek: „Boyalı Kuş" Topaç Oyununun Aksesuarları
Topaç Oyunu aşağıdaki parçalardan oluşmaktadır:
a) 2 topaç oyunu çantası, her biri için oyun alanı olarak 3 çerçeve
b) Her biri 36 x 36 x 0,2 cm ölçülerinde resimli döşemelikler / tabanlıklar
c) 5 topaç (üzerinde sözcük listesinden bir resmin bulunduğu 4 ve üzerinde boyalı kuş resminin bulunduğu bir topaç)
d) Bir zar veya bir yazı tura madalyonu
e) Bir oyun talimatı
f) Öğretici materyal

Boyalı Kuş (masal) konusu ile ilgili öğrenci yaprağı, hakem yaprağı, bulmaca gibi öğretici materyallerin geliştirilmesi düşüncesi „Oyunlarla Dil Öğretimi" (Coşkun, 2006:145-146/202-207) adlı kitaptan uyarlandı ve oyun kuralları oyuna uygun olarak yazıldı.

5. Oyun Kuralları
01. Topaç oyunu 4 oyuncu ve bir hakem ile oynanır.
02. Oyun, oyuncuların yaşına ve dil düzeylerine göre 15 veya 30 dakika sürer.
03. Oyuncuların sırası, bir zar veya bir yazı tura madalyonu ile belirlenir. Kim doğru tahminde bulunursa veya büyük sayı atarsa o ilk önce topacı çevirir.
04. Oyuna başlamadan önce resimli döşemelik / tabanlık çerçevenin içine serilir.
05. Her bir öğrenci ve her hakem bir topaç alır.
06. Hakem üzerinde Renkli Kuş'un resminin bulunduğu topacı alır. Hakem, topacın nasıl çevrildiğini gösterir.
07. Sözcük listesinden 24 + özerinde „Renkli Kuş" resminin bulunduğu 6, toplam 30 topacın ahşap diskin (tekerleğin) üzerinde üç dilli sözcük listesinden bir resim bulunmaktadır. Diskin (tekerleğin) altında ise söz konusu resmin numarası ve üç dildeki (Türkçe, Almanca ve İngilizce) karşılığı yazılıdır.
08. Topacı oyun alanında çeviren her oyuncu aşağıdakileri söyler:
    a) Bir topacım var.
    b) Topacı oyun alanına koyuyorum ve kendisini çeviriyorum.
    c) Topaç değişik resimlerin üzerinden geçecek, bir resim üzerinde kalacak ve devrilecek.
    d) Topacın üzerinde devrildiği resmin bir numarası ve üç dilde tanımı bulunmaktadır.
    e) Türkçesi ... Almancası ... ve İngilizcesi ... olan bir resim görüyoruz.
    f) Sıra sende.
    g) Teşekkürler.
    h) Rica ederim.
    i) Bir topacım var vs.

9. Oyuncu topacı çevirir.
Aşağıdaki diyalog gerçekleşir:
   a) Topacım kendi etrafında dönüyor ve bir çok resmin üzerinden geçiyor.
   b) Topacım bu resmin üzerinde devrildi (parmakla gösterilir).
   c) Bu resmin numarası ....
   d) Resmin Türkçesi ...., Almancası .... ve İngilizcesi ....
   e) Sıra sende.
   f) Teşekkürler.
   g) Rica ederim.
   h) Bir topacım var ve onu çeviriyorum vs.
10. Her oyuncu bir öğrenci yaprağı alır.
11. Öğrenciler, topaçla üzerinde bulundukları resimlerin tanımlarını öğrenci yaprağına yazarlar. (Oyuncunun her oyun turunda topaç ile birden fazla resmin üzerinde bulunmuş olması önemlidir.)
12. Bütün resimler gezildikten ve adlandırıldıktan veya öngörülen süre bittikten sonra, her oyuncu öğrenci yaprağındaki numarayı ve resimlerin üç dildeki tanımlarını söyler.
13. Planlanan zamana göre eğitsel oyun için geliştirilen materyaller, yardımcı (ek) oyunlar ve alıştırmalar uygulanır.
14. Hakem, oyuncuların kurallara uymalarına dikkat eder ve öğrenciler tarafından doldurulan öğrenci yapraklarını değerlendirir.
15. Öğrenciler etkileşim halinde oyun mekanını (oyun masasını) toplarlar ve çantaları kapalı duruma getirirler.
16. Kapalı duruma getirilen çantalar öğretmene verilir.

6. Oyun Varyasyonları (Farklı Oyunlar)
Yukarıda belirtildiği gibi, seçilen konu ile ilgili sözcükler, değişik alıştırmalar ve tamamlayıcı (ek) oyunlarla pekiştirilmelidir. Aşağıdaki tamamlayıcı (ek) oyunlar devreye sokulmalı veya çocuklar tarafından kendiliğinden yapılmalıdırlar:
1. Dil Kulesi
2. Ara ve Bul
3. Kutu üstünde topaç

Birinci oyun „Oyunlarla Dil Öğretimi" (Coşkun, 2006: 62, 63, 89) ayrıntılı bir şekilde ele alındı. 2013 yılında yeni bir tamamlayıcı (ek) oyun düşüncesi taslak olarak geliştirildi. Üçüncü oyun varyasyonu üzerindeki çalışmalar devam etmektedir.

7. Sözcük Dağarcığı*nın* Pekiştirilmesi için Alıştırma Türleri
Öngörülen sözcükleri farklı oyunlardan başka değişik alıştırma türlerine yer vererek kullanma olanağı bulunmaktadır. Aşağıdaki okuma ve yazma alıştırmaları kullanılabilir veya öğrenciler tarafından sürece dahil edilebilir:

7.1. Sözcük Salatası
Bu alıştırma, öğrencinin yan yana koyduğu iki çalışma sayfasından oluşmaktadır. Birinci sayfada bir karede sözcükler bulunmaktadır. Öğrenci bu sözcükleri doğru yan yana getirdiğinde öngörülen Türkçe, Almanca ve İngilizce sözcük grupları oluşur. İkinci sayfada ise üç kolonlu ve 24 aralıklı bir tablo bulunmaktadır. Öğrencilerden, sözcükleri, Türkçe ile başlayarak, üç dilde anlamlarına göre alfabetik sırayı takip ederek tabloya yerleştirmeleri beklenmektedir. Resimlerin anlamlarının hangi dilin alfabetik sırasına göre yapılacağının önceden belirlenmesi, öğrencilerin çalışmalarını ve öğretmenin kontrolünü kolaylaştıracaktır (Coşkun 2006:50-53).

Öğrenciler, bu alıştırma için önce Türkçe sözcükleri ayrı bir kağıda yazarlar. Daha sonra Almanca ve İngilizce karşılıklarını tamamlarlar. Bundan sonra Türkçe sözcükleri Almanca ve İngilizce karşılıkları ile birlikte şerit şeklinde keserler. Daha sonra bu şeritleri Türkçe alfabetik dizinine göre sıraya koyarlar. Bu işlemden sonra Türkçe sözcükleri Almanca ve İngilizce karşılıkları ile birlikte ikinci sayfadaki sözcük listesine yazarlar.

7.2 Bulmaca
Antropolojik açıdan birey, doğal merakı ve öğrenme aşkından dolayı bilgi aramak, tahminde bulunmak ve bizzat bulmacalar geliştirmek ister. Bundan dolayı, günümüzde hemen hemen her gazete, dergi ve dil öğretimi ile ilgili her kitapta bulmacalar bulunmaktadır. Her hafta yayınlanmakta olan bulmaca dergileri (kitapçıkları) bulunmaktadır. Gelişmeler, gelecekte coğrafya, matematik, fizik, biyoloji ve spor gibi ders kitaplarında da bulmacalara yer verileceğini göstermektedir.

Yabancı dil derslerindeki deneyimler, profesyonelce geliştirilen bulmacaların dersi eğlenceli duruma getirdiği, öğrencileri eğlendirdiği ve güdülendirdiğini göstermektedir. Bu nedenle, burada belirtilen öğretim bilgisi yaklaşımı ile ilgili değişik bulmacalar geliştirildi:

Bir örnek: Üç Dilde Sözcük Avı Bulmacası: Türkçe, Almanca, İngilizce. Bu bulmacada „Boyalı Kuş" Masalıyla ilgili (evren: yer, gök, deniz) 24 sözcük bulunmaktadır. Evrenin 24 sözcüğünden 8'i Türkçe, 8'i Almanca ve 8'i İngilizcedir. Bu tip bulmaca, 20 yatay ve 20 dikey kutucuktan oluşan bir karedir. Karede toplam 400 kutucuk bulunmaktadır. Her kutucukta bir harf bulunmaktadır. Bir karede 8 Türkçe, 8 Almanca ve 8 İngilizce sözcük gizlidir. Gizli sözcüklerin ilk harfleri koyu basılıdır.

Öğrenci, önceden verilen sözcük listesine göre gizli sözcükleri üç değişik renkte işaretler: Türkçe kırmızı, Almanca mavi ve İngilizce yeşil. Kesişme noktalarındaki harfler iki renkli olabilir. Çözümler de bu üç renkte belirtilmiştir (bkz. Coşkun 2006: 91–92).

8. Sosyal ve Oyun Pedagojisi Temelli Topaç Oyunu Etkinliğinin Hazırlanması
Eğitsel oyunların başarılı uygulanması için etkinliğin ayrıntılı bir şekilde hazırlanması gerekmektedir. Bununla ayrıntılı ders hazırlığı kastedilmektedir (bkz. Coşkun, 2011:39; Coşkun, 2013:2). Çünkü eğitsel oyunlarla çalışmak, sosyal pedagojiyi temel almalıdır. Sosyal pedagoji temelli bir çalışmanın hazırlığı kuşkusuz hedef grubuna yönelik olarak yapılmalıdır. Bu bağlamda örneğin eğitim kurumu, katılımcıların yaşı,

oyun deneyimleri, yabancı dil bilgisi, bedensel ve ruhsal durumu, konu, oyun mekanı büyük bir rol oynamaktadır. Burada anılan faktörler kısaca açıklanacaktır.

Eğitim kurumu: „Anadolu Öğretmen Lisesi"
Eğitim süresinin 9. sınıftan itibaren 4 yıl sürdüğü bu eğitim kurumunda öğrenciler özellikle öğretmenlik eğitimine hazırlanmaktadırlar. Öğrenciler ülke genelinde yapılan bir sınav ile seçilmektedirler. Bu eğitim kurumuna devam eden öğrenciler iki yabancı dili öğrenmektedirler. İngilizce çoğu kez birinci yabancı dil olarak seçilmektedir. İkinci sırada genelde Almanca yerini almaktadır. Öğrenciler genelde öğrenmeye isteklidirler.

Bu eğitim kurumuna devam eden öğrenciler genel dersler yanında öğretmenlik eğitimi için önemli olan dersleri de almaktadırlar. Bu ek dersler şunlardır:
>> Öğretmenlik Mesleğine Giriş
>> Türk Eğitim Tarihi
>> Eğitim Psikolojisi
>> Eğitim Sosyolojisi
>> Öğretim İlke ve Yöntemleri
>> Sosyal Etkinlikler

Konu: Eğitsel topaç oyununun kullanıldığı sosyal pedagoji etkinliği ile evren konusunda seçilen sözcüklerin üç dilde öğrenilmesi.
Katılımcılar: Yaşları 15 ve 16 arasında olan 12 öğrenci, 6 üniversite öğrencisi, 1 okul müdürü, 3 öğretmen ve etkinlik yönlendiricisi
Oyun mekanı: Yemekhane, yaklaşık 120 m2 . Katılımcılar için yeterli hareket alanı bulunmaktadır. Grup çalışmaları ve plenum (sınıfça tartışmak) için yeterince yer bulunmaktadır. Masaların büyüklüğü topaç oyunu çantası için uygundur.
Oyun süresi: 120 dakika (30 dakika topaç oyunu ve 90 dakika ek oyunlar ile öğretici materyallerin gözden geçirilmesi için)

8.1. Oyun Pedagojisi Temelli Etkinliğin Hedefleri
Bu etkinliğe katılan öğrenciler;
01. Sosyal pedagoji temelli bir çalışmanın önemini bilirler,
02. Sosyal pedagoji temelli bir çalışmanın olanaklarını bilirler,
03. Boş zamanlarını yabancı dil öğretimi için nasıl anlamlı geçireceklerini bilirler,
04. Oyun kurallarına uymaları gerektiğini bilirler,
05. Nasıl strateji geliştireceklerini bilirler,
06. Rakiplerine karşı nasıl hoşgörülü davranacakların bilirler,
07. İletişim yetilerini geliştirirler başka bir deyişle iyileştirirler,
08. El göz koordinasyonunu sağlayabilirler,
09. Okuduklarını hedefe göre kullanabilirler,
10. Boş zamanların değerlendirilmesinde kullanılan oyuncakların tasarımı, üretimi ve pazarlanması ile ilgilenirler,

11. Evren konusunda geçen sözcüklerin Türkçe, Almanca ve İngilizce karşılıklarını bilirler ve
12. Yabancı dillere ilgi duyarlar.

Sonuç olarak: Katılımcılar, oyun uygulamaları ile iletişim, eğitim, yöntem, hedef geliştirmeyi öğrenirler.

8.2 Oyun ile ilgili Konuşma ve Yönlendirme Konusunda Konuşma Kalıpları
Bir oyunu amaca uygun bir şekilde uygulamak için bir taraftan oyun yönlendiricisinin diğer taraftan oyuncuların konuşma kalıplarına ihtiyaçları bulunmaktadır. Konuşma kalıpları, hedefleri, konuyu, katılımcıların dil düzeyini temel alırlar (bkz. Schart und Legutke, 2012:97-101).

Oyun yönlendiricisi, olanaklar dahilinde, aşağıda verilen tablolardan yola çıkarak hedef, konu, katılımcı sayısı, dil düzeyi, birinci ve ikinci yabancı dilde belirli bir sayıda konuşma kalıpları hazırlamalıdır.

Oyun yönlendiricisinin etkinliğe ayrıntılı bir şekilde hazırlanması çok önemlidir. Oyun yönlendiricisi, söz konusu olabilecek durumlar ve dilsel destek için düşündüklerini ve fikirlerini yazıya dökmelidir. Burada iki tablo kullanıma sunulmaktadır. Birinci tabloda, oyun yönlendiricisinin özellikle katılımcılarla birlikte adım adım geliştireceği topaç oyununun tanıtımına yönelik 5 konuşma kalıbına yer verilmiştir. İkinci tabloda topaç oyununun hazırlanmasına yönelik 5 konuşma kalıbı bulunmaktadır. Bu iki tablodan başka, öğretmenin rezervde tutacağı ve 46 konuşma kalıbını içeren üçüncü bir tablo önerilmektedir. Bu tablolar büyütülmüş şekilde poster olarak da asılabilirler.

8.2.1 Topaç Oyununun Tanıtımına Yönelik Konuşma Kalıpları
Topaç oyunu, uzun uzun bilgi verilerek tanıtılmamalı. Tanıtım daha çok göstererek yapılmalı.

Nr.	Türkçe	Deutsch	English
01	Bu bir Topaç Oyunu Çantası	Das ist ein Kreiselspiel - Koffer.	This is a case for a game of spinning tops.
02	Bu çantanın içinde * Bir tane resimli karton, * Beş tane topaç ve * Bir tane zar bulunmaktadır.	Es gibt in diesem Koffer * eine bebilderte Pappe, * fünf Kreisel und * einen Würfel.	In this case there is; * one cardboard with pictures, * five tops and * one die
03	Her topacın üzerinde bir tane resim bulunmaktadır.	Auf jedem Kreisel gibt es ein Bild.	There is a picture on every top.
04	Topaçlar 00'dan 24'e kadar numaralandırılmıştır.	Die Kreisel sind von 00 bis 24 nummeriert.	The tops are numbered from 00 to twenty four.
05	Oyun alanında 25 tane numaralandırılmış resim vardır.	Es gibt im Spielfeld 25 nummeriert Bilder.	On the game board there are twenty five numbered pictures.

8.2.2 Topaç Oyununun Hazırlanmasına Yönelik Konuşma Kalıpları

Oyun yönlendiricisi, her fırsatı ve her durumu dillerin öğrenilmesi için kullanmalı. Topaç oyununun hazırlanması bir dizi dil öğrenme fırsatı içermektedir. Oyun yönlendiricisinin mobilya, topaç oyunu çantasını ve aksesuarları kullanarak bir çok olayı göstererek açıklama olanağı bulunmaktadır.

Nr.	Türkçe	Deutsch	English
01	Dörtgen bir masanın etrafına oturun (yaklaşık 1 x 1 m).	Setzen Sie sich an einen viereckigen Tisch (ca. 1 x 1 m).	Sit around a square table (ca. 1 x 1 m).
02	Lütfen oyun çantasını masanın üzerine koyun.	Legen Sie bitte den Koffer auf den Tisch.	Put the case on the table please.
03	Şimdi çantayı demonte ediniz.	Demontieren Sie jetzt den Koffer.	Dismantle the case now.
04	Çantanın içinden bütün topaçları, zarı, resimli kartonları ve oyun kitapçığını çıkarın ve masanın üstüne koyun.	Nehmen Sie alle Kreisel, den Würfel, die bebilderten Kartons, die Spielanleitung aus dem Koffer heraus und legen Sie diese auf den Tisch.	Take all the spinning tops, game manual, the die and the cardboards out of the case and put them on the table.
05	Oyun alanının masanın üzerinde düz durmasına dikkat ediniz.	Achten Sie darauf, dass die Spielfläche flach auf dem Tisch liegt.	Make sure that the game board lies flat on the table.

8.2.3 Tartışmalara Yönelik Konuşma Kalıpları

Konuşma kalıplarını öğrenen katılımcılar;
a) Katkıda bulunabilirler,
b) Kendi düşüncelerini bir kez daha güçlü bir şekilde ortaya koyabilirler,
c) Bir katkıya mesafeli reaksiyon gösterebilirler,
d) Sınırlamalar getirebilirler,
e) Hemfikir olduklarını / kabul ettiklerine belirtebilirler,
f) Kuşku duyduklarını / kabul etmediklerini dile getirebilirler ve
g) Uzlaşabilirler.
(bkz. http://daad-pw.rezolwenta.eu.org/konversation/RedemittelDiskussionen.doc Erişim tarihi 15.06.2009)

8.2.4 Rezervde Tutulan Konuşma Kalıpları

Ders veya oyun ile sosyal pedagojiyi temel alan etkinliklerde, oyunların kullanımında katılımcıların birbirleriyle iletişim kurmaları önemli bir hedeftir. Oyun yönlendiricisi etkinliğe ayrıntılı bir şekilde hazırlanmalı ve dersteki iletişim için rezervde tutacağı bir konuşma kalıpları listesi bulundurmalıdır. Bu listeyi zamanla eğitsel oyunlarla olan deneyimlerinden yola çıkarak düzenli bir şekilde genişletmelidir. Bu konuşma kalıpları listesi gerektiğinde büyütülmüş bir pankart olarak duvara asılabilir olmalıdır.

9. Sonuç ve öneriler

Topaç oyunu ile ilgili deneyimler, Türkiye'de eğitsel oyunları kullanarak Almancaya olan ilginin arttırılmasının ve Almanca düzeyinin yükseltilmesinin mümkün olduğunu göstermiştir. Almanca çoğu kez seçmeli ders olarak verildiğinden Almanca dersi cazip ve ilgi çekici bir yöntemle verilmelidir. Bu bağlamda öğretmen yetiştirme eğitimine önemli bir görev düşmektedir. Almanca öğretmen yetiştirme programlarında, yabancı dil özel öğretim yöntemleri yanında okul, oyun ve sosyal pedagojiye de önemli bir yer verilmelidir.

Eğitsel oyunların, sosyal pedagoji açısından öğretici materyal olarak hazırlanmaları ve boş zamanları değerlendirme kurumlarında, okulöncesi, ilk ve ortaöğretim kurumlarında, yükseköğrenimde ve öğretmenlere yönelik hizmet içi eğitim kurslarında kullanılmaları büyük önem taşımaktadır. Eğitici oyunları hedef gruplarına göre yapılandırma olanağı bulunmaktadır. Eğitsel oyunlar, yöntem açısından örneğin okulöncesi eğitim kurumlarında renklerin, sayıların, münferit sözcüklerin ve basit konuşma kalıplarının öğretiminde kullanılabilir şekilde tasarlanmış olmalıdırlar. Ayrıca okulöncesi eğitim kurumlarına devam eden öğrenciler için olanaklar dahilinde ellerini çok kullanabilmeleri önemlidir.

Topaçlar, okulöncesi çocukların ağzına sığmayacak büyüklükte olmalıdırlar. Eğitsel oyunlar öğrencilere iletişim yetilerini diyalog ve ek alıştırmalarla geliştirme olanağı sunmalıdır. Öğretmen yetiştirme eğitiminde ve hizmet içi eğitim kurslarında bu ve benzeri oyunların dil dersinde nasıl kullanıldığı gösterilmeli ve bunların dersteki önemi vurgulanmalıdır. Bundan başka, öğretmenlerin bizzat oyunlar geliştirmeleri, bunlara uygulamalı eğitim bilimi açısından ilgi duymaları önemlidir. Bu yaklaşım, ancak öğretmenin oyun konusunda bizzat deneyim edinmesiyle mümkündür.

Değişik eğitim kurumlarında topaç oyunu ile ilgili edinilen deneyimler, kültürlerarası, duygusal, manüel, bireysel ve grup temelli öğrenmede bir ilişkinin oluştuğu görülmüştür. Oyun yönlendiricisi olarak, öğrencilerin etkinliklere dil açısından aktif katıldıklarını, birbirlerini desteklediklerini, birbirlerine karşı hoşgörülü davrandıklarını, günlük yaşamda da kişilik gelişimi için önemli bir çok deneyim edindiklerini gözlemleyebildim.

Editör Notu:
Hasan Coşkun'un 3. Bölümdeki makalesi Ute Handwerg ve Gerd Koch'un isteği üzerine kitaba dâhil edilmiştir. Makalede çocukluk döneminde kültürel eğitim konusunda; çocuk oyunlarındaki tanıdık, gündelik iletişim biçimlerinin, yabancı dil öğrenimine aktarılması üzerine bir örneğe yer verilmiştir.

Kullanılan Kaynakça

Coşkun, Hasan (2006). Oyunlarla Dil Öğretimi, Spiele im Sprachunterricht, Learning Languages Through Games, İngilizce, Türkçe, Almanca. Ankara: CTB Yayınları, Dağıtım Siyasal Kitabevi.

Coşkun, Hasan (Ed.) (2011). Tokat Örneğinde Günlük Ders Planları ve Eğitsel Oyunlar, Berlin: Dağyeli Verlag.

Coşkun, Hasan (Ed.) (2013). Tokat Otelcilik ve Turizm Meslek Lisesi Örneğinde Öğretim, Planlama, Uygulama ve Değerlendirme, Berlin: Dağyeli Verlag.

Ende, Karin / Grotjahn, Rüdiger / Kleppin, Karin und Mohr, Imke (2013). DEUTSCH LEHREN LERNEN, Curriculare Vorgaben und Unterrichtsplanung, München: Langenscheidt und Goethe Institut.

Die deutsche Sprache in der Welt: „Netzwerk Deutsch" Datenerhebung 2010, http://www.goethe.de/uun/pub/de5759780.htm Erişim tarihi 23.07.2013

Jahresbericht des Türisch-Deutschen Kulturbeirats Ankara für den Zeitraum vom 01.01.2012 bis zum 31.12.2012).

Schart, Michael und Legutke, Michael (2012). DEUTSCH LEHREN LERNEN, Lehrkompetenz und Unterrichtsplanung, München: Langenscheidt und Goethe Institut.

Önerilen Kaynakça

Butzkamm, Wolfgang (2007). Unterrichtssprache Deutsch. Wörter und Wendungen für Lehrer und Schüler, 2. aktualisierte Auflage. Ismaning: Hueber Verlag.

Dauvillier, Christa und Lévy-Hillerich, Dorothea unter Mitarbeit von Herrad Meese (2004). Spiele im Deutschunterricht, Fernstudieneinheit 28. Universität Kassel und Goethe-Institut, München: Langenscheidt.

Diem, Walter (2004): Die schönsten Kreiselspiele, moses, Spiele-Klassiker, Kempen.

Erten, Asalet (1999): Kültürden Kültüre Oyun Çevirisi: Keşanlı Ali Destanı, in: Hacettepe Üniversitesi Edebiyat Fakültesi Mütercim – Tercümanlık Bölümü: Çeviribilim ve Uygulamaları, Ankara.

Huizinga, J. (1938; 1956) Homo ludens. Vom Ursprung der Kultur im Spiel. Reinbek bei Hamburg: Rowohlt.

Parmentier, Michael (2004). In: Dietrich Benner / Jürgen Oelkers (Hrsg.) Historisches Wörterbuch der Pädagogik, Beltz, Weinheim und Basel.

Entwicklung von Lernspielen für den Deutschunterricht in der Türkei am Beispiel eines Kreiselspiels

Hasan Coşkun

Zusammenfassung

Um in der Türkei das Interesse am Deutschen zu stärken und das Niveau der Deutschkenntnisse anzuheben, sind zweifellos die verschiedensten Maßnahmen notwendig. Für die Motivation der Schüler ist die Gestaltung des Deutschunterrichts besonders wichtig. Der Deutschunterricht sollte attraktiver und interessanter werden. Anregungen dafür können Erkenntnisse aus der Fremdsprachendidaktik und der Schul- und Sozialpädagogik geben. Im Vergleich zum herkömmlichen Deutschunterricht können Schüler durch die Anwendung dieser Erkenntnisse aus den genannten Bereichen leichter für das Erlernen der deutschen Sprache interessiert und motiviert werden. Dabei nehmen spielerische Lernformen eine große Rolle ein.

An Schulen, Hochschulen und in außerunterrichtlichen Zusammenhängen gibt es 340.000 Deutschlerner in der Türkei (siehe Netzwerk Deutsch, 2010). Im Rahmen der EU-Anpassungsmaßnahmen im Bildungssektor lernen die Schüler in der Sekundarstufe, vor allem in den sogenannten Anadolu-Gymnasien, in denen ein Teil des Unterrichts in einer Fremdsprache erteilt wird, zwei Fremdsprachen. Die allgemeinen Gymnasien werden in Anadolu-Gymnasien umgewandelt. Dadurch wird in den kommenden Jahren die Anzahl der Deutschlerner stark zunehmen (siehe Jahresbericht des Türkisch-Deutschen Kulturbeirats Ankara 2012).

In diesem Beitrag wird am Beispiel eines Kreiselspiels, das ich für den Unterricht „Deutsch als Fremdsprache" (DaF) entwickelt habe, dargelegt, wie Lernspiele im Deutschunterricht erfolgreich eingesetzt werden können. Dabei wird auch auf Spielidee, Spielregeln, Redemittel, Zielgruppen, Sprachkombinationen, Spielvarianten, das Spiel selbst sowie das didaktische Material eingegangen.

Die renommierte deutsche Firma im Sektor der Kinderspiele HABA gibt auf die Frage „Warum Spielen für die Kinder so wichtig ist" folgende Antworten:
1. Wer spielt, ist nicht allein.
2. Wer spielt, taucht ab.
3. Wer spielt, lernt Geduld.
4. Wer spielt, hört zu.
5. Wer spielt, hat Mut.
6. Wer spielt, spricht.

(HABA, o.J. S. 4-5)

Schlüsselwörter: Deutsch als Fremdsprache, Kreiselspiel, Sprachunterricht, Fachdidaktik

1. Einführung

In diesem Aufsatz wird versucht, das Kreiselspiel anhand der Erfahrungen mit dem handlungsorientierten Ansatz im Buch „Spiele im Sprachunterricht" (Coşkun, 2006) zu didaktisieren. Um den Deutschunterricht für Deutschlerner in der Türkei attraktiver und interessanter zu machen, muss die gegenwärtige traditionelle methodisch-didaktische Gestaltung des Unterrichts überdacht werden. Da der Deutschunterricht in der Türkei in der Grundschule, in der Mittelschule, am Gymnasium und an der Universität in der Regel als zweite Fremdsprache erteilt wird, muss dieser besonders attraktiv für die Lerner sein. An dieser Stelle sei darauf hingewiesen, dass in der Türkei Englisch fast in allen Bildungseinrichtungen als erste Fremdsprache unterrichtet wird. Es ist sehr wichtig, dass die verschiedensten Methoden zum Einsatz kommen, so eben auch Lernspiele, die für den Unterricht „Deutsch als Fremdsprache" (DaF) entwickelt und methodisch didaktisiert werden. An dieser Stelle möchte ich darauf hinweisen, dass in der Türkei im Fremdsprachenunterricht an den Grundschulen die Möglichkeit des Einsatzes von didaktisierten Lernspielen kaum genutzt bzw. stark unterschätzt wird. Im Folgenden werden die wichtigsten Arbeitsschritte für den Einsatz von Spielen im Fremdsprachenunterricht vorgestellt.

2. Zur Geschichte der Kreiselspiele

Fast in jedem Land dürfte es Kreiselspiele geben. Anthropologisch gesehen, hat sich der Mensch immer für rollende und kreiselnde Objekte interessiert. Es ist sehr wahrscheinlich, dass sich der Mensch, bis zur industriellen Herstellung der Kreisel, mit runden Steinen, Kieselsteinen, drehbaren Früchten wie Nüsse, Kastanien, Orangen beschäftigt hat. Interessant dürfte es für den Menschen sein, solche Gegenstände mit der Hand oder mittels eines Instruments in Bewegung zu bringen. Viel interessanter ist es, wenn sich der Gegenstand -nach Möglichkeit- für längere Zeit um sich selbst dreht.

Wie archäologische Funde belegen, ist der Kreisel eines der ältesten Spielzeuge. Außer als Spielzeug wurden Kreisel historisch auch für Glücksspiele und für die Wahrsagung verwendet. In der Technik werden Kreisel beispielsweise zur Stabilisierung und Navigation genutzt, da die Richtung des Drehimpulses gleich bleibt, wenn keine Kraft auf sie wirkt. Der Grund dafür ist die Drehimpulserhaltung. Stimmt die Drehachse mit der Richtung des Drehimpulses zusammen, ändert sich auch diese nicht. Der Kreisel fasziniert die Menschen in aller Welt seit alters her. Nicht nur die Kinder spielen immer wieder gerne damit, auch Wissenschaftler der verschiedensten Disziplinen beschäftigen sich mit dem Kreisel. Theologen und Philosophen ziehen ihn für Vergleiche heran und Künstler sowie Musiker lassen sich von ihm inspirieren. Der Kreisel ist in den verschiedensten Gebieten der Wissenschaft behandelt worden - ausführlich in der Physik und als Kinderspiel in der Volkskunde, aber auch in der Altertumswissenschaft , Geschichte, Pädagogik, Philosophie, Theologie, Völkerkunde, Linguistik, Biologie, Juristerei, Ufologie. (http://www.institut-fuer-kreiselforschung.de/ Zugriff 30.03.2013)Für das Spiel unter freiem Himmel braucht man einen Kreisel aus Holz, eine Peitsche, die aus einem 70-80 cm langen Stock hergestellt und an der Spitze mit Schnur versehen wird und ein ebenes Spielfeld auf einem festen sowie kahlen Boden. Es ist das Ziel, den Kreisel auf dem Boden mittels einer Peitsche an seiner Spitze in Bewegung zu bringen und ihn so lange wie möglich mit der Peitsche in Bewegung zu halten. Der Erfolg des Spielers wird an der Drehzeit des Kreisels gemessen.

Um einen Kreisel mit einer Peitsche in Bewegung zu versetzen, muss dieser im wahrsten Sinne des Wortes von der Seite her ausgepeitscht werden. Es bedarf eines kontinuierlichen Schlagens, um den Schwung über einen längeren Zeitraum aufrecht erhalten zu können. Das Material der Peitsche war immer schon von entscheidender Bedeutung. In Europa wurde hierfür traditionell Aalhaut verwendet, die zum einen günstig und weich, zum anderen sehr widerstandsfähig war. In anderen Kulturen verwendeten die Menschen verschiedene Häute, Fasern oder gewebte Bänder. (http://www.peitschenkreisel.de/ Zugriff 30.03.2013)

Die Spielidee für den Entwurf des Kreiselspiels, das ich für den Sprachunterricht entwickelt habe, entstand aus eigenen Erfahrungen als Kind in einem zentralanatolischen Dorf bei Ankara. Damals war bei uns im Dorf das Spiel des Peitschenkreisels sehr verbreitet.

Es ist ohne weiteres möglich, den Peitschenkreisel unter freiem Himmel als Lernspiel einzusetzen. Die Spielfläche könnte man mit Steinplatten auslegen. Die für den Kreiselrahmen gedachte Unterlage könnte im Maßstab der Spielfläche so vergrößert werden, dass auf jeder Steinplatte ein Bild mit der jeweiligen Nummer und mit der Bezeichnung in drei Sprachen ist. Es ist auch möglich, jedes Bild im Maßstab der einzelnen Steinplatten zu vergrößern. Dies könnte für Bildungseinrichtungen in Massenproduktion hergestellt werden. Die Lerner könnten dann auf der Spielfläche wie ein Kreiselspiel tanzen (z.B. wie Derwische mit Musikbegleitung tanzen).

3. Grundkonstruktion des für den Sprachunterricht entwickelten Kreiselspiel-Koffers

Beim Entwurf eines eigenen Kreiselspiels geht es vor allem darum, dass die draußen unter freiem Himmel auf dem Boden gern gespielten Kreiselspiele auch zu Hause, in Freizeiteinrichtungen, in Schulen usw. auf dem Teppich oder auf dem Tisch gespielt werden können.

Ein Kreiselspielsatz besteht aus zwei Koffern. Ein Koffer besteht wiederum aus drei Kreiselspiel-Rahmen. Jeder Rahmen ist in Form eines Quadrats in der Größe 40 x 40 x 3,5 cm gefertigt. Die Rahmen können an zwei Seiten mit zwei Schrauben, vier Unterlegscheiben und zwei Schmetterlingsmuttern verbunden werden. Die drei Rahmen bilden dann einen Koffer, der für jeden Rahmen fünf Kreisel, bebilderte Unterlagen (Spielfläche / Karton / Pappen), eine Bild- oder Schrift-Medaille, Spielanweisungen und einen Würfel enthält. Daher erfüllt der Kreiselspiel-Koffer zwei Funktionen: Die einzelnen Rahmen bilden zugleich die Spielflächen. Durch das Verbinden der Rahmen wird der Koffer zu einem Behälter für das Spielzubehör. Jeweils am mittleren Rahmen gibt es einen Griff zum Tragen. Es gibt für verschiedene Themen entwickelte Spielflächen, die auf das Spielfeld innerhalb des Rahmens gelegt werden. Auf jeder Spielflächen-Unterlage sind 25 Bilder vorhanden. Das Bild mit der Nummer 00 liefert einen Oberbegriff. Die anderen 24 Bilder sind aus einem bestimmten Themenbereich ausgesucht. Zum Spielsatz für jede Gruppe gehören 5 Kreisel (ein Kreisel mit dem Oberbegriff, die anderen vier Kreisel mit je einem Wort der insgesamt 24 Wörter) und ein Würfel.

4. Ein Beispiel: Spielzubehör für das Kreiselspiel „der farbige Vogel"

Das Kreiselspiel besteht aus folgenden Teilen:
a) 2 Kreiselspiel-Koffer, je 3 Rahmen als Spielflächen
b) Bebilderte Unterlagen, je 36 x 36 x 0,2 cm groß
c) 5 Kreisel (4 Kreisel mit je einem Bild aus der Wortliste und 1 Kreisel mit dem Bild der Figur des farbigen Vogels)
d) ein Würfel oder eine „Bild- oder Schrift- Medaille"
e) eine Spielanleitung
f) didaktisches Material

Die Idee für die Entwicklung des didaktischen Materials (Schülerbogen, Schiedsrichterbogen, Rätsel) zum Thema „der farbige Vogel" (Märchen) wurde aus dem Buch „Spiele im Sprachunterricht" (Coşkun, 2006:145-146/202-207) adaptiert und die Spielanleitung entsprechend verfasst.

5. Spielregeln

01. Das Kreiselspiel wird mit 4 Spielern und einem Schiedsrichter gespielt.
02. Die Spieldauer beträgt je nach dem Alter und Sprach-Niveau der Spieler zwischen 15 und 30 Minuten.
03. Die Reihenfolge der Spieler wird mit einem Würfel bestimmt oder mit der „Bild- oder Schrift- Medaille". Wer richtig rät oder die größte Zahl wirft, der kreiselt zuerst.
04. Vor dem Spielbeginn wird die bebilderte Spielfläche auf den Boden des Rahmens gelegt.
05. Jeder Spieler und der Schiedsrichter bekommen einen Kreisel. 06. Der Schiedsrichter bekommt den Kreisel mit der Figur „der farbige Vogel". Er zeigt, wie gekreiselt werden soll.

07. Bei den 24 (aus einer Wortliste) + 6 („der farbige Vogel") = 30 Kreiseln ist auf der Holzscheibe ein Bild aus der dreisprachigen Wortliste. Auf der Unterseite der Holzscheibe befindet sich die Nummer und die Bezeichnung des jeweiligen Bildes in drei Sprachen (Türkisch, Deutsch und Englisch). 08. Jeder Spieler, der den Kreisel auf dem Spielfeld dreht, sagt Folgendes:
    a) Ich habe einen Kreisel.
    b) Ich stelle ihn auf das Spielfeld und drehe ihn.
    c) Der Kreisel wird verschiedene Bilder berühren, auf einem Bild stehen bleiben und umkippen.
    d) Das Bild, auf dem der Kreisel liegen bleibt, hat eine Nummer und Bezeichnungen in drei Sprachen.
    e) Auf dem Bild sehen wir: auf Türkisch ..., auf Englisch ... und auf Deutsch ....
    f) Du bist an der Reihe.
    g) Vielen Dank.
    h) Bitteschön.
    i) Ich habe einen Kreisel usw. 09. Der Spieler dreht den Kreisel.

Folgender Dialog findet statt:
    a) Mein Kreisel rotiert und berührt mehrere Bilder.
    b) Mein Kreisel ist auf diesem Bild umgekippt (mit dem Finger dorthin zeigen)
    c) Dieses Bild hat die Nummer ....
    d) Das Bild zeigt: auf Türkisch ..., auf Englisch ... und auf Deutsch
    e) Du bist dran.
    f) Dankeschön.
    g) Bitteschön.
    h) Ich habe einen Kreisel und drehe ich ihn usw.

10. Jeder Spieler bekommt einen Schülerbogen.
11. Die Spieler tragen die Bezeichnung der Bilder in den Schülerbogen ein, auf denen sie mit dem Kreisel gewesen sind. (Es ist wichtig, dass der Spieler mit dem Kreisel in jeder Spielrunde mehrere Bilder berührt.)
12. Nachdem alle Bilder berührt und bezeichnet wurden oder die vorgesehene Spielzeit abgelaufen ist, sagt jeder Spieler die Nummern seiner Bilder (auf seinem Schülerbogen) und ihre Bezeichnungen in drei Sprachen auf.
13. Je nach der geplanten Zeit werden spiel-didaktische Materialien, Zusatzspiele und Übungsformen eingeführt.
14. Der Schiedsrichter achtet darauf, dass die Spieler sich an die Regeln halten und wertet die von den Schülern ausgefüllten Schülerbogen aus.
15. In einer Interaktion wird der Spielort (Spieltisch) gemeinsam aufgeräumt und die Koffer zusammengepackt.
16. Die zusammengepackten Koffer werden dem Lehrer übergeben.

6. Spielvariationen

Wie oben bereits hingewiesen, sollen die Wörter aus dem ausgewählten Bereich durch Einsatz verschiedener Übungsformen und durch ergänzende Spiele eingeübt werden. Folgende Zusatzspiele können hinzugenommen oder spontan von den Kindern eingebracht werden:
1. Der Sprachturm
2. Suchen und Finden
3. Kreiseln auf der Büchse / Schachtel

Das erste Spiel wurde bereits im Buch „Spiele im Sprachunterricht" (Coşkun, 2006: 62, 63, 89) eingehend beschrieben. Die Spielidee des zweiten Spiels, das erst 2013 als ein weiteres Zusatzspiel von mir entwickelt wurde, liegt bereits als Manuskript vor. An der dritten Spielvariation wird noch gearbeitet.

7. Übungsformen zur Festigung des Wortschatzes

Es besteht die Möglichkeit, die vorgesehenen Wörter außer durch die Spielvariationen durch Einsatz verschiedener Übungsformen einzuüben. Folgende Lese- und Schreibübungen können hinzugenommen oder spontan von den Kindern eingebracht werden:

7.1 Wortsalat

Diese Übung besteht aus zwei Arbeitsblättern, die der Lerner nebeneinander legt. Auf der ersten Seite stehen in einem Quadrat Buchstaben. Setzt der Lerner sie richtig zusammen, entstehen die vorgesehenen Wörtergruppen in den drei Sprachen Türkisch, Deutsch und Englisch. Auf der zweiten Seite gibt es eine Tabelle, die aus drei Spalten und 24 Zeilen besteht. Von den Lernern wird erwartet, dass sie die Wörter nach ihrer Bedeutung in den drei Sprachen in alphabetischer Reihenfolge, beginnend mit dem Türkischen, eintragen. Die Arbeit der Lerner und die Kontrolle des Lehrers wird erleichtert, wenn vorher angegeben wird, in welcher Sprache die Bezeichnungen der Bilder alphabetisch geordnet werden sollen (Coşkun 2006:50-53).

Für diese Übung schreiben die Lerner zunächst die türkischen Wörter auf ein Extrablatt. Dann ergänzen sie die deutschen und die englischen Bedeutungen. Anschließend schneiden sie die türkischen Wörter mit ihren deutschen und ihren englischen Bedeutungen in Streifenform aus. Danach ordnen sie diese Streifen, beginnend mit den türkischen Wörtern, alphabetisch. Erst dann tragen sie die türkischen Wörter zusammen mit ihren englischen und ihren deutschen Bedeutungen in die Wortliste auf der zweiten Seite ein.

7.2 Rätsel

Anthropologisch gesehen, möchte der heranwachsende Mensch aufgrund seiner natürlichen Neugier und seines Wissensdurstes Informationen suchen, Sachverhalte erraten und selbst Rätsel entwickeln. Daher gibt es heutzutage fast in jeder Zeitung, Zeitschrift und jedem Sprachlehrbuch Rätsel. Es gibt Rätselhefte, die jede Woche erscheinen. Die Entwicklung deutet darauf hin, dass Rätsel in Zukunft auch in Fachbüchern für Erdkunde, Mathematik, Physik, Biologie und Sport mehr und mehr verwendet werden.

Die Erfahrungen im Fremdsprachenunterricht zeigen, dass gründlich vorbereitete Rätsel den Unterricht auflockern, den Schülern Spaß machen und sie motivieren. Aus diesem Grunde wurden zu dem hier ausgeführten didaktischen Ansatz verschiedene Rätsel entwickelt:

Ein Beispiel: Such-Rätsel in drei Sprachen: Türkisch, Englisch und Deutsch
In diesem Such-Rätsel sind 24 Wörter aus dem Märchen „der farbige Vogel" (der Kosmos: Wasser, Erde und Luft) versteckt: Von den 24 Kosmos-Wörtern sind 8 in Türkisch, 8 in Englisch und 8 in Deutsch. Diese Art Rätsel besteht aus einem Quadrat mit 20 waagerechten und 20 senkrechten Kästchen. Ein Quadrat besteht aus insgesamt 400 Kästchen. In jedem Kästchen steht ein Buchstabe. Die ersten Buchstaben der versteckten Wörter bzw. Bezeichnungen zu den Bildern sind fett gedruckt. Der Lerner markiert anhand der vorgegebenen Wortliste die gesuchten Wörter in drei verschiedenen Farben: Türkisch: rot, Deutsch: blau und Englisch: grün. Die Buchstaben an den Überschneidungspunkten können in zwei Farben vorkommen. Die Lösungen sind ebenfalls in diesen drei Farben gekennzeichnet (vgl. Coşkun 2006: 91–92).

8. Vorbereitung der sozial- und spielpädagogischen Aktivität mit dem Kreiselspiel

Der erfolgreiche Einsatz von Lernspielen bedarf einer gründlichen Vorbereitung der Aktivitäten. Damit ist eigentlich die Unterrichtsvorbereitung gemeint (vgl. Coşkun 2011:39; Coşkun, 2013:2). Denn die Arbeit mit Lernspielen soll sozialpädagogisch ausgerichtet sein. Die Vorbereitung einer sozialpädagogischen Aktivität richtet sich selbstverständlich nach der Zielgruppe. Hierbei spielen zum Beispiel die Bildungseinrichtung, das Alter, die Spielerfahrungen, Fremdsprachkenntnisse, körperlicher und geistiger Zustand der Teilnehmer, das Thema, der Spielort eine große Rolle. Diese Faktoren werden hier kurz erläutert:

Bildungseinrichtung: „Anadolu Lehrer-Gymnasium"
In dieser Bildungseinrichtung, in der der Schulbesuch ab der 9. Klasse 4 Jahre dauert, werden die Schüler vor allem auf das Lehramtsstudium vorbereitet. Die Schüler werden durch eine landesweite Prüfung ausgewählt. Die Schüler dieser Bildungseinrichtung lernen zwei Fremdsprachen. Englisch wird in der Regel als erste Fremdsprache aus-

gewählt. An zweiter Stelle kommt meistens die deutsche Sprache. Die Lerner sind in der Regel lernmotiviert.

Sie belegen neben den allgemeinen Fächern weitere, die für das Lehramtsstudium von Bedeutung sind. Die zusätzlichen Fächer sind:
>> Einführung in den Beruf des Lehrers
>> Geschichte der türkischen Pädagogik
>> Pädagogische Psychologie
>> Pädagogische Soziologie
>> Grundlagen und Methoden des Unterrichts
>> Soziale Aktivitäten

Thema: Erlernen der ausgewählten Wörter aus dem Bereich Kosmos in drei Sprachen durch eine sozialpädagogische Aktivität, in der das Lernspiel Kreisel benutzt wird.
Teilnehmer: 12 Schüler zwischen 15 und 16 Jahren, 6 Studenten, 1 Schulleiter, 3 Lehrer und 1 Aktivitätsleiter
Spielort: Speisesaal, ca. 120 m². Die Teilnehmer haben genug Bewegungsraum. Es gibt genug Platz für Gruppenarbeit und Arbeit im Plenum (Diskussion). Die Tische sind von der Größe her für den Kreiselspiel-Koffer geeignet.
Spieldauer: 120 Minuten (30 Minuten für das Kreiselspiel und 90 Minuten für Zusatzspiele und die Sichtung des didaktischen Materials)

8.1 Ziele der spielpädagogischen Aktivität

Schüler, die an dieser Aktivität teilgenommen haben,
01. kennen sich mit der Bedeutung der sozialpädagogischen Arbeit aus
02. kennen sich mit Möglichkeiten für die sozialpädagogische Arbeit aus
03. wissen, wie sie ihre Freizeit für das Erlernen der Fremdsprachen sinnvoll verbringen können
04. wissen, dass sie sich an Spielregeln halten
05. wissen, wie sie Strategien entwickeln
06. lernen, wie sie ihre Gegner tolerieren
07. entwickeln bzw. verbessern ihre Kommunikationsfähigkeit
08. können Auge-Hand-Koordination herstellen
09. können das Gelesene zielgerecht verwenden
10. interessieren sich für Design, Herstellung und Vertrieb von Spielzeug für die Freizeitgestaltung
11. kennen die Namen der geläufigsten Wörter im Bereich Kosmos in Türkisch, Englisch und Deutsch
12. interessieren sich für Fremdsprachen

Also: Die Mitwirkenden lernen Kommunikation, Bildung, Methoden-Training, Lernzielentwicklung durch eigene Spiel-Praxis.

8.2 Redemittel zur Diskussion und zur Anleitung des Spiels

Um ein Spiel zielgerecht durchführen zu können, brauchen sowohl die Spielleitung als auch die Spieler und Spielerinnen bestimmte Redemittel. Die Redemittel richten sich u.a. nach Zielen, Thema, Sprachniveau der Teilnehmer (vgl. Schart und Legutke, 2012:97-101)

Der Spielleiter soll sich nach Möglichkeit aus den unten angegebenen Tabellen je nach Ziel, Thema, Gruppenstärke, Sprachkenntnissen in der ersten und zweiten Fremdsprache eine Zahl von Redemitteln zusammenzustellen.

Es ist sehr wichtig, dass sich der Spielleiter ausführlich vorbereitet. Er sollte sich über eventuelle Situationen und sprachliche Hilfen vorher ausführlich Gedanken machen und diese schriftlich festhalten. Hier werden zwei Tabellen zur Verfügung gestellt. In der ersten Tabelle sind 5 Redemittel zur Vorstellung des Kreiselspiels angegeben, die er vor allem mit den Teilnehmern zusammen schrittweise entwickelt und die an der Tafel festgehalten werden. In der zweiten Tabelle gibt es 5 Redemittel zur Vorbereitung des Kreiselspiels. Außer diesen beiden Tabellen wird eine Tabelle mit 46 Redemitteln empfohlen, die der Lehrer in Reserve haben sollte. Diese Tabellen können auch in vergrößerter Form als Plakat aufgehängt werden.

8.2.1. Redemittel zur Vorstellung des Kreiselspiels
Die Vorstellung des Kreiselspiels darf mittels eines Vortrags nicht zulange dauern. Es soll vielmehr demonstriert werden.

Nr.	Türkçe	Deutsch	English
01	Bu bir Topaç Oyunu Çantası	Das ist ein Kreiselspiel - Koffer.	This is a case for a game of spinning tops.
02	Bu çantanın içinde * Bir tane resimli karton, * Beş tane topaç ve * Bir tane zar bulunmaktadır.	Es gibt in diesem Koffer * eine bebilderte Pappe, * fünf Kreisel und * einen Würfel.	In this case there is; * one cardboard with pictures, * five tops and * one die
03	Her topacın üzerinde bir tane resim bulunmaktadır.	Auf jedem Kreisel gibt es ein Bild.	There is a picture on every top.
04	Topaçlar 00'dan 24'e kadar numaralandırılmıştır.	Die Kreisel sind von 00 bis 24 nummeriert.	The tops are numbered from 00 to twenty four.
05	Oyun alanında 25 tane numaralandırılmış resim vardır.	Es gibt im Spielfeld 25 nummeriert Bilder.	On the game board there are twenty five numbered pictures.

8.2.2 Redemittel zur Vorbereitung des Kreiselspiels
Der Spielleiter sollte jeden Anlass und jede Situation für das Erlernen der Sprachen nutzen. Die Vorbereitung des Kreiselspiels enthält eine Fülle von Sprachanlässen. Der Spielleiter hat die Möglichkeit, anhand des Mobiliars, des Kreiselspiel-Koffers und des Zubehörs vieles demonstrativ darzustellen.

Nr.	Türkçe	Deutsch	English
01	Dörtgen bir masanın etrafına oturun (yaklaşık 1 x 1 m).	Setzen Sie sich an einen viereckigen Tisch (ca. 1 x 1 m).	Sit around a square table (ca. 1 x 1 m).
02	Lütfen oyun çantasını masanın üzerine koyun.	Legen Sie bitte den Koffer auf den Tisch.	Put the case on the table please.
03	Şimdi çantayı demonte ediniz.	Demontieren Sie jetzt den Koffer.	Dismantle the case now.
04	Çantanın içinden bütün topaçları, zarı, resimli kartonları ve oyun kitapçığını çıkarın ve masanın üstüne koyun.	Nehmen Sie alle Kreisel, den Würfel, die bebilderten Kartons, die Spielanleitung aus dem Koffer heraus und legen Sie diese auf den Tisch.	Take all the spinning tops, game manual, the die and the cardboards out of the case and put them on the table.
05	Oyun alanının masanın üzerinde düz durmasına dikkat ediniz.	Achten Sie darauf, dass die Spielfläche flach auf dem Tisch liegt.	Make sure that the game board lies flat on the table.

8.2.3 Redemittel für Diskussionen
Die Anwendung der Redemittel ermöglicht den Teilnehmenden
a) einen Beitrag einzubringen
b) die eigene Meinung noch einmal zu bekräftigen
c) ausweichend auf einen Beitrag zu reagieren
d) Einschränkungen zu machen
e) zuzustimmen
f) anzuzweifeln/ abzulehnen
g) sich zu einigen
   (vgl. http://daad-pw.rezolwenta.eu.org/konversation/RedemittelDiskussionen. doc Zugriff 15.06.2009)

8.2.4 Redemittel als Reserve
Im Einsatz der Spiele im Unterricht oder in spiel- und sozialpädagogischen Aktivitäten ist es ein wichtiges Ziel, dass Lerner miteinander handeln. Der Spielleiter sollte trotzdem selbst ausführlich vorbereitet sein und über eine Reserve-Liste von Redemitteln für die Unterrichtskommunikation zur Verfügung haben. Er sollte diese Liste aus seinen Erfahrungen mit Lernspielen laufend erweitern. Diese Redemittel-Liste kann gegebenenfalls in vergrößerter Form als Plakat aufgehängt werden.

9. Schlussfolgerungen

Die Erfahrungen mit dem Kreiselspiel haben gezeigt, dass es möglich ist, durch den Einsatz von Lernspielen in der Türkei das Interesse an Deutsch zu verstärken und das Niveau der Deutschkenntnisse anzuheben. Weil Deutsch meistens als Wahlfach angeboten wird, sollte der Deutschunterricht attraktiver und interessanter durchgeführt werden. Hierfür kommt es sehr auf die Lehrerausbildung an. In der Deutschlehrer-Ausbildung sollte neben Kenntnissen der Fremdsprachendidaktik auch der Schul-, Spiel- und Sozialpädagogik ein wichtiger Platz eingeräumt werden. Es ist von großer Bedeutung, dass Lernspiele unter sozialpädagogischen Gesichtspunkten für den Sprachunterricht didaktisiert in Freizeiteinrichtungen, Vorschulklassen, in Primar- und Sekundarstufen, im Hochschulbereich sowie in der Lehrerfortbildung eingesetzt werden.

Die Lernspiele können je nach Zielgruppe variiert werden. Die Lernspiele sollten so methodisch aufbereitet werden, dass sie beispielsweise in der Vorschule zum Erlernen von Farben, Zahlen, einzelnen Wörtern und leichten Ausdrucksformen eingesetzt werden können. Es ist außerdem für die Kinder im Vorschulalter wichtig, dass sie möglichst viel mit den Händen machen können.

Die Kreisel sollten groß genug sein, dass sie nicht in den Mund der Vorschulkinder hinein passen. Die Lernspiele sollten den Schülern die Möglichkeit geben, ihre Kommunikationsfähigkeit mit Hilfe von Dialogen und Zusatzübungen zu entwickeln. In der Aus- und Fortbildung von Lehrern sollte gezeigt werden, wie man dieses und ähnliche Spiele im Sprachunterricht einsetzen kann und welchen Stellenwert Spiele im Unterricht einnehmen können. Außerdem ist es wichtig, dass Lehrer selbst Spiele entwickeln und pädagogisch-praktisch reflektiert durchführen können. Das geschieht sehr gut durch eigene Spielerfahrungen seitens der Lehrenden.

Die Erfahrungen mit dem Kreiselspiel in verschiedenen Bildungseinrichtungen haben gezeigt, dass eine Verbindung von interkulturellem, emotionalem, manuellem, individuellem und gruppenbezogenem Lernen stattfindet. Als Spielleiter konnte ich beobachten, dass sich die Lerner an Aktivitäten sprachlich rege beteiligten, sich gegenseitig unterstützten, respektierten und vieles für die Entfaltung ihrer Persönlichkeit auch im Altersleben mitgenommen haben.

Anm. der Hg.:
Der Beitrag von Hasan Çoskun im 3. Kapitel wurde auf Wunsch von Ute Handwerg und Gerd Koch aufgenommen. Er liefert ein Beispiel kultureller Bildung in der Kindheit: Bekannte, alltägliche Kommunikationsweisen bei Kinderspielen werden in ein spielerisches (Fremd-)Sprachen-Lernen überführt.

Verwendete Literatur

Coşkun, Hasan (2006). Oyunlarla Dil Öğretimi, Spiele im Sprachunterricht, Learning Languages Through Games, İngilizce, Türkçe, Almanca. Ankara: CTB Yayınları, Dağıtım Siyasal Kitabevi.

Coşkun, Hasan (Ed.) (2011). Tokat Örneğinde Günlük Ders Planları ve Eğitsel Oyunlar, Berlin: Dağyeli Verlag.

Coşkun, Hasan (Ed.) (2013). Tokat Otelcilik ve Turizm Meslek Lisesi Örneğinde Öğretim, Planlama, Uygulama ve Değerlendirme, Berlin: Dağyeli Verlag.

Ende, Karin / Grotjahn, Rüdiger / Kleppin, Karin und Mohr, Imke (2013). DEUTSCH LEHREN LERNEN, Curriculare Vorgaben und Unterrichtsplanung, München: Langenscheidt und Goethe Institut.

Die deutsche Sprache in der Welt: „Netzwerk Deutsch" Datenerhebung 2010, http://www.goethe.de/uun/pub/de5759780.htm Zugriff 23.07.2013

Jahresbericht des Türkisch-Deutschen Kulturbeirats Ankara für den Zeitraum vom 01.01.2012 bis zum 31.12. 2012).

Schart, Michael und Legutke, Michael (2012). DEUTSCH LEHREN LERNEN, Lehrkompetenz und Unterrichtsplanung, München: Langenscheidt und Goethe Institut.

Weiterführende Literatur

Butzkamm, Wolfgang (2007). Unterrichtssprache Deutsch. Wörter und Wendungen für Lehrer und Schüler, 2. aktualisierte Auflage. Ismaning: Hueber Verlag.

Dauvillier, Christa und Lévy-Hillerich, Dorothea unter Mitarbeit von Herrad Meese (2004). Spiele im Deutschunterricht, Fernstudieneinheit 28. Universität Kassel und Goethe-Institut, München: Langenscheidt.

Diem, Walter (2004): Die schönsten Kreiselspiele, moses, Spiele-Klassiker, Kempen.

Erten, Asalet (1999): Kültürden Kültüre Oyun Çevirisi: Keşanlı Ali Destanı, in: Hacettepe Üniversitesi Edebiyat Fakültesi Mütercim – Tercümanlık Bölümü: Çeviribilim ve Uygulamaları, Ankara.

Huizinga, J. (1938; 1956) Homo ludens. Vom Ursprung der Kultur im Spiel. Reinbek bei Hamburg: Rowohlt.

Parmentier, Michael (2004). In: Dietrich Benner / Jürgen Oelkers (Hrsg.) Historisches Wörterbuch der Pädagogik, Beltz, Weinheim und Basel.

Die (Wieder-)Entdeckung eines Fotoarchivs im Kontext von Migrationsgeschichte(n)
Reportage über ein Studierendenprojekt in der Europäischen Ethnologie

Jonna Josties, Nikolas Schall, Gabriel Stolz

Einleitung

Fast 50 Jahre lang betrieb die Fotografin Charlotte Mathesie in der Adalbertstraße 11 in Berlin-Kreuzberg ein Fotoatelier. Unzählige Kreuzberger_innen, darunter viele seit den 1960er Jahren eingewanderte, ließen sich von 1945 bis 1994 bei ihr ablichten. Nach der Schließung des Ateliers wurde ein Großteil des Negativarchivs auf Wunsch der Fotografin an das *Kreuzberg Museum*[1] übergeben. Als „fotografisches Gedächtnis" dokumentiert es auf eine besondere Art und Weise ein Stück Stadtteil- und Migrationsgeschichte. Die Atelierfotografien sind persönliche, intime Zeugnisse, die Außenstehende gewöhnlich nicht zu sehen bekommen. Bisher ist das „Mathesie-Archiv" noch weitgehend unerschlossen.

Im Rahmen eines Studienprojekts im Masterstudiengang Europäische Ethnologie[2] versuchten wir uns in einer ethnologischen Feldforschung einen Zugang zu diesem „fotografischen Gedächtnis" zu verschaffen, der die Lebenswelten, Erinnerungen und Interessen derjenigen berücksichtigt, die Persönliches mit den Fotos in Verbindung bringen. Dem ethnologischen Arbeiten entsprechend gingen wir dabei offen, experimentell und prozesshaft vor. Im Laufe der Forschung entstanden so Begegnungsräume und Interaktionen, die wir zu Anfang nicht hätten erahnen können. Da unser Studienprojekt an das temporäre Ausstellungsprojekt „Berliner Route der Migration"[3] zum 50-jährigen Jubiläum des Deutsch-Türkischen Anwerbeabkommens angebunden war, hatten wir die Möglichkeit unsere Forschungsergebnisse im öffentlichen Raum in einem „Ausstellungscontainer" im Oktober 2011 auf dem Oranienplatz in Kreuzberg zu präsentieren. Wir nutzten diese Ausstellung auch als Ausgangspunkt für weitere teilnehmende Beobachtungen[4]. Das Erstaunliche dabei war, dass wir am Ende unserer Forschung ganz unerwartet wieder dorthin zurückkehrten, wo wir begannen: im Fotoarchiv Charlotte Mathesie.

Stöbern im Fotoarchiv - Verborgenes wird sichtbar

Aus einer bis oben hin gefüllten Besenkammer im Archiv des *Kreuzberg Museums* nehmen wir einen Bruchteil des Bestandes des Mathesie-Archivs unsystematisch heraus und breiten es vor uns auf einen Tisch aus. Die Boxen sind bis zum Anschlag mit in Plastikfolien umhüllten braunen Papierumschlägen gefüllt, in denen sich schon seit vielen Jahren alte Negativfilme befinden. Bevor wir ihren

Inhalt genauer unter die Lupe nehmen, ziehen wir uns pflichtgemäß ein Paar weiße Baumwollhandschuhe an und holen dann behutsam einige der Zelluloidfilme aus den Umschlägen heraus, damit wir diese nicht beschädigen. Wir fühlen uns sofort an das einprägsame, zeremonielle Bestücken eines Diaprojektors mit Diapositiven erinnert, wobei uns zur gleichen Zeit klar wird, dass man bei der Sichtung von Negativfilmen offensichtlich sehr viel Geduld und Vorstellungskraft benötigt. Automatisch halten wir sie gegen das Licht, drehen und wenden sie, kneifen die Augen leicht zusammen und versuchen, über die sich abzeichnenden Konturen hinaus etwas zu erkennen. Mit ein wenig Mühe lassen sich die Anzahl der abgebildeten Personen, ihre Anordnung zueinander, ihr Geschlecht, ihre Silhouetten und Posen sowie die Requisiten des Ateliers bestimmen. Die Feinheiten aber bleiben verborgen: Die besonderen Merkmale der Menschen, ihr Aussehen, ihr Stil, ihr Minenspiel und ihre Gestik. Einige Informationen zu den Negativen finden wir in dem dazugehörigen handschriftlich geführten Verzeichnis, in welchem die Aufnahmen nummeriert und datiert wurden sowie der Name und in der Regel die Adresse der Kund_innen aufgelistet sind. Darüber können wir in Erfahrung bringen, dass seit 1966 vereinzelt und 1968 vermehrt türkeistämmige Migrant_innen als Kund_innen für Portraitfotos im Atelier Mathesie auf tauchen. Familienbilder werden in den 1970er Jahren nahezu ausschließlich von Migrant_innen in Auftrag gegeben. Nachdem wir die Negative digitalisiert und zu Positiven vergrößert haben, werden viele jener vorher noch verborgenen Details sichtbar. Die Portraits zeigen Menschen selbstbewusst und verträumt; Frauen alleine und zu zweit; Männer in Gruppen, in Anzügen, mit Uhren sowie Klein- und Großfamilien, ernst und fröhlich, einige bunt, ganz im Stil der 1970er Jahre gekleidet.

Erzählrunden beim gemeinsamen „Fotos gucken" – Begegnungsräume entstehen

Trotz unserer Faszination für die Bilder erschließt sich uns die Aussagekraft und Tragweite der Atelierfotografien nicht von alleine. Fotografien, deren Kontexte unspezifisch sind, lassen sich nur unzureichend interpretieren. Fotos sprechen nicht für sich selbst, sondern entfalten sich immer erst in ihren jeweiligen Zusammenhängen.

Und so wollen wir mit den Fotos experimentieren und Möglichkeiten ausloten, wie wir sie produktiv für unser Studienprojekt nutzen können.

Wir machen uns schließlich mit schwarz-weißen Portraitfotos aus den 1960er Jahren und farbigen Familienfotos aus den 1970er Jahren auf die Suche nach Gesprächspartner_innen, die damals in Kreuzberg gelebt haben. Dazu suchen wir in der direkten Nachbarschaft des ehemaligen Ateliers verschiedene Senior_innentreffpunkte auf. Die mitgebrachten Fotos erleichtern uns den Zugang erheblich. Unsere Gesprächspartner_innen fühlen sich als Kreuzberger Zeitzeug_innen für diese Zeitspanne sofort angesprochen, gucken die Fotos interessiert durch, kommentieren die damaligen Gepflogenheiten und nehmen die Fotos zum Anlass, uns von ihrer

Lebenssituation heute zu berichten. Beim gemeinsamen „Fotos gucken" entstehen über den Sommer mehrere kleine spontane, informelle Erzählrunden beim Tee, in denen wir zu „jungen Zuhörer_innen" werden, die den Lebenserfahrungen von älteren Menschen in der Nachbarschaft lauschen. Und so erfahren wir viel über das Älterwerden in der Migration in Berlin-Kreuzberg, die Eingebundenheit, das Engagement und die Aktivitäten im Senior_innentreff und über den Ärger über verwehrte politische

Teilhabe. Wir hören Geschichten über Diskriminierung, fehlende Anerkennung und prekäre Wohnsituationen.

Für die Ausstellung möchten wir diese Geschichten und unsere Erfahrungen in den Erzählrunden für die Besucher_innen zugänglich machen und entscheiden uns dazu, kleine Hörspiele zu produzieren. Wir wählen Ausschnitte aus den Erzählrunden aus, die wir vorher mitgeschrieben oder aufgenommen hatten. Diese bearbeiten wir und setzen sie nach von uns durch Codierung heraus kristallisierten Themen neu zusammen. Diese Kompositionen aus verschiedenen Erzählfragmenten lassen wir von Schauspieler_innen neu einsprechen und mit Teehausgeräuschen unterlegen.

So sind in der Ausstellung, die von Oktober bis November 2011 auf dem Oranienplatz stattfindet, neben den präsentierten Fotos - über MP3-Player abgespielt - auch assoziative Inhalte zu hören, die auf den Reaktionen unserer Gesprächspartner_innen basieren:

> „Vielleicht sah ich aus wie sie… Nee, das passt nicht, weil die Goldketten um die Schultern trägt. Das habe ich nicht. Das ist mir fremd, war mir auch in der Türkei schon fremd… Hier dieses Foto, das wäre vielleicht eher mein Stil. – (lacht) - Die Haare und auch das Kleid, aber auch nicht so ganz. Und, nee, sowas hab ich nie gehabt, auf dem Kopf, nee. Das wäre auch nichts, das ist sowieso nicht mein Stil."

Manche Besucher_innen irritiert es, dass es eindeutig nicht die Menschen von damals, von den Fotos sind, die in den Audiostücken sprechen. Andere Besucher_innen lösen dieses Spannungsverhältnis, in dem sie erst die Fotos betrachten und anschließend draußen auf einer Bank auf dem Oranienplatz den Hörspielen lauschen und dabei von häufig unbeachteten Lebenswelten aus der Nachbarschaft hören, zum Beispiel über das Älterwerden in der Migration:

> „In Kreuzberg, in Berlin habe ich ein Stück Erinnerung an jeder Ecke und bei jedem Ding! Seit 2010 bin ich in Rente. Ich helfe aber hier und da ein bisschen, bin spontan. Wir spielen unser Theater und ich arbeite ehrenamtlich bei der AWO. Da helfe ich den Leuten, die da sind.
>
> Bei Ausflügen bin ich mit dabei und organisiere ein regelmäßiges Treffen, wo wir Musik spielen, tanzen, essen.
>
> Und… zurzeit mache ich auch so viele Sachen fürs Fernsehen. Die wollen jetzt wegen des 50. Jubiläums des Anwerbevertrags alle Interviews mit mir machen. In letzter Zeit hab ich über die Wahlen in Berlin gesprochen und darüber, was mir nicht passt, etwa in Kreuzberg oder Deutschland."

Insgesamt wurde an den Reaktionen der Besucher_innen deutlich, dass die Hörspiele, als „fiktive Erzählcafés" zwar „reale Geschichten" vermitteln aber gleichzeitig als Fiktionen erkennbar sind und so die natürliche Unmittelbarkeit aufbrechen. Für uns ein gelungener Weg, um auf unsere Interventionen als Forschende und den Konstruktionscharakter von Ausstellungen hinzuweisen.

Reaktivierung von Nachbarschaftsnetzwerken – ein Fotoarchiv wird (wieder-) entdeckt

Außer als Präsentationsmöglichkeit nutzen wir die Ausstellung als Ausgangspunkt für einen weiteren Teil der Forschung. Wir sind die meiste Zeit vor Ort, um teilnehmend zu beobachten. Obwohl nur 25 Portraitfotos ausgestellt sind, ergibt sich schon nach wenigen Tagen der Kontakt zu einigen auf den Fotos abgebildeten Personen. Sie sind in der Ausstellung gewesen und haben sich wiedererkannt oder werden von Besucher_innen erkannt und darüber in Kenntnis gesetzt. Dieser Prozess entwickelt schon nach wenigen Tagen eine eigene Dynamik. Wir bekommen täglich Anrufe und E-Mails von Personen, die sich einst im Atelier Mathesie hatten fotografieren lassen und sich nun bei uns nach ihren Bildern erkundigen.

Insbesondere das Familienportrait einer türkeistämmigen Großfamilie trägt dazu bei, dass sich das Projekt in der Nachbarschaft herumspricht. Die Familie wird schon früh von vielen Besucher_innen erkannt. Niemand von ihnen kann uns aber sagen, wohin und an wen wir uns wenden können, um mit ihr Kontakt aufzunehmen. Dieser lässt sich erst herstellen, als zwei Kinder in den Räumlichkeiten der Ausstellung auftauchen; wie wir später erfahren, zufällig, weil sie gerade von ihrer Mutter zum Einkaufen geschickt wurden und auf dem Bild ihre „Oma" erkennen. Wir geben ihnen einen handgeschriebenen Zettel mit unseren Kontaktdaten mit und bitten sie darum, diesen ihren Eltern zu geben, damit diese sich bei uns melden können – was kurze Zeit später geschieht. Für unser Projekt ein ausgesprochener Glücksfall, denn so ergibt sich die Möglichkeit zu einem ausführlichen qualitativen Interview. So sitzen wir schließlich eines Abends in einem gemütlichen Wohnzimmer in der Waldemarstraße mit zahlreichen Familienmitgliedern aus zwei Familien bei Tee und Gebäck vor einem Laptop und klicken den kompletten Bestand der digitalisierten Portraits nach und nach und immer wieder von vorne durch. Wir erfahren über die Umstände, unter denen die Fotos gemacht wurden, für wen sie gedacht waren, sowie über Netzwerke von Freunden und Bekannten, die auch auf den Fotos erkannt werden.

Um weitere Bilder zu finden, gehen wir schließlich gemeinsam mit einer größeren Gruppe ins Mathesie-Archiv im Kreuzberg Museum und gehen dort das Originalverzeichnis namentlich durch. Von der Ausstellung verlagert sich der Blick so wieder zurück auf das Archiv und die Bilder, die sich dort befinden. Wie sind zurück im Mathesie-Archiv, jedoch in Begleitung. Die Fotos sind ein stückweit (wieder-) zugänglich für die Menschen, die früher Kund_innen im Fotoatelier Charlotte Mathesie waren und mit den Bildern ganz persönliche Erinnerungen verknüpfen.

Fazit

Ein verstaubtes Fotoarchiv, bestückt mit einer Unmenge von Negativen, in verschiedenste Kartons verpackt und weitgehend unsortiert, wurde während unseres Projekts zum Ausgangspunkt einer ethnologischen Forschungsarbeit. Über die Fotos gelangten wir zu Geschichte(n) von Menschen, die sonst eher ungehört bleiben, und die, zusammen mit den Fotos in einer Ausstellung repräsentiert, Besucher_innen aus der ganzen Stadt, ebenso wie Tourist_innen und zufällig vorbeischlendernde Passant_innen, Einblicke in häufig unbeachtete Lebensrealitäten ermöglichten. Die Ausstellung der Fotos wurde zu einem Ausgangspunkt für die Reaktivierung von nachbarschaftlichen Netzwerken. Die Fotos vermochten es ganz unterschiedliche Menschen und Erinnerungen in Kontakt zueinander zu bringen und eine (Wieder-) Entdeckung des Fotoarchivs Charlotte Mathesie in Gang zu setzen.

1 Das *Kreuzberg Museum* ist das Bezirksmuseum des Berliner Stadtbezirkes Friedrichshain-Kreuzberg.
2 Das Master-Studienprojekt zur „Berliner Route der Migration" fand von Januar bis Dezember 2011 unter der Leitung von Manuela Bojadžijev am Institut für Europäische Ethnologie an der Humboldt-Universität zu Berlin statt.

3   Die „Berliner Route der Migration" nutzte das 50-jährige Jubiläum des Deutsch-Türkischen Anwerbeabkommens als Ausgangspunkt für Ausstellungen im öffentlichen Raum, Stadtgeschichte als Migrationsgeschichte sowie Migrationsgeschichte als Teil der Berliner Stadtgeschichte öffentlich zu machen. Unter der Leitung des Beauftragten für Integration und Migration des Senats von Berlin waren verschiedene Akteure in das Ausstellungsprojekt eingebunden, unter anderem verschiedene Berliner Museen und Institute zweier Berliner Universitäten.

4   „Teilnehmende Beobachtung" ist eine zentrale Methode der Europäischen Ethnologie. Wobei die Teilnahme des Forschenden an den zu erforschenden, sozial-kulturellen Phänomenen und Lebenswelten und die daraus entstehenden unmittelbaren Erfahrungen ein besonderes Verständnis vom Handeln, Denken und den Interaktionen der Akteur_innen ermöglicht.

Bir Fotoğraf Arşivinin Göç Hikayeleri Bağlamında Yeniden Keşfedilmesi
Avrupa Etnolojileri bölündeki bir öğrenci projesi hakkında röportaj

Jonna Josties, Nikolas Schall, Gabriel Stolz

Giriş

Charlotte Mathesie, Berlin-Kreuzberg'de Adalbertstraße 11 nolu adreste yaklaşık olarak 50 yıl boyunca kendi fotoğraf stüdyosunu işletmiştir. Bir çok Kreuzberg'li, özellikle 1960'lı yıllarda göç edenler, 1945 ve 1994 yılları arasında bu stüdyo da fotoğraf çektirmişlerdir. Atölyenin kapanmasından sonra çekilmiş bu fotoğrafların negatifleri sanatçının isteği üzerine Kreuzberg Müzesi[1]'ne verilmiştir. Sanatçı, şehrin bu bölgesini ve göç hikayelerini özel bir tarzda „fotoğrafik hafıza" olarak kaydetmiştir. Atölye fotoğrafları, dışarıda olanların kolaylıkla göremeyeceği mahrem belgelerdir. Mathesie'nin arşivi ise bu anlamda bugüne kadar keşfedilmemiştir.

Avrupa Etnolojisi[2] adlı master programı bünyesinde etnolojik saha araştırması alanında bir proje gerçekleştirdik. Bu projede yaşam alanlarının, hatıraların ve kişilerin ilgi alanlarının yani kişisel olanın fotoğraflandığı bu „fotoğrafik hafıza" alanında çalışmak istedik. Etnoloji çalışmasının yapısı gereğince açık olmaya çalıştık, ayrıca çalışmayı deneysel ve süreç odaklı yürüttük. Çalışma süresi boyunca, önceden tahmin edemeyeceğimiz karşılaşma alanları ve etkileşim biçimleri oluştu.

Projemiz Alman-Türk İşçi Anlaşmasının 50.yıldönümü kutlamaları çerçevesinde düzenlenen „Göçün Berlin Rotası"[3] adlı geçici sergiye bağlıydı. Bundan dolayı projemizin araştırma sonuçlarını, 2011 yılının ekim ayında Kreuzberg'teki Oranienplatz'da kamusal alandaki bir konteyner de sergileme fırsatımız oldu. Bu sergiyi, katılımcı gözlem metodunu[4] kullanabileceğimiz bir fırsat haline çevirdik. Bu çalışmanın hayret verici yanı ise, çalışmalarımızın sonunda hiç beklenmedik bir biçimde başlangıç noktasına, yani Charlotte Mathesie'nin fotoğraf arşivine geri dönmemiz oldu.

Fotoğraf Arşivini Didik Didik Aramak- Gizlenmiş Olan Görünür Kılınıyor

Kruezberg Müzesi'nde, fazla eşyaların konulduğu ve neredeyse tavana kadar dolu olan bir odadan, Mathesie Arşivinin bir kısmını rastgele seçip masanın üzerine serdik. Kutuların içinde kahverengi kağıttan zarflar vardı. Bu zarflar plastik folyeye sarılmıştı ve içleri eski negatif filmlerle doluydu. İçerikleri ayrıntılı bir biçimde incelemeye geçmeden önce, görev icabı içeriklere zarar vermemek için pamuklu eldivenlerimizi giydik ve zarflardan itinalı bir biçimde selüloit filmleri çıkardık. Kendimizi bu negatiflerle, önemli, akılda kalıcı bir projenin bir parçası gibi hissettik. Ama aynı zamanda negatif filmlerin incelenmesinde büyük bir sabıra ve hayal gücüne ihtiyacımız olduğunu da biliyorduk. Filmleri otomatik olarak ışığa tuttuk, çevirdik, gözlerimizi kısarak inceledik ve belirgin olan çizgilerin ötesinde var olanı tanımaya çalıştık. Kısa bir uğraştan sonra; fotoğrafı çekilmiş kişilerin sayısı, cinsiyetleri, silüetleri, pozları, hatta fotoğraf atölyesinin objelerini dahi tanımaya başladık. Fakat ayrıntılar; kişilerin ayırt edici özellikleri, dış görünüşleri, stilleri, mimik ve jestleri saklı kalıyordu. Negatif filmler hakkında bazı bilgilere; üzerinde tarih, kişilerin isim ve adreslerinin el yazısı ile not edildiği, filmlere ait listelerde ulaşabildik. Bunun ötesinde, Mathesie'nin atölyesinde portre fotoğraf çektiren türk kökenli müşterilerin 1966-1968 arası tek tük olduğunu ve 1968'den itibaren ise giderek arttığını gözlemleyebildik. 1970'lerde neredeyse sadece göçmenler aile fotoğrafı çektirmişlerdi. Negatifleri dijital ortama aktarıp, büyüttükten sonra, önceden saklı kalmış bir çok detay görünür hale geldi. Portreler insanları kendinden emin ve hayallere dalmış gibi gösteriyordu; kadınlar yalnız veya iki kişiler, takım elbiseli, kollarında saatleri olan ve kimisi ciddi kimisi sevinçli olan erkekler grup halinde (büyüklü-küçüklü aileler) veya 1970'li yılların modasına uygun giyinmiş bir şekilde fotoğraf çektirmişlerdi.

Birlikte Yapılan „Fotoğraf İncelemeleri" Esnasında Anlatılanlar- Buluşma Alanları Oluşuyor.

Resimler bizi büyülemesine rağmen, yinede kendi anlamı ve değerini bize hemen açmadı. Bağlamı çok net olmayan fotoğrafların yorumları da noksan oluyor. Çünkü fotoğraflar tek başlarına kendilerini anlatamıyorlar, sadece bağlamları çerçevesinde anlamlandırılabiliyorlar. Ve bu şekilde üniversite projemiz için nasıl daha verimli çalışabiliriz düşüncesiyle fotoğrafları iyice araştırıp, deneysel çalışmalar yapmak istedik.

Sonunda, 1960'lı yıllarda çekilmiş siyah beyaz portre fotoğraflar ve 1970'lerde çekilmiş renkli aile fotoğraflarından yola çıkarak, o zamanlarda Kruezberg'te yaşamış kişilerle konuşmaya karar verdik. Bunun için, fotoğraf stüdyosunun o zamanlar bulunduğu sokaktaki yaşlıların toplanma yerlerini aramaya başladık. Beraberimizde getirdiğimiz fotoğraflar insanlarla ilişki kurmamızı büyük oranda kolaylaştırdı. Buluştuğumuz Kreuzberg'liler kendilerini o yılların tanıkları olarak hissedip, fotoğrafları incelemeye ve bunu bir fırsat bilip, o zamanlardaki gelenek-görenek ve yaşam biçimlerini anlatmaya başladılar. Birlikte yaptığımız „fotoğraf incelemeleri"; o yaz, bir çok spontan, resmi olmayan buluşmalara vesile oldu ve çay içerken yaşlılar biz, „genç dinleyicilere", yaşam deneyimlerini anlatmaya başladılar. Bu şekilde; Berlin-Kreuzberg'te bir göçmen olarak yaşlanma, yaşlıların buluşmalarındaki bağlılık, angajman ve aktiviteleri ve politikaya katılımlarının engellenmesine duydukları kızgınlık üzerine bir çok şeyi deneyimledik. Ayrıca ayrımcılık, kabul görmeme ve sıkıntılı ev durumlarına dair bir çok hikaye dinledik.

Bu hikayeleri ve sohbetler esnasında yaşadığımız deneyimleri sergi için kullanmak istedik ve bunun için de kısa radyo oyunları yapmaya karar verdik. Sohbetler esnasında daha önce de not ettiğimiz veya kaydettiğimiz kimi bölümleri seçtik. Bunları araştırıp kodlayarak seçtiğimiz kimi konuları birleştirdik. Farklı anlatılardan alıntılanmış bu konuşmaları oyunculara seslendirttik ve fona da kahvehane seslerini ekledik.

Bu şekilde 2011 yılının ekim ve kasım aylarında Oranienplatz'da gerçekleşen sergi de, sergilenen fotoğrafların yanı sıra, MP3 çalar üzerinden bu diyalogları dinlemek ve sohbetler esnasında konuşan kişilerin gösterdikleri reaksiyonlara dayanan çağrışımsal içerikleri de duymak mümkündü:

> „Belki de onun gibi görünüyordum...Yok canım, uymaz, çünkü o boynunda altın kolye taşıyor. Ben de altın kolye yoktu. Bu bana çok yabancı, hatta Türkiye'deyken de bana yabancıydı...İşte bu fotoğraf, bu benim tarzıma daha çok yakın. –(güler)- Saçlar ve kıyafetler, ama yok tamamen sayılmaz. Böyle bişey, yok canım, benim asla böyle bir şeyim olmadı. Bu da olmazdı, bu asla benim tarzım değil."

Bazı sergi ziyaterçileri, ses kayıtlarının fotoğraftaki kişilerin diyalogları olmamasından çok rahatsız oldular. Bazı ziyaretçiler içinse bu problem olmadı ve önce fotoğraf sergisini gezip,daha sonra da dışarıda bir bankta oturup, etraftan gelen sesler eşliğinde ses kayıtlarını dinlediler, örneğin; göç koşullarında yaşlanmak:

> „Kreuzberg'te, Berlin'de her köşede her şeyde hatıralarım var. 2010 yılından beri emekliyim. Ama bazen burada bazen orada yardım ediyorum. AWO'da gönüllü olarak çalışıyorum, oradakilere yardım ediyorum ve tiyatro yapıyorum.
>
> Gezilere her zaman ben de giderim, ayrıca müzik dinleyip, dans edip, yemekler yediğimiz bir buluşma organize ediyorum.
>
> Şimdi de televizyon için bir sürü şey yapıyorum. Herkes Alman-Türk İşçi Antlaşmasının 50.yıldönümü için, benimle röportaj yapmak istiyorlar. Son zamanlarda Berlin'deki seçimler hakkında konuştum, Kreuzberg'te ve Almanya'da bana neyin uymadığını anlattım."

Genel olarak müze ziyaretçilerinin tepkilerinden; ses kayıtlarının „kurgulanmış anlatılara", yani „gerçek hikayelere" aracılık ettiğini, aynı zamanda da kurgulanmış olduğunun anlaşıldığını ve bu şekilde de doğal olanın kırıldığını anladık.

Bu da, araştırmacı olarak yaptığımız müdahaleler ve serginin kurgulanmış karakterine işaret ediyordu. Bu bizim için yapmak istediklerimizi gerçekleştirdiğimiz anlamına geliyordu.

Komşuluk ilişkilerinin aktive edilmesi- Fotoğraf Arşivi yeniden keşfediliyor.

Bu sergiyi; sunum olanaklarının ötesinde, araştırmalarımızı devam ettirebileceğimiz bir çıkış noktası olarak kullanıyoruz. Bunun için zamanımızın çok büyük bir kısmını araştırmanın yapıldığı mekanda geçirip, katılımcıları gözlemliyoruz. Sergide 25 portre fotoğrafı sergilememize rağmen, kısa bir süre sonra fotoğrafı çekilmiş kişilerle ilişkiye geçiyoruz. Kimileri sergiyi gezerken kendi fotoğraflarını tanıyor. Bazen de fotoğrafları çekilmiş olanların tanıdıkları, onları fotoğraflarından tanıyıp haber veriyorlar. Bu süreç bir kaç gün içinde kendiliğinden bir dinamik yarattı. O zamanlar Mathesie'nin stüdyosunda fotoğraf çektirmiş bir çok kişi bizi aramaya veya e-mail yazmaya başladı ve kendilerine ait fotoğraflar hakkında bilgi almak istediler. Özellikle türk kökenli büyük bir ailenin fotoğrafları, bu serginin mahallede duyulmasına yardımcı oldu. Sergi ziyaretçilerinin çoğu bu aileyi tanıyordu. Fakat hiç kimse bize bu aile ile nasıl iletişim kurabileceğimiz konusunda yardımcı olamadı. Fakat bir gün annesi tarafından alış verişe gönderilmiş iki çocuk sergiye gelip, fotoğraftaki ninelerini tanıyınca herşey değişti. Biz de çocuklarla, bir kağıdın üzerine el yazısı ile yazdığımız iletişim bilgilerini ebeveynlerine gönderdik ve bizimle iletişime geçmelerini rica ettik. Kısa bir süre sonra gerçekten de bizi aradılar. Bu bizim için çok büyük bir şans oldu, çünkü ancak bu şekilde kaliteli bir röportaj yapabilecektik. Sonunda; bir akşam Waldemer caddesin de bir evde, bir çok aile üyesi ile birlikte, çay içerken bir yandan da Laptop'taki fotoğrafları birlikte incelemeye başladık. Yaptığımız sohbetlerde bu fotoğrafların çekildiği koşulları, kimin için çekildiğini anlamış olduk. Ayrıca fotoğrafta görünen diğer kişiler; arkadaşlar, aile bireyleri, hakkında da bilgi sahibi olduk. Daha fazla fotoğraf bulabilmek için hep beraber büyük bir grup halinde, Kreuzberg Müzesi'nteki Mathesie arşivini ziyaret ettik ve listeyi teker teker kontrol ettik. Bu şekilde sergiden sonra yeniden arşive girmiş olduk. Yalnız bu kez yanımızda bize fotoğrafları anlamamız için yardımcı olacak birileri vardı. Bir zamanlar Mathesie'nin stüdyosunda fotoğraf çektirmiş ve orada anıları olan insanlar için bu fotoğrafları anlamak çok daha kolaydı.

Sonuç

Nerdeyse sadece negatiflerden oluşmuş, tozlu ve kartonlar içine sıkıştırılmış bir fotoğraf albümü projemiz esnasında etnolojik araştırmalarımızı yapabileceğimiz bir çıkış noktasına dönüştü. Fotoğraflar sayesinde hikayeleri daha önce dinlenmemiş insanların hikayelerini fotoğraflarla birlikte sergiledik. Böylelikle daha önce hiç dikkate alınmamış bu hikayeleri; şehirdeki insanlar, yolcular, turistler, tesadüfen müzeye gelenler görmüş oldu. Fotoğrafların sergilenmesi ayrıca mahalledeki komşuluk ilişkilerini de aktive etmiş oldu. Çünkü fotoğraflar birbirinden çok farklı insanları ve anıları ilişkiye geçirdi. Ayrıca Mathesie Fotoğraf Arşivinin yeniden keşfedilmesini sağladı.

1   Kreuzberg Müzesi, Berlin'deki Friedrichsain-Kreuzberg belediyesine ait bir belediye müzesidir.

2   Berlin Humboldt Üniversitesi'nde, Avrupa Etnolojileri bölümünd ebir master projesi olan „Göçün Berlin Rotası" adlı proje, Manuela Bojadžijev yönetiminde Ocak 2011 den Aralık 2011'e kadar sürmüştür.

3   „Göçün Berlin Rotası" projesi, Alman-Türk İşçi Anlaşmasının 50.yılından dolayı bu sergiyi düzenlemiş ve bunun aracılığı ile şehrin tarihini göçün tarihi ile, göçün tarihini de şehrin tarihi ile sunmuştur. Berlin Senatosunun entegrasyon ve göç biriminin yönetiminde bu proje; Berlin Müzeleri ve Berlindeki iki farklı üniversite gibi farklı aktörleri sergiyle ilişkilendirmiştir.

4   „Katılımcı gözlem" metodu, Avrupa Etnolojileri bölümünün en önemli metotlarından biridir. Burada araştırmacının araştırma konusu olan sosyo-kültürel olgulara, yaşam alanlarına ve bunların sonucu olan dolaysız deneyimlere katılımı; edimlere, düşünüş tarzlarına ve katılımcıların aralarındaki faaliyetlerine ilişkin olarak özgün bir anlayışı mümkün kılmaktadır.

4. Kultur- und bildungspolitische Konzeptionen und Perspektiven

4. Kültür ve Eğitim Politika Konseptleri ve Bakış Açıları

Theaterpädagogische Kultur: Außenblick und Ausblick
Norma Köhler im Gespräch mit Ahmet Toprak und Aladin El-Mafalaani zu sozialen Aspekten transdisziplinärer und internationaler Zusammenarbeit

Das folgende Gespräch sucht den Außenblick auf die Theaterpädagogik und thematisiert kulturelle, nationale und politische Aspekte Deutschland und die Türkei betreffend. Eingeladen hat die Theaterpädagogin Norma Köhler den Soziologen Aladin El-Mafaalani und den Erziehungswissenschaftler Ahmet Toprak. Beide beschäftigen sich schwerpunktmäßig mit sozialer Ungleichheit (in interkultureller Perspektive). Die Formation hat sich unter anderem durch die räumliche Nähe als Kollegium[1] der Fachhochschule Dortmund gebildet. Sie soll ein Exempel der Anregung sein, Diskurse nicht nur zwischen Theaterpraktiker_innen und –wissenschaftler_innen zu suchen, sondern auch zwischen den Fächern, Praxisfeldern und selbstverständlich langfristig auch zwischen türkischen und deutschen Traditionslinien und gegenwärtigen Bestandsaufnahmen (bzw. Expertisen) zur Sozialität des Theaters und der Theatralität des Sozialen und ihren Bildungspotentialen für das Individuum.

Köhler: Lieber Aladin, welche Bezüge hast Du zur Theaterpädagogik?

El-Mafaalani: Ich habe aus soziologischer Perspektive ein Theaterprojekt mit benachteiligten Jugendlichen – teilweise mit und ohne Migrationshintergrund – analysiert (vgl. El-Mafaalani 2010). Es waren nur Jugendliche beteiligt, die die Schule ohne Schulabschluss verlassen haben. Theaterspielen ist ideal für diese Jugendlichen, die in der Sackgasse sind, auch in einer Denksackgasse. Durch das Spielen wird es ihnen ermöglicht, sich in jemand anderen hineinzuversetzen, was zur Reflexion der eigenen Situation führt. Dies muss nicht zwingend dazu führen, dass sie mit der eigenen Situation besser umgehen, aber in jedem Fall führt es zu einer Beschäftigung mit der eigenen Situation und Haltung. Auch in meiner Zeit als Berufsschullehrer habe ich mehrfach beobachten können, dass solche theaterpädagogischen Projekte zu inneren Krisen führen können. In meiner Dissertation habe ich feststellen können, dass ohne Krisen kaum bedeutende Entwicklungen möglich sind (vgl. Ders. 2012). Analysiert habe ich extreme Aufstiegsbiografien – also die soziale Wanderung von Unterschichtskindern in die höchsten Positionen der Gesellschaft. In vielen Aufstiegsbiografien waren es Theater- oder Kunsterfahrungen – also in irgendeiner Form ästhetische Erlebnisse – die zu Krisen geführt, aber zugleich dabei den Anstoß gegeben haben, sich mehr zu wagen oder einfach etwas anders zu machen. Interessanterweise werden solche Prozesse in der Biographieforschung als „dramatische Wandlungen" bezeichnet (Marotzki 1990, S. 130f.). Da trifft man schon in der Terminologie die Zusammenhänge.

Köhler: Das war ein Ergebnis Deiner empirischen Untersuchung, aber nicht die zentrale Frage der Untersuchung?

El-Mafaalani: Genau. In vielen Fällen hat eine ästhetische Erfahrung Veränderung vorangetrieben. Was mit Bourdieu gut zusammen passen würde: In einem homogenen, sozial benachteiligten Umfeld, sind die Möglichkeiten, sich Gedanken zu machen, deutlich eingeschränkt. Ganz einfach: Kinder, die im Zustand permanenter Knappheit aufwachsen – also Knappheit an Geld, an Anerkennung, an Wissen und förderlichen sozialen Beziehungen – entwickeln Denk- und Handlungsmuster, die an genau dieses Umfeld ideal angepasst sind. Sie verwalten den Mangel, denken kurzfristig und sehr funktional bzw. anwendungsorientiert, weil sie ja auch täglich konkrete Probleme lösen müssen; und sie haben gar nicht den mentalen Freiraum, die Fähigkeit der Abstraktion zu erlernen. Interessant ist, dass genau diese Muster (Kurzfristigkeit, Funktionsdenken, fehlende Abstraktionsfähigkeit) einer umfassenden Kunstrezeption im Wege stehen. Wie ich finde, ist die extrem schichtspezifische Kunstrezeption ein großes Problem für die Macher_innen, insbesondere fürs Theater. Hierin liegt meiner Meinung nach das Potenzial der Theaterpädagogik: Wenn die Gesellschaft es jungen Menschen nicht ermöglicht, Alternativen zu erleben und damit auch nicht die Fähigkeit vermittelt, in Alternativen zu denken, dann kann dies nur durch das Spielen angeregt werden. Denn ein starker Befund meiner Arbeit ist folgender: Wenn Menschen tiefgreifende Veränderungen ihres Lebens vollziehen sollen, wollen oder müssen, dann verläuft dies über alle vier Ebenen des Habitus: ethos (Moral), hexis (Körper), eidos (Geist), aisthesis (Ästhetik). Mir fallen nicht viele Bereiche ein, in denen diese Ebenen in umfassender Weise und zugleich in einem geschützten Raum berührt werden. Im Alltag spielt man auch viele Rollen, allerdings spielt man sich letztlich selbst und muss Erwartungen und Erwartungserwartungen erfüllen. Spielt man jemanden oder etwas anderes, dann muss man sich nicht nur in diesen Anderen hineinversetzen, man muss zudem die Erwartungen von und an diesen Anderen antizipieren. Dadurch reflektiert man unweigerlich die Distanz zwischen sich und dem Gespielten. Das macht Theater zu einer idealen Sache.

Köhler: Es ist interessant, dass Du als entscheidendes Prinzip die Differenzerfahrung als zentrale Kategorie ästhetisch-theatraler Bildung ansprichst (vgl. Hentschel 1996). In der Theaterpädagogik in Deutschland haben wir einen Diskurs um verschiedene ästhetische Stile. Im so genannten postdramatischen Theater und materialbasierten Theater lösen wir uns in der Praxis zunehmend von Rollendarstellungen an der die Differenz zum Spieler_innen-Selbst lange begründet wurde. In neueren Theaterästhetiken spielt man teilweise gezielt sich Selbst. Entscheidend bleibt aber auch hier eine ermöglichte Distanznahme zum Selbst-Konzept die sich durch die ästhetische Einstellung und Gestaltungsarbeit ergibt. Theater begründet sich bspw. allein durch die Regel als Theater, dass Menschen intentional vor anderen Handlungen ausführen, während diese dabei zuschauen (vgl. Fischer-Lichte in Anlehnung an Bentley, 1990).

Womöglich können wir uns auch darauf einigen, dass es auf einem spielerischen Zugang basiert und sich entsprechend der Rahmung durch konsequenzvermindertes Handeln auszeichnet (vgl. Kotte 2005, S.41 ff.). Und das, obwohl wir anders gewendet bei Darsteller_innen und Publikum Konsequenzen intendieren.

El-Mafaalani: Sich selbst zu spielen ist bereits eine unheimliche Herausforderung und Leistung im sozialen Alltag. Ich bleibe mal bei meiner Zielgruppe: Junge Menschen aus sozial benachteiligten Verhältnissen. Was ist die dominante Jugendsubkultur für diese Gruppe? Die Gangsta-Rap-Szene. Was passiert da eigentlich? Viele gucken sich die Videos an und halten das für primitiv. Das Gegenteil ist der Fall! Soziologisch betrachtet werden hier die Biographien ästhetisch in Form gegossen: Der Körper ist dominant und wird respekteinflößend in Szene gesetzt. Die Sprache ist authentisch, clever, aber auch explizit bildungsfern. Und die Moral wird in der Regel auf den Kopf gestellt: Alles, was kulturell negativ konnotiert wird (Gewalt, Armut, Ausgrenzung), wird idealisiert und bildet das szenespezifische Kapital (Authentizität). Ein funktionaler Umgang mit der Wirklichkeit. Auch Gangsta-Rapper sind mit denselben Märchen aufgewachsen, mit derselben moralischen Idealvorstellung aufgewachsen wie wir alle. Wenn aber die Welt, in der man sich täglich bewegt im wahrsten Wortsinn auf dem Kopf steht, dann ist es nur plausibel, die Wertmaßstäbe umzudrehen, damit das Bild wieder gerade steht. Das merkt man auch an der Sprache: Man nutzt Begriffe, die diskriminierend sind, für sich selbst – man denke an „Nigger" in den USA oder „Schwarzkopf" und „Öl-Auge" in Deutschland. Sich selbst ästhetisch zu inszenieren und zu „promoten" im Hier und Jetzt, das passiert im Gangsta-Rap bereits sehr professionell – leider ohne die Lebenschancen realistisch zu verbessern. Theaterpädagogische Konzepte können hier helfen, besonders weil sie an dem ansetzen können, was die Jugendlichen beschäftigt und was sie können. Dafür muss man sich aber auch theaterpädagogisch mit benachteiligten Jugendlichen beschäftigen – auf mich macht es den Anschein als würden sich theaterpädagogische Konzepte überwiegend mit Grundschulkindern befassen oder aber mit Gymnasiasten. Wenn das so stimmt, wäre es ein Problem.

Köhler: Lieber Ahmet, Du bist von der Ausbildung her Diplom-Pädagoge, nicht Lehrer. Hattest Du in Deiner Berufslaufbahn im außerschulischen Kontext Berührungen mit der Theaterpädagogik?

Toprak: Ich war in der Benachteiligtenhilfe tätig. Ich habe mit mehrfach gewalttätigen Jungs mit Migrationshintergrund gearbeitet. Wir haben Theaterpädagogen eingeladen um bestimmte Aspekte zu bearbeiten, um z. B. über Gefühle zu reden. Das Hauptproblem bei Mehrfach-Gewalttätern besteht darin, dass sie nicht kommunizieren können oder Kommunikation so verstehen, dass sie mit Kommunikation schlagen meinen. Das Hauptproblem besteht darin, dass diese Jungen nicht über ihre Gefühlslage reden können. Die Idee bei der Gewaltprävention ist, dass eine Methode Theaterpädagogik sein kann. Die Ansätze der Theaterpädagogik haben sich in der Arbeit mit Gewalttätern längst etabliert.

Köhler: Interessant ist Eure Bestandsaufnahme und Einordnung von Theaterpädagogik. Sie spiegelt für mich ihre soziale Relevanz in bildungsorientierten Praxisfeldern. Tatsächlich ist Theater nicht nur ein Instrument, sondern auch eine dezidierte aufführungsorientierte Kunstpraxis. Gerd Koch sagt vermittelnd dazu: Theater ist „sozial und autonom" (Koch 2012). Insbesondere im interkulturellen Theater erscheint mir das relevant...

Toprak: Zum Stichwort Interkulturalität kann ich beitragen, dass ich mich fachlich vorrangig mit interkulturellen Missverständnissen beschäftige. Warum gibt es bestimmte Missverständnisse zwischen zwei „unterschiedlichen Kulturen"? Ich habe oft festgestellt, dass nicht die Kultur das Hemmnis darstellt, sondern unterschiedliche Denkweisen, die nicht unbedingt kulturell begründet sind. Das heißt, wenn sich zwei Lehrkräfte aus der Türkei und aus Deutschland treffen, werden sie über bestimmte Dinge dieselbe Meinung haben. Wenn ein deutscher Lehrer mit einem türkischen Facharbeiter redet, werden sie sich vermutlich unterscheiden. Aber wenn der deutsche Lehrer sich mit einem deutschen Facharbeiter unterhält, werden sie sich vermutlich auch nicht verstehen. Und wenn man nicht auf Augenhöhe miteinander reden kann, liegt es nicht an der Kultur, sondern an unterschiedlicher Ausbildung oder Zugänge zu Themen. Am Ende verstehen sich Menschen nicht miteinander, nicht Kulturen. Menschen missverstehen sich, weil sie unterschiedliche Denkrichtungen vertreten.

El-Mafaalani: Was ist eigentlich der Unterschied zwischen türkischen Jugendlichen in Deutschland und deutschen Jugendlichen ohne Migrationshintergrund und Jugendlichen aus der Türkei? Es gibt eine hervorragende Studie aus Berlin und Ankara, die aber auch schon über 10 Jahre alt ist (Bohnsack/Nohl 2001; Nohl 2001). Es wurde festgestellt, dass der Hauptkonflikt, den die türkischen Jugendlichen in Berlin erleben, weder deutsche Jugendliche noch die türkischen in der Türkei erleben. Deswegen kann man sagen, dass der Konflikt, den die Türkeistämmigen in Deutschland erleben, migrationsspezifisch ist, den kann man ähnlich auch bei vietnamesischstämmigen Jugendlichen rekonstruieren. Die nennen das in der Studie, dass die zwei Lebenswelten – Familie und „Community" auf der einen und Schule (repräsentativ für die Mehrheitsgesellschaft) auf der anderen Seite – kommunikativ nicht überbrückbar erscheinen. Das ist kein objektiv feststellbarer Konflikt, sondern ein erlebter. D.h. die Jugendlichen erleben verschiedene Formen von Sozialität, die nebeneinander stehen und unvermittelbar erscheinen – aus ihrer Erlebensperspektive. Weil niemand ihnen dabei hilft, weil es auch keine Modelle gibt. (Die Studie ist 10 Jahre alt. Das Problem wird jetzt wahrscheinlich modifizierter auftreten.) Aus diesem Erfahrungsraum entstehen nicht nur Differenzerfahrungen, sondern auch Differenzhandlungen. Jugendliche können sich aufgrund dieser Erfahrung von der Mehrheitsgesellschaft oder auch von dem Herkunftsmilieu distanzieren – häufiger sind allerdings (Dif-)Fusionen beider Formen der Sozialität (insbesondere der Moral und der Vorstellung vom guten Leben), was zu etwas völlig Neuem führt. Daher sind die Gemeinsamkeiten zwischen türkeistämmigen Jugendlichen in Deutschland und Jugendlichen in der Türkei überraschend gering. Wenn man das dann Kultur nennen möchte, dann kann man das nur, wenn man damit nicht die türkische Kultur meint, sondern eine in Deutschland befindliche Jugendsubkultur oder ein migrationsspezifisches Jugendmilieu. Häufig sind künstlerische, tänzerische oder musikalische Umfangsformen mit diesem Konflikt zu beobachten.

Köhler: Es gibt in Berlin-Kreuzberg ja auch das stadtteilorientierte Theater Ballhaus Naunynstraße, in dem die Theatermacher_innen ihre Arbeit dezidiert als postmigrantisches Theater bezeichnen. Die Intendanz und die Bewohner_innen wollen sich selbstbewusst als nicht migrationsgeschädigt zeigen – und inszenieren damit sozusagen ein schöpferisches Gegenargument.

El-Mafaalani: Ich war kürzlich bei einem Vortrag an der TU Dortmund, über ein DFG-Projekt, wo es um Schule ging. Daraus hat eine Doktorandin ihr Promotionsprojekt gemacht, bei dem es um interkulturelles Improvisationstheater im Kontext von Schule geht (Kurt/Pahl 2013). Ein Türke meinte, ihn nervt es, wenn die Leute ihn ärgern, wenn er fastet und die Mitschüler_innen halten ihm Salamibrote hin. Er einigte sich mit einem anderen, deutschen Jugendlichen darauf, das Thema szenisch zu erspielen und zu bearbeiten. Das hat auf der sprachlichen Ebene nicht 100%ig funktioniert. Aber körperlich hat es super funktioniert. In der Super-Zeitlupe der Aufführung hat man erst gesehen, dass die beiden Jungen sich 6-fach begrüßt haben. Weil es da Missverständnisse gab. Der Deutsche hat angenommen, es gibt Umarmungen mit Küsschen und der Türke hat angenommen, es gebe eine Begrüßung per Ghetto-Faust. Jeder hat auf den anderen erst Rücksicht genommen. Aber gleichzeitig über dieses körperliche Machen ohne Reden, haben die sich am Ende auf einen Gruß verständigt nach 5 Fehlanläufen innerhalb von einer Sekunde. Das Verständnis über den Körper und die Handlung mit demselben verlief einerseits also sehr missverständlich, andererseits aber war der Umgang mit diesen Missverständnissen unheimlich stark. Denn es beweist das Vorliegen einer Transkultur bei Jugendlichen. D.h., – jetzt bezogen auf die Form der Begrüßung – dass beide Seiten alle Formen kennen und sich in einem interaktiven Prozess auf eine Form verständigen. Das geht nur, wenn sich beide Seiten auskennen und sich gleichzeitig um Verständigung bemühen. Fehlt eine dieser beiden Bedingungen, wird es nicht funktionieren. Genau das stellte man bei demselben Improvisationstheater bei der sprachlich vermittelten Kommunikation fest. Das hat weniger gut funktioniert, weil hier explizites Wissen notwendig gewesen wäre. Die Verabschiedung hat wiederum gut geklappt. Explizit ist kaum etwas da, aber implizit liegt ein unheimlich großer Wissensvorrat vor, den es zu dekodieren gilt! In diesem Projekt wurden Schüler_innen der Hauptschule zu Expert_innen für interkulturelle Verständigung. Das geht aber eben nur, wenn man sich ihr Handeln anschaut und nicht nur die drei Sätze, die dabei gesagt werden.

Toprak: Aber genau diese Studie ist der Nachweis für die vom mir vertretene These. Diese Jugendlichen haben migrationsspezifische Probleme und keine kulturellen Probleme. Türkeistämmige Jugendliche, die hier nicht eingebürgert sind, haben natürlich bestimmte Problemlagen, die Deutschstämmige oder in der Türkei Lebende nicht haben, nämlich ausländer- und aufenthaltsrechtliche Bestimmungen. Diese und andere Schwierigkeiten oder Hemmnisse werden mit der Kultur in Verbindung gebracht. Vieles wird von der Mehrheitsgesellschaft mit der Religion erklärt, obwohl viele sich gar nicht als religiös bezeichnen. Das heißt, bestimmte Verhaltensweisen, die in der Pubertät auftreten und jugendtypisch sind, werden zu oft mit der Kultur und der Religion erklärt. Dies ist besonders dann oft der Fall, wenn es sich um türkeistämmige oder arabische Jugendliche handelt.

Köhler: Welche Schlussfolgerungen sollten wir daraus ziehen? Zielperspektivisch könnte es darum gehen, uns in der pädagogischen und künstlerischen Arbeit gezielt von Zuschreibungen, also auch manchen Etikettierungen wie bspw. Interkulturelles oder (Post-)Migrantisches Theater o.ä. gänzlich zu verabschieden. Im Theaterbereich macht es vielleicht wenig Sinn explizit Theater mit Menschen mit Migrationshintergrund zu konzipieren, wenn die Beteiligten damit von vorneherein als solche „gelabelt" werden. Könnte es produktiver sein, fernab von Zielgruppenorientierungen Theater unabhängig von den Lebenshintergründen der Spieler_innen zu konzipieren bzw. diese nur implizit wirksam werden zu lassen?

El-Mafaalani: Aber bestimmte migrationsspezifische Problematiken werden sich eher verschlimmern. Die soziale Kontrolle in migrantischen Milieus bleibt bei einem gewissen Anteil gleich und in einem kleinen Anteil wird es offenbar schlimmer, also stärker an alten Traditionen orientiert. Ich finde, deshalb kann und sollte man ruhig von interkultureller Arbeit sprechen. In der von mir genannten Studie wurden Jugendliche der 2. Migrations-Generation interviewt. Sie hatten interkulturelle Konflikte, weil sie jeden Tag zu Hause eine andere Kultur erleben als in der Schule. Die Eltern sind in der Türkei aufgewachsen. Und sie erleben, dass die Lebensart ihrer Eltern für sie in Deutschland überhaupt keine Bedeutung spielen kann. Sie erleben in der Schule ein System, das sie überhaupt nicht verstehen, weil die familiäre Sozialisation sie nicht darauf vorbereitet hat. Man kann sich kaum vorstellen, wie sehr die Schulen in Deutschland mittelschichtsdeutsch vorsozialisierte Kinder voraussetzen. Wer nicht so aufgewachsen ist, versteht die Logiken, die auch in der Regel unausgesprochen bleiben, nicht. Migrant_innenkinder erleben also etwas Interkulturelles. Wenn man sagt, man macht interkulturelles Theater, dann kann das zum Beispiel sein, man thematisiert interkulturelle Missverständnisse bzw. Missverständnisse in interkultureller Kommunikation. Konflikte von Jugendlichen, die bei türkischen Eltern der 1. Generation aufwachsen und in Deutschland leben. Bei Migrant_innen der 3. und 4. Generation, da macht der Begriff Interkulturalität nur Sinn, wenn man nicht nationale Kultur meint. Aber selbst dann macht interkulturelles Arbeiten Sinn, bspw.

wenn Punks und Gangster-Rapper zusammen ein Theaterstück machen - dann ist das genau genommen intersubkulturell.

Toprak: Genau dieses Beispiel zeigt eindeutig, dass es Sinn macht, von Transkulturalität zu sprechen. Die Kinder erleben im Elternhaus etwas anderes als in ihrem Schulkontext. Aber die Frage ist, was macht das mit dem Individuum. Es erlebt ja die beiden Welten. Es erlebt vielleicht ein streng traditionelles, religiöses Elternhaus, das Wert auf Gehorsam, Hierarchie und Unterordnung legt, und dann kommt es in die Schule und dort ist u.U. Selbstständigkeit und Selbstbewusstsein etc. gefragt. Wenn man das jetzt überspitzt darstellt, sind das ja kolossal gegensätzliche Werte. Die Frage ist: Was machen die Jugendlichen mit diesen vermeintlichen Differenzen? Was löst das bei dem Individuum aus? Da prallen Gegensätze aufeinander. Die Frage ist, sind die statisch oder bewegt sich der Jugendliche souverän in den beiden Feldern und macht ein eigenes Ding daraus. Und das ist die Idee von Transkulturalität: die Kultur als solche ist nicht statisch, und die Individuen bringen ihre eigenen Interpretationen herein, sodass die Grenzen der „Kulturen" verwischen. Somit entsteht eine neue, eigene „Kultur."

Köhler: Welche Zielperspektiven könnte man für die Theaterpädagogik im internationalen türkisch-deutschen Zusammenhang ableiten? Wenn wir über Zusammenarbeit nachdenken. Da wir in unserem theoretischen Denken jetzt schon am Individuum angelangt sind, stellt sich ja die Frage, inwiefern es überhaupt Sinn macht, bei einer Zusammenarbeit über nationale Prämissen nachzudenken. Wie sollte man Theater und Fachaustausch konzipieren?

Toprak: Da fällt mir ein Begriff ein: Die kulturelle *Anerkennung*, nämlich die Anerkennung des Anderen oder der anderen „Kultur", die man mit Offenheit erst kennenlernen muss. Theaterleute haben ja eine gemeinsame Basis: das Theater. Aber wie funktioniert Theater in Deutschland und in der Türkei? Ich vermute ähnlich. Ich glaube, über diese Ansätze kann man sich gut streiten, wenn die Anerkennung als solche da ist. Es wird immer dann problematisch werden, wenn - auch nur latent - mitschwingt, dass das, was in der Türkei passiert, als nicht zeitgemäß bezeichnet wird. Diese Gefahr kann immer bestehen, wenn man international und interkulturell arbeitet. Man muss lediglich den eigenen Vorurteilen gegenüber kritisch sein, und in der Lage sein, sich selbst zu reflektieren. Idealerweise muss sich der Mensch in einem reflexiven Prozess befinden. Und wenn ein Individuum den selbstreflexiven Ansatz verinnerlicht hat, dann gibt es keine großen Probleme. Man muss sich nur auf bestimmte Themen und Ansätze festlegen, die aber nicht unüberbrückbar sind. Im Prinzip hat man eine gemeinsame Sprache: Theater. Zumal ich Theater als Kunst, Theaterpädagogik als Fachdisziplin so progressiv wahrnehme, dass, wenn irgendwelche Differenzen auftreten, diese schneller überbrückbar sind.

Köhler: Das ist zwar ein schöner Gedanke, den man im Theaterbereich aber doch genauso wenig pauschalisieren kann wie in anderen Bereichen. Aber man kann sich darauf verständigen, dass es nicht um einen bestimmten Wettbewerb um Methoden oder oberflächliche Qualitätsurteile gehen darf. Gleichzeitig brauchen wir als Grundlage ein gemeinsames Selbstverständnis, was Theater machen bedeutet: nämlich Theater immer wieder neu zu erfinden und die Polyphonie der Zeichen, also die Vielsprachigkeit der theatralen Kommunikation auszuspielen und zu beleuchten. Aladin, Du hast als entscheidende Ebene die Körperlichkeit angesprochen. Die wird in Bereichen außerhalb des Theaters in der Kommunikation oft vergessen. Im Theater stellt die performative Körperlichkeit den zentralen Mehrwert dar. Darauf sollten wir auch im internationalen Fachaustausch weiterhin achten. Es sollte immer darum gehen, über die Praxiserprobung oder -anschauung, das körperliche Miteinander und das Interagieren in spielerischen Experimenten in das analytische Gespräch zu kommen und nicht anders herum oder womöglich nur theoretisch.

Toprak: Aber was in der Tat problematisch sein könnte, dass in der Öffentlichkeit Kritik geübt wird, wenn etwas nicht gut läuft. Wir haben in Deutschland gelernt, alles kritisch zu sehen, damit es besser wird. So sind wir sozialisiert. Das scheint aus unserer Sicht legitim zu sein. In bestimmten Kreisen in der Türkei kann das als Affront interpretiert werden. Vor diesem Hintergrund sollte man darauf achten, die Kritik anders zu verpacken oder konstruktiv zu formulieren. Oder, dass man zwar kritisch ist, aber zuerst das Gute betont. Wir neigen dazu, alles ungeschminkt auf den Tisch zu legen. Kritik muss sein, aber die Person, die die Kritik erhält, muss sein/ihr Gesicht wahren können.

Köhler: Ich würde da wie folgt intervenieren: Wir leben und lehren im Ruhrgebiet und das ist deutschlandweit – so das (bestätigte, bediente, erlernte) kulturelle Vorurteil – einschlägig bekannt für seine Direktheit im Umgangston.

Toprak: Das Phänomen ist allgemein sehr prägnant in Deutschland. Insbesondere in der deutschen Hochschulkultur ist es sehr prägnant, dass man immer mit der Kritik anfängt. Wenn ich mit einer Seminargruppe zum Beispiel ein Referat höre, bitte ich die Studierenden im Anschluss immer zuerst zu sagen, was gut gelaufen ist. Aber die Studierenden sagen: Herr Toprak, wir haben immer gelernt, zu kritisieren und Verbesserungsvorschläge zu machen.

Köhler: Aber die Studierenden hier an der Hochschule kommen ja auch größtenteils aus dem Ruhrgebiet. Die übergeordnete Frage ist, ob wir in der Begegnung ggf. auch zu viele Vorsichtsmaßnahmen im Kopf haben können, wenn wir von vornherein auf zu viele (vermeintliche) kulturelle Unterschiede Rücksicht mitnehmen?

Toprak: Ich habe auch an bayerischen Hochschulen gelehrt, dort ist es ähnlich. Das meine ich mit der Anerkennung der „Kultur": Zu wissen, die Kritik könnte als solche missverstanden werden. Die Kritik ist vielleicht sachlich richtig, aber der andere könnte sie auch so verstehen, dass es wegen seiner kulturellen oder religiösen Anschauung der Fall ist. Es ist schon eine Gradwanderung in der Kommunikation erforderlich, das ist mir bewusst.

Köhler: Es könnte auch eine deutsche „Mimose" geben. Eine Person, die einfach sehr empfindlich ist und keine Kritik verträgt. Obwohl sie in Deutschland sozialisiert und kulturalisiert ist. Eigentlich bezieht sich Anerkennung als Postulat doch auf einen nationenunabhängigen, zwischenmenschlichen und ethischen Wert. Damit ist dann grundlegende Menschenwürde gefragt, die wir als übergeordneten, als transkulturellen Wert leben sollten...

El-Mafaalani: Gleichberechtigte Verständigung ist natürlich eine große Herausforderung – für den Einzelnen, aber auch in globalen Kontexten. Das Transkulturellste, was es wahrscheinlich überhaupt gibt, ist die Diplomatie. Die funktioniert wirklich in der binationalen Kommunikation sehr einheitlich. Auf Haiti, in Neuseeland und Marokko...

Toprak: ...Weil sie nicht die Wahrheit sagen.

El-Mafaalani: Nein, weil sie eine Sprache entwickelt haben, die man dekodieren muss. Wenn die Präsidenten von Haiti und Südafrika nebeneinander sitzen und sagen, wir sind bei den Verhandlungen durchaus einige Schritte weiter gekommen, dann heißt das: es ist nichts passiert bzw. es gibt weiterhin unüberwindbare Gegensätze. Das hat sich so entwickelt, denn davor stand auch interkultureller Austausch: Krieg. Erst gab es Krieg und da hat man sich überlegt, wie kommt man am besten klar. Da ist so evolutionsartig entstanden. Und eine Sprache, die auf der ganzen Welt gleich gesprochen wird, nur eben in anderen Sprachen. Vom Satzbau ist das überall genau gleich. Es gibt verschiedene Stufen und danach werden dann die Texte für Pressekonferenzen geschrieben. Selbst wenn man sich dem verweigert, wie Putin zum Beispiel, dann macht der das mit Absicht. Das kann er aber nur dann tun, wenn er weiß, wie die Sprache der Diplomatie eigentlich funktioniert und hält sich dann gezielt nicht daran. Das Problem ist nur: Durch diese Sprache wird man sich zwar nicht missverstehen, aber eben auch nicht verstehen. Das ist halt so eine Vorsichtsmaßnahme für alle Bereiche. Ob Euch das gefällt oder nicht, aber als sich George Bush und Angela Merkel in Merkels Heimatstadt getroffen und umarmt haben, ein paar Worte vor der Kamera in nicht-diplomatischer Sprache usw., da fühlte man förmlich, dass das schon etwas authentischer ist. Aber das funktionierte nur über das Persönliche. Genauso wie bei Putin und Schröder. Das basiert immer auf einer persönlichen Ebene. Diplomatische Sprache des Alltags sind die immer komplexer werdenden Standards der „political correctness". Ich befürchte, mit „political correctness" verhindert man Eskalationen – aber man verhindert auch Verständigung.

Köhler: Aber ist die Diplomatie als Kunst des Aushandelns und Vermittelns eine Perspektive für die Theaterpädagogik? Im theaterpädagogischen Fachdiskurs um Arbeitsweisen und ästhetische Stile könnte man sich sicherlich und sinnvoller Weise auf einen bestimmten Kodex für den zwischenmenschlichen Umgang oder auch Spielregeln für produktive Arbeitsweisen einigen. Zum Beispiel darauf, dass erst das Machen, Einlassen und Ausprobieren (Praxis) und darauf folgend das analytische und feedbackgebende Gespräch (Theorie) stattfindet. Somit stünde im Vordergrund, sich gegenseitig Praxis zu zeigen und sich nicht vorrangig akademisch auszutauschen. Eine Verabredung könnte es auch sein, gezielt über kollektive Experimente in eine praxiserprobende Begegnung zu kommen und auf der Grundlage dessen, was man gemeinsam gemacht hat, ins Gespräch kommen. Der Vorteil wäre jeweils, dass sich Menschen nicht mit Theorie-Konstrukten begegnen, bei denen vielleicht die Einordnungen in den unterschiedlichen Köpfen ganz verschieden sind, sondern die Erfahrung (Praxis) die Grundlage für den Theorie-Diskurs bildet.

Im Hinblick auf das Theater als Kunstform sollte es meiner Meinung nach weniger diplomatisch zugehen. Hier könnten und sollten wir vielleicht eher einen dritten Ort leben, in dem – inbesondere in Abgrenzung zu den politischen Diskursbühnen – echte Diskurse unternommen und Inhalte ausgehandelt werden (vgl. Nassehi 2013). Die besondere Chance des Theaters insgesamt und auch in türkisch-deutschen Projekten, besteht doch gerade darin, gegenüber Politik und Diplomatie eine alternative schöpferisch-gestalterische Sphäre für aktuelle gesellschaftliche Debatten zu sein. Theater muss dabei im Rahmen der Kunst ein Wagnis sein zu dürfen, provokant sein dürfen, Irritationen in die Welt bringen dürfen – im besten Fall die Welt utopisch entwerfen, Formate und Inhalte ausprobieren, die es so noch nicht gegeben hat. Vor allem an Orten und in Zeiten mit politischer Brisanz kann und muß das Theater ein Ort sein, an dem sich Menschen wirklich offen begegnen füreinander interessieren, und zu den brisanten Fragen kreative und experimentelle Lösungen (Lösungsversuche, Vorschläge) erproben.

Für Deutschland könnte die aktuelle Aufbruchstimmung in der Türkei ein wichtiger Anstoß sein: Sich anstecken zu lassen von der politischen Kraft, von der ganzen „Power", die in der Bevölkerung derzeit spürbar ist. In Deutschland haben wir es in der Breite mit einer entpolitisierten Gesellschafts-Mentalität zu tun. Das ist in der Türkei anders, denke ich. Oder ist das etwa ein Klischee, was sich mir medial vermittelt? Vielleicht denke ich ja zu idealistisch, dass genau uns Deutschen das gut tun könnte, wieder zu sehen, was für ein wertvolles Gut Demokratie ist. Denn jetzt wird in der Türkei darüber debattiert: In welcher Gesellschaft wollen wir leben? Und zwar von der Bevölkerung aus. Spannend ist auch zu erfahren, welche theaterpädagogischen Ansätze daraus erwachsen bzw. genutzt werden.

Anders herum können wir aus Deutschland dem türkischen Fachpublikum unterschiedliche Theaterformen, Kunstdiskurse und eine theaterpädagogische Infrastruktur zeigen, die ästhetisch bzw. strukturell anregend sein können. Es gibt in der

Türkei viel weniger Theaterhäuser als in Deutschland und Theaterpädagogik auch (noch) nicht als eigenständiges Berufsfeld. Aber auch wenn das ein Tatbestand ist, sind wir in Deutschland nicht per se fortschrittlicher. Gerade in Bezug auf die Inhalte und die Relevanz des Theaters als auch mögliche Formate sollten wir wechselseitig mit offenen Augen und Ohren neugierig sein. Das gilt gleichermaßen für nationale/kulturelle Traditionslinien als auch Innovationen.

Toprak: Genau das ist mit Offenheit und Anerkennung gemeint. Dass man, wenn man Sachen transportiert, nicht mit der Keule drauf haut. Das ist das Beispiel mit der Lehrerin und dem Kind: „Du sollst das Gute anerkennen. Wir kommen mit unserer westlichen Kultur, Dominanzkultur könnte man auch sagen, wenn man gemein ist. Und dann bringt uns jemand die Hochkultur bei. Und das, was ihr macht, ist weniger gut." Und diese Gefahr sehe ich immer, wenn man sich seines eigenen Vorurteils nicht bewusst ist. Und das ist bei Theater dasselbe. Die Gefahr ist immer zu groß, wenn man sich interkulturell oder international austauscht, dass einer Seite immer vermittelt wird, die andere Seite ist minderwertig. Und diese Gefahr gibt es bei Türkeistämmigen immer. Diese Konstruktion, dass Europa uns gar nicht will und die EU will uns auch nicht, ist allgegenwärtig. Und diese Minderwertigkeitsgefühle gegenüber Europa schwingen dabei immer mit.

Ich könnte mir vorstellen, dass es in der Türkei eher funktioniert, wenn jemand das Zepter nimmt und sagt wo es lang geht. Ich kann mir vorstellen, dass in der Türkei – zumindest in Staatstheatern – dieser Wunsch überwiegt. Bei kleineren Theatern, die natürlich sehr konzeptionell und individuell arbeiten, kann ich mir vorstellen, dass das ähnlich ist wie in Deutschland. Aber in großen Staatstheatern wird man mit dieser offenen Art von Theater, in Kompromissen oder im Prozess Sachen zu entwickeln, vermutlich nicht viel anfangen können.

Köhler: Ich möchte noch mal auf das politische Potenzial des Theaters bzw. der Theaterpädagogik zurück. Und zwar mit Blick auf den stehenden Mann auf dem Taksim-Platz, der so einen starken Impuls gesetzt hat. Wir wissen, dass sich Protest, traditionell zum einen als kollektiver Aufmarsch und zum anderen oftmals in gewalttätigen Verhaltensweisen wie bspw. Steine schmeißen weltweit etabliert hat. Die Taksim-Bewegung erfindet bzw. sucht gezielt eine andere Ästhetik/Kultur des Protests. Das geschieht über einen Künstler. Diese Tatsache beflügelt meinen theaterpädagogischen Geist mit folgenden Leitfragen: Wie können wir aus der Alltagsbeobachtung neue Formen der Kommunikation der Verständigung in die Welt bringen? Wie können wir etwas anderes in die Welt bringen, was es vorher noch nicht gegeben hat?

El-Mafaalani: Und das funktioniert, glaube ich, am besten, wenn es grundlegende Konflikte gibt. Und hier gibt es ja kaum solche Konflikte. Deswegen gibt es so Begriffe wie „entpolitisierte" Jugend. In der Türkei und in allen muslimischen Staaten gibt es im

Augenblick einen ziemlich krassen Konflikt, der in jedem dieser Länder sogar ziemlich ähnlich ist: Eine konservative Mehrheit, die nach dem demokratischen Mehrheitsprinzip immer dominant ist, steht einer fortschrittlicheren Minderheit gegenüber, die damit auf Dauer nicht klar kommen kann. Das sind auch andere Konflikte als beispielsweise jene, die in Deutschland in der Weimarer Republik herrschten. Da ging es eher um totalitäre Ideologien. Da gab es Kommunisten und Super-Liberale, Nationalsozialisten usw. Das sind alles Konflikte, die heutzutage keine Rolle mehr spielen in den internen Konflikten in der Gesellschaft, weil sich diese Visionen nicht haben halten können. Die heutigen Konflikte in muslimischen Gesellschaften haben kein Endziel. Die einen sind konservativ, islamisch-konservativ, und wollen, dass alles so bleibt wie es ist oder noch mehr wie es früher war. Und die anderen wollen sich annähern, an so etwas wie den Westen, haben dafür aber schlechte Argumente. Weil: das ist auch ohne Vision. Entweder nach rückwärtsgewandt oder gegenwartsorientiert, aber zukunftsorientiert hat der Westen nichts anzubieten. Daher haben es jene Kräfte, die sich am Westen orientieren, dort sehr schwer. Ihr habt ja gerade von Postmoderne gesprochen. Postmoderne bedeutet ja eigentlich nichts anderes, als dass es keine Visionen mehr für die Zukunft gibt. Genau diese Problematik kann man künstlerisch viel besser verarbeiten als kognitiv. Zum Beispiel indem man protestiert und dabei schweigt. Ich finde das ist genauso widersprüchlich wie die Situation selbst. Politisch fehlen heute die Visionen, weshalb im Zentrum politischen Handelns rein quantitatives, ökonomisches Wachstum steht.

Toprak: Deswegen wird der Protest in der Türkei nie erfolgreich werden. Den Menschen geht es ökonomisch im Großen und Ganzen relativ gut. Seine zehnjährige erfolgreiche Politik spricht leider für Erdoğan, die wirtschaftlichen Wachstumsraten liegen bei 8-10 Prozent. Der Mittelschicht und den armen Menschen geht es viel besser. Aber auf der anderen Seite kann gesagt werden, dass die Künstlerszene sehr kritisch gegenüber der Politik von Erdoğan ist. Der stehende Mann, der zu einer Protestikone geworden ist, ist Choreograph an einem Theater. Er ist nicht irgendjemand, sondern ein in der Szene bekannter Künstler. Diese Szene ist sehr jung, so zwischen 20-40 Jahre alt. Aber sie stellen trotzdem eine Minderheit in der Türkei dar.

El-Mafaalani: So ähnlich wirkt das in arabischen Ländern auch. Die einen wollen in die Vergangenheit und die anderen wollen in die Gegenwart Europas zum Beispiel. Wie bekommt man es jetzt hin, das zu befrieden. Das ist etwas, wo man quer denken muss. In den USA ging die Befriedung über den Bürgerkrieg, in Deutschland über 2. Weltkriege, in Frankreich über die französische Revolution. Immer ist Blut geflossen. Es gibt kein Beispiel wo eine große Gesellschaft sich befriedet hat, ohne dass Blut geflossen ist. Wenn man es irgendwie schaffen kann, dann über kreative Lösungen. Da wären Kunst, Kultur und Theater förderliche Zugänge.

Toprak: Politisch austragen hilft da nicht weiter. Ich glaube Deutschland hat gelernt, aus den zwei Weltkriegen die richtigen Konsequenzen zu ziehen. Und das macht die Türkei eben nicht.

Köhler: Deutschland und die Türkei sind Demokratien. Die brisante Frage aber ist, wie stark die Religion ins Zentrum der Debatte oder der Macht rückt und Werte gebend ist. Da sind die Parteien hier wie dort doch auch nur graduell voneinander entfernt. Ich denke bspw. in Deutschland an die CDU, die ja auch ihre christlichen Werte über die Kanzlerin Merkel propagiert und...

El-Mafaalani: ...ja und in den USA ist es bezüglich des Christentums noch schlimmer. Die Türkei ist demokratisch unabhängig, wenn es einem reicht, dass es einigermaßen unabhängige Gerichte gibt, einigermaßen unabhängige Medien und Wahlen, die technisch sauber laufen. Darum geht es gar nicht. Die Frage ist, wie sich Mehrheit und Minderheit zueinander verhalten. Demokratie heißt immer, es gibt eine Minderheit und die hat verloren. Wie sehr akzeptieren die Verlierer, dass die Gewinner jetzt dominieren dürfen, und wie sehr gehen die Gewinner auf die Verlierer ein. Das ist genauso wichtig. Wenn Obama nicht Angebote macht an die Konservativen, wird er nicht lange klar kommen. Und wenn Angela Merkel nicht sagt, ich bin Kanzlerin für alle und sogar viele Dinge gegen ihre eigene Partei tut, funktioniert es auch nicht. Es gibt eine politische Kultur, dass man Spielregeln hat wie Gewinner und Verlierer miteinander umgehen. Und das zeichnet befriedete Gesellschaften aus. Auch aus dieser Perspektive ist die Türkei von allen muslimischen Staaten mit Abstand auf Patz 1 und durchaus so, dass sie in der EU nicht auf dem letzten Platz wäre, wenn sie denn in der EU wäre. Es gibt EU-Staaten, die reingekommen sind, bei denen man mehr Bedenken haben musste. Es geht darum, wie man intern klar kommt. Das ist so etwas, dass man künstlerisch verarbeiten kann. Was im Prinzip auch alle interessieren würde. Und womit man auf jeden Fall eine Diskussion anstoßen kann. Denn der Konflikt zieht sich – so wie es aussieht – durch alle Bereiche des Lebens und umfasst die Gesetzgebung, die Art und Weise, wie man wirtschaftet usw. Ich weiß nicht, ob das in der Türkei ein Thema ist. Aber in Ägypten geht es darum: Dort hört man jetzt auf, Zinsen zu nehmen, weil im Islam darf man keine Zinsen nehmen. Das alles wurde jetzt neu wieder aufgerollt. Auf Grund dieser konkurrierenden Bereiche. Welches Rechtssystem herrscht, welches Frauenbild, welches Familienbild. Das hat alles mit dem Islam nichts zu tun. Es geht darum, ob man vergangenheitsorientiert oder europaorientiert ist. Das ist das Problem, denn es gibt keine Zukunftsvision, an der man sich orientieren kann.

Toprak: Warum haben sich bei Taksim-Protesten so viele Junge, Linke und Künstler beteiligt? Das liegt in erster Linie daran, dass sich der Ministerpräsident in die Lebensweise der Menschen eingemischt hat. Konkret hat er gesagt, dass jede Frau mindestens drei Kinder bekommen soll. Er hat den öffentlichen Alkohohlausschank reglementiert. Und das in einer Partystadt wie Istanbul. Er hat sich im Prinzip in das Alltagsleben der Menschen eingemischt. Sehr viele Menschen sind davon betroffen. Sie haben ihn solange geduldet, solange sie persönlich nicht betroffen waren. Politisch war er immer fragwürdig. Die Mehrheit hat ihn ja gewählt, aber er hat sich bis vor drei Jahren nicht in dieser Form in die Lebensweise der Menschen eingemischt.

Jetzt passiert aufgrund dieser Einmischung in der Türkei auch künstlerisch sehr viel. Und das sind alles wichtige Tatsachen, die man theaterpädagogisch wahrnehmen und gut verarbeiten kann.

Köhler: Ich würde sogar sagen, dass es hierbei nicht nur um eine Möglichkeit, sondern geradezu um eine Notwendigkeit und eine wichtige Chance für die Theaterpädagogik geht – ganz global gedacht und in Replik auf die originäre Idee einer Theaterpädagogik als „Service Public" (Vgl. Interview Meyer mit Nickel in diesem Band). Vielen Dank für das Gespräch.

Das Gespräch hat vielschichtige gesellschaftliche Potenziale der Theaterarbeit berührt und Herausforderungen skizziert, die bei türkisch-deutschen Kooperationen zu berücksichtigen sind.

Der soziologische und erziehungswissenschaftliche Außenblick unterstützt augenscheinlich die Akzeptanz und Relevanz des Handlungsfelds Theaterpädagogik insbesondere im Kontext von Inter- bzw. Transkultur. Dieser Außenblick regt an, sich auf fundamentale Fragen zu besinnen als auch in Zukunft für Lobbyarbeit und Existenzsicherung der Theaterpädagogik interdisziplinäre Anschlüsse in transdisziplinärer Perspektive zu vertiefen.

Das Gespräch ermutigt zudem, theaterpädagogische Netzwerkarbeit inhaltlich dezidiert mit einer transkulturellen Zielperspektive weiter zu entwickeln. Eine theaterpädagogische Kultur mit dieser Ausrichtung hat einen forschenden und schöpferischen Zugang in der Auseinandersetzung mit der Sozialität und Kulturalität des Menschen und macht sie in der Theaterarbeit insbesondere auch in der Beschäftigung mit (eigenen) gegenwärtigen Lebenswelten und -lagen produktiv. Vor allem etabliert sich eine (solche) theaterpädagogische Kultur zwischen und übergeordnet zu nationalen Grenzen (und kulturellen Zuschreibungen). Transkulturelle Zusammenarbeit zwischen Menschen erfordert dabei Begegnung, Offenheit und Anerkennung (vgl. Toprak in diesem Interview, Prengel 2006 und andere) als auch eine wechselseitige Dynamisierung eigener Positionen und Sichtweisen auf Augenhöhe. Diese Grundsätze beziehen sich auf konkrete Theaterprojektarbeit, aber auch auf den türkisch-deutschen und weitere Nationen integrierende Fachaustausch, wie er sich bereits teilweise auf den regelmäßigen Drama-Kongressen des Çağdaş Drama Derneği in der Türkei spiegelt und zu denen in Deutschland ein institutionalisiertes Pendant erst entwickelt werden muss und sollte. Erstrebenswert wäre es hier, sich nicht nur über ästhetische Stile und Bildung, sondern in transkultureller Perspektive auch über kollektive, prozessorientierte und performative Didaktiken und Formate auszutauschen und neue Hybridformen sozialer Ästhetik zu erfinden.

Die BAG Spiel und Theater und Çağdaş Drama Derneği leisten als NGOs seit Jahren erfolgreiche Zusammenarbeit, die sich langfristig endlich auch in beständigen Hochschulkooperationen manifestieren sollte. Vor dem Hintergrund eines zusammenwachsenden Europas sind Kooperation und Austausch im theaterpädagogischen Kulturkreis wichtiger denn je – und die politische Solidarität mit progressiven und innovativen Künstler_innen (Theaterpädagog_innen und Projekten) unerlässlich.

Literatur

Bohnsack, Ralf; Nohl, Arnd-Michael (2001): Ethnisierung und Differenzerfahrung. Fremdheiten der Identität und des Habitus. In: Zeitschrift für qualitative Bildungs-, Beratungs- und Sozialforschung, Jg. 2, Heft 1, S. 189-207.

Hentschel, Ulrike (1996): Theaterspielen als ästhetische Bildung. Über einen Beitrag künstlerischen Gestaltens zur Selbstbildung. Weinheim.

Fischer-Lichte, Erika (1990): Die Zeichensprache des Theaters. In: Theaterwissenschaft Heute. Eine Einführung Renate Möhrmann (Hg.). Berlin, S.233- 259.

Koch, Gerd (2012): Theater: autonom und sozial in: scenario, language – culture – literature Journal for Drama and Theatre, Foreign and Second Language Education http://scenario.ucc.ie, Issue 1 – 2012, ISSN 1649-8526, S.10- 27.

Kotte, Andreas (2005): Theaterwissenschaft: Eine Einführung. Köln, Weimar, Wien.

El-Mafaalani, Aladin (2010): Soziologisches Theater. Benachteiligte Jugendliche beschäftigen sich mit Selbst- und Fremdwahrnehmung durch selbstentwickelte Inszenierungen. In: Zeitschrift Ästhetische Bildung 1/2010. [http://zaeb.net/index.php/zaeb/article/view/37/33]

Kurt, Ronald; Pahl, Jessica (Hrsg.) (2013): Interkulturelles Verstehen in Schulen des Ruhrgebiets. Inklusive einer DVD mit dem Dokumentarfilm ‚Gemeinsam gleich und anders sein: Schüler improvisieren über Interkultur'. Wiesbaden.

El-Mafaalani, Aladin (2012): BildungsaufsteigerInnen aus benachteiligten Milieus. Habitustransformation und soziale Mobilität bei Einheimischen und Türkeistämmigen. Wiesbaden.

Marotzki, Winfried (1990): Entwurf einer strukturalen Bildungstheorie. Biographietheoretische Auslegung von Bildungsprozessen in hochkomplexen Gesellschaften. Weinheim.

Nassehi, Armin (2013) Wer spricht für wen? Zeitschrift dramaturgie, 2/2013, Dramaturgische Gesellschaft, S. 9-15 [http://www.dramaturgische-gesellschaft.de/assets/Uploads/dramaturgie/dramaturgie-02-13.pdf]

Nohl, Arnd-Michael (2001): Migration und Differenzerfahrung. Junge Einheimische und Migranten im rekonstruktiven Milieuvergleich. Opladen.

Prengel, Annedore (2006): Pädagogik der Vielfalt, 3. Auflage. Wiesbaden.

Tiyatro Pedagojisi Kültürü: Dıştan Görünümü ve Geleceği
Norma Köhler: Ahmet Toprak ve Aladin El-Mafalaani ile disiplinler ve uluslararası işbirlikleri üzerine bir söyleşi

Aşağıdaki söyleşi tiyatro pedagojisine dışarıdan bakmayı ve Almanya ve Türkiye'deki kültürel, ulusal ve siyasi olgulara göz atmayı amaçlıyor. Tiyatro pedagoji uzmanı Norma Köhler, sosyolog Aladin El Mafaalani ve eğitim bilimci Ahmet Toprak'la bir araya geldi. İki bilim adamı ağırlıklı olarak (kültürlerarası bakış açısıyla) sosyal eşitsizlik sorunları üzerine çalışmaktadırlar. Bu buluşmaya Dortmund Yüksek Meslek Okulu'ndaki anabilim dallarının[1] mekânsal yakınlıkları da vesile olmuştur. Bu söyleşinin sadece tiyatro yapanlarla bilim adamları arasında bir müzakere aracı olmasını değil, aynı zamanda disiplinleri, pratik alanları ve elbette uzun vadede Türk ve Alman geleneksel çizgileri, tiyatronun toplumsallığını, toplumsallığın teatralliği ve tiyatronun bireyleri eğitme konusundaki potansiyel yapısını (örneğin uzmanlarını) buluşturmada teşvik edici bir örnek olmasını diliyoruz.

Köhler: Sevgili Aladin, tiyatro pedagojisiyle sen nasıl ilgileniyorsun?

El-Mafaalani: Ben bir tiyatro projesini sosyal yönden mağdur – kısmen göçmen, kısmen yerli – gençlerle sosyolojik açıdan değerlendirdim (bak. El-Mafaalani 2010). Projeye sadece okulu yarıda bırakmış gençler katıldı. Hem yaşamsal hem de düşünsel olarak bir çıkmazda olan böylesi gençler için tiyatro yapmak çok ideal. Gençler oynarken kendilerini başkalarının yerine koyabilmeyi, böylece dönüp kendilerine bakmayı öğreniyorlar. Böylesi bir deneyim gençlerin mutlaka kendi sorunlarını daha iyi ele almalarına yol açmıyor ama bunları düşünmelerine vesile oluyor. Meslek okullarında öğretmenlik yaptığım zamanlarda eğitsel amaçlı tiyatro projelerinin içsel bir çatışmaya yol açabileceğini gözlemledim sık sık. Doktora tezimde içsel çatışma olmaksızın doğru dürüst bir gelişmenin kaydedilemeyeceğini tespit ettim (karş. Ders. 2012.) Tezimde uç noktalardan yükseliş kaydeden biyografileri – yani alt sınıfa ait çocukların toplumun en yüksek pozisyonlarına gelişlerini – tahlil ettim. Bu tür sınıf atlamalarının pek çoğunda tiyatro ve sanat deneyiminin – herhangi bir biçimde sanatsal-estetik deneyimin – bireyde bir içsel çatışmaya yol açtığını ama aynı zamanda bireyin kendine güvenmesinde ya da yeni bir şey yapmaya kalkışmasında itici güç teşkil ettiğini biliyoruz. İlginç olan, biyografi araştırmalarında bu tür süreçlerin "dramatik dönüşümler" olarak adlandırılmasıdır (Marotzki 1990, S. 130f.). Terminolojide bile bunun bağlantılarını görmek mümkün.

Köhler: Bu yaptığın deneysel araştırmanın bir sonucuydu ama araştırmanın asıl peşinde olduğu şey değildi.

El-Mafaalani: Aynen öyle. Estetik deneyim pek çok örnekte ilerleme kaydedilmesini sağladı. Bourdieu'nun tezleriyle örtüşen bir şey: Homojen, dezavantajlı bir ortamda düşünsel olanaklar açık olarak daha dardır. Nedeni çok basit: Daimi bir kısıtlılık içinde yetişen çocuklarda – parasal açıdan, takdir görme ve bilgi ve teşvik edici toplumsal ilişkiler bağlamında kısıtlılık - düşünce ve eylemler tam da böylesi bir ortamla uyumlu bir şekilde gelişir. Çocuklar yoksunluğu yönetirler, kısa vadeli ve işlevsel, yani anında eyleme dökülecek şekilde düşünürler; çünkü her gün somut sorunları çözmek zorundadırlar. Soyutlama yeteneğini öğrenmek için düşünsel bir ortam mevcut değildir. İlginç olan tam da bu örneklerin (kısa vade, işlevsel düşünce, soyutlama yeteneğinden yoksunluk) bütünlüklü bir sanatsal algının önünde durduğudur. Bana göre çok fazla sınıf odaklı bir estetik anlayışla tiyatro yapmak, özellikle tiyatro için büyük bir sorun. Bence tiyatro pedagojisinin potansiyeli yatıyor burada: Eğer toplum genç insanların alternatifleri deneyimleme imkânını yaratmıyor ve böylece alternatiflerle düşünme yetisini kazanmasına olanak vermiyorsa, o zaman bu ancak oyunla teşvik edilebilir. Çünkü araştırmamın en güçlü bulgusu şu: İnsanlar eğer yaşamlarında önemli değişiklikler yapacak ya da yapmak zorunda kalacaklarsa, bu, habitus'un tüm dört düzlemi üzerinde yürür: ethos (ahlak), hexis (gövde), eidos (ruh), aisthesis (estetik). Bu düzlemlerle korunaklı bir mekânda kuşatıcı bir şekilde ilgilenildiğine tanık olduğumuz çok fazla alan aklıma gelmiyor. Günlük hayatta da farklı rollere girebiliyoruz ama sonuçta kendimizi oynuyoruz ve beklentiler ile beklentilerin beklentilerini karşılamak zorunda kalıyoruz. Başka birinin rolüne soyunmuş ya da başka bir role girmişsek, sadece kendimizi rolüne girdiğimiz kişinin yerine koymamız yetmez, aynı zamanda o kişinin beklentilerini ve ondan beklenenleri de öncelememiz gerekiyor. Bu yolla ister istemez kendimizle rolüne girdiğimiz kişi arasındaki mesafeyi yansıtırız. Bu tiyatroyu ideal bir konuma getiriyor.

Köhler: Mesafe koyma deneyimini estetik tiyatro eğitiminin temel kategorisi olarak görmen ve bunu belirleyici prensip olarak belirlemen ilginç (bak. Hentschel 1996). Almanya'da tiyatro pedagojisinde farklı estetik biçimlere dair bir tartışma var. Post drama tiyatrosu olarak adlandırılan tiyatroda ve maddi tiyatroda bu, pratikte oyuncularla kişilikleri arasındaki mesafeye kanıt olarak 'rol oynama' gösterilerek çözülüyor. Yeni tiyatroda oyuncular geniş çapta kendilerini oynuyorlar. Ama burada da asıl olan kişi-kurgu mesafesinin korunmasının mümkün kılınabilmesidir; bu da kendini estetik duruş ve biçim çalışmasıyla ortaya koyar. Tiyatro, varlığını temelde kural olarak başkaları seyrederken gösteri niyetiyle durumların sergilenmesi şeklinde kanıtlar (bak. Fischer-Lichte in Anlehnung an Bentley, 1990). Tiyatronun oyuna dayalı olduğunu ve katlanılması gereken sonuçları önleyen bir özelliğe sahip olduğu konusunda anlaşabiliriz sanırım. (bak. Kotte 2005, S.41 ff.). Oyuncularla seyircinin bambaşka sonuçlarla yüzleştiklerini bilmemize rağmen, bunu böyle kabul edelim.

El-Mafaalani: Kendini oynamak zaten günlük sosyal yaşamda inanılmaz bir iş ve meydan okumadır. Ben hedef kitlemden hareketle devam edeyim: Sosyal yönden mağdur olan genç insanlardan söz ediyorum. Bu grup için en belirgin gençlik alt kültürü nedir? Gangsta-rap camiası. Gerçekte ne olup bitiyor bu camiada? Pek çok kişi onların ürettiği videoları ilkel ve basit bulur. Ama bunun tam tersi söz konusu. Sosyolojik açıdan baktığınızda burada biyografilerin estetik biçime sokulduğunu görürsünüz: Beden merkeze alınıp itibar edilebilecek bir şekilde sahneye konulmaktadır. Kullanılan dil otantik, zekice ama aynı zamanda çok açık bir şekilde düşük bir eğitim seviyesine işaret etmektedir. Ve kural olarak ahlak tersyüz edilmektedir: Kültürel açıdan olumsuz görülen her şey (şiddet, yoksulluk, dışlanmışlık) idealize edilmektedir ki camianın asıl sermayesi de bunlardır (gerçeklikler). Hakikatle işlevsel bir ilişki mevcut. Gangsta-rapçiler de hepimiz gibi aynı masallarla, aynı ideal ahlaki değerlerle büyüdü. Ancak eğer her gün içinde hareket ettiğimiz dünya kelimenin tam anlamıyla baş aşağı duruyorsa, o zaman resmin düzelmesi için, mantıklı olan değerler ölçüsünü ters çevirmektir. Bunu dilde de görebiliyoruz: Kendilerini simgeleyebilecek dışlayıcı ifadeler kullanılmaktadırlar – mesela ABD'de "Nigger" ya da Almanya'da "kara kafa" ve "petrol gözlü" gibi. Gangsta-rap camiasında kişinin estetik seçim olarak kendisini sahneye koyması çoktan beri son derece profesyonelce yapılıyor – ne yazık ki gençlerin bu yolla gerçek yaşamlarını düzeltme şansları pek yok. Bu noktada, tiyatro pedagojisine dair konseptlerle özellikle gençleri ilgilendiren ve onların yapabileceklerine odaklanarak yararlı sonuçlar elde edilebilir. Ancak bunun için tiyatro pedagojisinin mağdur gençlerle ilgilenmesi gerekiyor – bana öyle geliyor ki bu alanda daha çok ilkokul öğrencilerine ya da cimnazyuma (Gymnasium) giden öğrencilere yönelik işler yapılmaktadır. Eğer tahminim doğruysa, bu bir sorun.

Köhler: Sevgili Ahmet, öğretmenlik okumadın ama yüksek lisanslı pedagogsun. Mesleğin sırasında okul dışı bir tiyatro pedagojisiyle karşılaştın mı hiç?

Toprak: Ben sosyal yönden mağdur, dezavantajlı gençlere yardım eden görevlerde bulundum. Uzun bir süre şiddete eğilimli, göçmen kökenli gençlerle çalıştım. Belli durumlarda, mesela duyguların ifade edilebilmesi durumunda tiyatro eğitmenlerini davet ettik. Şiddete başvurmuş gençlerin en büyük sorunu iletişim kuramamaları ya da iletişimle dayağı eş tutmalarıdır. Bu gençler duygularını ifade edemiyorlar. Şiddeti önleme yöntemlerinden biri tiyatro pedagojisi olabilir ki tiyatro pedagojisi şiddete başvuran insanlarla yapılan çalışmalarda uzun bir süredir kendine bir yer edinmiştir zaten.

Köhler: Tiyatro pedagojisiyle ilgili tespitiniz ve onu konumlayışınız ilginç. Bana göre tiyatro pedagojisi sosyal yönünü eğitim amaçlı pratik alanlarda yansıtmaktadır. Gerçekten de tiyatro sadece bir araç değil, aynı zamanda karşı konulamayacak şekilde gösteri amaçlı bir sanat pratiğidir de. Gerd Koch dolaylı olarak şunu söyler: Tiyatro "sosyal ve özerktir" (Koch 2012). Bu özellikle çok kültürlü tiyatrolarda önemli...

Toprak: Çok kültürlülük kavramından bahsetmişken, uzmanlık alanımın ağırlıklı olarak çok kültürlü ortamlardaki yanlış anlamalar üzerine olduğunu belirteyim. "İki farklı kültür" arasında neden yanlış anlamalar olur? Bu sorunu teşkil eden şeyin kültür değil de, mutlak suretle kültürel olarak konumlandıramayacağımız farklı düşün yapıları olduğunu fark ettim, sık sık. Yani, Türkiye'den ve Almanya'dan iki öğretmen buluşsa belli konularda hemfikir olacaklardır. Bir Alman öğretmen bir Türk kalifiye işçisiyle konuşurken muhtemelen anlaşamayacaktır, ama aynı Alman öğretmen bir Alman kalifiye işçisiyle de anlaşamayacaktır. Yani insanlar birbirleriyle eşit mesafede diyalog kuramıyorlarsa, bunu temsil ettikleri etnik kültürlerle değil de, farklı eğitim seviyelerine ya da konuyla kurdukları ilişkiyle açıklamak gerekir. Sonuçta anlaşamayan kültürler değil, insanlardır. İnsanlar birbirlerini yanlış anlarlar, çünkü farklı düşün yapılarına sahiptirler.

El-Mafaalani: Almanya'da bir Türk genci ve göçmen olmayan bir Alman genci ile Türkiye'deki bir genç arasındaki fark ne? Ankara ve Berlin'de yapılmış olan harika bir araştırma mevcut, yalnız bu araştırma en az 10 yıl öncesine ait (Bohnsack/Nohl 2001; Nohl 2001). Araştırmaya göre Berlin'deki bir Türk gencinin karşı karşıya kaldığı temel çatışmayı ne Alman genci ne de Türkiye'deki genç yaşıyor. Bu nedenle Almanya'daki Türkiye kökenlilerin yaşadıkları çatışma temelde göç temelli bir çatışmadır, bunu Vietnam kökenli bir gence de uyarlayabiliriz. Araştırmada buna neden olarak iki yaşam biçiminin – bir yandan aile, "içinde hareket edilen toplum" ve öte yandan (çoğunluk toplumu temsilen) okul – iletişimsel olarak yan yana gelememesi gösterilmektedir. Bu, nesnel olarak tespit edilmiş bir çatışma değil, yaşanmış bir şey. Yani gençler yan yana duran ve yaşam perspektiflerine göre birbirleriyle iletişim kurmaları mümkün görülmeyen farklı toplumsallaşma formlarını deneyimliyorlar. Çünkü bu konuda kendilerine yardım eden kimse yok, örnekler de mevcut değil (Araştırma 10 yıl öncesine dayanıyor. Bu sorun sanırım şimdi çok farklı boyutlarda yaşanıyordur.). Böylesi bir yaşam alanından sadece farklı deneyimler değil, aynı zamanda farklı davranışlar da türüyor. Gençler bu deneyimlerinden dolayı çoğunluk toplumla ya da içinde bulundukları azınlık toplumuyla aralarına mesafe koyabilirler – ancak çoğunlukla toplumsallaşmanın her iki biçiminin birleştirildiği ya da birbirlerinden bütünüyle ayrıştırıldığı görülmektedir (özellikle ahlak ve daha iyi bir yaşam düşü bağlamında); ki bu da bizi yepyeni bir noktaya götürmektedir. Bu nedenle Almanya'daki Türkiye kökenli gençlerle Türkiye'deki gençler arasındaki benzerlikler şaşırtıcı derecede azdır. Eğer buradaki ayırt edici özellikleri kültür olarak tanımlayacaksak, o zaman Türk kültürüyle değil de Almanya'da oluşmuş gençlik alt kültürü veya göçmenlik kültürüyle yoğrulmuş yeni bir gençlikten söz etmemiz gerekir. Sanata, dansa ya da müziğe dayalı ifade biçimlerinde sık sık bu çatışma göze çarpmaktadır.

Köhler: Berlin-Kreuzberg'de, şehrin bu bölgesine has, aynı çatı altında toplananların yaptıkları işi post-göçmen tiyatrosu olarak tanımladıkları Ballhaus Naunystrasse tiyatrosu var. Yöneticileri ve sanatçılar kendilerini büyük bir özgüvenle göç mağdurları olarak göstermek istemiyorlar ve böylece deyim yerindeyse yapıtlarını yaratıcı karşı argümanlarla sahneye koyuyorlar.

El-Mafaalani: Kısa bir süre önce Dortmund Teknik Üniversitesi'nde, Alman Araştırmalar Topluluğu DFG'nin bir okul projesi seminerindeydim. Bir doktora öğrencisi bu projeden hareketle doktora tezini okullarda kültürlerarası doğaçlama tiyatrosu üzerine yaptı (Kurt/Pahl 2013). Seminerde bir Türk öğrenci, oruç tutarken insanların kendisini kızdırdığını ve fakülte arkadaşlarının kendisine salamlı sandviç ikram ettiğini, söyledi. Türk öğrenci sorunu tartışmaya açmak için yaşadıklarını başka bir öğrenciyle, bir Alman öğrenciyle canlandırmaya razı oldu. Sahneleme dil bazında yüzde yüz işlemedi ama bedensel olarak harika bir sonuç ortaya çıktı. Önce iki gencin ağır çekimde altı kez birbirlerini selamladıklarını gördük. Çünkü yanlış anlamalar vardı aralarında. Alman genç selamlaşmanın kucaklaşıp öpüşme seklinde olacağını, Türk ise getto yumruğu dediğimiz şekilde yumruklarını birbirlerine dokunduracaklarını zannetti. İkisi de önce karşılıklı birbirlerinin davranışlarını dikkatle izledi. Sonuçta bir saniye içinde beş yanlış bedensel hareketten sonra bir selamlaşma biçiminde anlaştılar. Yani bedensel anlaşma ve bunu takip eden eylemler bir yandan son derece yanlış anlaşmalarla yürüdü, fakat öte yandan bu yanlışları bertaraf etme çabası çok güçlüydü. Bu, gençler arasında bir geçişken kültürün mevcudiyetini kanıtlamaktadır. Yani, bu örnekteki selamlaşma biçimini ele alırsak, iki taraf da bütün şekilleri tanıyor ve interaktif bir süreçte bir şekil üzerinde anlaşabiliyor. Bu sadece iki kesimin birbirlerini iyi tanımaları ve aynı zamanda anlamak için çaba sarf etmeleriyle mümkündür. İki koşuldan birinin yokluğu halinde anlaşma mümkün olmayacaktır. Bu doğaçlama tiyatrosunda iletişim aracı olarak dil seçildiğinde farklı bir sonuç ortaya çıktı: Daha iyi anlaşamadılar, çünkü net ve anlaşılır bir bilgiye ihtiyaçları vardı. Veda sahnesi de yine iyiydi. Açıkça ortada bir şey görünmüyor gibi olsa da, örtük olarak deşifre edilmesi gereken son derece büyük bir bilgi birikimi mevcut! Bu projede mesleğe hazırlık okullarında (Hauptschule) okuyan öğrenciler kültürlerarası uzlaşı konusunda adeta birer uzman kesildiler. Bu, söylenmesi gereken üç cümleyi sarf etmekle değil, ancak ve ancak onların eylemlerine bakmanızla anlaşılır.

Toprak: İşte bu araştırma tam da temsil ettiğim tezin kanıtı. Bu gençler göç olgusuna özgü sorunlar yaşıyorlar, kültürel değil. Burada vatandaş olmayan Türkiye kökenli bir genç elbette bir Almanın veya Türkiye'deki bir gencin yaşamadığı - mesela hukuki açıdan yabancı konumda olması gibi — bazı sorunlarla karşı karşıyadır. Bu ve diğer zorluklar ya da engeller kültürle ilişkilendirilmektedir. Gençlerin büyük bir kısmı kendini dindar olarak tanımlamadığı halde, pek çok davranışı çoğunluk toplumu tarafından dini inançla bağdaştırılıyor. Yani ergenlikte ortaya çıkan ve tipik gençlik davranış biçimi olan davranışlar sıkça kültür ya da dinle açıklanmaktadır. Bu daha çok Türkiye ya da Arap kökenli gençler söz konusu olduğunda böyle yapılıyor.

Köhler: Bundan nasıl bir sonuç çıkarmalıyız? Pedagojik ve sanatsal çalışmalarda belli odak noktalarından, bu durumda kültürlerarası ya da (post) göçmen tiyatrosu gibi etiketlemelerden, hedefe dayalı bir perspektiften bütünüyle vaz mı geçmeliyiz? Bir tiyatro doğrudan göçmen kökenli insanlarla tasarlanırken, bu insanlar baştan itibaren sadece göçmen kimlikleriyle varlık gösteriyorlarsa, bu, tiyatro için çok anlamlı bir şey değil. Hedef kitlesine yönelmiş perspektiflerden uzak, oyuncuların biyografilerinden bağımsız ya da bu biyografilerin sadece dolaylı olarak dâhil edildiği bir tiyatro tasarlamak daha verimli olabilir mi?

El-Mafaaiani: Ama göçmenlikten kaynaklanan sorunlar daha da çoğalacaktır. Göçmen topluluklarda sosyal denetim belli oranlarda aynı kalır, küçük bir kesimde ise bu daha da baskıcı olacağa benziyor, yani bu kesim daha güçlü bir şekilde eski geleneklere sarılacaktır. Bence kültürlerarası çalışmaları sürdürmekte fayda var. Sözünü ettiğim araştırmada ikinci nesil göçmenlerle konuşulmuş. Bu nesil kültürlerarası çatışmalar yaşıyor; çünkü her gün evde başka, okulda başka bir kültürle karşılaşıyor. Gençler Türkiye'de yetişmiş anne babalarının yaşam biçiminin Almanya'da hiçbir değer taşımadığını öğreniyorlar. Aile ortamında tanık olmadıkları yabancı bir sistem var okulda. Almanya'da okulların ne kadar orta sınıf Alman aile ortamında sosyalleşmiş çocuklara göre şekillenmiş olduğunu tahmin bile edemezsiniz. Böyle bir ortamda yetişmemiş biri okulun hiçbir şekilde sorgulanamayan mantığını anlayamaz. Yani göçmen çocukları kültürlerarası bir şey yaşıyorlar. Kültürlerarası tiyatro yapıyoruz dendiğinde, burada örneğin kültürlerarası yanlış anlamaları, diğer bir deyişle kültürlerarası iletişimdeki yanlış anlamaları konu olarak seçiyorlard. Almanya'da birinci nesil Türk ebeveynleriyle büyümüş gençler bunlar. Üçüncü ve dördüncü nesil göçmenler için kültürlerarası kavram, eğer bununla ulusal kültür kastedilmeyecekse, anlamlıdır. Ama bu durumda bile kültürlerarası çalışma, mesela punk ve Gangsta rap gruplarının birlikte bir tiyatro oyunu üretmesi önemlidir – bu durumda alt kültürlerin karşılıklı iletişiminden söz ederiz.

Toprak: Tam da bu örnek kültürlerarası etkileşimden söz etmenin anlamını göstermektedir. Çocuklar okullarda aile ortamındakinden farklı bir şey deneyimliyorlar. Soru şu: Bu deneyim çocuğun kişiliğini nasıl etkiler? Birey iki ayrı dünyayı bir arada yaşamaktadır. Belki hiyerarşik, itaatkâr ve tabi olmayı buyuran değerlerin ön planda tutulduğu, katı muhafazakâr, dindar bir aile ortamıdır bu ve çocuk böyle bir ortamdan bağımsız ve kendine güvenmeyi talep eden okul ortamına gelmektedir. Bunu abartarak gözümüzün önüne getirdiğimizde, birbirlerinden dağlar kadar farklı iki değeri görürüz. Peki, gençler bu varsayılan uyuşmazlıklarla ne yapıyorlar? Bunlar kişiliklerinde nelere yol açıyor? Burada karşıtlıklar çarpışıyor. Peki, bu statik bir şey mi yoksa genç birey iki alanda da bağımsız hareket edip kendine ait bir şey mi ortaya çıkarıyor? Kültürlerarası etkileşim düşüncesi tam da şudur: Buradaki anlamıyla, kültür durağan değildir ve bireylerin kendi yorumlarını içeri almalarıyla "kültürlerin" sınırları ortadan kalkmaktadır. Böylece kendine özgü yeni bir "kültür" oluşmaktadır.

Köhler: Türk-Alman uluslararası ilişkileri göz önünde bulundurarak, tiyatro pedagojisi için hedefe yönelik nasıl bir bakış açısı üretebiliriz bunlardan? Birlikte çalışmaktan bahsedeceksek... Teorik düşüncede bile bireyi ön plana koyduğumuza göre, bir iş birliği halinde ulusal öncüller üzerinde durmanın anlamlı olup olmayacağı sorusu akla geliyor. Bu durumda tiyatro ile disiplinlerarası alışveriş nasıl tasarlanabilir?

Toprak: Aklıma bir kavram geliyor: Kültürel kabul, yani ötekinin ya da öteki "kültürün" kabulü. Bunun için de onu içtenlikle tanımak ve bilmek gerekir. Tiyatrocuların buluşabilecekleri ortak bir paydaları var: Tiyatro. Peki, ama Almanya'da ve Türkiye'de tiyatro nasıl işliyor? Zannediyorum ki benzer şekilde. Bu biçimiyle kabul görme mevcutsa, bence bu yaklaşımdan yola çıkarak tartışabiliriz. Ancak Türkiye'de yapılanların çağdaş olmadığına dair bir kanaatin olması— çok gizli de olsa – her zaman sorun yaratır. Uluslararası ve kültürlerarası işlerde böylesi bir tehlike her zaman olabilir. Bu durumda kendi önyargılarımıza karşı eleştirel ve kendimizi yansıtabilecek bir konumda olmamız gerekir. İdeal olan insanın kendiyle ilgili böyle bir süreçte bulunmasıdır. Eğer birey kendisiyle yüzleşme noktalarını içselleştirmişse, önemli bir sorun yok. Bu durumda belli konuları ve çıkış noktalarını tespit etmek gerekir ki bunlar da aşılmayacak şeyler değil. Prensipte ortak bir dil mevcut, o da tiyatro. Ki sanırım sanat olarak tiyatro, bir uzmanlık alanı olarak tiyatro pedagojisi, ortaya çıkabilecek anlaşmazlıkları hızla bertaraf edebilecek ilerici özelliklere sahiptirler.

Köhler: Bu çok güzel bir düşünce, ancak bunu ne tiyatro dünyası ne de diğer alanlar için genelleştirebiliriz. Fakat yöntemlerin yarışmadığı ya da kalite konusunda yüzeysel bir yargıya varmamamız gerektiği üzerinde anlaşmak mümkün. Aynı zamanda tiyatro yapmanın ne demek olduğu konusunda ortak bir temel anlayışa ihtiyacımız var ki bu da tiyatroyu hep yeniden keşfetmek ve işaretlerin çok sesliliğini, yani tiyatro iletişimindeki çok dilliliği kullanıp yansıtmaktır. Aladin, kritik bir düzlem olarak bedenselliğe işaret ettin. Bu, tiyatro dışındaki iletişim alanlarında sıklıkla unutulmaktadır. Tiyatroda performatif bedensellik temel artı değeri oluşturur. Uluslararası alanda uzmanlıklar arasındaki alışverişlerde de buna dikkat etmeye devam etmeliyiz. Pratiğin denenmesi ya da pratiğin görünür kılınması, bedensel olarak yan yana gelmeler ve oyunlarla deneyimleme yoluyla karşılıklı etkileşim üzerinden analitik görüş alışverişi söz konusu olmalı her zaman, yani sadece teorik alışveriş olmamalı.

Toprak: Tabii, bunun iyi işlememesi halinde kamuoyu eleştirecektir. Almanya'da işlerin daha iyiye gitmesi için eleştirel bakıldığını biliyoruz. Böyle toplumsallaştık. Bizim bakış açımıza göre bu haklı bir yaklaşım gibi görünüyor. Türkiye'de belli bir kesim için bu hakaret olarak da yorumlanabilir. Bu durumda eleştiriyi farklı bir şekilde ambalajlamak ya da yapıcı bir şekilde formüle etmek gerekir. Ya da eleştiriyi korumakla birlikte önce iyi olana vurguda bulunmakta yarar var. Her şeyi en çıplak haliyle masaya yatırma eğilimimiz var. Eleştiri olmalı, ancak eleştirilen kişinin itibarını koruyabilmesi de gerekir.

Köhler: Şöyle araya gireceğim: Ruhr Bölgesi'nde yaşıyor ve ders veriyoruz. İnsanların ilişkilerinde açık sözlü ve doğrudan olmalarını – en azından (kanıtlanmış, alışılmış, öğrenilmiş) kültürel önyargı olarak –Almanya'nın geneline…

Toprak: Bu fenomen Almanya'nın genelinde çok yaygın. Özellikle de yüksekokullarda insanlar çoğunlukla önce eleştiriyle başlarlar. Örneğin bir seminer grubumla birlikte bir sunum dinledikten sonra, öğrencilerden önce sunumun iyi yönlerini belirtmelerini isterim. Ancak öğrenciler, biz hep eleştirip ve düzeltme önerilerinde bulunmayı öğrendik, diyorlar.

Köhler: Evet ama burada yüksekokullara giden öğrenciler de geniş çapta Ruhr Bölgesi'nden geliyorlar. Bunu aşan bir soru da şu: Karşılaşmalarda baştan itibaren (önlenebilir) kültürel farklılıkları çok fazla dikkate almamız halinde, haddinden fazla tedbir almış olmaz mıyız?

Toprak: Ben Bavyera yüksekokullarında da ders verdim ve aynı şeyler orda da geçerliydi. Kültürün tanınması ve kabul görmesi ile şunu kastediyorum: Eleştirinin bu anlamda yanlış anlaşılabileceğini bilmemiz gerekiyor. Eleştiri belki nesnel olarak doğrudur, ancak eleştirilen kişi bunun kendi kültürüne ya da dinsel inancına yönelik olduğunu düşünebilir. Söylediklerimin iletişim dilinde çok keskin bir değişimi gerektirdiğini biliyorum.

Köhler: "Çıtkırıldım" bir Alman da olabilir … Almanya'da toplumsallaştığı ve bu kültürle yetiştiği halde çok hassas olup eleştiriyi kaldıramayan biri mesela… Aslında onaylanma ulusal kimlikten bağımsız, insanlar arası etik bir değerle ilişkilidir. Burada söz konusu olan, her şeyin üzerinde duran, kültürel etkileşimlerde bir değer olarak yaşanması gereken temel insan onurudur.

El-Mafaalani: Tarafların eşit haklara sahip olarak anlaşabilmesi kuşkusuz zor bir sınavdır – hem tek tek birey için hem de küresel bağlamda. Kültürlerarası ilişkilerde belki de bunun tek örneği diplomasidir. Diplomasi gerçekten de çok uluslu ilişkilerde her yerde aynı biçimde işlemektedir. Haiti'de de, Yeni Zelanda'da, Fas'ta da…

Toprak: Gerçeği dile getirmedikleri için…

El-Mafaalani: Hayır, çözülmesi gereken şifreli bir dil geliştirdikleri için. Haiti ve Güney Afrika'nın başbakanları yan yana oturduklarında ve 'müzakerelerde bazı adımlar attık,' dediklerinde, bu aslında hiçbir ilerleme kaydetmediklerine ya da hâlâ aşılması zor tenakuzların var olduğuna işaret eder. Durum buna dönüşmüş halde, çünkü daha öncesinde de kültürlerarası bir diyalog vardı: Savaş. Önce savaş vardı ve insanlar bununla nasıl baş edecekleri konusunda kafa yordular. Diplomasi evrimleşmeye benzer bir gelişmeyle ortaya çıktı. Tüm dünyada farklı dillerde de olsa aynı biçimde konuşulan bir dil bu. Cümle yapısı olarak her yerde aynı şekle sahip. Farklı basamaklardan geçildikten sonra basın konferansları için metinler kaleme alınır örneğin. Putin örneğinde olduğu gibi bazıları bu dili kullanmasa da… Putin de bunu bilerek reddediyor. Ancak bunu yapabilmesi için de diplomasi dilinin nasıl işlediğini bilmesi gerekir ki bu kurala bilerek uymaması mümkün olsun. Burada sorun şu: Diplomatik dil aracılığıyla insanlar birbirlerini yanlış anlamayacaklardır ama tam da bu yüzden birbirlerini anlamayacaklardır da. Bu her kesim için bir emniyet tedbiridir. Hoşunuza gitsin ya da gitmesin. Ama George Bush'la Angela Merkel, Merkel'in doğup büyüdüğü şehirde kucaklaştıklarında ve kameralara diplomatik olmayan bir dille bir şeyler söylediklerinde, bunun şeklen özgün bir şey olduğu duygusuna kapıldık. Bu ancak ve ancak onların kişisellikleri üzerinden işleyebildi. Tıpkı Putin ve Schröder'de olduğu gibi. Bu her zaman kişisel bir düzlemde gerçekleşebilir. Günlük hayatın diplomatik dili yani "siyaseten doğruluk" (political correctness), her geçen gün biraz daha karmaşıklaşan diplomasinin dilidir. "Siyasi doğruluk" ile facialar önleniyor ama korkarım ki bununla anlama da önlenmiş oluyor.

Köhler: Fakat bir dış pazarlama ve arabulucu olarak pazarlama, sanatta ve tiyatro pedagojisinde bir perspektif olabilir mi? Tiyatro pedagojisinde çalışma yöntemlerine ve estetik biçimlere dair tartışmalarda insan ilişkileri ya da daha verimli çalışma yöntemleri konusunda mantıklı kurallar geliştirilip, bunlar üzerinde anlaşılabilir. Örneğin önce icra etmeye izin verme ve deneme (pratik), sonrasında ise analitik ve geri dönüşümlü diyalog (teori) başlatma... Böylece akademik bilgi alışverişinden önce karşılıklı pratik deneyimlerin görülme şansı ön plana çıkacaktır. İnsanlar sadece karşılıklı pratiklerin denendiği kolektif bir deney için de yan yana gelebilir ve yaptıkları işten yola çıkarak diyalog başlatalabilirler. Buradaki avantaj belki de şudur: Herkesin kafasında farklı bir düzeneğe sahip olan kuramsal yapılarla uğraşmak yerine, deneyimi (pratiği) sonradan kuramsal tartışmaların temeli olarak almak.

Bir sanat dalı olan tiyatroda bence diplomasi daha az rol oynamalı. Belki de siyaset ortamından uzaklaşmalı, gerçek fikirler ve içerikler üretmek için üçüncü bir yer bulmalıyız, bulabilmeliyiz (bak. Nassehi 2013). Toplamda tiyatronun, özelde ise Türk-Alman projelerinin en büyük şansı tam da siyaset ve diplomasi karşısında güncel toplumsal tartışmalara biçimsel olarak yaratıcı alternatif bir ortam oluşturmasında yatar. Tiyatro, sanatsal çerçeve içinde kalarak riski göze alan bir girişim olabilmeli, kışkırtıcı olmalı, kafa karışıklarını ortaya koyabilmeli – hatta en iyisi bugüne kadar hiç görülmediği şekilde dünyayı ütopik bir şeye çevirebilmeli, biçim ve içerikler deneyebilmelidir. Özellikle siyasetin tahrip gücünün yüksek olduğu yerlerde ve zamanlarda tiyatro insanların içtenlikle karşılaşabilecekleri, birbirleriyle ilgilendikleri ve can alıcı sorulara yaratıcı ve deneysel çözümler (çözüm girişimleri, önerileri) yaratabilmek için çaba sarf edecekleri bir yer olmalı.

Türkiye'deki değişim atmosferi Almanya için önemli itici bir güç olabilir: Toplumda görülen siyasi iradeden, bütün o "güçten" ilham alabilir. Almanya'da geniş çapta apolitik bir toplum zihniyeti söz konusu. Sanırım bu Türkiye'de farklı. Yoksa medya üzerinden üretilen bir klişeden mi söz ediyorum? Belki de, tam da biz Almanların demokrasinin ne kadar önemli bir kazanım olduğunu yeniden görmemizi sağladığını düşünerek idealize ediyorumdur bunu. Çünkü Türkiye'de şimdilerde şu tartışılıyor: Nasıl bir toplumda yaşamak istiyoruz? Hem de toplum tartışıyor bunu. Buradan nasıl bir tiyatro pedagojisi doğacak ya da hangi tiyatro pedagojisi kullanılacak, bu heyecan verici işte. Öte yandan biz Almanya'dakiler konuyla ilgili Türk uzmanlarına estetik ve yapısal olarak cazip gelebilecek tiyatro biçimlerini, sanat fikirlerini, tiyatro pedagojisine dair bir altyapı fikrini sunabiliriz. Türkiye'de Almanya'ya oranla çok daha az sayıda tiyatro evleri mevcut ve tiyatro pedagojisi de (henüz) ayağının üstünde duran bir meslek olarak görülmemektedir. Bu realiteden yola çıkarak biz Almanların daha gelişmiş olduğunu söyleyemeyiz elbette. Özellikle içerik üretimi, tiyatronun anlamı ve olası formatlar bağlamında gözlerimizi ve kulaklarımızı açıp merakla birbirimize bakmalıyız. Bu, hem ulusal/kültürel gelenek hattı için hem de yenilikçi çizgiler için geçerli.

Toprak: Açık olma ve kabul etme kavramlarıyla tam da bunu kastediyorum. Yani bir şeyleri transfer ederken ona aynı anda işe çomak sokmamalıyız. Öğretmen ile çocuk örneğindeki gibi: "İyi olanı almalısın. Bak işte, biz Batı kültürümüzle - kötü niyetliysek baskın kültürümüz de diyebiliriz buna – karşındayız. Ve sana yüksek kültürümüzü öğreteceğiz. Çünkü bizim yaptıklarımız sizinkinden daha iyi." Ben burada, insanın öhyarglarının biliuciude olmaması tehlikesini görüyorum. Tiyatroda da muhtmelen bu böyledir. Kültürler ve uluslararası alışverişlerde bu tehlike her zaman çok büyük, çünkü bir tarafın hep baskın bir şekilde temsil edilip diğer tarafın ikinci sınıf olarak görülme tehlikesi var. Ve bu tehlike Türkiye kökenliler için her zaman mevcut. Türkiye'de Avrupa bizi zaten istemiyor, AB de istemiyor düşüncesi yaygın. Bu düşünceye çoğunlukla aşağılanmışlık hissi de eşlik etmektedir.

Sanırım birileri asayı eline alıp yol gösterse, Türkiye'de daha etkili olur. Türkiye'de – en azından devlet tiyatrolarında – bu istek baskın olabilir. Ama daha kavramsal ve kişisel çalışan küçük tiyatrolarda işlerin Almanya'daki gibi yürüdüğünü zannediyorum. Fakat büyük devlet tiyatroları, süreçlerle yeni şeyler üretmeyi hedefleyen tiyatronun bu biçimiyle muhtemelen ilgilenmeyeceklerdir.

Köhler: Konuyu yeniden tiyatronun ve tiyatro pedagojisinin politik potansiyeline getirmek istiyorum. Bakışımızı, son derece ilham verici olan Taksim meydanındaki Duran Adam'a çevirelim. Protestonun dünyanın her yerinde bir yandan geleneksel olarak kolektif bir gösteriye, diğer yandan çoğunlukla taş atmak gibi şiddete dayalı davranış biçimlerine dönüştüğünü biliyoruz. Taksim hareketi ise protestoda doğrudan başka bir estetik/kültür dili aradı ve buldu. Ve bu bir sanatçı üzerinden gerçekleşti. Bu tiyatro pedagojisi bağlamında ruhumu coştururken şöyle bir soruyu da beraberinde getiriyor: İletişimde yeni anlaşma biçimlerini günlük deneyimlerden nasıl üretebiliriz?

El-Mafaalani: Bu sanırım daha çok temel çatışma ortamlarının mevcudiyetiyle mümkündür. Bu yüzden de "apolitik" gençlik gibi kavramlar vardır. Türkiye'de ve diğer Müslüman ülkelerde hemen hemen benzer kaba bir çatışma ortamı mevcut günümüzde: Demokratik çoğunluk prensibi uyarınca iktidara gelen ve gittikçe otoriter bir kimlik kazanan tutucu bir çoğunluk ve bununla ne yapacağını bilemeyen ilerici bir azınlık karşı karşıya duruyor. Bu, örneğin Almanya'nın Weimer Cumhuriyeti'ndeki çatışma ortamından farklıdır. Weimer Cumhuriyeti'nde totaliter ideolojilerdi çatışan. Komünistler, aşırı liberaller, nasyonal sosyalistler vb akımlar... Ama tüm bunlar bugünkü toplumsal iç çatışmalarda rol oynamazlar, çünkü bu vizyonların tutunabilecekleri bir zemin bulunmamaktadır. Müslüman toplumların bugün yaşadığı çatışmaların temel bir amacı mevcut değildir. Taraflardan biri muhafazakâr Müslüman olup her şeyin olduğu gibi kalmasını ya da eskiden nasıldıysa öyle olunmasını istiyor. Diğer kesim ise Batı'ya benzeyen bir şeyle yakınlaşmayı talep ediyor; ancak bunun için öne sürdükleri argümanlar çok zayıf. Çünkü bunlar birer vizyondur. Ya geriye ya da bugüne dönük... Ancak Batı'nın geleceğe dönük sunabileceği bir şey yok. Bu yüzden de Batı'ya yüzünü çevirenlerin işleri çok zor. Biraz önce post-modernizmden söz edildi. Post-modernizm aslında gelecek için hiçbir vizyonun bulunmamasından başka bir şey değil. İşte bu sorunsallık tam da en iyi sanat aracılığıyla ifade edilebilir, bilişsel olarak değil. Örneğin protesto ederken susabilir de insan. Bence bu en az durumun kendisi kadar çelişkilerle örülü bir eylem. Politik olarak bugün vizyonsuzuz; bu yüzden de siyasi faaliyetlerin merkezinde bütünüyle sayısal, ekonomik büyümeler yer almaktadır.

Toprak: Türkiye'deki protesto da bu nedenle hiçbir zaman başarılı olmayacaktır. Ekonomik olarak insanların durumu aşağı yukarı iyi sayılır. On yıllık başarılı politika Erdoğan'ın lehine işliyor, ekonomik büyüme oranı yüzde 8 ila 10 arasında. Orta sınıfın ve yoksul insanların durumu daha iyi. Ancak öte yandan, şunu da bilmek gerekir ki Erdoğan'ın politikasına eleştirel bakan bir sanat camiası mevcut. Bir protesto ikonu haline gelen Duran Adam bir tiyatroda koreograf. Yani herhangi biri değil, camiada tanınan bir sanatçı. Yaşları 20 ila 40 arasında değişen, çok genç bir camia bu. Ama yine de Türkiye'de azınlıkta olan bir kesim.

El-Mafaalani: Aynı şey Arap ülkeleri için de geçerli. Bir kesim geçmişi, diğer bir kesim ise çağdaş Avrupa'yı istiyor örneğin. Bu istekler şimdi nasıl karşılanacak. Bu öyle bir şey ki çaprazlama düşünmeyi şart koşuyor. ABD'de bu iç savaş ile çözüldü, Almanya'da iki dünya savaşı, Fransa'da ise Fransız devrimi üzerinden. Her defasında kan aktı. Büyük toplumlarda barışın kan akıtılmaksızın tesis edildiğini kanıtlayan tek bir örnek yok. Eğer bunu bir şekilde başarmak mümkün olacaksa, bu ancak yaratıcı çözümlerle mümkündür. Bu durumda sanat, kültür ve tiyatro uygun kapılardır.

Toprak: Buranın politikasını oraya taşımak bence fazla bir yarar sağlamaz. Almanya iki dünya savaşından sonuç çıkarmayı öğrendi. Türkiye ise bunu yapmıyor.

Köhler: Almanya ve Türkiye demokratik ülkelerdir. Burada şu can yakıcı soruyu sormak gerekir: Din ne oranda tartışmaların odak noktasına kaymıştır ya da iktidarın merkezindedir ve bununla değerler oluşturulmakta mıdır? Sonuçta Türkiye'deki partiler de sadece derece olarak buradakilerden farklı. Almanya bence, örneğin CDU

(Hristiyan Demokratlar Birliği) Hıristiyan değerlerin propagandasını Başbakan Merkel üzerinden yapıyor ve…

El-Mafaalani: …evet, ve ABD'de daha da sert bir Hıristiyanlık propagandası var. Türkiye eğer bir dereceye kadar bağımsız mahkemelere sahipse, bir dereceye kadar bağımsız medyaya ve teknik olarak temiz geçen seçimlere sahipse ve bu kadarı insanlar için yeterliyse, demokratik olarak bağımsız bir ülkedir. Sorun şu: Çoğunluğun ve azınlığın ilişkisi nasıl? Demokrasi, her zaman bir azınlığın olduğu ve bu azınlığın kaybettiği anlamına gelir. Kaybedenler kazananların hâkim olmasını ne kadar kabul edebiliyor ve kazananlar kaybedenlere ne kadar yaklaşıyor, bu da aynı oranda önemli. Eğer Obama muhafazakârları da dikkate almazsa bir süre sonra yönetimle baş edemez. Ve eğer Angela Merkel, ben herkesin başkanıyım demez ve hatta pek çok şeyi partisine rağmen yapmazsa, yine başarılı olamaz. Kazananların ve kaybedenlerin ilişkilerini düzenleyen kurallar mevcut siyasi kültürde. Bu bakış açısından hareketle diyebilirim ki Türkiye bütün Müslüman ülkeler arasında açık mesafeyle birinci sırada ve AB'ye girmesi halinde AB'de de son sırada yer almayacak olan bir ülkedir. AB üyesi öyle ülkeler var ki, içeri alınmış olmaları epey düşündürücü. Buradaki mesele iç sorunlarla nasıl baş edildiğidir. Bu sanatın işi olabilir. Esasında bu her kesimi de ilgilendirebilir, bir tartışma ortamı yaratabilir. Çünkü çatışma – görüldüğü kadarıyla – yaşamın tüm alanlarında kendini gösteriyor ve yasa koyucularını, ekonominin nasıl idare edildiği gibi konuları kapsıyor. Türkiye'nin gündeminde olup olmadığını bilmiyorum ama Mısır'da örneğin İslam dininde haram olduğu için faizin devre dışı edilmeye başlandığı söyleniliyor. Yukarıda sözünü ettiğim rakip ve kavgalı kesimler yüzünden tüm bunlar şimdi yeniden sürüme sokuldu. Hangi hukuk sistemi baskın, hangi kadın ve aile imajı… Tüm bunların İslam'la bir ilgisi yok. Buradaki mesel geçmişe mi dönüleceği, yoksa Avrupa'ya mı yöneleceği meselesidir. Sorun bu. Çünkü insanların tutunabileceği bir gelecek vizyonu mevcut değil.

Toprak: Taksim eylemlerine neden bu kadar çok genç, solcu ve sanatçı katıldı? Bunun en önemli açıklaması başbakanın insanların yaşam biçimine müdahale etmesiydi. Somut olarak her kadının en az üç çocuk doğurması gerektiğini söyledi. Kamuda içki satışını yönetmeliklerle düzenledi, üstelik bunu bir eğlence kenti olan İstanbul gibi bir yerde yaptı. Yani insanların günlük yaşamlarına müdahale etti. Geniş bir kesimi ilgilendiren bir şey bu. İnsanlar tüm bunlara, kişisel olarak mağdur kalana kadar göz yumdu. Erdoğan'ın politikasına zaten hep şüpheyle bakılıyordu. Çoğunluk onu seçmişti ama üç yıl öncesine kadar insanların yaşam biçimlerine böyle karışmamıştı. Tüm bu müdahalelerden beri sanat alanında çok şey olup bitiyor. Ve bunlar tiyatro pedagojisinde dikkate alınması ve üzerinde iyi çalışılması gereken önemli gerçeklerdir.

Köhler: Aslında tüm bunlar sadece bir imkâna değil, diyebilirim ki aynı zamanda adeta bir gerekliliğe ve tiyatro pedagojisi için önem arz eden bir fırsata işaret ediyor – küresel bir bakış açısıyla ve tiyatro pedagojisinin asıl fikrine cevaben, bunu bir "Service

Public (kamusal çalışma)" olarak değerlendiriyorum (Bak. bu ciltteki Meyer ve Nikel söyleşisi). Çok teşekkür ederim.

Yukarıdaki söyleşide tiyatro çalışmalarının çok katmanlı toplumsal potansiyeline değinildi ve Türk-Alman ortaklıklarında göz önünde bulundurulması gereken güçlüklerin çerçevesi çizildi.

Dışarıdaki bu sosyolojik ve eğitim bilimsel bakış açısı, tiyatro pedagojisinde, özellikle de kültürlerarası alışverişlerle bağlantılı faaliyetlerde karşılıklı kabul görme ve önemseme olgusunu desteklemektedir. Bu bakış, temel soruları hatırlamamıza vesile olacağı gibi lobi çalışmalarında ve tiyatro pedagojisinin geleceğini koruması bağlamında, disiplinler arası temaslarda uzmanlıkların daha yoğun bir şekilde etkileşim içinde olmaları gerektiğini hatırlattığı için de ufuk açıdır.

Bu sohbet ayrıca tiyatro pedagojisine dair ağın, içerik olarak kültürlerin alımlanmasını hedefleyen bir perspektifle geliştirilmesini teşvik etmektedir. Tiyatro pedagojisi ve kültüründeki böylesi bir yönelim insanların toplumsallığı ve kültürleşmesi sırasında yaşadığı çatışmalar için araştırmacı ve yaratıcı bir yol bulabilir ve tiyatro çalışmalarında, özellikle insanların bugünkü hayata bakışlarını ve kendi yaşamlarını sorgulama aşamasında, verimli olabilir. Böylesi bir tiyatro pedagojisi ve kültür anlayışı, uluslararası sınırlar (ve kültürel değer artımı) arasında ve üzerinde durmalı. Etkileşime dayalı kültürel işbirliği, karşılaşmayı, açıklığı ve kabul görmeyi şart koştuğu gibi (bak. bu söyleşide Toprak, Prengel 2006 ve diğerleri), tarafların pozisyonlarının ve bakış açılarının karşılıklı olarak harekete geçirilebilmesi için birbirlerine eşit mesafede bakmalarını da gerektirir. Bu temel kurallar, somut tiyatro projeleri ve Türk, Alman ve diğer ülkelerin kendi aralarında sürdürdükleri disiplinlerarası işbirlikleri sonucu ortaya çıkmıştır. Bunların yansıması Çağdaş Drama Derneği'nin Türkiye'de düzenlediği rutin drama kongrelerinde de kendini göstermiştir ve Almanya'nın da benzer bir kurumsallaşmayı geliştirmesi gerekmektedir. Burada sadece estetik biçim ve bilgi alışverişini değil, kültürlerin etkileşim perspektifini göz önünde tutarak kolektif, sürece dayalı ve performatif öğretilerin ve boyutların karşılıklı keşfedilmesini desteklemek önemlidir.

BAG Spiel und Theater ile Çağdaş Drama Derneği, iki sivil toplum örgütü olarak yıllardır başarılı bir şekilde işbirliği yapmaktadırlar ve buna benzer bir işbirliği uzun vadede ve kalıcı bir şekilde yüksekokullar arasında da gerçekleştirilmelidir. Avrupa'nın gittikçe kaynaşarak büyüdüğü düşünülürse, tiyatro pedagojisi alanındaki işbirlikleri ve alışverişler her zamankinden daha fazla önem kazanmaktadır – bu durumda önünü gören, yeniliğe açık sanatçılarla (tiyatro pedagogları ve projelerle) dayanışma içinde olmak kaçınılmazdır.

Kaynakça

Bohnsack, Ralf; Nohl, Arnd-Michael (2001): Ethnisierung und Differenzerfahrung. Fremdheiten der Identität und des Habitus. Dergi: Zeitschrift für qualitative Bildungs-, Beratungs- und Sozialforschung, Jg. 2, Heft 1, S. 189-207.

Hentschel, Ulrike (1996): Theaterspielen als ästhetische Bildung. Über einen Beitrag künstlerischen Gestaltens zur Selbstbildung. Weinheim.

Fischer-Lichte, Erika (1990): Die Zeichensprache des Theaters. Theaterwissenschaft Heute. Renate Möhrmann'in (çıkaran) giriş yazısıyla. Berlin, S.233- 259.

Koch, Gerd (2012): Theater: autonom und sozial in: scenario, language – culture – literature Journal for Drama and Theatre, Foreign and Second Language Education http://scenario.ucc.ie, Issue 1 – 2012, ISSN 1649-8526, S.10- 27.

Kotte, Andreas (2005): Theaterwissenschaft: Eine Einführung. Köln, Weimar, Wien.

El-Mafaalani, Aladin (2010): Soziologisches Theater. Benachteiligte Jugendliche beschäftigen sich mit Selbst- und Fremdwahrnehmung durch selbstentwickelte Inszenierungen. In: Zeitschrift Ästhetische Bildung 1/2010. [http://zaeb.net/index.php/zaeb/article/view/37/33]

Kurt, Ronald; Pahl, Jessica (Hrsg.) (2013): Interkulturelles Verstehen in Schulen des Ruhrgebiets. ‚Gemeinsam gleich und anders sein: Schüler improvisieren über Interkultur' adlı belgesel film çalışmasını içeren bir DVD ile birlikte. Wiesbaden.

El-Mafaalani, Aladin (2012): BildungsaufsteigerInnen aus benachteiligten Milieus. Habitustransformation und soziale Mobilität bei Einheimischen und Türkeistämmigen. Wiesbaden.

Marotzki, Winfried (1990): Entwurf einer strukturalen Bildungstheorie. Biographietheoretische Auslegung von Bildungsprozessen in hochkomplexen Gesellschaften. Weinheim.

Nassehi, Armin (2013) Wer spricht für wen? Zeitschrift dramaturgie, 2/2013, Dramaturgische Gesellschaft, S. 9-15 [http://www.dramaturgische-gesellschaft.de/assets/Uploads/dramaturgie/dramaturgie-02-13.pdf]

Nohl, Arnd-Michael (2001): Migration und Differenzerfahrung. Junge Einheimische und Migranten im rekonstruktiven Milieuvergleich. Opladen.

Prengel, Annedore (2006): Pädagogik der Vielfalt, 3. Baskı. Wiesbaden.

Interkulturalität und Migration
Eine Herausforderung und Chance für Theater und Theaterpädagogik[1]

Wolfgang Sting

Gesellschaften als soziales Miteinander befinden sich zunehmend im Wandel. Insbesondere Migration, Globalisierung und die damit verbundene Interkulturalität prägen Einwanderungsländer wie Deutschland. Das bedeutet kulturelle Vielfalt einerseits, aber andererseits auch ungleiche soziale und kulturelle Teilhabe von Migranten und Postmigranten. Wie geht das Theater mit dieser gesellschaftlichen Entwicklung und Heterogenität um? Die Relevanz von Theater zeigt sich heute auch darin, ob und wie die Thematisierung von Interkulturalität und Migrationserfahrung – inhaltlich, ästhetisch und durch die Partizipation von Akteuren mit Migrationshintergrund – im Theater gelingt und die theatralen Spiel- und Kommunikationsformen erweitert.

„Das Thema Migration haben die Theater eigentlich verschlafen oder keine bzw. zu wenig Sensibilität dafür entwickelt", resümiert der Intendant Ulrich Khuon Ende 2008 selbstkritisch. „Im Jungen Theater, in der Theaterpädagogik hat das Thema Migration und Interkulturalität schon eine gewisse Bedeutung, in unseren Spielplänen ist es absolut unterrepräsentiert."[2] Dabei belegt insbesondere der Blick in die Schulen unserer (Groß-)Städte die Notwendigkeit, sich den Themen Interkulturalität und Heterogenität zu stellen, auch verstärkt im kulturellen Bereich. Bundesweit haben bei den Schulanfängern bereits ein Drittel der Kinder einen Migrationshintergrund, in den Großstädten liegt der Anteil bei über 50 Prozent. Bis vor wenigen Jahren galt noch die nüchterne Feststellung des Theaterwissenschaftlers Christopher Balme: „Interkulturalität wirkt in der deutschen Theaterlandschaft wie ein Fremdwort."[3] Doch seit 2010/11 scheinen Interkulturalität und Migration als Themen und wichtige gesellschaftliche Fragen endlich in der deutschen Theaterlandschaft angekommen zu sein. Anfang 2011 veranstaltete die Dramaturgische Gesellschaft ihre Jahrestagung zum Thema „Theater in der interkulturellen Gesellschaft" und thematisierte interessiert „Wer ist wir?" (vgl. Kermani 2010). Wissenschaftlich diskutiert und reflektiert wurde das Thema auf den Tagungen „Theater und Migration" in 2010 Köln (vgl. Schneider 2011) und „Interkulturelles Theater und seine Perspektiven" in Hamburg 2011. Auch die Zeitschrift „Theater heute" fragte unter dem Titel „Deutsch für Fortgeschrittene" nach dem Theater, das im Einwanderungsland alle ansprechen kann. Schließlich wurde die Inszenierung „Verrücktes Blut" des türkischstämmigen Regisseurs Nurkan Erpulat und Jens Hillje zum Berliner Theatertreffen 2011 eingeladen. Ein Novum, denn ein Regisseur und ein Ensemble mit Migrationshintergrund sowie eine Inszenierung, die kritisch und ironisch mit dem Blick auf Migranten umgeht, wurde gefeiert.

Dass Interkulturalität und die Auseinandersetzung mit anderen, auch außereuropäischen Theaterformen ästhetisch und thematisch ein produktiver Faktor sein können, haben avantgardistische Theatermacher der 1920er Jahre wie Bertolt Brecht und Max Reinhardt oder der 1960/70er Jahre wie Peter Brook, Eugenio Barba und Ariane Mnouchkine gezeigt. Aus diesen Theaterexperimenten haben sich in Theorie und Praxis anregende neue epische und performative Spielformen und Theaterkonzepte entwickelt. Interkulturelles Theater beschäftigt sich ganz allgemein mit dem Verhältnis, der Wechselwirkung und dem Austausch der Kulturen. Dabei wird hier ein antiessentialistischer Kulturbegriff vorausgesetzt, der Kulturen im Sinne von Möglichkeitsräumen stets als dynamische und durchlässige Lebensäußerungen fasst und sich nicht auf ethnische oder nationalstaatliche Zuschreibungen und Normativität reduzieren lässt. Die Theaterarbeit, die sich heute in Deutschland ästhetisch und thematisch mit den kulturellen Phänomenen und Praxen, Fragen und Perspektiven einer Einwanderungsgesellschaft beschäftigt, wird somit, je nach Ausrichtung und Programmatik, versehen mit den Labels: interkulturell, transkulturell (vgl. Welsch), transnational, hybridkulturell oder postmigrantisch. Das Neben- und Miteinander der Kulturen einer Migrationsgesellschaft sind Ausgangspunkt der verstärkten nicht nur ästhetisch interessierten Auseinandersetzung mit anders-kulturellen Theater- und Ausdrucksformen. Während der schwerfällige Stadt- und Staatstheaterbetrieb eindeutig zu spät auf aktuelle und brennende Fragen unserer Migrationsgesellschaft eingeht, zeigt sich im Kinder- und Jugendtheater, in der Theaterpädagogik und in der Freien Szene ein anderes Bild.

Mein Beitrag diskutiert aber nicht die strukturellen Besonderheiten des Theaterbetriebs, sondern fragt nach den Besonderheiten, Formen und theoretischen Leitbegriffen des interkulturellen Theaters und welche Bedeutung es inhaltlich und ästhetisch für die Theaterpädagogik hat.

„Interkulturelles Theater", so die Definition von Christine Regus, „ist ein Theater, in dem Elemente aus beliebigen, unterscheidbaren Kulturen auf irgendeine Weise verbunden werden und dies ein zentrales Merkmal ist"[4] und weiter „ein Theater, bei dem sich Individuen unterschiedlicher ethnischer Identitäten begegnen"[5].

1. Interkulturelles Theater heute

Next Generation, Homestories, Clash, Tacheles, Klassentreffen, BASTARD.Wahlidentitäten, Familiengeschichten, Heimat im Kopf und GHETTO BLASTER heißen entsprechende interkulturelle und postmigrantische Theaterproduktionen der Jahre 2006 bis 2012, die in Bochum, Essen, Berlin, Hamburg und Hannover beispielhaft Ansichten und Einsichten junger Migranten in Szene setzen. Berichte, biografische Momente, Recherchen, Geschichten und Dokumente ihres Lebens werden performativ und oft frontal gezeigt, präsentiert und vorgetragen. Die Texte sind oft selbst geschrieben. Es geht um die Spieler selbst und deren biografische Erfahrungen, nicht um Figuren und Rollentext. Dass dabei keine platte Selbstdarstellung herauskommt, verhindern professionelle Anleitung und Regie.

In diesen Produktionen verbinden sich performative Spiel- und Darstellungsformate mit jugend- und popkulturellen Ausdrucksformen. So entsteht eine vom Literatur- und Repräsentationstheater abweichende aktuelle Ästhetik mit einer Nähe zur Performance. Thematisch geht es um interkulturelle Themen, um Fragen der Verortung: Heimat, Integration, Zugehörigkeit, Fremdheit, Identität. Außerhalb der Theaterhäuser, oft an Spielorten im Stadtteil oder an experimentellen Bühnen und im theaterpädagogischen Bereich, entsteht so gerade eine lebendige Szene von interkulturellen und migrantischen Theaterprojekten. Das Berliner Theater Hebbel am Ufer (HAU) hat mit dem Festival „Beyond Belonging" seit 2006, kuratiert von Shermin Langhoff, eine Plattform für interkulturelle Produktionen und Themen geschaffen. 2008 eröffnete Langhoff nun als Leiterin das renovierte Ballhaus Naunynstraße mit „Dogland - junges postmigrantisches Theaterfestival" und prägte damit den Begriff postmigrantisches Theater. Hier gelingt als modellhafte Kulturarbeit die Einbindung lokaler und überregionaler (Post-)Migranten-Künstlerinnen und -Künstler.

In der freien Szene und im theaterpädagogischen Kontext hat interkulturelles Theater inzwischen Konjunktur. Aber im konventionellen Theaterbetrieb ist diese gegenwärtige Auseinandersetzung mit Interkulturalität und kultureller Alterität noch selten. Zwar findet sich in der klassischen Theaterliteratur seit jeher ein reicher Fundus an Stücken zu interkulturellen Themen und Fragen. Interkulturelle Konflikte wie Ausgrenzung und Fremd- oder Anderssein sind im Theater Leitthemen von *Iphigenie* bis *Medea*, von *Romeo und Julia* über *Nathan der Weise* bis *Andorra* – alles auch Klassiker des Schultheaters. Doch Inszenierungen, die auch Theatermacher mit Migrationshintergrund und anders-kulturelle Ausdrucksformen ästhetisch einbinden, sind die Ausnahme. Es besteht offensichtlich eine Diskrepanz zwischen der thematischen Aktualität interkultureller Fragen und dem künstlerischen Interesse an einer theaterästhetischen Umsetzung. Das mag auch an der recht homogenen Szene der deutschen Theatermacher liegen, denen der eigene motivierende Migrationshintergrund fehlt. Feridun Zaimoglu, der türkischstämmige „Kanak Sprak"-Erfinder und Autor von *Schwarze Jungfrauen*, Nuran Calis, Regisseur und Dramatiker *(Dog eat Dog)* mit armenisch-jüdischem Hintergrund sowie zuletzt Nurkan Erpulat, Regisseur und Theaterpädagoge, 2011 eingeladen zum Theatertreffen mit *Verrücktes Blut,* bilden als Newcomer im Theater die wenigen Ausnahmen, wo *migrantische Künstler* im Theaterbetrieb überregional reüssieren. 2013 eröffnete das Berliner Gorki Theater seine Spielzeit unter der neuen Intendantin Shermin Langhoff (vormals Ballhaus Naunynstraße) mit einer Inszenierung von Tschechows *Der Kirschgarten* in der Regie und Lesart von Nurkan Erpulat als einem „Stück über einen Epochenwechsel", angetreten um „den Staatstheaterbegriff zu erweitern und auch all jene miteinzubeziehen, die den Kirschgarten der deutschen Hochkultur bislang nicht betreten durften" (Slevogt 2013).

Weitere Beispiele sind die *KinderKulturKarawane* (2005), wo Straßenkinder aus vier Kontinenten Geschichten aus ihrem Leben spielen[6], oder die Schreib- und Theaterprojekte von Nuran Calis wie *urbanstories* am Schauspiel Hannover (2005) und *Homestories – Geschichten aus der Heimat* in Essen-Katernberg (2006) oder *Next Generation*, am Schauspielhaus Bochum (2010) ebenso wie das Festival „YoungStar" und „KRASS" auf Kampnagel Hamburg (2009, 2011, 2012), die die innovative Spiellust und ästhetische Kraft dieser von Migranten getragenen Produktionen belegen. Bei all diesen Theaterprojekten geht es um das thematische und ästhetische Sprechen und Zeigen aus der eigenen kulturellen und individuellen Perspektive von Migranten. Gerade in der Verbindung von interkulturellem und performativem Sprechen und Spielen entstehen so eindrucksvolle Inszenierungen. Theaterarbeit in dieser Form ist als interkulturelle Kultur- und Bildungsarbeit zu verstehen.

2. Formen interkulturellen Theaters

Vier Formen und Haltungen von Interkulturalität, die sich in interkulturellen Theaterprojekten in unterschiedlichen Mischungen abbilden, sind zu beobachten: Exotismus, Internationalität, Transkulturalität und Hybridkulturalität[7]. Hybridkulturalität als komplexestes Modell bezieht sich auf das Neben- oder Miteinander verschiedener Kulturtraditionen und zeigt ein großes Spektrum und ganz unterschiedliche Spielformen von Mischkulturen. Hybrid meint: gemischt, von zweierlei Herkunft, aus Verschiedenem zusammengesetzt. Der Begriff Hybridität, anfangs auf biologische Mischformen bezogen, wurde im Kontext postkolonialer *Cultural Studies* in den 1980er Jahren von Homi Bhabha[8] zu einem interkulturellen Theorem ausformuliert. Kulturelle Identitäten entstehen demnach als eine wechselseitige Vermischung von Zentrum und Peripherie, von Süd und Nord, Ost und West, ohne dialektische oder hierarchische Beziehung jenseits der Polaritäten von Ich und Anderen oder Erster Welt und Dritter Welt. Gerade in diesen Hybridkulturen steckt ein gewaltiges Potenzial für die vielfältigsten Kooperationen, Polyphonien und Neuschöpfungen. Kreolisierung nannte Édouard Glissant[9] diese Beziehung mehrerer kultureller Zonen. Im Musikbereich mit der Kategorie *world music* wird das längst realisiert. Im Performancebereich, der sowieso intermedial ausgerichtet ist, und im Tanztheater gibt es zunehmend internationale Koproduktionen und interkulturelle Festivalthemen. Das Sprechtheater tut sich da wesentlich schwerer.

Interkulturelles Theater bewegt sich also zwischen Exotismus (Bestaunen des Fremden), Internationalität (multikulturelles, nichtdialogisches Nebeneinander), Transkulturalität (universell Verbindendes und Neues neben und jenseits bestehender Kulturen), Hybridkulturalität (kulturelle Mischformen). Während Exotismus und Internationalität keinen Perspektivwechsel und Dialog intendieren, beschäftigen sich Transkulturalität und Hybridkulturalität mit der Vielsprachigkeit wie Durchlässigkeit der Kulturen und entwickeln neue Ausdrucksformen.

3. Leitbegriffe: Differenz, Alterität und Diversität

Warum ist ein Ansatz, der Differenz und Alterität betont, künstlerisch und pädagogisch von Interesse? Interkulturelles Theater setzt sich mit der Vielfalt und Differenz der Kulturen, ihren Ausdrucksformen und Problemen spielerisch und szenisch auseinander. Dabei berührt es auch Fragen der interkulturellen Bildung, denn schließlich versuchen beide Disziplinen – Kunst und Bildung – einen produktiven Dialog der Kulturen anzuregen.

Differenz und Alterität sind neben den aktuell Begriffen Heterogenität und Diversität zentrale Leitkategorien der theoretischen Diskussion um interkulturelle Bildung. Alle Begriffe verweisen auf Mehrdeutigkeit, die es heutzutage auszuhalten gilt. Der Diversity-Diskurs betont nicht länger die problembezogene Sicht auf Vielfalt (Unterschied als Defizit), sondern hebt Vielfalt als positive Kategorie und Ressource für neue Kompetenzen hervor. Interkulturelles und ästhetisches Lernen haben in diesem Horizont vergleichbare Zielsetzungen: Beiden Lernbereichen geht es um die Akzeptanz und Pflege der „Vielfalt der Kulturen" (vgl. Erklärung der Unesco). Beide schulen die Wahrnehmung, das genaue Hinsehen und Sehenlernen, und beide intendieren einen produktiven Umgang mit Differenz und Vielfalt als sozialer oder ästhetischer Praxis. Während Diversität das gleichwertige Nebeneinander von Kulturen und Lebensentwürfen und Alterität das notwendig Andere im Bildungsvorgang betont, schärft die Kategorie der Differenz unsere Wahrnehmung. Der Begriff Alterität hilft bei der Unterscheidung zwischen dem Anderen als Teil des einen (lat. *alter*, der eine, der andere von beiden) und dem Anderen als Fremdem (lat. *alius*, oder gr. *xenos*, der Fremde). Innerhalb poststrukturalistischer und postkolonialer Diskurse zeigt der Begriff, dass Identität ohne das Andere nicht denkbar ist. Alterität ist dann die Bedingung für Bildung und Selbstvergewisserung: Ohne das Andere als Teil von mir kann ich mich weder erkennen noch bilden.

4. Interkulturelles Lernen durch Theater

Interkulturelle Theaterpädagogik thematisiert seit den 1980er Jahren im Kontext Kultureller Bildung über die Spiel- und Ausdrucksformen der szenischen Künste (Spiel, Theater, Tanz, Performance) die Auseinandersetzung mit und zwischen den Kulturen. Sie versteht sich zum einen als künstlerisch-ästhetische Praxis mit nicht-professionellen, meist jugendlichen Spielern, die Interkulturalität szenisch gestaltet auf die Bühne bringt, zum andern als pädagogische Praxis, die mit szenisch-theatralen Spiel- und Interaktionsformen in Schule und Bildungsarbeit interkulturelles Lernen unterstützt. Interkulturalität artikuliert sich dabei auf dreifache Weise: inhaltlich-thematisch durch die inszenierten Fragen, Probleme und Sichtweisen in einer inter- und transkulturellen Gesellschaft, sozial durch den meist vielschichtigen, anders-kulturellen Gruppenkontext und formal-ästhetisch durch die kulturell geprägten, spezifischen Ausdrucksformen der Spieler. Interkulturelle Theaterpädagogik als Wahrnehmungs- und Ausdrucksschulung vermittelt im öffentlichen Zeigen des Eigenen, Anderen oder Differenten einen produktiven Umgang mit Vielfalt und Differenz als sozialer und ästhetischer Praxis.

Interkulturelle Theaterarbeit kann über die Produktion von Bildern, Zeichen, Symbolen, Spielen und Geschichten die Differenz zeigen, thematisieren, betonen, zuspitzen, ohne gleich Wertungen zu treffen. Im Vordergrund steht dann nicht das „verständige" Harmonisieren der Kulturen, das sowieso nur an der Oberfläche funktioniert, sondern das ausgestellte Eigene, Spezifische, Differente oder neu Entstehende. Im Spiel- und Kommunikationsraum Theater kann das Differente, Eigene und Neue gezeigt und ausgestellt werden als positive Kraft. Theater vermittelt über das Zeigen von Differenz und Vielfalt – das ist pädagogisch und politisch gleichermaßen bedeutend – individuelle Lernprozesse und öffentliche Kommunikation. In diesem Sinne kann interkulturelle Theaterarbeit die Ziele der interkulturellen Bildung (u. a. Begegnung, Dialog, Toleranz, Akzeptanz, Integration) aufnehmen und handlungspraktisch umsetzen, ohne ihre theaterspezifischen Momente des spielerischen Experiments, der Übertreibung und Verfremdung oder auch der Infragestellung und Irritation aufgeben zu müssen. Vielmehr stellen sich gerade über den Theaterprozess auf sinnliche Weise vielfältige, eben auch befremdende Erfahrungen, Differenzerfahrungen ein. Theater ist seit jeher und vorrangig als ein „Schauplatz des Fremden" zu verstehen, so der Philosoph Bernhard Waldenfels, in dem Sinne, dass wir in der Begegnung mit Fremdem sinnlich überrascht, herausgefordert und auch mit uns selbst konfrontiert werden.

Wie produktiv und kreativ wir mit dieser „Vielfalt der Kulturen" (Unesco) umgehen, wird die Entwicklung und den sozialen Frieden aller Gesellschaften maßgeblich beeinflussen. In der Schnittmenge von Theater und Interkulturalität eröffnet sich ein aktuelles ästhetisches und soziales Experimentierfeld, das die Migrationserfahrungen und die kulturelle Vielfalt unserer Gesellschaft aufgreift und öffentlich zum Sprechen bringt. Interkulturelles Theater kann also eine Schule des Sehens sein, aber mehr noch: auch eine Schule des Sprechens, eine Schule des (sich) Zeigens und Befremdens, eine Schule des sich Begegnens sowie letztlich ein Schule der Kritik und Teilhabe.

1 Der vorliegende Beitrag ist eine überarbeitete Fassung der beiden Texte: Sting 2010 und 2012.
2 Khuon 2010, S. 17.
3 Balme 2007, S. 20.
4 Christine Regus: *Interkulturelles Theater zu Beginn des 21. Jahrhunderts. Ästhetik – Politik – Postkolonialismus*. Bielefeld 2008, S. 42.
5 Ebd, S. 43.
6 Vgl. Klaus Hoffmann, Ute Handwerg, Katja Krause (Hg.): *Theater über Leben – Entwicklungsbezogene Theaterarbeit*, Berlin/Milow 2006.

7   Vgl. Wolfgang Sting: Interkulturalität und Migration im Theater, in: Sting, W./Köhler, N./Hoffmann; K./Weiße, W./Grießbach, D. (Hg.):*Irritation und Vermittlung. Theater in einer interkulturellen und multireligiösen Gesellschaft*, Berlin 2010, S. 19 – 30.

8   Vgl. Homi K. Bhabha: *Die Verortung der Kultur*, Tübingen 2000.

9   Vgl. Édouard Glissant: *Traktat über die Welt*, Heidelberg 2002.

Literatur

Balme, Christopher (2007) Deutsches Welttheater? In: Die Deutsche Bühne Heft 5, 2007, S. 20-23.

Bhabha, Homi K. (2000) Die Verortung der Kultur. Tübingen.

Glissant, Edouard (2002) Traktat über die Welt. Heidelberg.

Hoffmann, Klaus/Handwerg, Ute/Krause, Katja (Hg.) (2006) Theater über Leben – Entwicklungsbezogene Theaterarbeit. Berlin, Milow.

Hoffmann, Klaus/Klose, Rainer (Hg.) (2008) Theater interkulturell. Berlin, Milow.

Kermani, Navid (2010) Wer ist Wir? Deutschland und seine Muslime. München, 2., durchgesehene Aufl.

Khuon, Ulrich (2010) Theater als Forum der letzten Fragen. In: Sting, W./Köhler, N./Hoffmann; K./Weiße, W./Grießbach, D. (Hg.) Irritation und Vermittlung. Theater in einer interkulturellen und multireligiösen Gesellschaft. Berlin, S. 9-19.

Kurzenberger, Hajo/Matzke, Frank (Hg.) (1994) Interkulturelles Theater und Theaterpädagogik. Hildesheim.

Regus, Christine (2008) Interkulturelles Theater zu Beginn des 21. Jahrhunderts. Ästhetik – Politik – Postkolonialismus. Bielefeld.

Schneider, Wolfgang (Hg.) (2011) Theater und Migration. Herausforderungen für Kulturpolitik und Theaterpraxis. Bielefeld.

Slevogt, Esther (2013) Neue Intendanz am Gorki Theater Berlin. Eröffnung im Hidschab. Erweiterter Staatstheaterbegriff: Mit seiner Chefin Shermin Langhoff startet das Berliner Maxim Gorki Theater in eine neue Zeit. In: die tageszeitung, 18. 11. 2013.

Sting, W./Köhler, N./Hoffmann; K./Weiße, W./Grießbach, D. (Hg.) (2010) Irritation und Vermittlung. Theater in einer interkulturellen und multireligiösen Gesellschaft. Berlin 2010.

Sting, Wolfgang (2010) Interkulturalität und Migration im Theater. In: Sting, W./Köhler, N./Hoffmann; K./Weiße, W./Grießbach, D. (Hg.) Irritation und Vermittlung. Theater in einer interkulturellen und multireligiösen Gesellschaft. Berlin, S. 19-30.

Sting, Wolfgang (2012) Interkulturelles Theater. In: Nix, Christoph / Sachser, Dietmar / Streisand, Marianne (Hg.): Lektionen 5 - Theaterpädagogik. Berlin, S. 189-196.

Interculturality and Migration
A Challenge and Change for Theatre and Theatre Education[1]

Wolfgang Sting

Societies as a form of social cooperation are subject to increasing change. Migration, globalisation and the interculturality that goes along with them in particular are leaving their mark on immigration countries such as Germany. While this means cultural diversity on the one hand, it is also implies unequal social and cultural participation on the part of migrants and post-migrants on the other. How is theatre dealing with this social development and related heterogeneity? Theatre's contemporary relevance is also manifested in the extent to which it is able to successfully address interculturality and the experience of migration in terms of content and aesthetics as well as via the participation of actors with a migration background and create a wider palette of theatrical and communicative forms as a result.

"Theatre has actually neglected the subject of migration or developed little or no sensibility towards it," was artistic director Ulrich Khuon's self-critical summary at the end of 2008. "While the subject of migration and interculturality does have a certain significance in youth theatre and theatre education, it remains totally underrepresented in our repertoires."[2] A look at the schools in our (major) cities in particular only confirms the importance of tackling the subjects of interculturality and heterogeneity, with their role in culture being increasingly significant too. Across Germany, already one third of children starting school come from a migrant background, while the proportion is over 50 percent in the major cities. Until just a few years ago, theatre scholar Christopher Balme's sober assessment still very much applied: "Interculturality comes across like an alien concept in the German theatre landscape."[3] Yet since 2010/11, interculturality and migration finally seem to have arrived in the German theatre landscape as both subjects and important social questions. At the start of 2011, the Dramaturgische Gesellschaft organised its annual conference on the subject of "Theatre in Intercultural Society" and eagerly took on the theme of "Who are 'We'?" (see Kermani 2010). The subject was also discussed and reflected upon in an academic context at the conferences on "Theatre and Migration" in Cologne in 2010 (see Schneider 2011) and "Perspectives on Intercultural Theatre" in Hamburg in 2011. The magazine *Theater heute* also drew on the heading of "Advanced German" to pose the questions as to the sort of theatre capable of addressing everyone in an immigration country. Last, but not least, the production "Verrücktes Blut" by Turkish-German director Nurkan Erpulat and Jens Hillje was invited to the Berlin Theatertreffen in 2011. This was something entirely new in that a director and an ensemble from a migrant background together with a production that dealt critically and ironically with how immigrants are viewed was being celebrated.

The idea that interculturality and the exploration of other forms of theatre from Europe and beyond can be a productive factor in both aesthetic and thematic terms has been proven both by avant-garde theatre makers from the 1920s such as Bertolt Brecht and Max Reinhardt and those from the 1960/70s such as Peter Brook, Eugenio Barba and Ariane Mnouchkine. These theatrical experiments led to new, stimulating epic and performative forms of acting and theatre concepts being developed in both theory and practice. In general terms, intercultural theatre explores the relationships and forms of interplay and exchange between different cultures. An anti-essentialist conception of culture forms the prerequisite here, a conception which fundamentally grasps cultures as realms of possibility, dynamic, open expressions of life which cannot be reduced to ethnical and nationalist ascriptions or normativity. The theatre work in today's Germany that explores the cultural phenomena, practices, questions and perspectives of an immigration country in aesthetic and thematic terms is thus given various different labels depending on its specific alignment and programmatic focus: intercultural, transcultural (cf. Welsch), transnational, hybrid cultural, or post-migrant. The different cultures that exist alongside one another or coalesce in a society of migration form the starting point for an increased exploration of theatre forms and forms of expression from other cultures, an exploration that should not restrict its attention to aesthetics alone. While the unwieldy city and state theatre establishment have clearly been too late in reacting to the current burning questions of our society of migration, a different picture can be seen in children's and youth theatre, theatre education and the independent theatre scene.

I am not, however, seeking to debate the structural peculiarities of the theatre establishment here but rather to raise certain questions about the specific qualities, forms and key theoretical terms linked to intercultural theatre and what significance it has for theatre education in terms of both content and aesthetics.

As defined by Christine Regus, "intercultural theatre is a form of theatre in which elements of distinct, arbitrary cultures are combined in such a way that this combination becomes a key characteristic,"[4] and is also "a theatre in which individuals of different ethnic identities come together."[5]

1. Intercultural Theatre Today

Next Generation, Homestories, Clash, Tacheles, Klassentreffen, BASTARD.Wahlidentitäten, Familiengeschichten, Heimat im Kopf and *GHETTO BLASTER* are the names of some corresponding intercultural and post-migrant theatre productions from the 2006-2012 that have brought the views and insights of young migrants to the stage in exemplary fashion in Bochum, Essen, Berlin, Hamburg and Hanover. Reports, biographical moments, research, stories and documents from their lives are shown, presented and recited in performative style, often in direct address to the audience, with the "actors" often having written the lines they deliver themselves. The focus is on the performers themselves and their biographical experiences rather than characters and lines linked to particular roles. Professional supervision and direction serve to avoid any sort of flat self-portrayals.

These productions connect performative acting and representational formats with youth / pop cultural forms of expression. This enables a contemporary aesthetic to emerge which has a distinct proximity to performance and diverges from standard literary and representational theatre. The emphasis is on intercultural themes and questions of place: the concept of home, integration, belonging, foreignness and identity. A lively scene for intercultural and migrant theatre projects is thus currently emerging beyond standard theatre venues, often in local theatre venues, experimental stages or within theatre education. The Hebbel am Ufer (HAU) theatre in Berlin has since 2006 offered a platform for intercultural productions and themes in the form of the "Beyond Belonging" festival curated by Shermin Langhoff. In 2008, Langhoff also became the artistic director of the newly renovated Ballhaus Naunynstraße, re-opening the venue with the "Dogland - junges postmigrantisches Theaterfestival" and thus leaving a significant mark on the concept of post-migrant theatre. This can be seen as a successful example of cultural work involving local and national (post-) migrant artists.

Intercultural theatre is currently booming within the independent scene and theatre education contexts. Yet contemporary explorations of interculturality and cultural alterity are still a seldom occurrence within the conventional theatre establishment. The classic theatre literature has always had a rich seam of plays on intercultural themes and questions at its disposal, with typical intercultural conflicts such as exclusion, foreignness or difference forming the key themes in theatre pieces ranging from *Iphigenie*, *Medea*, *Romeo and Juliet*, *Nathan the Wise* and *Andorra*, all of which are school theatre classics. Yet productions that also include theatre makers from a migrant background and forms of aesthetic expression from other cultures remain the exception. There is clearly a discrepancy between the thematic topicality of intercultural questions and the artistic interest in implementing them within theatre. This may also come down to the largely homogenous German theatre scene, which lacks its own motivating migrant background. Feridun Zaimoglu, the Turkish-German founder of "Kanak Sprak" and author of *Schwarze Jungfrauen*, Nuran Calis, director and dramatist *(Dog eat Dog)* who has Armenian-Jewish roots and Nurkan Erpulat, the director and theatre educator whose *Verrücktes Blut* took part in the 2011 Theatertreffen, are the few theatre newcomers that have succeeded into opening up the theatre establishment to migrant artists at a national level. In 2013, the Gorki Theater in Berlin opened its first new season under the artistic direction of Shermin Langhoff (previously of Ballhaus Naunynstraße) with a production of Chekov's *The Cherry Orchard* directed by Nurkan Erpulat, who read it as a "piece about a change of eras" and whose agenda was to "expand the concept of state theatre and to include all those previously unable to enter the "cherry orchard" of German high culture" (Slevogt 2013).

Additional examples include *KinderKulturKarawane* (2005), in which street children from four continents act out stories from their lives,[6] the writing and theatre projects by Nuran Calis such as *urbanstories* at Schauspiel Hannover (2005) and *Homestories – Geschichten aus der Heimat* in Essen-Katernberg (2006), *Next Generation* at the Schauspielhaus Bochum (2010) where the "YoungStar" festival also took place and "KRASS" at Kampnagel Hamburg (2009, 2011, 2012), all of which bear testimony to the innovative joy of acting and aesthetic power contained within productions carried by migrants. All these theatre productions are about speaking and showing in thematic and aesthetic terms from the migrants' own individual and cultural perspectives. It is precisely the connection between forms of intercultural and performative speech and acting that allows such commanding productions to emerge. This form of theatre work can be regarded as intercultural culture and education work.

2. Forms of Intercultural Theatre

It is possible to observe four forms of / stances towards interculturality, which appear in intercultural theatre projects in various combinations: exoticism, internationality, transculturality and hybrid culturality.[7] As the most complex of these models, hybrid culturality relates to the idea of different cultural traditions existing alongside one another or coming together and shows the broad spectrum and hugely varied acting forms inherent to mixed cultures. Hybrid implies the idea of a mixture or blend, the combination of multiple origins or the putting together of different elements. The concept of hybridity, which was originally applied to hybrid forms in the realm of biology, was expanded into an entire intercultural theory by Homi Bhabha[8] in the 1980s within the context of post-colonial cultural studies. According to this theory, cultural identities are formed based on the reciprocal combination of centre and periphery, south and north and east and west without being subject to any dialectical or hierarchical relationship beyond the polarities of I and the Other or First World and Third World. It is these hybrid cultures in particular that contain such a massive potential for cooperations, polyphonies and new creations of a striking diversity. Édouard Glissant[9] termed the sort of relationship between several different cultural zones creolisation, an idea that has long since been realised in the area of music with the category of *world music*. There are also increasing numbers of international co-productions and intercultural festival themes in both the area of performance, which anyway has an intermedial orientation, and dance theatre. It would seem that spoken theatre is making much heavier weather of the same idea.

Intercultural theatre thus moves between exoticism (marvelling at the unknown), internationality (multicultural co-existence without dialogue), transculturality (new universal connections that are both present alongside and extend beyond existing culture) and hybrid culturality (mixed cultural forms). While exoticism and internationality are not about bringing about changes in perspective or opening up dialogue, transculturality and hybrid culturality explore the multilingualism and unbounded nature of culture and develop new forms of expression accordingly.

3. Key Terms: Difference, Alterity and Diversity

Why is an approach that emphasises difference and alterity of interest in both artistic and educational terms? Intercultural theatre grapples with the diversity of and differences between cultures and their forms of expression and problems in playful and dramatic fashion. It also touches upon questions of intercultural education in the process, for both disciplines – art and education – ultimately attempt to stimulate a productive dialogue between cultures.

Alongside the current concepts of heterogeneity and diversity, difference and alterity also form central categories in the theoretical discussion surrounding intercultural education. All of these concepts refer to the sort of ambiguity that is nowadays to be maintained. Diversity discourse no longer sees diversity as something problematic (difference as a deficit) but rather emphasises its nature as a positive category and resource for new skills. Intercultural and aesthetic learning have comparable goals within this context: both areas of learning focus on accepting and nurturing "cultural diversity" (see the UNESCO declaration). Both provide training in perception, in how to examine things more closely and learn to see, and both are aimed at establishing the productive treatment of difference and diversity as a social or aesthetic practice. While diversity emphasises the idea of different cultures and life plans of equal value existing alongside one another and alterity underlines the role of the necessary Other in educational processes, the category of difference hones our perception. The concept of alterity helps in distinguishing between the Other as part of oneself (lat. *alter*, the one, the other of the two) and the Other as something external or foreign (lat. *alius*, or gr. *xenos*, the foreign). Within post-structuralist and post-colonialist discourses, this concept shows that identity cannot be conceived of without the Other. Alterity is thus the necessary condition for education and self-assurance: without the Other as part of me, I am unable to either recognise or educate myself.

4. Intercultural Learning Through Theatre

Since the 1980s, intercultural theatre education has addressed the idea of grappling with cultures within the context of cultural education via the acting forms and forms of expression of performing arts (acting, theatre, dance, performance). It sees itself on the one hand as an artistic and aesthetic practice involving non-professional, mostly young players bringing interculturality to the stage in dramatic form and on the other as an educational practice aimed at supporting intercultural learning in school and education work via dramatic/theatrical forms of role play and interaction. Interculturality is articulated in three different ways in the process: in terms of content and subject matter via the questions, problems and points of view relating to inter- and transcultural societies being depicted, in social terms via the complex group context usually employed that draws on various other cultures, and in aesthetic ones via the specific, culturally determined forms of expression being used by the players. As a form of perceptual and expressive training, intercultural theatre education conveys a productive treatment of diversity and difference as a social and aesthetic practice based on the public exhibition of the self, the Other or the "different".

Intercultural theatre work can show, address, emphasise and exaggerate difference via the production of images, signs, symbols, role-play and stories without having to make set judgements in the process. It is thus not "judicious" cultural harmonisation that comes to the fore here, which only anyway functions superficially, but rather the elements of the individual, specific, different or newly created being shown. The acting and communicative forum offered by the theatre enables the different, the familiar and the new to be shown and accentuated as a positive force. Theatre conveys individual learning processes and public communication by showing difference and diversity in both educational and political terms. In this sense, intercultural theatre work is able to take up the goals of intercultural education (including bringing about meetings, dialogue, tolerance, acceptance and integration) and implement them in terms of practical action without having to relinquish its own theatre-specific moments of playful experimentation, exaggeration, alienation, questioning or productive irritation. It is in fact precisely via such theatre processes that diverse experiences, often also of a disconcerting nature, are created in sensory terms, experiences of difference. Theatre has always primarily been understood as a "venue of the Other", as philosopher Bernhard Waldenfels put it, in the sense that we are surprised, challenged and confronted with ourselves in sensory terms in our encounter with the unfamiliar.

Our ability to deal with this "cultural diversity" (Unesco) productively and creatively will have a significance influence on the development and the social harmony of all societies. The overlap between theatre and interculturality opens up a contemporary field of experimentation of an aesthetic and social nature which takes up the experience of migration and cultural diversity in our society and gives them a public voice. Intercultural theatre can thus function as a school for seeing, but not just that: it is also a school for speaking, a school for showing (oneself) and feelings of disconcertion, a school where encounters can be made as well as ultimately a school for criticism and participation.

1   The present article is revised version of the previously published texts Sting 2010 and 2012
2   Khuon 2010, p. 17.
3   Balme 2007, p. 20.

4   Christine Regus: *Interkulturelles Theater zu Beginn des 21. Jahrhunderts. Ästhetik – Politik – Postkolonialismus*. Bielefeld 2008, p. 42.

5   Ibid., p. 43.

6   See Klaus Hoffmann, Ute Handwerg, Katja Krause (Eds.): *Theater über Leben – Entwicklungsbezogene Theaterarbeit*, Berlin/Milow 2006.

7   See Wolfgang Sting: *Interkulturalität und Migration im Theater*, in: Sting, W./Köhler, N./Hoffmann; K./Weiße, W./Grießbach, D. (Eds.):Irritation und Vermittlung. Theater in einer interkulturellen und multireligiösen Gesellschaft,   Berlin 2010, p. 19 – 30.

8   See Homi K. Bhabha: *Die Verortung der Kultur*, Tübingen 2000.

9   See Édouard Glissant: *Traktat über die Welt*, Heidelberg 2002.

Bibliography

Balme, Christopher (2007) Deutsches Welttheater? In: Die Deutsche Bühne No. 5, 2007, p. 20-23.

Bhabha, Homi K. (2000) Die Verortung der Kultur. Tübingen.

Glissant, Edouard (2002) Traktat über die Welt. Heidelberg.

Hoffmann, Klaus/Handwerg, Ute/Krause, Katja (Eds.) (2006) Theater über Leben – Entwicklungsbezogene Theaterarbeit. Berlin, Milow.

Hoffmann, Klaus/Klose, Rainer (Eds.) (2008) Theater interkulturell. Berlin, Milow.

Kermani, Navid (2010) Wer ist Wir? Deutschland und seine Muslime. München, 2., durchgesehene Aufl.

Khuon, Ulrich (2010) Theater als Forum der letzten Fragen. In: Sting, W./Köhler, N./Hoffmann; K./Weiße, W./Grießbach, D. (Eds.) Irritation und Vermittlung. Theater in einer interkulturellen und multireligiösen Gesellschaft. Berlin, p. 9-19.

Kurzenberger, Hajo/Matzke, Frank (Eds.) (1994) Interkulturelles Theater und Theaterpädagogik. Hildesheim.

Regus, Christine (2008) Interkulturelles Theater zu Beginn des 21. Jahrhunderts. Ästhetik – Politik – Postkolonialismus. Bielefeld.

Schneider, Wolfgang (Eds.) (2011) Theater und Migration. Herausforderungen für Kulturpolitik und Theaterpraxis. Bielefeld.

Slevogt, Esther (2013) Neue Intendanz am Gorki Theater Berlin. Eröffnung im Hidschab. Erweiterter Staatstheaterbegriff: Mit seiner Chefin Shermin Langhoff startet das Berliner Maxim Gorki Theater in eine neue Zeit. In: die tageszeitung, 18. 11. 2013.

Sting, W./Köhler, N./Hoffmann; K./Weiße, W./Grießbach, D. (Eds.) (2010) Irritation und Vermittlung. Theater in einer interkulturellen und multireligiösen Gesellschaft. Berlin 2010.

Sting, Wolfgang (2010) Interkulturalität und Migration im Theater. In: Sting, W./Köhler, N./Hoffmann; K./Weiße, W./Grießbach, D. (Eds.) Irritation und Vermittlung. Theater in einer interkulturellen und multireligiösen Gesellschaft. Berlin, p. 19-30.

Sting, Wolfgang (2012) Interkulturelles Theater. In: Nix, Christoph / Sachser, Dietmar / Streisand, Marianne (Eds.): Lektionen 5 - Theaterpädagogik. Berlin, p. 189-196.

Dreimal Theaterpädagogik
Theater und theatrale Ausbildung im Kontext der Lehrerpersönlichkeit, als Unterrichtsmethode und als künstlerisch-ästhetisches Fach

Florian Vaßen

In den Gesprächen mit türkischen Kolleginnen und Kollegen aus den verschiedensten Bereichen der universitären und außeruniversitären Theaterarbeit stellte der Aspekt der Hochschulausbildung und in deren Folge die Frage des Curriculums ein zentrales Thema der Diskussion dar.

In Deutschland gibt es eine sehr ausdifferenzierte Aus-, Fort- und Weiterbildung im Theaterbereich. Vor allem der Bundesverband Theaterpädagogik (BuT), die Landesarbeitsgemeinschaften (LAGs), Theaterpädagogische Zentren (TPZ), einige freie Träger sowie in den letzten Jahren zunehmend die Hochschulen bieten hier eine Vielzahl von Möglichkeiten an. Abgesehen von der therapeutischen Ausbildung (Psychodrama, Pädagogisches Rollenspiel etc.), die seit langem durchgeführt wird, und abgesehen von der Manager- und Animateur-Schulung, die sich in den letzten Jahren zunehmend entwickelt hat, finden vor allem umfangreiche Fort- und Weiterbildungsmaßnahmen statt, die Interessierte zu Spielleiterinnen und Spielleitern bzw. zum Theaterpädagoginnen und Theaterpädagogen ausbilden. Weiterhin findet man an vielen Hochschulen, vor allem im Studium der Sozialarbeit und Sozialpädagogik, ausgeprägte theaterpädagogische Anteile. Zentraler Gegenstand der Ausbildungen an den Universitäten und Hochschulen ist jedoch die *Lehrerausbildung*. Hier kann man folgende drei Bereiche unterscheiden.

1. Körper- und Stimmtraining – Präsentation und Haltung der Lehrerin / des Lehrers

Lehrerinnen und Lehrer aller Schularten und aller Fächer müssen in ihrer Haltung und Präsentation, speziell in ihrer Körperlichkeit und Stimme, ausgebildet werden. Diese Ausbildung findet an den Hochschulen zumeist nur fakultativ, sozusagen 'nebenher' statt, und auch im Referendariat lässt sich eine Entwicklung der Lehrer-Persönlichkeit unter emotionalen und körperlichen Gesichtspunkten, d.h. eben nicht nur unter kognitiven, nur sehr punktuell feststellen. Wie man z.B. vor einer Klasse steht, wie man im Klassenzimmer sitzt oder herumgeht, wie man die Arme bewegt, den Kopf hält, vor allem wie man die Schülerinnen und Schüler ansieht und mit ihnen spricht, kurz: und wie man sich als Person präsentiert, ist nicht nur wichtig in der Kommunikation mit den Schülerinnen und Schülern, sondern ein zentraler Aspekt des gesamten Unterrichts; die Haltung der Lehrerin bzw. des Lehrers ist nicht zu trennen von den Inhalten, die sie/er vermitteln will, und damit entscheidend für die Qualität des Unterrichts.

Deshalb werden am Studienseminar in Hannover – um nur ein Bespiel zu nennen – die Referendarinnen und Referendare aller Fächer zumindest in einem Seminar (drei Lehrveranstaltungen über jeweils zwei Stunden) in „Körper und Präsenz" ausgebildet, so dass sie ein Gefühl und Bewusstsein für „die Sprache ihres eigenen Körpers" erhalten, wozu neben Präsenz, Auftreten und Haltung, Stimme und Atmung, Blick und Gestik auch Raumwahrnehmung, Interaktion, Kontakt, Rhythmus, Variation und Impuls gehören. Die Referendarinnen und Referendare sollen erfahren, dass Bildung nicht nur Kopfarbeit ist, sondern auch Spiellust, Improvisationsfähigkeit und Kommunikationsbereitschaft beinhaltet. In der Teilnahmebescheinigung heißt es demzufolge: "Unser Körper spricht. In jedem Augenblick erzählt er über uns mehr als viele Worte, ob wir uns dessen bewusst sind oder nicht. Wir sind also für andere Menschen körperlich augenscheinlich. Da soziale und pädagogische Prozesse ganz wesentlich von zumeist unbewussten Körpersignalen beeinflusst werden, ist es hilfreich, mehr von ihnen zu wissen und sich zugleich in körperlichen Varianten seiner selbst zu probieren."[1]

2. Szenische und theatrale Unterrichtsmethoden

Jede Lehrerin und jeder Lehrer, egal welches Fach sie bzw. er studiert hat, sollte entsprechend der Didaktik ihres/seines Faches auch szenische und theatrale Methoden für die Unterrichtsgestaltung erlernen. Sowohl im Schulfach Deutsch und in den Fremdsprachen als auch in Geschichte und den sozialwissenschaftlichen Fächern werden heute zunehmend über Rollenspiel, szenische Darstellung von Alltagssituationen, Standbilder etc. – in Kombination mit anderen Methoden – Lerninhalte vermittelt. Gerade der Methodenwechsel macht in der Regel die Qualität des Unterrichts aus.

Aber auch in den Naturwissenschaften lassen sich mit diesen Methoden Lernprozesse intensivieren. In diesem Bereich haben türkische Kolleginnen und Kollegen mit dem *creative drama*, auf der Grundlage des englischen Modells des *drama in education*, vielfältige Ansätze entwickelt, die durchaus für die Lehrerausbildung in Deutschland interessant sind. Insbesondere das Projekt „To make Science popular with Creative Drama", das mir bei einem Besuch in der Türkei präsentiert wurde, zeigt die Entwicklung in diesem Bereich. Zu diskutieren ist in diesem Zusammenhang, wie das Verhältnis von Methode, Wissensvermittlung, performativer Realisation und ästhetischer Erfahrung zu definieren ist, und inwieweit der theatrale Ansatz nur Mittel zum Zweck ist bzw. inwieweit er eine gewisse Autonomie besitzt, aus der sich eigenständige Lernerfahrungen entwickeln können.

3. Theater / Darstellendes Spiel als künstlerisch-ästhetisches Schulfach

In Deutschland gibt es inzwischen in 11 Bundesländern ein selbständiges künstlerisches Schulfach Theater / Darstellendes Spiel, im Grunde gleichberechtigt neben den bekannten Fächern Musik und Kunst, auch wenn im Schulalltag dies noch nicht überall realisiert ist. Damit löst sich das szenisch-theatrale Arbeiten aus dem Funktionszusammenhang von Unterrichtsmethoden und didaktischen Überlegungen und erhält ein eigenes Gewicht im Rahmen der ästhetischen Bildung. Die soziale und die Selbstkompetenz, die in diesem Fach durch die intensiven Gruppenprozesse, die ausgeprägte Arbeit mit der einzelnen Schülerin und dem einzelnen Schüler sowie die spezifische Sprachlichkeit und Körperlichkeit besonders ausgeprägt sind, entstehen im und durch den ästhetischen Prozess des Spielens und theatralen Produzierens. Mit der spezifischen Beziehung zum Individuum und seiner Körperlichkeit, aber auch wegen seiner intensiven kollektiven Prozesse erlangt das Fach Theater / Darstellendes Spiel nicht nur eine eigenständige ästhetische Qualität, sondern auch eine besondere pädagogische Relevanz.

Die Ausbildung zur Theaterlehrerin und zum Theaterlehrer an Schulen erfolgte in der Vergangenheit weitgehend durch Weiterbildungsmaßnahmen. Erst seit einigen Jahren und leider auch nicht in vielen Bundesländern erhält die Theaterlehrerinnen und Theaterlehrer, vergleichbar mit der Ausbildung für Musik und Kunst, in einem Hochschulstudium eine adäquate wissenschaftlich-künstlerische Ausbildung. Zu nennen sind hier die Hochschule für Musik und Theater Rostock und die Universität Nürnberg-Erlangen, vor allem aber das inzwischen deutschlandweit und auch international bekannte und viel beachtete Kooperationsmodell von fünf Hochschulen im Raum Hannover-Braunschweig-Hildesheim (Leibniz Universität Hannover, Hochschule für Musik, Theater und Medien Hannover, Hochschule für Bildende Künste Braunschweig, Technische Universität Braunschweig, Universität Hildesheim).

Hier werden in einem sechssemestrigen Bachelor-Studium und einem anschließenden viersemestrigen Masterstudium mit dem Abschluss des Master of Education Studierende zu Theaterlehrerinnen und Theaterlehrern ausgebildet. Dabei integriert das wissenschaftlich-künstlerische Studium umfangreiche Praxis- und Theorieanteile sowie eine fachdidaktische Qualifikation, ergänzt durch Projekte und Exkursionen. Die Schwerpunkte liegen in den praktischen Grundlagen des szenischen Gestaltens und dessen Präsentationsformen, in Übungen und Fachwissen aus den Bereichen der Neuen Medien und der populären Kultur, in der Aufführungsanalyse und der Ästhetik des Gegenwartstheaters, in Theatergeschichte und Theatertheorie, in Modellen der Theaterpädagogik und in der Planung, Durchführung und Reflexion szenischer Prozesse und eigener künstlerischer Projekte.

Die Ausbildung der Theaterlehrerinnen und Theaterlehrer ist wie folgt organisiert und strukturiert: Das Studium ist in Module aufgeteilt, die jeweils mehrere Lehrveranstaltungen enthalten. Der Bachelor of Arts (6 Semester) ist polyvalent ausgerichtet, d.h. er bildet die gemeinsame Basis für Theaterlehrerinnen und Theaterlehrern, die später an Schulen unterrichten, und Theaterpädagoginnen und Theaterpädagogen, die in anderen professionellen Bereichen und Institutionen arbeiten werden. Der darauf aufbauende Master of Education (4 Semester) ist nur für Theaterlehrerinnen und Theaterlehrern an Schulen konzipiert und schließt deren Universitätsausbildung ab.

In Deutschland unterrichten die Lehrerinnen und Lehrer immer in mindestens zwei Fächern und dementsprechend werden auch die Studierenden des Darstellenden Spiels in zwei Fächern ausgebildet, z.B. in Theater / Darstellendes Spiel und Deutsch oder Englisch oder Musik. Die Studierenden können wählen, welches der beiden Fächer das Erstfach und welches das Zweitfach ist. Das im BA weniger betonte Zweitfach wird als Ausgleich dann im MA stärker studiert.

Während des fünfjährigen künstlerisch-wissenschaftlichen Studiums bestehen nicht nur interdisziplinäre Verbindungen zu anderen Fächern wie deutsche Literatur, Philosophie oder Soziologie, es finden auch Kooperationen mit Theatern, anderen kulturellen Institutionen und vor allem Schulen statt.

Nach dem Studium folgt ein in der Regel einenhalbjähriges Referendariat, während dessen die Referendarinnen und Referendare an Schulen unterrichten und zugleich am Studienseminar weiter unterrichtspraktisch ausgebildet werden.

Im Folgenden wird eine Übersicht über die derzeitigen Pflicht und Wahlpflichtmodule in dem BA-Studiengang Theater / Darstellendes Spiel als *Erstfach* gegeben, aus der die Studieninhalte, die Leistungen und Leistungspunkte des Hochschulstudiums zur Theaterlehrerin und zum Theaterlehrer erkennbar werden.

Fachspezifische Anlagen – Darstellendes Spiel
auf den folgenden Seiten:

1. Darstellendes Spiel als Erstfach
Anlage 1.1: Pflichtmodule

Modul	Lehrveranstaltungen	Semester	Voraussetzungen für die Zulassung	Studienleistung	Prüfungsleistung	Leistungspunkte
M 1 Grundlagen szenischer Praxis	5 Übungen mit unterschiedlichen Schwerpunkten aus den Feldern: Raum/Szenographie, Zeit, Stimme und Sprechen, Improvisation, Körper und Bewegung, Musik und Klang, Text, An der HBK sind 2 Übungen szenische Grundlagen verpflichtend	1.-2.		1 Studienleistung pro Veranstaltung	Theaterpraktische Präsentation (ca. 15 Min.) und schriftliche Praxisreflexion (ca. 5 Seiten) (Gewichtung Präsentation 70% u. Ausarbeitung 30%)	10
M 2 Grundlagen künstlerisch-wissenschaftlichen Arbeitens	Seminar Arbeitstechniken; Übung Veranstaltungstechnik; Seminar Reflexion theatraler Praxis	1.-2.		1 Studienleistung pro Veranstaltung	H 10-15 Seiten oder Prüfungsgespräch	8
M 4 Theatertheorie und Theatergeschichte	Seminar Einführung Theatergeschichte; Seminar Einführung Theatertheorie; Seminar Interdisziplinäre Bezüge des Theaters (Bildende Kunst, Populäre Kultur, Literatur)	1.-3.		1 Studienleistung pro Veranstaltung	H 10-15 Seiten bei oder in Absprache mit einer/m der hauptamtlich Lehrenden oder K 120 Min.	10
M 5 Formen des Gegenwartstheaters	Übung Aufführungsanalyse; Seminar Dramenanalyse; Seminar Ästhetik des Gegenwartstheaters	2.-5.		1 Studienleistung pro Veranstaltung	H 10-15 Seiten bei oder in Absprache mit einer/m der hauptamtlich Lehrenden oder K 120 Min.	8

Modul	Lehrveranstaltungen	Semester	Voraussetzungen für die Zulassung	Studienleistung	Prüfungsleistung	Leistungspunkte
M 6 Theorie und Praxis der Theaterpädagogik	Seminar Orientierungswissen Theaterpädagogik Übung Spielleitung	2.-5.		1 Studienleistung pro Veranstaltung	Referat 15 Min. oder Anleitung 15 Min. (unbenotet)	5
M 8 Exkursion	Exkursion von 3-5 Tagen Seminar oder Kolloquium	1.-6.			Exkursionsbericht 5 Seiten (unbenotet)	6
M 10 Eigenständige künstlerische Praxis	1 Projekt (mit max. 3 Prüflingen)	4.-5.			Theaterpraktische Präsentation (ca. 15 Min.) und schriftliche Praxisreflexion (ca. 8-10 Seiten) (Gewichtung Präsentation 70% u. Ausarbeitung 30%)	9
M BS (Nur HBK)	Übung Sicherheit Plenum	1.		1 Studienleistung pro Veranstaltung	LUK Prüfung	5
Summe						56 bzw. 61 mit M BS

Anlage 1.2: Wahlpflichtmodule

Modul	Lehrveranstaltungen	Semester	Voraussetzungen für die Zulassung	Studienleistung	Prüfungsleistung	Leistungspunkte
M 3.1 Angeleitete Künstlerische Praxis	1 Projekt Kolloquium oder Seminar	2.-5.		1 Studienleistung pro Veranstaltung	Theaterpraktische Präsentation (ca. 15 Min.) und schriftliche Praxisreflexion (ca. 5 Seiten) (Gewichtung Präsentation 70% u. Ausarbeitung 30%)	12
oder						
M 3.2 Angeleitete Künstlerische Praxis	1 größeres Projekt Kolloquium als Probenreflexion und Seminar	2.-5.		1 Studienleistung pro Veranstaltung	Theaterpraktische Präsentation (ca. 15 Min.) und schriftliche Praxisreflexion (ca. 5 Seiten) (Gewichtung Präsentation 70% u. Ausarbeitung 30%)	18
M 7.1 Theaterpädagogik (außerschulischer Schwerpunkt)	Seminar Analyse zeitgenössischer Projekte und Aufführungen Seminar Didaktische Positionen der Theaterpädagogik in Geschichte und Gegenwart Seminar Konzeption und Durchführung selbstständiger theaterpädagogischer Praxis	3.-5.		1 Studienleistung pro Veranstaltung	Hausarbeit (ca. 10 Seiten) und theaterpädagogische Anleitung (ca. 15 Min.) Gewichtung schriftliche Arbeit 70%, Anleitung 30%	10
oder						
M 7.2 Darstellendes Spiel (schulischer Schwerpunkt)	Seminar Unterrichtsentwürfe und -planung, Lernziele und Leistungskriterien Seminar Didaktische Positionen der Theaterpädagogik in Geschichte und Gegenwart Seminar Arbeitsweise und Selbstverständnis des Theaterlehrers	3.-5.		1 Studienleistung pro Veranstaltung	Hausarbeit (ca. 10 Seiten) und thea-terpädago-gische Anleitung (ca. 15 Min.) Gewichtung schriftliche Arbeit 70%, Anleitung 30%	10

Modul	Lehrveranstaltungen	Semester	Voraussetzungen für die Zulassung	Studienleistung	Prüfungs-leistung	Leistungs-punkte
M 9.1 Eigenstudium (wenn 3.1 studiert wurde)	Nach Absprache künstlerisches, theaterpädagogische oder wissenschaftliches Vertiefungsstudium im größeren Umfang Kolloquium	4.-5.		1 Studien-leistung pro Veran-staltung	Abschluss-prüfung (ca. 15 Min.): Gespräch als Reflexion UND Dokumenta-tion im künstlerischen Format, um Vermittlungsansatz erkennbar zu machen (unbenotet)	12
oder						
M 9.2 Eigenstudium (wenn M 3.2 studiert wurde oder bei außerschulischem Schwerpunkt)	Nach Absprache künstlerisches, theaterpädagogische oder wissenschaftliches Vertiefungsstudium Kolloquium	4.-6.		1 Studien-leistung pro Veran-staltung	Abschluss-prüfung (ca. 15 Min.): Gespräch als Reflexion UND Dokumentation im künstlerischen Format, um Vermittlungsansatz erkennbar zu machen (unbenotet)	6

Anlage 1.3: Modul für die Bachelorarbeit

Modul	Lehrveranstaltung	Semester	Voraussetzungen für die Zulassung	Studienleistung	Prüfungsleistung	Leistungs-punkte
M 11 Bachelorarbeit	Kolloquium	Ab 5.	120 LP		Bachelorarbeit 30 Seiten	10

Diese 2013 modifizierten *Fachspezifischen Anlagen* des Studiengangs Darstellendes Spiel legen mehr Wert auf die Studieneingangsphase, reduzieren die Prüfungsleistungen und betonen stärker das Eigenstudium, das eine „individuelle Profilbildung hinsichtlich außerschulischer oder schulischer Berufsperspektiven ermöglichen" soll.

Wie man in dem obigen Curriculum sehen kann, müssen die Studierenden in den ersten beiden Semestern das große Modul 1 "Grundlagen szenischer Praxis" und das Modul 2 "Grundlagen künstlerisch-wissenschaftlichen Arbeitens" belegen. Parallel und anschließend sind die Module 4 "Theatertheorie und Theatergeschichte" und Modul 5 "Formen des Gegenwartstheaters" zu studieren. Modul 6 beinhalten "Formen der Theaterpädagogik" (2. - 5. Semester) und Modul 8 (1.- 6. Semester) besteht aus Exkursionen zu bekannten Theatern und wichtigen Aufführungen in anderen Städten. Zum Abschluss folgt das wichtige Modul 10 „Eigenständige künstlerische Praxis", bevor schließlich die BA-Arbeit das BA-Studium (Modul 11, 6. Semester) beendet.

Neben diesen Pflicht-Modulen gibt es für die zukünftigen Theaterlehrerinnen und Theaterlehrer folgende Wahlpflicht-Module: Modul 3.1 „Angeleitete künstlerische Praxis" (2. - 5. Semester), Modul 7.2. „Darstellendes Spiel an Schulen" (3. - 5. Semester) und Modul 9.1. „Eigenstudium" (4. - 5. Semester).

Mit diesem Hochschulstudium sind die Theaterlehrerinnen und Theaterlehrer genauso gut ausgebildet wie ihre Kolleginnen und Kollegen in den beiden anderen künstlerischen Fächern Musik und Kunst; dem gemäß sind sie ein gleichberechtigtes Mitglied des Lehrerkollegiums, und die Qualität des Theaterunterrichts ist vergleichbar mit dem des Musik- und Kunstunterrichts. Die Schüler haben nun die Möglichkeit, unter drei künstlerischen Fächern zu wählen, wobei sich das Fach Theater/Darstellendes Spiel großer Beliebtheit erfreut. Doch nicht nur die Schülerinnen und Schüler, auch die Schule als ganzes profitieren von dem neuen Fach Theater / Darstellendes Spiel.

4. Neuere Entwicklungen in Theater und Theaterpädagogik / Darstellenden Spiel

Beim Theaterspielen geht es – trotz aller sozialer Relevanz – nicht primär darum, dass *mit* seiner Hilfe etwas gelehrt wird, und es ist auch nicht nur Methode, *durch* die *für* etwas gelernt wird. Vielmehr entstehen vor allem *im* ästhetischen Ereignis des Theaterspiels, in dem Ästhetik, Theatralität, Leiblichkeit sowie Ethik, Sinn und Reflexion eng miteinander verbunden sind, neue Erfahrungen. Zu oft jedoch besteht ein Missverhältnis von Lehrenden und Lernenden in dem Sinne, dass der Lehrende durch das Theaterspielen bei den Lernenden entweder Defizite kompensieren oder vorhandene Fähigkeiten erhalten bzw. hervorheben will.[2] An die Stelle dessen sollte in der Ensemble-Arbeit, ein *offenes Verhältnis* von Spielleiterin bzw. Spielleiter und Gruppe treten. Im Zentrum dieses Verständnisses von Theaterpädagogik-Praxis stünde demnach gemeinsames *Üben* und *Lernen* in einem offenen Prozess, lediglich unterstützt durch eine Theaterlehrerin bzw. einen Theaterlehrer als Initiator_in, Moderator_in, Begleiter_in, Helfer_in, Supervisor_in[3] und insgesamt als „Beobachter_in". Diese Vermeidung der Lehr-Haltung setzt Eigensinn und Eigenständigkeit bei den Theaterspielerinnen und Theaterspielern frei und ermöglicht selbstbestimmte Lernprozesse[4] bis hin zur Erfahrungsarbeit, d.h. Selbstbildung – gemeinsames Theater-*Lernen* statt Theater-*Lehre*.[5]

Bei dieser Entwicklung ist zudem eine Pluralisierung der theatralen Formen zu beobachten: Das Theater verlässt immer öfter seinen traditionellen Ort, besetzt öffentliche Räume, löst sich von Zeitvorgaben und sprengt seine dramatische Form. In diesem Erfahrungsraum bietet sich die Möglichkeit für die Korrespondenz von *Erfahrungswissenschaft* und *Erfahrungskunst*, sprich von Pädagogik und Theater, an: Erinnerung und Erfahrung, Erkenntnis und Gefühl, Erprobung und Veröffentlichung bilden die Grundlage für neue Wissensformen, Theater wird zu einem „Laboratorium sozialer Fantasie". Weiterhin entsteht mit der intensiven Verbindung von nichtprofessionellen und professionellen Theaterpraktikerinnen und Theaterpraktikern eine wachsende Professionalisierung in der *Vermittlungskunst* und in der *Kunstvermittlung* der Theatermacherinnen und Theatermacher. Innerhalb entsprechender Prozesse der Wissensgenerierung und der (Selbst-)Bildung sind zwei eng zusammengehörige Bereiche gleichermaßen wirksam und wichtig: zum einen die "Ausdrucksschulung", die eigene Verwicklung ins szenische Geschehen, also die aktive Teilhabe an der *Theaterproduktion*; zum anderen die "Wahrnehmungsschulung" bei der *Rezeption von Theater*, also die „Zuschaukunst", wie Bertolt Brecht es nennt. Beides ermöglicht ästhetische Erfahrungen und sinnliche Erkenntnisse als Ergänzung und Störung von Alltagserfahrungen und damit als produktive Verunsicherung des Alltagsbewusstseins.

Wenn es darum geht, Theaterspielen im Rahmen kultureller Bildungsangebote qualitativ zu stärken und quantitativ auszuweiten, spielt die Schule eine besondere Rolle.[6] Dabei ist die zunehmende Professionalisierung im Bereich der Fachdidaktik besonders bemerkenswert. Immer mehr Absolventinnen und Absolventen des grundständigen Studiengangs Theater/Darstellendes Spiel im Bundesland Niedersachsen sind nach dem absolvierten Referendariat (Lehramt für die Sekundarstufe II) als Theaterlehrerinnen und Theaterlehrer an Schulen tätig[7]; außerdem es ist eine Reihe von Lehrwerken erschienen, die vielfältige Anregungen für einen zeitgemäßen Theaterunterricht bieten, der die Eigenaktivität und die Selbstverantwortung der Schülerinnen und Schüler herausfordert. Drei Beispiele: Die mehrbändige Reihe „Grundkurs Darstellendes Spiel" ist ein erster gewichtiger Meilenstein auf dem Weg, Theatertheorie und -praxis künftig in der Sekundarstufe II curricular stärker zu verankern.[8] Eine Ergänzung und Weiterentwicklung stellt das „Kursbuch Darstellendes Spiel" dar, das ein mehrstufiges, modularisiertes Aufbauprogramm enthält, viele innovative Formen des avancierten Gegenwartstheaters berücksichtigt und dem es zugleich gelingt, den Richtlinien der einheitlichen Prüfungsanforderungen für das Abiturfach Darstellendes Spiel gerecht zu werden (EPA 2006).[9] Der von der Bundeszentrale für politische Bildung herausgegebene Materialien-Band „Theater probieren – Politik entdecken"[10] vermittelt ebenfalls eine große Vielfalt zeitgenössischer Theateransätze und legt dabei ein besonderes Augenmerk auf die Verbindung mit den im Schulalltag verankerten "klassischen" Feldern politischen Lernens (auch für Sekundarstufe I).

5. Theater / Darstellendes Spiel und *creative drama* – einige Aspekte im türkisch-deutschen Vergleich

Die drei aufgeführten Bereiche in der Lehrerausbildung, Theatralität als Persönlichkeitsgestaltung, als Unterrichtsmethode und als ästhetische Bildung, sind gleichermaßen von Bedeutung, haben aber gleichwohl einen sehr unterschiedlichen Stellenwert. Während ersteres als Grundlage in der Ausbildung *aller* Lehrerinnen und Lehrer notwendig ist, der zweite Aspekt je spezifisch in die Fachdidaktik des jeweiligen Unterrichtsfaches integriert werden muss, steht letzteres für ein eigenständiges künstlerisches Fach und bedarf folglich einer eigenen wissenschaftlich-künstlerischen Ausbildung. Alle drei Bereiche müssten in Deutschland noch gestärkt werden, am weitesten sind in Folge der zunehmenden Relevanz des handlungs- und produktionsorientierten Unterrichts die theatralen Unterrichtsmethoden fortgeschritten. Die Ausbildung der Lehrerpersönlichkeit scheint sich erst neuerdings im Rahmen der Schlüsselkompetenzen des Bachelor-Studiums, reduziert allerdings auf Sprecherziehung, Rhetorik und Präsentation, allmählich zu entwickeln. Theater im Sinne ästhetischer Bildung ist ein inzwischen recht weit entwickelter Bereich, der an den erwähnten Hochschulen und in vielen Weiter- und Fortbildungsmaßnahmen als eigenständiger und zentraler Bereich existent ist.

Die Situation in der Türkei, soweit ich sie kenne, stellt sich deutlich anders dar. Stärker beeinflusst durch das englische Modell des *drama in education* konzentriert sich die Entwicklung eher auf den Aspekt Theater als Methode. Es geht primär um die „psychomotorische Seite des Lernens": „Das kreative Drama in der Pädagogik ist eine Methode und Disziplin des erfahrungsbezogenen Lernens, das mit seinen Besonderheiten, seiner vielfältigen Funktionalität in jedem Lernumfeld bei der Aneignung der sozialen Fähigkeiten und vor allem beim Lernen verschiedener Sachverhalte besonders einflussreich ist." In dieser Weise ist das „kreative Drama" „in die Studienpläne des Lehramtsstudiums als Wahlfach aufgenommen worden." „Lernen durch Erleben, interdisziplinäre Bezüge, aktives Rollenspiel und Improvisationstechniken sind [...] in großem Umfang in das türkische Erziehungssystem eingegangen." Angestrebt wird, das „'Drama' in allen Lehrerbildungsprogrammen als obligatorisches Fach anzubieten". In den Plänen und konzeptionellen Überlegungen – über die praktische Umsetzung kann ich nichts Grundlegendes sagen – scheint die Entwicklung des Bereichs der Unterrichtsmethoden, des *Lernens mit Hilfe theatraler Methoden*, vergleichbar fortgeschritten zu sein wie in Deutschland.

Auffällige Unterschiede aber bestehen offensichtlich weiterhin in dem Bereich der ästhetischen Bildung. Zwar finden sich auch in der Türkei Überlegungen, die „dramatischen Dimensionen und Elemente" neben den „phonetischen" und „plastischen"[11], also Theater neben Musik und Kunst, zu stärken und seit 1997 gibt es an der Universität Ankara ein Masterprogramm zum „kreativen Drama" in der Abteilung der Schönen Künste, aber das neben Musik und Kunst gleichberechtigte Unterrichtsfach Theater

/ Darstellendes Spiel in der gymnasialen Oberstufe existiert meines Wissens bisher dort nicht. In Deutschland dagegen hat sich Theater / Darstellendes Spiel nicht als funktionale Methode, sondern als selbständiges und qua seiner spezifischen Qualität ästhetische Erfahrungen, Wahrnehmungsschulung und eigene künstlerische Kreativität anvisierendes Unterrichtsfach etabliert, in dem *von* und *mit Theater gelernt wird*.

In diesem Kontext ist zu überlegen, ob bzw. inwieweit sich türkische Kolleginnen und Kollegen an dem Studiengang Theater / Darstellendes Spiel, der in obiger Übersicht dargestellt ist und der sich in einem ständigen Evaluations- und Verbesserungsprozess befindet, orientieren können. Der Kontakt zwischen der Universität Ankara und deutschen Hochschulen, speziell der Universität der Künste Berlin, dem Universitätsverbund Hannover-Braunschweig-Hildesheim, der Universität Hamburg und der Hochschule Dortmund ermöglicht nicht nur eine gegenseitige Befruchtung in der gemeinsamen Anstrengung, Theater / *creative drama* / Darstellendes Spiel weiter zu entwickeln, sondern kann möglicherweise auch intensive Überlegungen der türkischen Kolleginnen und Kollegen in Bezug auf die Einführung eines Schulfachs Theater / Darstellendes Spiel zur Folge haben, gerade auch indem eine Verstärkung der türkisch-deutschen Kooperation stattfindet. In jedem Fall würde eine derartige Entwicklung nicht nur den Schülerinnen und Schülern neue Möglichkeiten geben, es wäre auch von großem Nutzen für das Schulleben, die Öffnung der Schule nach außen in ihre Umgebung und allgemein für die Öffentlichkeit.

1   Zitat aus der Teilnahmebescheinigung an dem Seminar „Körper und Präsenz – die Beredsamkeit des Körpers", Leitung: Holger Warnecke am Studienseminar Hannover.
2   Vgl. Karola Wenzel: Arena des Anderen. Zur Philosophie des Kindertheaters (= Lingener Beiträge zur Theaterpädagogik, Bd. 5), Berlin/Milow/Strasburg 2006.
3   Vgl. die neue Lehrbuch-Konzeption von Malte Pfeiffer/ Volker List: Kursbuch Darstellendes Spiel, Stuttgart/Leipzig 2009.
4   Vgl. das für die Weiterentwicklung der Theaterpädagogik sehr wichtige „Internationale Übereinkommen über das Verhalten und zur Ethik von Theaterpädagoginnen und Theaterpädagogen" in diesem Buch, Kap. 5
5   Vgl. Florian Vaßen: Korrespondenzen. Theater – Ästhetik – Pädagogik. Berlin/Milow/Strasburg 2010; zu Regie und Spielleitung vgl. die Zeitschrift für Theaterpädagogik. Korrespondenzen 29 (2013), H. 62.
6   Vgl. den Bericht der Enquete-Kommission des Deutschen Bundestages zu „Kultur in Deutschland", zit. nach: Schneider, Wolfgang (Hg.) Theater und Schule. Ein Handbuch zur kulturellen Bildung. Bielefeld 2009 S. 10.
7   Vgl unter: http://www.darstellendesspiel.uni-hannover.de
8   Christiane Mangold (Hg.) Grundkurs Darstellendes Spiel 1-5. Braunschweig 2007-2011.
9   List /Pfeiffer: Kursbuch Darstellendes Spiel.
10 Ole Hruschka, Doris Post und Geesche Wartemann (Hg.): Theater probieren, Politik entdecken. Bonn: Bundeszentrale für politische Bildung 2011.
11 Alle Zitate aus: H. Ömer Adigüzel: Zur Entwicklung und gegenwärtigen Praxis des kreativen Dramas in der Türkei. In: Zeitschrift für Theaterpädagogik. Korrespondenzen 22 (2007), H. 49, S. 26-32 und in diesem Buch, Kap. 2

Three Times Theatre in Education
Theatre, Drama and Teacher Training in the Context of Developing a Teaching Style and Personality, as a Teaching Method and as an Artistic, Aesthetic Subject

Florian Vaßen

One key subject that came up in discussions with various Turkish colleagues working in theatre contexts both in and outside universities was the aspect of university training and the resultant question of curriculum.

In Germany, the education and training opportunities available in the area of theatre and drama are highly differentiated. These primarily include those offered by the Bundesverband Theaterpädagogik (BuT), the Landesarbeitsgemeinschaften (LAGs), the Theaterpädagogische Zentren (TPZ) and several private agencies in addition to the increasing number of higher education establishments that have set up courses to this end over the last years. Apart from the long-established training programmes for therapists (psychodrama, educational role play etc.) and the sort of training programmes for managers and holiday representatives that have increasingly developed over the last years, the main focus here is on comprehensive education and training measures for those interested in leading role-play activities becoming or theatre educators. Theatre educational components also continue to form a significant part of many university courses, particular in social work and social education programmes. Yet the central focus of the courses offered at universities and other higher educational establishments is placed on teacher training. It is possible to distinguish between three areas here.

1. Body and Voice Training – Presentation and Physical Stance

Teachers of all subjects and from all types of school require training in terms of their physical stance and how they present themselves, particular with regards to their physicality and voice. This sort of training usually only takes place on a facultative basis or "on the side", with instruction geared to developing teacher's personality and style from an emotional and physical perspective rather than just a cognitive one also only taking place at certain, often none too frequent points during the subsequent practical part of their training. How a teacher stands in front of a class, sits or walks around the classroom, moves his or her arms / holds his or her head, and, most importantly, looks at the children and speaks to them – in short, how a teacher presents themselves as a person - is not only important in terms of communicating with children but also forms a central element of lessons as a whole. A teacher's physical stance cannot be separated from the content he or she is seeking to convey and is thus of decisive importance for the quality of said lessons.

This is why the Studienseminar Hannover, to name just one example, obliges trainee teachers of all subjects to complete at least one seminar on "Body and Presence" (comprising three courses each consisting of two hours respectively) in order to receive training in gaining a sense and awareness of "the voice of their own bodies". This seminar covers spatial perception, interaction, contact, rhythm, variation and momentum alongside physical presence, performance and stance, voice and breathing, and gesture and expression. The trainee teachers are supposed to learn that educational work does not just take place in the mind but also entails a desire to play, the ability to improvise and a willingness to communicate. The certificate that serves as proof of participation includes the following text in line with this: "Our body speaks, telling us at every moment more than a whole range of words can do, whether we are aware of this or not. This means we have a physical presence for others. As social and educational processes are influenced in fundamental manner by body signals that are usually unconscious, it is helpful to know more about them and to gain practice in using the different facets of one's own body at the same time."[1]

2. Teaching Methods Based in Acting and Theatre

Regardless of which subject he or she has learnt to teach, every teacher should also learn methods that draw on theatre and acting for use in putting together lessons in keeping with the educational principles of their particular subject. Whether in German, modern foreign languages, history or the humanities, role play, acting out everyday situations and still images etc. are increasingly being used today in combination with other methods to impart teaching content. It is exactly such shifts between methodologies that usually determine the quality of lessons.

Yet these methods can also be employed to stimulate learning processes in the sciences. Turkish colleagues have developed a range of different of approaches known as *creative drama* to this end, which are based on the English model of *drama in education* and are most certainly of interest for teacher training in Germany. The "Making Science Popular with Creative Drama" project, which was presented to me on a visit to Turkey, shows particular development in this area. What needs to be discussed in this context is how to define the relationship between methodology, knowledge impartment, performative realisation and aesthetic experience as well as the extent to which drama-based approaches are only a means to an end or whether they possess a particular autonomy which enables independent learning experiences to be set in motion.

3. Theatre / Drama as an Artistic-Aesthetic School Subject

In Germany, theatre / drama is now an independent expressive arts subject at schools in 11 states, carrying at least in principle the same status as the more well-known subjects of music and art, even if this has yet to make itself felt in everyday school life across the board. This has enabled theatre and drama work to break out of the functional context of teaching methodology and educational considerations and gain individual heft within the framework of aesthetic education. This subject's intensive group processes, focus on working with individual children and specific approaches to language and physicality play a key role in the acquisition of social and independent skills, which are developed both during and as a result of the aesthetic process of acting and producing theatre. The way in which the subject of theatre / drama establishes a specific relationship between the individual and his or her sense of physicality and generates intensive collective processes enables it to attain both an independent aesthetic quality as well as special educational relevance.

In the past, school drama teachers used to largely receive their training via further education programmes. It is only in the last few years that drama teachers have been able to receive suitable academic and artistic training at university level comparable to that received by music or art teachers, with such degree programmes unfortunately still only being offered in relatively few German states. The key names here are the Hochschule für Musik und Theater Rostock and the Universität Nürnberg-Erlangen, to say nothing of the cooperation model between five higher education establishments in the Hanover-Braunschweig-Hildesheim area, which has received attention and acclaim both in Germany and abroad (Leibniz Universität Hannover, Hochschule für Musik, Theater und Medien Hannover, Hochschule für Bildende Künste Braunschweig, Technische Universität Braunschweig, Universität Hildesheim).

At these various institutions, students are trained to become drama teachers in a six-semester bachelor programme followed by a four-semester master's programme that conveys the title of Master of Education. This study programme has an artistic / aesthetic emphasis and incorporates comprehensive practical and theoretical components as well as a subject teaching qualification, all of which are supplemented by project work and excursions. It contains a broad range of different focuses, including the practical fundamentals of dramatic staging and different forms of presentation, practice sessions, specialist knowledge from the areas of new media and popular culture, performance analysis, the aesthetics of contemporary theatre, theatre history and theatre theory, models for theatre education, and planning, implementing and reflecting upon both dramatic processes and individual artistic projects.

This training programme for drama teachers is organised and structured as follows. The study programme is split into different modules each consisting of several different courses. The Bachelor of Arts (6 semesters) programme has a dual focus, forming the joint basis for both drama teachers wanting to teach in schools and theatre educators wanting to work in other professional areas and institutions. The Master of Education (4 semesters) programme that follows on from it is only designed for school drama teachers and serves to complete their university training.

As teachers in Germany always teach a minimum of two subjects, the students on the drama programme are also trained to teach two subjects at the same time, such as theatre / drama and German, English or music. The students can choose one of these as their major and the other as their minor subject on the BA programme, with the respective emphasis changing round in the subsequent MA programme to ensure a good balance is maintained.

The five-year artistic / academic course of studies also forges interdisciplinary links to other subjects such as German literature, philosophy or sociology, with collaborations with theatres, other cultural institutions and above all schools also forming part of the programme.

Graduation is usually followed by a one and half-year period of practical training, during which the trainee teachers teach at schools while also receiving further instruction in practical teaching methods at the Studienseminar.

The following table provides a summary of the compulsory and required elective modules for the BA programme for students majoring in Theatre / Drama in Education. This serves to illustrate the programme content, forms of assessment used and respective number of credits points awarded for the university programme for drama teachers.

Curriculum Structure in the Interdisciplinary Bachelor's Degree Course

Theatre / Drama in Education as Major Subject
Attachment 1.1: Compulsory Modules

Module	Courses	Semester	Admission Requirements	Study Achievements	Examination Performances	Credit Points
M 1 Basics of Scenic Practice	5 Exercises with Different Focuses from the Fields: Space/Scenography, Time Voice and Speech, Improvisation, Body and Movement, Music and Sound, Text, At Braunschweig University of Art 2 exercises in scenic basics are mandatory.	1 - 2		1 Study Achievement per Course	Practical Theatrical Presentation (approx. 15 Min.) and Written Practice Reflection (approx. 5 Pages) (Weighting Presentation 70% and Composition 30%)	10
M 2 Basics of Artistic Scientific Working	Seminar on Working Methods Exercise on Event Technology Seminar on Reflection of Theatrical Practice	1 - 2		1 Study Achievement per Course	Term Paper of 10-15 Pages or Examination Interview	8
M 4 Theatre Theory and Theatre History	Seminar on Introduction to Theatre History Seminar on Introduction to Theatre Theory Seminar on Interdisciplinary Relations of Theatre (Fine Arts, Popular Culture, Literature)	1 - 3		1 Study Achievement per Course	Term Paper of 10-15 Pages as agreed with one of the Full-time Instructors, or Written Test of 120 Min.	10
M 5 Forms of Contemporary Theatre	Exercise on Performance Analysis Seminar on Scene Analysis Seminar on Contemporary Theatre Aesthetics	2 - 5		1 Study Achievement per Course	Term Paper of 10-15 Pages as Agreed with one of the Full-time Instructors, or Written Test of 120 Min.	8

Module	Courses	Semester	Admission Requirements	Study Achievements	Examination Performances	Credit Points
M 6 Theory and Practice of Applied Theatre	Seminar on Knowledge of Orientation in Applied Theatre Exercise on Direction	2 - 5		1 Study Achievement per Course	Presentation of 15 Min., or Guidance of 15 Min. (ungraded)	5
M 8 Field Trip	3-5 Day Field Trip Seminar or Colloquium	1 - 6			Field Trip Report of 5 Pages (ungraded)	6
M 10 Independent Artistic Practice	1 Project (3 Examinees Maximum)	4 - 5			Practical Theatrical Presentation (approx. 15 Min.) and Written Practice Reflection (approx. 8-10 Pages) [Weighting Presentation 70% and Composition 30%]	9
M BS (HBK only)	Exercise on Safety Plenum	1		1 Study Achievement per Course	LUK Examination	5
Total						56 or 61 with M BS

Attachment 1.2: Required Elective Modules
Students with school related focus must enrol for module M 7.2 „Didactics", as well as for modules M 3.1 and M 9.1. Students with non-school related focus must enrol for module M 7.1 „Applied Theatre", as well as project module 3.2 plus in-depth module 9.2. If more than the 90 credit points minimum required are aimed at, it is likewise possible to combine project module 3.2 with in-depth module 9.1 instead of 9.2. Moreover, module 7.1 "Applied Theatre" may again be enrolled for under a different topical focus.

Module	Courses	Semester	Admission Requirements	Study Achievements	Examination Performances	Credit Points
M 3.1 Guided Artistic Practice	1 Project Colloquium or Seminar	2 - 5		1 Study Achievement per Course	Practical Theatrical Presentation (approx. 15 Min.) and Written Practice Reflection (approx. 5 Pages) [Weighting Presentation 70% and Composition 30%]	12
or						
M 3.2 Guided Artistic Practice	1 Major Project Colloquium as Rehearsal Reflection and Seminar	2 - 5		1 Study Achievement per Course	Practical Theatrical Presentation (approx. 15 Min.) and Written Practice Reflection (approx. 5 Pages) [Weighting Presentation 70% and Composition 30%]	18
M 7.1 Applied Theatre [Non-school Related Focus]	Seminar on Analysis of Contemporary Projects and Performances Seminar on Didactic Positions of Applied Theatre in History and Present Time Seminar on Conception and Implementation of Independent Applied Theatre Practice	3 - 5		1 Study Achievement per Course	Term Paper (approx. 10 Pages) and Applied Theatre under Guidance (approx. 15 Min.) Weighting Written Paper 70%, Guidance 30%	10
or						
M 7.2 Drama / Theatre in Education [School Related Focus]	Seminar on Teaching Concepts and Lesson Plans, Learning Targets, and Performance Criteria Seminar on Didactic Positions of Applied Theatre in History and Present Time Seminar on Working Method and Self-concept of the Drama Teacher	3 - 5		1 Study Achievement per Course	Term Paper (approx. 10 Pages) and Applied Theatre under Guidance (approx. 15 Min.) Weighting Written Paper 70%, Guidance 30%	10

M 9.1 Self-study (if 3.1 has been studied)	Upon prior Agreement, Large-scale Artistic, Theatre Pedagogic, or Scientific In-depth Studies Colloquium	4 - 5	1 Study Achievement per Course	Final Examination (approx. 15 Min.): Interview as Reflection AND Documentation in an Artistic Format, to Display Teaching Approach (ungraded)	12

or

M 9.2 Self-study (if M 3.2 has been studied, or in case of non-school related focus)	Upon prior Agreement, Artistic, Theatre Pedagogic, or Scientific In-depth Studies Colloquium	4 - 6	1 Study Achievement per Course	Final Examination (approx. 15 Min.): Interview as Reflection AND Documentation in an Artistic Format, to Display Teaching Approach (ungraded)	6

Attachment 1.3: Module for Bachelor's Thesis

Module	Courses	Semester	Admission Requirements	Study Achievements	Examination Performances	Credit Points
M 11 Bachelor's Thesis	Colloquium	From 5th Sem.	120 CP		Bachelor's Thesis 30 Pages	10

This curriculum structure for the drama course of studies was modified in 2013 to place greater emphasis on the starting phase of the programme, reduce the level of assessment required and attach greater importance to self study, with the aim being to "enable the creation of an individualised profile with respect to career perspectives whether within schools or outside of them".

As can be seen in the curriculum table above, the students have to complete the large-scale Module 1 in "Basics of Scenic Practice" and Module 2 in "Basics of Artistic Scientific Working" within the first two semesters. Module 4 on "Theatre Theory and Theatre History" and Module 5 on "Forms of Contemporary Theatre" are then to be studied in parallel or to follow. Module 6 explores the "Theory and Practice of Applied Theatre" (2nd-5th semester), while Module 8 (1st-6th semester) comprises excursions to well-known theatres and importance performances in other cities. This is followed by the significant Module 10 on "Independent Artistic Practice", before the Bachelor's thesis (Module 11, 6th semester) then brings the BA programme to a close.

Alongside these compulsory modules, future drama teachers must also complete the following required elective modules: Module 3.1 "Guided Artistic Practice" (2nd-5th semester), Module 7.2 "Drama / Theatre in Education" (3rd-5th semester) and Module 9.1 "Self-Study" (4th-5th semester).

This university programme enables drama teachers to receive training of a similar level to that received by their colleagues in the other two expressive arts subjects of music and art. This means they are on an equal footing with the other members of the teaching staff, with the quality of drama lessons thus also being comparable to that of music and art lessons. Children thus have the opportunity to choose between three expressive arts subjects, with the subject drama / theatre enjoying considerable popularity. Yet it is not only the children that benefit from this new subject but also the school as a whole.

4. New Developments in Theatre and Theatre Education / Drama

Despite all its social relevance, the primary focus of drama and role play is neither on its function as a vehicle for allowing something to be taught nor on its capacity as a method to enable specific things to be learned. The key emphasis is instead on the new experiences that emerge within the aesthetic event of acting and performing, a process during which aesthetics, theatrality and corporeality as well as ethics, meaning and reflection become intertwined. All too often however, a disparity is created between teaching staff and those they are teaching based on the idea that the teacher is seeking to make use of drama and role play to either compensate for certain deficits or maintain or emphasise certain existing skills in those learning.[2] In place of such disparities, this ensemble work should enable an open relationship between the person leading the role play and the group to be established. Shared *practice* and *learning* within an open process should thus be at the heart of this conception of theatre educational practice, with the drama teacher merely active in a supporting capacity as an initiator, moderator, companion, helper and supervisor[3]; in sum, an "observer". Moving out of a typical teaching stance in this way enables a sense of self-will and independence to be let loose among those taking part and facilitates a form of autonomous learning[4] that also takes in experiential work or self-education – shared drama *learning* in place of drama *teaching*.[5]

A pluralisation of theatrical forms can also be observed alongside the above development: theatre is leaving its traditional locations with ever greater frequency, occupying public spaces, doing away with time restrictions and breaking with traditional dramatic forms. This arena of experience offers up the opportunity for correspondences to be established between empirical science and experiential art, i.e., between education theory and theatre: Memory and experience, insight and feeling, and trial and publication form the basis for new forms of knowledge to emerge; theatre thus becomes a "laboratory of social imagination". Furthermore, the intensive connections between those involved in theatre practice at both a professional and non-professional level have brought about an increasing level of professionalisation with respect to the art of communication and the communication of art being carried out by theatre producers. There are two closely related areas within the corresponding processes of knowledge generation and (self-)education that can be observed here that are both equally important and effective: "expressiveness training" on the one hand, which refers to individual involvement in the dramatic process, i.e., active participation in the production of theatre, and "perceptional training" in the reception of theatre on the other, i.e., what Brecht referred to as the "art of watching". Both facilitate aesthetic experiences and sensory insights that form a supplement to and disruption of everyday experience and thus generate a degree of productive uncertainty with respect to everyday awareness.

Schools play a special role in improving the quality and extending the quantity of theatre work within the context of cultural education.[6] The increasing level of professionalisation with regard to teaching methodologies is of particular note here. More and more graduates of the undergraduate programme in Theatre / Drama in Education in the state of Lower Saxony are now working at schools having completed their professional training (the qualification to teach at upper secondary school or sixth form level)[7]. A whole range of textbooks has also been published that offer diverse suggestions for creating drama lessons of a suitably contemporary nature that challenge children with respect to their individual activity and sense of self-responsibility. We can look at three examples to this end. The multi-volume "Grundkurs Darstellendes Spiel" series is an important initial milestone with regards to securing the place of theatre theory and practice within the upper secondary school curriculum in the future.[8] The "Kursbuch Darstellendes Spiel" both supplements and builds on this first work. It contains a multi-stage modular development programme, takes many innovative forms of advanced contemporary theatre into consideration and manages at the same time to fulfil the guidelines for universal examination requirements for the subject of drama at "Abitur" or university entrance level (EPA 2006).[9] The "Theater probieren – Politik entdecken"[10] volume published by the Bundeszentrale für politische Bildung also contains material intended at conveying a broad spectrum of contemporary theatre approaches and places a particular emphasis on connecting these to the "classical" fields of political learning (also encompassing those at lower secondary school level).

5. Theatre / Drama in Education and *Creative Drama* – Comparing Turkey and Germany in Selected Aspects

Although the three areas of teacher training mentioned above - theatricality as a means of creating a teaching personality and style, a teaching method and a form of aesthetic education - are all of equal importance, they do not all necessarily have the same status. While the first of the three is a necessary grounding for the training of all types of teachers and the second must be specifically integrated into the teaching methodology of the respective subject being taught, the third of them relates to the idea of an independent artistic subject which thus requires its own form of artistic and academic training. All three areas need to be intensified in Germany, with theatre-based teaching methods being furthest along here as a consequence of the increasing relevance of action- and production-oriented teaching. The importance of training teachers in terms of their personality and style has seemingly only begun to develop recently at a gradual pace based on the key skills that form part of the bachelor programme, albeit restricted to language training, rhetoric and presentation. The role of theatre within an aesthetic education has now become a well-developed field, forming an important independent area of study at the higher educational establishments mentioned as well as in many other further education and training programmes.

As far as I know, the situation in Turkey is very different. The British *drama in education* model has had a stronger influence here, with developments largely focusing on the idea of theatre as a teaching method. The primary emphasis is on the "psychomotoric side of learning" to this end: "Within the field of education, creative drama is a method and discipline of experienced-based learning whose specific features and versatile functionality in every field of learning with respect to the acquisition of social skills and above all the learning of different facts have made it highly influential." Creative drama has thus "been incorporated into the timetables of teacher training degrees as an optional subject". "Learning through experience, interdisciplinary references, active role play and improvisation techniques have ... entered the Turkish education system on a large scale." Efforts are being made to "offer 'drama' as an obligatory subject in all teacher training programmes." While I can't say anything significant about their practical realisation, these plans and conceptual considerations would seem to indicate that developments in the area of teaching methods, that is, learning with the help of theatrical methods, are at a similar juncture to those in Germany.

Yet there are some obvious differences that continue to make their presence felt in the area of aesthetic education. Although in Turkey too discussions are being held with regard to strengthening "dramatic dimensions and elements" alongside "phonetic" and "sculptural" ones[11], i.e. consolidating the status of theatre alongside that of music and art, with a Creative Drama master programme having been offered at the

Department of Fine Arts at the University of Ankara since 1997, theatre / drama does not yet exist there as a subject of comparable status to music and art at secondary school level to the best of my knowledge. In Germany on the other hand, theatre / drama is not just a functional method but has also established itself as an independent subject with the specific quality of targeting aesthetic experiences, perceptional training and individual creativity, whereby children learn both *from* and *via* theatre.

In this context, it should be considered how and whether Turkish colleagues can draw on the degree programme in Theatre / Drama in Education summarized above as a point of reference, it being still subject to constant evaluation and improvement. The contact between the University of Ankara and German universities, in particular the Universität der Künste Berlin, the grouping of universities in the Hanover-Braunschweig-Hildesheim area, the Universität Hamburg and the Hochschule Dortmund, does not just enable mutual inspiration to take place with respect to joint efforts to push forward with theatre / creative drama / drama but may also trigger intensive discussions on the part of our Turkish colleagues as far as introducing theatre / drama as a school subject is concerned, particularly within the context of increased Turkish-German cooperation. Such a development would not just give children new opportunities but would also be of considerable benefit for school life, opening up schools to their surroundings and the public sphere in general.

1. Taken from the certificate of attendance for the "Körper und Präsenz – die Beredsamkeit des Körpers" seminar headed by Holger Warnecke at the Studienseminar Hannover.
2. See Karola Wenzel: Arena des Anderen. Zur Philosophie des Kindertheaters (= Lingener Beiträge zur Theaterpädagogik, Bd. 5), Berlin/Milow/Strasburg 2006.
3. See the teaching book conception by Malte Pfeiffer / Volker List: Kursbuch Darstellendes Spiel, Stuttgart/Leipzig 2009.
4. See the "International Agreement on the Conduct and Ethics of Theatre Educators", which has been of considerable significance for the continued development of theatre education, in this book, chap 5.
5. See Florian Vaßen: Korrespondenzen. Theater – Ästhetik – Pädagogik. Berlin/Milow/Strasburg 2010; See also the Zeitschrift für Theaterpädagogik. Korrespondenzen 29 (2013), H. 62 for more on the role of the director / leading role plays.
6. See the report by the Enquete Commission of the German Parliament on "Culture in Germany" as cited in Schneider, Wolfgang (Ed.) Theater und Schule. Ein Handbuch zur kulturellen Bildung. Bielefeld 2009 p. 10.
7. See here: http://www.darstellendesspiel.uni-hannover.de/
8. Christiane Mangold (Ed.) Grundkurs Darstellendes Spiel 1-5. Braunschweig: 2007-2011.
9. List /Pfeiffer: Kursbuch Darstellendes Spiel.
10. Ole Hruschka / Doris Post / Geesche Wartemann (Eds.): Theater probieren, Politik entdecken. Bonn: Bundeszentrale für politische Bildung 2011.
11. All quotes taken from H. Ömer Adigüzel: Zur Entwicklung und gegenwärtigen Praxis des kreativen Dramas in der Türkei. In: Zeitschrift für Theaterpädagogik. Korrespondenzen 22 (2007), H. 49, p. 26-32 and in this book, chap 2.

Neue Perspektiven durch Forschen im „ästhetischen Modus"

Romi Domkowsky

In der internationalen Zusammenarbeit stellt sich immer wieder die Frage, nicht nur nach Gemeinsamkeiten und Austausch zu suchen, sondern auch die unterschiedlichen Hintergründe, Erfahrungen und Ansätze zu nutzen, um neue Perspektiven und Projekte zu entwickeln. Gerade in der kulturellen Bildung bietet es sich an, dies in einer Art und Weise zu tun, die mit dem künstlerischen Medium zusammenhängt. Warum also nicht einmal im „ästhetischen Modus" auf die Suche nach gemeinsamen „Forschungsfragen" und Themen gehen?

Vor allem aus Großbritannien, Skandinavien und den Niederlanden sind im Bereich von Theatre/ Drama oder Performance Studies praktizierte Forschungsansätze der „artistic research", „practice as research" oder „Practice-Based Research" bekannt (vgl. Merlin 2004, Mock 2004, Ledger 2006, Creativity and Cognition Studios 2010).

Mit *æsth_ploration 1.0* wurde der Versuch unternommen, einen Ort gemeinsamen Ästhetischen Forschens zu schaffen.

Was ist Ästhetisches Forschen

Ästhetisches Forschen erlaubt es, ästhetische Fragen zu erforschen oder (Forschungs-)Fragen im „ästhetischen Modus" nachzugehen. In der ästhetischen Forschung begibt sich die Neugier auf den Weg, ohne dass das Ergebnis vorhersehbar ist. Der Prozess ist performativ. In der ästhetischen Forschung werden ästhetische bzw. künstlerisch-praktische Herangehensweisen mit vorwissenschaftlichen Handlungs- und Denkakten sowie mit wissenschaftlich-orientierten Methoden verknüpft. Ästhetische Forschung kann sich „aller zur Verfügung stehender Verfahren und Erkenntnismöglichkeiten aus Alltag, Kunst und Wissenschaft" bedienen und diese in Beziehung zueinander setzen (vgl. Kußmaul 2011). Dies „führt zu individuellen Erkenntnisformen, die sowohl rational sind, als auch vorrational, sowohl subjektiv als auch allgemein, [...] sowohl über verbal-diskursive Akte bestimmt als auch von diffusen Formen des Denkens tangiert. [...] Ästhetisches Forschen führt zu anderen Formen der Erkenntnis" (Kämpf-Jansen 2000, S. 277). Diese erlauben ein anderes Verstehen der Welt, ein Begreifen im ästhetischen Modus. „Der Begriffskonnotation ästhetisch und Kunst liegen als spezifischer Modus die Auseinandersetzung mit leibsinnlichen Qualitäten, dem Empfinden, emotionalen Dispositionen und assoziativen Vorstellungen zu Grunde. Hierüber bestimmt sich Ästhetisches Forschen als ein plurales und offenes Konzept, das die Hierarchisierung von Kognition und

Emotion als eindeutige Erschließungsrichtungen aufhebt" (Kußmaul 2011). Das persönliche Erleben, das subjektiv von sinnlich-emotionalen Erfahrungen geprägt ist, ist Ausgangspunkt der Erkenntnisgewinnung. Die Verwobenheit in vielfältig-verschränkte Reflektionsweisen wie abstrakt-theoretische Durchdringungen sind darin eingeschlossen (vgl. ebenda). „Die Erkenntniszugkraft entwickelt sich damit nicht nur im bloßen Wahrnehmen oder im rationalen zweckorientierten Analysieren, sondern im Zusammenspiel ästhetischer, emotionaler und reflektierender Aneignungsformen" (ebenda).

æsth_ploration 1.0 - Forschungswerkstatt zum Ästhetischen Forschen

Menschen unterschiedlicher Professionen, mit künstlerischen, kunstpädagogischen und wissenschaftlichen Hintergründen fanden sich im März 2013 in der Evangelischen Hochschule Berlin zu einem Forscher_innen-Kollektiv zusammen, um neue Wege auszuprobieren, Fragestellungen nachzugehen und (künstlerische) Prozesse zu ergründen. In offenen Forschungsprozessen wurden alltägliche, ästhetische, künstlerische und wissenschaftliche Herangehensweisen miteinander verknüpft: es wurde befragt, probiert, experimentiert, recherchiert. Bezugspunkte wurden gesucht, Assoziationen und Zusammenhänge hergestellt und schließlich künstlerisch verdichtet. Auch die Reflexionen geschahen in Anwendung künstlerischer Methoden.
 æsth_ploration 1.0 war in zwei Teile gegliedert:
>> æsth_ploration 1.1 bot (Nachwuchs-)Künstler_innen und -Wissenschaftler_innen einen Raum, in dem sie gemeinsam mit anderen ihren (ästhetischen) Forschungsfragen nachgehen konnten. Dabei wurden die Forschungsvorhaben nicht nur theoretisch vorgestellt. Vielmehr wurde den Fragestellungen ästhetisch forschend nachgegangen.
>> In æsth_ploration 1.2 wurden zwei künstlerisch forschende Herangehensweisen an die Frage der Übermittlung von Botschaften und Nachrichten vorgestellt.

Das Theater der Versammlung untersuchte in ihrer Klick-Performance „C COPY A, VERSCHLÜSSELT", wie sich Begegnungen und Gespräche in unserer immer schneller werdenden Zeit verändern. Wie können wir sinnvoll auf die sich häufenden abgebrochenen Anfänge in unserem Alltag reagieren? Wie können produktive Aspekte von Fremdheit und Verwirrung im Umgang mit Situationen, mit anderen und mit uns selbst erprobt werden?
 Ich selbst ging in meinem Forschungslabor „You're the message – I'm the runner" gemeinsam mit den Teilnehmer_innen der Frage nach, worum es in der Kommunikation und Interaktion mit Anderen geht: um Botschaften, um die Form ihrer Über-Tragung, deren Ver-Mittlung? Wie inszenieren wir uns mit der Form der Weitergabe von Nachrichten selbst? Und wie verändern sich Nachrichten und Medien dadurch? Wie verändern sie uns? Das Forschungslabor wurde durch seine gestaltete Form

(vom begleitenden Soundtrack bis zur Präsentation) selbst zum künstlerischen Ereignis. Das Leitthema war die Botschaft selbst. Die Übermittlung von Botschaften wurde aus unterschiedlichsten ästhetischen, künstlerischen und wissenschaftlichen Perspektiven erkundet. Vorgegeben wurde dabei allein das Forschungsthema mit einigen Aspekten und möglichen Fragen sowie die Struktur des Labors, die folgendermaßen aussah:
1. Phase: Recherche
2. Phase: Test/ Experiment/ künstlerische Exploration
3. Phase: Präsentation
4. Phase: Reflexion

Sie entspricht sowohl der Struktur eines künstlerischen als auch der eines Forschungsprozesses (wenn wir die Präsentation mit einer Art Ergebnisdarstellung und die Reflexion mit einem Rückbezug zu bereits vorhandenen theoretischen Erkenntnissen, einer Einbettung in den wissenschaftlichen Kontext, kurz: einer analysierenden Reflexion auf einer zweiten Deutungsebene übersetzen).

Die Teilnehmer_innen konnten sich in Forscher_innengruppen zusammenfinden, die sich jeweils auf einen Aspekt der Forschungsfrage konzentrierten und diesen untersuchten, zum Beispiel: historische Phänomene, aktuelle Erscheinungsformen, Visionen, in direktem Kontakt/ face-to-face, in sozialen Netzwerken, über elektronische Medien, im öffentlichen Raum, auf Fluren in öffentlichen Institutionen usw. Dem Untersuchungsgegenstand entsprechend, arbeitete die Forschergruppe zum Aspekt „Übermittlung von Botschaften in sozialen Netzwerken" via facebook mit virtuell Anwesenden zusammen. Ihre Explorationsmethoden entwarfen die Teilnehmer_innen im gemeinsamen künstlerischen Austausch selbst. Ebenso gestalteten sie die Form der Präsentation, die von der szenischen Improvisation über Lecture-Performances bis zur interaktiven Vernissage reichten.

æsth_ploration 1.0 war begleitet von einem großen Interesse aus dem deutschsprachigen und europäischen Raum, ein gelungener Auftakt zu einer Reihe weiterer Ästhetischer Forschungswerkstätten. Am 21. und 22. Februar 2014 hat in Weimar æsth_ploration 2.0 stattgefunden.

Literatur

Creativity and Cognition Studios (2010): Practice-Based Research. http://www.creativityandcognition.com/content/category/10/56/131/ (19. Oktober 2010)

Domkowsky, Romi (1998): FABRIK-Geschichten – Begegnungen auf der Suche nach dem Sinn einer theaterpädagogischen Einrichtung. unveröffentlichte Diplomarbeit an der Alice-Salomon-Fachhochschule Berlin. Berlin

Domkowsky, Romi (2008): Erkundungen über langfristige Wirkungen des Theaterspielens. Eine qualitative Untersuchung. Auf Spurensuche. Saarbrücken. Berlin

Domkowsky, Romi (2011): Theaterspielen – und seine Wirkungen. online unter: http://opus.kobv.de/udk/frontdoor.php?source_opus=37

Fink, Tobias/ Hill, Burkhard/ Reinwand, Vanessa-Isabelle/ Wenzlik, Alexander (Hrsg.) (2012): Die Kunst, über Kulturelle Bildung zu forschen. München

Hentschel, Ulrike (2007): Ästhetische Bildung im Spiegel empirischer Forschung. Brauchen wir ein Kultur-PISA? In: Hentschel/ Koch/ Ruping/ Vaßen 2007, S. 11-15

Hentschel, Ulrike/ Koch, Gerd/ Ruping, Bernd/ Vaßen, Florian (Hrsg.) (2007): Zeitschrift für Theaterpädagogik. Heft 51. Theater in der Schule. Uckerland

Hentschel, Ulrike/ Koch, Gerd/ Ruping, Bernd/ Vaßen, Florian (Hrsg.) (2006): Zeitschrift für Theaterpädagogik. Heft 49. Theaterpädagogik in Europa. Uckerland

Kämpf-Jansen, Helga (2000): Ästhetische Forschung. Wege durch Alltag Kunst und Wissenschaft – Zu einem innovativen Konzept ästhetischer Bildung. Köln

Kußmaul, Marion (2011): Poster: Das Kozept „Ästhetische Forschung"

Ledger, Adam J. (2006): ‚Knowledge-in-action': some thinking (on my feet?) about theatre practice in UK higher education. In: Hentschel/ Koch/ Ruping/ Vaßen 2006, S. 41-47

Merlin, Bella (2004): Practice as Research in Performance: a Personal Response. In: New Theatre Quarterly, 20 (1); S. 36-44

Mock, Roberta (2004): Reflections on practice as research following the PARIP conference 2003. In: Studies in Theatre and Performance, 24 (2), pp. 129-141

Seitz, Hanne (2012): Performative Research. In: Fink/ Hill/ Reinwand/ Wenzlik 2012, S. 81-95

Ziemer, Gesa (2008): Verletzbare Orte. Entwurf einer praktischen Ästhetik. Berlin

"Estetik Biçim" Üzerine Araştırmalarla Oluşturulmuş Yeni Bakış Açıları

Romi Domkowsky

"Yeni perspektifler ve projeler geliştirmek için yalnızca ortak ve değiştirilebilir olanı aramak yerine, farklı arka planlar, deneyimler ve yaklaşımlar kullanmak gerekir mi?" sorusu uluslar arası işbirliğinde sık sık sorulur. Tam da bu bağlamda kültürel eğitim, -bir şekilde- sanatsal araçlarla bağlantı kurmayı sunar. O halde neden bir kez olsun "estetik yol (modus)" ortak "araştırma sorularının" ve konularının aranması üzerine olmasın?

Her şeyden önce İngiltere, İskandinavya ve Hollanda'da tiyatro/ drama ya da performans çalışmaları alanında; "sanatsal araştırma", "araştırma olarak uygulama", "uygulama tabanlı araştırma"lar, uygulamalı araştırma yaklaşımları olarak bilinmektedir (Krş. Merlin 2004, Mock 2004, Ledger 2006, Creativity and Cognition Studios 2010).

Ortak estetik araştırmaya yönelik bir yer yaratmak için estetik keşif 1.0 [1] (æsth_ploration 1.0) denendi.

Estetik araştırma nedir?

Estetik araştırma, estetik soruların araştırılmasına ya da estetik yolla (estetik) soruların peşinden gidilmesine izin verir. Estetik araştırmada sonucu önceden tahmin etmeksizin insan merakla yola koyulur. Süreç performatiftir. Estetik araştırmada estetik, daha doğrusu sanatsal-uygulamalı yaklaşımlar, ön-bilimsel eylem ve düşünme eylemlerinin yanı sıra bilim odaklı metotlarla bağlanır. Estetik araştırma, gündelik yaşantının, sanatın ve bilimin "tüm mevcut yöntemlerine ve biliş olanaklarına" hizmet edebilir ve bu ilişkiyi birbirinin üzerine yerleştirebilir (Krş. Kußmaul 2011). Bu bireysel biliş biçimlerine yol açar ki; bunlar hem rasyonel hem ön-rasyonel hem sübjektif hem genel, [...] hem sözlü-diskursif[2] (bilişsel) eylemleri tanımlar hem de düşünmenin belirsiz biçimlerine etki eder. "Estetik araştırma bilişin diğer biçimlerine götürür" (Kämpf-Jansen 2000, S. 277). Bu biçimler de başka bir dünya anlayışına, "estetik biçimde" kavramaya izin verir. Kavramın yan anlamı, bedenin tüm duyuşsal nitelikleriyle, hissetmeyle, duygusal eğilimlerle, çağrışımsal hayal gücüyle, estetik ve sanatın spesifik biçimde belirlediği tartışma temeline dayanmaktadır. Burada estetik araştırma kendini, çoğul ve açık konsept olarak belirler ki; konsept bilişsel ve duygusal hiyerarşiyi gelişim yönü açık olarak ortadan kaldırır (Kußmaul 2011). Öznel olarak duyuşsal-duygusal deneyimlere biçim veren kişisel yaşantı, bilişsel kazanımın çıkış noktasıdır. Bu bilişsel kazanıma, çeşitli-çapraz yansıma süreci içindeki iç içe geçmişlik ve soyut- teorik geçirgenlik dâhildir[3](Krş. a.g.e)." Biliş gücü yalnızca somut algıda ya da rasyonel amaç odaklı analizde değil, tam tersine estetik, duygusal, yansıtıcılar aracılığıyla kazanılmış biçimlerin etkileşimiyle kendini geliştirir" (a.g.e).

Estetik Keşif 1.0 (æsth_ploration 1.0) – Estetik Araştırmalar için Araştırma Çalıştayı

Sanat, sanat pedagojisi ve akademik temeli olan farklı mesleklerden insanlar, Mart 2013 tarihinde Berlin'de Protestan Yüksek Okulu'nda, araştırmacılar topluluğu olarak yeni yollar denemek, yeniden sormak ve (sanatsal) süreçlerin temeline inmek için bir araya geldiler. Serbest araştırma süreçlerinde gündelik, estetik, sanatsal ve bilimsel yaklaşımlar birbiriyle bağlandı: Sorgulandı, denendi, deneylendi, araştırıldı. Referans noktaları arandı, çağrışımlar ve ilişkiler üretildi ve sonunda hepsi sanat yardımıyla sıkıştırılarak derlendi. Yansımalar da sanatsal metotların kullanımında meydana geldi.

Estetik Keşif 1.0 (æsth_ploration 1.0) iki bölüme ayrıldı:
>> Estetik Keşif 1.1 (æsth_ploration 1.1) genç sanatçılara ve bilim insanlarına, birlikte diğer (estetik üzerine) araştırma sorularını sorabilecekleri bir mekan sundu. Burada araştırma planları yalnızca teorik olarak tanıtılmadı. Daha ziyade sorular estetik araştırma yollarıyla incelendi.
>> Estetik Keşif 1.2 (æsth_ploration 1.2)'de haberlerin ve mesajların iletilmesi sorusunu içeren iki sanatsal araştırma yöntemi tanıtıldı.

Topluluğun tiyatrosu, giderek hızlanan zamanımızda karşılaşmaların ve diyalogların değişmesini performanslarında (click-performance)[4] "C KOPYA A, ŞİFRELİ" araştırdı. Gündelik yaşantımızın içinde biriken kesintiye uğramış başlangıçlara nasıl anlamlı tepki verebiliriz? Olaylarla ilgili yabancılıktan ve karışıklıktan ortaya çıkan üretici görüşler, diğerleriyle ve bizim kendimizle nasıl denenebilir? Ben, kendim araştırma laboratuarımda "You're the message-I'm the runner"[5] yaşadığımız süreçte katılımcılarla şu soruya ulaştım: Diğerleriyle iletişim ve interaksiyondayken ne oldu? Sözgelimi mesajlar, onların mesajı aktar-taşı-ma[6] biçimi ve media-syonu[7]. Mesajların aktarım biçimiyle nasıl sahneliyoruz kendimizi? Ve bu arada mesajlar ve araçlar kendini nasıl değiştiriyor? Biz kendimizi nasıl değiştiriyoruz? Araştırma laboratuarının kendisi tasarlandığı biçim aracılığıyla (sunuma eşlik eden soundtrackten dolayı) bir sanat olayına dönüştü. Temanın kendisi mesajdı. Mesajların aktarımı farklı estetik, sanatsal ve bilimsel perspektiflerden keşfedildi. Başlangıçta araştırma teması ve az sayıda görüş ve olası sorular açıklandı.

Ayrıca laboratuarın yapısı aşağıdaki gibiydi:
>> Evre: Araştırma
>> Evre: Test/ Deney/ Sanatsal Keşif
>> Evre: Sunum
>> Evre: Yansıma

Sunum hem sanatsal hem de araştırma sürecinin yapısına uygundur (Sunum, bir çeşit sonuç temsili ve hâlihazırdaki teorik bilişlerin ve bilimsel bağlam içine yerleştirilenin referansıyla yansıma, kısaca: ikinci bir yorumlama seviyesinde analiz edilen yansımadır).

Katılımcılar, araştırma grubu içinde her seferinde bir araya gelebildiler; araştırma sorusunun bakış açısına konsantre oldular ve bunları araştırdılar. Sözgelimi: tarihsel fenomenler, güncel görünüm biçimleri, vizyonlar, doğrudan temas/ face to face, sosyal ağlarda, elektronik medya üzerinde, kamusal alanda, kamu kurumlarının koridorlarında v.b. gibi... Araştırma objesine uygun olarak araştırma grubu birlikte, " Sosyal ağlarda mesajların iletimi" fikriyle facebook üzerinden sanal âlemle çalıştı. Katılımcılar ortak sanatsal değiş tokuş içinde keşfetme metotlarını kendileri tasarladılar. Sahne doğaçlamalarından, lecture performances[8] için internaktif sergi açılışına yeten[9] sunum biçimini de şekillendirdiler.

Estetik Keşif 1.0 (æsth_ploration 1.0)'e Avrupa ve Avrupa'da Almanca konuşan ülkeler büyük bir ilgi ile eşlik etti; estetik araştırma çalıştaylarının devamı için başarılı bir giriş oldu. Estetik Keşif 2.0 (æsth_ploration 2.0) 21-22 Şubat 2014 tarihinde Weimar'da gerçekleştirildi.

[1] æsth_ploration: Die aesthetische Exploration: Estetik keşif. Exploration (keşif) kelimesinin başındaki "ex" harflerinin yerine yazar, estetik kelimesinin ilk dört kelimesini yazarak olmayan yeni bir kelime "k_est_şif" yaratmıştır.

[2] Latinceden gelen "dis-" kelime anlamıyla sapma; "kurs" ise yol, çizgi anlamına gelmektedir. Diskurs belli bir konuda farklı görüşlerin ortaya atıldığı ve her görüşün saygıyla dinlendiği konuşma eylemidir. Fakat tiyatro açısından baktığımızda sahnede bir uzlaşmaya varılmaması, tam tersine çeşitli bakış açılarıyla var olan tema üzerine fikirlerin yeniden sunulması, kısacası uzlaşma değil, diskurs önemlidir.

[3] Sözgelimi mikadonun çöpleri oyununda atılan çubuklar yere düştüğünde hepsi aynı yöne bakmaz. Farklı yönlere bakarlar. Bazıları da iç içe geçmiştir ve hepsi birbiriyle ilişki içindedir. İnsan da bu ilişkiye dâhildir.

[4] click-performance: Araştırma grubunda çalışanların kendi ürettikleri bir kelime olup gündelik yaşantı içinde karşılığı yoktur. Ortaya koydukları performansı bu şekilde adlandırmışlardır.

[5] "Sen mesajsın- Ben ulağım."

[6] Orijinal metinde yer alan Über-tragung kelimesiyle yapılan kelime oyunu yazarın kendisiyle yapılan görüşme sonrasında Türkçe'ye "aktar-taşı-ma" olarak çevrilmiştir. Kelime bütün olarak ele alındığında "aktarmak", bölündüğünde ise "taşımak" anlamına gelmektedir. Söz konusu olan; mesajın bir yerden başka bir yere aktarılarak taşınmasıdır.

[7] Orijinal metinde yer alan "Ver-mittlung" kelimesiyle yapılan kelime oyunu yazarın kendisiyle yapılan görüşme sonrasında Türkçe'ye "media-syon" olarak çevrilmiştir. Vermittlung aracılık anlamına gelmektedir. Kelimenin içinde yer alan "araç" ile;

söylemek için hangi araçlara ihtiyaç duyduğumuz vurgulanmaktadır. Bu nedenle iletişim araçları anlamına gelen medya kelimesi seçilmiştir.

[8] lecture performances: Yalnızca düz anlatım yönteminin kullanılmadığı; fotoğraf, küçük sahne ve aksiyonlar v.b. gibi… içeren ders ya da sunum.

[9] Araştırma, grup içinde sanat aracılığıyla sergi açılışı olarak sunuldu. Kendilerine verilen fotoğraflardaki nesnelerin (Runner 1) yerini bulan katılımcılar, burada o nesneyi görüp, onu ilişkilendirdikleri gerçek bir yeni nesne (Runner 2) buldular. Her iki nesne arasındaki ilişkiden ortaya çıkan çağrışımı bir kâğıda yazıp fotoğrafla beraber gerçek nesnelerinin bulunduğu yere/duvara yapıştırdılar. Kendi çalışmasını bitiren katılımcılar diğerlerinin çalışmalarını gezdi. Böylece katılımcılar oturdukları yerde konuşarak değil, interaktif bir şekilde, tüm duyularıyla ve bedenleriyle yaratıcı olarak estetik tartışmalar yaptı.

Soziales, kreatives Theater und soziale Theaterpädagogik/Theaterbildung unter Bedingungen gesellschaftlichen Wandels –
praktische Erfahrungen und Denk-Anstöße

Gerd Koch unter Mitarbeit von Bahar Gürey

Sehr häufig wird gesagt, dass das Theater unter den Künsten die sozialste Kunstausübung sei. Was bedeutet das? Wir wollen einige Stichworte zum näheren Verständnis geben. Das sollen keine Antworten sein, sondern es sollen Blicke in verschiedene Richtungen sein. Wir möchten auf etwas aufmerksam machen. Also: Worauf sollten wir achten als Theaterpädagoginnen, Theaterlehrer, als Menschen, die *creative drama* anregen? Als Menschen, die sich mit der sozialen Kunst des Theaters, mit Sozialtheater, *social theatre*, befassen

1. Soziale und kreative Theaterarbeit

Das Wort SOZIAL bedeutet für das Theater, dass es mit mehreren und sehr verschiedenen Menschen zusammen gemacht wird. Das können alte und junge Menschen sein, das können Menschen sein, die eine Behinderung haben, Menschen aus unterschiedlichen Berufen, Menschen aus verschiedenen Landesteilen, Menschen aus der Stadt und aus Dörfern, Menschen aus dem Inland und dem Ausland. Wichtig ist, dass im Plural von Menschen gesprochen wird, also vom WIR und nicht von einem isolierten ICH. Im Theater denken wir die Menschen immer in Bezug auf andere Menschen, so dass wir von einem Beziehungs-Ich sprechen. Wenn wir von Menschen im Plural sprechen, dann betrachten wir ganz besonders das, was zwischen einzelnen Menschen geschieht. Wir sprechen also vom Menschen als einem sozialen Wesen.

2. Theaterlabor

Und diese Menschen bringen ihre Lebens-Erfahrungen mit in das Spielen hinein. Das Theater wird dann zu einem Labor der sozialen Erfahrung, der sozialen Fantasie und Erfindung.

3. Formen des Spiels

Es sind ganz verschiedene Alltagserfahrungen, die sich auf das Interesse am Spiel und auf die Formen des Spiels und auf die Wirkungsmöglichkeiten auswirken.

4. Gemeinsame Gestaltung

Die Spielerinnen und Spieler sind häufig selber ihr eigenes Instrument, das heißt sie brauchen kein Musikinstrument oder ein anderes Medium. Das heißt: Sie sind als Menschen sehr wichtig, sie brauchen andere Menschen, sie spiegeln sich in ihren Erfahrungen in den anderen beim mit Spielen. Sie gestalten also gemeinsam und ohne Zwang ein soziales Feld. Sie sind autonom, was heißt: Sie geben sich selber ihre Regeln. Sie benötigen keine fremde Autorität.

5. Theater als Zeitgenosse

Theater als soziales Phänomen ist durch seine Spielerinnen und Spielern immer sehr stark an die Zeit gebunden, in der gespielt wird, in der agiert wird – also an die Gegenwart. Das Theater nimmt zeitgenössische Themenstellungen auf. Das Theater wird dadurch selbst zu einem Zeitgenossen, es beteiligt sich selbstbewusst und als Akteur an der Gestaltung von verschiedenen Themen der Zeit. Es geht dorthin, wo die Notwendigkeit dazu besteht, es ist mobil und sucht seine Zielgruppen auf.

6. Theater der Verhandlung

Das Wort THEATER leitet sich im Deutschen und Türkischen von dem lateinischen und griechischen *teatron* und *ab und* bedeutet soviel wie Schauplatz, Platz, an dem etwas passiert, Ort der Versammlung (kann man das auch sagen: arabisch, türkisch: Şura?). Der Theaterreformer Bertolt Brecht nannte sein Theater einmal ein „Theater der Versammlung". Das heißt: Hier versammeln sich Menschen mit ihren Hoffnungen, Bedürfnissen, ihren Widersprüchen und in ihrer Verschiedenheit. Sie verhandeln *gemeinsam* Dinge, die sie interessieren.

7. Theater als Ort vieler Künste

Im Theater gibt es unterschiedliche Rollen – bei den Spielern, es gibt manchmal einen Chor, Kommentator und es gibt das Publikum. Dadurch entsteht in jedem Theater gewissermaßen eine Vielsprachigkeit. Sprache bedeutet in diesem Zusammenhang nicht nur die wörtlich gesprochene Sprache, sondern auch die künstlerisch-ästhetische Sprache, das Darstellungsvermögen, das Zeichensystem und auch die akustischen und farblichen Signale (etwa der Bühnenmusik oder des Bühnenbildes). Und es bedeutet generell die Art und Weise, *wie* wir miteinander umgehen.

8. Theater verändert menschliches Verhalten

Die Tätigkeit des Rollenspiels ist ganz typisch für jedes Theater: das Theater ist in der Lage beziehungsweise gibt uns als spielende Person die Möglichkeit, auch einmal anders zu sein als wir sonst sind. Und das Theater ist in der Lage zu zeigen, dass wir nicht nur so oder so fixiert sind, sondern, dass wir auch anders können. Weil das Theater mit dem Wechsel von „so sein und anders sein" spielt, kann es ganz unterschiedliche Menschen zusammenfügen. Das Theater lebt von der Verschiedenheit. Es macht sogenannte Identitäts-Spiele und zeigt an, dass wir Menschen über unterschiedliche Identitäten verfügen. Im Theater können wir das zeigen. – Wir hören als Pädagoginnen und Pädagogen manches Mal von Eltern, dass sie ihre Kinder, wenn sie Theaterspielen, nicht wiedererkennen: Dass ihre Kinder auch das können, was sie eben auf der Bühne gezeigt haben, das hatten sie als Eltern vorher nie bei ihnen gesehen beziehungsweise mit ihnen erlebt. Theater ist eine Stätte der Bildung. Oder mit einem anderen Akzent gesagt: Theater ist gelebte und künstlerisch gestaltete Gruppendynamik.

9. Theater als Toleranz-Raum

Gesellschaften pluralisieren sich, das heißt sie sind kein monolithisches Volk, sondern werden immer stärker eine *Bevölkerung*, das heißt sie bestehen aus sehr unterschiedlichen Personen und Gruppen, die sich aber einig sind in der Einhaltung der Gesetze und kulturellen Gepflogenheiten. Auch das Theater als eine kleine Welt, ist ein pluralistisches Unternehmen. Der Mensch tritt eigentlich immer im Plural auf. Wir gehören als Menschen zusammen. Es gibt keinen isolierten Menschen. Und: Vorhandene Verschiedenheit darf nicht negativ sanktioniert werden.

10. Theater vernetzt gesellschaftliche Interessen

Das Theater ist auch eine soziale Forschungsmöglichkeit. Theater ist ein Ort angewandter Soziologie, Sozialpsychologie oder Sozial-, Kultur- und Erfahrungs-Wissenschaften. Das Theater ist in der Lage, unterschiedliche Forschungsmethoden und Darstellungsmethoden und Handwerke zu integrieren. Es kann sehr gut mit anderen Einrichtungen, wie zum Beispiel Museen, Bildungseinrichtungen, Unternehmen, Kulturvereinen, NGOs, Sozialeinrichtungen kooperieren. Das zeigt wieder die soziale Qualität von Theater an. Unterschiedliche Interessen und Bedürfnisse können sich ausdrücken und werden nicht ausgeschlossen.

11. Theater-Welt & Welt-Theater

Das Theater hat in der Vergangenheit immer wieder unterschiedliche Traditionen, unterschiedliche nationale und kulturelle Eigenarten in sich aufgenommen. Manche sprechen sogar davon, dass Theater ein Schmelztiegel von internationalen, multikulturellen, ethnologisch und anthropologisch ganz verschiedenen Einflüssen ist (ein Fachbegriff dafür wäre „Multiversum"). Theaterreformer wie Peter Brook und auch

Bertolt Brecht haben sich immer wieder der Theatertraditionen der Welt bedient. Wir können deshalb von einem Welttheater, von einem Theater der *Welten* sprechen. Wenn man Theaterfestivals besucht, kann man sich von der Vielfalt überzeugen.

12. Theater gestaltet Leben

Manche Theatergruppen verstehen sich selbst wie eine kleine, neue Welt, die sie in Form einer Theaterkommune, eines Theaterkollektivs gestalten. Sie bemühen sich darum, andere Lebensformen zu finden, und manchmal nicht nur künstlerische. Sie sind dann so etwas wie eine konkrete Utopie oder der Versuch, ein neues Leben zu gestalten. Häufig sind Personen unterschiedlicher Herkunft in solchen Theaterkommunen zusammengekommen. Sie haben Unterschiede, sind sich aber einig in der Neu-Gestaltung von Kunst und Leben.

13. Theater greift ein in gesellschaftlichen Wandel

Moderne Gesellschaften befinden sich in einem ständigen und manchmal sehr schnellen Wandel. Das macht das Leben nicht gerade einfach. Es gibt viele Konfliktsituationen und Verunsicherungen, die zu bewältigen sind. Das ist mit sozialen, ökonomischen und psychischen Kosten verbunden. Traditionelle Sicherheiten werden in Frage gestellt. Man empfindet Verluste. Es geschieht eine Umwertung der Werte. Generationenkonflikte verstärken sich. Um diesen Wandel zu begreifen, werden politische Aktivitäten ergriffen und es werden wissenschaftliche Forschungen über den gesellschaftlichen Wandel, über Modernisierung und Globalisierung gestartet. Außerdem sind verschiedene gesellschaftliche Einrichtungen freiwillig aktiv, um erklärend, verstehend, stützend und gestaltend mitzuwirken. Solche nichtstaatlichen Organisationen helfen mit, den gesellschaftlichen Wandel zufriedenstellend und kreativ zu gestalten. – Neuerdings beobachtet man in Deutschland, dass die Theater, häufig angeregt durch die Theaterpädagoginnen, sich für eine gewisse Zeit wie eine Universität oder Hochschule oder Akademie verstehen. Sie führen dann Kurse durch, die sie etwa „Familien-Universität" oder „Streitraum" nennen. Es werden Wissenschaftlerinnen eingeladen, die Seminare halten zu aktuellen Themen und zu Themen, die in Theaterstücken auf der Bühne gezeigt werden.

14. Theater als utopische Kraft

Der gesellschaftliche Wandel bezieht sich nicht nur auf einen Staat, eine Ökonomie oder Nation und Bevölkerung. Durch die sogenannte ökonomische Globalisierung, der Globalität der Welt als Weltinnenpolitik ist die Mobilität, die Migration, die Wanderung von Menschen zu Arbeitsplätzen, die Flucht von Menschen vor Kriegen und Katastrophen zu einem Normalfall geworden. Die Mobilität der Menschen ist häufig nicht frei gewählt, sondern sie geschieht durch Zwang und aus Not. Die soziale Kraft des Theaters kann in der Lage sein, diesen Migrations-, Wanderungs- und Fluchtbewegungen einen Ort zur Reflektion und thematischen Darstellung zu geben. Das soziale Theater kann etwa ein Schicksal, eine Lebensgeschichte in den Mittelpunkt der Aufführung stellen und dann die Bedingungen dieses Lebens rekonstruieren und es kann Alternativen auf die Bühne bringen. Der brasilianische Theaterreformer Augusto Boal hat mit seinem Konzept eines Theaters der Unterdrückten, mit seinem Forumtheater und mit seinem sogenannten Legislativen Theater eine Menge Vorarbeit geleistet. Das soziale Theater ist eine Aktivität für alle Bürgerinnen und Bürger, für alle im Land lebenden Personen, auch wenn sie staatspolitisch und vom Pass her gesehen einen anderen Status haben. Theater ist in diesem Sinne eine menschenrechtliche Aktivität, die nicht nach nationalen Unterschieden Menschen ausgliedert. Die Vielgestaltigkeit des Theaters, des Theater-Machens, der Theaterpädagogik, des Kreativen Dramas zwingt ein Theater dazu, die Vielgestaltigkeit der Welt mitzugestalten, so dass die Welt eine zu bejahende, verbesserte Welt wird, die die Menschen stärkt und unterstützt.

15. Theater der Dynamik

Der Dichter und Stückeschreiber Bertolt Brecht hat 1939 eine Unterscheidung getroffen, mit der er zwei Formen der „Dramatik im Zeitalter der Wissenschaft" so unterschied: Das alte Theater sei nach dem Karussell-Typus (K-Typus) gestaltet und das neue Theater nach dem planetarischen Typus (P-Typus). Was heißt das? Ein Karussell (also das alte Theater) zeichnet sich dadurch aus, dass immer wieder dieselben Figuren auftauchen, dass im Kreis gefahren wird – angeordnet um eine Zentralachse; Bewegung geschieht nicht als Veränderung, nicht als Ortswechsel, nicht als Erfahrungswechsel, sondern es findet ein Wiederholen ein und desselben statt. Lässt man sich auf ein Denken in dynamischen Kategorien von Planeten ein, dann befindet man sich im Kontext der Herausforderung des Verstehens von fremden Dynamiken und raumzeitlichen, variablen Gebilden/Feldern – und man als Mensch mittendrin.

16. Theater erzeugt neue Blicke

Die gestalterische Qualität des Theaters sieht man auch darin, dass es in der Lage ist, uns einen Ortswechsel im Denken vorzuführen. Das heißt: Das Theater entwickelt neue Blicke auf die physische Welt und auf das soziale, geschichtliche, ökonomische und psychische Geschehen. Das Theater tut es nicht von oben herab, sondern die Personen, die dort tätig sind, gestalten das selbst, machen es sichtbar aus Interesse für sich und gleichzeitig für andere. Sie lassen andere Meinungen, Ansichten zu und bringen sie ins Spiel. Ortswechsel beim Denken bedeutet auch, die Standpunkte anderer Personen einzunehmen – also Antizipation und Empathie zu ermöglichen. Wichtig ist immer, wie Bertolt Brecht sagt, dass es „so und auch anders" geht im Leben wie in der Kunst. Wir können Variationen vorführen, wahrnehmen und gestalten. All dies soll unter potentieller Gleichheit geschehen. Und auf der Ebene dieser Gleichheit, die allen Menschen zugerechnet wird, können dann Differenzierungen und Differenzen ausgehandelt werden.

17. Theater als Chance

Das Theater kann so ein Beispiel für gelingendes Lebens, für eine glückliche Lebensgestaltung sein. Die Kreativität der Teilnehmenden wird abgefragt, unterstützt, an andere weitergegeben. Das Theater rechnet damit, dass Menschen mehr können, als man ihnen häufig und im Augenblick zumutet. Das Theater sollte alle seine teilnehmenden Personen so verstehen, als hätten sie das schon erreicht, wohin sie positiv einmal kommen wollen Also: Man nehme in theater-kommunikativen Bildungsprozessen den Partner/die Partnerin so, wie er/sie sein *könnte*. Man solle *Potenzen* (das, was in uns unspezifisch schlummert) erkennen, daraus *Kompetenzen* entwickeln (kompetent zu sein, heißt ja noch nicht: handeln können) und als dritter Schritt muß hinzukommen: *Das Realisieren*! Also es muss *Performanz* hinzukommen – nämlich sich aufführen können! So würde man prospektiv, menschlich zugewandt handeln und das Mögliche schon heute in Bildungsprozessen akzeptieren. Das künstlerische Handeln gibt dazu Chancen; der szenische Akteur/die szenische Akteurin realisiert sich auch im sozialen Feld.

18. Theater ist öffentliche Aktion

>> Soziales Theater findet nicht hinter verschlossenen Spieltüren statt.
>> TheaterpädagogInnen, *drama teachers*, Lehrende für *creative drama* u. a. bereichern durch ihre Tätigkeit das gesellschaftliche und kulturelle Geschehen.
>> Solch ein Theater kann an Themen der Welt nicht vorbeigehen. Es gibt seine Sichtweisen in die Welt zurück.
>> Gerade Theaterpädagogen und Theaterpädagoginnen, Drama-Lehrerinnen und -Lehrer, Kreativ-Erzieherinnen und -Erzieher sind in der Lage, gesellschaftlich konstruktiv mitzuwirken.
>> Das Theater macht Angebote.
>> Seine Kraft und Autorität liegt darin, dass es sozial aufmerksam ist und kreativ und ästhetisch gestalten kann.
>> Das soziale Theater wirkt dadurch, dass es den Menschen in der Gesellschaft ein Geschenk macht!

Toplumsal Değişim Koşulları Altında-
Bazı Deneyimler ve Düşünsel İtkilerle- Sosyal, Yaratıcı Tiyatro ve Sosyal Tiyatro Pedagojisi /Tiyatro Eğitimi

Gerd Koch, Bahar Gürey'in işbirliği ile

Tiyatronun tüm sanatlar içinde, en sosyal sanat uygulaması olduğu sıkça söylenir. Bu ne demektir? Konuya ilişkin olarak bu anlayışa yakın birkaç ipucu verilebilir. Fakat bunlar cevap olmamalı, tam tersine farklı düşünceler içeren bakış açıları olmalıdır. Bir şeye dikkatinizi çekmek istiyoruz. Tiyatro pedagogu, tiyatro eğiticisi, *yaratıcı drama'ya ilgi duyan* insan olarak ve tiyatronun sosyal sanatını, sosyal tiyatroyu göz önünde bulunduran insanlar olarak nelere dikkat etmeliyiz?

1.Sosyal ve Yaratıcı Tiyatro Çalışması

Kelime olarak SOSYAL tiyatro için, birden çok ve çok çeşitli insanlarla birlikte yapılandır. Bunlar genç ve yaşlı insanlar olabilir, herhangi bir engeli olan insanlar olabilir, farklı meslek gruplarından insanlar, çeşitli bölgelerden insanlar, köylü ve şehirliler, yurttaşlar ve yabancılar olabilir. Önemli olan, insanlardan çoğul olarak bahsedilmesidir. Yani BİZ'den bahsedilir, izole edilmiş bir BEN'den değil. Tiyatroda insanları daima, ilişki içindeki bir BEN'den bahsettiğimiz diğer insanlarla birlikte düşünürüz. Eğer insanlardan çoğul olarak bahsediyorsak, tek tek, insanlar arasında neler olduğunu özellikle gözlemleriz. Yani insandan sosyal bir varlık olarak bahsederiz.

2. Tiyatro Laboratuarı

Ve bu insanlar kendi yaşam deneyimlerini oyuna dâhil ederler. Böylece tiyatro sosyal deneyimlerin; sosyal fantezi ve buluşun laboratuvarı olur.

3. Oyunun Biçimleri

Bunlar; oyuna olan ilgiye, oyunun biçimlerine ve olası sonuçlarına, etki eden çeşitli günlük yaşam deneyimleridir.

4. Ortak Oluşum

Oyuncuların enstrümanı genellikle kendileridir. Bu onların herhangi bir müzik enstrümanına ya da araca ihtiyaçları olmadığı anlamına gelir. Bu onların insan olarak çok önemli oldukları, diğer insanlara ihtiyaç duydukları, birlikte oynarken kendilerinin ve diğerlerinin deneyimlerinde kendilerini yansıttıkları anlamına gelir. O halde herhangi bir zorlama olmadan birlikte bir sosyal alan oluştururlar. Özerktirler, bu kendi kurallarını kendilerinin koyduğu anlamına gelir. Yabancı bir otoriteye ihtiyaç duymazlar.

5. Çağdaş Tiyatro

Tiyatro sosyal bir fenomen olarak oyuncuları aracılığıyla içinde oynandığı ve eylendiği zamana yani şimdiki zamana güçlü bir şekilde bağlıdır. Tiyatro çağdaş olan konuları ele alır.
    Böylece tiyatronun kendisi çağdaş olma yolunda, bilinçli ve zamanın çeşitli konulardan meydana gelen biçimine aktör olarak katılır.

6. Meclis Tiyatrosu

Almancada ve Türkçede TİYATRO kelimesi Latince ve Yunanca olan *"teatron"* dan türemiştir ve seyir yeri, bir şey olan yer, toplantı yeri anlamına gelir. (Arapça ve Türkçe olarak şöyle de söylenebilir: Şura) Tiyatro reformcusu Bertolt Brecht kendi tiyatrosunu meclis tiyatrosu olarak adlandırır. Bu da burada insanların umutlarıyla, ihtiyaçlarıyla, karşıtlıklarıyla ve çeşitlilikleriyle bir araya geldikleri anlamına gelir. Kendilerini ilgilendiren ortak şeyleri görüşürler.

7. Sanatların Birleştiği Yer Olarak Tiyatro

Tiyatroda oyuncuların oynadığı farklı roller vardır. Örneğin: Bazen bir koro, bir yorumcu, bazen de halkla karşılaşırız. Böylece her tiyatroda adeta birçok dillilik meydana gelir. Bu bağlamda dil yalnızca konuşulan sözel dil değil, aynı zamanda sanatsal-estetik dil; temsili varlık, gösterge bilim, akustik ve renkli sinyaller (örneğin sahne müziği, dekor) ve genel olarak nasıl birbirimizle anlaşacağımızın yolu demektir.

8. Tiyatro İnsan Davranışını Değiştirir

Rol oynama etkinliği her tiyatro için çok tipiktir: tiyatro bize, oynayan kişi olarak bir kere olduğumuzdan başka biri olma olanağı verir ve bizim hep böyle sabit, yani olduğumuz gibi olmadığımızı, tam tersine başka biri de olabileceğimizi gösteren konumdadır. Tiyatro "olduğumuz gibi olmak ve başka biri olmak" arasında değiştiği için çok farklı insanları bir araya getirebilir. Tiyatro farklılıklar için yaşar. Bu, özdeşlik oyunları denilen oyunları oluşturur ve biz insanların farklı özdeşliklere sahip olduğunu gösterir. Tiyatroda bunu gösterebiliriz. Biz pedagoglar olarak bazen ailelerden tiyatro yaptıklarında çocuklarını tanıyamadıklarını; az önce sahnede gösterdiklerini, sonrasında da yapabildiklerini ki; daha önce ebeveyn olarak çocuklarında bunları görmediklerini, daha doğrusu birlikte yaşamadıklarını duyarız. Tiyatro bir eğitim yeridir. Ya da başka bir deyişle tiyatro; yaşayan ve sanatsal biçime sokulmuş grup dinamiğidir.

9. Tolerans Alanı Olarak Tiyatro

Toplumlar kendilerini çoğullaştırırlar. Bu onların monolit (yekpare) bir millet olmadığı, tam tersine daima daha güçlü bir halk oldukları, yani çok farklı insanlardan ve kültürel adetlerde ve yasalara uyumda hemfikir olan gruplardan meydana geldikleri anlamına gelir. Tiyatroda küçük bir dünya olarak çoğullaştırılmış bir işletmedir. İnsan daima çoğul olarak kendini gösterir. İnsan olarak biz birbirimize aidiz. İzole edilmiş insan yoktur. Ve mevcut çeşitlilik olumsuz kabul edilemez.

10. Tiyatro Toplumsal İlgiler Arasında Bir Bağ Kurar

Tiyatro aynı zamanda sosyal bir araştırma fırsatıdır. Tiyatro; uygulamalı sosyoloji, sosyal psikoloji ya da sosyal, kültürel ve deneysel (ampirik) bilimlerdir. Tiyatro, farklı araştırma metotlarını, sunum metotlarını ve el sanatlarını entegre eder konumdadır. Tiyatro; müze, eğitim kurumları, işletmeler, kültür dernekleri, STK'lar, sosyal kurumlar gibi kurumların çok iyi işbirliği yapmasını sağlar. Bu yine tiyatronun sosyal kalitesine işaret eder. Farklı ilgiler ve ihtiyaçlar kendini ifade edebilir ve dışlanmaz.

11. Tiyatro-Dünya ve Dünya- Tiyatro

Tiyatro, geçmişte tekrar tekrar farklı gelenekleri ve farklı ulusal ve kültürel özellikleri özümsedi. Hatta bazıları tiyatronun uluslar arası, çok kültürlü, etnolojik, antropolojik çok çeşitli etkilerden oluşan bir pota olduğundan bahseder (Bu duruma dair bilimsel bir terim "Multiversal"= tüm evrenlerin bütünlüğüdür). Peter Brook ve de Bertolt Brecht gibi tiyatro reformcuları tekrar tekrar dünyanın tiyatro geleneğine hizmet ettiler. Bu yüzden bir dünya tiyatrosundan, *dünyaların* tiyatrosundan söz edebiliriz. Eğer tiyatro festivallerine katılırsanız, bu çeşitlilikten emin olabilirsiniz.

12. Tiyatro Yaşama Şekil Verir

Bazı tiyatro grupları kendilerini tiyatro komünü, tiyatro birliği biçiminde oluşmuş küçük, yeni bir dünya gibi algılar. Bazen yalnızca sanatsal olmayan başka yaşam formları bulmak için çaba sarf ederler. Bu aşağı yukarı somut bir ütopya ya da deneme, yeni bir yaşam oluşturmak gibi bir şeydir. Sık sık farklı yerlerden insanlar böyle tiyatro komünlerinde bir araya gelirler. Farklılıkları vardır. Fakat yaşamda ve sanatta yeni bir biçim için hemfikirdirler.

13. Tiyatro Toplumsal Değişimi Yürütmektedir

Modern toplumlar kendilerini sürekli ve çok hızlı bir değişim içinde bulurlar. Bu yaşamı o kadar da basitleştirmez. Başa çıkılması gereken bir sürü çatışma durumu ve belirsizlik mevcuttur. Bunlar sosyal, ekonomik ve psikolojik bedellere bağlıdır. Geleneksel güvenceler sorgulanır. Kayıplar hissedilir. Değerlerin yeniden değerlendirilmesi ortaya çıkar. Nesil çatışmaları çoğalır. Bu değişimi kavramak için politik aktivitelerden yararlanılır ve toplumsal değişim üzerine, modernleşme ve küreselleşme üzerine bilimsel araştırmalar başlatılır. Ayrıca çeşitli toplumsal kurumlar istemli olarak açıklamaya, anlamaya, destek olmaya ve şekil vermeye katkıda bulunmak için aktif olur. Böyle sivil toplum örgütleri toplumsal değişime, tatmin edici ve yaratıcı şekil vermek için yardımcı olurlar. Son zamanlarda Almanya'da tiyatroların kendilerini sık sık heyecanla tiyatro pedagogları aracılığıyla belirli bir süre için üniversite ya da yüksekokul ya da akademi gibi algıladıklarını gözlemliyorum. Örnek olarak "Aile Üniversitesi" ya da "Münazara Alanı" diye adlandırdıkları kurslar yürütüyorlar. Güncel konular ve tiyatroda gösterilen konular hakkında seminer vermesi için bilim adamlarını davet ediyorlar.

14. Ütopik Güç Olarak Tiyatro

Toplumsal değişim yalnızca bir hükümete, ekonomiye ya da ulusa ve halka bağlı değildir. Sözde ekonomik küreselleşme aracılığıyla, iç dünya politikası olarak dünyanın küreselleşmesinde hareketlilik, göç, insanların iş nedeniyle göçü, savaştan ve felaketlerden kaçışı normal bir durum olarak algılanıyor. İnsanların hareketliliği genelde kendi istekleriyle olmuyor. Tam tersine baskı yoluyla ve sefaletten, yokluktan oluyor. Tiyatronun sosyal gücü bu göç ve kaçış hareketini yansıtan bir yer olabilecek ve tematik canlandırmaya imkân sağlayacak konumdadır. Sosyal tiyatro bir alınyazısını, bir yaşam hikâyesini oyunun ortasına yerleştirebilir ve bu yaşamın şartlarını yeniden yapılandırabilir ve sahnede alternatifler sunabilir. Brezilyalı tiyatro reformcusu Augusto Boal ezilenlerin tiyatrosunu kendi konseptiyle, kendi forum tiyatrosuyla ve legistatif* olarak adlandırılan tiyatroyla birçok ön çalışma yapar.

Forum tiyatronun bir türü olan legislatif tiyatroda, seyircilerin oyunun sonunda yazılı olarak verdikleri ya da sahnede dillendirdikleri talepler, daha sonra yasa yapan yetkili kişilere iletilir.

Sosyal tiyatro tüm vatandaşlar için, yeryüzünde yaşayan tüm insanlar için ve de devlet politikalarına göre pasaportunda görülen başka bir statüye sahip kişiler için bir etkinliktir. Bu anlamda tiyatro insanları ulusal farklılıklarına göre ayırmayan bir etkinliktir. Tiyatronun, tiyatro yapmanın, tiyatro pedagoglarının ve yaratıcı dramanın çeşitliliği, dünyanın polimorfizmine (çeşitliliğine, çoklu yapısına) şekil vermeye yardımcı olan bir tiyatroyu zorunlu kılar. Öyle ki; dünya, insanları güçlü kılan ve destekleyen daha iyi bir dünya olur.

15. Dinamiğin Tiyatrosu

Şair ve oyun yazarı Bertolt Brecht 1939 yılında bir ayrım yaptı ve bu ayrımda "bilim çağında dramatiğin" iki biçimini şöyle gösterdi: Eski tiyatro atlıkarınca tipine göre ((Karusel tipi= K-Tipi) ve yeni tiyatro Planet tipine göre (Gezegen tipi= P-Tipi) şekil almıştır. Bu ne demektir? Bir atlıkarınca (yani eski tiyatro), sürekli aynı figürlerin ortaya çıktığı yer ve çember içinde -düzenlenmiş ve merkez ekseni içinde- hareket eden olarak kendini gösterir: Harekette değişiklik, yer değişimi, durum (deneyim) değişimi olmaz. Tam tersine bir tekrar vardır ve hep aynı şey olur. Planetlerin dinamik kategorileri düşünüldüğünde ise, kişi kendini anlayış çerçevesinde yabancı dinamiklerin, mekânsal, zamansal ve değişken yapıların -insan olarak tam ortasında- bulur.

16. Tiyatro Yeni Bakış Açıları Yaratır

Tiyatronun biçimsel kalitesi, bize düşüncedeki mekânsal değişimi sunması durumunda görülür. Bu, tiyatronun fiziksel dünyaya ve sosyal, tarihsel, ekonomik, psikolojik olaylara dair yeni bakış açıları geliştirmesi demektir. Tiyatro bunu gökten zembille indirmez, tam tersine tiyatro alanında çalışan kişiler buna biçim verirler ve kendilerine ve aynı zamanda diğer insanlara olan ilgileriyle bunu görünür kılarlar. Farklı düşünceleri ve görüşleri kabul ederler ve bunları oyun haline getirirler. Düşüncedeki mekânsal değişim, diğer insanların görüşlerini almak anlamına da gelir. Yani tahmin etmeyi ve empatiyi mümkün kılar. Bertolt Brecht'in de söylediği gibi önemli olan, sanattaki gibi yaşam da, olduğu gibi ve aynı zamanda farklıdır. Değişik biçimleri gösterebiliriz, algılayabiliriz ve şekillendirebiliriz. Tüm bunların potansiyel bir eşitlikte meydana gelmesi gerekir. Ve tüm insanların paylaştığı eşitlik düzeyinde başkalıklar ve farklar tartışılabilir.

17. Şans Olarak Tiyatro

Tiyatro, başarılı bir yaşam ve mutlu bir yaşam biçimi için örnek teşkil edebilir. Katılımcıların yaratıcılıkları irdelenir, desteklenir, başkalarına aktarılır. Tiyatro insanın, sık sık ve o an umut edilenden daha fazlasını yapabilmesini bekler. Tiyatronun tüm katılımcılarını, sanki çoktan pozitif olarak varmak istedikleri yere ulaşmışlar gibi anlaması gerekir. O halde tiyatronun iletişimsel eğitim sürecinde partner, nasıl olabilecekse öyle ele alınır. Kişinin *güçlerini* tanıması ki; bu içimizde özelliksiz uyuyandır ve buradan hareketle *yetilerini* geliştirmesi gerekir ki; yeterli olmak henüz eyleme geçebilmek demek değildir ve üçüncü adım olarak *gerçekleştirmenin* de buna ilave edilmesi zorunludur. O halde *performansın* eklenmesi zorunludur. Demek ki kişi, belirli bir şekilde davranabilir! Böylece insani olana yakın davranmak ve daha bugünden eğitim sürecinde bu olasılığı kabul etmek mümkündür. Sanatsal eylem sahnedeki aktöre sosyal alanda da kendini gerçekleştirme şansı verir.

18. Tiyatro Kamusal Bir Eylemdir

>> Sosyal tiyatro, kapalı oyun kapıları ardında gerçekleşmez.
>> Tiyatro pedagogları, drama öğretmenleri, yaratıcı drama öğrenenler ve diğerleri kendi meslekleri aracılığıyla toplumsal ve kültürel olayları zenginleştirirler.
>> Böyle bir tiyatro dünyanın sorunlarına değinmeden geçip gitmez. Dünyaya kendi görüşünü bildirir.
>> Tiyatro pedagogları, drama öğretmenleri, yaratıcı drama liderleri toplumsal yapıya katkıda bulunmak durumundadır.
>> Tiyatro öneriler sunar.
>> Tiyatronun gücü ve otoritesi, sosyal ve dikkatli/gözlemci olmasında; yaratıcı ve estetik olarak biçimlendirebilmesinde yatar.
>> Sosyal tiyatro toplumda insanlara hediye veriyormuş gibi etki eder.

Geh doch mal raus, fahr irgendwo hin, mach eine Reise[1]
Auf den Spuren eines deutsch-türkischen Kooperationsmodells im Dreieck von Kultur, Jugend und Bildung

Ute Handwerg

Über die Anfänge der Zusammenarbeit zwischen der BAG Spiel & Theater und Partnern in der Türkei, über die Inhalte und Motivationen der ersten gemeinschaftlichen Schritte geben die Beiträge am Anfang dieses Buches rückblickend Auskunft.

Seit etwa 30 Jahren besteht diese Kooperation, und sie entwickelt sich inhaltlich stetig weiter, verändert sich dabei, fließt – manchmal langsam, manchmal gegen den Strom –, ist politisch. Sie bringt Menschen mit ganz unterschiedlichen Erfahrungen und Hintergründen in einen kreativen, künstlerischen Dialog, in ein Miteinander, entwickelt Strukturen einer internationalen kulturellen Bildung, ist zivilgesellschaftlich relevant und belegt den hohen Stellenwert der persönlichen Begegnung.

Die Zusammenarbeit zwischen dem *Çağdaş Drama Derneği* (im folgenden: ÇDD) und der BAG Spiel & Theater (im folgenden: BAG) steht für ein erfolgreiches Modell zivilgesellschaftlicher Bündnisse auf internationaler Ebene. Engagierte und an einer interkulturellen Lerngemeinschaft interessierte Menschen in der Türkei und Deutschland haben zunächst über einzelne Initiativen Netzwerke entwickelt, die übergegangen sind in eine Form der institutionalisierten Kooperation, getragen von zwei Theaterverbänden, die sich für eine zukunftsorientierte, auf Vertrauen basierende, Fortschreibung der Zusammenarbeit stark machen. Im Kern geht es dabei um die Bündelung und Reflektion gemeinsamer Erfahrungen, die Weiterentwicklung der fachlichen Arbeit, Stärkung und Intensivierung der internationalen Begegnungsarbeit, Etablierung und Ausbau vorhandener Netzwerke und das Einbinden neuer Akteure und Strukturen. Die Zusammenarbeit erstreckt sich mittlerweile auf Ankara, Hannover, Istanbul, Berlin, Eskişehir, Hamburg, Bursa, Dortmund, Trabzon und weitere Orte, an denen Kinder, Jugendliche und Erwachsene Theater spielen, Kongresse, Theaterworkshops und Drama-Seminare stattfinden, Theatermacher zusammenarbeiten.

Die Erfahrungen und Ergebnisse der Kooperation spielen nicht nur bei gemeinsamen Aktivitäten eine gestalterische Rolle, sondern sind darüber hinaus wirksam bei der Weiterentwicklung von Konzepten und Methoden der jeweiligen Theaterarbeit in Deutschland und in der Türkei. So hat der ÇDD in den letzten Jahren sein Netzwerk durch neu gegründete Drama-Zentren quer durch die türkische Republik beachtlich ausbauen können und auch seine internationalen Aktivitäten stark ausgeweitet. Die BAG kann Ergebnisse aus der Kooperation mit dem ÇDD unter anderem nutzbar machen für die in Deutschland geführte Diskussion um Einwanderung und Integration. An Theaterprojekten und -initiativen der BAG, z.B. im euro-mediterranen Raum, ist der ÇDD beteiligt. Ferner arbeiten beide Verbände mittlerweile zusammen in Strukturen der europäischen und internationalen Theaterarbeit, wie z.B. in der Europäischen Theaterwerkstatt EDERED.

Dieser Beitrag greift einzelne für die Kooperation mit der Türkei relevante Aspekte aus den Bereichen Kultur-, Bildungs- und Jugendpolitik heraus, reißt aus gegebenem Anlass und im Wissen um die Schnelllebigkeit von Nachrichten tagespolitisches Geschehen an und setzt das Ganze mit der praktischen Arbeitsebene in Beziehung - als Zwischenbilanz einer produktiv-lebendigen Gemeinschaft.

Kooperationen in unserem Betätigungsfeld sind abhängig von Rahmenbedingungen, die mehrheitlich in den Ressorts Kultur, Bildung, Jugend verabschiedet werden. Es ist, will man international kooperieren, nicht nur notwendig, diese Bedingungen zu kennen, um sie bei der Planung mitzudenken; dieses Wissen unterstützt auch die Suche nach einem geeigneten Partner im Ausland, die Recherche von Finanzierungsquellen und Netzwerken, die zielführende Auswahl von Ansprechpartnern in Ministerien und Behörden. Ferner ist es interessant zu verstehen, worauf länderspezifische und z.T. bilateral ausgehandelte Rahmenbedingungen fußen. Politische und kulturelle Zusammenhänge im internationalen Kontext unterstehen, wie andere Bereiche gesellschaftlichen Lebens auch, einer gewaltigen Dynamik. Für Akteure der internationalen Jugendkulturarbeit gehört das Wissen um diese Hintergründe zum Handwerkszeug.

Das im Jahr 1961 mit der Türkei geschlossene Anwerbeabkommen ist das Ereignis, welches bei der Mehrheit der Zeitgenossen in Deutschland und in der Türkei wohl am intensivsten präsent ist. Es berührt bis heute das Leben vieler Menschen und beeinflusst in nicht unerheblicher Weise die gesellschaftliche Entwicklung in beiden Ländern. Aber schon lange vor 1961 setzten die wechselhaften Beziehungen ein. Einige Beispiele: 1868 schlug Heinrich Schliemann mit seiner Ankunft in der Landschaft der Troas ein intensives und langlebiges Kapitel der deutsch-türkischen archäologischen Zusammenarbeit auf. Türken und Deutsche arbeiteten später zusammen beim Bau der Bagdadbahn, sie waren Alliierte im 1. Weltkrieg, 1924 trat der deutsch-türkische Freundschaftsvertrag von Ankara in Kraft, 1932 war Deutschland Hauptimport- und Exportland aus türkischer Sicht (80 Jahre später ist dies nahezu wieder der Fall, denn Deutschland ist nach Angaben der Türkisch-Deutschen Industrie- und Handelskammer im 1. Halbjahr 2013 größter Abnehmer von Waren aus der Türkei und drittgrößter Importeur in die Türkei[2]). Ab 1933 wurde der türkische Begriff *haymatloz* zum Synonym für den Status von Exilanten aus Deutschland, die vor den Nazis in die Türkei flohen, darunter viele Wissenschaftler und Künstler, wie Paul Hindemith, Ernst Reuter, Ernst Eduard Hirsch, Clemens Holzmeister, Marianne Laqueur, Eduard Zuckmayer, Gerhard Kessler, Erich Auerbach, Carl Ebert u.a. Die Expertise und das Renommee der nun in der Türkei aktiven Wissenschaftler wusste Atatürk in die Reformprozesse der türkischen Universitäten gewinnbringend und nachhaltig einzubinden. So haben viele der Exilanten ihre Handschrift etwa bei der Planung von Regierungsbauten, bei der Gründung von Kunstakademien und wissenschaftlichen Instituten und beim Verfassen von Gesetzbüchern einbringen können.

Welches Bild von der Türkei existiert heute in Deutschland? Und, hängt dieses Bild schief?

Laut einer aktuellen „Umfrage zum Türkeibild in Deutschland"[3] haben viele Menschen in der Bundesrepublik eine verzerrte Wahrnehmung von der Türkei, wenn es um die Einschätzung etwa der wirtschaftlichen Entwicklung des Landes in den letzten Jahren geht. Nur einer relativ kleinen Zahl der Befragten sei bekannt, dass das Wirtschaftswachstum der Türkei sich seit Jahren rasant entwickelt und das Land einen mittlerweile festen Platz unter den weltweit führenden 20 Wirtschaftsnationen einnimmt. Im Jahr 2011 etwa lag das Wachstum des Bruttoinlandsprodukt in der Türkei bei 8,9 %. Deutschlands Wachstumsrate lag im Vergleich bei 3,0 %, die der EU (27-Raum) bei 1,5 %. Die Arbeitslosenquote in der Türkei lag 2012 bei 9,8 % und damit unter der, die für den EU (27-Raum) verzeichnet wurde (10,7 %).

Auch für die Türkei gilt: Das Bild der Türken in der Türkei von den in Deutschland lebenden Menschen speist sich nicht selten aus falschen Eindeutigkeiten, die zu einem guten Teil Ergebnis einer undifferenzierten medialen Berichterstattung sind und wahrscheinlich auch zurückgehen auf Vorurteile, die sich im Zusammenhang mit den nach Deutschland ausgewanderten Türken aufgebaut und etabliert haben. Einig sind sich zumindest die Deutschen darüber, dass die Türkei ein formidables Urlaubsland ist, denn sie zeichnen „das Bild eines Landes mit blauem Meer, angenehmen Klima, gutem Essen, freundlichen Menschen und beliebten Reisezielen".[4]

Das Bild hängt also schief, irgendwie. Liegt es vielleicht auch daran, dass die Türkei bis 2009 Partner der Entwicklungszusammenarbeit war und die hiesige mediale Berichterstattung dieser Tatsache mehr Gewicht gab als z.B. der Berichterstattung über Erfolge im Land? Im Jahr 1958, das sogenannte Wirtschaftswunder lässt Industrie und Handel in Deutschland-West florieren, nimmt die Entwicklungszusammenarbeit mit der Türkei ihren Anfang. Das Land strebt eine Entwicklung von der Agrar- zur Industrienation an und sieht die in Westdeutschland praktizierte soziale Marktwirtschaft als Modell für das eigene Land. Investitionen in verschiedene Industriebereiche, in staatliche Infrastruktur, in den Energiesektor, Stabilisierungskredite, Unterstützung bei der Erforschung von Bodenschätzen und die Kooperation von deutschen und türkischen Hochschulen bilden im wesentlichen das Portfolio der Hilfe aus Deutschland in den ersten 20 Jahren ab. In den 80er Jahren konzentriert sich das Engagement auf die Bereiche der kommunalen Umwelt-Infrastruktur, Berufsausbildung und Verwaltungsförderung. Die Entwicklungszusammenarbeit der 90er legt den Schwerpunkt auf die östlichen Gebiete der Türkei, die an der zunehmenden Industrialisierung und dem damit einhergehenden Aufschwung des Landes am wenigsten partizipieren. Die Zusammenarbeit war zuletzt besonders geprägt durch technische Beratung kleinerer und mittlerer Betriebe und durch Kreditprogramme.[5] Eine Pressemitteilung des Bundesministeriums für Entwicklung und wirtschaftliche Zusammenarbeit blickt im Oktober 2012 zusammenfassend auf über 50 Jahre Entwicklungszusammenarbeit mit der Türkei.[6]

Ist die Art der Berichterstattung der Medien in Deutschland auch über aktuelle Ereignisse und Entwicklungen in der Türkei am Beispiel von EU-Beitritt und den Gezi-Park-Protesten Grund für ein schiefes Bild, das offensichtlich viele Deutsche von der Türkei haben?

Zur Erinnerung: Die Geschichte des Bemühens der Türkei, die seit 1949 Mitglied des Europarates ist, vollwertiges Mitglied der EU zu werden, ist lang und in der Türkei und im EU-Raum von unterschiedlich motivierten Erregungszuständen begleitet. Grundlage für die EU-Beitrittspläne der Türkei ist das Ankara-Abkommen bzw. Assoziierungsabkommen EWG-Türkei aus dem Jahr 1963. Den Status als Beitrittskandidat bekommt die Türkei 1999 offiziell zuerkannt. Seit Oktober 2005 laufen die Verhandlungen zwischen der EU und der Türkei, an deren Ende laut Vertrag nicht nur zu prüfen sein wird, ob die Türkei alle Bedingungen für einen Beitritt erfüllt, sondern auch die Frage steht, ob die EU sich politisch und wirtschaftlich im Stande sieht, die Türkei in ihre Reihen zu integrieren. Kritische Beobachter sehen in dieser Vereinbarung eine außergewöhnliche Hürde, die bislang kein EU-Beitrittskandidat zu nehmen hatte. Der Koalitionsvertrag (2013-2017) zwischen der CDU/CSU und der SPD positioniert sich in einer Weise zum EU-Beitritt der Türkei, die aus SPD-Sicht als ein Abrücken von vormaligen Absichten (unter der Kanzlerschaft von Gerhard Schröder war die Vollmitgliedschaft der Türkei am Ende der Verhandlungen erklärtes politisches Ziel) und aus Sicht der Union als ein Festhalten an einer „privilegierten Partnerschaft" gelesen werden muss:

„Wir möchten die Beziehungen zwischen der Europäischen Union und der Türkei weiter vertiefen, einschließlich einer engen strategischen Zusammenarbeit in außen- und sicherheitspolitischen Fragen. Wir sehen nicht nur die eindrucksvolle wirtschaftliche Entwicklung der Türkei, sondern begrüßen vor allem die mit Blick auf die Beitrittsverhandlungen unternommenen Reformanstrengungen. [...] Die 2005 aufgenommenen Verhandlungen mit dem Ziel des Beitritts sind ein Prozess mit offenem Ende, der keinen Automatismus begründet und dessen Ausgang sich nicht im Vorhinein garantieren lässt. Auch in der Türkei wird eine Diskussion über die Frage der EU-Mitgliedschaft geführt. Sollte die EU nicht aufnahmefähig oder die Türkei nicht in der Lage sein, alle mit einer Mitgliedschaft verbundenen Verpflichtungen voll und ganz einzuhalten, muss die Türkei in einer Weise, die ihr privilegiertes Verhältnis zur EU und zu Deutschland weiter entwickelt, möglichst eng an die europäischen Strukturen angebunden werden."[7] Soweit die Sicht der amtierenden deutschen Regierung.

Laut Umfragen befürworten nur noch 43 Prozent der türkischen Bürger den EU-Beitritt ihres Landes. Vor neun Jahren waren es noch 73 Prozent.[8] Viele Menschen in der Türkei bekennen sich zu ihrer EU-Müdigkeit, während die politische Führung des Landes am Ziel eines EU-Beitritts festzuhalten scheint, wenngleich sie zeitgleich ganz offenkundig an einem *Plan B* arbeitet, der eine politische Führungsrolle im Nahen Osten und eine starke Wirtschaftsbeziehung mit Ländern des Fernen Ostens beinhaltet. „Tatsächlich daran glauben, dass wir eines Tages der EU beitreten, tun allerdings nur noch 25 Prozent unserer Bevölkerung", sagte der für die Beitrittsverhandlungen mit der EU verantwortliche türkische Minister Egemen Bağış in einem Interview.[9] Und das zu einem Zeitpunkt, an dem über die Hälfte der Verhandlungskapitel zwischen der Türkei und der EU in ihrer Regelung noch ausstehen.

Dass der ÇDD im Jahre 2005 Mitglied der BAG wurde, war damals auch ein klares politisches Bekenntnis auf zivilgesellschaftlicher Ebene für eine Türkei als Mitglied der EU.

Die Türkei blickt auf ein politisch sehr bewegtes Jahr zurück. Was in die Presse als Gezi-Park-Proteste eingegangen ist, umfasste zunächst den Protest gegen die Politik der regierenden AKP und später auch gegen die massive Polizeigewalt. Viele Menschen in der Türkei und in anderen Ländern, darunter viele Kunstschaffende, solidarisieren sich bis heute mit den Protestierenden. Norma Köhler, Mahmut Toprak und Aladin El-Mafaalani gehen in ihrem gemeinsamen Beitrag für dieses Buch auf den Beitrag der Künstler und Künstlerinnen am Taksim-Platz genauer ein.

Anlässlich ihres 60-jährigen Bestehens veranstaltete die BAG mit weiteren Partnern im Juni 2013 das internationale Jugendtheaterfestival „*fair*Culture", an dem auch die Jugendtheatergruppe *Creative Youngsters* aus Ankara mit einer eigenen Produktion teilnahm. Hautnah hatten die Jugendlichen die Ereignisse in ihrem Land miterlebt, berichteten den Teilnehmenden des Festivals davon und brachten ihre Eindrücke auf die Bühne. Ihr Stück endete mit dem inzwischen international bekannten Erkennungsruf *Her yer Taksim, her yer direnis - Überall ist Taksim, überall ist Widerstand*.

Auch die jüngsten Korruptionsvorwürfe gegen Mitglieder der türkischen Regierung haben wieder viele Menschen auf die Straße gebracht. Inwieweit die neu gegründete Partei *Gezi Partisi* sich erfolgreich in die 2014 anstehenden türkischen Kommunal- und Präsidentschaftswahlen einzubringen versteht, muss abgewartet werden.

Spannend zu beobachten wird sein, ob und in welche Richtung sich das Bild über die Türkei in den Köpfen der Menschen in Deutschland durch die jüngste Berichterstattung der Medien verändert.

Der Blick zurück

Im Mai 1957 unterzeichneten die Minister Heinrich von Brentano und Ethem Menderes ein Kulturabkommen zwischen Deutschland-West und der Türkischen Republik. Ziel des Abkommens ist der „Austausch [...] zwischen [...] beiden Ländern auf geistigem, künstlerischen und wissenschaftlichem Gebiet [...] sowie das Verständnis für die Einrichtungen und das soziale Leben des anderen Landes im eigenen Lande zu fördern."[10]

Das Auswärtigen Amt hat in den vergangenen Jahren kulturpolitische Initiativen angestoßen, die eine Intensivierung der deutsch-türkischen Zusammenarbeit zum Ziel haben.

Eine wichtige Rolle dabei spielt die 2008 ins Leben gerufene *Ernst Reuter Initiative*. Sie umfasst Projekte aus den Themenbereichen Kunst, Kultur, Integration, Jugendaustausch, Medienkooperation und Wissenschaft. Ein wichtiges Ereignis im Rahmen der Initiative war die Aufnahme des Lehrbetriebs an der 2010 gegründeten Türkisch-Deutschen Universität (TDU) zum Wintersemester 2013/14. Die staatliche Universität, die aus Mitteln des Bundesbildungsministeriums sowie von türkischen

Partnern finanziert wird und mittelfristig 5000 Studierende haben soll, steht in Istanbul. Sie verfügt über fünf Fakultäten, darunter die Fakultät für Kultur- und Sozialwissenschaft. Profilgebend sollen nach Aussagen der Verantwortlichen die Studiengänge der Natur- und Ingenieurwissenschaften sein.[11]

Das Goethe-Institut als Mittlerorganisation des Auswärtigen Amtes hat Vertretungen in Ankara, Istanbul und Izmir. Die Büros sind insbesondere dann hilfreiche Ansprechpartner, wenn Projekte im Bereich Spracherwerb realisiert werden sollen und konzentrieren sich daneben schwerpunktmäßig auf den Künstleraustausch.[12] Die inhaltliche Zuspitzung der Goethe-Institute weltweit auf die Bereiche Spracherwerb und Künstleraustausch bei weitgehender Ausblendung des Dialogischen von Kunst, Kultur und Gesellschaft stoßen bei Kulturschaffenden in Deutschland immer wieder auf Kritik und sind Gegenstand von aktuellen kulturpolitischen Diskussionen.

Jüngeren Datums ist die 1994 geschlossene bilaterale Ressortvereinbarung des Bundesministeriums für Familie, Senioren, Frauen und Jugend (BMFSFJ) mit dem heutigen Ministerium für Jugend und Sport in der Türkei über die jugendpolitische Zusammenarbeit[13].

Die Entwicklung des Jugendaustausches mit der Türkei brauchte einige Zeit, so ist es formuliert im *Monitoring - Die neue Jugendpolitik der Türkei*[14], aktuell herausgegeben von der Fachstelle für Internationale Jugendarbeit (IJAB). Das BMFSFJ koordiniert den gemischt besetzten Fachausschuss des deutsch-türkischen Jugendaustausches mit seinen jährlichen Treffen.

Nach dem Vorbild der bestehenden Jugendwerke[15] hat die Stiftung Mercator 2013 die *Deutsch-Türkische Jugendbrücke* eingerichtet. „Die Deutsch-Türkische Jugendbrücke soll zentrale Anlaufstelle für alle Schüler und Jugendlichen, Studierende, Auszubildende, Lehrer, Fachkräfte und Eltern sein, die im deutsch-türkischen Austausch aktiv sind oder es werden wollen."[16]

Der deutsch-türkische Austausch wird von einigen Institutionen und Einrichtungen gefördert und unterstützt (siehe Kasten).

Für den türkisch-deutschen Jugendaustausch ist gegenwärtig von Bedeutung die Gründung eines Ministeriums (vorher Generaldirektorat) für Jugend und Sport im Jahre 2011 von türkischer Seite. Über 50% der Bevölkerung der Türkei sind unter 30 Jahre alt, was große Herausforderungen insbesondere an die Jugend- und Bildungspolitik stellt. 2013 wurden die Grundsätze und Aufgaben der nationalen türkischen Jugendpolitik formuliert.[17] Neben aufgestockter Finanzen und einer breiter aufgestellten Öffentlichkeitsarbeit hat das Ministerium Förderprogramme aufgelegt, die eine Projektförderung auch für Nichtregierungsorganisationen (NRO) vorsieht, und unternimmt konkrete Schritte für die Gründung eines türkischen Jugendrings.

Nach wie vor kritisch sehen Vertreter türkischer NROs die Sicherung der Transparenz bei der Vergabe der zur Verfügung stehenden Projektmittel. „Wenn in der Zivilgesellschaft die Wahrnehmung vorherrscht, dass bei der Förderung der Jugendarbeit

Wichtige Institutionen im türkisch-deutschen Dialog, die zugleich auch Fördermittel vergeben (in alphabetischer Reihenfolge)

>> *Anna-Lindh-Stiftung*
www.goethe.de/ges/pok/prj/ans/deindex.htm
Förderung der Euromed-Kooperation durch regelmäßige themenspezifische Projektausschreibungen,
www.goethe.de/ges/pok/prj/ans/fdg/deindex.htm

>> *Auswärtiges Amt/Deutsche Botschaft Ankara*
www.ankara.diplo.de
Förderung der türkisch-deutschen Zusammenarbeit in den Bereichen Kunst, Kultur, Bildung und Wissenschaft, z.B. im Rahmen der Ernst Reuter Initiative
www.ankara.diplo.de/Vertretung/ankara/de/08_Kultur_Bildung/Kultur.html

>> *Bundesministerium für Familie, Senioren, Frauen und Jugend*
www.bmfsfj.de
Förderung von Jugend- und Fachkräftebegegnungen (internationale Jugendarbeit) über den Kinder- und Jugendplan des Bundes
www.bmfsfj.de/RedaktionBMFSFJ/Abteilung5/Pdf-Anlagen/richtlinien-kjp-stand-april-2012,property=pdf,bereich=bmfsfj,sprache=de,rwb=true.pdf

>> *Jugend für Europa*
www.jugendfuereuropa.de
Förderung im Programm Jugend in Aktion
www.jugend-in-aktion.de
Anmerkung: Die Türkei ist assoziiertes Land im Programm Jugend in Aktion und verfügt über eine Nationalagentur mit Sitz in Ankara, www.ua.gov.tr

>> *Robert Bosch Stiftung*
www.bosch-stiftung.de
Förderung von Schüler- und Jugendaustausch
www.bosch-stiftung.de/content/language1/html/51038.asp

>> *Stiftung Mercator*
www.stiftung-mercator.de
Förderung verschiedener Formate und Programme in den Bereichen Schüler- und Jugendaustauschaustausch, Kulturmanageraustausch, Austausch von Studierenden u.a.
http://www.stiftung-mercator.de/kompetenzzentren/internationale-verstaendigung.html

von NROs nur bestimmte Jugendorganisationen berücksichtigt wurden und es schwer fällt, der Öffentlichkeit den Prozess der Mittelvergabe transparent zu machen, dann verliert die Behauptung, das Ministerium stehe auch den NROs anderer Überzeugung offen gegenüber, ihre Berechtigung."[18] Es bleibt zu hoffen, dass auch der ÇDD die vom türkischen Jugendministerium avisierten Projektmittel für seine fachliche Arbeit nutzen kann und dass das Wort *çağdaş*, was mit *zeitgenössisch* zu übersetzen ist und im übertragenen Sinn *modern* (vielleicht auch *innovativ*) meint, nicht länger als Hinderungsgrund für Förderzusagen herhalten muss. Bislang finanziert sich der Verband ganz überwiegend aus eigenen Mitteln.

TUSEV (Third Sector Foundation of Turkey), eine türkische Stiftung, hat 2012 einen Bericht zur Zivilgesellschaft (*Civil Society Monitoring Report 2012*) vorgestellt. Die Studie gibt einen guten Überblick zu Stand und Entwicklungstrends der Zivilgesellschaft in der Türkei und formuliert ambitioniert Empfehlungen zur weiteren Stärkung zivilgesellschaftlicher Strukturen und Akteure.[19]

Untersuchungen, durchgeführt bei Jugendlichen und Kindern, wie die vom Forscher-Praktiker-Dialog zur internationalen Jugendbegegnung angeregte Studie „Internationale Jugendbegegnung als Lern- und Entwicklungschance"[20], die vom Deutschen Jugendinstitut durchgeführte Studie „Interkulturelle Kompetenz durch internationale Kinderbegegnungen"[21] (Vor- und Hauptstudie) oder die in Deutschland immer noch wenig bekannte Studie der Finnin Heli Aaltonen „Intercultural Bridges in Teenagers´ Theatrical Events. Performing Self and Constructing Cultural Identity trough a Creative Drama Process"[22] belegen den hohen Stellenwert der internationalen Begegnung für Jugendliche. In der Untersuchung zu den Langzeitwirkungen heißt es: "Die […] Studie hat gezeigt, dass sieben von acht Befragten ihre Austauscherfahrung als persönlich bedeutsamer als nur ‚nice to have' einschätzten. Dies ist umso bemerkenswerter, als die Austauschteilnahme jeweils etwa zehn Jahre zurücklag und einen relativ kurzen Zeitraum umfasst."[23]

Insbesondere in den Wirkungskategorien „Selbstbezogene Eigenschaften und Kompetenzen" (also: Bewältigung neuartiger Anforderungen), „Interkulturelles Lernen", „Beziehung zum Gastland / zu anderen Kulturen", „Fremdsprachenkenntnisse", „Soziale Kompetenz" und „Offenheit / Flexibilität / Gelassenheit" zeigen sich die nachhaltigen Effekte mit Werten, die bei jeweils über 50%, z.T. sehr deutlich darüber, liegen.[24]

Internationale Begegnung setzt die Bewegungsfreiheit von Jugendlichen und anderen Kulturschaffenden voraus. Während Deutsche für einen Aufenthalt in der Türkei von weniger als 90 Tagen im Jahr kein Visum benötigen, stellt die Visa-Pflicht für Türken, die nach Deutschland reisen wollen, diese oftmals vor große Probleme.

Hinter die Teilnahme von türkischen Jugendlichen und Theaterschaffenden, die zu Festivals, Theaterbegegnungen, Fachaustauschen, Hospitationen usw. in Deutschland eingeladen werden, setzen die Deutsche Botschaft und ihre konsularischen Vertretungen immer wieder Fragezeichen, was nicht ganz selten zu Absagen von Veranstaltungen führen kann. Es war auch im Jahr 2013 und trotz bestehender Ressortvereinbarungen und Unterstützung aus dem zuständigen Fachreferat des Bundesjugendministeriums sehr mühsam, ins Stocken geratene Visabearbeitungen zum Erfolg zu führen. Die Gründe für nicht ausgestellte Pässe mögen in Einzelfällen berechtigt sein, nachvollziehbar für die Betroffenen sind sie selten.

Kaya Yanar, einer der bekanntesten Comedians türkischer Herkunft, thematisierte in seinem Fernsehprogramm „Was guckst Du" regelmäßig die Visaprobleme der Türken: „Wir Türken können ohne Visum nicht einmal Phantasialand besuchen".[25]

Gerade hat die EU der Türkei Verhandlungen über Visaerleichterungen bei Reisen ihrer Staatsbürger in Aussicht gestellt. Das Angebot hat aber einen recht delikaten Beigeschmack, denn im Gegenzug zur Aufnahme der Visaerleichterungs-Gespräche hat sich die Türkei im Rahmen eines Rücknahmeabkommens verpflichtet, Flüchtlinge, „die über ihr Land in die EU kommen"[26], zurückzunehmen. „Die EU will damit ihre offene Flanke im Osten schließen"[27], so fassen Beobachter die Situation zusammen.

Dass Kulturaustausch verlässliche Rahmenbedingungen braucht, und eine den Austausch unterstützende Visa-Politik ist Teil dieses Rahmens, wird kaum jemand bestreiten. Dieses Ziel ist bislang nicht erreicht. Kulturaustausch lebt immer auch von hoher Flexibilität aller Beteiligten. Dazu passt nur eine praxisnahe Form der Visa-Erteilung, die es noch zu schaffen gilt!

Es lässt sich zusammenfassen:

Die Zwischenbilanz zur Kooperation zwischen dem ÇDD und der BAG kann sich im Kontext des internationalen Kulturaustausches sehr gut sehen lassen. Die Zwischenergebnisse zeigen gleichzeitig auch Entwicklungspotentiale, so dass keine Erstarrung am Horizont steht.

Für mich sind es die folgenden Anliegen, die neben der Intensivierung einer gut eingespielten Begegnungspraxis im Fokus der kommenden Jahre stehen:

>> Die Entwicklung einer gemeinsamen kultur- und jugendpolitischen Strategie beider Theaterverbände, um systemimmanente Unterschiede zur Stärkung der inhaltlichen Qualität des Austausches besser einschätzen und konstruktiv nutzen zu können.
>> Der Aufbau und die Intensivierung des Theorie-Praxis-Dialogs, an dem die Theaterverbände und theaterpädagogische bzw. äquivalente Fachbereiche an den Universitäten und Hochschulen beteiligt sind.
>> Neue Akteure und Strukturen für den Austausch zu begeistern und sie sensibel in das vorhandene Gebilde einzubinden, ist eines der kontinuierlichen Anliegen der Kooperation.

Damit ließe sich sicherlich nicht nur die Wirksamkeit der Begegnungsprojekte weiter erhöhen, sondern auch eine Ausstrahlung in die Regionen abseits der großen Metropolen erreichen. In diesem Sinne gilt:

Her yer Ankara (ÇDD) ve Hannover (BAG).
Ankara (ÇDD) und Hannover (BAG) sind überall.

1 Vgl. Orhan Pamuk: Istanbul. Erinnerungen an eine Stadt, München 2006, S. 13.
2 Vgl. http://www.td-ihk.de/t%C3%BCrkischer-au%C3%9Fenha-0
3 Vgl. http://www.stiftung-mercator.de/fileadmin/user_upload/INHALTE_UPLOAD/News_Downloads_2013_12/gallup_mercator_umfrage-tuerkei_FINAL_fuer_Homepage1.pdf
4 Ebd. S. 4.

5   Vgl. http://www.bmz.de/de/publikationen/reihen/infobroschueren_flyer/infobroschueren/Materialie198.pdf
6   http://www.bmz.de/de/presse/aktuelleMeldungen/archiv/2012/oktober/20121002_pm_232_tuerkei/index.html
7   Vgl. http://www.spd.de/linkableblob/112790/data/20131127_koalitionsvertrag.pdf, S. 165f.
8   http://www.zeit.de/politik/ausland/2013-11/tuerkei-eu-beitritt-forderungen-aussenminister
9   Ebd.
10 Vgl. http://www.ankara.diplo.de/contentblob/1921798/Daten/184251/Kulturabkommen.pdf
11 Vgl. http://www.tau.edu.tr/
12 Vgl. http://www.goethe.de/ins/tr/lp/deindex.htm
13 Vgl. http://www.ijab.de/fileadmin/user_upload/documents/PDFs/Vereinbarung_zur_jugendpolit_Zusammenarbeit_de-tr.pdf
14 Vgl. http://www.ijab.de/uploads/tx_ttproducts/datasheet/Neue_Jugendpolitik_Tuerkei.pdf
15 Dazu zählen das deutsch-französische, das deutsch-polnische, das deutsch-tschechische Jugendwerk, ConAct (zuständig für den Jugendaustausch mit Israel) und die Stiftung Deutsch-Russischer Jugendaustausch. In der Öffentlichkeit wenig bekannt sind die Pläne der Koalition zur Errichtung eines deutsch-griechischen Jugendwerks (s. Koalitionsvertrag Kapitel „Starkes Europa").
16 Vgl. http://www.stiftung-mercator.de/kompetenzzentren/internationale-verstaendigung/deutsch-tuerkische-jugendbruecke.html
17 http://www.gsb.gov.tr/content/files/TheNationalYouthandSportsPolicyDocument.pdf
18 http://www.ijab.de/uploads/tx_ttproducts/datasheet/Neue_Jugendpolitik_Tuerkei.pdf. S.19.
19 Vgl. http://www.tusev.org.tr/usrfiles/files/SivilIzlemeENG_15_08_13.pdf
20 Thomas, A. / Abt, H. / Chang, C. (Hg.): Internationale Jugendbegegnungen als Lern- und Entwicklungschance. Erkenntnisse und Empfehlungen aus der Studie „Langzeitwirkungen der Teilnahme an internationalen Jugendaustauschprogrammen auf die Persönlichkeitsentwicklung". Leverkusen 2006.
21 Krok, I. / Rink, B. / Bruhns, K.: Interkulturelle Kompetenz durch internationale Kinderbegegnung. Hauptstudie: Die Kinder im Mittelpunkt. München 2010.
22 Rink, B. / Altenähr, A.: Interkulturelle Kompetenz durch internationale Kinderbegegnung. Vorstudie. München 2008.
23 Aaltonen, H.: Intercultural Bridges in Teenagers´ Theatrical Events. Performing Self and Constructing Cultural Identity trough a Creative Drama Process. Vasa (ÅBO) 2006.
24 Thomas, A. / Abt, H. / Chang, C. (Hg.): Internationale Jugendbegegnungen als Lern- und Entwicklungschance. Erkenntnisse und Empfehlungen aus der Studie „Langzeitwirkungen der Teilnahme an internationalen Jugendaustauschprogrammen auf die Persönlichkeitsentwicklung". Leverkusen 2006, S. 208.
25 Vgl. Ebd., S. 210.
26 Vgl. http://dtj-online.de/wir-riefen-arbeitskrafte-es-kamen-kabarettisten-1662
27 Vgl. http://www.zeit.de/2013/51/tuerkei-eu-fluechtlinge
28 Ebd.

Why Don't You Go Outside for a While?
Why Don't You Try a Change of Scene, Do Some Travelling...?[1]
On the Trail of a Model for German-Turkish Cooperation within the Triangle of Culture, Youth and Education

Ute Handwerg

The first chapters in this book take a look back at the start of the collaboration between the BAG Spiel & Theater /Federal Association of Drama & Theatre and its various Turkish partners, exploring the first joint steps taken with respect to both content and motivation.

This collaboration has been going for nearly 30 years now and has made continual progress in terms of content, becoming different in the process, always flowing onwards, sometimes slower, sometimes against the current, remaining resolutely political. It allows people with differing experiences and from very different backgrounds to enter into a creative, artistic dialogue, establishing a sense of togetherness and developing structures for international cultural education, all the while having great relevance for civil society and providing proof of the huge significance of personal encounters.

The collaboration between Çağdaş Drama Derneği (ÇDD in the following) and the BAG Spiel & Theater (BAG in the following) represents a successful model for civil society alliances at an international level. It all started with a group of committed people from Turkey and Germany interested in establishing an intercultural learning community, with networks forming from individual initiatives. These networks then developed into a form of institutionalised cooperation carried by two theatre associations striving to continue the collaboration, a collaboration rooted in trust that looks to the future. In a nutshell, it's about pooling shared experiences and reflecting upon them, continuing to develop subject-specific work, strengthening and intensifying the work behind international meetings, establishing and extending existing networks and incorporating new actors and structures into the process. The collaboration now stretches between Ankara, Hannover, Istanbul, Berlin, Eskişehir, Hamburg, Bursa, Dortmund, Trabzon and many other places where children, young people and adults act in theatre, where conferences, theatre workshops and drama seminars take place and where theatre makers work together.

The experiences and results gained from this collaboration do not just play an organisational role in planning joint activities but are also hugely effective when it comes to further developing concepts and methods for theatre work in Germany and Turkey respectively. Over the last years, the ÇDD has thus been able to extend its network in impressive fashion right across the Turkish Republic via its newly founded drama centres and has also greatly expanded its international activities. The BAG has been able to draw on the findings from the collaboration with the ÇDD for a whole range of different issues, including the discussion being held in Germany about immigration and integration. The ÇDD is also involved in various BAG theatre projects and initiatives, such as those in Euro-Mediterranean zone. In addition, both associations are now active within different structures for European and international theatre work, such as the European Theatre Workshop EDERED.

This chapter takes up individual aspects from the areas of cultural, educational and youth policy that are relevant for the collaboration with Turkey, touches on various current political occurrences in light of recent events in full awareness of the fast-moving nature of the news and links all this to the level of practical work: an interim appraisal of a lively and productive collaboration.

Cooperations in our sphere of activity depend on legal frameworks mainly passed in the departments of culture, education and youth. Setting up an international cooperation does not only require knowledge of these frameworks so that it can be kept in mind during the planning process; this knowledge also assists in searching for suitable partners abroad, carrying out the necessary research on financing and networks and finding suitable contacts in ministries and authorities in line with the goals of the project. Moreover, it is interesting to understand what the often bilaterally negotiated frameworks for specific countries are based in. As in other areas of society too, political and cultural factors are subject to powerful dynamics within international contexts. This sort of background knowledge forms one of the basic tools for those active in international cultural work.

The bilateral recruitment agreement passed between Turkey and Germany in 1961 is probably the event most present for those living in the two countries today. To this day, it affects the lives of many people and has had a not insignificant influence on the social development of both countries. Yet the eventful relationship between the two countries started long before 1961. Heinrich Schliemann's arrival in the landscape of Troad peninsula in 1868 was the start of an intense, long-lasting chapter in the history of German-Turkish archaeological cooperation. Later on, Turks and Germans worked together to build the Bagdad Railway and were allies in the First World War. The German-Turkish treaty of friendship came into force in Ankara in 1924, while Germany was Turkey's leading partner for import and export in 1932 (80 years on, this is pretty much the case once again, as Germany was the largest purchaser of Turkish goods and the third largest importer to Turkey in the first half of 2013 according to Turkish-German Chamber of Industry and Commerce[2]). From 1933 onwards, the Turkish concept of *haymatloz* became a synonym for the status of German exiles who had fled to Turkey to escape the Nazis, including many academics and artists such as Paul Hindemith, Ernst Reuter, Ernst Eduard Hirsch, Clemens Holzmeister, Marianne Laqueur, Eduard Zuckmayer, Gerhard Kessler, Erich Auerbach and Carl Ebert. Atatürk was well aware of how to include the expertise and renown of these academics now active in Turkey when it came to reforming Turkish universities in long-lasting, gainful fashion. This meant many of the exiles were able to leave their mark in a wealth of different areas, such as in the design of government buildings, the foundation of art academies and the creation of legal texts.

How is Turkey seen in Germany today? And are these views askew? According to a current "Survey on the Image of Turkey in Germany"[3], many people in Germany have a distorted perception of Turkey, such as when it comes to gauging the country's economic development over the last few years. Only a relatively small number of those asked were aware that the Turkish economy has enjoyed rapid growth for many years and that the country is now a firm member of the 20 leading economic nations worldwide. For example, Turkey's gross domestic product increased by 8.9 % in 2011. By comparison, Germany's rate of growth was 3% and that of the EU as a whole (the EU 27) 1.5% in the same period. In 2012, Turkey's unemployment rate stood at 9.8% and was thus below that recorded for the EU (the EU 27) (10.7%).

The same applies to Turkey too however: the image that the Turks have of people living in Germany frequently draws on false conclusions that are for the most part the result of undifferentiated media reporting and likely also stem from prejudices constructed and established in relation to the Turks that have emigrated to Germany. The Germans at least agree that Turkey is a tremendous holiday country, given that they paint "the picture of a country with blue seas, a pleasant climate, good food, friendly people and popular travel destinations."[4]

The image is thus to some extent a distorted one. Could this have something to do with the fact that Turkey received development aid until 2009 and that German media reports attached greater significance to this fact than to reports about the country's successes for example? It was in 1958, when the so-called economic miracle led to industry and trade flourishing in West Germany, that development aid for Turkey began. The country was striving to make the transition from an agricultural nation to an industrial one and saw the sort of social market economy being practiced in West Germany as a model for its own development. The portfolio of assistance offered by Germany over the first 20 years focused essentially on investment in different areas of industry, state infrastructure and the energy sector, stabilisation loans, support in investigating mineral deposits and cooperation between German and Turkish universities. In the 1980s, the focus shifted to municipal environmental infrastructure, professional training and support for the creation of administrative structures, while the development aid of the 90s placed an emphasis on the eastern regions of Turkey that had benefitted least from increasing industrialisation and the related economic upturn. The most recent development aid was characterised in particular by technical assistance for small and medium-sized companies and credit programmes.[5] A press release sent by the Federal Ministry for Economic Cooperation and Development in October 2012 looked back in summary at over 50 years of developmental cooperation with Turkey.[6]

Can the distorted image that many Germans clearly have of Turkey be put down to German media reporting, including that relating to current events and developments in Turkey, such as EU membership and the Gezi park protests?

It is worth recalling that the story of Turkey's efforts to become a full member of the EU stretches all the way back to 1949, when Turkey became a member of the Council of Europe, and has been accompanied by various periods of tension both within Turkey and the EU of a range of different motivations. The basis for the Turkey's EU accession plans is the Ankara Agreement or rather the 1963 Association Agreement between the EEC and Turkey. Turkey was officially granted candidate status in 1999. Negotiations between the EU and Turkey have been in progress since October 2005, with the contract stipulating that their ultimate outcome depends both on whether Turkey is able to fulfil all the conditions for membership and whether the EU is in a position to incorporate Turkey into its ranks in political and economic terms. Critical observers regard this agreement as an extraordinary hurdle which no other EU membership candidates have thus far had to take. The official position included in the coalition agreement (2013-2017) between the CDU/CSU and the SPD on Turkish EU membership represents a retreat from previous intentions on the part of the SPD (where full membership for Turkey at the end of the negotiations was a declared goal under Chancellor Gerhard Schröder) and a continuing adherence to the idea of a "privileged partnership" on the part of the CDU:

"We would like to further intensify relations between the European Union and Turkey, including close strategic cooperation in foreign and security policy questions. We do not merely view Turkey's impressive economic development but greet above all the efforts at reform in view of the current membership negotiations [...] The negotiations that begun in 2005 with the goal of eventual membership represent an open-ended process whose validation is not automatic and whose eventual outcome cannot be guaranteed in advance. Discussions on the question of EU membership are also taking place in Turkey. If the EU is unable to include Turkey or Turkey is unable to fully abide by all the obligations of membership, Turkey must be tied to European structures as closely as possible in such a way that its privileged relationship with the EU and Germany is able to develop further."[7] Such is the view of the incumbent German government.

Surveys indicate that only 43% of Turkish citizens are still in favour of their country joining the EU; nine years ago, it was 73%.[8] Many people in Turkey confess to feeling a sense of weariness with regards to the EU, while the country's political leadership seems to be clinging to the goal of EU membership on the one hand whilst working on plan B on the other, which constitutes taking a leading political role in the Middle East and forging strong economic links to the countries of the Far East. "Only 25% of our population actually still believes that we will one day join the EU", said Turkish minister Egemen Bağış, who is responsible for the membership negotiations, in an interview.[9] And this is at a time when nearly half the chapters of negotiations between Turkey and the EU have yet to opened.

The ÇDD becoming a member of the BAG back in 2005 was at the time a clear political statement at the level of civil society for Turkey to become a member of the EU.

Turkey can look back on an eventful political year. What the press termed the Gezi park protests initially comprised the protests against the policies of the ruling AKP and later against the massive use of police violence too. Many people in Turkey and other countries, including a large number of artists, remain in solidarity with the protestors to this day. In their joint chapter in this book, Norma Köhler, Mahmut Toprak and Aladin El-Mafaalani take a more detailed look at the contribution made by artists at Taksim Square.

For its 60th anniversary, the BAG and various additional partners put on the international youth theatre festival "*fair*Culture" in June 2013, which the youth theatre group *Creative Youngsters* also took part in with one of their own productions. The young people had experienced the events in their country first hand, telling the other festival participants of their experiences and bringing their impressions to the stage. Their play ended with the now worldwide renowned cry for recognition *Her yer Taksim, her yer direnis - Taksim is Everywhere, Resistance is Everywhere!*

The most recent corruption allegations against members of the Turkish government have once again brought many people back to the streets. The extent to which the newly founded *Gezi Partisi* will be able to play a part in the 2014 municipal and presidential elections remains to be seen.

It will be fascinating to observe whether recent media reports might lead to a change in how people in Germany see Turkey and what this change might look like.

Looking Back

In May 1957, ministers Heinrich von Brentano and Ethem Menderes signed a cultural agreement between West Germany and the Turkish Republic. The goal of the agreement is "to promote exchange [...] between [...] two countries intellectually, artistically and academically as well as to increase understanding of the institutions and life in society in the other country in one's own one."[10]

Over the last years, the German Foreign Office has launched a number of cultural policy initiatives whose goal is to intensify German-Turkish cooperation.

The *Ernst Reuter Initiative* was initiated in 2008 and plays an important role here. It encompasses projects from the areas of art, culture, integration, youth exchange, media cooperation and academia. One important result of this initiative was the start of teaching operations at the Turkish-German University for the 2013/14 winter semester following its original foundation in 2010. This state university is funded by the German Federal Education Ministry and various Turkish partners and is intended to take on a total of 5000 students in the medium term. It is located in Istanbul and consists of five different faculties, including the faculty for cultural and social studies. According to those responsible, the study programmes in sciences and engineering are intended to create a profile for the institution.[11]

The Goethe-Institut is a Foreign Office quango with representatives in Ankara, Istanbul and Izmir. Its offices are particularly useful contacts for projects linked to language learning and also focus on artists' exchanges.[12] The Goethe-Institut has been criticised again and again by those active in culture in Germany for its increased international emphasis on the areas of language learning and artists' exchanges whilst ignoring the dialogue between art, culture and society, with this criticism forming the subject of many current cultural policy discussions.

A more recent bilateral agreement is that passed in 1994 between the respective departments of the German Federal Ministry of Family Affairs, Senior Citizens, Women and Youth (BMFSFJ) and the current Ministry for Youth and Sport in Turkey with regard to youth policy collaboration.[13]

Developing youth exchanges with Turkey will require a certain degree of time according to the *Monitoring - Die neue Jugendpolitik der Türkei* report[14] currently published by the Fachstelle für Internationale Jugendarbeit (IJAB). The BMFSFJ co-ordinates the annual meetings of the special committee for German-Turkish youth exchange, which is made up of representatives from both Germany and Turkey.

Following the example of other existing youth offices,[15] the Stiftung Mercator set up the so-called *Deutsch-Türkische Jugendbrücke* in 2013. "The *Deutsch-Türkische Jugendbrücke* is intended to form a central point of contact for all school children and young people, students, trainees, teachers, specialists and parents active in German-Turkish exchange or those who would like to be."[16]

German-Turkish exchange is funded and supported by several institutions and establishments: These include: see box.

The foundation of the Ministry for Youth and Sport (as opposed to the previous General Directorate) in Turkey in 2011 is of current significance for Turkish-German youth exchange. The fact over 50% of the Turkish population is under 30 years of age creates some big challenges, particularly in terms of youth and education policy. The basic principles and tasks of Turkish national youth policy were formulated in 2013.[17] Alongside increased financing and a more broad-based publicity programme, the ministry also set up funding programmes which can equally be drawn on by NGO projects and is also taking concrete steps towards founding a Turkish youth associations.

Representatives of Turkish NGOs still criticise the alleged guarantee of transparency in terms of how project funding is allocated. "If the perception in civil society prevails that only certain youth organisations will actually be considered in funding decisions for NGO youth work and that it is difficult to make the process of allocating funds transparent to the public, then claims that the ministry is also open to NGOs of other convictions than its own lose any sense of legitimacy."[18] It can only be hoped

Important institutions for Turkish-German dialogue who also allocate funding
(in alphabetical order)

>> *Anna-Lindh-Stiftung*
www.goethe.de/ges/pok/prj/ans/deindex.htm
Funding from the Euro-Mediterranean Partnership via regular calls for proposals in specific subject areas, www.goethe.de/ges/pok/prj/ans/fdg/deindex.htm

>> *German Foreign Office/German Embassy Ankara*
www.ankara.diplo.de
Funding for Turkish-German cooperation in the areas of art, culture and academia, such as that allocated under the Ernst Reuter Initiative
www.ankara.diplo.de/Vertretung/ankara/de/08_Kultur_Bildung/Kultur.html

>> *Federal Ministry for Family Affairs, Senior Citizens, Women and Youth*
www.bmfsfj.de
Funding of meetings for young people and specialists (international youth work) via the Federal Government's plan for children and young people
www.bmfsfj.de/RedaktionBMFSFJ/Abteilung5/Pdf-Anlagen/richtlinien-kjp-stand-april-2012,property=pdf,bereich=bmfsfj,sprache=de,rwb=true.pdf

>> *Jugend für Europa*
www.jugendfuereuropa.de/
Funding as part of the Jugend in Aktion programme
www.jugend-in-aktion.de/
Note: Turkey is an associated country within the Jugend in Aktion programme and has a national agency to this end in Ankara, www.ua.gov.tr/

>> *Robert Bosch Stiftung*
www.bosch-stiftung.de
Funding of school and youth exchanges
www.bosch-stiftung.de/content/language1/html/51038.asp

>> *Stiftung Mercator*
www.stiftung-mercator.de
Funding of different formats and programmes in the area of school and youth exchange, exchange programmes for cultural managers, student exchanges etc.
http://www.stiftung-mercator.de/kompetenzzentren/internationale-verstaendigung.html

that the ÇDD is able to make use of the project funding envisaged by the Turkish Youth Ministry for its specialised work and that the word *çağdaş*, which translates as *contemporary* and can also mean *modern* (or possibly *innovative*), will now no longer serve as obstacle for funding approval. Until now, the association has largely financed itself.

The TUSEV (Third Sector Foundation of Turkey), a Turkish foundation, issued the *Civil Society Monitoring Report* in 2012. The study provides a good overview of the status of civil society in Turkey and how it is developing and formulates ambitious recommendations as to how civil society structures and actors can be further strengthened.[19]

Investigations carried out with young people and children, such as the "Internationale Jugendbegegnung als Lern- und Entwicklungschance"[20] study inspired by the dialogue between practice and research on international youth meetings, the preliminary and main "Interkulturelle Kompetenz durch internationale Kinderbegegnungen"[21] studies carried out by the German Youth Institute or Finnish researcher Heli Aaltonen's study on "Intercultural Bridges in Teenagers´ Theatrical Events. Performing Self and Constructing Cultural Identity trough a Creative Drama Process"[22], which remains largely unknown in Germany, all serve as proof of the importance of international meetings for young people. The examination of their long-term effects said that, "the [...] study showed that seven out of eight people asked regarded their exchange experience as being more personally significant than merely 'nice to have'. This is all the more striking given that those asked had each taken part in exchange programmes around ten years previously which had themselves only comprised a relatively short period of time back then anyway."[23]

The long-term effects of youth exchange programme can be seen in particular in the impact categories of "self-related characteristics and skills" (i.e. dealing with new challenges), "intercultural learning", "relationship towards the guest country / other cultures", "foreign language skills", "social skills" and "openness / flexibility / composure", with the scores in each of these categories all exceeding 50%, at points significantly so.[24]

International meetings have freedom of movement for young people and others involved in culture as their pre-requisite. While German citizens do not require a visa for stays of less than 90 days a year in Turkey, the compulsory visa requirement for Turkish citizens wanting travel to Germany often represents a big problem.

The German Embassy and its consular representatives often place a question mark on the participation of Turkish young people and theatre makers invited to take part in festivals, theatre meetings, professional exchange, observation programmes and so on in Germany, which all too often leads to such events being cancelled. It was a similar case in 2013 too, with a great deal of effort required to make sure the stagnating visa processing ended in success, even with existing departmental agreements and support from the department responsible at the Federal Youth Ministry. While the reasons for not issuing passports may be justifiable in individual cases, it is seldom that they can be understood by those affected.

Kaya Yanar, one of Germany's most well-known comedians of Turkish origin, regularly addresses the visa problems faced by Turks in his television programme "Was guckst Du": "Us Turks can't even get into an amusement park without a visa!"[25]

The EU has just raised the prospect of negotiations on relaxing visa restrictions for Turkish citizens seeking to travel. This offer leaves a somewhat controversial aftertaste however, given that the condition for starting such discussions is that Turkey would be obliged to take back any refugees "entering the EU via their country"[26] as part of a repatriation agreement. "The EU is seeking in this way close its unprotected flank to the east"[27] is how observers have summed up the situation.

There is wide consensus on the fact that cultural exchange requires reliable framework conditions and that a visa policy that supports this sort of exchange should form part of this framework. This goal has yet to be reached however. Cultural exchange always thrives based on the flexibility of those involved. A fittingly flexible treatment of visa applications in line with actual practice is thus required, even if it's yet to be introduced!

To sum up:
The interim results of the cooperation between the ÇDD und the BAG speak for themselves within the context of international cultural exchange. These interim results equally demonstrate a potential for development, so that there is no risk of stagnation on the horizon.

For me, it is the following issues that will form the focus of the coming years alongside the consolidation of good, well-rehearsed meeting practice:

>> The development of shared cultural and youth policy strategies on the part of both theatre associations so that system-inherent differences for improving the quality of exchanges with respect to content can be better gauged and made use of constructively.
>> Establishing and stepping up dialogue between theory and practice involving the two theatre associations and theatre educational departments or their equivalents at universities and other higher educational establishments.
>> Inspiring new actors and structures to get involved in exchanges and to incorporate them sensitively into the existing set-up is one of the ongoing desires of the cooperation.

It goes without saying that this would not only allow such meeting projects to become even more successful but would also allow them to reach the areas outside the major cities. As such, our watchword is:
Her yer Ankara (ÇDD) ve Hannover (BAG).
Ankara (ÇDD) and Hanover (BAG) are Everywhere!

1   See Orhan Pamuk: Istanbul. Memories and the City, New York 2006, p. 6.
2   See http://www.td-ihk.de/t%C3%BCrkischer-au%C3%9Fenha-0
3   See http://www.stiftung-mercator.de/fileadmin/user_upload/INHALTE_UPLOAD/News_Downloads_2013_12/gallup_mercator_umfrage-tuerkei_FINAL_fuer_Homepage1.pdf
4   Ibid., p. 4.

5   See http://www.bmz.de/de/publikationen/reihen/infobroschueren_flyer/infobroschueren/Materialie198.pdf
6   http://www.bmz.de/de/presse/aktuelleMeldungen/archiv/2012/oktober/20121002_pm_232_tuerkei/index.html
7   See http://www.spd.de/linkableblob/112790/data/20131127_koalitionsvertrag.pdf, S. 165f.
8   http://www.zeit.de/politik/ausland/2013-11/tuerkei-eu-beitritt-forderungen-aussenminister
9   Ibid.
10 See http://www.ankara.diplo.de/contentblob/1921798/Daten/184251/Kulturabkommen.pdf
11 See http://www.tau.edu.tr/
12 See http://www.goethe.de/ins/tr/lp/deindex.htm
13 See http://www.ijab.de/fileadmin/user_upload/documents/PDFs/Vereinbarung_zur_jugendpolit_Zusammenarbeit_de-tr.pdf
14 See http://www.ijab.de/uploads/tx_ttproducts/datasheet/Neue_Jugendpolitik_Tuerkei.pdf
15 These include the Franco-German, German-Polish and German-Czech Youth Offices, ConAct (which is responsible for youth exchanges with Israel) and the Foundation for German-Russian Youth Exchange. Perhaps less well-known are the coalition's plans to set up a German-Greek youth exchange (see the chapter of the coalition agreement entitled "Starkes Europa").
16 See http://www.stiftung-mercator.de/kompetenzzentren/internationale-verstaendigung/deutsch-tuerkische-jugendbruecke.html
17 http://www.gsb.gov.tr/content/files/TheNationalYouthandSportsPolicyDocument.pdf
18 http://www.ijab.de/uploads/tx_ttproducts/datasheet/Neue_Jugendpolitik_Tuerkei.pdf. S.19.
19 See http://www.tusev.org.tr/usrfiles/files/SivilIzlemeENG_15_08_13.pdf
20 Thomas, A. / Abt, H. / Chang, C. (Eds.): Internationale Jugendbegegnungen als Lern- und Entwicklungschance. Erkenntnisse und Empfehlungen aus der Studie „Langzeitwirkungen der Teilnahme an internationalen Jugendaustauschprogrammen auf die Persönlichkeitsentwicklung". Leverkusen 2006.
21 Krok, I. / Rink, B. / Bruhns, K.: Interkulturelle Kompetenz durch internationale Kinderbegegnung. Hauptstudie: Die Kinder im Mittelpunkt. München 2010 and Rink, B. / Altenähr, A.: Interkulturelle Kompetenz durch internationale Kinderbegegnung. Vorstudie. München 2008.
22 Aaltonen, H.: Intercultural Bridges in Teenagers´ Theatrical Events. Performing Self and Constructing Cultural Identity Through a Creative Drama Process. Vasa (ÅBO) 2006.
23 Thomas, A. / Abt, H. / Chang, C. (Eds.): Internationale Jugendbegegnungen als Lern- und Entwicklungschance. Erkenntnisse und Empfehlungen aus der Studie „Langzeitwirkungen der Teilnahme an internationalen Jugendaustauschprogrammen auf die Persönlichkeitsentwicklung". Leverkusen 2006, p. 208.
24 See ibid. p. 210.
25 See http://dtj-online.de/wir-riefen-arbeitskrafte-es-kamen-kabarettisten-1662
26 See http://www.zeit.de/2013/51/tuerkei-eu-fluechtlinge
27 Ibid.

5. Professionelles Verhalten und Ethik: Eine internationale Übereinkunft

5. Profesyonel Davranış ve Etik: Uluslararası Bildirge (Sözleşme)

Professionelles Verhalten und Ethik: Eine internationale Übereinkunft

Theaterpädagogik / *drama education* ist sowohl in Deutschland als auch in der Türkei und andernorts als eigenständige Disziplin etabliert. Zu einer Konkretisierung des Begriffs bzw. einer begrifflichen Schärfe der Einzelwissenschaften haben unterschiedliche Entwicklungen beigetragen wie beispielsweise Ausbildungsgänge, die Erarbeitung eines Spezialwörterbuchs (Koch/Streisand: *Wörterbuch der Theaterpädagogik*), das Herausbringen von Fachzeitschriften (*Zeitschrift für Theaterpädagogik – Korrespondenzen* und *ÇDD-Magazin*) sowie die Gründung von Verbänden. Künstlerische und pädagogische Aspekte vereinend geht es darum, wie mittels Theater(-methoden) Menschen gebildet und gestärkt werden können. Was noch fehlte, war ein Aspekt, der diejenigen stärker fokussiert, die theaterpädagogisch arbeiten und also das Medium Theater/Spiel als künstlerischen, pädagogischen Hebel nutzen, um bestehende Strukturen aufzubrechen, missliche Verhältnisse zu thematisieren, persönliche Probleme zu bearbeiten und Neues ästhetisch zu gestalten usw. Gemeint sind Theaterpädagog_innen, auch *creative drama teachers* genannt. Hier setzt das in deutsch-türkischer Zusammenarbeit entstandene Internationale Übereinkommen über das Verhalten und zur Ethik von Theaterpädagoginnen und Theaterpädagogen an. Es dient dem Ziel, Theaterpädagog_innen bei ihrer Arbeit einen flexiblen Rahmen für ihr Selbstverständnis zu bieten, Selbstverständliches greifbar zu machen und gutes berufliches Verhalten zu verfestigen. Die Ausübung des Berufs erfordert körperliche und gedanklich-emotionale Beweglichkeit, (Welt-)Offenheit, Verantwortungsbewusstsein und künstlerische Kreativität. Deswegen soll das Übereinkommen nicht als starres Korsett verstanden werden. Vielmehr enthält es selbstauferlegte Rechte und Pflichten, die in Anlehnung an sog. *codes of ethics* anderer Berufszweige zur Einhaltung bestimmter, für verbindlich erachteter berufsethischer Grundsätze ermuntern und zugleich zu einer Stärkung des allgemeinen Verständnisses des Berufsstands führen.

Internationales Übereinkommen
über das Verhalten und zur Ethik von Theaterpädagoginnen und Theaterpädagogen

Ömer Adıgüzel, Romi Domkowsky, Ute Handwerg, Klaus Hoffmann, Gerd Koch, Sinah Marx, Inci San

Präambel

Das Übereinkommen wurde veröffentlicht am 31. März 2011 in Antalya (TR) durch BAG Spiel und Theater und ÇDD (*Çağdaş Drama Derneği*). Sie gilt gleichberechtigt in ihren Fassungen in deutscher, englischer und türkischer Sprache. Eine Veröffentlichung in andere Sprachen ist erwünscht.

Das Übereinkommen besteht aus 24 Artikeln.

Ziel ist, ein Übereinkommen zu Verhalten und Ethik für Theaterpädagoginnen und Theaterpädagogen zu formulieren, das als flexibler Rahmen ihrer Arbeit die folgenden selbstauferlegten Rechte und Pflichten zu Grunde legt.

Das Übereinkommen formuliert ein moralisch angestrebtes, gewissensbestimmtes und intellektuelles, soziales wie pädagogisches und künstlerisches Berufsethos und basiert auf dem Prinzip der Verantwortung, sich für das Wohl der Schüler/Schülerinnen/Lernenden/Studierenden in theaterpädagogischen Kontexten/Prozessen/Ausbildungen einzusetzen, und fordert vorbildliches Verhalten und Auftreten in der Öffentlichkeit und gegenüber Kolleginnen und Kollegen, Schülerinnen und Schülern/Lernenden/Studierenden und den Mitmenschen generell.

Das Übereinkommen gilt für Theaterpädagogen und Theaterpädagoginnen in Ausübung ihres Berufs.

Das Ethik- und Verhaltensübereinkommen dient der Professionalisierung und Außendarstellung der Theaterpädagogik.

Das Übereinkommen für Theaterpädagoginnen und Theaterpädagogen vereinigt Aussagen zur beruflichen Ethik mit solchen zum guten beruflichen Verhalten.

Theaterpädagogen und Theaterpädagoginnen verpflichten sich, beständig an der Verbesserung dieses Ethik- und Verhaltens-Übereinkommens zu arbeiten. Ausbildungsstätten, Institutionen, Vereine und Organisationen der Theaterpädagogik verpflichten sich, dieses Übereinkommen für sich verbindlich und öffentlich wirkmächtig zu machen, einzuhalten, im Sinne seiner Prinzipien weiterzuentwickeln und für ihre Mitglieder selbstverständlich zu machen. Die Mitglieder der Berufsgruppe der Theaterpädagogen und Theaterpädagoginnen machen die Regeln ihrer Ethik und ihres Verhaltens, nach denen sie handeln, öffentlich.

Abschnitt I: Definitionen

1 Theaterpädagoginnen, Theaterpädagogen

Als Theaterpädagogen und Theaterpädagoginnen werden Menschen bezeichnet, die mittels des Theaters/Dramas/der Performance/des Creative Drama und deren Methoden und Absichten pädagogisch und künstlerisch tätig sind an Schulen, Hochschulen, Universitäten, Ausbildungsstätten und im nichtformellen Sektor. Folgende Varianten der Berufsbezeichnung sind gleichberechtigt: Theaterlehrerinnen und Theaterlehrer, Lehrerinnen und Lehrer im Darstellenden Spiel, Spielpädagoginnen und Spielpädagogen, Kulturpädagoginnen und Kulturpädagogen. Die jeweiligen nationalen und/oder kulturellen Bezeichnungen müssen berücksichtigt werden.

2 Lernende

Als Lernende werden Schülerinnen und Schüler, Studierende, Kinder, Jugendliche und Erwachsene bezeichnet, deren Stärkung durch das ästhetische und pädagogische Wirken der Theaterpädagogen und Theaterpädagoginnen beeinflusst wird.

Abschnitt II: Berufsethik

3 Menschenwürde

Theaterpädagogen und Theaterpädagoginnen handeln stets in dem Bewusstsein, die Würde eines jeden Menschen rechtsverbindlich zu achten. Dieses Bewusstsein schlägt sich in ihrer Arbeit insbesondere darin nieder, dass jedes Individuum in seiner Eigenständigkeit und seinen Äußerungen ernst genommen wird.

4 Geltung internationaler Regelwerke

Es gelten die berufsrelevanten und zivilgesellschaftlichen Kerngedanken folgender internationaler Erklärungen, Übereinkommen, Verpflichtungen und Konventionen:

>> Allgemeine Erklärung der Menschenrechte
>> Internationale Verpflichtung über bürgerliche und politische Rechte
>> Internationale Verpflichtung über wirtschaftliche, soziale und kulturelle Rechte
>> Konvention über die Rechte von Menschen mit Behinderung
>> Übereinkommen zur Beseitigung jeder Form von Rassendiskriminierung
>> Übereinkommen zur Beseitigung jeder Form von Diskriminierung gegen Frauen
>> Übereinkommen über die Rechte des Kindes
>> Übereinkommen betreffend die Ureinwohner und Stammesvölker (ILO-Übereinkommen 169)
>> Übereinkommen zum Schutze des immateriellen Kulturerbes
>> Übereinkommen über das Mindestalter für die Zulassung zur Beschäftigung (ILO-Übereinkommen 138)

>> Übereinkommen gegen die grenzüberschreitende organisierte Kriminalität, einschließlich des Zusatzprotokolls zur Verhütung, Bekämpfung und Bestrafung des Menschenhandels, insbesondere des Frauen- und Kinderhandels
>> UNESCO-Übereinkommen über den Schutz und die Förderung der Vielfalt kultureller Ausdrucksformen
>> UN-Milleniums-Erklärung

5 Weltoffenheit/Verbot wirtschaftlicher Ausbeutung
Theaterpädagogen und Theaterpädagoginnen öffnen durch ihre Arbeit den Lernenden Horizonte zur Selbst- und Weltwahrnehmung, zu Vielfalt und Diversität, zur sozial-ästhetischen Forschung und Gestaltung. Das Interesse und die Motivation der Lernenden, ihre Gesundheit, ihr Wohlbefinden und ihre persönliche Entwicklung sowie die Entfaltung ihrer Kompetenzen stehen über formalen und wirtschaftlichen Erfolgszielen.

6 Vertraulichkeit
Theaterpädagogen und Theaterpädagoginnen verpflichten sich, die ihnen bei der Ausübung ihres Berufs bekanntgewordenen Informationen zum Schutz der Lernenden vertraulich zu behandeln und Dritten gegenüber nicht bekannt zu machen. Sie nehmen zugleich ein Mandat für Gesundheit, Kindeswohl und Jugendschutz wahr.

7 Verbotene Mittel
Theaterpädagogen und Theaterpädagoginnen verpflichten sich, den Gebrauch verbotener Mittel zu unterbinden und Suchtgefahren vorzubeugen. Sie wirken negativen Einflüssen durch ihr Vorbild, durch Aufklärung und Verhaltensübungen entgegen.

8 Internationale und interkulturelle Orientierung
Theaterpädagogen und Theaterpädagoginnen bemühen sich um eine humanistische, transkulturelle Zusammenarbeit und halten es für selbstverständlich, sich in dieser Hinsicht fortzubilden. Sie arbeiten mit anderen Fachkräften interdisziplinär zusammen.

9 Wissenschaftliche Informiertheit
Theaterpädagogen und Theaterpädagoginnen nehmen Teil an pädagogischen und künstlerischen Diskursen und machen die Lernenden mit deren Vielfalt vertraut.

Abschnitt III: Berufliches Verhalten

10 Allgemeine Verhaltensregel
Das Übereinkommen gibt normen- und wertbegründete Orientierungen für Verhalten und Ethik. Die Mitglieder der Berufsgruppe der Theaterpädagogen und Theaterpäda-

goginnen verpflichten sich, nach den speziellen und allgemeinen Verhaltensregeln beruflich tätig zu sein und ermutigen sich zur Reflexion von eigenen und fremden normativen Konzepten.

11 Umgang zwischen Lernenden und Lehrenden, Grundsatz
Der Umgang der Theaterpädagogen und Theaterpädagoginnen mit Lernenden ist von wechselseitiger Wertschätzung gekennzeichnet, vermeidet Diskriminierung und stärkt die Selbständigkeit und die soziale, kognitive, ethische, ästhetische sowie die individuelle Entwicklung der Person.

12 Mündiger Mensch
Der mündige Mensch ist das Ziel auch der Theaterpädagogik. Das äußert sich in der Notwendigkeit, Ideen der Lernenden zuzulassen und aufzunehmen. Theaterpädagogen und Theaterpädagoginnen beziehen die Lernenden in Entscheidungen als selbstverantwortlich handelnde Personen ein.

13 Umgang mit Kollegen
Der Umgang der Kollegen untereinander ist gekennzeichnet von freiwilliger Akzeptanz der Regeln des Übereinkommens. Es besteht der Grundsatz der Gleichheit innerhalb der Berufsgruppe.
　　Theaterpädagogen und Theaterpädagoginnen verpflichten sich, den Berufsstand als ganzen in Hinsicht auf die Kriterien dieses Übereinkommens zu stärken und Schaden von ihm abzuwenden.

14 Stärkung der Potentiale der Lernenden
Theaterpädagogen und Theaterpädagoginnen bemühen sich um ein pädagogisch verantwortliches Handeln, das der körperlichen, kognitiven, emotionalen, sozialen, künstlerischen und gelingenden Entwicklung und Stärkung der Lernenden dient. Sie stützen bei den Lernenden *capacity-building*, persönliches und soziales *empowerment* sowie *developing networks* und orientieren sich an deren Ressourcen.

15 Gleichbehandlung und Respekt
Theaterpädagogen und Theaterpädagoginnen respektieren die Eigenarten der Lernenden, die gleichberechtigt behandelt werden, unabhängig von Geschlecht, sozialer, kultureller, familiärer, religiöser Herkunft, sexueller Orientierung, körperlicher Verfassung und Weltanschauung, politischer Überzeugung und wirtschaftlicher Stellung. Die Theaterpädagoginnen und Theaterpädagogen achten auf einen respektvollen Umgang der Lernenden untereinander.

16 Berücksichtigung des Zustands der Lernenden
Alle theaterpädagogischen Maßnahmen sind dem Alter, den Erfahrungen sowie dem aktuellen physischen und psychischen Zustand der Lernenden anzupassen.

17 Berücksichtigung des Lebensumfeldes
Theaterpädagoginnen und Theaterpädagogen bemühen sich hinsichtlich der Anforderungen in den von ihnen angeleiteten Prozessen, die Bedingungen des sozialen Umfeldes (z. B. Familie, Ausbildung, Beruf) und der Herkunft der Lernenden zu berücksichtigen. Sie sind interkulturell sensibilisiert.

Theaterpädagogen und Theaterpädagoginnen lernen von den Eigenkräften und Potentialen der Lernenden und ermuntern sie zur gestaltenden, künstlerischen Eigeninitiative.

Theaterpädagogen und Theaterpädagoginnen erziehen zur Eigenverantwortlichkeit, Selbständigkeit und gesellschaftlichen Partizipation in Hinblick auf die Bewältigung des Lebens in (nationalen und globalen) Gemeinschaften und respektieren unterschiedliche Lebensentwürfe.

18 Vertrauensvorschuss
Theaterpädagogen und Theaterpädagoginnen bemühen sich bei der Lösung von Konflikten um offene, gemeinschaftliche, gerechte und humane Lösungen. Sie geben den Lernenden einen Vertrauensvorschuss.

19 Gewaltverbot
Theaterpädagogen und Theaterpädagoginnen wenden gegenüber den Lernenden keine Art von Gewalt an. Auch auf die Ausübung psychischen Zwangs wird verzichtet. Sie ächten Gewalt.

Theaterpädagoginnen und Theaterpädagogen unterlassen jede Handlung, die zum Nachteil der Lernenden gereichen kann. Sie dulden insbesondere keine Vernachlässigungen und keinen Missbrauch.

20 Selbstkritik
Theaterpädagogen und Theaterpädagoginnen sind zur Selbstkritik bereit und wissen von ihrer Vorbildfunktion in ethischer und Verhaltens-Hinsicht. Bei Bedarf holen sie professionellen Rat bei Kolleginnen und Kollegen oder entsprechenden Verbänden ein.

21 Verhaltensziele
Theaterpädagogen und Theaterpädagoginnen bilden die Lernenden zu sozialem, fairem und verantwortungsbewusstem und kenntnisreichem Verhalten und zu Engagement.

22 Vorbereitung auf Neues
Theaterpädagogen und Theaterpädagoginnen unterstützen die Lernenden beim Erwerb von neuem Wissen und Ausprobieren im Felde von Theater, Pädagogik und Verhalten. Sie begleiten die Lernenden professionell und nachhaltig auf ihren Wegen, damit sie mit eventuellen Risiken des Neuen, des Überraschenden und Unsicheren gelingend umgehen können.

23 Internationale Kooperation
Theaterpädagogen und Theaterpädagoginnen kooperieren national wie international mit anderen gleichgesinnten Personen und Berufsgruppen.

24 Diffamierungsverbot
Diffamierende Äußerungen sind zu vermeiden.

Theaterpädagogen und Theaterpädagoginnen unterlassen auch diffamierende Äußerungen über Kollegen, insbesondere im Hinblick auf pädagogisch-ästhetisches Können, Arbeitsleistung und persönliche Wertschätzung.

Sie respektieren und schützen die Arbeitsmethoden und Produkte ihrer Kolleginnen und Kollegen.

Antalya (TR), 31. März 2011

Erstunterzeichner:
Dr. Ömer Adigüzel (ÇDD)   Prof. Dr. Gerd Koch (BAG Spiel & Theater)

Profesyonel Davranış ve Etik: Uluslararası Sözleşme

Tiyatro pedagojisi / *drama education,* hem Almanya'da hem Türkiye'de hem de başka yerlerde bağımsız bir disiplin olarak kurumlaştı. Örneğin eğitim alanları, mesleki sözlüklerin hazırlanması (Koch/Streisand: *Tiyatro Pedagojisi Sözlüğü*), meslek dergilerinin yayınlanması (*Tiyatro Pedagojisi Dergisi – Yazışmalar* ve *ÇDD-Dergisi*) ve birliklerin kurulması gibi çeşitli gelişmeler, kavramın somutlaşmasına ya da kendi başına bir bilim olarak kavramsal açıklık kazanmasına yardımcı oldu. Sanatsal ve pedagojik bakışın bileşimi olan tiyatro pedagojisinin uğraş alanı, tiyatro (teknikleri) aracılığıyla insanların nasıl eğitilip güçlendirilebileceğini ortaya çıkarmaktır. Eksik olan bir başka şey, mevcut olan yapıları kırmak, tatsız durumları konu etmek, kişisel sorunlarla başa çıkmak ve yeni şeyleri estetik olarak oluşturmak vs. için tiyatro pedagojisi alanlarında çalışanlara ve bu nedenle tiyatro/oyun aracını sanatsal, pedagojik kaldıraç olarak kullananlara daha güçlü odaklanan bir bakış açısıydı. Bununla, *Creative drama teachers* olarak da adlandırılan tiyatro pedagogları kastedilmekte. İşte tam bu noktada Alman-Türk ortak çalışmasıyla ortaya çıkmış olan, Tiyatro Pedagoglarının Davranış ve Tutumuna İlişkin Uluslararası Bildirge devreye girdi. Bu bildirge, tiyatro pedagoglarına çalışmalarında, kendilerini değerlendirmeleri için esnek bir çerçeve sunma, tabii olanları kavranabilir kılma ve iyi mesleki tutumları güçlendirme amacına hizmet ediyor. Mesleğin uygulanması bedensel ve düşünsel-duygusal hareketliliği, (dünyaya) açık olmayı, sorumluluk bilincini ve sanatsal yaratıcılığı talep ediyor. Bu yüzden sözleşme sert bir korse olarak anlaşılmamalı. Bu (bildirge) daha çok, söz konusu olan diğer meslek dallarının *codes of ethics*[1]'ine dayanan, belirli ve mecburi sayılan meslek etiği temel ilkelerine riayet etmeye teşvik eden ve aynı zamanda mesleğin genel anlayışını güçlendiren kendi koydukları haklar ve görevleri içermekte.

[1] Etik kodlar ç.n.

Yaratıcı Drama Eğitmenleri
Liderleri ve Tiyatro Pedagoglarının Davranış ve Tutumuna İlişkin Etik Bildirge (Sözleşme)

Ömer Adıgüzel, Romi Domkowsky, Ute Handwerg, Klaus Hoffmann, Gerd Koch, Sinah Marx, Inci San

Giriş

Bu bildirge, 30 Mart 2011 tarihinde ve yukarda belirtilen kurumlarca oluşturulmuş, Antalya'da açıklanmıştır. Bildirge, İngilizce, Almanca ve Türkçe'ye uyumlu hale getirilmiştir. Diğer dillere çevrilerek yaygınlaştırılması umulmaktadır. Bildirge, 24 maddeden oluşmaktadır.

Bildirgenin amacı Yaratıcı Drama Eğitmenleri/Liderleri ve Tiyatro Pedagoglarının yürüteceği çalışmalar kapsamında yüklenen aşağıdaki hak ve görevleri temel alan Yaratıcı Drama Eğitmenleri/Liderlerleri ve Tiyatro Pedagoglarının Uluslararası Etik Davranış Bildirgesini (Sözleşme / Anlaşma) oluşturmaktır.

Bildirge, eğitsel, sanatsal, ahlaki, vicdani ve entelektüel meslek etiğini konu alır. Yaratıcı Drama eğitimi ve tiyatro pedagojisi alanlarının içerik, süreç ve eğitimlerinde ilk, orta ve yüksek öğretim öğrencileri ile tüm öğrenenlerin yararına çalışma sorumluluğu ilkesine dayanır. Bildirge; kamuoyuna, alandaki meslektaşlara, öğrencilere, öğrenenlere ve diğer insanlara karşı örnek davranış sergilenmesini ve bu doğrultuda hareket edilmesini talep eder.

Bildirge, mesleklerini yürüten Yaratıcı Drama Eğitmenleri/Liderleri ve Tiyatro Pedagogları için geçerlidir.

Etik Davranış Bildirgesi Yaratıcı Drama ve Tiyatro Pedagojisinin profesyonelleşmesine ve kamuoyuna tanıtılmasına hizmet eder.

Yaratıcı Drama Eğitmenleri/Liderleri ve Tiyatro Pedagogları Etik Bildirgesi mesleki etik ile doğru mesleki davranışa ilişkin ifadeleri birleştirir.

Yaratıcı Drama Eğitmenleri/Liderleri ve Tiyatro Pedagogları, Etik Davranış Bildirgesinin sürekli olarak iyileştirilmesi üzerinde çalışmakla yükümlüdürler. Yaratıcı Drama ve Tiyatro Pedagojisi eğitimi veren yerler, dernekler, kurum ve kuruluşlar bu bildirgeyi kendileri için bağlayıcı ve genel olarak geçerli hale getirmekle ve bildirgeye uymakla, bildirgeyi ilkeleri doğrultusunda geliştirmekle ve üyeleri tarafından bildirgenin anlaşılmasını sağlamakla yükümlüdürler. Yaratıcı Drama Eğitmenliği/Liderliği ve Tiyatro Pedagogluğu meslek grubundan olanlar, bildirge doğrultusunda hareket edeceklerini kamuoyuna duyururlar.

Kısım I: Tanımlar

1 Yaratıcı Drama Eğitmeni/Lideri ve Tiyatro Pedagogu

Yaratıcı Drama Eğitmenleri/Liderleri ve Tiyatro Pedagogları yaratıcı drama/ tiyatro alanında ve yaratıcı drama/ tiyatro yöntem, teknik ve amaçlarını eğitsel ve sanatsal olarak uygulayan ve bu doğrultuda çalışmalar yürüten kişilerdir. Bu tanım Yaratıcı Drama Eğitmenleri/liderleri, yaratıcı drama öğretmenleri, üniversitelerde yaratıcı drama dersleri yürüten öğretim elemanları, tiyatro eğitmenleri/öğretmenleri, oyun terapistleri, oyun ve kültür pedagogları için de geçerlidir . Her ülke, kendi ulusal ya da kültürel birikimlerine göre değişik adlandırmaları kullanabilir.

2 Öğrenenler

Yaratıcı Drama Eğitmenleri/Liderleri ve Tiyatro Pedagoglarının estetik ve eğitsel etkileri ile geliştirilen ve eğitilen tüm öğrenenleri (çocuk, ergen, genç ve yetişkinleri) kapsar.

Kısım II: Meslek Etiği

3 İnsan Onuru

Yaratıcı Drama Eğitmenleri/Liderleri ve Tiyatro Pedagogları, her zaman her bir insanın onuruna hukukun bağlayıcılığı kapsamında saygı duyma ve dikkate alma bilinciyle hareket ederler. Bu bilinç özellikle Yaratıcı Drama Eğitmenleri/Liderleri ve Tiyatro Pedagoglarının her bireyi ciddiye almalarını gerektirir.

4 Uluslararası Düzenlemelerin Geçerliliği

Aşağıdaki uluslararası bildirge, anlaşma, yükümlülük ve sözleşmeler; Yaratıcı Drama Eğitmenleri/Liderleri ve Tiyatro Pedagogları mesleğinin temel düşünceleri açısından geçerlidir:

>> İnsan Hakları Evrensel Bildirgesi
>> Birleşmiş Milletler Çocuk Hakları Sözleşmesi
>> Vatandaşlık ve Siyasi Haklara İlişkin Uluslararası Yükümlülük
>> Ekonomik, Sosyal ve Kültürel Haklara İlişkin Uluslararası Yükümlülük
>> Engelli İnsan Hakları Sözleşmesi
>> Her Türlü Irk Ayrımcılığının Kaldırılmasına İlişkin Anlaşma
>> Kadınlara Karşı Her Türlü Ayrımcılığın Kaldırılmasına İlişkin Anlaşma
>> Çocuk Hakları Sözleşmesi
>> İlk Sakinler ve Halklar Anlaşması (Dünya Çalışma Örgütü Anlaşması, madde 169)
>> Somut Olmayan Kültür Mirasının Korunması Hakkında Anlaşma
>> Asgari Çalışma Yaşı Anlaşması (Dünya Çalışma Örgütü Anlaşması, madde 138)
>> Başta Kadın ve Çocuk Ticareti Olmak Üzere İnsan Kaçakçılığının Cezalandırılmasına, Mücadele Edilmesine ve Engellenmesine Dair Protokol Dâhil Olmak Üzere Sınır Ötesi Organize Suçlarla Mücadele Anlaşması

>> Kültürel İfade Biçimlerinin Çeşitliliğinin Teşviki ve Korunması Hakkında UNESCO Anlaşması
>> Birleşmiş Milletlerin Binyıl Açıklaması

5 Dünyaya Açıklık /Ekonomik Sömürü Yasağı
Yaratıcı Drama Eğitmenleri/Liderleri ve Tiyatro Pedagogları tüm öğrenenlerin kendileri ve dünyayı algılayış, sosyal-estetik, araştırma ve biçimlendirmeye ilişkin ufuklarını açarlar. Öğrenenlerin kendilerini iyi hissetmeleri, ilgileri, sağlıkları, bedensel ve psikolojik durumları, kişiliklerini ve yeteneklerini geliştirmeleri, resmi başarı ve ekonomik amaçlarından önce gelir.

6 Gizlilik
Yaratıcı Drama Eğitmenleri/Liderleri ve Tiyatro Pedagogları mesleklerini gerkçekleştirirken kendilerine emanet edilen özel bilgileri gizli tutmakla, üçüncü kişilere aktarmamakla yükümlüdürler.

7 Yasak Araçlar
Yaratıcı Drama Eğitmenleri/Liderleri ve Tiyatro Pedagogları yasaklanmış, bağımlılık oluşturacak yasaklı maddeleri kullanmamakla ve bağımlılığı özendirmemekle yükümlüdürler. Bağımlılığın ve yasaklı maddelerin olumsuzluklarının önüne geçmek üzere eğitim verirler, örnek davranışlarda bulunurlar ve çalışmalar yürütürler.

8 Uluslararası ve Kültürlerarası Yönelim
Yaratıcı Drama Eğitmenleri/Liderleri ve Tiyatro Pedagogları insancıl ve kültürlerarası işbirliği için çaba harcarlar ve kendilerini bu doğrultuda geliştirmeyi gerekli görürler. Diğer alanlardan uzmanlarla birlikte disiplinler arası bir çalışma yürütürler.

9 Bilimsel Bilgilendirme
Yaratıcı Drama Eğitmenleri/Liderleri ve Tiyatro Pedagogları eğitsel ve sanatsal çalışmalara katılırlar ve edinilen bilgileri artırarak tüm öğrenenlere aktarırlar.

Kısım III: Mesleki Davranış

10 Genel Davranış Kuralları
Bildirge, norm ve değerlere yönelik davranış kurallarını belirler. Yaratıcı Drama Eğitmenliği/Liderliği ve Tiyatro Pedagogluğu mesleğini yürütenler ilişki sınırlarını bilerek özel ve genel davranış kurallarına göre çalışmalarda bulunmakla yükümlüdürler. Bu bildirgeye göre hareket ederler ve diğerlerine bildirge doğrultusunda hareket edip etmediklerini fark ettirirler.

11 Öğrenenlere ve Eğitmenlere Karşı Gösterilecek Davranışlar
Yaratıcı Drama Eğitmenleri/Liderleri ve Tiyatro Pedagoglarının öğrenenlere karşı sergileyeceği davranışlar karşılıklı olarak değer verme, ayrımcılıktan kaçınma, kişinin bağımsızlığının ve sosyal, bilişsel, etik, estetik ve bireysel gelişiminin güçlendirilmesi biçimindedir.

12 Olgun/Yetişkin İnsan
Yaratıcı Drama Eğitmenleri/Liderleri ve Tiyatro Pedagoglarının olgun insanı geliştirmek gibi amaçları da vardır.. Bu durum tüm öğrenenlerin kendi düşüncelerini ifade etmelerine izin verilmesi ve gerektiğinde bu düşüncelerin alınması yoluyla ortaya çıkar. Yaratıcı Drama Eğitmenleri/Liderleri ve Tiyatro Pedagogları, öğrenenleri kendi sorumluluğunda hareket edebilen bireyler olarak karar alma sürecine dâhil ederler.

13 Meslektaşlar İle İletişim
Meslektaşlar arasındaki ilişkiler de aynı etik, davranış ve profesyonellik ilkelerine göre gerçekleşir.
    Meslek Grubu Üyeleri arasındaki ilişkiler etik bildirge kurallarının gönüllü olarak kabul edilmesiyle biçimlenir. Meslektaşlar arasında eşitlik ilkesi bulunur.
    Yaratıcı Drama Eğitmenleri/Liderleri ve Tiyatro Pedagogları bu bildirgenin ölçütlerini bir bütün olarak dikkate alıp mesleki durumlarını geliştirmekle ve söz konusu bildirgeyi güçlendirmek ve zarara uğratmamakla yükümlüdürler.

14 Öğrenenlerin Kapasitelerinin Güçlendirilmesi
Yaratıcı Drama Eğitmenleri/Liderleri ve Tiyatro Pedagogları öğrenenlerin bedensel, bilişsel, duygusal, sanatsal ve psikolojik açıdan gelişimlerine ve güçlendirilmelerine hizmet eden eğitsel davranışlar geliştirmek için çaba harcarlar. Yaratıcı Drama Eğitmenleri/Liderleri ve Tiyatro Pedagogları öğrenenlerin kapasitelerini arttırmak, kişisel ve sosyal ilişkilerini güçlendirmek ve aralarındaki ilişkileri geliştirmek adına desteklerler.

15 Eşit Davranma ve Saygı Duyma
Yaratıcı Drama Eğitmenleri/Liderleri ve Tiyatro Pedagogları öğrenenlerin bireysel özelliklerine saygı duyarlar. Öğrenenlere cinsiyetlerinden, sosyal, kültürel ve aile köklerinden, bedensel durumlarından, dünya görüşlerinden ve ekonomik durumlarından bağımsız olarak eşit davranırlar. Yaratıcı Drama Eğitmenleri/Liderleri ve Tiyatro Pedagogları aynı zamanda öğrenenlerin kendi aralarında birbirilerine karşı saygı duyarak çalışmalarını sağlarlar.

16 Öğrenenlerin Durumunun Dikkate Alınması
Tüm yaratıcı drama ve tiyatro pedagojisi eğitimi uygulamaları, öğrenenlerin yaşına, deneyimlerine ve o andaki fiziksel ve psikolojik durumlarına uyarlanmalıdır.

17 Yaşam Çevresinin Dikkate Alınması
Yaratıcı Drama Eğitmenleri/Liderleri ve Tiyatro Pedagogları, yaratıcı drama ve tiyatro pedagojisi çalışmalarının sanatsal ve estetik gereklerini özellikle aile, okul ve meslek olmak üzere öğrenenlerin sosyal çevrelerinin koşullarıyla uyumlu hale getirmeye çalışırlar.

Yaratıcı Drama Eğitmenleri/Liderleri ve Tiyatro Pedagogları, öğrenenlerin kişisel güçlerini ve potansiyellerini fark edip onları daha yaratıcı sanatsal ve kişisel girişimde bulunmak için yüreklendirirler

Yaratıcı Drama Eğitmenleri/Liderleri ve Tiyatro Pedagogları farklı yaşam biçimlerine sahip topluluklardaki yaşamın üstesinden gelebilecek, toplumsal sorumluluk sahibi ve bağımsız kişileri yetiştirirler.

18 Koşulsuz Güven Duyma
Yaratıcı Drama Eğitmenleri/Liderleri ve Tiyatro Pedagogları çatışmaların çözümünde açık, ortak, adil ve insancıl çözümler için çaba harcarlar. Öğrenenlere koşulsuz güven duyarlar.

19 Şiddete Yer Verilmemesi
Yaratıcı Drama Eğitmenleri/Liderleri ve Tiyatro Pedagogları öğrenenlere karşı hiçbir biçimde şiddet uygulamazlar. Psikolojik baskıdan kaçınır ve şiddeti reddeder.

Öğrenenlere olumsuz bir durum oluşturacak herhangi bir hareket derhal bırakılmalıdır. Özellikle ihmal ve istismara hoşgörü gösterilmez.

20 Özeleştiri
Yaratıcı Drama Eğitmenleri/Liderleri ve Tiyatro Pedagogları özeleştiriye hazırlıklı olurlar ve etik davranış açısından örnek olma işlevinin bilincindedirler.

21 Davranışsal Amaçlar
Yaratıcı Drama Eğitmenleri/Liderleri ve Tiyatro Pedagogları öğrenenleri sosyal, dürüst, sorumluluğunun bilincinde olan ve bilgili davranış sergileyen kişiler olarak yetişmesini amaçlar.

22 Yeniklere Hazırlıklı Olma
Yaratıcı Drama Eğitmenleri/Liderleri ve Tiyatro Pedagogları öğrenenleri eğitim, yaratıcı drama ve tiyatro alanlarında yeni bilgileri ve davranışları edinmelerinde desteklerler. Öğrenenlere yeni, farklı ve belirsiz bir gelişmenin olası riskleri ile başarılı bir şekilde başa çıkabilmeleri için yürüyecekleri yolda profesyonel ve kalıcı olarak eşlik ederler.

23 Uluslararası İşbirliği
Yaratıcı Drama Eğitmenleri/Liderleri ve Tiyatro Pedagogları aynı düşüncede olan diğer kişiler ve meslek grupları ile ulusal ve uluslararası düzeyde işbirliği yaparlar.

24 İftira, Karalama ve Hakaretten Uzak Durma
Karalayıcı ifadelerden kaçınılmalıdır.

Yaratıcı Drama Eğitmenleri/Liderleri ve Tiyatro Pedagogları başta eğitsel-estetik performans, çalışma performansı ve kişisel değer yargıları olmak üzere meslektaşları ile ilgili karalayıcı nitelikteki ifadelerden de kaçınırlar.

Yaratıcı Drama Eğitmenleri/Liderleri ve Tiyatro Pedagogları meslektaşlarının çalışma sonuçlarına ve çalışma yöntemlerine saygı duyarlar, bunları korurlar.

Antalya (TR), 31. März 2011
Birinci İmzacılar:
Dr. Ömer Adigüzel (ÇDD)   Prof. Dr. Gerd Koch (BAG Spiel & Theater)

Verzeichnis der Autor_innen und Übersetzer_innen
Yazar ve Çevirmen Listesi

Adıgüzel, Ömer
Ankara (Ankara Universität); Doç. Dr.; Erziehungswissenschaftler, Arbeitsschwerpunkt: Kreatives Drama, Drama im Museum, Kindermuseum; 1. Vorsitzender des Çağdaş Drama Derneği;
E-Mail: omeradiguzel@gmail.com
Ankara (Ankara Üniversitesi Öğretim Üyesi ve Çağdaş Drama Derneği Genel Başkanı); Doç. Dr. Güzel Sanatlar Eğitimi, Eğitim Bilimci; Yaratıcı Drama, Oyun Pedagojisi, Müze Eğitimi, Müzede Drama ve Çocuk Müzeleri konularında çalışıyor;
E-Posta: omeradiguzel@gmail.com

Akfirat, Ilhan
Ankara; Lehrer für Literatur am Gymnasium; Student im Masterprogramm „Drama in Education" an der Ankara Universität; Dramapädagoge im Çağdaş Drama Derneği;
E-Mail: ilhanakfiratt@gmail.com
Ankara (Milli Eğitim Bakanlığı); Türk Dili ve Edebiyatı Öğretmeni, Ankara Üniversitesi'nde Yüksek Lisans Öğrencisi; Çağdaş Drama Derneği'nde Drama Eğitmeni;
E-Posta: ilhanakfiratt@gmail.com

Akfirat, Nejat
Ankara; Dr.; Schulpsychologe und Dramapädagoge im Çağdaş Drama Derneği;
E-Mail: nejatakfirat@gmail.com
Ankara (Milli Eğitim Bakanlığı); PDR Uzmanı; Dr. Gelişim Psikolojisi; Çağdaş Drama Derneği'nde Drama Eğitmeni;
E-Posta: nejatakfirat@gmail.com

Burgul, Ferah
Ankara (Gazi Universität); Dr.; lehrt Türkische Sprache und Literatur; Arbeitsschwerpunkt: Kreatives Drama als Methode in Sprache und Literatur;
E-Mail: fburgul @gmail.com
Ankara (Gazi Üniversetisi); Dr. Türk Dili ve Edebiyatı uzmanı; Yaratıcı Drama alanında da çalışmalar yürütüyor;
E-Posta: fburgul @gmail.com

Çevık, Nazlı
İstanbul, Berlin; M.A.; Theaterpädagogin, Erzählerin; Biografisches-, Tanz- und Erzähltheater; www.nazlicevik.com;
E-Mail: ceviknazli@gmail.com
İstanbul, Berlin; Bilim Uzmanı Tiyatro Pedagogu, Anlatıcı; Biyografik Tiyatro Dans Tiyatrosu ve Anlatı Tiyatrosu; www.nazlicevik.com;
E-Posta: ceviknazli@gmail.com

Coşkun, Hasan
Tokat (Gaziosmanpaşa Universität); Dipl.-Päd., Dr. phil.; Professor für Entwicklung von Curricula; Weitere Schwerpunkte: Deutsch als Fremdsprache, Geographie, Spiele-Pädagogik und Unterrichtspläne;
E-mail: hasan.coskun@gop.edu.tr & dr.hasancoskun@gmx.de
Tokat (Gaziosmanpaşa Üniversitesi); Eğitim bilimci, Dr. phil., Eğitim Programları ve Öğretim alanında Profesör; Diğer çalışma alanları: Yabancı dil olarak Almanca, Coğrafya, oyun pedagojisi ve günlük ders planları;
E-Posta: hasan.coskun@gop.edu.tr & dr.hasancoskun@gmx.de

Domkowsky, Romi
Berlin (Protestan Yüksek Okulu); Prof. Dr.; Bilim Uzmanı Tiyatro Pedagogu, Ağırlıklı çalışma alanları: Gençlerle tiyatro, çocuklarla tiyatro, uluslararası bağlamda tiyatro, tiyatro oyunlarının genç insanlar üzerindeki etkileri hakkında çalışmalar, estetik keşif ve araştırmalar;
Web sayfası: http://www.eh-berlin.de/hochschule/lehrende-an-der-ehb/hauptamtlich-lehrende-a-z/prof-dr-romi-domkowsky.html, E-Posta: domkowsky@eh-berlin.de
Berlin (Evangelische Hochschule); Prof. Dr.; Theaterpädagogin (M.A.); Schwerpunkte: Theater mit den Jüngsten, Theater mit Kindern, Theater im interkulturellen Kontext, Studien über die Wirkung des Theaterspielens auf junge Menschen, Ästhetische Explorationen und Forschungen;
Homepage: http://www.eh-berlin.de/hochschule/lehrende-an-der-ehb/hauptamtlich-lehrende-a-z/prof-dr-romi-domkowsky.html, E-Mail: domkowsky@eh-berlin.de

El-Mafaalani, Aladin
Münster (Fachhochschule); Prof. Dr.; Bildungs-, Migrations- und Stadtforschung;
E-Mail: mafaalani@fh-muenster.de
Münster (Meslek Yüksek Okulu); Prof. Dr.; Eğitim, göç ve şehir araştırmaları,
E-Posta: mafaalani@fh-muenster.de

Gürey, Bahar
Diplom in Germanistik, Lehrerin für Deutsch als Fremdsprache; z. Z. Studentin im Masterprogramm „Drama in Education" an der Ankara Universität; Arbeitsschwerpunkt: creative drama, ehrenamtliche Sozialarbeit; Bewegung, Körperbewusstsein und Tanz;
E-mail:bagurey@hotmail.com
Filolog, Almanca Öğretmeni; Ankara Üniversitesi Eğitimde Drama Yüksek Lisans Programı'nda öğrenci. Ağırlıklı çalışma alanları: Yaratıcı drama, gönüllü sosyal çalışmalar, hareket, beden farkındalığı, dans;
E-Posta: bagurey@hotmail.com

Handwerg, Ute
Hannover; Bilim Uzmanı Filolog, uzun yıllar yetişkin eğitiminde öğretim görevlisi olarak çalıştı, 2002 yılından beri Federal Almanya Oyun ve Tiyatro Üstbirliği Kurulu (BAG)' de müdür. Kültürel eğitimde ağırlıklı çalışma alanları: Uluslararası eğitim ve göç, uluslararası iş birliği, kültür ve gelişim;
E-Posta: handwerg@bag-online.de
Hannover; M.A. Germanistik; Geschäftsführerin der Bundesarbeitsgemeinschaft (BAG) Spiel & Theater; Arbeitsschwerpunkte in der kulturellen Bildung: Interkulturelle Bildung/Migration, Internationale Kooperation, Kultur und Entwicklung;
E-Mail: handwerg@bag-online.de

Heppekausen, Jutta
Freiburg (Eğitim Bilimleri Yüksek Okulu); Yüksek Lisans Süpervizyon; öğretim görevlisi, „Pedagoji Atölyesin"de müdür / proje yöneticisi, interaksiyon ve profesyonelleşme alanında öğretim, göç pedagojisi, Psikodrama Enstitüsü Ella Mae Shearon'da psikodrama eğitmeni, Akademi Remscheid'da tiyatro pedagogu.
E-Posta: heppekausen@ph-freiburg, Web sayfası:https://www.ph-freiburg.de/ew/persoenliche-homepages/heppekausen
Freiburg (Pädagogische Hochschule); M.A. Supervision; wiss. Mitarbeiterin, Geschäftsführerin/Projektleiterin „Pädagogische Werkstatt"; Lehre im Bereich Interaktion und Professionalisierung, Migrationspädagogik, Psychodramaleiterin (Institut für Psychodrama Ella Mae Shearon), Theaterpädagogin (Akademie Remscheid);
E-Mail: heppekausen@ph-freiburg, https://www.ph-freiburg.de/ew/persoenliche-homepages/heppekausen

Hoffmann, Klaus
Hannover; Tiyatro Bilimcisi, tiyatro, performans ve din alanında disiplinlerarası çalışmalar yürütmektedir.Ağırlıklı çalışma alanları: Uluslararası gelişime yönelik tiyatro çalışmaları, „Tiyatro ve Tiyatro Pedagojisi alanında İsrail-Alman Diyaloğunda Koordinatör"; www.theaterundkirche.de, www.masrah-theater.net
Hannover; Theaterwissenschaftler; tätig im interdisziplinären Feld von Theater, Performance und Religion mit den Schwerpunkten: Internationale, entwicklungsbezogene Theaterarbeit, Koordinator des „Palästinensischen deutschen Dialogs über Theater und Theaterpädagogik"; www.theaterundkirche.de, www.masrah-theater.net

İlhan, Ayşe Çakır
Ankara (Ankara Universität); Prof. Dr.; Erziehungswissenschaftlerin; Schwerpunkt: Kreatives Drama und Museums-Pädagogik;
E-Mail: Ayse.C.ilhan@ankara.edu.tr
Ankara (Ankara Üniversitesi); Prof. Dr. Güzel Sanatlar Eğitimi; Diğer Çalışma Konuları: Yaratıcı Drama ve Müze Eğitimi;
E-Posta: Ayse.C.ilhan@ankara.edu.tr

İpşiroğlu, Zehra
Prof. Dr.; Duisburg-Essen und Istanbul; Autorin, Theaterwissenschaftlerin; Arbeitsschwerpunkte: Dramaturgie, Theaterkritik, Kinder-und Jugendliteratur, Literaturdidaktik, Kreatives Schreiben, Gender Studien; www.zehraipsiroglu.com,
E-Mail: ipsirogluzehra@yahoo.de
Prof. Dr.; Duisburg-Essen und Istanbul; Yazar, Tiyatro Bilimcisi; Ağırlıklı çalışma alanları: Dramaturji, Tiyatro Eleştirmenliği, Çocuk ve Gençlik Tiyatrosu, Edebiyat Didaktiği, Yaratıcı Yazma, Cinsiyet Çalışmaları; www.zehraipsiroglu.com,
E-Posta: ipsirogluzehra@yahoo.de

İnce, Sedat
Muğla Sıtkı Koçman Universität, Erziehungswissenschaftliche Fakultät, Abteilung: Deutschlehrerausbildung, Assistenz-Professor Dr., Sprachwissenschaft;
E-Mail: sedat.ince@gmail.com
Muğla Sıtkı Koçman Üniversitesi, Eğitim Fakültesi, Alman Dili Eğitimi Anabilim Dalı, Yrd. Doç. Dr./Akademisyen, Çalışma Alanı: Dilbilim;
E-Posta: sedat.ince@gmail.com

Josties, Jonna
Berlin; Yüksek Lisans Humboldt Üniversitesi'nde Avrupa Etnolojisi; Ağırlıklı çalışma alanları: Kentlilik kültürü ve göç. Yüksek Lisans tez konusu: „Haydi manastıra git!" Sofuluk ve Yıkılma. Etnografik bir keşif;
E-Posta: jonna.josties@googlemail.com
Berlin; M.A. in Europäischer Ethnologie an der Humboldt-Universität zu Berlin; Studienschwerpunkte: Urbane Kulturen und Migration; Masterarbeit zum Thema: „Geh doch ins Kloster!": Frömmigkeit und Subversion. Eine ethnografische Exploration;
E-Mail: jonna.josties@googlemail.com

Kaiser, Johanna
Berlin; Sosyal Kültür Çalışmalarında Profesör. Ağırlıklı çalışma alanları: Tiyatro, „Theater der Erfahrungen" adlı tiyatronun yöneticisi.
Berlin; Prof. für Soziale Kulturarbeit mit dem Schwerpunkt Theater; Leitung: Theater der Erfahrungen; www.theater-der-erfahrungen.nbhs.de/kontakt/

Karcı, Hülya
Berlin; Dramaturgin, Theaterpädagogin und Übersetzerin;
www.payizfilm.com; hkarci@payizfilm.com
Berlin; Dramaturg, Tiyatro Pedagogu ve Çevirmen;
www.payizfilm.com; hkarci@payizfilm.com

Kırkar, Ali
İstanbul; Lehrer für Literatur am Gymnasium; Dramapädagoge im Çağdaş Drama Derneği;
E-Mail: kirkali@gmail.com
İstanbul (Milli Eğitim Bakanlığı); Türk Dili ve Edebiyatı Öğretmeni; Çağdaş Drama Derneği'nde Drama Eğitmeni;
E-Posta:kirkali@gmail.com

Koch, Gerd
Berlin; Toptan ve Dış Ticaret Uzmanı, Öğretmenler için memurluk sınavı, sosyal kültür çalışmalarında (tiyatro) Alice Salomon Yüksek Okulu'nda Profesör, -Ayrıca aynı okulun yüksek lisans bölümünde 2010 yılına kadar yönetici olarak „biografik ve yaratıcı yazma" üzerine çalıştı.
Berlin; Groß- und Außenhandelskaufmann, Staatsexamen für das Lehramt; Dipl.-Päd., Dr. phil., Professor für Theorie und Praxis der Sozialen Kulturarbeit (Theater) an der Alice-Salomon-Hochschule – dort auch wissenschaftlicher Leiter des Master-Studiengangs „Biografisches und Kreatives Schreiben" bis 2010.

Köhler, Norma
Dortmund, Dr.; Dortmund Meslek Yüksek Okulu'nda Uygulamalı Sosyal Bilimler Uzmanlık Alanında Tiyatropedagojisi Profesörü." Sosyal Sanat olarak Tiyatro", TaSK'Bölümünün Yöneticisi; Ağırlıklı Çalışma Alanları; Sosyal Sanat olarak Tiyatro, Biyografik Tiyatro, Kültürel Eğitim, Çalışma sürecinde bireysel ve kollektif olma; www.fh-dortmund.de/koehler,
E-Posta: norma.koehler@fh-dortmund.de
Dortmund, Dr.; Professorin für Theaterpädagogik am Fachbereich Angewandte Sozialwissenschaften der FH Dortmund; Leitung des Profilstudiengangs TaSK „Theater als Soziale Kunst"; Arbeitsschwerpunkte: Theater als Soziale Kunst, Biografische Theaterarbeit, Kulturelle Bildung, Individuum und Kollektiv im Arbeitsprozess; www.fh-dortmund.de/koehler,
E-Mail: norma.koehler@fh-dortmund.de

Krause, Marlies
Berlin, Müzik ve Tiyatro Pedagogu, Eğitim Koçu (Multiplikatorin), müzik ve tiyatro pedagojisi alanında doçent, uluslararası öğrenme ve dil eğitimi (Anadil ve yabancı dil), Müzik ve Tiyatro Pedagojisi alanında okul kitabı yazarı:
E-Posta: krausemarlies@t-online.de
Berlin; Musik- und Theaterpädagogin, Multiplikatorin, Dozentin für Musik- und Theaterpädagogik; Interkulturelles Lernen und Sprachbildung (Mutter- und Fremdsprachen), Schulbuchautorin (Musik, Theaterpädagogik);
E-Mail: krausemarlies@t-online.de

Lattimer, James
Berlin; Magister Artium; Übersetzung / Lektorat im Kulturbereich;
E-Mail: J_Lattimer@gmx.de
Berlin; Bilim Uzmanı; Çevirmen/ Kültür Bölümünde Okutman;
E-Posta: J_Lattimer@gmx.de

Marx, Sinah
Berlin/Hamburg; Bilim Uzmanı, Avukat.
Berlin/Hamburg; M. A., Juristin.

Meyer, Karl-A. S.
Berlin; Dr. phil., Müzik ve Tiyatro Öğretmeni, Berlin Sanat Üniversitesi'nde Doçent, Berlin-Reinickendorf'daki Gençlik Sanat Okulu ATRIUM'da tiyatro ve dans bölümünde yönetici.
Berlin; Dr. phil., Lehrer für Musik und Theater, Dozent an der Universität der Künste, Leiter des Bereichs Theater/Tanz an der Jugendkunstschule ATRIUM in Berlin-Reinickendorf.

Nickel, Hans-Wolfgang
Berlin; Prof. Dr.; Oyun ve tiyatro pedagojisi tarihi; çocuk ve gençlik tiyatrosu;
E-Posta: nickelspieltheater@t-online.de
Berlin; Prof. Dr.; Geschichte der Spiel- und Theaterpädagogik; Kinder- und Jugendtheater;
E-Mail: nickelspieltheater@t-online.de

Okvuran, Ayşe
Ankara (Ankara Universität); Doç. Dr.; Erziehungswissenschaftlerin, Schwerpunkt: Kreatives Drama und Museums-Pädagogik;
E-Mail: okvuran@education.ankara.edu.tr
Ankara (Ankara Üniversitesi); Doç.Dr. Güzel Sanatlar Eğitimi; Yaratıcı Drama ve Müze Eğitimi;
E-Posta: okvuran@education.ankara.edu.tr

Öztürk, Ali
Eskişehir; Doç. Dr., Erziehungswissenschaftler, Schwerpunkte: Kreatives Drama, Theater und Musik;
E-Mail: alio@anadolu.edu.tr
Eskişehir (Anadolu Üniversitesi); Doç. Dr. Güzel Sanatlar Eğitimi; Yaratıcı Drama, Tiyatro ve Müzik;
E-Posta: alio@anadolu.edu.tr

Raatz, Ulrich
Hamburg; Sinemacı; raatzfilm.de,
E-Posta: uraatz@hotmail.com
Hamburg; Filmemacher; raatzfilm.de,
E-Mail: uraatz@hotmail.com

Richers, Christiane
Hamburg; Serbest Tiyatro Yazarı ve Rejisörü; Theater am Strom adlı Tiyatronun Yöneticisi; Çocuk ve Gençlik Tiyatrosu, Mahalle Tiyatrosu, Biyografik Tiyatro;
www.theateramstrom.de, E-Posta: info@theateramstrom.de
Hamburg; freie Theaterautorin und -regisseurin; Leiterin von Theater am Strom; Kinder- und Jugendtheater, Stadtteiltheater, biografisches Theater;
www.theateramstrom.de, E-Mail: info@theateramstrom.de

San, İnci
Ankara (Ankara Universität); Prof. Dr., Kunstwissenschaftlerin, studierte Kunst, Geschichte und Germanistik; Arbeitsschwerpunkt: Kunsterziehung, Kreatives Drama und Museumspädagogik; Ehrenpräsidentin Çağdaş Drama Derneği;
E-Mail: incisan@hotmail.com
Ankara Üniversitesi; Prof. Dr.; Eğitim Bilimleri Fakültesi; Emekli Öğretim Üyesi; Çağdaş Drama Derneği Onursal Başkanı; Sanatbilimci, Sanat eğitimi, Estetik Eğitim ve Yaratıcı Drama konularında çalışıyor;
E-Posta: incisan@hotmail.com

Schall, Nikolas
Berlin; Humboldt Üniversitesi Avrupa Etnolojisi; Ağırlıklı çalışma alanları: Avrupalı çağdaşlar ve göç, Yüksek Lisans bitirme tezi: „ İçiçe Geçmiş Kumaşlar –Küresel bir Topluluğun Etnografisi";
E-Mail: nikolas.schall@riseup.net
Berlin; M.A. in Europäischer Ethnologie an der Humboldt-Universität; Schwerpunkte: Europäische Modernen und Migration, MA-Arbeit zu „Verflochtene Stoffe - Ethnografie einer globalen Assemblage";
E-Mail: nikolas.schall@riseup.net

Sting, Wolfgang
2002 yılından beri Hamburg Üniversitesi'nde Eğitim Bilimleri / Tiyatro Pedagojisi alanında Profesör, Master programında „Performans Çalışmaları" alanında Yönetici. Ağırlıklı çalışma alanları: Tiyatro Pedagojisi alanında Teori ve Pratik, Tiyatro ve Okul, Çocuk ve Gençlik Tiyatrosu, Uluslararası Tiyatro, Kültürel Eğitim
seit 2002 Professor für Erziehungswissenschaft/Theaterpädagogik an der Universität Hamburg, Leiter des Masterstudiengangs „Performance Studies"; Arbeitsschwerpunkte: Theorie und Praxis der Theaterpädagogik, Theater und Schule, Kinder- und Jugendtheater, Interkulturelles Theater, Kulturelle Bildung

Stolz, Gabriel
Berlin; Humboldt Üniversitesi'nde Avrupa Etnografisi alanında Bilim Uzmanı. Ağırlıklı çalışma alanları: Kentsel kültürler ve göç, Yüksek Lisans bitirme tezi: " „[Çerçeve aile]. Göç bağlamında ailelerin sunum biçimi olarak atölye fotoğrafları";
E-Posta: gabriel.stolz@online.de
Berlin; M.A. in Europäischer Ethnologie an der Humboldt-Universität, Schwerpunkte: Urbane Kulturen und Migration, MA-Arbeit zu „[Framing Family]. Atelierfotografien als Repräsentationsform des Familialen im Kontext von Migration";
E-Mail: gabriel.stolz@online.de

Sungu, Can
Berlin/ Istanbul; MFA, MA; Künstler/ Mobilitäten, Migration, Globalisierung und deren ästhetischen Dimensionen; cansungu.com/ can@cansungu.com
Berlin/ Istanbul; MFA, Bilim Uzmanı; Santaçı/ Hareketlilik, Göç, Globalleşme ve Estetik Boyutları; cansungu.com/ can@cansungu.com

Topçu, Mahmut
Dozent; Hacettepe Universität, Staatliches Konservatorium Ankara; tätig in der Koordination für fakultative Fächer; unterrichtet Studenten aus allen Fakultäten im Bereich Amateurtheater, arbeitet auch im Bereich Kreatives Theater/ Theaterpädagogik, schreibt Theaterstücke und Szenarien; Homepage: yunus.hacettepe.edu.tr/~matopcu,
E-Mail: matopcu@hacettepe.edu.tr
Hacettepe Üniversitesi, Ankara Devlet Konservatuvarı, Seçmeli Dersler Koordinatörlüğü'nde çalışmaktadır. Okutman. Her fakülteden öğrenciye amatör tiyatro dersi vermektedir. Yaratıcı Drama çalışmaları yapmaktadır. Oyun ve senaryo yazmaktadır. web sayfası: yunus.hacettepe.edu.tr/~matopcu,
E-Post: matopcu@hacettepe.edu.tr

Toprak, Ahmet
Dortmund; Prof. Dr.; lehrt Erziehungswissenschaften; Autor für Themen mit interkulturellem Ansatz (interkulturelles Konfliktmanagement und Situation deutsch-türkischer Migrantenfamilien, vor allem Beratungsarbeit mit jungen Männern).
Dortmund; Eğitim Bilimlerinde Prof. Dr.; Kültürlerarası yaklaşım konularında yazar (Kültürlerarası çatışma yönetimi ve Türk- Alman göçmen ailelerdeki olaylar, özellikle genç erkeklere iş danışmanlığı)

Toprak, Menekşe
Istanbul und Berlin; Türkische Schriftstellerin, Übersetzerin und Radiojournalistin; schreibt Erzählungen und Romane, hat Werke von Arseni Tarkovski, Ralf Thenior, Zafer Şenocak und Akif Pirinçci ins Türkische übertragen; www.meneksetoprak.com
Istanbul ve Berlin; Türk Yazar, Çevirmen, Radyo Gazetecisi; Hikaye ve roman yazıyor; Arseni Tarkovski, Ralf Thenior, Zafer Şenocak und Akif Pirinçci'nin yazdıklarını Türkçe'ye aktardı; www.meneksetoprak.com

Vaßen, Florian
Hannover; Prof. Dr., Hannover'da Leibniz Universitesi'nde Yeni Alman Edebiyatı alanında emekli Profesör; 2009 yılına kadar Tiyatro-Tiyatro Pedagojisi ve Canlandırmacı Oyun bölümünde Yönetici.
E-Posta: florian.vassen@germanistik.uni-hannover
Hannover; Prof. Dr.; pensionierter Professor für neuere deutsche Literatur am Deutschen Seminar der Leibniz Universität Hannover; Leiter der Arbeitsstelle Theater – Theaterpädagogik und des Studiengangs Darstellendes Spiel bis 2009.
E-Mail: florian.vassen@germanistik.uni-hannover

Yıldırım, Ali Can
Istanbul; M.A. Politische Theorie; Spezialist für Neue Medien / Medienethik und Politische Theorie, Globale Gerechtigkeit, Postkoloniale Theorie;
E-Mail: alicanyildirim@gmail.com
Istanbul; Bilim Uzmanı Politik Teori; Yeni Medya alanında Uzman/ Medya Etiği ve Politik Teori, Global Adalet, Sömürgecilik Sonrası (Postkolonyalizm)Teorisi;
E-Posta: alicanyildirim@gmail.com

Zimmermann, Michael
Bilim Uzmanı Bielefeld, Federal Almanya Oyun ve Tiyatro Üstbirliği Kurulu'nda Yönetim Kurulu Başkanı,Kuzey Ren-Vestfalya Eyaleti Oyun ve Tiyatro Bölge Birliği Kurulu(LAG)'nda Eğitim Sorumlusu http://www.spiel-und-theater-nrw.de/, Bielefeld Üniversitesi'nde Edebiyat ve Dilbilimi Fakültesi'nde Canlandırmacı Oyun ve Tiyatro Bölümünde Öğretim Üyesi.
E-Posta: michael.zimmermann@uni-bielefeld.de M. A., Bielefeld, 1. Vorsitzender der Bundesarbeitsgemeinschaft Spiel und Theater e. V., Bildungsreferent LAG Spiel und Theater NRW e. V.; http://www.spiel-und-theater-nrw.de; Lehrbeauftragter Darstellendes Spiel und Theater, Fakultät für Linguistik und Literaturwissenschaft der Uni Bielefeld
E-Mail: michael.zimmermann@uni-bielefeld.de

Fotonachweis
Fotoğraf Listesi

Marlies Krause: Cover, S. 73, 77, 90, 91, 92, 93
Zehra İpşiroğlu: S. 125, 133
Nejat Akfirat: S. 160
Christiane Richers: S. 291, 298, 299
Jonna Josties: S. 337

Kulturelle Bildung ///

Ina Bielenberg (Hrsg.)
Bildungsziel Kreativität
Kulturelles Lernen zwischen
Kunst und Wissenschaft
vol. 1, München 2006, 160 S.,
ISBN 978-3-938028-91-9 € 14,80

Hildegard Bockhorst (Hrsg.)
Kinder brauchen Spiel & Kunst
Bildungschancen von Anfang an –
Ästhetisches Lernen in Kindertagesstätten
vol. 2, München 2006, 182 S.,
ISBN 978-3-86736-002-9 € 14,80

Viola Kelb (Hrsg.)
Kultur macht Schule
Innovative Bildungsallianzen –
Neue Lernqualitäten
vol. 3, München 2006, 216 S. + CD-ROM,
ISBN 978-3-86736-033-3 € 14,80

Jens Maedler (Hrsg.)
TeilHabeNichtse
Chancengerechtigkeit und kulturelle Bildung
vol. 4, München 2008, 216 S.,
ISBN 978-3-86736-034-0 € 14,80

Birgit Mandel (Hrsg.)
**Audience Development, Kulturmanagement,
Kulturelle Bildung** – Konzeptionen und Handlungsfelder der Kulturvermittlung
vol. 5, München 2008, 205 S.,
ISBN 978-3-86736-035-7 € 16,80

Jovana Foik
Tanz zwischen Kunst und Vermittlung
Community Dance am Beispiel des Tanzprojekts
Carmina Burana (2006) unter der choreografischen Leitung von Royston Maldoom
vol. 6, München 2008, 104 S.,
ISBN 978-3-86736-036-4 € 14,80

Kim de Groote / Flavia Nebauer
Kulturelle Bildung im Alter
Eine Bestandsaufnahme kultureller Bildungsangebote für Ältere in Deutschland
vol. 7, München 2008, 279 S.,
ISBN 978-3-86736-037-1 € 18,80

Vanessa-Isabelle Reinwand
„Ohne Kunst wäre das Leben ärmer"
Zur biografischen Bedeutung
aktiver Theater-Erfahrung
vol. 8, München 2008, 210 S.,
ISBN 978-3-86736-038-8 € 16,80

Max Fuchs
Kultur – Teilhabe – Bildung
Reflexionen und Impulse aus 20 Jahren
vol. 9, München 2008, 424 S.,
ISBN 978-3-86736-039-5 € 22,80

Max Fuchs
Kulturelle Bildung
Grundlagen - Praxis - Politik
vol. 10, München 2008, 284 S.,
ISBN 978-3-86736-310-5 € 19,80

Wolfgang Schneider
Kulturpolitik für Kinder
Eine Studie über das Recht auf ästhetische Erfahrung und künstlerische Praxis
in Deutschland
vol. 11, München 2010, 188 S.,
ISBN 978-3-86736-311-2 € 16,80

B. Hill / T. Biburger / A. Wenzlik (Hrsg.)
Lernkultur und kulturelle Bildung
Veränderte Lernkulturen – Kooperationsauftrag
an Schule, Jugendhilfe, Kunst und Kultur
vol. 12, München 2008, 192 S.,
ISBN 978-3-86736-312-9 € 16,80

kopaed (muenchen) www.kopaed.de

Kulturelle Bildung ///

Tom Biburger / Alexander Wenzlik (Hrsg.)
**„Ich hab gar nicht gemerkt,
dass ich was lern!"**
Zur Wirkung kultureller Bildung und
veränderter Lernkultur an Schulen
vol. 13, München 2009, 301 S.,
ISBN 978-3-86736-313-6 € 18,80

Almuth Fricke / Sylvia Dow (Hrsg.)
Cultural Participation and Creativity
in Later Life – A European Manual
vol. 14, München 2009, 182 S.,
ISBN 978-3-86736-314-3 € 16,80

Vera Timmerberg / Brigitte Schorn (Hrsg.)
**Neue Wege der Anerkennung von
Kompetenzen in der Kulturellen Bildung**
Der Kompetenznachweis Kultur
in Theorie und Praxis
vol. 15, München 2009, 296 S.,
ISBN 978-3-86736-315-0 € 18,80

Norma Köhler
**Biografische Theaterarbeit zwischen
kollektiver und individueller Darstellung**
Ein theaterpädagogisches Modell
vol. 16, München 2009, 215 S.,
ISBN 978-3-86736-316-7 € 16,80

Tom Braun / Max Fuchs / Viola Kelb
Auf dem Weg zur Kulturschule
Bausteine zu Theorie und Praxis
der Kulturellen Schulentwicklung
vol. 17, München 2010, 140 S.,
ISBN 978-3-86736-317-4 € 14,80

Wolfgang Zacharias
Kulturell-ästhetische Medienbildung 2.0
Sinne. Künste. Cyber
vol. 18, München 2010, 507 S.,
ISBN 978-3-86736-318-1 € 24,80

Kim de Groote / Almuth Fricke (Hrsg.)
Kulturkompetenz 50+
Praxiswissen für die Kulturarbeit mit Älteren
vol. 19, München 2010, 156 S.,
ISBN 978-3-86736-319-8 € 16,80

Max Fuchs
**Kunst als kulturelle Praxis
Kunsttheorie und Ästhetik**
für Kulturpolitik und Pädagogik
vol. 20, München 2011, 202 S.,
ISBN 978-3-86736-320-4 € 18,80

Gerhard Knecht / Bernhard Lusch (Hrsg.)
Spielen Leben lernen
Bildungschancen durch Spielmobile
vol. 21, München 2011, 211 S.,
ISBN 978-3-86736-321-1 € 18,80

Hildegard Bockhorst (Hrsg.)
KUNSTstück FREIHEIT
Leben und lernen
in der Kulturellen BILDUNG
vol. 22, München 2011, 260 S.,
ISBN 978-3-86736-322-8 € 18,80

Tom Braun (Hrsg.)
Lebenskunst lernen in der Schule
Mehr Chancen durch
kulturelle Schulentwicklung
vol. 23, München 2011, 333 S.,
ISBN 978-3-86736-323-5 € 19,80

Flavia Nebauer / Kim de Groote
Auf Flügeln der Kunst
Handbuch zur künstlerisch-kulturellen
Praxis mit Menschen mit Demenz
vol. 24, München 2012, 206 S.,
ISBN 978-3-86736-324-2 € 16,80

kopaed (muenchen) www.kopaed.de

Kulturelle Bildung ///

Tobias Fink
**Lernkulturforschung
in der Kulturellen Bildung**
Eine videographische Rahmenanalyse
der Bildungsmöglichkeiten
eines Theater- und Tanzprojektes
vol. 25, München 2012, 450 S.,
ISBN 978-3-86736-325-9 € 22,80

Max Fuchs
Kunst als kulturelle Praxis
Bildungsprozesse zwischen
Emanzipation und Anpassung
vol. 26, München 2012, 213 S.,
ISBN 978-3-86736-326-6 € 18,80

Wolfgang Sting / Gunter Mieruch /
Eva Maria Stüting / Anne Katrin Klinge (Hrsg.)
TUSCH: Poetiken des Theatermachens
Werkbuch für Theater und Schule
vol. 27, München 2012, 221 S. + DVD,
ISBN 978-3-86736-327-3 € 18,80

Birgit Mandel
Tourismus und Kulturelle Bildung
Potentiale, Voraussetzungen,
Praxisbeispiele und empirische Erkenntnisse
vol. 28, München 2012, 188 S.,
ISBN 978-3-86736-328-4 € 16,80

T. Fink / B. Hill / V.-I. Reinwand / A. Wenzlik (Hrsg.)
**Die Kunst, über Kulturelle
Bildung zu forschen**
Theorie- und Forschungsansätze
vol. 29, München 2012, 305 S.,
ISBN 978-3-86736-329-7 € 19,80

Bockhorst / Reinwand / Zacharias (Hrsg.)
Handbuch Kulturelle Bildung
vol. 30, München 2012, 1.080 S.,
ISBN 978-3-86736-330-3 € 44,-

Ulrike Stutz (Hrsg.)
**Kunstpädagogik im Kontext von Ganztagsbildung
und Sozialraumorientierung**
Zu einer strukturellen Partizipation
in der kunstpädagogischen Praxis
vol. 31, München 2012, 260 S.,
ISBN 978-3-86736-331-0 € 18,80

Max Fuchs
Die Kulturschule
Konzept und theoretische Grundlagen
vol. 32, München 2012, 210 S.,
ISBN 978-3-86736-332-7 € 18,80

Tom Braun / Max Fuchs /
Viola Kelb / Brigitte Schorn
Auf dem Weg zur Kulturschule II
Weitere Überlegungen und Bausteine
vol. 33, München 2013, 205 S.,
ISBN 978-3-86736-333-4 € 16,80

Kim de Groote
„Entfalten statt liften!"
Eine qualitative Untersuchung zu den Bedürfnissen
von Senioren in kulturellen Bildungsangeboten
vol. 34, München 2013, 248 S.,
ISBN 978-3-86736-334-1 € 18,80

Dorothea Kolland
Künste, Diversity und Kulturelle Bildung
30 Jahre kommunale Kulturarbeit zwischen
Kultur- und Gesellschaftspolitik – Reflexionen,
Erfahrungen und Konzepte
vol. 35, München 2013, 255 S.,
ISBN 978-3-86736-335-8 € 18,80

Ina Brendel-Perpina / Felix Stumpf
Leseförderung durch Teilhabe
Die Jugendjury zum
Deutschen Jugendliteraturpreis
vol. 36, München 2013, 253 S.,
ISBN 978-3-86736-336-5 € 18,80

kopaed (muenchen) www.kopaed.de

Kulturelle Bildung ///

Burkhard Hill / Jennifer Wengenroth
Musik machen im „jamtruck"
Evaluation eines mobilen Musikprojekts
für Jugendliche
vol. 37, München 2013, 192 S.,
ISBN 978-3-86736-337-2 € 16,80

Viola Kelb (Hrsg.)
**Gut vernetzt?! Kulturelle Bildung
in lokalen Bildungslandschaften**
Mit Praxiseinblicken und Handreichungen zur
Umsetzung „Kommunaler Gesamtkonzepte für
Kulturelle Bildung"
vol. 38, München 2014, 235 S.,
ISBN 978-3-86736-338-9 € 18,80

Eckart Liebau / Leopold Klepacki /
Benjamin Jörissen (Hrsg.)
Erforschung kultureller und ästhetischer Bildung
Metatheorien und Methodologien
vol. 39, München 2014, 240 S.,
ISBN 978-3-86736-339-6 € 18,80

Max Fuchs / Gerd Taube / Tom Braun /
Wolfgang Zacharias (Hrsg.)
Kulturelle Bildung für alle!
Analysen, Standpunkte, Konzepte aus 33 Jahren
Engagement für kulturelle Teilhabe
vol. 40, München 2013, 448 S.,
ISBN 978-3-86736-340-2 € 22,80

Meike Schuster (Hrsg.)
**Stadt(t)räume –
Ästhetisches Lernen im öffentlichen Raum**
situativ · temporär · performativ · partizipativ
vol. 41, München 2013, 359 S.,
ISBN 978-3-86736-341-9 € 22,80

Ömer Adıgüzel / Ute Handwerg / Gerd Koch (Hrsg.)
**Theater und community – kreativ gestalten!
Drama ve Toplum – Yaratıcı Biçim Vermek!**
Deutsch-Türkische Kooperationen
in der Kulturellen Bildung
Kültürel Eğitim Alanında Türk-Alman İş Birliği
vol. 42, München 2014, 485 S.,
ISBN 978-3-86736-342-6 € 24,80

kopaed (muenchen) www.kopaed.de

bkj Bundesvereinigung
Kulturelle Kinder- und Jugendbildung e.V.

Wir fördern soziale und kreative Kompetenz

Die BKJ ist der Dachverband der Kulturellen Kinder- und Jugendbildung in Deutschland. Sie vertritt die jugend-, bildungs- und kulturpolitischen Interessen von 55 bundesweit agierenden Institutionen, Fachverbänden und Landesvereinigungen der Kulturellen Kinder- und Jugendbildung. Vertreten sind die Bereiche Musik, Spiel, Theater, Tanz, Rhythmik, bildnerisches Gestalten, Literatur, Museum, Medien, Zirkus und kulturpädagogische Fortbildung. Die BKJ und ihre Mitglieder unterstützen und fördern gemeinsam Vielfalt, Qualität und Strukturen der Kulturellen Bildung.

Durch Tagungen, Seminare, Evaluationen und Fachpublikationen trägt die BKJ zur Qualifizierung und Qualitätssicherung sowie zum Transfer zwischen Praxis und Wissenschaft bei und regt den Informations- und Erfahrungsaustausch an. Mit ihren Modellprojekten liefert sie Impulse für die Praxis. Dabei agiert sie sowohl außerhalb von Schule als auch in und mit Schulen sowie in den kulturellen Freiwilligendiensten und dem internationalen Jugendkulturaustausch.

Kontakt
BKJ – Bundesvereinigung Kulturelle Kinder- und Jugendbildung e. V.
Küppelstein 34
42857 Remscheid
Fon: 02191.794 390
Fax: 02191.794 389
info@bkj.de
www.bkj.de
www.facebook.com/kulturelle.bildung